中國遠征軍戰史

徐 康 明 著

文史哲學集成
文史哲出版社印行

國家圖書館出版品預行編目資料

中國遠征軍戰史 / 徐康明著. -- 初版 -- 臺北
市：文史哲，民 103.06
　　頁；　公分（文史哲學集成；657）
參考書目：頁
ISBN 978-986-314-189-1（平裝）

1.第二次世界大戰　2.中日戰爭　3.戰史

628.58　　　　　　　　　　　103011609

文史哲學集成　657

中國遠征軍戰史

著　　　者：徐　　康　　明
出 版 者：文 史 哲 出 版 社
　　　　　　http://www.lapen.com.tw
　　　　　　e-mail:lapen@ms74.hinet.net
登記證字號：行政院新聞局版臺業字五三三七號
發 行 人：彭　　正　　雄
發 行 所：文 史 哲 出 版 社
印 刷 者：文 史 哲 出 版 社
　　　　　臺北市羅斯福路一段七十二巷四號
　　　　　郵政劃撥帳號：一六一八〇一七五
　　　　　電話886-2-23511028・傳真886-2-23965656

實價新臺幣六四〇元

中華民國一〇三年（2014）六月初版

ISBN 978-986-314-189-1　　　00657

彭將軍序

　　日本是一個與中國有著特殊地緣政治與地緣經濟關係的近鄰。侵佔與征服地大物博的中國，擺脫島國地位，"定都北京，三國爲一"，直至"征彼蠻夷，混同世界，統一萬國"，把"世界悉課爲郡縣，萬國之君皆爲臣僕"，建立包括中國、印度、朝鮮在內的亞洲大帝國的"大陸夢"，至少貫穿了日本 500 年來的近代史。對日本來說，這決不是偶然的，而是有著深刻的社會根源和思想根源。首先，日本是一個戰略空間狹小，戰略資源奇缺的島國，自然災害頻發，時時刻刻存在著揮之不去的生存危機感。對戰略資源與戰略空間的渴求，是日本對外侵略擴張的內在驅動力，也使日本軍國主義顯得格外貪婪。其次，從鐮倉幕府開始，直至後來的室町幕府和江戶幕府，日本一直處在武士政權的封建軍事貴族專政統治之下，武力擴張與征戰殺伐，浸透了日本政治生活的每一個細胞，是日本近千年封建軍事貴族專政統治的基本生存方式。再次，作爲日本軍國主義精神支柱的武士道是封建幕府政治的產物，它與日本民族固有的神皇一體、祭政一致的國家神道教相結合，在人格上形成典型的兩重性文化特徵：自狂而又自卑；信佛而又嗜殺；注重禮儀而又野蠻殘暴；追求科學而又堅持迷信；欺壓弱者而又順從強者。這些決定了日本軍國主義分外卑劣、邪惡、兇殘與血腥。日本軍國主義發動的全面侵華戰爭，集中表現了日本軍國主義對外侵略擴張行爲的最後瘋狂。日本軍國主義的野蠻侵略使中國陷入空前深重的民族危機，也促使中華民族空前團結與覺醒。中國人民不屈不饒，前赴後繼，以大無畏的英雄氣概與日本軍國主義侵略勢力展開了殊死搏鬥，終於把殘暴的日本侵略者全部、乾淨、徹底地掃出中國國土，第一次取得了中國近代以來，反抗外敵入侵的完全勝利，中華民族在血與火的洗禮中涅槃重生。

中國人民抗日戰爭的勝利是中華民族由屈辱走向振興的重大轉捩點。中國人民抗日戰爭的勝利是中華民族響徹雲霄的正氣歌，是中國人民不可征服的象徵。其中中國遠征軍在中緬印戰場上的對日作戰，不僅是中國抗日戰爭的重要組成部分，而且是世界反法西斯戰爭的直接組成部分。中國軍人在滇緬印戰場以巨大的犧牲換取了自甲午戰爭以來中國軍隊首次出國作戰的徹底勝利，向全世界表明了中華民族偉大的國際主義和民族犧牲精神，對亞洲太平洋戰場和整個世界的反法西斯戰爭的勝利作出了重要貢獻。美國總統羅斯福曾對自己的兒子說：“假如沒有中國，假如中國被打垮了，你想一想有多少師團的日本兵可以因此調到其他方面來作戰？他們可以馬上拿下澳洲，打下印度 —— 他們可以毫不費力地把這些地方打下來。他們並且可以一直沖向中東……和德國配合起來，舉行一個大規模的夾攻，在近東會師，把俄國完全隔離起來，割吞埃及，斬斷通過地中海的一切交通線。”

中國遠征軍用鮮血和生命書寫了中華民族抗日戰爭史上極為悲壯和輝煌的一頁。這是一段不能忘卻的歷史，這是一群應該被我們牢記的中國軍人，他們是民族的脊樑，他們是民族的英雄。

歷史是最好的教科書。中華民族曾經的苦難與輝煌，中華民族自強不息的奮鬥精神，今天已凝結成為中華民族寶貴精神財富的一部分，是中華民族核心價值觀的重要體現，是億萬炎黃子孫屹立於世界民族之林，建設新的文明的豐富營養和不竭的前進動力。我們不忘抗日戰爭勝利的輝煌，不是嗜好戰爭，而是振奮民族精神，砥礪民族自立、自強、自衛的利劍，努力制止戰爭，捍衛得來不易的和平。尤其是當前經歷長期和平環境，人們的頭腦裏歷史記憶正日益淡去，國內外敵對勢力加緊意識形態滲透，極力兜售歷史虛無主義，惡意歪曲與抹殺中華民族艱苦卓絕的奮鬥史，妄圖摧毀我們的民族自信心，磨滅我們的積極進取精神，我們必須永遠保持清醒的頭腦，世世代代緬懷在中國人民抗日戰爭中英勇獻身的英烈和所有為中國人民抗日戰爭作出貢獻的人，世世代代銘記中國人民反抗日本帝國主義侵略的英雄氣概和艱苦卓絕的鬥爭，彰顯中國人民抗日戰爭在世界反法西斯戰爭中的重要地位，表明中國人民堅決維護國家主權、領土完整和世界和平的堅定立場，弘揚以愛國主義為核心的浩然正氣和偉大民族精神，激勵全國各族人民為實現中華民族偉大復興的中國夢而共同奮鬥。

　　近一個時期以來，一個不容回避的嚴峻的政治現實是，日本右翼勢力又在驅使日本朝著政治極右化、外交軍事化、內閣戰爭化的道路上"暴走"。以安倍為代表的極右政客，公然否認日本軍國主義罪惡的侵華史，試圖漂白歷史；公然參拜軍國主義亡靈，重建軍國主義意識形態，為邪惡的軍國主義張目；公然謀求廢除日本現行憲法第九條不得擁有軍隊和對外戰爭權的限制條款，試圖排除法律障礙，為對外戰爭行為鬆綁；公然宣稱"對抗中國就是為世界和平作貢獻"，接連砲製《國家安全保障戰略》、新《防衛計畫大綱》、《中期防衛力量整備計畫》和《統合機動防衛力量構想》等安保法案，赤裸裸地把擴軍備戰的矛頭指向中國；公然組建針對中國釣魚諸島的奪島部隊，增兵西南諸島，加緊進行針對中國的作戰部署，決意以中國爲敵。在中國人民抗日戰爭和世界反法西斯戰爭中被徹底打敗的日本軍國主義今天又沉滓泛起，借屍還魂，對中國國家安全和地區和平構成嚴重威脅。

在當前的新形勢下，重新出版徐康明教授 20 年前寫作的《中國遠征軍戰史》，重溫 70 年前中國軍民氣壯山河的抗日戰爭史，深刻認識日本軍國主義的邪惡本質，大力弘揚國際正義，振奮民族精神無疑具有重要的現實意義。

徐康明教授長期執教雲南大學，在第二次世界大戰史特別是中印緬戰場抗日戰爭史領域深耕不止，是國內這一領域研究的開拓者。《中國遠征軍戰史》以其權威性一直爲學術界所推崇。作爲上個世紀 60 年代他在北京大學歷史系的同窗和關注戰史研究的軍事理論工作者，我對他深厚的學養和勤勉嚴謹的治學精神十分敬佩。《中國遠征軍戰史》的再版是對他學術成就的再次肯定，也是對他近半個世紀的學術生涯的最好紀念。

中國國家安全論壇副秘書長
少 將 彭 光 謙
2014 年 3 月 29 日於北京西山

黃　序

　　1995 年是中國抗日戰爭和世界反法西斯戰爭勝利 50 周年，同時也是中國第二次世界大戰史研究會成立 15 周年。大戰結束半個世紀以來，我國的二戰史研究經過前 35 年的曲折大，研究領域不斷拓寬和深入，新的研究成果源源問世，出現了一派蓬勃興旺的可喜景象。

　　中國抗日戰爭在世界反法西斯戰爭中的地位和作用，一直是中國學者最為關注的研究課題之一。1942 年初到 1945 年初，中國先後出動了 40 萬大軍，到以緬甸為中心、滇西和印緬邊境為兩翼的東南亞戰場上與美、英盟軍協同作戰。中國遠征軍在緬甸、印度和滇西地區歷艱涉險，愈挫愈奮，付出了巨大犧牲，不但粉碎了侵緬日軍對盟國援華國際通道的封鎖，保衛了中國的西南大後方，有力地支援了全國抗戰，而且與盟軍協同保衛了印度，收復了緬甸全境，並對配合盟軍在太平洋戰場上的反攻作戰發揮了重要作用。因此，中國遠征軍在中緬印戰場的對日作戰，不僅是中國抗日戰爭的重要組成部分，也是世界反法西斯戰爭的直接組成部分，是中國對世界反法西斯戰爭作出的一系列重大貢獻中一個不應被忽視的方面。遺憾的是，多年以來，美、英、日等國的有關論著，對中緬印戰場在世界反法西斯戰爭的東方戰線上應有的地位和中國抗日軍民在這一戰場上所發揮的重要作用，一直有意無意地進行歪曲、貶低以至抹煞。由於種種原因，國內學者對這一方面的研究比較薄弱，缺乏有分量的力作。

　　雲南大學徐康明同志是中國二戰史研究會第一批會員之一，為研究會 1980 年 6 月在昆明成立作了大量工作。自那時起，即開始致力於中國遠征軍戰史和中緬印戰場史的研究。他充分利用當年雲南既是中國戰場的戰略後方，又是中緬印戰場抗日前線的有利條件，經過長達 15 年的不懈努力，收集了大量文獻資料，對滇緬邊境的戰場遺址進行了實地考察，並訪問了許多參戰者。在此基礎上潛心研究，三易其稿，完成了這一部《中國遠征軍戰史》。該書是國家社會科學基金資助的研究課題。我抽暇閱讀了作者全部書稿，認為該書兼具學術性、資料性和可讀性，是迄今國內研究中國遠征軍對日作戰最為詳盡、全面、系統的專著，亦是一部進行愛國主義教育的生動教材。軍事科學出版社在紀念中國抗日戰爭和世界反法西斯戰爭勝利 50 周年前夕推出《中國遠征軍戰史》，無疑是一件有意義的事，故特為之序，向全國廣大讀者和二戰史研究工作者推薦這一新作。

　　為了充分反映中華民族的抗日民族解放戰爭的偉大歷史功績及其對世界反法西斯戰爭不可磨滅的巨大貢獻，創建具有中國特色的二戰史研究體系，我們需要也一定能夠寫出幾十部以至幾百部全面的和專題的著作來。願有志于此的同志們為把我國的二戰史研究提高到一個新水準而共同努力，在今後不斷有新的高品質研究成果問世。

中國第二次世界大戰史研究會

會長 黃　玉　章

1995 年 1 月 18 日

中國遠征軍戰史

目　　次

中國遠征軍入緬動員

滇緬公路咽喉——惠通橋

英軍自曼德勒撤退情景

遠征軍從緬甸撤退時情景

英軍從緬甸倉惶撤退時遺棄的彈藥物資

緬甸華僑撤退時情景

美國志願航空隊（飛虎隊）陣容

中國駐印軍由藍姆伽訓練基地開往緬北

飛越「駝峰」

緬甸戰地風光　　　　　　　　中印公路鳥瞰

修築中印公路

修築中印公路

修築中印公路

修築中印公路

修築中印公路

戰鬥在緬北的叢山密林中

緬北叢林夜戰

駐印軍坦克與步兵協同佔孟關

美軍戰士在密支那

駐印軍進攻密支那

駐印軍在孟拱之役中俘虜的日軍

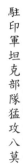

駐印軍坦克部隊猛攻八莫

駐印軍砲兵猛轟八莫敵軍

駐印軍強渡南高江

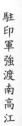

駐印軍強渡南高江

史迪威在緬北前線

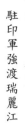

駐印軍強渡瑞麗江

駐印軍通過浮橋渡過伊洛瓦底江

怒江江防陣地

強渡怒江

強渡怒江

攻擊騰沖部隊掃清殘敵

攻擊騰沖部隊掃清殘敵

美空軍轟炸騰沖城垣

愛國軍民共同悼念為國壯烈
犧牲的遠征軍將士

駐印軍、遠征軍將領在滇緬邊
境前線會師

昆明群眾熱烈歡迎由史迪威
公路開來的第一支車隊

在芒友舉行會師典禮

駐印軍與遠征軍舉行會師典禮

中國駐印軍回國

中國駐印軍回國

中國駐印軍回國

在畹町舉行中印公路通車典禮

前　言

　　反法西斯的第二次世界大戰，是 20 世紀決定人類命運和世界前途的一場規模空前的戰爭。在這場正義與邪惡、光明與黑暗的歷史大搏鬥中，中華民族率先高舉反法西斯義旗，奮起抗擊日本軍國主義的侵略，最早開闢了世界反法西斯戰爭東方戰線的主戰場，並一直堅持到最後勝利。中國抗日戰爭是中國近代史上百餘年來第一次取得完全勝利的民族解放戰爭，同時對世界反法西斯戰爭的勝利作出了不可磨滅的歷史貢獻。抗日戰爭的勝利充分表明：“中華民族不但以刻苦耐勞著稱於世，同時又是酷愛自由，富於革命傳統的民族。”“中華民族的各族人民都反對外來民族的壓迫，都要用反抗的手段解除這種壓迫。”[1]“中華民族有同自己的敵人血戰到底的氣概，有在自力更生的基礎上光復舊物的決心，有自立於世界民族之林的能力。”[2]

　　“中國是全世界參加反法西斯戰爭的五個最大的國家之一，是在亞洲大陸上反對日本侵略者的主要國家。”[3]在第二次世界大戰的亞洲一太平洋戰線上，中國戰場開闢最早，持續時間最長，牽制和消滅的日本侵略軍最多。中國人民是戰

---

1 毛澤東：《中國革命與中國共產黨》，《毛澤東選集》第 2 卷，1991 年第 2 版，第 623 頁。
2 毛澤東：《論反對日本帝國主義的策略》，《毛澤東選集》第 1 卷，1991 年第 2 版，第 161 頁。
3 毛澤東：《論聯合政府》，《毛澤東選集》第 3 卷，1991 年第 2 版，第 1033 頁。

勝日本軍國主義的主要力量。中國人民堅持了八年艱苦卓絕的全民抗戰，終於贏得了抗日民族解放戰爭的最後勝利，同時有力地支援與配合了反法西斯盟國在其他戰場上抗擊法西斯軸心集團的作戰。

中國的全民持久抗戰，粉碎了日本侵略軍企圖速戰速決、在短期內滅亡中國的狂妄計畫。1941 年 12 月，背負著侵華戰爭長期化沉重包袱的日本軍國主義者不惜孤注一擲，悍然發動太平洋戰爭，企圖尋求一條擺脫侵華戰爭困境的出路。在反法西斯戰爭的東方戰線上，在中國戰場上中日雙方進行了四年零五個月的長期作戰之後，又相繼開闢了太平洋戰場和東南亞戰場兩個同盟國對日作戰的重要戰場。從此以後，美、英兩國與中國在共同抗擊日本侵略的基礎上結成戰時同盟，中國抗日戰爭成為以中、蘇、美、英為主力的國際反法西斯同盟抗擊法西斯侵略集團的世界反法西斯戰爭的重要組成部分。

反法西斯同盟的對日作戰在遼闊的亞洲 — 太平洋戰線上全面展開後，中國戰場不但繼續牽制和消耗著日本陸軍主力，在戰略上支援與配合了美、英盟軍的作戰行動，而且中國迅即組織了 10 萬遠征軍，由雲南入緬援英，在戰役上與盟軍協同作戰。這是自中日甲午戰爭之後。近半個世紀以來，中國第一次出師援助友邦抗擊侵略的大規模軍事行動。

緬甸是同盟國在亞洲大陸的南翼屏障。日軍如侵佔緬甸，既可切斷中國最主要的陸上國際通道滇緬公路，進逼中國西南大後方，又可向西進犯印度，與德軍會師中東。日軍大本營將攻佔馬來亞、菲律賓、荷屬東印度和緬甸作為南進第一階段在東南亞的四大進攻戰役，入侵緬甸是其中最後一次重大攻勢。英軍在緬甸防禦戰中不堪一擊，一觸即潰。中國政府應英方請求，並為了保持滇緬公路的暢通，積極組織動員中國遠征軍入緬作戰。但由於英方居心叵測，以鄰爲壑，致使中國遠征軍在入緬過程中一波三折，喪失了有利的戰機。直到仰光不保，英方才不得不倉皇要求中國軍隊入緬作戰。遠征軍入緬之後，又由於中、美、英三個盟國之間對指揮權的爭奪而造成了極大的混亂，使遠征軍的作戰行動受到多方掣肘，舉步維艱。儘管如此，中國遠征軍入緬之後，就成爲抗擊侵緬日軍的主力，承擔了緬甸防禦戰第二階段的主要作戰任務。遠征軍廣大將士以高昂的愛國熱情和犧牲精神浴血奮戰，屢挫敵鋒，使日軍遭到南侵以來少有的沉重打擊，多次給英軍以有力的支援，創造了同古保衛戰、斯瓦阻擊戰、仁安羌解圍戰、棠吉收復戰等出色的戰例，使中、外、敵、友莫不表示欽佩。遠征軍的苦戰雖然最終未能挽回緬甸防禦戰的頹勢，但有力地打擊了侵緬日軍的囂張氣焰。遠征軍廣大官兵流血犧牲取得的寶貴經驗和教訓，對後來反攻緬甸戰役的勝利，有著不可低估的作用。日軍侵緬雖然暫時得逞，但其勢已是強弩之末，無力實現向東進攻中國西南大後方，結束對華戰爭；向西橫掃印度次大陸，與德軍會師中東的戰略野心。此後，日軍在緬甸戰場上轉入防禦。爲了對付同盟國從雲南和印度反攻緬甸，日本不得不陸續向緬甸增調重兵。其有限的兵力相當大的一部分被牽制在緬甸戰場上，最多時達到 10 餘個師團，使它在中國戰場和太平洋戰場上更加捉襟見肘。因此，從亞洲一太平洋戰線的戰略全局上看，日軍侵佔緬甸又給自己背上了一個沉重的包袱，在戰術上暫時贏了一著，在戰略上最終將輸掉全盤。

　　中英聯軍在緬甸防禦戰中失利之後，中、美、英三大盟國即開始策劃和準備反攻緬甸。由於反攻緬甸對三國的利害關係大不相同，三國之間對於反攻的時間、地點、規模和手段存在著一系列分歧。在戰勝日本軍國主義侵略的共同目標下，三大盟國經過反復磋商，求同存異，協調戰略，共同對敵。在反攻之前，三國協同進行了編練中國駐印軍，整訓滇西遠征軍，開闢"駝峰"航空線，修築中印公路等一系列規模巨大、組織複雜、任務艱巨的準備工作，為反攻戰役的勝利奠定了基礎。反攻計畫雖然屢經變更，但以中國軍隊為主力，從印度雷多和中國雲南對緬北發起進攻，打通中印公路這一首要目標始終未變。

從緬甸撤往印度的中國遠征軍部隊，在籃姆伽改編為中國駐印軍，接受美國的裝備和訓練，並陸續由國內空運補充兵員和 3 個建制師，最終擴充為擁有 2 個軍、5 個師和總指揮部直屬部隊，全部美械裝備的 10 余萬大軍。1943 年春，中國駐印軍派兵掩護中美工兵部隊自印入緬修築中印公路。同年 10 月，駐印軍主力向侵緬日軍展開反攻。在一年多的緬北反攻戰役中，中國駐印軍長驅直下胡康河谷和孟拱河谷，攻克緬北戰略要地密支那、八莫、臘戌等城鎮，掃清緬北之敵，於 1945 年 1 月 28 日在滇緬邊境的芒友與由滇西反攻的中國遠征軍勝利會師，3 月 30 日在曼德勒東北的喬梅與英軍會師。緬北反攻戰役歷時 1 年半，中國駐印軍在美、英盟軍協同配合下，進軍 2400 餘公里，收復緬北大小城鎮 50 多座，殲敵 3.1 萬多人，牽制了日本緬甸方面軍大量兵力，不但在戰役上為英軍收復緬中和緬南地區創造了有利的條件，而且在戰略上有力地配合了中國戰場和太平洋戰場的對日作戰，並支援了緬甸和東南亞各國人民反對日本佔領軍的鬥爭。

集結在滇西的中國軍隊，一面在怒江東岸鞏固江防，與日軍隔江對峙，並派一部在西岸開展遊擊戰，一面進行整頓、補充和訓練，準備渡江反攻，收復失地。1943 年 4 月成立中國遠征軍司令長官司令部，下轄第 11、20 兩個集團軍和直屬第 8 軍，並得到了美械裝備。1944 年 5 月，遠征軍強渡怒江發動反攻，與駐印軍在緬北的反攻互相呼應，對侵緬日軍形成夾擊之勢。遠征軍先後直接參加滇西反攻戰役的部隊有步兵 6 個軍、16 個師，兵力 16 萬餘人。此外還有大量的砲兵、工兵、輜重、通訊等支援部隊。遠征軍渡江以後，經過 8 個多月的激戰，相繼攻克了日軍堅固設防的騰沖、松山、龍陵、芒市、平夏、遮放、畹町等城鎮和戰略據點，收復了滇西全部失地，在中國戰場上最先把日本侵略軍驅逐出國門，斃、傷、俘敵軍 2.1 萬多人。中國遠征軍在滇西的反攻既是盟軍在緬甸戰場反攻的重要一翼，同時又是中國戰場對日全面反攻的序幕。滇西反攻戰役的勝利，殲滅了日本緬甸方面軍的有生力量，並牽制了其戰略預備隊，對配合駐印軍收復緬北和支援整個緬甸戰場作戰作出了積極的貢獻。這一勝利還解除了日軍對中國戰場西側的威脅，完全打通了中印公路，粉碎了日軍對盟國援華國際通道的封鎖，有力地支援了即將開始的全國對日大反攻。

中國駐印軍和滇西遠征軍兩支抗日大軍的 30 多萬愛國將士，肩負著祖國的重托和人民的期望，在緬北、滇西的崇山密林裏曆艱涉險，英勇奮戰，克服了異常艱險的地理環境和極其惡劣的氣候條件帶來的重重困難，在美英盟軍的支援與配合下屢挫強敵，全殲了日軍精銳的第 18 師團和第 56 師團，重創第 2 和第 33 師團，並消滅第 49、第 53 師團和獨立混成第 24 旅團等各一部。中國兩支抗日大軍作爲滇緬戰場上的盟軍主力，抗擊了日本緬甸方面軍一半以上的兵力，不但收復了滇西全部失地和緬北大片地區，打通了中印公路，使盟國援華物資再度源源運到中國戰場，有力地支援了全國抗日戰爭，而且爲收復緬甸全境及配合盟軍在太平洋戰場上的反攻作出了重要貢獻。

緬北、滇西反攻戰役的勝利，是數十萬遠征軍官兵在愛國主義精神的激勵下，始終保持著旺盛士氣和堅強鬥志，不畏艱險，不怕犧牲，頑強奮戰所取得的輝煌戰果。反攻的勝利也是同中國、緬甸、印度人民和愛國華僑的大力支援以及盟國的援助與協同分不開的。為了驅逐日本侵略軍，中、緬、印三國人民和愛國華僑同仇敵愾，以各種方式支援包括中國軍隊在內的盟軍對日作戰。尤其是滇西各族人民以極高的愛國熱情全力支援遠征軍反攻，不但提供了大量人力物力，而且直接參軍參戰，湧現了許多毀家紓難、視死如歸的感人事蹟。中、美、英三大盟國之間雖然存在錯綜複雜的矛盾，但最終能夠求同存異，協調戰略，共同對敵。在反攻計畫的制訂部隊的訓練和裝備，作戰部署和指揮，作戰部隊的後勤保障，空軍的支援與配合等方面，基本上實現了協同。人民的支援和盟國的協同，是到得反攻勝利的兩個重要因素。

在第二次世界大戰亞洲一太平洋戰線的三個重要戰場中，滇緬戰場既是中國戰場和太平洋戰場這兩大抗日主戰場的戰略結合部，又是東南亞戰場的主要作戰地區。不論是在緬甸防禦戰期間，還是在緬北、滇西反攻戰役中，中國遠征軍都是滇緬戰場上對日作戰的主力。從 1942 年初中國遠征軍第一路入緬援英，到 1945 年初中國駐印軍和滇西遠征軍反攻作戰取得勝利，在長達 3 年的時間裏，中國先後出動 40 萬大軍在滇緬戰場上與美英盟軍協同作戰。中國遠征軍為滇緬戰場對日作戰的勝利作出了重大的貢獻，並為此付出了巨大犧牲。數萬名遠征軍官兵的忠骸長眠在滇西、緬北的崇山密林中。他們的愛國精神和英雄業績，永遠為祖國人民所懷念，在中國抗日戰爭史和世界反法西斯戰爭史上留下了光輝的一頁。遺憾的是，滇緬戰場的戰略地位和中國遠征軍的主力軍作用，不但在戰時就遭到某些盟國軍政領導人的有意貶低，而且戰後近半個世紀以來，國外的一些歷史著作，仍然有意無意地貶低、忽視乃至歪曲和詆毀。這種情況再也不能繼續下去了。作者在編寫本書過程中，力圖盡可能收集和參考中、外、敵、友的有關圖書資料，以歷史唯物主義爲指導，全面系統地分析中國遠征軍在滇緬戰場作戰的全過程，實事求是地評價滇緬戰場在中國抗日戰爭和世界反法西斯戰爭中的地位，充分反映中國遠征軍、美英盟軍和中、緬、印各國人民所作的貢獻。同時也不回避矛盾，如實披露盟國之間的分歧和各自的失誤，以利於總結經驗教訓。

第一章　亞太地區風雲緊急

第一節　日本侵華的困境和南進政策的實施

1941 年 12 月 7 日，日軍偷襲珍珠港，進攻東南亞各地，挑起了太平洋戰爭。這時中國抗日戰爭已經進行了 4 年零 5 個月之久。在中國軍民的抗日持久戰中消耗巨大、進退維谷的日本軍國主義不惜孤注一擲，背負著沉重的包袱踏上南進之路，把戰火從遼闊的中國大陸擴大到浩瀚的太平洋上，企圖以海洋政策的勝利來拯救其大陸政策的失敗，尋求一條擺脫侵華戰爭困境的出路。

太平洋戰爭的爆發，使首先奮起抗擊日本侵略並長期孤軍苦戰的中國抗日民族解放戰爭至此發展爲世界反法西斯同盟共同對付日本法西斯的聯盟戰爭。中國戰場和太平洋戰場是反法西斯同盟對日作戰的兩大主戰場。滇緬戰場則是這兩大抗日主戰場的戰略結合部。滇緬公路便是從大陸到海洋的通道和連接兩大主戰場的紐帶。

日本在 1937 年 7 月發動全面侵華戰爭之初，驕橫不可一世的法西斯軍人狂妄地認爲中國不堪一擊，只須出動幾個師團的兵力進行一場有限的戰爭，短期內即可征服中國。然後以中國爲基地，北上進攻蘇聯遠東地區，南下與英美爭奪南洋地區，建立亞洲太平洋區域的霸權。當時的陸軍大臣杉山元對天皇誇口保證："中國事變一個月就解決了。"[1]然而野心很大但實力不足的日本侵略者過高地估計了自己的力量，過低地估計了中國的力量。面對日本氣勢洶洶的大舉侵略，中國人民同仇敵愾，團結在抗日民族統一戰線的旗幟下，奮起進行全民抗戰，粉碎了日本速戰速決滅亡中國的狂妄計畫。侵華日軍在遼闊的中國戰場上泥足深陷而無力自拔。

從盧溝橋事變爆發到武漢會戰結束的 1 年多時間裏，正面戰場上的國民黨政府軍隊實行以空間換取時間的作戰方針，以主力從平津到華北，從上海到華中，實施正面防禦作戰，相繼進行了太原、淞滬、徐州、武漢等大規模會戰，抗擊了日軍主力的進攻。中國雖然喪失了大片國土，但大量消耗了日軍的有生力量，削弱了其進攻勢頭。國民黨軍隊損失巨大，但主力仍然保存。武漢淪陷後，國民政府遷都重慶，依託西南、西北大後方繼續抗戰，同時在敵占區周圍仍駐有重兵，對日軍構成相當的威脅。

日軍雖然侵佔了華北、華中、華東、華南的大片地區，但他們只能暫時侵佔中國的領土，卻無法征服中國的人民。中國共產黨領導的八路軍、新四軍挺進敵後，發動和組織廣大民眾開展遊擊戰，建立抗日根據地。日軍在佔領區控制的城鎮和交通線，被廣大的農村抗日根據地包圍分割，成為大海中的孤島，處於被動挨打的境地，大量的兵力被牽制和消耗，沒有一個安定的後方。共產黨及其領導的人民武裝在鬥爭中成長壯大，成為中國人民堅持持久抗戰的中流砥柱。

中國軍民的英勇抗戰，迫使日本不得不在國內一次又一次地進行動員，一次又一次地增加侵華兵力，一次又一次地延長戰爭期限。日本侵華的主力是陸軍。"七‧七"事變以前，日本陸軍總兵力為 17 個師團，其中關東軍 4 個師團，華北駐屯軍 6000 人，在華兵力占日本陸軍總兵力的 1/4。"七‧七"事變之後，月本陸軍總兵力增加到 24 個師團，其中侵華兵力為 21 個師團，占總

1　秦鬱彥：《日中戰爭史》，原書房，東京 1979 年版，第 246 頁。

兵力的 87.5%。1938 年，日本陸軍總兵力又擴充爲 34 師團，其中 32 個師團投入中國戰場，占總兵力的 94%以上。[1]武漢會戰期間，日本國內駐軍僅剩下 1 個師團，投入侵華戰爭的兵力達到極限。儘管日軍傾巢而出，不遺餘力地進行侵華戰爭，從 "七·七" 事變到武漢會戰，在短短 1 年多時間裏投入百萬大軍，付出傷亡 40 多萬人，損失飛機 700 餘架，艦艇 100 多艘，耗費軍費 100 多億日元的重大代價，仍然無法迫使中國軍民停止抵抗，結束戰局。

武漢會戰後，日本力不從心，被迫在中國戰場上停止戰略攻勢。中日戰爭進入戰略相持階段。這一戰略轉變，標誌著日本的大陸政策開始破產。此後，日本對外擴張的戰略重點逐步由大陸政策向海洋政策轉變，即由北進轉向前進。

毛澤東早在 1936 年 7 月 16 日同美國記者斯諾的談話中即指出："日本的大陸政策已經確定了……就是揚子江下游和南方各港口，都已經包括在日本帝國主義的大陸政策之內。並且日本還想佔領菲律賓、暹羅、越南、馬來半島和荷屬東印度，把外國和中國切開，獨佔西南太平洋。這又是日本的海洋政策。"[2]1938 年 5 月，毛澤東在《論持久戰》一文中重申了上述觀點，並且在分析中日戰爭這一場持久戰的三個戰略階段時指出，在中日戰爭轉入戰略相持階段之後，"國際形勢將變到更於日本不利，雖可能有張伯倫一類的遷就所謂'既成事實'的'現實主義'的調頭出現，但主要的國際勢力將變到進一步地援助中國。日本威脅南洋和威脅西伯利亞，將較之過去更加嚴重，甚至爆發新的戰爭。"[3]武漢會戰之後的戰局發展，證實了毛澤東的英明預見。

南洋包括中國大陸以南、印度次大陸以東、澳大利亞以北的

1 參見服部卓四郎：《大東亞戰爭全史》第 1 冊，商務印書館 1984 年北京版，第 336 頁，"1937-1941 年師團數增強一覽表"。百分比爲本書作者計算。
2 毛澤東：《論持久戰》，《毛澤東選集》第 2 卷，1991 年第 2 版，第 443-444 頁。
3 毛澤東：《論持久戰》，《毛澤東選集》第 2 卷，1991 年第 2 版，第 465 頁。

東南亞和西南太平洋廣大地區，陸地面積近 500 萬平方公里。南洋地處聯接亞洲、非洲、大洋洲三大洲和太平洋、印度洋兩大洋的世界性交通要道的十字路口，擁有石油、大米、橡膠、錫等豐富資源，是一個極其重要的戰略地帶。

　　日本南進的戰略目的之一是奪取緬甸、法屬印度支那和香港等地，完全切斷美、英援華的國際通道，並從背後威脅中國抗戰的西南大後方，迫使重慶國民政府屈服，使日本擺脫在中國戰場上的困境，騰出手來同美、英等國進行軍事較量，實現其建立“大東亞共榮圈”，稱霸亞洲太平洋地區的霸權野心。日本國土狹小，資源貧乏，其人力、物力、財力經不起長時間、大規模戰爭的巨大消耗。奪取南洋地區的富饒資源，改變長期以來仰賴美、英供應戰略物資的被動局面，利用南方資源建立“自給自足”的戰爭經濟體系，增強同美、英爭霸的實力，是日本南進的又一戰略目的。奪取美、英等國在東南亞的殖民地，控制西南太平洋，占據有利的戰略位置，南下可以直取澳大利亞，西進可以長驅直入印度，同德、意在西方的擴張互相呼應，迫使英國屈服，使美國喪失戰鬥意志，進而瓜分世界，是日本南進的最終目的。

　　1938 年 10 月下旬，日軍佔領武漢、廣州。11 月 3 日，日本政府發表第二次近衛聲明，宣稱日本的目標是建立“日滿華三國合作”的“東亞新秩序”[1]。這就改變了日本在中日戰爭初期以軍事進攻為主，外交攻勢為輔的對華政策，轉而採取以政治誘降為主，軍事進攻為輔的新的對華政策。11 月上旬，日本陸軍省和參謀本部頭目經過長達 1 周的討論，制訂了今後的戰爭指導方案，確定“為了適應漢口作戰之後的長期作戰”，“在沒有特別的必要時，則不擴大佔領地域，並將該地域區分為以確保安定為主的治安地域和以消滅抗日勢力為主的作戰地域”，建立長期戰爭體

1　日本外務省：《日本外交年表及主要文書》下冊，《文書》，原書房，東京
　　1969 年版，第 401 頁。

制，逐步減少在華兵力，以應付國際形勢的變化。"對於戰略特別是政略的要點，須繼續實行頑強的空中作戰，並通過海上封鎖等手段，盡力切斷中國的殘餘對外聯絡線，特別是輸入武裝的線路。"[1]

1939 年 2 月 8 日，侵佔廣東的日軍第 21 軍一部（臺灣混成旅團）在海軍第 5 艦隊護衛下，從珠江口外的萬山港啓程，10 日在海南島澄邁灣登陸，攻佔海口、瓊山等地。13 日，日海軍陸戰隊從瓊州海峽出發，在三亞港登陸，攻占三亞、榆林、崖縣等地。11 日，蔣介石對外國記者發表談話："日本進攻海南島，無異造成太平洋上之'九一八'"，"此不僅為中日戰爭開始以來第一件最大事件，實為三十年來太平洋局勢改變之唯一關鍵"，"如任其佔領盤踞，吾料不及 8 月，其設計中之海空軍根據地即可初步完成，於是太平洋上形勢必將突然大變"。[2]日本軍事評論家石原騰太說："日本若能以海南島的榆林港為第一大軍港……短期內以優秀的艦隊集中於該港，則可以牽制中國南海，減去香港的軍事價值，折服西貢港之法國艦隊，並控制美國優秀艦隊的行程，能如是則外南洋之海權可落入日本之手，則日本即為南洋之主人翁矣。"[3]日軍進佔海南島，既是對中國實行海上封鎖，切斷援華國際通道的作戰部署的一部分，又是建立南進前進基地的一個重要步驟。日軍在海南島建造軍港和機場，對預定派往南方作戰的部隊進行熱帶叢林作戰訓練。同年 3 月，日軍又進佔西沙群島和南沙群島，從而控制了中南半島與南洋群島之間的大片海域。

毛澤東在《論持久戰》一文中還指出："日本打了中國之後，如果中國的抗戰還沒有給日本以致命的打擊，日本還有足夠力量的話，它一定還要打南洋或西伯利亞，甚或兩處都打。歐洲戰爭

---

1 堀場一雄：《日本對華戰爭指導史》，軍事科學出版社 1988 年北京版，第 204-206 頁。
2 袁旭等編著：《第二次中日戰爭紀事》，檔案出版社 1988 年版，第 184 頁。
3 抗戰叢書第 38 種；《日本南進與太平洋形勢》，中山文化教育館編印，第 34 頁。

一起來，它就會幹這一手；日本統治者的如意算盤是打得非常之大的。當然存在這種可能：由於蘇聯的強大，由於日本在中國戰爭中的大大削弱，它不得不停止進攻西伯利亞的原來計畫，而對之採取根本的守勢。"[1]1938 年 7 月和 1939 年 5 月，日本朝鮮軍和關東軍先後在中蘇、中蒙邊境挑起作為北進試探的張鼓峰、諾門檻事件。這兩次挑釁均遭到蘇軍痛擊而告慘敗，日本的北進意圖被迫收斂。1939 年 9 月，德國進攻波蘭，英法對德宣戰。歐洲戰爭的爆發給日本南進提供了可乘之機。日本企圖乘英法忙於對付德國，美國優先關注歐洲戰局之時，填補南洋地區的"真空"，攫取西方國家的殖民地。日本的國策重心迅速由北進轉為南進。1939 年 12 月 28 日，日本外務、陸軍和海軍三大臣在《對外政策的方針綱要》中明確提出不介入歐戰，暫時停止北進，準備南進的方針。要利用歐洲局勢，"以有利於促進處理中國事變，同時，採取措施，造成對建設東亞新秩序(包括南方在內)的有利形勢。"對中國加緊政治誘降，"促進日滿華經濟圈內的自給自足"，並為南進準備戰略物資；對蘇聯保持"邦交的平靜無事"，"誘使其採取互不侵犯的態度"；"使美國專心於歐洲戰爭"，使英法"日益深陷到歐洲戰爭中去"，以便日本解決中國問題，並"有可能向南洋方面發展"。[2]日本不論北進還是南進，首先要設法拔出深陷於中國戰場的泥足。因此，日本南進政策的醞釀和制訂，始終以解決中國問題為前提。

　　1940 年春，納粹德國閃擊西歐，短短兩個月左右即相繼侵佔丹麥、挪威、荷蘭、比利時、盧森堡等國，擊敗英法聯軍，迫使法國敗降，威逼英倫三島。德軍在西歐的迅速得手，大大刺激了日本對亞太地區的侵略野心。法、荷淪亡，英國慘敗，使這幾個老牌殖民國家已無力在遠東同日本對抗。防務薄弱的法屬印度支那、荷屬東印度和香港、馬來亞、緬甸等英國殖民地，遂成為日

---

1 《毛澤東選集》第 2 卷，第 510 頁。
2 《日本外交年表及主要文書》下冊，《文書》，第 421-424 頁。

本唾手可得的肥肉。日本統治集團認爲這是千載難逢的良機，叫嚷“不要誤了班車”，企圖借德國勝利之餘威，乘英法新敗之危難，加快南進的步伐，在南洋趁火打劫，利用其海軍和部份陸軍兵力，奪取英、法、荷在東南亞的殖民地。

南進論的急劇抬頭並在日本統治集團內部佔據主導地位，迫使對解決中國問題毫無進展的米內光政內閣於 7 月中旬下臺，軍政各界紛紛支持近衛文麿再次出馬組閣。第二次近衛內閣上臺後，在 7 月 26 日制訂的《基本國策綱要》中，確定日本的基本國策是“首先以皇國爲核心，建設以日滿華堅強團結爲基礎的大東亞新秩序。”[1]所謂“大東亞新秩序”，是將 1938 年 11 月近衛提出的建立包括“日滿華”在內的“東亞新秩序”，擴大到包括整個遠東和南洋在內的廣大地域。7 月 27 日，在皇宮召開大本營和政府聯席會議，通過了《適應世界形勢演變的時局處理綱要》，確定日本當前的行動方針是：“帝國爲應付世界形勢的變動，改善內外形勢，促進迅速結束中國事變，同時，掌握時機，解決南方問題。”“在中國事變尙未結束的情況下，有關以對南方施策爲重點的體制轉變，在全面考慮內外形勢之後決定之”。[2]從而改變了以前先解決中國問題再南進的方針，將南進確定爲日本下一階段侵略擴張的主要戰略方向。8 月 1 日，外相松岡洋右發表聲明，第一次使用“大東亞共榮圈”一詞。9 月上旬，數次召開首相、外相、陸相和海相的四相會議，討論決定了外務省提出的《關於加強日德意軸心事宜》的議案。該議案劃定“應作爲皇國建設大東亞新秩序的生存圈而加以考慮的範圍是，以日、滿、華爲主體，包括現在委任日本統治的原德國所屬諸島[3]、法屬印度支那及

1　《大東亞戰爭全史》第 1 冊，第 31 頁。

2　《大東亞戰爭全史》第 1 冊，第 33 頁。

3　指太平洋上的馬利安納群島、馬紹爾群島和加羅林群島。第一次世界大戰前，這三個群島是德國的殖民地。德國戰敗後，在凡爾賽會議上由國際聯盟委任日本統治。日本在第二次世界大戰中敗降後，又由聯合國委托美國託管。

法屬太平洋島嶼、泰國、英屬馬來、英屬婆羅洲、荷屬東印度、緬甸以及印度等地區。"[1]這即是"大東亞共榮圈"的範圍。

第二次近衛內閣是適應日本南進戰略的需要而建立的。它上臺以後，在國際上積極謀求同德、意法西斯結爲軍事、政治同盟，強化日德意軸心關係，以改善日本南進的戰略地位，並將亞太地區作爲日本的勢力範圍。9月27日，三國在柏林簽訂同盟條約。條約規定：日本承認並尊重德意在歐洲建設"新秩序"的領導地位；德意承認並尊重日本在大東亞建設"新秩序"的領導地位；三締約國中任何一國遭到現未參加歐洲戰爭和日中戰爭的國家攻擊時，三國須用所有政治、經濟和軍事手段相互援助。[2]爲了避免南北兩面受敵，解除南進的後顧之憂，日本還極力謀求改善對蘇聯的關係，於1941年4月13日締結了日蘇中立條約。在國內，政治上積極策劃建立稱爲"大政翼贊會"的"新政治體制"，強化法西斯統治；經濟上建立以軍事工業爲中心的"新經濟體制"，加強對重要產業和金融的統制，進一步實現國民經濟軍事化，爲南進奠定物質基礎；軍事上增加軍費開支，加緊擴充軍備。日本的直接軍費支出1938年爲59.63億日元，1940年爲79.47億日元，1941年爲125.03億日元。[3]陸海軍現役軍人數1938年爲115.9萬餘人，1940年爲172萬餘人，1941年爲241萬餘人。[4]海軍下水艦艇1938年爲16艘，噸位3.98萬噸；1940年27艘，6.88萬噸；1941年48艘，20.09萬噸。陸海軍飛機產量1938年爲2782架，1940年3462架，1941年猛增到6174架。[5]由此可見，日本爲了準備南進，重點擴充海、空軍備的情況。

---

1 《大東亞戰爭全史》第1冊，第44頁。

2 《日本外交年表及主要文書》下冊，《文書》，第459頁。

3 《防衛手冊》，朝雲新聞社1979年版，第438-439頁。

4 《美國戰略轟炸團》編：《日本戰爭經濟的崩潰》，日本評論社1972年版，第179頁。

5 日本外交學會編：《太平洋戰爭終戰史》第2部，東大出版社1958年版，第2章附表。

　　近衛新體制的建立及其從國際到國內採取的一系列措施，表明日本的南進體制已經形成。然而，中國的持久抗戰，仍然是日本實施南進政策的最大障礙。因此，第二次近衛內閣在致力于建立南進新體制的同時，仍然不得不將國策的重點放在解決中國問題上。1940 年 7 月 26 日制訂的《基本國策綱要》規定，"皇國目前的外交，以建設大東亞新秩序爲根本，首先將重心放在結束中國事變上。"[1] 7 月 27 日通過的《適應世界形勢演變的時局處理綱要》的"要領"第一條進一步明確指出，"關於處理中國事變，設法集中政略戰略的綜合力量，尤其應盡一切手段斷絕第三國的援蔣行爲，迅速迫使重慶政權屈服。"[2]

　　1940 年 6 月，日本乘法國敗降之際，在德國的幫助下向法國維希政府和法屬印度支那殖民當局施加壓力，要求封鎖印度支那與中國的邊界，禁止對中國的運輸。維希政府很快就屈從了日本的要求，並同意日本派人在海防、河江、老街、高平、諒山等交通要道設檢查站。8 月 30 日，維希政府與日本在東京簽訂法日協定，承認日本在遠東的經濟和政治上居於支配地位，並同意給予日本優於其他國家在印度支那享有的經濟特權，允許日軍在印度支那北部建立軍事基地和運兵過境。9 月 22 日，法屬印度支那殖民總督與日本軍方代表在河內簽訂具體協定，日本獲得在東京（即越南北方）[3]使用 3 個飛機場並駐紮 6000 多守備部隊，並取道越南北方輸送 2.5 萬名以內的日軍去進攻雲南，另外准許日本華南派遣軍的 1 個師從諒山附近取道越南北方前往廣東。[4]9 月 23 日，

1　《大東亞戰爭全史》第 1 冊，第 31 頁。
2　《大東亞戰爭全史》第 1 冊，第 33 頁。
3　越南淪爲法國的殖民地後，法國殖民者把越南一分爲三，以加強控制。南部稱交趾支那（又名南圻），首府西貢，由法國直接統治；中部稱安南（又名中圻），首府順化，爲法國"保護"下的王國；北部稱東京（又名北圻），首府河內，由越南王國"讓予"法國管理。
4　日本進佔法屬印度支那北部的經過，參見《大東亞戰爭全史》第 1 冊，第 60-63 頁；阿諾德·托因比、維羅尼卡·M·托因比合編：《軸心國的初期勝利》下冊，上海譯文出版社 1983 年版，第 942-997 頁。

日軍兵分三路開入印度支那北部，完全切斷了中越國際交通線，搶佔了南進的戰略要地。

日本在切斷中越國際交通線的同時，又脅迫英國關閉滇緬公路。1940 年 6 月 24 日，日本政府要求英國政府採取措施，停止通過滇緬公路和香港向中國運送戰爭物資和其他戰略物資，並以武力相威脅，迫使英國屈從。7 月 18 日，英日在東京簽訂協定，規定自即日起 3 個月內，暫停經緬甸向中國運送武器、彈藥、汽油、卡車和鐵路器材。香港也同時禁運這幾類貨物。[1]

美英是日本在亞洲太平洋區域的主要爭霸對手。日本自發動全面侵華戰爭以來，利用其軍事勝利，在中國佔領區大肆排擠美英勢力，損害美英在華利益，以實現其獨霸中國的野心，使美英同日本的矛盾不斷加深。然而美英統治集團仍不願放棄對日本侵略者的綏靖政策，非但未對日本採取任何制裁手段，反而大幅度增加了對日戰略物資的供應。美英的綏靖助長了日本的侵略野心。1938 年 11 月 3 日，日本近衛內閣宣佈要建立“以日滿華三國合作”為基礎的“東亞新秩序”，表明日本決心獨霸中國。面對日本咄咄逼人的攻勢，美英等國紛紛提出抗議，但仍未採取有效措施對抗日本。同時為了維護它們的在華利益，1938 年 11 月以後，美國向中國提供 1.7 億美元的借款，英國也準備貸款給中國修築滇緬公路。美英通過提供這點杯水車薪的援助維持中國抗戰，從而維護其在華利益。日軍於 1939 年 2 月侵佔海南島，切斷了香港至新加坡的海上交通線，直接威脅美英在東南亞的利益。4 月 15 日，羅斯福下令剛剛調往大西洋的太平洋艦隊返回太平洋，以防範日本南進。同年 3 月中旬，納粹德國吞併捷克斯洛伐克，接著又挑起但澤危機，並於 4 月 28 日廢除波德互不侵犯條約和英德海軍協定，準備進攻波蘭。歐洲戰雲密佈。英國企圖在亞洲以犧牲中國來尋求同日本妥協，以便在歐洲集中全力對付德國。7

---

1 詳情參見《軸心國的初期勝利》下冊，第 931-936 頁。

月 24 日，英日在東京簽訂了《有田 —— 克萊琪協定》，英國承認日本侵華現狀，同意不妨礙日本在華的行動與措施，以及在這期間以英國為主醞釀召開 "太平洋國際會議"，就是這種綏靖政策的集中表現。其實質是要把中國變為捷克。第二。英國對日的過份退讓，引起美國的不滿。7 月 26 日，美國宣佈廢除 1911 年訂立的美日通商航海條約。這一行動給日英談判以很大的衝擊。但美國自己仍未放棄對日本的經濟支持，1939 年美國的對日輸出仍占當年日本進口總額的 34.3%。

　　歐洲戰爭爆發後，英國更無力東顧，在遠東政治舞臺上退居次要地位，美國遂成為與日本角逐的主要對手。

　　1940 年春，德軍席捲西歐，法國迅速敗降，英國孤軍苦戰，美國逐步捲入。歐洲局勢的劇變，促使日本將南進攻策提上日程，將所謂 "東亞新秩序" 擴展為 "大東亞新秩序"，即 "大東亞共榮圈"，力圖在亞太地區建立日本的殖民大帝國。9 月下旬，日本入侵法屬印度支那北部，跨出了南進的第一步，接著又同德意簽訂了以美英為主要敵人的三國同盟條約，這就激化了日美矛盾。為了同日本抗衡，美國一方面加強了對中國的援助，另一方面對日本採取了較前強硬的制裁和限制措施。美國的意圖是利用中國的力量拖住日本，牽制或延緩日本的南進。9 月 26 日，美國宣佈，除西半球各國和英國以外，禁止向其他國家輸出廢鐵和鋼鐵。這一禁運措施實際上主要是針對日本的。

　　日本對於美英實行禁運已經有所準備。在 9 月 19 日的御前會議上，近衛首相說： "可以預料，隨著新情況的發生，同美英的貿易關係將更加惡化，最嚴重時進口物資可能將完全斷絕。我國的現狀是，許多主要軍需物資都要仰賴美英，因此，不可避免地將要出現相當困難；但由於原來已估計到這種情況，擴大了國內生產，努力增加了儲備，如果能進一步加強對軍、官、民的消費統制，將物資集中使用於最急需方面，則認為在相當長的時期內將不致影響軍需。即令日美開戰，也將能比較長久地應付軍需，經受得住相當長期的戰爭。"[1]可見對於不惜與美國開戰也要實施南進的日本，美國禁運某些物資，並不能達到預期的目的。何況鋼鐵並不是日本最短缺的物資，石油才是對維持日本經濟和戰爭機器生攸關的重要物資。

日德意三國同盟建立後，美國面臨德國法西斯從西方和日本軍國主義從東方的兩洋威脅，決定採取"先歐後亞"的世界戰略，在大西洋對德國採取攻勢，在太平洋對日本採取守勢，盡可能避免或推遲同日本發生戰爭。因此，美國在亞太地區對中國的援助和對日本的限制都是半心半意，很不得力。為了避免刺激日本過早南進，美國決策者遲遲未能下決心對日本進行全面經濟制裁，尤其是沒有及早對日本實行有效的石油禁運。這是美國尚未從根本上改變對日綏靖政策的表現之一。

日本的絕大部分陸軍和大量海、空軍一直陷於中國戰場，一時難以抽調大量兵力到南方進行大規模作戰，需要爭取時間來進行準備和部署。同時日本在經濟上有求於美國，在軍事上懼怕美國雄厚的潛力，並企圖誘使美國放棄對中國的支持，以利於結束中日戰爭，以便全力南進。

日美雙方各有打算，遂從 1940 年年底起，通過各種非正式管道，開始了外交接觸。1941 年 3 月到 12 月，兩國一面加緊備戰，一面進行了長達 9 個月的官方正式談判。在談判中，雙方圍繞中國問題討價還價，爭吵不休。日本的談判目的是力圖利用美國的對日妥協因素，阻止美國援助中國，從而孤立中國，結束中日戰爭，同時繼續從美國獲得戰略物資，完成南進準備；美國的談判目的是以承認日本侵華的某些既成事實，犧牲中國的利益，換取日本脫離三國同盟，放棄南進政策，從而避免美日戰爭。日本在談判中的要價越來越高，不僅要求美國承認偽"滿洲國"、"日滿華宣言"和"日汪條約"等日本侵華的產物，促成蔣介石政府

---

1 詳情參見《軸心國的初期勝利》下冊，第 931-936 頁。

與日本直接談判，而且要美國不再插手中國事務，並企圖阻止美國參加歐洲戰爭，堅持日德意軍事同盟。美國要求日本從中國撤軍，恢復中國的門戶開放，並保證不向南洋實行武力擴張，宣告日德意三國條約爲有限的防禦條約（不針對美國和不參加歐戰）。由於雙方的要求距離極大，矛盾根本無法調和，談判到夏天遂陷於僵局。

　　1941 年 6 月 22 日，納粹德國大舉進攻蘇聯。蘇德戰爭初期，蘇軍在德軍的突然襲擊下喪師失地。國際形勢的這一重大變化，使日本統治集團內部關於南進、北進孰先孰後之爭再度掀起。外相松岡洋右和關東軍頭目力主乘機北進，配合西線德軍的攻勢，奪取西伯利亞。先搞北面，再搞南面，在此期間解決中國事變。陸海軍首腦則主張利用蘇德戰爭解除日本受北方牽制之機，實施南進，待北方的形勢達到瓜熟蒂落的時候才應該行使武力。6 月 24 日，大本營陸海軍部提出《適應形勢演變的帝國國策綱要》草案。在 6 月 25-28 日的大本營和政府聯席會議上，對這個綱要進行了討論。會議自始至終圍繞著松岡外相的對蘇開戰論進行爭論，最後否決了松岡立即北進的主張。陸軍參謀總長杉山元說：「日本的大部分兵力現在正用於中國，（北進）實際上辦不到。統帥部是要作好準備的，但是幹不幹現在決定不了。」[1] 7 月 2 日的御前會議通過了聯席會議決定的《適應形勢演變的帝國國策綱要》。綱要決定「無論世界形勢如何演變，帝國將堅持建設大東亞共榮圈」，「帝國爲達此目的，不惜對英美一戰」。對德蘇戰爭「暫不介入，秘密作好對蘇作戰準備」，「如果德蘇戰爭的進展情況對帝國極爲有利，就行使武力解決北方問題，以確保北部邊界的安定。」確定了北守南進的戰略方針。南進的首要目的則是「爲促使蔣政權早日屈服，進一步從南方各地加強壓力」[2]

1　《大東亞戰爭全史》第 1 冊，第 153 頁。
2　《大東亞戰爭全史》第 1 冊，第 147-148 頁。

　　為了實施南進，日本在德國幫助下，從 7 月初以來不斷對法國維希政府施加壓力，要求在印度支那南部獲得一系列軍事基地。為準備進佔印度支那南部，日本陸軍編組了以飯田祥二郎為司令官的第 25 軍，海軍編組了南遣艦隊。7 月 21 日，維希政府和法屬印度支那殖民當局被迫接受了日本的要求。7 月 24 日，第 25 軍從海南三亞港出發，進佔印度支那南部。7 月 29 日，關於共同防守法屬印度支那的日法議定書在維希正式簽字。根據這個議定書，日本可以向印度支那南部派遣必要數量的陸海空軍並享有完全的行動自由,日軍佔領柬埔寨和交趾支那的 8 個空軍基地，租借金蘭灣和西貢的海軍基地。日本輕而易舉地攫取了進攻馬來亞、新加坡和荷屬東印度的海、空軍基地。[1]

　　日本南進的這一重要步驟，迅即引起美英的強烈反應。主持美日談判的美國國務卿赫爾認為："日本侵佔法屬印度支那南部，是對西南太平洋發動全面進攻前的一個最後佈局。這是在日美談判正在進行中幹出來的勾當。因此，我認為已失去繼續談判的基礎。"[2] 7 月 26 日，美國宣佈凍結日本在美資產。同一天，美國設立了遠東陸軍司令部，任命原陸軍參謀長、菲律賓軍事顧問麥克亞瑟將軍為司令官。英國和英聯邦各自治領也與美國採取同一步調，於 7 月 26 日宣布凍結日本在這些國家的資產。英國還廢除了日英、日印和日緬貿易協定。8 月 1 日，美國又宣佈對日本實行除棉花和糧食之外的全面禁運，石油也在禁運之列。實行石油禁運是美國對日經濟制裁的最後一張王牌，這是美國除了武力手段之外對日本採取的最強硬措施。這些措施表明，美國對日政策至此實現了從以綏靖為主到以抗衡為主的根本轉變。從這時到太平洋戰爭爆發之前的 100 天左右時間裏，美日談判雖然仍在

1　日軍進佔法屬印度支那南部的經過，參見《大東亞戰爭全史》第 1 冊，第 130-141 頁；《軸心國的初期勝利》下冊，第 1046-1054 頁。

2　實松讓：《偷襲珍珠港前的 365 天》，上海譯文出版社 1980 年版，第 133 頁。

斷斷續續地進行，但雙方都不過是在逢場作戲，互相欺騙，通過談判來爭取備戰時間。西方國家的禁運，對資源貧乏，主要戰略物資一直仰賴西方供應的日本，打擊是十分沉重的。尤其是石油禁運擊中了日本的要害。當時，日本本土及殖民地的天然油年產量僅 40 萬噸，人造石油年產量 30 萬噸，而每月就要消耗石油 45 萬噸左右。1941 年 8 月的石油儲備約 940 萬噸，按現有消耗量最多能維持兩年。海軍是日本最大的石油消費者，一旦供應來源斷絕和庫存枯竭，龐大的艦隊將陷於癱瘓。因此，軍部首腦力主先發制人，加快實施南進，迅速奪取資源豐富的南洋地區。大本營陸、海軍部於 8 月中、下旬磋商制定了《帝國國策實施要領》，經大本營和政府聯席會議、內閣會議討論通過後，在 9 月 6 日的御前會議上批准執行。該要領確定"在不惜對美（英、荷）一戰的決心之下，大致以 10 月下旬為期，完成戰爭準備。"同時規定"外交談判如果至 10 月上旬仍不能實現我方要求時，立即決心對美（英、荷）開戰。"[1]

御前會議前一天，近衛首相將上述要領先上奏天皇。由於天皇流露出對作戰問題的懷疑，陸軍參謀總長和海軍軍令部總長奉召進謁作答。天皇問杉山參謀總長："萬一日美之間發生爭端，陸軍能在多長時間內確有把握地解決問題？"杉山回答說："僅就南洋方面而言，打算 3 個月解決問題。"天皇質問道："日華事變爆發時，你杉山是陸軍大臣，我記得當時你曾說過'事變大約有 1 個月時間即可解決'，可是現在已經 4 年多了，事變不是還沒有解決嗎？"杉山辯解說："因為中國內地幅員遼闊，無法按預定計劃進行作戰。"天皇斥責杉山說："如果說中國內地幅員遼闊，那麼太平洋不是更加遼闊嗎？怎麼能說確信 3 個月解決問題呢？"杉山無言對答。[2]這一問一答，表明天皇對日美開戰的

---

1 《大東亞戰爭全史》第 1 冊，第 181 頁。
2 《偷襲珍珠港前的 365 天》，第 169-170 頁。

前景極不放心，軍部首腦決心鋌而走險。

　　隨著日本對外擴張的戰略方向由北進轉向南進，日本海軍從1940年中就著手研究南方作戰問題。日本南進的主要對手是擁有強大經濟和軍事實力的美國。以珍珠港爲基地的美國太平洋艦隊，是唯一可以同日本聯合艦隊抗衡的海軍力量。聯合艦隊司令山本五十六海軍大將，從1941年初以來一直竭力主張突然襲擊珍珠港，殲滅美國太平洋艦隊主力，一舉奪取西太平洋的制海權和制空權。山本力排眾議，主持制定了偷襲珍珠港的作戰計畫，並率領艦隊在日本本土地形類似珍珠港的鹿兒島進行了反復演練。9月上旬，山本在海軍大學進行偷襲珍珠港的圖上作戰演習獲得成功，得到軍令部認可。大本營陸軍部也擬訂了進軍東南亞各地的作戰計畫，預定首先同時進攻菲律賓和馬來亞，繼而奪取荷屬東印度，然後回師攻打緬甸。9月6日的御前會議確定和戰期限前後，陸海軍都加緊進行出師準備。9月1日，大本營海軍部向全體海軍部隊發佈了戰時編制的命令。9月18日，大本營陸軍部發佈了作戰準備命令。擔任南方作戰任務的部隊開始向華南、臺灣和法屬印度支那調動。這些地方的兵站基地加緊儲存作戰物資。在南洋各地，從關島到緬甸，從馬尼拉到新加坡，大批日本間諜將收集到的最新情報源源不斷地發回國內，日軍統帥部據此充實和調整南進的行動計畫。準備南進的日軍猶如上弦之箭，待命即發。

　　根據9月6日御前會議的決定，必須在10月上旬作出和與戰的決定，以便在10月下旬完成戰爭準備。整個9月，日美談判毫無進展。陸海軍首腦在9月25日的大本營和政府聯席會議上提出，至遲必須在10月15日以前作出和與戰的決定。然而在10月中旬，日美談判仍然沒有達成妥協的跡象。這時仍有相當一部分軍政要人對冒險南進表示了各種疑慮，甚至連主持發動全面侵華戰爭和制訂南進決策的近衛首相也對日本能否戰勝美國缺乏信心，沒有勇氣在中國問題尚未解決之時決定對美開戰。以陸相東條英機爲代表的軍部主戰派以執行御前會議決議爲根據，要求近衛內閣如果不能執行既定國策，就應該引咎辭職。於是，第三次近衛內閣於 10 月 16 日決定總辭職。第二天，天皇授命東條英機組閣。10 月 18 日，東條內閣就職。東條首相兼任陸相和內務相，並且是現役的陸軍大將。東條內閣帶領日本迅速地投入到太平洋戰爭中去。

東條英機上臺後，連日舉行大本營和政府聯席會議，重新研究國策。11 月 2 日，制訂了《帝國國策實施要領》，並於 11 月 5 日經御前會議批准。該要領確定："帝國為打開目前困難局面，保衛國家的獨立和自衛，並建設大東亞新秩序，現已決心對美英荷開戰"，並且"將發動戰爭的時機定為 12 月初"。同時規定"至 12 月 1 日午前零時，如果對美談判獲得成功，則停止發動戰爭"[1]。日本決定繼續對美談判，主要是為了麻痹美國，掩護日軍實施突然襲擊的一種手段。

11 月 5 日，大本營海軍部發佈《大海令第一號》，命令聯合艦隊作好對美、英、荷作戰的準備，將作戰部隊開到進攻出發地。同一天，外務省特派的談判特使來棲三郎動身赴美，協助駐美大使野村吉三郎進行對美談判。11 月 6 日，天皇親自任命了南方軍總司令官寺內壽一大將及其所屬各軍司令官。大本營陸軍部向南方軍和南海支隊（準備攻佔西太平洋上美國海軍基地關島的大本營直屬部隊）下達了戰鬥序列命令，同時命令準備攻擊南方要地；命令中國派遣軍準備攻佔香港。11 月 8 日發佈命令，從千島群島經日本本土直到臺灣的各要塞進入一級或二級戰備。南方軍在法屬印度支那、海南島、華南、澎湖列島、臺灣、奄美大島、帛琉島集結，南海支隊在小笠原群島集結。11 月 22 日，擔負偷襲珍珠港任務的南雲艦隊在千島群島南部的單冠灣集結完畢。日本陸海軍均完成了南進的戰略部署。11 月 20 日，正當野村和來棲在華盛頓向赫爾國務卿提交 11 月 5 日御前會議通過的"對美談判最

1　《大東亞戰爭全史》第 1 冊，第 219 頁。

後方案"時，大本營海軍部已下令山本五十六實施開戰部署。11月26日，南雲艦隊從單冠灣出發，踏上了偷襲珍珠港的征程。同一天，赫爾將美國的"綜合基本建議"（即"赫爾備忘錄"）交給野村和來棲。該建議主張日美兩國倡議遠東各有關國家締結互不侵犯條約；要求日本從中國和法屬印度支那撤走全部軍隊和員警；放棄日本同中國的特殊關係；日本否認除重慶國民政府以外的中國其他一切政權；廢除日德意三國國盟條約中不起作用的條文。[1]

日本當局認為赫爾備忘錄是一份最後通牒。11月27日，大本營和政府聯席會議決定於12月1日召開請天皇批准開戰的御前會議。12月1日下午2時，在全體閣僚出席的御前會議上，天皇作出了對美、英、荷開戰的決定。大本營陸海軍部立即請求天皇批准發佈開始進攻的命令。進攻的日期定在東京時間12月8日。隨後，山本五十六即向率特遣艦隊向珍珠港進發的南雲忠一發出"攀登新高山1208"的暗語密電，下令南雲按原計劃於東京時間12月8日零時（夏威夷時間12月7日）對珍珠港發動襲擊。陸軍參謀總長下達了開戰命令。準備在馬來亞登陸的大型運輸船隊，於12月4日從海南島三亞港啓航。

1941年12月7日（夏威夷時間，星期日）清晨，駐泊珍珠港的美國太平洋艦隊在毫無準備的情況下，遭到強大的日本特遣艦隊的毀滅性打擊。同日，日軍在東南亞和西南太平洋廣大地區，同時對香港、馬來亞、菲律賓、關島、威克島等地發動進攻。12月8日，美、英對日宣戰。12月9日，中國國民政府對日、德、意宣戰。12月10日，日本大本營和政府聯席會議決定，將中日戰爭和太平洋戰爭統稱為"大東亞戰爭"。[2]

窮兵黷武的日本軍國主義者，就這樣背負著中日戰爭長期化

---

1 赫伯特・菲斯：《通向珍珠港之路——美日戰爭的來臨》，商務印書館1983年北京版，第338-339頁；《偷襲珍珠港前的365天》，第262頁。
2 《大東亞戰爭全史》第1冊，第1頁。

的沉重包袱，步履蹣跚地踏上了南進之路，開始了一個侵略擴張的新階段。太平洋戰爭的爆發，擴大了第二次世界大戰的範圍，加強了中國戰場同其他反法西斯戰場的聯繫。從太平洋戰爭爆發之日起，中國戰場和太平洋戰場這兩大對日主戰場的戰局就緊密地聯繫在一起。日本企圖以中國大陸作爲南進的兵站基地，再利用太平洋戰爭的勝利來結束對華戰爭。但日本的戰線卻大大延長，力量進一步分散，戰局的發展日益走向日本軍國主義者所設想的反面，決定了它最終失敗的命運。中國則結束了長期在東方孤立奮戰的局面，加強了同世界反法西斯力量的國際團結和相互支援，有利於中國軍民堅持持久抗戰，並對世界反法西斯戰爭尤其是亞太各國人民抗日戰爭的最後勝利作出新的貢獻。

第二節　中國抗戰的主要國際通道

　　抗戰初期任國民政府交通部長的張嘉璈指出：“抗戰與交通，相爲表裏，不可或分。‘現代戰爭’所要求於交通方面的，比過去更爲重大，更爲艱難。因爲無論前方輜重的輸送，後方物資的調集，乃至防空防岸的實施和戰略戰術的動用，在在與交通機構、運輸工具，有最密切的關係。”[1]在中日戰爭中，日本封鎖中國的交通與中國的反封鎖鬥爭，對戰爭的進程和結局產生了重大影響。

　　日本發動全面侵華戰爭不久，日本海軍省便於 1937 年 8 月 20 日宣佈封鎖中國海岸，切斷中國獲得外援的通道，阻止一切戰略物資進入中國，企圖以此迫使依靠外援抗戰的國民黨政府屈服就範。8 月 25 日，駐上海日本海軍第 3 艦隊司令長谷川清中將宣

---

1 公權：《“抗戰”與“交通”》，《抗戰與交通》雜誌第 1 期,1938 年 3 月 15 日。

佈封鎖北起山海關，南到汕頭的中國海岸。當時，中國軍隊使用的武器和汽車、汽油、機器、通訊器材、醫療用品等戰略物資，基本上都要從國外進口。這些物資主要通過東南沿海的口岸進入中國。1938 年 10 月武漢、廣州相繼失守後，我國東南沿海各省的主要城市和港口，以及絕大部分鐵路都落入日軍之手，海運交通線完全被封鎖。國民政府退守重慶，依託西南、西北大後方繼續抗戰。西南大後方包括以重慶為中心的四川、雲南、貴州、西康、廣西等省全部和湘西、鄂西，是抗日正面戰場上國民黨政府軍力量的重心所在。

　　當時，中國同國外的聯繫有以下幾條交通線：其一是以香港為門戶，經過華南沿海通往內地的路線；其二是經甘肅、新疆前往蘇聯的西北路線；其三是以越南海防為起點，經滇越鐵路到昆明，或經桂越公路到南寧的法屬印度支那路線；其四是以緬甸仰光為起點，經緬甸鐵路到臘戍，接剛剛修通的滇緬公路到昆明。這四條路線中，西北路線雖然日軍無法封鎖，比較安全，但路途遙遠，運量不大。香港路線要穿過日軍的封鎖線向內地滲透，加之英國對日綏靖，在香港採取禁運措施，因此這條路線很不可靠。桂越公路在 1939 年 11 月日軍發動桂南戰役，攻佔南寧後也被切斷。這樣，中國的國際通道主要只能依靠雲南境內的滇越鐵路和滇緬公路。

　　雲南內連川黔桂，外接越老緬，其地勢在西南邊疆高屋建瓴，既是從中國大陸插入中南半島的矛，又是中國大陸西南邊緣的盾，在地緣上處於海權與陸權交接之處。由於雲南在地緣上的重要，近代以來英、法一直虎視耽耽，通過緬甸、越南覬覦雲南。抗日戰爭中、後期的戰略相持和戰略反攻階段，雲南既是防禦日軍從中南半島北犯的屏障和協同盟軍反攻東南亞的基地，又是保持中國與盟國的聯繫及獲得外援的主要門戶，成為將中國戰場和太平洋戰場直接聯繫在一起的戰略結合部。雲南這種獨特的戰略地位，使它在中、美、英三大盟國共同對日作戰中發揮了極其重要的作用。

　　從 1938 年 10 月武漢、廣州失守到 1941 年 12 月太平洋戰爭爆發之前，滇越鐵路和滇緬公路作為戰時主要國際運輸線的作用日益突出。

　　滇越鐵路是法國殖民者為掠奪雲南資源，於 20 世紀初修築的一條窄軌鐵路，全長 855 公里，1910 年 4 月 1 日全線通車。其中雲南境內線路長 466 公里，由昆明縱貫滇南的宜良、開遠、蒙自等地，在河口出境入越南老街，經河內到海防港，越南境內海防至老街段線路長 389 公里。滇越鐵路建成後一直由法國經營。由於線路建設標準低，坡度大，隧道多，設備簡陋，運輸能力低下，且夜間不能行車，抗戰前月運量僅 3000 噸左右。抗戰爆發後，經中國方面多次與法方交涉，增加了一些車輛，擴充了運輸能力，運量顯著增加，1938 年月運量達到 9000 噸。據法國人編的印度支那統計年鑒記載，由海防到昆明的鐵路運量，1937 年為 3.3 萬多噸，1938 年為 5.1 萬多噸。[1]

　　根據中法條約，中國有權經滇越鐵路運輸軍火。對法西斯侵略奉行綏靖政策的法國政府卻對中國施加種種限制，規定凡中國的軍火非在 1937 年 7 月 13 日以前在歐洲購買的，或 8 月 15 日以前從歐洲運出的，一律不得通過越南。蘇聯為支援中國抗戰，與中國駐蘇大使楊傑商定，蘇聯貨輪由黑海的軍港秘密裝運軍火開赴遠東。其中兩艘貨輪預定在海防卸貨，經滇越鐵路運入我國。這兩艘貨輪到達海防時，正好是 1938 年元旦。中國有關人員趕到海防，請蘇聯船長在報關單上加注："此系他輪於 8 月 13 日由黑海運出，本輪於 9 月由波羅的海轉運而來。"法方才准入港。由於所運的戰車、火砲等大件未曾裝箱，在卸貨時被日軍間諜發現。日本政府據此向法國殖民當局提出抗議，要求禁止這批軍火運往

1 陳修和：《抗日戰爭中的中越國際交通運輸線》，載全國政協文史資料研究委員會編：《文史資料選輯》第 7 輯，中華書局 1960 年 7 月版，第 5-6 頁。

中國。法方畏懼日本，接受了這一無理要求，停止了我方運輸。當時卸運不及半數，除戰車、戰防砲及少量彈藥等共約 2000 噸左右已裝入火車，經滇越鐵路搶運到昆明以外，尚有大量彈藥被扣留在港口碼頭上。經中國政府同法國政府和法屬印度支那殖民當局多次交涉，到了月底，法方才以表面扣留、暗中放行的方式，准許中國用小船將這批軍火從海防運到中越邊境的芒街，再沿海岸駛往廣西境內的東興登陸。當時日軍軍艦已經在欽州灣外遊弋，行動稍不機密，就有遭到攔擊的危險。中國有關方面周密佈置，嚴加戒備，歷時 1 月左右，才將 3000 餘噸械彈運回國內。這批軍火運完後，中國從海外輸入的軍火再也不能假道越南了。[1]

廣州失陷，粵漢鐵道運輸中斷以後，原來由香港經廣州內運的各種物資大量擁入海防，滇越鐵路的運輸更加繁忙。這時該路的月運量不過萬噸左右，加之法方的多方留難，積壓在海防待運回國的物資多達 10 萬噸以上。1938 年 11 月，法國政府又下令不准軍用卡車和救護車通過，經多次交涉，只放行救護車。後來通過當地紳商建議，印支殖民當局才同意在交稅之後，每月可在夜間零星通過 100 輛。以後法國政府又禁止軍用發動機和軍械製造機器通過，印支殖民當局變本加厲，連一般機件也不准通行。又經多方努力，到 1939 年 2 月才將原禁令改為："凡非製造軍械所用的機器及發動機均准通行"。1939 年 9 月歐洲戰爭爆發後，法方即宣佈中國堆存在海防的德國機器等物資為敵貨，企圖加以掠奪。經再三交涉，直到 1940 年 2 月又以借用名義扣留了其中部分機械才予放行。1940 年 6 月，日本乘法國在歐洲敗降德國之機，壓法國接受其要求，封鎖了中國邊境，切斷了中越運輸線。當時，存儲在海防的物資仍有 8 萬噸左右。中國通過滇越鐵路和桂越公路新線將其中一部分搶運到邊界附近內運，無法搶運回國的就地

---

1 陳修和：《抗日戰爭中的中越國際交通運輸線》，《文史資料選輯》第 7 輯，第 4-5 頁；吳相湘：《第二次中日戰爭史》下冊，臺北綜合月刊社 1974 年 2 月版，第 665 頁。

設法保全。如汽油撥交美國的美孚和德士古兩家石油公司在當地出售，再由這兩家公司在仰光如數撥還；其他物資轉讓給美商信臣洋行，由洋行租用輪船轉運仰光。9 月下旬仍有一部分物資尚未處理完畢，被搶占越南北方的日軍擄獲。[1]

　　從 1937 年 9 月到 1940 年 6 月的兩年九個月中，從越南經滇、桂兩省的鐵路公路運入我國的各種物資總計約 40 萬噸左右，其中以滇越鐵路爲主要運輸線。輸入的物資除蘇聯援華軍火外，主要是汽油、機器、車輛等戰略物資，也有少量生活資料。[2]日軍搶占越南北方後，中國方面炸毀河口鐵路橋，拆毀靠近越境的碧色寨至河口段路軌，另派軍運司令駐路指揮中國境內路段的運輸事宜。

　　搶占越南北方的日軍不但完全切斷了滇越和桂越國際交通線，而且直接威脅雲南。爲加強滇南防線，阻止日軍北犯，昆明行營主任龍雲請求國民政府軍事委員會將滇軍第 60 軍由江西調回雲南，開赴滇南佈防。設立第 1、2 兩路指揮部，下轄 6 個旅，部署在滇越鐵路以西的蒙自、個舊一帶。軍委會又增調關麟征所部第 9 集團軍（轄 3 個軍）入滇，部署在滇越鐵路以東的文山、西疇、馬關等地。任命盧漢爲滇南防區總司令，統一指揮駐防滇南的中央軍和滇軍各部。

　　從此以後，雲南便從抗戰初期遠離戰區的大後方縱深地帶變爲直接接敵的前沿陣地，擔負起保衛祖國的西南大門，維護國際通道暢通的重任。

　　滇越鐵路被切斷之後，滇緬公路遂成爲我國西南大後方唯一的國際交通命脈。美英等國的援華物資絕大部分都要通過滇緬公路運入中國。我國出口的農礦產品也要從這條公路運到海外。甚至蘇聯的援華物資也要經由此線轉運。當年在滇緬公路採訪的記者寫道："中國對日抗戰以後，沿海口岸受著敵人封鎖，國際交

1　龔學遂：《中國戰時交通史》，商務印書館 1947 年版，第 87-93 頁。
2　陳修和：《抗日戰爭中的中越國際交通運輸線》，《文史資料選輯》第 7 輯，
　　第 9 頁。

通線端賴滇越鐵路、滇緬公路和西北通蘇俄的公路維持。及至法國戰敗于歐洲，蘇聯受制於德國，中國通越南一線，又受著日寇的堵塞，西北一線又萬里迢迢，剩下最能利用的一條國際交通線，就只有滇緬公路。近兩年來，滇緬公路已經成了中國抗戰唯一的輸血管。"[1]這段話簡要地概括了中日戰爭進入相持階段以來滇緬公路的戰略作用。

雲南南連中南半島、西近孟加拉灣，是地處我國內陸腹地的西部各省通往太平洋和印度洋的必經之地。古代南方絲綢之路貫通川滇，西出緬印，溝通了我國西南地區與東南亞、南亞乃至西亞和地中海區域各國的經濟文化交流。在上至秦漢、中經唐宋、下迄明清的 2000 年間，這條重要的國際商道商賈輻輳，使者往還，彪炳于世界文明史冊。抗日戰爭初期修築的滇緬公路大部分區段的走向基本上沿循漢唐故道，在歷史的風口浪尖上再現輝煌。

雲南地處邊陲，山高谷深，山區占全省國土面積的 94%，交通建設極為艱難。直到本世紀 30 年代初，還沒有一條通往省外的公路。雲南地方當局自 1921 年即開始修築由昆明至下關的滇西公路，但工程進展異常緩慢。"九‧一八"事變以後，日寇不斷擴大侵華。為了改變落後的交通狀況，作好應付意外事件的準備，以龍雲為首的雲南省政府設立了全省公路總局，省主席龍雲親自兼任公路總局督辦，各縣成立公路分局，加緊公路建設。全省首先修建滇東、滇西、滇東北、蒙剝（蒙自至剝隘）四大幹道。其中滇西線打通雲南西部，進而通往緬甸，這就是後來的滇緬公路；滇東、滇東北、蒙剝等三線，則是溝通與相鄰的川、黔、桂三省的聯繫。1935 年，滇西線土路建成通車。

日寇發動全面侵華戰爭後，隨即對中國沿海實行封鎖，企圖切斷中國獲得外援的通道。在日軍鞭長莫及的大後方開闢新的對外通道，成為全國抗戰的當務之急。1937 年 8 月，龍雲赴南京出

1　樂恕人：《緬甸隨軍紀實》，勝利出版社出版，第 3 頁。

席最高國防會議，請纓抗日，並主動向蔣介石建議加緊修築滇緬公路和滇緬鐵路。他說：“上海方面的戰事恐難持久，如果一旦淪陷，南京即受威脅，也難固守。上海既失，即無國際港口，國際交通頓感困難了……日本既大舉進攻上海，它的南進政策必付諸實行，南方戰區可能擴大，到那時，香港和越南鐵路都有問題了……我的意見，國際交通應當預作準備，即刻著手同時修築滇緬鐵路和滇緬公路，可以直通印度洋。公路由地方負擔，中央補助；鐵路由中央負責，雲南地方政府可以協助修築。”[1]蔣介石當即表示同意，通知交通部、鐵道部協同辦理。

　　1937 年 10 月底，交通部次長王芃生前往昆明，會同雲南省政府及全省公路總局，共商修築滇緬公路的有關事宜，確定路線由昆明、下關、永平、保山、龍陵、潞西、畹町出界接緬甸臘戍。全線須改建由昆明至下關原築成的滇緬公路東段 411.6 公里，新建由下關至畹町的西段 547.8 公里，使之內聯貴昆公路，外接緬甸臘戍－曼德勒－仰光鐵路。經費由中央政府和雲南地方政府各出資一半，工程由地方負責。修築滇緬公路的有利條件，一是可以利用已經修通的昆明－下關段土路；二是可以部分利用大理－保山－騰沖－緬甸八莫的古代驛道，從而使實際工程量大大減少。1938 年 1 月，中國駐英大使館與英國政府商定，以木姐作為滇緬公路同緬甸臘戍－八莫公路的銜接點。畹町至木姐路段須新築 18 公里，由英緬當局負責修築。

　　路線方案確定後，雲南省政府通令沿線征工築路的 28 個縣和設治局，於 1937 年 12 月動工趕修，1938 年 3 月完成全線路基工程。各縣、局長必須親臨所劃路段督工，如期完成。滇黔綏靖公署指派參軍人員到各縣局催工上路。全省公路總局在保山設立總工程處，在西段設立關漾、漾雲、雲保、保龍、龍潞、潞畹 6 個工程分處，負責各段的工程管理和技術指導。國民政府經濟委員

---

1 龍雲：《抗戰前後我的幾點回憶》，《文史資料選輯》第 17 輯，第 55 頁。

會派一批工程技術專家協助工作，雲南省政府派公路總局技監段緯負責整個工程指揮。東段雖已築成土路，但大部分路面尚未鋪砌，故仍組建安祿和祿鳳兩個工程分處，進行改善路基、鋪築路面、修砌橋涵等工作，以期基本達到全天候通車的標準。

全線築路工程於 1937 年 12 月到 1938 年 2 月陸續展開。西段邊測量邊施工。承擔施工任務的鳳儀（今大理屬區）、大理、蒙化（今巍山、南澗）、漾濞、永平、順寧（今鳳慶）、昌寧、雲龍、保山、龍陵、騰沖各縣和潞西、梁河、盈江、隴川、蓮山、瑞麗、遮放等設治局，每天出工人數達 14 萬人。其中，呆山一縣承擔的線路長 146.4 公里，每天出工多達 2.8 萬人。人口較少的邊境幾個設治局，任務最少的也承擔 10 公里左右，每天出工 1000人。東段沿線的昆明、安寧、祿豐、廣通、楚雄、鎮南（今南華）、姚安、祥雲、彌渡等縣每天出工約 6 萬人。全線每天出工人數達20 萬人。西段平均每公里 255.56 人，每 3.9 米有 1 人；東段平均每公里 145.77 人，每 6.86 米有 1 人。[1]

滇緬公路的施工條件異常艱巨。特別是西段新修路線，要翻越橫斷山系縱谷區的雲嶺、怒山、高黎貢山等山脈，跨過漾濞江、瀾滄江、怒江等河流。沿途高山雄峙，江河湍急，要在崇山峻嶺間開路，深谷急流上架橋。來自四面八方的民工自帶糧食、被服和工具，許多人要長途跋涉 3-5 天才能到達工地。他們住在自己搭蓋的簡陋窩棚裏，日曬雨淋，餐風宿露。冬天山區寒風刺骨，火烤胸前暖，風吹背後寒。夏天峽谷地帶濕熱難耐，瘴毒時疫流行。政府沒有提供勞保和醫藥，連規定每人每天 2 角錢的初助費，也往往被貪官污吏中飽私囊，不能完全到手。施工中沒有築路機械，民工們使用鋤、鎬、籮筐等簡陋工具手挖肩挑，勞動強度很大。各族民工把參加修路視為抗日救國的具體行動，是自己應盡

---

1 雲南省公路史編寫組編印：《雲南省公路史參考資料》第 2 期，1982 年油印本，第 58-63 頁。

的義務。他們以高昂的愛國熱情和吃苦耐勞的精神，克服了種種艱難險阻，經過 9 個月的苦戰，於 1938 年 8 月將滇緬公路基本建成通車。由於完工時限要求緊急，施工中實行 "先求通、後求好" 的方針，先開出半幅路基 4-5 米，不少橋涵是臨時性的，少數路面未鋪上碎石，通車後又不斷整修，改善路況。到 1938 年底，全線累計完成土方近 2000 萬立方米，石方近 200 萬立方米。其中西段完成土方 1123 萬多立方米，石方 110 萬多立方米，建大、中、小橋樑 243 座，涵洞 1789 個，鋪路面 800 公里。[1]據有關方面估計，築路民工死亡人數不少於 2000-3000 人，死亡率約為 1.5%。大多死於爆破、墜岩、墜江、土石埋壓等工程事故和惡性瘧疾等疾病。傷殘者達萬餘人。不少工程技術人員也以身殉職。[2]

滇緬公路西段最初計畫造價為每公里國幣 5000 元，實際由中央補助 320 萬元，平均每公里實際造價為 5841.5 元。[3]因為徵用民工所做土方根本沒有計價，故 "其費用之低廉，當屬全國各路之冠"。[4]

滇緬公路是雲南全省，特別是滇西各族人民用血肉和汗水鋪築而成的。參加築路工程的有漢、彝、白、傣、回、苗、景頗、阿昌、崩龍、傈僳 10 個民族的民工。大理、永平等地的中小學生也組織了義務勞動。他們為了抗日救國，不畏艱險，不怕犧牲，在短短的 9 個月裏完成了這一浩大的工程，將近千公里的路線建成通車，創造了築路史上的奇跡。這是雲南各族人民對中國抗日民族解放戰爭和世界反法西斯戰爭作出的一大貢獻。

滇緬公路的修築，不但是全國關注的大事，而且引起了世界

---

1 雲南省公路史編寫組編印：《雲南省公路交通史·公路篇》上冊，1982 年油印本，第 90 頁；《雲南省公路史參考資料》第 2 期，第 64-65 頁。

2 《雲南省公路史參考資料》第 2 期，第 72 頁，《雲南省公路交通史公路篇》上冊，第 91-92 頁。

3 《雲南省公路史參考資料》第 2 期，第 72 頁。

4 雲南省歷史研究所編：《雲南歷史大事紀要近代史參考資料》，第 38 章，第 11 頁。

各國的矚目。英國《泰晤士報》1938 年 5 月 17、18、19 日連續發表文章和照片，突出報導滇緬路工程。8 月上旬，英國外交部派駐華使館二等秘書莫里斯徒步冒雨考察滇緬公路全線，讚揚工程的艱巨偉大。美國駐華大使詹森回國述職時，奉命取道滇緬公路進行實地考察。詹森乘坐吉普車，沿途詢問工程情況，拍攝照片。他在考察後發表談話說："滇緬公路工程浩大，沿途風景極佳。此次中國政府能於短期完成此艱巨工程，此種果敢毅力與精神，實令人欽佩。且修築滇緬路，物質條件異常缺乏，第一缺乏機器，第二純系人力開闢，全賴沿途人民的艱苦耐勞精神，這種精神是全世界任何民族所不及的。"[1]詹森回國報告後，美國政府決定將援華物資由滇緬公路輸入中國。

滇緬公路由雲南昆明到緬甸臘戍全長 1146 公里，其中雲南境內昆明－畹町路段長 959.4 公里。主要路段橫穿滇西，進入緬境後在臘戍與緬甸鐵路銜接，往南直抵仰光港。由昆明到仰光，公路、鐵路全長 2133 公里。

滇緬公路建成通車之日，正值東南沿海口岸通道丟失殆盡之時。這條新闢的對外通道立即對抗戰物資的輸入發揮了重要作用。1938 年 11 月 8 日，英國輪船"斯坦霍爾"號從蘇聯的黑海港口敖得薩裝運 6000 噸援華軍火，原計劃到越南海防港卸貨，經滇越鐵路運往中國。由於法國殖民當局的阻撓，這艘英輪只得改道駛往仰光港卸貨。11 月底經鐵路運到臘戍，12 月初經滇緬公路運到昆明。這是經滇緬公路運輸的首批外國援華軍事物資。[2]

1938 年 9 月，軍事委員會西南進出口物資運輸總經理處從廣州遷往昆明，負責辦理由仰光運軍用品至昆明轉運各地，運出口物資到仰光。10 月 21 日廣州淪陷，粵漢鐵路被切斷，失去了從

1 轉引自謝自佳：《抗日戰爭時期的西南國際公路交通線》，載《昆明文史資料選輯》第 6 輯，第 4-5 頁。
2 《中華民國史資料叢稿》譯稿，《緬甸作戰》上，日本防衛廳防衛研究所戰史室著，天津市政協編譯委員會譯，中華書局 1987 年 2 月版，第 2 頁。

香港進出口物資的重要通道，法國又不准軍火通過越南，裝運軍用物資來華的船隻紛紛駛往仰光，滇緬公路的重要性日益增加。同月，交通部在昆明成立滇緬公路運輸管理局，從雲南省公路總局接管滇緬公路，統管全路的客貨運輸和維護工程。西南運輸處有汽車 3000 多輛，員工不下 2 萬人，其中從東南亞各國自願回國支援抗戰的愛國華僑司機和技工就有 3000 多人。

　　經滇緬公路運輸的物資，主要是從仰光運進軍火、汽油、汽車、機械和醫療用品等戰略物資，從國內將西南地區出產的錫、鎢砂、桐油、豬鬃等農礦產品運到仰光出口。從 1939 年初到 1941 年底，每天沿線行馳的公私車輛由 300 輛增加到 800 輛，共運進各種物資 22.1567 萬噸。其中在 1939 年 11 個月中運進 2.7980 萬噸，1940 年運進 6.1394 萬噸，1941 年運進 13.2193 萬噸。從仰光到臘戍的鐵路運輸，火車每節車皮裝載 40 噸，每月可運 1 萬噸以上，而汽車每輛只能載 3 噸，整卸零運，吐納不平衡。從 1941 年起，外國及華僑的運輸公司幫助裝運，平均每月運量也達到 1 萬噸以上，勉強可以銜接。[1]

　　滇緬公路的建成通車，在中國戰場的西南大後方開闢了一條新的國際通道，打破了日本用武力封鎖切斷中國與海外的聯繫，從而困死中國的企圖，對國民政府獲得外援，開展外貿，增強抗戰力量發揮了越來越重要的作用。因而日本處心積慮地要切斷中國最後一條國際交通大動脈。"日本政府及大本營為了完成中國事變，傾注一切力量企圖切斷法屬印支、緬甸、香港各條路線。為此，雖然於 1940 年 9 月進佔法屬印支北部，但直至 1942 年 3 月以實力佔領仰光，這些路線並未被切斷。"[2]

　　1938 年夏滇緬公路建成之初，日本駐仰光外交官員就威脅英緬殖民政府，如果允許經滇緬公路運送軍火，日本就要進行轟炸，

1　龔學遂：《中國戰時交通史》，第 17-19、95-99 頁。
2　《中華民國史資料叢稿》譯稿，《緬甸作戰》上，第 2 頁。

若是炸彈"誤"投到緬甸境內，日本將不承擔責任。日本陸軍省、參謀本部在 1938 年 12 月 6 日決定的《昭和十三年秋季以後對華處理辦法》中，將"努力切斷（敵方）殘餘的對外聯絡線，特別是輸入武器的路線"[1]作爲侵華日軍的作戰任務之一。日軍進占法屬印度支那北部的一個重要目的，就是要獲得對昆明和滇緬公路沿線進行轟炸的空軍基地。日軍在河內建立了以侵華海軍司令部參謀長大川內傳七少將爲指揮官的"滇緬路封鎖委員會"，從河內附近的機場出動飛機，以滇緬公路上的主要橋樑爲重點目標，進行大規模轟炸。從 1940 年 10 月 18 日到 1941 年 2 月 27 日，日軍出動飛機 400 多架次，對瀾滄江上的功果橋和怒江上的惠通橋進行狂轟濫炸，功果橋遭到 16 次轟炸，惠通橋被炸 6 次。護橋員工晝夜守護，奮不顧身，隨炸隨修，千方百計維護兩橋的暢通。在橋樑受損嚴重，一時不易修復時，便就地取材，建造渡船、浮筏、浮橋，保持通車。1940 年 10 月 28 日、29 日，日機分別出動 35 架和 27 架襲擊惠通橋，投彈 200 餘枚，炸斷主索 9 根，吊索 6 根，工人死傷 10 人。工人和技術人員置生死于度外，奮勇搶修，使橋樑在 31 日恢復通車。軍事委員會運輸統制局電告滇緬公路運輸管理局："應撥滇緬公路特費 10 萬元以備獎勵搶修工人有功者"。[2]護衛和搶修滇緬公路的廣大工人和技術人員以他們的智慧和勇敢，使這條交通大動脈成爲"炸不斷的滇緬公路"，粉碎了日軍絞殺中國最後一條陸上國際通道的企圖。從 1940 年 10 月到 1942 年 4 月滇緬公路遭到轟炸的一年半間，正是該路運輸最繁忙的時期。

　　日本一方面從雲南境內轟炸滇緬公路，一面在外交上對英國施加壓力，要求英國從緬甸方面封鎖滇緬路。1940 年 6 月 24 日，日本外務次官穀正之照會英國駐日大使克萊琪，要求英國政府採

1　《現代史資料 9・日中戰爭 2》，美鈴書房，東京 1978 年版，第 554 頁。

2　《雲南省公路交通史・公路篇》上冊：《雲南公路建設記事年表（一）中華民國時期（1913 年-1943 年）》，第 35 頁。

取措施，停止通過緬甸路線及香港向中國運送軍火和其他戰略物資，同時陳兵香港邊界進行威脅。英國向美國求援，要求或者是美英一同對日本實行全面禁運，或者是美國派艦隊到新加坡。美國不同意派艦隊到新加坡，要英國既不向日本作重大讓步，也不採取任何反對它的行動，惹它發動戰爭。[1]英國頂不住日本的壓力，英大使於 7 月 12 日向日本外相有田八郎作出封鎖滇緬公路 3 個月的答復，並於 7 月 17 日發表聲明，"自本年 7 月 18 日起 3 個月期間，禁止通過緬甸輸送武器、彈藥、汽油、卡車以及鐵路器材。"美國國務卿赫爾於 7 月 16 日發表聲明，反對封鎖滇緬公路。[2]7 月 18 日，英日在東京簽訂了"封閉滇緬公路線協定"。中國對此提出抗議。邱吉爾強辯說："英國在歐洲正從事一個生死存亡的戰事，不能再在他處樹立新的敵人；滇緬路從 7 月至 10 月的 3 個月中間，幾乎不能行馳，在此期間內，封鎖了對中國無大損失。"[3]日本還派出陸海軍軍官到仰光總領事館，專門監視封鎖滇緬公路的情況。

　　英國以損害中國來對日本妥協退讓，並不能滿足日本的貪欲。封閉滇緬路協定簽訂之日上臺的第二次近衛內閣以建立"大東亞新秩序"爲基本國策，將英國在遠東的殖民地都包括在日本策劃建立的"大東亞共榮圈"之內。英日在遠東的重大利害衝突根本無法調和。由於中國的抗議和國際輿論的壓力，加上美國的強大影響和澳大利亞、新西蘭、加拿大等英聯邦各自治領都主張對日採取堅定行動，英國於 10 月 8 日通知日本，在 3 個月封鎖期滿後重新開放滇緬公路。

　　英國重開滇緬公路的決定，得到力圖利用中國拖住日本，以阻止或延緩日本南進的美國的支持。1941 年 5 月 6 日，羅斯福正式宣佈租借法案適用於中國。美國除援助中國一定數量的武器和

1　《軸心國的初期勝利》下冊，第 931-934 頁。

2　《中華民國史資料叢稿》譯稿，《緬甸作戰》上，第 3 頁。

3　曹聚仁、舒宗僑：《中國抗戰畫史》，聯合書報社 1947 年版，第 306 頁。

各類物資外，著重幫助改善滇緬公路路況和增加運力，使該路的運量從年初的每月 4000 噸提高到 11 月以後的每月 1.5 萬噸。

日本從雲南境內轟炸和從緬甸方面封鎖都沒有達到徹底切斷滇緬公路的目的。於是，進攻緬甸，拿下仰光，直接佔領滇緬公路，進逼中國西南大後方的門戶雲南，就成為日本南進計畫的一個重要步驟。如果日軍這一戰略意圖得逞，緬甸淪入敵手，滇緬國際交通線被切斷，將嚴重危及中國抗戰和整個亞太戰局。中國要確保滇緬公路的暢通，日本則千方百計要切斷它。敵我雙方展開一場封鎖與反封鎖、絞殺與反絞殺的“公路戰爭”勢所難免。

第三節　暴風雨到來之前的緬甸

太平洋戰爭的暴風雨到來之前，暫時處於世界大戰漩渦之外的緬甸已經是風雲變幻，暗流湧動，危機四伏。

緬甸面積 67.7 萬平方公里，是中南半島上面積最大的國家，位於半島西北部。它的北部和東北部與中國西藏地區和雲南省相鄰，中緬國境線長約 2185 公里，其中滇緬邊界長 1997 公里；東部與老撾（當時是法屬印度支那的一部份）和泰國交界，緬老邊界長 238 公里，泰老邊界長 1799 公里；西北部與印度接壤，緬印邊界長 1534 公里（當時的英屬印度與緬甸接壤地區分屬今印度和孟加拉）；南臨安達曼海，西南瀕孟加拉灣，海岸線總長 2655 公里。緬甸是從東亞大陸到印度洋的最近通道，是從遠東前往印度、中近東、非洲和歐洲的中間站，戰略地位十分重要。

緬甸的自然資源極為豐富。全國森林密佈，樹木種類繁多，盛產柚木、紫檀、鐵力木等優質木材和竹、藤。它耕地面積大、氣溫高、雨量充沛，是世界上主要的大米生產國和出口國之一，1930 年～1940 年的 10 年間，每年大米出口量達 350 萬噸，占中南半島各國出口總量的一半以上，是當時東南亞最主要的大米出口國。[1]石油是緬甸戰前最大的礦業，最高年產量約 100 萬噸，在東南亞僅次於荷屬東印度。緬甸的寶石和玉石享有世界聲譽。此外，還有金、銀、銅、錫、鉛、鋅、鎢、鎳、錳等有色金屬和棉花、花生、芝麻、豆類、香料植物、熱帶水果等經濟作物，其中有許多是重要的戰略物資。戰前，緬甸的鎢礦產量占世界第一位，單是毛奇（莫契）礦山出產的鎢礦就滿足戰前世界需要量的 35%，英國所需的 85%。[2]

緬甸有悠久的歷史和燦爛的文化。早在 2000 年前就進入了奴隸社會，形成了早期國家。

西元前後，緬甸與中國和印度兩個文明古國就有了密切的經濟文化交流。西元前 2 世紀之前就開闢的南方絲綢之路 ── 蜀身毒道，從四川成都經雲南、緬甸到達印度，溝通了中、緬、印之間的聯繫。西元 1 世紀，中國東漢王朝在今雲南保山地區設永昌郡之後，中緬之間的友好交往日益增多。西元 1 世紀後，大批印度移民和商人來到緬甸，印度教、大乘佛教和小乘佛教也傳入緬甸。西元 7 至 9 世紀，緬甸的驃國處於繁榮發展階段，與中國強大的唐王朝長期保持著友好關係。11 世紀時緬甸形成了統一的封建國家──蒲甘王朝。緬甸的封建社會延續了 800 多年，經歷了蒲甘、東籲、雍籍牙三個王朝。英國殖民者從 17 世紀就把侵略魔爪伸向緬甸。19 世紀，英國於 1824、1852、1885 年發動了 3 次侵緬戰爭，將緬甸變為它的殖民地。英帝國主義推行 "以印治緬" 的陰險政策，把緬甸劃為英屬印度的一個省，利用印度大量的廉價勞動力，開發緬甸豐富的資源，既剝削了印度人，又掠奪了緬甸的財富，達到一箭雙雕的目的。

緬甸人民不甘忍受英帝國主義的殖民統治和掠奪，不斷掀起反抗鬥爭。英國殖民者同緬甸人民的矛盾成為緬甸社會的主要矛

1 日本亞洲經濟研究所：《緬甸的經濟開發》，東京 1961 年版，第 317 頁。
2 基·艾爾·克裏斯琴：《緬甸與日本侵略者》，泰克有限公司，孟買，1945年，第 141 頁。

盾。這一矛盾在本世紀 30 年代達到空前尖銳的地步。在 1929-1933
年的世界經濟危機中，英國竭力向緬甸轉嫁危機。在經濟危機的
衝擊和殖民當局高額捐稅的榨取下，緬甸各階層人民的處境日益
惡化。1930-1932 年，爆發了薩耶山領導的農民起義，這是緬甸
歷史上規模最大的一次反英人民大起義，沉重地打擊了英國的殖
民統治，對緬甸民族解放運動產生了深遠的影響。在這次起義期
間，以仰光大學學生爲主的愛國知識分子組成了緬甸的第一個民
族主義政黨"我緬人協會"。協會成員的名字前冠以"德欽"（意
即"主人"），表示他們要當國家的主人。協會因此又稱"德欽
黨"。協會從民族主義的立場出發，反對英國的殖民統治，讚揚
薩耶山起義的革命精神。但直到 1935 年，協會成員的共同信條，
還僅限於"緬甸是我們的國家，緬語是我們的語言。讓我們熱愛
自己的國家，尊重自己的語言"。協會的活動也沒有超出"號召
抵制英國貨，使國家緬甸化，用緬語進行義務教育，建立一支國
民軍"等範圍。[1]

　　30 年代前期印度的第二次非暴力不合作運動和緬甸薩耶山
起義，動搖了英國在亞洲的殖民體系。爲了削弱印、緬人民的反
英鬥爭，加強英國在緬甸的殖民統治，滿足緬甸的英國資產階級
集團的要求，老奸巨猾的英國殖民者又玩弄"分而治之"的慣用
手法，實行"印緬分治"。從 1937 年 4 月 1 日起，緬甸成爲英國
政府直轄的殖民地，由英國任命的總督進行直接統治。英屬緬甸
的政府機構由總督、內閣和議會組成。總督獨攬行政和立法大權。
在兩院制議會中，由 36 人組成的上院半數議員由總督提名，下院
132 名議員經選舉產生。內閣由 9 名部長組成，形式上對下院負
責，實際上內閣總理由總督任命，聽命于總督。國防、外交、財
政、稅收、海關等要害部門都屬於總督專門的職權範圍。撣族、

---

1 貌貌：《緬甸憲法》。轉引自賀聖達：《緬甸史》，人民出版社，1992 年北
　京版，第 390 頁。

欽族、克欽族等山區少數民族的聚居區屬於總督直接管轄的"特區"。議會通過的任何一項法案未經英國政府的批准，都不能生效。總督有權剝奪緬甸任何個人的權利。在經濟方面，英國政府特別決定分治後的緬甸必須償還英印當局 5.07 億盧比的"債款"。根據《1935 年緬甸政府組織法》，1936 年在緬甸進行了殖民地議會選舉。各個地主資產階級的政黨紛紛爭權奪利，最後右翼政客巴莫被扶上緬甸首任殖民地總理的座位。1937 年 4 月 1 日，巴莫內閣就職，印緬正式分治。同一天，緬甸愛國青年在殖民地最高法院門前焚毀了一面英國國旗和一部《1935 年緬甸政府組織法》，表示了緬甸人民對英國殖民統治新花招的抗議。

　　1936 年 2 月，仰光大學學生發起大罷課，抗議當局開除學生會主席吳努（即緬甸獨立後的首任總理吳努）和學生會刊物《孔雀呼聲》主編昂山。罷課得到全國各地學生的回應和各界人士的廣泛支持，取得了勝利。在此基礎上，5 月上旬在仰光成立了全緬學生聯合會。全緬學聯的領導人後來幾乎都參加了"我緬人協會"，成為緬甸有名的政治活動家。1937-1941 年，"我緬人協會"發展成為一個具有廣泛群眾基礎的反帝愛國組織，在緬甸民族解放運動中發揮了重要領導作用。第二次世界大戰爆發前後，在"我緬人協會"的領導下，緬甸民族解放運動出現了全面高漲的局面。

　　1938 年爆發了全國規模的反英群眾運動，緬甸人民稱之為"1300 年運動"（1938 年是緬曆 1300 年）。從 1 月 1 日開始到年底，全緬各地的工人、農民、學生、市民、商人、僧侶等各階層群眾，越來越多地投入到反英鬥爭的行列中來。仁安羌油田的石油工人站在這一次鬥爭的前列。他們在堅持了長達 11 個月的罷工之後，於 12 月組織了 1000 多人的隊伍，步行 600 多公里，向仰光進軍，受到沿途群眾的歡迎和支持，於 1939 年 1 月到達仰光。仁安羌石油工人的這一行動，推動了全國各地反英鬥爭的發展。1939 年 2 月，緬甸故都曼德勒數千群眾舉行反英示威遊行，殖民當局派軍警開槍鎮壓，打死 17 人。殖民當局的血腥屠殺，激起緬甸人民更大規模的反抗。工人進行了緬甸歷史上第一次總罷工。在群眾鬥爭的沉重打擊下，巴莫內閣於 1939 年 2 月倒臺。

“我緬人協會”在領導“1300 年運動”的基礎上，加強了對工人、農民的組織工作。協會在 1939 年 3 月召開緬甸第一次全國工人代表大會，決定成立全緬中央工會組織。5 月，協會又召開全緬農民組織會議，成立了全緬農民組織。通過參加工農運動和學習馬克思列寧主義著作，協會的一部分成員逐步接受了馬克思列寧主義思想。1939 年 8 月 19 日，緬甸共產党在仰光成立，德欽昂山當選爲總書記。“我緬人協會”的組織成份和成員思想是比較複雜的。從其組織總體和主導思想傾向而言，資產階級民族主義和民主主義是主要的。印度國大黨對“我緬人協會”有很大影響。1938 年以後，協會每年都派代表參加國大黨的年會。

1939 年 9 月歐洲戰爭爆發，英國對德宣戰。緬甸作爲英國的殖民地，也被英國拖入參戰一方。緬甸各種政治力量對緬甸是否參戰以及在什麼條件下參戰態度紛紜，使緬甸國內政治形勢更加複雜化。9 月 9 日，“我緬人協會”的工作委員會發表聲明：“我們不僅在我們認爲適當的時候去譴責法西斯主義，而且永遠譴責它，因爲法西斯主義是和我們主張的原則、理想相違背的”[1]。同時反對英國獨自決定緬甸參戰。下臺總理巴莫又以一個民族主義者的面目出現，要求英國承認緬甸的獨立權。9 月底，“我緬人協會”制訂了統一戰線綱領，並於 10 月與國內其他反英組織聯合建立“緬甸自由聯盟”。巴莫當上了聯盟主席，“我緬人協會”總書記昂山擔任聯盟總書記。聯盟要求英國承認緬甸的獨立權，召開制憲會議，並立即將總督擁有的權力移交內閣，但遭到頑固維護殖民統治的英國政府拒絕。繼巴莫上臺的吳布政府秉承英國

1　《新緬甸》報，仰光，1939 年 9 月 10 日。轉引自瓦西裏耶夫：《緬甸史綱》下冊，商務印書館 1975 年 7 月北京版，第 430 頁。

主子的旨意，鎮壓本國人民的反英鬥爭，弄得聲名狼藉。連議會下院也在 1940 年 2 月 23 日以多數票通過一項充滿民族主義情緒的決議。該決議對法西斯侵略表示憤慨，對侵略的犧牲者表示同情，對"不列顛政府未經緬甸人民同意強使緬甸變成英德戰爭的參與者"表示遺憾，並且提出："下議院認爲，政府應當轉告不列顛政府，根據現在這場戰爭的公認的目的，爲了保證得到緬甸人民的合作，必須在緬甸立即實行民主原則……緬甸的政策必須由緬甸人民自行掌握；必須承認緬甸爲獨立國家，有權制定自己的憲法"。[1]

　　"我緬人協會"既是"緬甸自由聯盟"的支柱，又保持了自身在組織和政治上的獨立性。在協會領導下，1940 年緬甸的工農運動繼續發展。這一年 3 月，由昂山等人組成的協會代表團赴印度籃姆伽出席印度國大黨年會，並邀請國大黨代表出席即將召開的"我緬人協會"年會。在籃姆伽年會上，印度國大黨通過決議，如果英國拒絕立即成立一個向印度立法議會負責的政府，便開展公民不服從運動。同年 5 月召開的"我緬人協會"年會參照印度國大黨的決議制定了自己的路線，提出只要英國政府立即作出在戰後給予緬甸完全獨立的保證，"我緬人協會"願意在戰時同英國合作；否則，協會不但拒絕同英國合作，而且要開始進行公民不服從運動。[2]同月，英國政府制定"緬甸防禦法"，授予英緬殖民當局在整個戰時和戰·後半年內鎮壓緬甸人民的無限權力。殖民當局利用這一法令，在此後兩個月內逮捕了一大批緬甸各反英民族組織的重要領導人，其中多數人一直被監禁到日寇入侵。昂山及時隱蔽起來。隨後逃往國外，遭到殖民當局的通緝。

　　殖民當局的高壓政策進一步激化了緬英民族矛盾。這時正值

---

1 《新緬甸》報，1940 年 2 月 28 日。轉引自瓦西裏耶夫：《緬甸史綱》下冊，
　　第 435 頁。
2 《新緬甸》報，1940 年 6 月 19 日。轉引自瓦西裏耶夫：《緬甸史綱》下冊，
　　第 450 頁。

英軍在西歐大陸潰敗，英倫三島面臨德軍入侵。昂山等沒有被捕的緬甸民族主義領導人接受了，英國的困難就是緬甸的機會"的觀點，幻想聯合日本反對英國，以實現緬甸的獨立。昂山認爲："誰出來反對我們的敵人，誰就是我們的朋友"。[1]緬甸人民強烈反對半個多世紀以來壓迫剝削他們的英國殖民者，對日本侵略的威脅認識比較模糊。在這種情況下，親日情緒在"我緬人協會"的許多成員中滋長，這就是昂山等部分協會領導人提出和實行聯日反英主張的思想基礎和群眾基礎。然而同他們這種一廂情願的主觀願望相反，這種背離世界人民反法西斯鬥爭大局的狹隘民族主義立場，被正在加緊向東南亞擴張的日本軍國主義乘機利用，導致"前門拒狼，後門進虎"的惡果。

日本在發動全面侵華戰爭之前，與緬甸的交往並不多。日本在緬甸的經濟利益比它在東南亞其他國家要少，在緬甸的日本人也很少。直到 1931 年，在緬甸的日本人只有 570 人，他們是一些牙科醫生、照相師、獸醫、小商人等。[2]他們與同一時期在緬甸的數以萬計的歐洲人和各有數十萬的印度人、華人相比，其人數和社會影響都是微不足道的。印緬分治前後，日本對緬甸的經濟滲透逐漸加強，越來越多的日本商人來到緬甸，向緬甸傾銷紡織品，將緬甸的大米運往日本，經營日緬之間的海上航運和緬甸沿海漁業，甚至獲得在撣邦參與開礦的權利。1935 年，日本成立了"日緬協會"，名義上是加強兩國之間的文化交流，實際上是在緬甸開展間諜活動，並在反英民族主義人士中尋找日本的代理人。

日本發動全面侵華戰爭以後，對緬甸的興趣日益增加。特別是滇緬公路的修築和通車，使緬甸成爲進入中國的後門，與中國戰場發生了密切的聯繫。"緬甸這一地名給日本造成深刻的印象，恐怕是從它作爲援蔣路線之一，突然引起世人注目的時候開

---

1 《新緬甸》報，1940 年 6 月 19 日。
2 《緬甸與、日本侵略者》，第 301 頁。

始的。"[1]日本要切斷中國大後方的這條生命線，擺脫侵華戰爭的困境，就必須封閉這道後門。並且滇緬公路已成為日英、日美關係的絆腳石之一。緬甸豐富的戰略資源也令日本垂涎。日本在策劃南進的過程中，始終把緬甸作為一個重要目標，千方百計地滲入緬甸，進行了一系列陰謀活動。

　　1940 年 2 月，日軍參謀本部秘密指示鈴木敬司大佐研究切斷滇緬交通的方案。鈴木畢業于陸軍軍事學院，曾任日本駐菲律賓使館武官，回國後又任過軍事學院教官，有在東南亞從事間諜活動的經驗。他接到任務後，"遂即著眼於緬甸的民族運動，特別是以德欽黨為核心的先鋒勢力。他認為如果民族獨立運動發展成為武裝暴動的局勢，切斷緬甸路線的目的，自然就可以達到。"[2]為了偵察滇緬公路的現狀，搜集緬甸國內民族運動的情報，鈴木用了 3 個月時間在日本和中國搜集有關緬甸的情報，為進入緬甸作準備。當年 6 月，鈴木化名南益世，以日本《讀賣新聞》社記者和"日緬協會"書記的身份，於 7 月經曼谷飛往仰光。與他一同前往的還有杉山滿和水穀稻雄兩名隨員。鈴木一行從仰光北上，經曼德勒、八莫直抵中緬邊境，沿途實地偵察，搜集情報，並通過在緬日僑與"我緬人協會"的一些領導人建立聯繫，逐步進行滲透。同月，日英簽訂封閉滇緬路協定之後，日本又派出渡邊三郎大佐等 5 名陸軍軍官和大野善隆海軍大佐等人到仰光總領事館，監視封閉滇緬公路。[3]

　　日本海軍也在緬甸建立了自己的情報管道。其主要人物是原海軍大尉國分正三。國分因受處分退役，20 年代初攜家屬來到緬甸，在仰光開設牙科診所。1939 年歐洲戰爭爆發後，國分與"我緬人協會"的一些領導人秘密交往並參與制定"我緬人協會"的行動計畫。他利用長期在緬甸居住，結識的人多，對情況熟悉的

1　《中華民國史資料叢稿》譯稿，《緬甸作戰》上，第 1 頁。
2　《中華民國史資料叢稿》譯稿，《緬甸作戰》上，第 6 頁。
3　《中華民國史資料叢稿》譯稿，《緬甸作戰》上，第 3 頁。

有利條件，到各地進行考察，收集有關情報。國分通過日本海軍裏的老同學，將獲得的情報呈遞給海軍省次官山本五十六、軍務局長井上成美等海軍領導人。山本等人對這些情報極爲重視，並鼓勵國分制訂了一份《緬甸施策大綱案》。[1]

1940 年 8 月，日本外相松岡在其聲明中首次公開使用"大東亞共榮圈"一詞，緬甸也被納入日本的"共榮圈"範圍之中。日本間諜頭目鈴木利用緬甸民族主義組織遭到英緬殖民當局鎮壓的困難處境和部分領導人的聯日反英幻想，以日本願意幫助緬甸獨立爲誘餌，誘騙他們與日本合作。同月，昂山和拉綿帶著緬甸共產黨的介紹信隊仰光潛往中國廈門，打算與中國共產黨取得聯繫並前往重慶。日本特務機關一直密切注意昂山的行蹤，在廈門將他軟禁。昂山決定與日本合作，從此脫離了共產黨。11 月，昂山化名面田門司，經臺灣被送往日本。在東京機場迎接他的就是鈴木大佐。昂山受到日本特務機關的嚴密審查。他表示自己"首先關注的是緬甸的解放問題"[2]，並擬定了《自由緬甸計畫》。

1941 年 2 月 1 日，日軍大本營在東京建立專門從事對緬甸工作的特務機構"南機關"，負責人是鈴木敬司大佐，所屬人員由陸、海軍抽調，主要任務是推動切斷滇緬路的工作，爲日本入侵緬甸作準備。2 月 3 日，"南機關"在東京召開會議，通過了所謂"緬甸獨立計畫"。同年 3 月，"南機關"在泰國曼谷建立總部，對外稱"南方企業調查會"。其成員以從事林業、礦業、商業調查爲掩護，在泰緬邊境地區刺探緬甸的軍事、政治和經濟情報，探查進軍路線，繪製軍用地圖。爲便於工作，又在泰國境內沿泰緬邊界建立了清邁、拉亨、幹差那武裏、拉儂 4 個支會。

"南機關"建立後，昂山也隨後於 2 月中旬離開日本，3 月

---

1 太田常藏：《日本在緬甸的軍政史研究》，吉川弘文館，東京 1967 年版，第 39 頁。
2 《緬甸爭取自由的民族運動》，第 3 頁。轉引自瓦西裏耶夫：《緬甸史綱》下冊，第 465 頁。

初經勃生港潛赴仰光，與一些民族主義領導人商量聯日反英事宜。經過商討，他們同日本簽訂了一個秘密"君子協定"。協定規定，凡願意與日本合作的各民族主義政黨合併爲"緬甸人民革命黨"這一秘密組織，日本幫助建立"緬甸獨立軍"，並負責提供武器和物資，但要任用日本人爲總司令和顧問；人民革命黨和獨立軍要配合日軍進攻緬甸；待日軍攻佔丹那沙林後，即承認緬甸獨立，建立臨時政府；日本將向人民革命黨提，供 2 億盧比的財政援助；緬甸給予日本貿易上的優惠，並將滇緬公路的控制權移交日本。[1]3 月中旬，昂山率 29 名渴望祖國獨立的緬甸青年（即緬甸史稱的"三十志士"）前往日本，後來在日本佔領下的中國海南島接受軍事訓練。他們都成爲緬甸獨立軍的指揮員。

　　人民革命黨實行與日本合作的路線，使緬甸民族解放運動誤入歧途，破壞了民族解放運動的威信和統一。在這種情況下，"我緬人協會"及其領導的各個群眾組織陷於瓦解。昂山在戰後承認："我們把日本侵略者邀請到緬甸來，這並不是由於我們的親法西斯的傾向，而是由於本身的大大的失策和小資產階級的軟弱性。"[2]

　　1941 年 8 月，日軍大本營完成了南進作戰計畫的制定。根據陸、海軍達成的劃分各自作戰區域的協定，緬甸歸陸軍負責。"南機關"中的海軍人員隨即退出，"南機關"遂由清一色的陸軍人員組成。[3]爲了配合日軍侵緬，"南機關"著手實施建立緬甸獨立軍的計畫。鈴木敬司說："日本願意幫助緬甸獨立，但僅只給武器還不夠。緬甸人長期缺乏武裝鬥爭經驗，因此，如要給予真正有效的援助，必須對緬甸青年們施以軍事訓練，而在緬甸這是無

1　貌登佩：《在緬甸發生的事情》，第 4 頁，轉引自瓦西裏耶夫：《緬甸史綱》下冊，第 468-469 頁。

2　《緬甸爭取自由的民族運動》，第 4 頁。轉引自瓦西裏耶夫：《緬甸史綱》下冊，第 471 頁。

3　《日本在緬甸的軍政史研究》，第 59 頁。

法進行的。"[1]"南機關"除了安排以昂山爲首的 30 名骨幹接受軍事訓練，同時在泰國招募緬甸青年參加獨立軍。10 月，日軍參謀本部把鈴木召回東京，進行了開戰後入侵緬甸的兵棋研究。結論是，"作爲支援緬甸獨立運動的後盾，用大約一個混成旅團的部隊佔領毛淡棉附近，緬甸獨立黨員在其支援下，向緬甸國內挺進，在各地編成獨立義勇軍，開展廣泛的運動。"同月，在海南島受過半年軍訓的 29 名獨立軍骨幹（30 人中有 1 人在訓練期間死亡）分組經不同路線到達泰國曼谷，在日本軍官的指導下開始組建獨立軍。招募的獨立軍成員主要是來自緬甸的附日分子和泰籍緬甸人。日軍參謀本部爲了避免因越來越多的緬甸人由泰緬邊境潛入泰國參加獨立軍而暴露日軍對緬甸的作戰企圖，於 10 月底命令"南機關"暫時停止活動。11 月底，"南機關"暫時撤到西貢，以隱匿其企圖。

日軍偷襲珍珠港當天，南方軍總司令官寺內壽一大將命令日本駐泰國大使同泰國政府交涉，要泰國政府同日本簽訂同盟條約，允許日軍通過泰國領土到馬來亞和緬甸作戰。12 月 8 日，日軍進佔泰國，逼迫泰國政府簽訂城下之盟。12 月 21 日，日泰同盟條約簽字，日本通過這一條約把泰國綁在自己的戰車上。此後，"南機關"即在泰國完全公開地組建緬甸獨立軍。12 月 27 日，緬甸獨立軍在曼谷舉行成立儀式。鈴木敬司任獨立軍司令，野田毅（日本陸軍中尉）任參謀長，昂山、拉綿任參謀。[2] "三十志士"分別擔任各級指揮員。鈴木化名波摩覺（緬語"閃電"），昂山化名波德查（威武的主將），拉綿化名波延昂（無敵者）、舒貌化名波奈溫（太陽般的光輝）。[3]12 月 31 日，獨立軍從泰國出發，協同日軍進攻緬甸。這時獨立軍的人數約有 4000 人。

---

1 《中華民國史資料叢稿》譯稿，《緬甸作戰》上，第 6-7 頁。
2 太田常藏：《日本在緬甸的軍政史研究》，第 45 頁。
3 貌貌：《緬甸的憲法》，第 52 頁。轉引自瓦西裏耶夫：《緬甸史綱》下冊，第 472 頁。

　　英國殖民主義者極端害怕緬甸人民爭取民族獨立的鬥爭，其程度甚於擔心日本軍國主義對緬甸的入侵。就在日本千方百計地拉攏緬甸民族主義者，緊鑼密鼓地策劃入侵緬甸之際，英國當局仍然頑固地堅持維護在緬甸的殖民統治，不肯對緬甸民族主義者的要求作出些許讓步。1941 年 8 月 14 日，美英兩國首腦發表《大西洋憲章》，宣佈“兩國並不追求領土或其他方面的擴張。”“尊重各民族自由選擇其所賴以生存的政府形式的權利。各民族中的主權和自治權有橫遭剝奪者，兩國俱欲設法予以恢復。”[1]緬甸上層民族主義者迅速作出反應。前一年上臺的第三屆緬甸殖民地政府 —— 吳素政府，要求大西洋憲章的原則“必須應用於緬甸”，“引導緬甸民族獲得自由”。議會中的反對派領袖致電倫敦，要求邱吉爾早日明確宣佈，一旦戰爭結束，“緬甸將有權建立一個自由獨立的政府”。[2]9 月 8 日，邱吉爾明確表示，“大西洋憲章的原則與不列顛帝國屬下各國無關”。[3]1941 年 10 月，吳素到達倫敦，向丘吉爾提出緬甸地位問題。邱吉爾宣稱：“我們正在進行一場關係到我們生存的鬥爭，現在還不是談（緬甸的）憲法問題之類的事情的時候，關於緬甸的地位問題，只有到戰後才能解決”[4]。吳素又到美國求援，也沒有獲得任何結果。他從美國途經夏威夷群島返緬時，正值日本偷襲珍珠港。吳素對英國主子感到失望，遂改換門庭，投靠日本。他在改道歐洲回國時，在里斯本與日本駐葡萄牙大使拉上關係，約定在日本的幫助下建立“自由緬甸政府”。吳素與日本的交易被英國情報機關偵知，邱吉爾下令將其逮捕。1942 年 1 月 12 日，吳素在巴勒斯坦被英軍拘禁，

---

1 《國際條約集（1934-1944）》，世界知識出版社，1961 年，北京，第 337 頁。

2 羅伯特‧泰勒：《1937-1942 年緬甸的社會階級和英屬印度對緬甸政治上層的政策》，第 625 頁。轉引自賀聖達：《緬甸史》，第 407 頁。

3 J‧F‧卡迪：《緬甸現代史》，康乃爾大學 1958 年版，第 430 頁。

4 羅伯特‧泰勒：《1937-1942 年緬甸的社會階級和英屬印度對緬甸政治上層的政策》，第 653 頁。轉引自賀聖達：《緬甸史》，第 407-408 頁。

隨後被送到英屬烏干達一直拘禁到大戰結束。這時日軍已經開始入侵緬甸。

以邱吉爾為首的英國戰時內閣的僵硬態度，關閉了同緬甸人民共同反對日本法西斯的大門，客觀上迫使緬甸一部分民族主義者走上聯日抗英的道路，給日本拉攏和培植親日派予可乘之機，使英國在日本入侵緬甸時陷於孤立。太平洋戰爭爆發後，雖然英緬殖民總督根據《1935 年緬甸政府組織法》第 139 條獨攬行政與立法上的一切大權，但已經無法控制緬甸局勢，挽救不了駐緬英軍潰敗的命運。

第四節　同床異夢的盟友

1940 年夏秋，日本"近衛新體制"的建立，日軍進佔法屬印度支那北部，日德意三國軍事同盟的訂立，表明日本已決意南進。日本的南進將直接威脅英國在亞洲的殖民地新加坡、馬來亞、緬甸、印度以及美國的殖民地菲律賓和荷屬東印度。如果日本控制了東南亞的大片戰略要地，掠奪其豐富的資源，即可極大地增強日本的戰爭實力，對美英在亞太地區的利益構成嚴重威脅，並使中國的西南大後方特別是其補給生命線滇緬公路處於易受攻擊的地位。當時的歐洲戰場上法國已經淪亡，英國慘敗後元氣大傷，能夠在遠東抗擊日本的，只有中國和美國這兩個力量中心了。中國戰場不但是現實抗擊日本的唯一戰場，而且是阻擋日本南進的關鍵。美英要在亞太地區對付日本，必須聯合中國。

美國的戰略重點在歐洲。根據"先歐後亞"的世界戰略，美國對遠東採取在一定程度上援助中國，利用中國阻止或延緩日本南進，使自己儘量避免或推遲與日本開戰的方針。美國在 1939年以前沒有向中國提供過援助。根據美國"中立法"規定的"現購自運"原則，中國從美國購運的軍用物資也是極其有限的。日本卻可以從美國大量購買戰爭物資來攻打中國。直到 1939 年 2 月，美國才向中國提供 2500 萬美元桐油抵押貸款，並限定購買美國的農產品和工業品。1940 年 4 月，又提供條件相似的 2000 萬美元滇錫抵押貸款。自中國抗戰以來，蘇聯已向中國政府提供了 5 倍於美國的援助，以貸款形式採購軍用物資。相比之下，美國貸款對支援中國抗戰的作用更顯得微不足道。

　　日本加緊策劃南進激化了日美矛盾，促使美國對華政策發生重大變化，逐漸加強了對中國的援助和支持。1940 年 9 月 23 日，日軍進佔法屬印度支那北部。美國對此的反應之一，是在 9 月 25 日借給中國 2500 萬美元。10 月又提供一筆 5000 萬美元的貸款。這些貸款都是指定以錫、銻、鎢償還的。11 月 30 日，日本政府公開承認南京汪偽政權，公佈日、汪簽訂的《日滿華共同宣言》，其目的是把中國變成日本南進的大陸基地。美國駐華大使詹森致函國務卿赫爾警告說：“除非華盛頓採取措施，給予蔣介石新的財政和政治援助以示支持，否則重慶的垮臺就迫在眼前。”[1]赫爾國務卿正式聲明不承認汪偽組織。11 月 29 日，羅斯福總統親自出馬，催促財政部長摩根索迅速採取行動，在 24 小時內向中國提供貸款。[2]第二天，羅斯福發表 “對華財政援助的聲明”，宣佈對中國政府提供 1 億美元的貸款，並向中國購買 6000 萬美元的鎢、銻和錫。聲明指出：“隨著遠東衝突日益嚴重，且已造成損害美國公民權利和破壞國際關係中處理準則的後果，我國政府進而採取向中國政府及其英雄的人民按照我已闡明的政策提供物質援助的立場。”[3]12 月 2 日，美國國會通過了向中國提供 1 億美元貸

1　《美國對外關係檔集，1949 年》第 4 卷，第 439 頁。轉引自邁克爾·沙勒：
　　《美國十字軍在中國（1938-1945 年）》，商務印書館 1982 年北京版，第 38
　　頁。
2　《美國十字軍在中國》，第 38 頁。
3　羅斯福：《總統關於對華財政援助的聲明》，《羅斯福選集》，商務印書館
　　1982 年北京版，第 254-257 頁。

款的議案。美國國務院在給總統的備忘錄中說，支援中國是爲了"使美國在不冒風險的情況下，堵住日本進一步的侵略"。美國《時代》雜誌社的大老闆亨利·盧斯對美國援華目的的評論更加露骨，他說："中國有了這 1 億美元，保證能把 112.5 萬名日軍拖住，把強大的日本艦隊牽制在中國沿海，延緩日本向鄰近的美國勢力範圍進攻的步伐。這是一筆十分廉價的交易。"

　　隨著美日對抗的加劇，美國政府從 1940 年底開始對中國提供軍事援助，把它作爲遏制日本南進的又一手段。12 月 17 日，羅斯福批准對華進行軍事援助，指示國務院、陸軍部、海軍部和財政部尋求可行的途徑。適值志願援華的美國退役空軍軍官陳納德奉蔣介石之命，於 11 月返美國購買飛機並招募飛行員來華作戰。中國提出向美國購買 500 架飛機並招募相應飛行員的計畫。海軍部長諾克斯表示願意與中國合作成立一個美國志願航空隊。當財政部長摩根索將中國關於由這個志願隊從中國機場起飛襲擊日本本土的建議提交給羅斯福時，羅斯福覺得這一建議"好極了"。他認爲這樣的行動不僅對亞洲局勢，而且對歐洲也可能產生積極影響。國務卿赫爾也說："要是我們能夠想辦法讓他們（中國人）把炸彈扔到東京去該多好啊。"[1]但是陸軍部長史汀生和陸軍參謀長馬歇爾認爲這個計畫代價太高，會影響美國空軍的發展以及優先幫助英國的需要，不同意向中國提交當時美國爲數不多的轟炸機，對中國的空中支援只應限於提供戰鬥機。摩根索也對蔣介石在華盛頓的私人代表宋子文說："要求得到 500 架飛機就象要求得到 500 顆星星"。[2]在美國的堅持下，英國勉強同意從其訂貨單上調撥 100 架 P-40B 戰鬥機來幫助保衛滇緬公路。

　　1941 年 4 月 15 日，羅斯福簽發了一項不公佈的行政命令，

1 羅伯特·達萊克：《羅斯福與美國對外政策（1932-1945）》上冊，商務印書館 1984 年北京版，第 396 頁。
2 羅伯特·達萊克：《羅斯福與美國對外政策（1932-1945）》上冊，商務印書館 1984 年北京版，第 396 頁。

允許預備役軍官和從陸、海軍航空部隊退役的人員，參加美國志願航空隊前往中國。這是自中日戰爭爆發以來美國政府第一次認可美國軍事人員支援中國。同一天，中國國防物資供應公司與中央飛機製造公司簽訂合同，規定由中央飛機製造公司負責在美國招募空、地勤人員。陳納德被稱爲監理人，領導被稱爲前線訓練部隊的 3 個飛行中隊。4 月底，第一批援華飛機交由挪威船隻運往中國。7 月 10 日，招募的飛行員和地勤人各 150 人化裝成商人、牧師、演員、學生等不同身份，搭乘一艘荷蘭班輪離開三藩市駛往遠東。日本間諜偵知了這批人的真實身份和目的地，日本海軍派出艦隻準備在公海上進行截擊。美國派出兩艘巡洋艦護航到夏威夷，再由荷蘭巡洋艦護航到新加坡，於 7 月 28 日到達仰光。8 月 1 日，蔣介石發佈命令，宣告“中國空軍志願大隊”正式成立，對外稱“中央飛機製造公司”，陳納德被任命爲上校指揮官，總部設在昆明。中央飛機製造公司在雲南瑞麗附近的雷允設立一個工廠，裝配、試驗和修理飛機。志願隊人員則在緬甸仰光以北 250 公里的同古（東瓜）機場進行訓練。英國方面最初只允許美國志願航空隊在緬甸境內集合和試飛，但不能進行作戰訓練，力求避免給日本入侵的藉口。中國方面再三指出：日本既然拒絕向中國正式宣戰，美國志願航空隊便不能認爲是戰鬥員，而且事實上志願隊在緬甸的行動也並未破壞中立。英國政府才勉強同意志願隊在緬甸進行作戰訓練，但禁止使用緬甸機場進攻日軍及其盟國泰國的基地。[1]

　　羅斯福總統在 1940 年 12 月 29 日那次著名的“爐邊談話”中鄭重宣佈，美國“必須成爲民主制度的偉大兵工廠”。他在談話中高度讚揚中國抗戰說：“在亞洲，中華民族進行的另一場偉大防禦戰爭則在拖住日本人”。[2]1941 年 1 月 6 日，羅斯福向國會

---

1 吳相湘：《第二次中日戰爭史》下册，第 723-724 頁。

2 《羅斯福選集》，第 261-262 頁。

提出《租借法案》。這一法案主要是爲了援助英國而制定的，但羅斯福要求國會允許總統在向其防務對美國安全至關重要的國家提供軍事援助方面擁有廣泛的處理許可權。國會於 3 月 11 日通過該法案。羅斯福隨即指示，從速制定新的援華法案。羅斯福曾在 1 月份派總統特別助理勞克林・柯裏前往中國瞭解中國政府的要求，並表示美國決心提供額外援助。柯裏於 3 月份帶回了中國要求援助的清單。3 月 15 日，羅斯福在白宮記者協會年度聚餐會上的講話中表示："中國也同樣表現出千百萬普通老百姓抵禦肢解他們古老國家的卓越意志。中國通過蔣介石委員長要求我們援助。美國已經說了，中國一定將會得到我們的援助。"[1]3 月 31 日，宋子文代表中國政府提出了需要美國根據租借法案提供物資的正式申請清單，其中三個要項是：一、幫助中國建立一支擁有 1000 架飛機的現代化空軍；二、幫助訓練並裝備中國陸軍 30 個師；三、幫助中國建立一條有效的國際交通線，包括從雲南通緬甸的狹軌鐵道、從雲南經緬甸北部到印度薩地亞的公路、重鋪滇緬公路路面以及撥運輸卡車和修車廠、撥載送鐵路公路器材的運輸機等。[2]4 月 26 日，羅斯福致電蔣介石，告之他已批准約 4500 萬美元的援華物資，其中包括鐵路和交通器材、卡車、汽油、兵工器材、紡織品等，至於飛機和其項目正在研究中。[3]5 月 6 日，羅斯福正式宣佈，中國的防務對於美國國防是至關重要的，租借法案適用於中國。

　　美國的對華租借援助，著重在改善滇緬公路的運輸條件。第一批運送的租借物資，主要是用於滇緬公路的卡車和零件、汽油、潤滑油以及公路建築材料。美國還派出技術專家組到滇緬公路沿線調查，提出改善管理的建議，並利用租借法案款項，提供車輛修理設備和汽車零件，徵集美國技工到滇緬公路服務，提供築路

1　《羅斯福選集》，第 288 頁。
2　《第二次中日戰爭史》下冊，第 727 頁。
3　《第二次中日戰爭史》下冊，第 727 頁。

設備和柏油，加硬滇緬公路的路面。隨著美國援華物資的增加，運輸和利用這些物資的問題日益突出，尤其是滇緬公路的運輸擁擠不堪，沿線經常堵塞，以至軍用物資從美國運抵中國需要幾個月的時間。為了解決這些問題，馬歇爾將軍于7月初建議羅斯福總統批准派遣美國駐華軍事代表團，幫助改進中國的軍事訓練和後勤系統的品質，監督租借物資的運輸和使用。代表團團長由曾任駐華使館武官的馬格魯德少將擔任。馬格魯德"希望把他的時間完全用於改善滇緬公路的運輸網"。[1]經過中美雙方的共同努力，滇緬公路的運量大大增加，從1941年初的每月4000噸增至11月以後的每月1.5萬噸。

在羅斯福宣佈租借法案適用於中國的前後，總統特別助理勞克林・柯裏再次提出在中國建立一支擁有500架作戰飛機和多架運輸機的空軍的建議。這一建議與去年12月中國的建議相類似。柯裏認為，這支空軍不但在保衛新加坡、滇緬公路和在菲律賓抗擊日本的進攻方面能起重要作用，而且可以摧毀日本的工廠，使日本的軍火生產和其他重要產品的生產陷於癱瘓，並讓美國的空軍人員獲取實戰經驗。6月和7月，正當美國有關軍政部門考慮這項建議時，接連發生了德國進攻蘇聯和日本進佔法屬印度支那南部兩件大事，促使美國陸、海軍部批准了柯裏的建議，並於7月23日經羅斯福簽署生效。這批飛機可望在年底運出。羅斯福還批准在美國招募的第二、三批志願隊人員在11月和1942年1月到達中國。但這一計畫由於日本偷襲珍珠港而成為泡影。[2]

美國雖然從1941年中開始對中國提供一定程度的軍事援助，但美國政府對此小心翼翼，大多採取非正式或半公開的方式。美國駐華軍事代表團得到的指示是，保持隱蔽，"直到我們積極參加這場戰爭為止"。[3]美國在1941年內實際撥付中國的物資總

1　《美國十字軍在中國》，第60頁。
2　《美國十字軍在中國》，第80-84頁。
3　《美國十字軍在中國》，第60頁。

值僅 2582.1 萬美元，占美國撥給各國物資總額的 1.7%。[1]

英國是在遠東殖民地最多的西方國家。日本發動侵華戰爭以來，英國一直對日本推行綏靖政策，力圖以此保全它在遠東的殖民利益。1940 年 7 月英日簽定封閉滇緬公路 3 個月的協定，就是英國犧牲中國，綏靖日本的突出事例之一。日本法西斯並未由於英國的妥協退讓而放慢南進的步伐。1940 年 9 月日軍進佔法屬印度支那北部，同時加緊對泰國的滲透，對英國殖民地緬甸、馬來亞，尤其是其遠東戰略中心新加坡構成嚴重威脅。英國此時正竭盡全力抗擊德軍對英倫三島的入侵，在遠東殖民地的防禦力量十分薄弱。英國多次要求美國派艦隊到新加坡，均遭到美國的拒絕。

英國這個老牌殖民帝國歷來對貧弱的中國不屑一顧。然而中國人民卻在抗日持久戰中顯示了雄厚的潛力，成為牽制日本南進的主要力量。英國在走投無路的情況下，不得不勉強放下老大帝國的架子，謀求改善與中國的關係，企圖利用中國的抗戰力量來彌補它在遠東軍事實力的不足，加強它在緬、印、馬的防禦地位。中國為了爭取國際支援，繼續堅持抗戰，特別是要維持滇緬國際通道暢通無阻，也願意改善同英國的關係，盡可能爭取它的合作。1941 年 7 月，日軍又進佔法屬印度支那南部，南進野心暴露無遺。英國一方面與美國統一步調，宣佈凍結日本資產，另一方面醞釀與中國開展軍事合作。

1940 年 10 月，英國在新加坡設立遠東軍總司令部，統一指揮馬來亞、緬甸、北婆羅洲、香港的英國軍隊。同月，英國宣佈重新開放滇緬公路。1941 年 1 月，英國政府任命鄧尼斯少將為駐華陸軍武官，並邀請中國派軍事代表團前往緬甸、印度和馬來亞進行軍事考察，共商保衛緬甸的軍事計畫。1941 年 2 月初，蔣介石派出以軍事委員會辦公廳主任商震為團長，軍令部次長林蔚為副團長，杜聿明、侯騰等高級將領為團員的 "中國緬印馬軍事考

1　《第二次中日戰爭史》下冊，第 728 頁。

察團"前往三國,進行了歷時 100 天左右的考察後,於 6 月提出長達 30 余萬字的《中國緬印馬軍事考察團報告書》。其中最主要的是中、英共同防禦緬甸計畫草案。報告書對東南亞敵、我、友的力量對比,戰局發展趨勢,緬、馬的地形、交通,英、日軍的素質和戰略戰術,對敵情判斷、兵力部署、作戰指導要領都提出了詳盡的具體意見。其中強調指出:"日本對於中國的國際交通線滇緬公路,將不是從中國境內切斷,而是配合它對亞洲的政略戰略整個策劃;一旦日寇與英國開火,勢必先擊敗英軍進而侵佔馬來亞、緬甸。這樣,日寇既擊敗英軍而奪了它的殖民地,又可以封鎖中國,獲得一箭雙雕的效果。"並據此提出共同防禦意見:"中英兩軍爲確保仰光海港之目的,應集結主力在緬泰邊境毛淡棉、登勞山脈及景東以南地區預先構築陣地採取決戰防禦,並將重點指向毛淡棉方面。另以一小部在中緬邊境車裏、臨江間擔任持久防禦。以一部配合艦艇在仰光及仰光海面警戒。"[1]

中國代表團擬定的作戰計畫草案是切實可行的,並得到英國駐新加坡總督波普漢和駐華武官鄧尼斯的贊同,但與英國主要決策者的成見大相徑庭。英國歷來以新加坡作爲其遠東戰略體系的中心,緬甸在這一體系中居予次要地位。他們認爲,緬甸位於中南半島西側,它的東面是泰國和法屬印度支那,日軍要從海路到緬甸,必須通過麻六甲海峽。由於號稱"遠東直布羅陀"的新加坡要塞守衛著海峽的入口,因此日軍不可能在戰爭爆發時首先從緬甸南部入侵。日軍要切斷滇緬路,必然從中老或中緬邊境下手。基於上述錯誤判斷,英方一再強調中國軍隊應在中老、中緬邊境佈防,而不允許中國軍隊及早入緬佈防。他們雖然沒有明確否認中方對於緬甸防禦的正確意見,但殖民主義者的偏見使他們既輕視中國軍隊的戰鬥力,又擔心中國軍隊入緬會削弱英國的影響,

---

1 杜聿明:《中國遠征軍入緬對日作戰述略》,載《文史資料選輯》第 8 輯,中華書局 1960 年 10 月版,第 8-10 頁。

助長緬甸人的反英情緒。他們企圖繼續以綏靖政策來安撫日本，以大英帝國的招牌來嚇唬日本，確保英國在遠東無戰事。因此，英國對中英軍事合作的態度始終是半心半意的，其目的在於借中英合作的聲勢來牽制日本，從而減輕日本對英國的遠東殖民地的壓力。

面對日本咄咄逼人的南進計畫，美英在亞太地區採取守勢戰略。1941 年 1 月 29 日至 3 月 27 日，在華盛頓召開的美英參謀長聯席會議商定了《ABC-1 參謀協定》，再次確定了"歐洲第一、亞洲第二"的戰略原則，規定一旦美國參加對德國和日本的戰爭，美英兩國將首先集中力量打敗德國，然後再回過頭來對付日本。根據"先歐後亞"的戰略方針，美國艦隊主要負責大西洋和地中海，英國艦隊主要負責太平洋，而太平洋地區的戰略應是守勢，即使在日本介入戰爭的情況下也是如此。4 月，在新加坡召開的美英荷遠東軍事參謀會議，討論了以防衛新加坡爲中心的遠東防禦計畫。美國認爲這個計畫的防衛地域過寬（從新西蘭到非洲），而且還要將美國亞洲艦隊置於英國東方艦隊指揮之下，加之荷屬東印度能夠提供的支援力量極其弱小，因此表示不能接受。5 月，美國將太平洋艦隊 1/4 的艦隻悄悄調往大西洋。於是英國不得不考慮如何單獨加強遠東防禦。10 月，英國將新式戰列艦"威爾士親王號"和戰列巡洋艦"卻敵號"調往新加坡，成立東方艦隊。一年前在新加坡成立的英國遠東軍總司令部要求增加22 個陸軍大隊和 550 架飛機，才能滿足遠東防衛需要。但直到太平洋戰爭爆發，還沒有完成這項增兵計畫的一半。雖然美國也於7 月在菲律賓設立遠東司令部，但卻預定要到 1942 年底才能完成在太平洋區域的作戰準備。

確保滇緬公路的安全和暢通，對於中國堅持抗戰是頭等重要的大事。蔣介石對此十分重視。1940 年 9 月日軍進佔法屬印度支那北部之後，他陸續調集大軍集中於滇黔、滇川、滇康邊境，準備入滇抗擊來犯日軍。1941 年中英軍事同盟醞釀期間，中國方面爲了與英國協力保衛滇緬路和仰光海港，根據中國緬印馬軍事考察團的考察結果，在當年 6-12 月間進行了必要的準備：一是在昆明成立軍事委員會駐滇參謀團，以軍令部次長林蔚爲團長，蕭毅肅爲參謀處長，負責策劃中英協同作戰的一切業務；二是準備以第 5 軍、第 6 軍和第 66 軍爲入緬軍，對各軍充實裝備，並令加緊訓練；三是對集中於滇黔、滇川、滇康邊境的其他各軍也準備動員，對砲兵、工兵、通訊、輜重等部隊都作了必要的準備。[1]杜聿明任軍長的第 5 軍是中國的第一個機械化軍。該軍裝備精良，訓練有素，戰鬥力強。1938 年 12 月，在桂南會戰的昆侖關一役中，曾全殲日軍第 5 師團第 12 旅團，擊斃旅團長中村正雄少將，在全軍聲威大振。蔣介石決心打出這張王牌，並給第 5 軍配備砲兵團，足見其對遠征緬甸的高度重視。第 5 軍原在黔西的安順、盤縣附近整訓，1941 年秋開赴滇東的沾益、曲靖、楊林等地，隨後又集結到昆明附近，由杜聿明兼任新成立的昆明防守司令部司令。甘麗初任軍長的第 6 軍原在黔西南的興仁、興義附近整訓，該軍第 49 師彭璧生部於 1941 年秋冬先開赴滇緬路擔任護路任務，接著第 93 師又陸續開往滇西南的車裏、佛海（即今西雙版納州的景洪、猛海縣）佈防。張軫任軍長的第 66 軍是 1941 年 12 月新組建的，作爲先期入緬作戰的機動部隊。另外，還有第 71 軍、第 54 軍、第 2 軍等部隊集結在川、康、黔、桂等省與雲南鄰近地區，在戰略上接應先期入緬作戰的部隊。

　　1941 年春中國軍事考察團在緬甸考察時，英國在緬甸的兵力僅有裝備訓練尚未完成的英緬軍第 1 師。珍珠港事變前後，除這一個師裝備完成外，陸續增調英印軍第 17 師、英澳第 63 旅和英裝甲第 7 旅，總兵力 3.5 萬人，擁有坦克 150 輛和一部分砲兵、空軍，並屯積了一些糧食和彈藥，但在泰緬邊境的防禦工事和交

---

1 杜聿明：《中國遠征軍入緬對日作戰述略》，《文史資料選輯》第 8 輯，第 11-12 頁。

通、通訊等方面毫無準備。無論是英緬軍還是英印軍,都是由英國人擔任軍官,印度人和緬甸人擔任士兵的殖民地軍隊,不但裝備訓練差,而且士氣低落。這樣的部隊"用之平時警衛工作倒不錯,若是要他們到前線廝殺,則頗近於勉強"。如果沒有中國軍隊的支援,"無法談持久的戰鬥,也無法談保衛臘戌和仰光之間的鐵路線"。[1]

投在珍珠港的日本炸彈粉碎了美國在軍事上利用中國抗擊日本,自己置身戰火之外的打算。美國的參戰,則使倫敦和重慶都大大地鬆了一口氣。邱吉爾得知珍珠港遭到襲擊後的直接反應是這樣一句話:"好了,我們總算贏了"。他心裏明白,珍珠港遭到的襲擊,已經迫使美國決心投入一場全球戰爭。美國從此將完全作為同盟者投入戰鬥,這使他釋然於懷。"我心滿意足地上了床,安然入睡。"[2] 12 月 8 日下午 3 時,邱吉爾在議會下院正式宣佈英國對日交戰,比羅斯福總統的宣戰還要早兩個小時。他的意圖是要美國繼續奉行"歐洲第一"的戰略。當天上午,邱吉爾向戰時內閣宣佈他打算馬上訪問羅斯福。當外交大臣艾登和三軍參謀長表示不贊成這一計畫時,邱吉爾樂呵呵地說:"哦,我們追求她(指美國 —— 筆者注)的時候,講話是得小心點,如今她嫁過來了,我們同她講起話來就不這樣了。"[3]

美日開戰的消息使中國感到如釋重負,並在重慶引起一片歡欣鼓舞的熱烈景象。一位當時在重慶的美國人寫道:"在美國發生珍珠港事件的那一天,在這裏就好像是在慶祝第一次世界大戰停戰日。"[4]當時也住在重慶的著名作家韓素音有一段回憶,更加

1 《緬甸大戰實錄》,青年文化服務所 1944 年 9 月版,第 17 頁。)
2 約翰・科斯特洛:《太平洋戰爭(1941-1945)》上冊,東方出版社 1985 年北京版,第 175-176 頁。
3 約翰・科斯特洛:《太平洋戰爭》上冊,第 178-179 頁。
4 巴巴拉・塔奇曼:《史迪威與美國在華經驗(1911-1945)》上冊,商務印書館 1985 年北京版,第 328 頁。

生動和深刻地評述了當時的情景：“街上差不多立即喧嚷起來；報童叫賣號外，人們從屋子裏潮水般湧出來爭相搶買報紙，他們擁擠在一起，喧鬧的聲音蓋過了車輛的嘈雜聲……軍事委員會一片歡騰；蔣介石抑制不住心頭的喜悅，口裏哼起了一段京戲的唱腔，並且整天向聖母作祈禱。國民黨政府官員紛紛互相祝賀，仿佛已經獲得了一次偉大的勝利。在他們看來，美國對日作戰，這是他們盼望已久的偉大勝利。美國終於同日本打起來了，終於打起來了！現在中國的戰略地位將越來越重要了。美國的鈔票和裝備將源源不斷地流入；五億美元，十億美元……現在根據租借法案提供的物資將大爲增加……如今美國將不得不支持蔣介石了，而這意味著美鈔跑進官吏的腰包，跑進軍隊司令官的腰包，意味著槍砲運送到胡宗南手裏，以便將來攻打延安。”[1]

　　珍珠港事變當天晚間，羅斯福在與邱吉爾通話時說：“現在我們大家是風雨同舟了。”[2]第二天，邱吉爾致電蔣介石：“英帝國和美國已經受到日本的攻擊。我們一向是朋友，而現在，我們面對著一個共同的敵人。”[3]12 月 9 日，美國《紐約時報》在一篇社論中滿懷希望地說：“我們有像中國那樣忠誠的朋友，它有著取之不盡的人力資源 —— 中國在它困難的時刻，我們沒有置之不顧 —— 中國依靠其吃苦耐勞、足智多謀的人民，將十倍地報償我們以前給它的援助。有了這些盟友，我們就會找到太平洋戰略的鑰匙”[4]。

　　太平洋戰爭的爆發，使中、美、英三國成爲共同對日作戰的盟國。特別是中美兩國，都在爲自己找到一個稱心如意的盟友感到慶倖：美國盤算著如何利用中國取之不盡的人力，中國則希望

---

1 韓素音：《沒有飛鳥的夏天》，第 235-236 頁。轉引自邁克爾，沙勒：《美國十字軍在中國》，第 89-90 頁。
2 邱吉爾：《第二次世界大戰回憶錄》第 3 卷，第 913 頁。
3 邱吉爾：《第二次世界大戰回憶錄》第 3 卷，第 913 頁。
4 轉引自邁克爾·沙勒：《美國十字軍在中國》，第 89 頁。

更多地獲得美國用之不竭的物力。儘管兩國之間有著巨大的共同利益，但兩個在國情、國力方面極爲不同的國家在彼此並無深刻瞭解並缺乏充分準備的情況下，由於外部的突發事件而促成的這一場大規模合作，其基礎是並不堅實的。兩國之間巨大的歷史文化差異，始終是雙方交往中難以逾越的鴻溝。更何況還有一個一心維護其殖民利益的英國作爲加盟的又一方，使矛盾更加錯綜複雜。三國結盟伊始，在戰略方針上就無法取得一致意見，成爲同床異夢的盟友。

12月8日凌晨4時，蔣介石接到國民黨中央宣傳部副部長董顯光的電話，得知日本偷襲珍珠港。當時他住在重慶南岸郊外黃山鄉間的別墅裏，以躲避日軍飛機的空襲。蔣介石聞訊後立即趕赴重慶市區，於當天上午8時在軍事委員會主持召開國民黨中央常委特別會議。軍政部長何應欽在會上提出，中國此時既與英美盟軍並肩作戰，"戰略指導乃由持久抗戰改爲攻勢防禦"[1]。他主張中國軍隊除在大陸施行局部出擊，牽制日軍兵力，使其不能調兵南進外，應準備派遣軍隊出國，與英美盟軍協同作戰，並打通國際通道，獲取新式裝備，整軍建軍，準備反攻。會議決定向美國建議，成立對軸心國作戰國家的軍事同盟，並由美國作爲領導。當天下午，蔣介石分別約見美、英、蘇駐華大使，通知中國已決定對日、德、意宣戰，並將中國建議中、美、英、澳、荷、加拿大、新西蘭結成軍事同盟，互訂不單獨媾和條約，敦促蘇聯對日本宣戰的備忘錄面交三國大使。他還召見了各國大使館武官，宣布中國軍隊已準備對越南、香港、緬甸採取行動，配合各國友軍作戰。[2]

12月9日下午7時，中華民國政府正式對日宣戰，並同時對德、意宣戰。同一天，蔣介石致電羅斯福、邱吉爾和史達林，建

---

1 《何應欽將軍九五紀事長編》上冊，臺灣何應欽上將九五壽誕叢書編輯委員會1984年4月印行，第653頁。
2 吳相湘：《第二次中日戰爭史》下冊，第783頁。

議立即在各反軸心國間組織某種聯合軍事會議。10 日和 11 日，蔣介石兩次邀集英、美等國大使和武官，商討中、英、美、荷、澳五國聯合制敵的具體計畫，並請美國軍事代表團團長馬格魯德將以下四點意見電告羅斯福：一、請華盛頓提出五國聯合軍事行動之具體計畫，並以華盛頓為聯軍政治與軍事之中心；二、在蘇聯未對日本宣戰以前，請華盛頓提出香港、菲律賓、新加坡、緬甸、荷印區域間之四國聯合軍事行動之具體計畫；三、五國初步談判之地點應為重慶，其永久地點以討論決定之；四、由華盛頓提出五國軍事互助協定之方案。[1]斯大林復電說："蘇聯現負抗德戰爭之主要任務，蘇聯在抗德戰爭上之勝利，實即系英、美、中國對軸心集團之共同勝利。本人以為蘇聯之力量，目前似不宜分散於遠東"[2]。羅斯福於 16 日複電，同意迅速在重慶召開聯合軍事會議，希望會議能產生一常設機構。蔣介石遂於 16、17、19日與英國大使卡爾、蘇聯大使潘友新、荷蘭代表保斯、美國軍事代表團團長馬格魯德等分別談話，交換組織聯合軍事代表團的意見。

　　蔣介石之所以如此熱衷於召開聯合軍事會議，是打算乘太平洋戰爭爆發之機，說服美、英、蘇將主要力量集中到亞太戰場，借助三個大國的實力，尤其是它們的海、空軍力量，盡快打敗日本。軍令部長徐永昌按照蔣介石的打算，於 20 日擬就中、美、英、蘇、荷五國協同作戰總方略，擬在 1942 年 7 月以美國海、空軍及中國陸軍為主攻，英國海、空軍和蘇聯陸、空軍為助攻，先撲滅日本空軍，取得制空權，然後再對日本本土及中國東南地區，以外線作戰態勢向日軍合擊。[3]顯而易見，蔣介石的打算與美、英既定的 "先歐後亞" 戰略相矛盾。美、英在歐洲和亞洲面對德、日

1　《大溪資料（蔣總統檔）》卷十六，"重要協商"上，第 49-52 頁。轉引自梁敬錞：《史迪威事件》增訂版，臺灣商務印書館 1982 年 9 月增訂初版，第 15-16 頁。

2　"重要協商"上，第 67-69 頁。轉引自《史迪威事件》增訂版，第 16 頁。

3　"重要協商"上，第 120-123 頁。轉引自《史迪威事件》增訂版，第 16 頁。

兩個敵人，它們認為法西斯德國比日本更強大，更危險，決心先集中力量於歐洲擊敗德國，再回師亞洲對付日本。這一方針也得到蘇聯的贊同。因而蔣介石力圖說服美、英改變“先歐後亞”方針的努力是徒勞的，從一開始就註定要落空。由於中國實際上只面對日本一個敵人，中國政府和人民自然希望能首先打敗這個敵人。然而從世界反法西斯戰爭的全局來看，同盟國採取“先歐後亞，先德後日”的總戰略無疑是正確的。

12 月 23 日，關於對日作戰的聯合軍事會議在重慶蔣介石官邸舉行。會議由蔣介石主持。中方參加會議的還有軍政部長兼總參謀長何應欽。宋美齡擔任蔣介石的翻譯，實際上是以蔣的發言人身份參加會議。美國代表是勃蘭特和馬格魯德兩位將軍。英國代表是駐印英軍總司令韋維爾上將。蘇聯和荷蘭沒有派代表參加。

中英兩國有不同的戰略利益，在會議上發生了激烈的爭執。英國作為一個老牌殖民帝國，首先關心的是維護自己在遠東的殖民體系。太平洋戰爭爆發以來，遠東英軍連連慘敗。12 月 10 日，日本空軍擊沉了英國遠東艦隊主力、戰列艦“威爾士親王號”和戰列巡洋艦“卻敵號”。山下奉文率領的日軍第 25 軍在馬來亞迅速推進，步步進逼英國的遠東堡壘新加坡。就在中美英聯合軍事會議召開的同一天，日軍飛機第一次轟炸了仰光。英國將緬甸當作保衛它最大、最富庶的殖民地印度的最後一道屏障，企圖搶先佔用已運到仰光，但尚未交付中國的美國援華武器和物資。在這次會議之前，已經發生過駐緬英軍在仰光港強佔美國貨輪“塔爾薩號”載運的援華物資，闖進中國運輸管理局搶走 150 輛卡車等事件。會議一開始，韋維爾就要求集中討論保衛緬甸的問題，並提出三點要求：一、加強在緬甸的空軍力量，請將現駐昆明作戰的美國志願航空隊一個中隊調駐仰光；二、請將美國根據租借法案已運到緬甸的援華武器和其他物資撥出一部份供保衛緬甸之用，包括飛機、高射砲、汽車、電話器材、修理卡車工具及零件等；三、請中國軍隊協助保衛緬甸。[1]

　　韋維爾在第一次世界大戰中失去了一隻眼睛，後來長期擔任英國駐印度軍隊總司令並被封爲爵士。這位獨眼龍將軍是一個傲慢的殖民主義者，他在 12 月 12 日得到邱吉爾的命令："你現在必須向東看。緬甸已經置於你的管區之內。你必須抵抗日軍向緬甸和印度推進，並力圖切斷他們往馬來半島的交通。"[2]他來重慶參加會議的主要目的，是爭奪經緬甸運往中國的美國援華物資和對美國志願航空隊的控制權。至於請中國軍隊協助保衛緬甸，則並非他的真意。韋維爾同英國統治集團的大多數人一樣，實際上既輕視中國軍隊的戰鬥力，又害怕中國軍隊入緬不利於英國的殖民統治，認爲"英國的領地應由帝國而不是其他國家的軍隊來守衛。"[3]何應欽對韋維爾企圖瓜分美國援華物資極爲氣憤，而有"中國願將所有在緬甸的租借物資全部退回美國，停止中、英、緬合作"的發言。[4]蔣介石爲了避免僵局，表示原則上同意韋維爾提出的三點，建議著重討論對日作戰的全面計畫和組織永久機構。韋維爾對此也表示反對，主張中、美、英軍事合作的範圍只限於緊急措施，其地區則限於緬甸。中英雙方爭持不下，以致會議從 23 日下午 4 時開到 24 日凌晨 3 時，長達 11 個小時。經美國代表從中調和，才勉強達成協定。其主要內容是：一、仰光與緬甸對中國繼續抗戰關係重大，當務之急是採取行動以鞏固緬甸，特別是仰光；辦法是從中國以聯合行動對抗日軍的攻勢，同時應盡現有實力，對日軍發動空軍攻勢；二、繼續以物資供應中國，維持中國的抗戰力；訓練中國軍隊，準備對日發動最後攻勢；三、中國軍隊繼續對日發動軍事行動，並擾亂其交通線，以牽制日軍；

1　古屋奎二：《蔣總統秘錄——中日關係八十年之證言》第 13 冊，臺灣中央日報社 1977 年版，第 8-9 頁。

2　邱吉爾：《第二次世界大戰回憶錄》第 3 卷，第 959 頁。

3　《史迪威與美國在華經驗》下冊，第 332 頁。

4　《蔣總統秘錄》第 13 冊，第 9 頁。

四、一俟資源許可時，中、美、英三國即以一切可以利用的軍隊，由守勢轉入對日軍的攻勢；五、繼續在重慶舉行聯合軍事會議，將情報及建議提交盟國最高作戰會議，制定對東亞的戰略。[1]

　　12 月 24 日上午，蔣介石與美英軍事代表共進早餐，主動向韋維爾表示：“中英兩國，不可有一國失敗。因此，如果貴國需要，我國可以派遣 8 萬人入緬甸作戰。”韋維爾當即傲慢地回答：“如由貴國軍隊解放緬甸，實在是英國人的恥辱；我們只要請貴國能惠允撥借美援物資就可以了。”蔣介石也反唇相譏說：“我們中國有句格言‘人無信不立’。中英兩國此時可算得上是患難之交，理應彼此互助互諒。運給中國的援助物資，像前次的卡車，貴國如需借用，不妨與中國商洽。”一席話說得韋維爾臉紅筋漲，只好搪塞道：“卡車之事，我實在不知道，等回去後一定查處，請委員長諒解。”[2]26 日，英國對此事表示道歉。美國也保證今後未經中國允許，不得移撥給中國的租借物資。後來有位美國學者評論說，蔣介石與韋維爾二人“在重慶會晤的結局，幾乎像珍珠港事件一樣不幸。它使三大盟國中兩個盟國之間的對立更趨表面化和擴大化了”[3]。

　　中、美、英三國重慶會議召開的前一天，美、英首腦會談在華盛頓開始。邱吉爾特意選擇“阿卡迪亞”作爲這次會議的代號，希望這個詞所代表的古希臘田園牧歌式的寧靜生活，成爲美英聯合指揮和諧的象徵。然而中英在重慶會議上的風波很快涉及到華盛頓，加深了美英在對華政策方面的分歧。韋維爾傲慢地拒絕中國軍隊入緬作戰的態度·大大激怒了蔣介石，羅斯福對此也頗爲生氣。陸軍部長史汀生認爲韋維爾“比較武斷，不講方法，

1　董顯光：《蔣總統傳》第 337-388 頁。轉引自吳相湘：《第二次中日戰爭史》
　　下冊，第 786 頁。
2　《蔣總統秘錄》第 13 冊，第 13 頁。
3　《史迪威與美國在華經驗》下冊，第 329 頁。

對待中國人還是往日英國人的那種態度"[1]。陸軍參謀長馬歇爾將
軍在給韋維爾的電報中指出，日本利用英美失去香港和馬尼拉後
威信的跌落，正在發動一場大規模的宣傳攻勢，企圖瓦解中國的
抵抗。因此，必須使中國增強信心和信任感，"要他們確實相信
英美兩國在遠東有著共同的目標。"[2]

　　然而，除了聯合打敗日本這一共同點外，英美在遠東的目標
大不相同。恢復在遠東的一切殖民利益是英國的戰爭目標，但不
是美國的目標。新加坡是英國遠東殖民體系的中心，印度則是對
大英帝國生死攸關的地方。中國不但是戰時美國遠東政策的重
點，而且美國打算讓中國獲得大國地位，在戰後填補日本留下的
空白，並在美蘇對抗中站在美國一邊。邱吉爾說："在華盛頓時，
我已經發現中國在美國人的心目中，甚至在上層人物的心目中，
具有異乎尋常的重大意義。我意識到有一種評價標準，把中國幾
乎當作一個可以同英帝國不相上下的戰鬥力量，把中國軍隊看作
是一種可以同俄國軍隊相提並論的因素。我向總統表示，我認爲
美國輿論對中國在這場全面戰爭中所能作出的貢獻估價得過高
了。他大不以爲然。"[3]羅斯福在私下對他的兒子說過："假如沒
有中國，假如中國被打垮了，你想一想有多少師團的日本兵可以
因此調到其他方面來作戰？他們可以馬上打下澳洲，打下印度
—— 他們可以毫不費力地把這些地方打下來，他們並且可以一直
衝向中東……和德國配合起來，舉行一個大規模的夾攻，在近東
會師，把俄國完全隔離起來，吞併埃及，切斷通過地中海的一切
交通線。"[4]基於對世界反法西斯戰爭全局的通盤考慮，美國軍政
領導人認爲應當加強對中國的援助和支持，使中國堅持對日作
戰。英國領導人卻認爲美國人是感情用事，把援助中國看成是一

1　《史迪威與美國在華經驗》下冊，第 334 頁。
2　《史迪威與美國在華經驗》下冊，第 334 頁。
3　丘吉爾：《第二次世界大戰回憶錄》第 4 卷，第 190 頁。
4　伊裏奧・羅斯福：《羅斯福見聞秘錄》，新群出版社 1948 年版，第 49 頁。

種浪費，並順水推舟地讓美國在與中國人打交道的所有事務上承擔主要責任。

　　由於羅斯福的干預，邱吉爾不得不詢問韋維爾為何拒絕中國軍隊入緬作戰。他不無情緒地說："我必須把美國人的看法告訴你。在許多美國人的心目中，中國顯得同英國一樣的重要。總統對你非常器重，但是對蔣介石在同你會晤後的沮喪心情，似乎稍感吃驚。美國三軍參謀長堅持要把緬甸歸你指揮，唯一的原因就是他們認為你會遷就中國，並打通滇緬公路，這是爭取世界勝利所不可缺少的措施。同時不要忘記亞洲人團結的陰影幽然出現，這又會使我們必須排除的種種災難和挫折更嚴重起來了。"邱吉爾最後說："如果我可以用一個單詞來概括我在美國所獲得的教訓的話，那就是'中國'。"[1]韋維爾否認他曾拒絕中國的幫助，但從他對邱吉爾的回答中不難看出，他實際上仍不想得到中國的援助。韋維爾說："我也認為英國人在中國的威信是低落的，在我們還未取得一些成就以前，很難有所改變。承認我們非有中國的援助不能守住緬甸，也不會提高我們的威信。"[2]在這一點上，韋維爾與邱吉爾的意見是一致的。

　　羅斯福建議分別在南太平洋戰區和中國戰區成立最高統帥部，以便統一指揮在這兩個戰區內作戰的盟國軍隊。12月29日，任命韋維爾擔任南太平洋戰區的美、英、荷、澳軍隊最高統帥。這個戰區包括從孟加拉灣到澳大利亞的廣大區域和美、英、荷、澳四國混雜的軍隊，簡稱為 A、B、C、D 戰區。12月31日，羅斯福致電蔣介石，建議組織中國戰區，並告已商得英、荷等國同意，由蔣介石擔任中國戰區最高統帥，指揮中國境內和將來進入越南、泰國的盟國軍隊，並擬組建聯合參謀部，在蔣介石指揮下服務。電報最後說，這一安排將使蔣介石的"意見與勢力及于備

---

1 邱吉爾：《第二次世界大戰回憶錄》第 4 卷，第 192 頁。
2 邱吉爾：《第二次世界大戰回憶錄》第 4 卷，第 193 頁。

戰區作戰，與一般戰略之策劃"。1942 年 1 月 2 日，蔣介石復電表示"自當義不容辭，敬謹接受"。[1]對韋維爾的任命和蔣介石同意擔任中國戰區最高統帥的消息在華盛頓同時宣佈。

　　美國大力促成設立中國戰區和南太平洋戰區，除了有利於盟國之間協調戰略和統一作戰指揮的考慮之外，羅斯福刻意安排蔣介石與韋維爾出任戰區統帥，也包含著促使中、英兩國消除隔閡的良苦用心。但在戰區範圍的劃分上，羅斯福也小心翼翼地照顧到英國人的情緒和利益。馬歇爾最初起草的備忘錄建議中國戰區"應包括緬甸的東北部以及泰國和印度支那的凡是合作國部隊可能到達的地方"。備忘錄呈報羅斯福批准時，他在"包括"的前面加上"最初"二字，刪去了緬甸東北部，並把"合作"改成"聯合"，因爲那一天正好是"聯合國家"命名的日子。[2]

　　蔣介石出任中國戰區統帥後，即電宋子文，請羅斯福總統指定一位親信的高級將領來擔任中國戰區統帥部參謀長。他對參謀長人選的要求是："不必定須諳熟東方舊情，只要有品學而熱心之人，便可合格，並以中將爲合宜"[3]。宋子文秉承蔣介石的意旨，向美國陸軍部建議，選派的參謀長"不必是個遠東問題專家。相反，對軍閥統治時期中國軍隊情況十分瞭解的軍界人士，如果他們還是按照老觀點看待目前的國軍，那是不利於指揮作戰的"[4]。顯然，蔣介石想要的參謀長是一個既在美國軍界和政界有相當的地位與影響，又不瞭解中國的情況；既能幫他獲得美援，又不過問中國事務的人。美國陸軍部長史汀生和陸軍參謀長馬歇爾則將美國軍隊中第一流的中國通史迪威將軍派遣來華。當時中美雙方

1 羅斯福與蔣介石的來往電報全文，見《史迪威事件》增訂版，第 2526 頁，注（11）、（12）。

2 舍伍德：《羅斯福與霍普金斯 —— 二次大戰時期白宮實錄》下冊，商務印書館 1980 年北京版，第 24 頁。

3 《史迪威事件》增訂版，第 18 頁。蔣介石致宋子文電，見《大溪資料》卷十六，"重要協商"（上），第 169 頁。

4 《史迪威與美國在華經驗》下冊，第 341 頁。

都沒有料到，這個看起來很英明的選擇，後來卻導致了中美間一系列爭端。

　　1942 年 1 月 1 日，美、英、蘇、中等 26 個國家在華盛頓簽署了《聯合國家宣言》，莊嚴宣告"加盟諸國，應各盡其兵力和資源，以打擊共同之敵人，且不得與任何敵人單獨媾和"[1]。在排列簽字國順序時，羅斯福最初把中國排在美國之後名列第二，其後是蘇聯和英國，後來他又把英國提到第二位，把中國放在第四位。[2]名次的先後表面上看起來無足輕重，但這也反映了四大盟國的實力對比和它們的國際地位。當羅斯福、邱吉爾、蘇聯駐美大使李維諾夫和中國新任外交部長宋子文代表四大盟國領銜簽字後，其餘 22 個國家的代表再按國名字母排列順序依次簽字。

　　蔣介石對於中國得以躋身四強之列和自己出任中國戰區最高統帥，感到志得意滿。他在元月三日日記中寫道："我國簽字於共同宣言，羅斯福總統特別對子文表示：歡迎中國列爲四強之一。此言聞之，但有慚惶而已！"元月份反省錄又寫道："二十六國共同宣言發表後，中、美、英、蘇四國已成爲反侵略之中心，於是我國遂列爲四強之一；再自我允任中國戰區最高統帥之後，越南、泰國亦劃入本區內。國家之聲譽及地位，實爲有史以來空前未有之提高，甚恐受虛名之害，能不戒懼乎哉。"[3]蔣介石確實應當慚惶與戒懼，因爲當時中國已經失去了半壁河山，越南也已落入日軍之手，泰國則是日本的附庸國，蔣介石所能指揮的只是小半個中國而已，其他盟國並不打算派部隊到中國歸他指揮。中國戰區最高統帥一職，實際上是美國爲了安撫蔣介石而設置的一個徒有虛名的頭銜。中國雖名列四強之一，但始終不過是四大國中一個禮節性的成員，而且在英、蘇乃至美國眼中，只是一個二流的盟國。蔣介石本人也並不具有同羅斯福、邱吉爾的平等地位。

1　《蔣總統秘錄》第 13 冊，第 14 頁。
2　《史迪威與美國在華經驗》上冊，第 329 頁。
3　《蔣總統秘錄》第 13 冊，第 15 頁。

第二章　緬甸防禦戰的失利

第一節　日軍侵緬和英軍的潰敗

日軍大本營的南方作戰計畫是以"摧毀美、英及荷蘭在東亞的主要根據地，並佔領和確保南方重要地區"爲戰略目標，"準備佔領的範圍是菲律賓、關島、香港、英屬馬來、緬甸、爪哇、蘇門答臘、婆羅洲、蘇拉威西、俾斯麥群島、荷屬帝汶島等"。[1] 攻佔馬來亞、菲律賓、荷屬東印度和緬甸，是日軍南進第一階段的四大進攻戰役。入侵緬甸是其中最後一戰。日軍大本營認爲："緬甸作爲南方重要地區的北翼據點，不僅具有必須確保的戰略地位，而且還具有對中國方面來說切斷援蔣公路，對印度方面來說促使其脫離英國的重大的政略意義。"因而"從開戰伊始就迫切希望進行緬甸全域作戰"。[2] 但日本陸軍兵力絕大部分陷在中國戰場上，能夠投入南進的兵力極其有限。1941 年 12 月太平洋戰爭開戰前日本陸軍雖然增加到 51 個師團，但其中有 40 個師團在中國戰場（東北 13 個師團，關內 27 個師團）。[3] 開戰前陸軍航空兵共 150 個中隊。[4] 陸軍總兵員爲 211.05 萬人，其中地面部隊 202.5

1　《大東亞戰爭全史》第 1 冊，第 317 頁。

2　《大東亞戰爭全史》第 2 冊，第 472-473 頁。

3　《大東亞戰爭全史》第 1 冊，第 336 頁，"1937-1941 年師團數增強一覽表"。

4　《大東亞戰爭全史》第 1 冊，第 337 頁。"1937-1941 年陸軍航空兵力增強一覽表"。

萬人，航空部隊 8.55 萬人。[1]日本陸軍投入南進作戰的爲 11 個師
團和 66 個航空中隊（第一線飛機約 700 架），總兵力約 40 萬。[2]
分別占其師團總數的 21.57%，航空中隊總數的 44% 和兵員總數的
18.95%。由於兵力不足，加之緬甸地理條件的限制，日軍大本營
不得不指示南方軍：“南方進攻作戰期間可相機奪取南部緬甸的
空軍基地，作戰告一段落後，如情況允許，再進行解決緬甸的作
戰。”[3]

　　日軍大本營對於緬甸戰役的作戰設想是：“先以進駐泰國、
負責確保該國安定的第 15 軍（軍司令官飯田祥二郎中將），迅速
作好進攻緬甸的準備，在作戰初期相機摧毀南部緬甸的敵空軍基
地，保證馬來方面作戰軍的側背安全，然後攻佔仰光附近，摧毀
英蔣合作的據點，待作戰告一段落後，再增加兵力擊潰駐緬甸的
英蔣聯軍，加強對中國和印度的壓力。”[4]此後，侵緬日軍基本上
實現了這一預定計劃。

　　緬甸南北長 2090 公里，東西最寬處爲 925 公里。整個地理形
勢是口小、肚大、尾巴尖。全境大部分是山地和高原。地勢北高
南低。地形大致可分爲三部分：東部撣邦高原、中部伊洛瓦底江
盆地和西部阿拉幹山區。薩爾溫江（上游是流經我國西藏、雲南
的怒江）、錫唐河、伊洛瓦底江由東向西並列，縱橫全境，湄公
河（上游是流經西藏、雲南的瀾滄江）則流經緬、老邊境地區。
由於山川走向均由北向南，因此，由南北進出與攻擊易，由東西
運動與呼應難。鐵路、公路大多是南北走向，與河川一同構成用
兵上的交通要道。根據地理形態和歷史上的政治、經濟發展狀況，
全國又分爲上、下緬甸兩部分。曼德勒（即瓦城）以北爲上緬甸，
多山地；曼德勒以南爲下緬甸，多平原。上緬中心城市曼德勒是

1　《大東亞戰爭全史》第 1 冊，第 337 頁。“1937-1941 年陸軍總兵力一覽表”。
2　《大東亞戰爭全史》第 1 冊，第 335 頁。
3　《大東亞戰爭全史》第 2 冊，第 473 頁。
4　《大東亞戰爭全史》第 2 冊，第 473 頁。

緬甸古都和全國第二大城市，也是緬甸腹地的水陸交通樞紐。下緬中心城市仰光位於伊洛瓦底江三角洲上，當印度洋海路之要衝，不但是緬甸的首都，而且是全國海陸交通總樞紐和最大的工商業中心。在緬甸作戰中，兩城的得失至關重要：如失去仰光，猶如門戶洞開；曼德勒不守，好似堂奧暴露。勃固、同古（東瓜）、平滿納（彬文那）扼仰曼之間的交通要道，臘戌、密支那爲緬北鐵路終點，與八莫一起爲中緬國境的屏障，均爲戰略要地。

　　緬甸大部分地區屬熱帶季風氣候，明顯地分爲旱季和雨季。旱季從 11 月到第二年 4 月，雨季從 5 月到 10 月。雨季受印度洋季風的影響，雨量相當大，且多爲暴雨。旱季則幾乎無雨。從緬甸的阿拉幹沿海到印度的阿薩姆邦一帶，是世界上雨量最多的地區，有的地方年降雨量高達 5000 毫米。緬甸的地形和氣候條件，對軍事行動有極大的影響。

　　緬甸在英國的遠東防禦體系中，歷來居於次要地位。英國部署在緬甸的軍隊數量少，質量差。負責指揮緬甸防務的韋維爾主要是把緬甸作爲保衛印度的屏障。他認爲日軍正在全力進攻馬來亞和菲律賓，不會對緬甸採取重大行動。一旦日軍進攻緬甸，由於泰緬邊境地帶交通條件的限制，只能從唯一有公路的泰國北部清邁進入撣邦地部，指向曼德勒方向。因此，緬甸守軍主要部署在緬東的撣邦、毛淡棉地區，以及仰光和曼德勒兩個中心城市附近。計畫在東部國境地帶阻滯日軍的攻勢，盡可能守住薩爾溫江一線，等待來自印度和中國的增援。12 月底，韋維爾就任美、英、荷、澳聯軍總司令，派遣印度英軍參謀長胡敦（又譯赫頓）爲駐緬部隊司令。胡敦在新德里是一位能幹的參謀長，但他並 "不是緬甸即將發生的戰事所真正需要的那種精悍的戰鬥指揮官"。[1]胡敦對能否守住仰光缺乏信心，就任之初就預作退路，"一方面把供應送到仰光以北四百英里（約 643 公里）的曼德勒地區，一方

1　約翰・科斯特洛：《太平洋戰爭》上冊，第 228 頁。

面又從印度的曼尼普爾趕修一條山路，同曼德勒和通往重慶的滇
緬公路建立了陸上聯繫。"[1]顯而易見，這是一種放棄緬甸，退守
印度的消極部署。

日軍第 15 軍於 1941 年 12 月 8 日強行進駐泰國。泰國政府在
日軍刺刀的脅迫下訂立城下之盟，對美英宣戰。12 月 9 日，第 15
軍司令官飯田祥二郎中將來到曼谷，對陸續到達的部隊進行部
署：令先行到達的第 55 師團主力在達府、麥索一帶集結，以其一
部在北碧西部地區集結；令 1942 年 1 月 10 日由海路在曼谷登陸
的第 33 師團在達府附近集結，進行侵緬準備。

12 月 14 日，日軍宇野支隊攻佔位於克拉地峽西面，緬甸最
南端的維多利亞角，奪取了這一地區的英軍機場，既阻斷了駐緬
英軍對馬來亞的空中支援，又取得了空襲仰光的基地。第 15 軍主
力則在達府至麥索間強令泰國老百姓晝夜修路，並將第一線部隊
中的車輛部隊改為馬馱部隊，以克服交通障礙。同時，日軍出動
飛機對滇緬國際交通線兩頭的樞紐昆明和仰光進行大規模轟炸，
阻止中國軍隊入緬作戰，破壞緬甸英軍防務。

12 月 20 日，轟炸昆明的日本空軍與美國志願航空隊首次空
戰。美國志願航空隊一舉擊落 9 架敵機，以 9：0 大勝日軍。12
月 23 日，日軍出動 54 架轟炸機和 20 架戰鬥機第一次空襲仰光，
炸死 2000 餘人，炸傷 1700 餘人。駐仰光的美國志願航空隊一個
中隊與英軍空軍協同作戰，擊落敵機 32 架。其中志願隊擊落敵機
25 架，損失飛機 3 架，2 名飛行員陣亡。英軍擊落敵機 7 架，損
失飛機 7 架，5 人傷亡。12 月 25 日（耶誕節），日軍出動 81 架
轟炸機和 42 架戰鬥機的大編隊再次轟炸仰光。美、英空軍又一次
以少勝多，擊落敵機 36 架。其中志願隊擊落 29 架，損失 2 架，
飛行員無一傷亡。英軍擊落 7 架，損失 9 架，飛行員傷亡 6 人。

---

1 利德爾一哈特：《第二次世界大戰史》上冊，上海譯文出版社 1978 年版，
　第 325-326 頁。

兩次空戰雖然取得勝利，但仰光市區、港口和機場在空襲中遭到嚴重破壞，大批人員傷亡，引起人們的恐慌。尤其是在仰光當工人和下級職員的大批印度人紛紛逃亡。1942 年 1 月 2 日，日軍攻陷菲律賓首都馬尼拉。日本南方軍總司令當夜即將第 5 飛行集團（相當於航空師）調往泰國，加強侵緬空軍實力。1 月 23 日到 29 日，日軍飛機連日空襲仰光，企圖以連續攻擊打垮美、英空軍。敵機先對機場進行掃射轟炸，企圖將盟軍飛機趕上天空耗盡燃料，然後乘其降落加油時，派第二批飛機將其擊毀在地面。美國志願隊的地勤人員加油裝彈非常敏捷，在第二批敵機來襲前，美機已起飛了。僅 1 月 28 日空戰中，敵機被擊落 50 架，志願隊損失 2 架飛機和 2 名飛行員，英軍損失 10 架飛機和 10 名飛行員。仰光軍民把擋住日軍攻勢的希望寄託在美國志願隊身上。英國首相也對美國志願隊在仰光空戰中的戰績給予高度評價："這些美國飛行員在緬甸的稻田上空所取得的巨大勝利在其性質上，如果不是在規模上，可以和大不列顛空戰中皇家空軍在肯特郡的果園和蛇麻草田上空所取得的勝利相媲美。"[1]美國志願航空隊以其在昆明和仰光空戰中的出色戰績，贏得了"飛虎隊"的譽稱。

　　儘管美、英空軍在仰光空戰中多次取勝，尤其是美國飛虎隊員鬥志旺盛，戰術高強，所向披靡，但他們畢竟是以寡敵眾，以少勝多，缺乏補充，經不住持續激烈的作戰消耗。在不列顛空戰中，英、德飛機的比例是 1：4，而在仰光空戰中，美、英飛機與日本飛機的比例是 1：14。飛行員犧牲一個少一個，飛機損失一架少一架，難以長期支撐危局。美國志願隊要兼顧從昆明到仰光的漫長戰線，難免顧此失彼。1 月下旬，陳納德將駐守昆明的兩個中隊也調往仰光增援，昆明空防空虛，蔣介石要求將志願隊調回。1 月 31 日，邱吉爾致電羅斯福，要求將美國志願隊留在仰光，

---

1 杜安・舒爾茨：《陳納德與飛虎隊——獨行其是的戰爭》，雲南人民出版社 1989 年版，第 206-207 頁。

羅斯福答應了這一要求。[1]此後，美國志願隊一直在緬甸作戰，直到仰光淪陷前夕才撤回中國。飛虎隊在仰光駐守 70 天，交戰 31 次，擊落敵機 217 架，損失 16 架，戰績是 13.5：1。飛虎隊員陣亡 6 人，其中包括建隊時的 3 位中隊長，這是無法彌補的重大損失。

仰光的激烈空戰拉開了緬甸之戰的序幕。

日軍急於奪取仰光，打開進犯緬甸全境的門戶，不顧泰緬邊境地形險阻，交通困難，第 15 軍尚未完成作戰準備，飯田於 1 月上旬決定迅速進攻南部緬甸，佔領薩爾溫江的重要防線，準備以後對仰光的作戰。他對所屬各部隊的部署是：令第 55 師團第 120 聯隊一部（沖支隊），先于主力部隊，從北碧方面向土瓦方面作戰以牽制敵人；第 55 師團以主力突破麥索附近泰緬邊境，佔領毛淡棉附近；第 33 師團繼第 55 師團主力之後陸續挺進，向拔安方向進發。[2]

1942 年 1 月 4 日，日軍先頭部隊沖支隊從北碧附近越過泰緬國境，於 19 日輕取緬南戰略要地土瓦。此舉完全出乎英軍意料。駐守在土瓦以南的守備部隊陸上通路被切斷，只得由海上倉皇撤走。20 日，第 55 師團主力輕裝沿崎嶇的山間小道穿越國境，利用沖支隊轉移了英軍注意力之機迅速突進，於 22 日佔領高加力。同日，日軍大本營對南方軍司令官下達了"要與海軍協同攻佔緬甸的重要地區"的命令，並指示"緬甸作戰的目的，在於擊潰駐緬英軍，佔領和確保緬甸的重要地區，並加強對華封鎖。為此，應以第 15 軍盡速進到毛淡棉附近薩爾溫江一線，作好作戰準備後，以主力從毛淡棉至勃固的公路沿線地區出發，迅速佔領中部緬甸的重要地區。"[3]1 月 31 日，日軍第 55 師團經過一場激烈的混戰，攻佔緬甸第二大海港毛淡棉。在這場戰鬥中，守軍由於背向遼闊的薩爾溫江人海口，好不容易才避免被俘的下場。2 月 4

---

1 邱吉爾：《第二次世界大戰回憶錄》第 4 卷，第 217 頁。

2 《大東亞戰爭全史》第 2 冊，第 474 頁。

3 《大東亞戰爭全史》第 2 冊，第 475 頁。

日，隨後推進的第 33 師團攻佔毛淡棉以北的拔安，從而突破了仰光以東的第一道天然屏障薩爾溫江。

　　緬甸獨立軍抱著自己的目的，協同日軍進攻緬甸。1941 年 12 月 31 日，獨立軍分為 3 個支隊，從泰國進入緬甸。他們為日軍充當嚮導，籌集糧食，遇到河流，便幫助日軍架設當地特有的筏橋。在日軍佔領的地方，獨立軍幫助維持秩序。侵緬日軍利用緬甸獨立軍的幫助，減少了許多困難，加快了進軍速度。但是，緬甸獨立軍借助日軍來實現緬甸獨立的打算，不過是一廂情願的幻想。進入毛淡棉之後，獨立軍組織了和平委員會，準備接管該市政權。日軍對毛淡棉實行軍事管制，撕毀了將佔領地區的行政權交給緬甸人的諾言。

　　日軍在緬南的迅速突破，迫使英國領導人採取措施增強緬甸的防務。但當時侵馬日軍已經逼近新加坡，凡是遠東可以動用的英軍大都調去增援馬來亞。1 月中旬，邱吉爾在美國開完"阿卡迪亞"會議回到倫敦後，首先面臨的抉擇是把極為有限的英軍增援部隊派往新加坡還是緬甸。邱吉爾出人意料地表示："作為一個戰略目標，我認為使滇緬公路暢通無阻要比保持新加坡更為重要。"[1] "緬甸如果喪失，那就慘了。這樣會使我們同中國人隔絕，在同日本人交戰的軍隊當中，中國軍隊算是最成功的。我們很可能由於辦事糊塗，對作出無可奈何的決定有所顧慮，就會使新加坡和滇緬公路二者都丟失。"[2] 遠東各地英軍在日軍攻擊下處處遭到慘敗，尤其是韋維爾報告新加坡也難予堅守，終於使丘吉爾有所醒悟，"開始更多地考慮到緬甸，考慮到開赴新加坡的援軍。這些援軍可能遭劫，也可能挽回。扭轉他們的航向北向仰光，還有充足的時間"[3]。但增援緬甸的目的最終還是為了保住印度。因為"新加坡一旦淪陷，寇里幾多爾必將相繼淪陷，這將使印度大

1　邱吉爾：《第二次世界大戰回憶錄》第 4 卷，第 74 頁。
2　邱吉爾：《第二次世界大戰回憶錄》第 4 卷，第 79-80 頁。
3　邱吉爾：《第二次世界大戰回憶錄》第 4 卷，第 78 頁。

大震驚；只有強大的部隊的來到和緬甸方面戰事的成功才能把印度支持下來"[1]。基於這一考慮，邱吉爾不顧澳大利亞總理柯廷的堅決反對，將原定增援新加坡的英印第 17 師和英國第 7 裝甲旅改派緬甸。

　　緬甸英軍總司令胡敦派新到的英印第 17 師師長史密斯指揮從毛淡棉到仰光沿線的防務。1 月 24 日，韋維爾從他在爪哇的英、美、荷、澳聯軍司令部飛到仰光，主持召開了一次緊急會議。史密斯竭力主張後撤到錫唐河一線佈防。韋維爾和胡敦認為撤退的時機還不成熟，要求進行一系列阻滯戰鬥。

　　2 月 9 日，日本南方軍命令第 15 軍"須繼續現在作戰，儘量殲滅敵人，進到仰光地方，且務必在其以北獲得地盤，以準備對曼德勒和仁安羌附近的作戰。"[2]2 月上半月，日軍沿毛淡棉至錫唐河的公路將英印第 17 師逐退了 100 英里（約 160 公里）。史密斯企圖在米鄰河組織防禦，但這個陣地不久就被包抄。英印第 17 師在撤往錫唐河的途中"被自己的飛機炸得一塌糊塗"。錫唐河寬約 550 米，河上只有一座橋梁。22 日黎明，史密斯率少數先頭部隊到達河西岸。日軍也已從林間小道穿插到橋頭，切斷了英印第 17 師主力的退路。英印軍隊竭力突圍。23 日凌晨 3 時，日軍縮小包圍圈。史密斯倉皇下令守衛橋頭堡的廓爾喀旅指揮官炸橋。凌晨 5 時半，錫唐河大橋被炸毀。"當第 17 師打開出路抵達河岸時，發現橋樑已被炸毀，前面只是滾滾流水。"[3]日軍工兵在上游 16 公里處花了 10 天時間修起一座便橋。在這段時間裏，英印第 17 師有 3300 人設法渡河，其中只有不到一半人攜回 1400 支步槍和幾挺機關槍，其他武器裝備全部丟失。史密斯承認，他指揮的是"一場糟糕透頂的戰役"。"日本人高速行駛；英國人

1 邱吉爾：《第二次世界大戰回憶錄》第 4 卷，第 80 頁。
2 《大東亞戰爭全史》第 2 冊，第 475 頁。
3 邱吉爾：《第二次世界大戰回憶錄》第 4 卷，第 219 頁。

掛二檔，沒有人來調整或控制這部機器"。[1]邱吉爾悲歎錫唐河的
敗績"是一次極大的災難"，"似乎決定了緬甸的命運，帝國政
府的資源與安排，在這裏又一次顯示了嚴重的不足和不當"。[2]然
而直到此時，英國仍然沒有採取有力措施，讓集結在滇緬邊境的
中國遠征軍主力儘快入緬增援，而是捨近求遠，把增援緬甸的希
望寄託在英聯邦成員澳大利亞身上。

　　2 月下旬，邱吉爾數次致電澳大利亞總理柯廷，請求將正由
中東調回澳大利亞的一師澳軍改派緬甸加強仰光防務。邱吉爾 2
月 20 日的電報說："你的先遣師是唯一能夠及時開到仰光的部
隊，它足以防止仰光的失守以及與中國聯繫的交通線被切斷"，
"全世界沒有別的東西能夠填補這個缺口了"。[3]邱吉爾十分清
楚，澳大利亞政府"認為日本進犯澳大利亞是個可能發生的、迫
在眉睫的災難"，而且"對於英國的指揮作戰能力和我們在國內
所作的判斷，已失去信心"[4]，寄希望於美國對澳大利亞的軍事援
助。因此，邱吉爾特意挽請美國總統羅斯福出面說服柯廷。柯廷
眼看"澳大利亞的週邊防禦目前正在迅速崩潰，我方的脆弱完全
暴露無遺"[5]，斷然拒絕了邱吉爾和羅斯福的要求，堅持將這個澳
軍師調回國內。邱吉爾無可奈何地表示："我們如果不能夠派遣
一支部隊，無論怎樣總能夠派遣一個人吧"[6]。3 月 5 日，陸軍上
將亞歷山大奉派接替胡敦任駐緬英軍總司令，胡敦改任參謀長。
在此之前，設在爪哇的美、英、荷、澳聯軍總司令部已于 2 月 23
日解散，韋維爾仍舊回到印度擔任英印軍總司令。緬甸戰區仍歸
他指揮，而他認為不能守住緬甸。

---

1 約翰·科斯特洛：《太平洋戰爭》上冊，第 229 頁。
2 丘吉爾：《第二次世界大戰回憶錄》第 4 卷，第 219-221 頁。
3 邱吉爾：《第二次世界大戰回憶錄》第 4 卷，第 223-224 頁。
4 邱吉爾：《第二次世界大戰回憶錄》第 4 卷，第 221 頁。
5 邱吉爾：《第二次世界大戰回憶錄》第 4 卷，第 233 頁。
6 邱吉爾：《第二次世界大戰回憶錄》第 4 卷，第 237 頁。

　　亞歷山大在一次大戰中就以鎮定樂觀著稱。尤其是在 1940
年西歐戰局的危急時刻，他因成功地指揮了敦克爾克大撤退而在
英軍中名聲大噪。據說當時他爲了穩定軍心，曾冒著德軍的砲火，
穿著擦得鋥亮的皮靴和最時髦的馬褲在海灘上吃早餐。邱吉爾指
望依靠這位將軍的威望和信心去鼓舞緬甸守軍的士氣，穩住緬甸
的危局。亞歷山大奉令"盡可能守住仰光；失利時則向北面撤退，
保衛上緬甸，同時和他左翼的中國軍隊保持接觸。"[1]但是，亞歷
山大也未能在緬甸創造出又一個"敦刻爾克奇跡"。日軍於 3 月
3 日渡過錫唐河，以主力經由勃固以西地區，向仰光以北地區前
進。3 月 6 日，日軍第 55 師團在勃固附近擊潰新到的英軍第 7 裝
甲旅。亞歷山大堅守仰光的信心只維持了一天，就同第 7 裝甲旅
的潰敗一起崩潰了。6 日午後，亞歷山大便下令於次日午後進行
破壞後撤出仰光。英軍撤離前炸毀了仰光的大煉油廠和港口設
施，銷毀碼頭上來不及運走的大量物資，破壞全市的供水系統，
然後沿著通往普羅美（卑謬）的公路向北撤退。包括 972 輛沒裝
配的汽車和 5000 只輪胎在內的大批美國租借物資被付之一炬，仰
光的空氣中彌漫著橡膠燒焦的濃烈氣味。[2]3 月 8 日上午 10 時，
日軍第 33 師團步兵第 215 聯隊進入仰光。當日軍進入英國總督的
宮邸時，發現桌上還擺著早餐，傢俱也保持原狀未動，可見英國
殖民老爺是如何倉皇逃亡。日軍還在碼頭的倉庫中繳獲了英國人
來不及銷毀的大量物資，其中僅威士卡等各種酒就有數千打，在
倉庫裏堆積如山。日軍官兵大肆痛飲狂歡，至使第 33 師團停戰一
天。連南方軍司令部也馳電"請送一車洋酒來"[3]。英軍才乘機在
通往北方的路上找出一個缺口，僥幸逃出日軍的包圍。

　　奈溫率領的緬甸獨立軍一支伍先於日軍進入仰光，受到當

1　邱吉爾：《第二次世界大戰回憶錄》第 4 卷，第 157 頁。

2　《史迪威與美國在華經驗》下冊，第 365 頁。

3　伊藤正德：《日本軍血戰史》，昆明軍區司令部二部，1980 年 6 月印行（中
　　譯本改名爲《日本東南亞戰史》），第 150 頁。

地群眾的歡迎。許多青年報告參軍，獨立軍很快發展到 1 萬人。日本第 15 軍佔領仰光一周後，便在原英國總督府建立了軍政府，控制了緬甸的軍事、政治、經濟、外交等一切事務。日本根本無意宣佈緬甸獨立，不久就在緬甸推行比英國殖民者更加野蠻的法西斯統治。仰光的陷落標誌著緬甸防禦戰第一階段，即緬南爭奪戰的結束。日軍奪取仰光，完全達到了其緬甸作戰第一階段的目的：切斷了美國援華物資的入口，加強了對中國的封鎖；獲得了由海路實施補給的良港和控制緬甸制空權的空軍基地，為侵佔緬甸全境的下一階段作戰創造了有利條件。對英國來說，"仰光的失守意味著緬甸的失守"[1]，完全喪失了守住緬甸的意志。對緬甸戰場握有最高指揮權的韋維爾於 3 月 19 日致電邱吉爾說："倘若日本堅決進犯，我認為我們不能久守上緬甸。許多部隊仍舊缺乏裝備，下緬甸的經驗還使他們動搖，餘下的幾個緬甸步槍營能起多少作用很可懷疑。砲兵不多了。目前，再要切實的增援是辦不到的"[2]。對於英軍，"以後的戰役乃是同日本人和即將來臨的雨季展開一場冷酷的競賽"[3]。對中國來說，由於失去了滇緬公路的海上出入口，派遣遠征軍入緬伊始就在戰略上處於被動地位。

第二節　中國遠征軍入緬

1941 年中英軍事同盟醞釀期間，中國方面在雲南陸續集結準備入緬作戰的部隊。太平洋戰爭爆發時，第 5 軍各部均擔任昆明地區防守任務。第 6 軍主力駐開遠附近，為滇南總預備隊。該軍第 49 師在滇緬公路上的雲南驛至保山一線擔任護路任務。另派第 93 師之加強第 277 團（劉觀隆支隊）進駐車裏、佛海地區，對越、

---

1 邱吉爾：《第二次世界大戰回憶錄》第 4 卷，第 243 頁。
2 邱吉爾：《第二次世界大戰回憶錄》第 4 卷，第 240 頁。
3 邱吉爾：《第二次世界大戰回憶錄》第 4 卷，第 243 頁。

緬方向保持戒備。蔣介石策劃召開重慶聯合軍事會議之際，爲了顯示中國軍隊的實力和與盟軍聯合作戰的誠意，於 12 月 11 日下令第 93 師即開車裏，第 49 師速編一加強團即開畹町，歸英遠東軍總司令指揮，準備向緬東撣邦的景東（景棟）前進。[1]16 日，蔣介石又令第 5 軍將昆明防守任務交由第 71 軍接替，即開祥雲、大理、保山地區集結，限 1942 年 1 月 18 日集中完畢，準備入緬協力英軍作戰；第 6 軍（欠 93 師及 49 師之一團）即向保山、芒市地區集中，限 1942 年 1 月 22 日集中完畢。[2]由於韋維爾在重慶中、美、英聯合軍事會議上傲慢地拒絕了蔣介石關於派兵入緬作戰的建議，蔣介石大爲惱怒，遂於 12 月 26 日下令第 5 軍及第 6 軍主力"暫時勿庸入緬"，"該兩軍停止前進，並分段在昆明附近及滇緬沿線上集結待命"。[3]29 日再次重申勿庸入緬的命令，並指示第 5 軍"必要時須向東轉用"[4]。中國軍隊入緬作戰的動員工作至此停頓下來。中英兩國共同防衛緬甸的軍事合作從一開始就舉步維艱，磕磕絆絆。

日軍於 1942 年初從泰緬邊境突入緬南，駐緬英軍接連失利，才被迫逐漸改變拒絕中國軍隊入緬增援的頑固態度。1 月 19 日緬南戰略要地土瓦失陷後，駐緬英軍司令胡敦即要求中方將劉觀隆支隊開到景東佈防，並以一個加強團兵力太少，要求第 93 師全部入緬。[5]當初胡敦曾得到訓令，除中國第 6 軍第 93 師外，未得到遠東英軍總司令許可，不得在緬甸使用其他中國部隊。胡敦請求韋維爾批准再使用一個中國師，負責對泰國西北邊境的防務，以便將原來駐守這一地區的英緬軍調去增援緬南。當這一要求獲得

1 《中國入緬軍參謀團團長林蔚緬甸戰役作戰經過及失敗原因與各部優劣評判報告書》，（以下簡稱"林蔚報告書"），《國民黨政府軍令部戰史會檔案（二十五）5103》，7143-3。
2 《林蔚報告書》，7143-4。
3 《林蔚報告書》，7143-4。
4 《林蔚報告書》，7143-4。
5 《林蔚報告書》，7143-4。

批准時，日軍已經推進到毛淡棉。2 月 3 日，英方代表哈蒲生上校要求駐芒市的第 6 軍第 49 師 "全師開駐景東，愈早愈佳，並由英方派車 500 輛，每日約 50-60 輛，可輸送半個團" [1]。2 月 6 日，蔣介石下令第 6 軍軍部和第 93、第 49 兩師即開景東，入緬後即歸英方指揮，暫編第 55 師集中畹町待命入緬。又令 "第 5 軍各部隊應即作出發準備，以便英方要求時能即刻開往" [2]。這是中國軍隊第二次動員入緬。

　　直到此時，握有緬甸戰場最高指揮權的韋維爾仍然固執地拒絕中國軍隊主力第 5 軍入緬。1 月 23 日，邱吉爾電詢韋維爾："我對你拒絕中國幫助防守緬甸和滇緬公路的理由，依然困惑不解。我知道，你現在已經接受中國第 49、第 93 兩師，但是中國第 5 軍和第 6 軍的其餘部分就在邊界那一邊駐紮著。緬甸似有遭受蹂躪的嚴重危險。當我們想起中國人在孤立無援而武裝劣的情況下，堅持抗日已經多久，當我們看到我們在日本人手下過著什麼樣的艱難的日子，我就不能瞭解我們為什麼不歡迎中國人的援助。" [3]韋維爾回答說；"我並沒有拒絕中國的幫助。你說我 '現在' 才接受了第 49、第 93 兩師。其實 12 月 23 日當我在重慶的時候，我就接受了；他們遲遲沒開拔，純粹是中國人的事情。據我所知，除了另一個品質很成問題的師以外，這兩個師構成了中國第 5 軍。我所要求的，只不過是不要把第 6 軍開到緬甸邊境，因為供應困難。" [4]韋維爾連中國第 5、第 6 兩軍的序列都沒有搞清楚，卻將拖延入緬的責任推給中國人，並以供應困難為藉口，拒絕中國軍隊主力第 5 軍入緬。他接著說： "應從印度和非洲調來緬甸的英國軍隊，只要諸事順利，在交通運輸所能承擔的條件

1 《林蔚報告書》，7143-5。
2 《林蔚報告書》，7143-5。
3 邱吉爾：《第二次世界大戰回憶錄》第 4 卷，第 191-192 頁。
4 邱吉爾：《第二次世界大戰回憶錄》第 4 卷，第 192-193 頁。

下，應該是足夠的了。"[1]可見韋維爾實際上仍然不歡迎中國的援助。

　　然而駐緬英軍卻不給韋維爾爭氣。日軍輕取毛淡棉，搶渡薩爾溫江，強攻錫唐河，步步進逼仰光。增援緬甸的英印第 17 師一敗塗地。英方代表稱 "仰光情況緊急，請派第 5 軍迅速入緬"。2月 16 日，蔣介石下令優先運送第 5 軍入緬，全軍按第 200 師、第96 師、軍部、新編第 22 師的順序，於 16 日開始用汽車輸送，先向畹町附近集中，再由英方派車接運入緬。全軍應於 20 日內輸送完畢。所有野砲、戰防砲均應同時出發，裝甲兵團先作出發準備，視情況再決定是否開往。第 5 軍入緬後，大約使用于同古、仰光附近地區。爲使第 5 軍迅速入緬，第 6 軍暫 55 師暫緩輸送。[2]至此已是中國軍隊第三次動員入緬。

　　中國入緬軍參謀團在緬甸防禦戰失利後的總結報告中指出："我第 5、6 軍行動一再延誤，未能先期至緬集中，聯合力量，制敵機先。英方追隨情況，逐次需索軍隊，以致聯合軍雙方事先未能就其所預定使用之兵力，共同預立全盤作戰計畫，陷爾後作戰于支節應付之境。"[3]

　　中國軍隊入緬之初，參謀團認爲，鑒於緬甸戰局已發生了重大變化，必須確保仰光、同古、棠吉（東枝）、曼德勒、臘戍、密支那等戰略要地。由於英方的延誤，使中國軍隊不能及早入緬佈防，當戰局惡化時，又倉猝入緬，因交通問題，難以很快在緬全部集中，只有先派一部分精銳部隊，"依地形之利，行持久作戰，換取時間，待兵力集中後再求決戰，方爲有利"[4]。

　　2 月 25 日，中國駐臘戍軍事代表侯騰報告，緬甸英軍司令胡敦對於我入緬軍的部署是：將第 6 軍暫 55 師置於羅衣考（樂可），

1　邱吉爾：《第二次世界大戰回憶錄》第 4 卷，第 192-193 頁。
2　《林蔚報告書》，7143-6。
3　《林蔚報告書》，7143-6。
4　蔣緯國主編：《國民革命戰史》第三部，《抗日禦侮》第 8 卷，黎明文化事業股份有限公司 1978 年版，第 176 頁。

第 49 師置於猛畔（孟板），第 93 師置於景東，軍直屬隊置於雷列姆，軍部置於棠吉；第 5 軍以一師置於棠吉為第 6 軍預備隊，一師置於同古，一師置於羊力賓（良禮彬），為英緬第 1 師與英印第 17 師撤退時作掩護，軍部與直屬隊置於同古以北地區。第 6 軍與英緬第 1 師之作戰地境為同古—毛奇公路以北之線。[1]中國參謀團認為：“胡敦司令之部署實為一全面退卻之部署，故其所劃之中英兩軍作戰地境線竟成為一橫線。其退卻目標至少似已預定為曼德勒以北。第 6 軍之三個師分置於景東、猛畔、羅衣考三地區，乃為掩護其長距離退路側背之配置。但猶慮其不能確實，再以第 5 軍之一個師位置于此項側背上之交通要點（棠吉）作為第 6 軍之預備隊。至其對於正面掩護，既以第 5 軍之一個師位置於羊力賓，構成第一掩護陣地；再以該軍之一個師位置于同古，使之自然構成第二掩護陣地。”[2]胡敦還拒絕中方派聯絡參謀至英軍師、旅司令部，英方在中國入緬軍各軍、師，均派駐聯絡參謀。這一行動表明英軍有意不讓華軍瞭解其行動，以便利用華軍掩護其安全撤退。英軍缺乏鬥志與損人利己之心昭然若揭，可惜中方在最初並未看破。

　　2 月 25 日，蔣介石親赴昆明部署中國軍隊入緬事宜。26 日，侯騰由臘戍飛回昆明，向蔣介石報告緬甸情形和胡敦的意見。蔣介石聽取彙報後，於 27 日下達命令：“敵為奪取緬甸，威脅中印國際路線，將企圖佔領仰光，並繼續向緬北曼德勒方向進犯。我以摧破敵人企圖之目的，第 5、6 兩軍應即全部入緬，協同英軍作戰。”並對入緬部隊的指揮系統、輸送程式、集中位置作了具體指示，規定“第 5、6 兩軍暫歸杜軍長統一指揮，杜軍長受胡敦司令指揮。”[3]

　　3 月 1 日，蔣介石飛赴臘戍視察緬甸戰局。3 月 2 日，印度英

1　《林蔚報告書》，7143-8。
2　《林蔚報告書》，7143-8。
3　《林蔚報告書》，7143-10。

軍總司令韋維爾和緬甸總督雷金納德·多爾曼·史密斯由仰光飛臘
戍拜會蔣介石，商談中英軍隊在緬甸聯合作戰的有關事宜。3月3
日，蔣介石在臘戍召開高級軍事會議，參加會議的有商震、俞飛
鵬、周至柔等軍事委員會有關部門負責人，參謀團團長林蔚和入
緬部隊將領杜聿明、甘麗初、戴安瀾等人。蔣介石在會上指出：
"此次第5、6兩軍出國作戰，因地形生疏，習慣不同，後方組織
尚未完成……故親自前來主持指導。"[1]蔣介石規定入緬部隊的指
揮系統是：參謀團團長林蔚負責戰術指揮，並與英方會商；兵工
署長俞飛鵬負責後方勤務；衛立煌任中國遠征軍司令長官，杜聿
明為副司令長官。這次會議還作出以下決定：一杜絕謊報軍情；
二努力作好對緬甸人民的宣傳工作；三尊重緬甸民族的風俗習
慣；四認真研究叢林戰戰術。[2]同一天，蔣介石還在臘戍會見了從
美國取道印度赴華就任的史迪威。第二天，蔣介石指示杜聿明：
"你歸史迪威將軍指揮，對史迪威將軍要絕對服從。"杜問："如
果史迪威將軍的命令不符合你的決策時應如何辦？"蔣回答說：
"你打電報向我請示再說。"[3]

　　蔣介石在昆明和臘戍的部署，使中國入緬部隊要分別隸屬
中、美、英三國四個不同的上級指揮。他有意造成這種疊屋架床
的多層次、多頭指揮局面，使之互相掣肘，以便自己在重慶遙控。
這是蔣介石控制部隊和駕馭將領的慣用伎倆。第5、6兩軍是蔣介
石的嫡系部隊，尤其是精銳的第5軍，他當然捨不得放手交給外
人全權指揮。

　　蔣介石於3月5日由緬甸回到重慶。史迪威亦在同一天從昆

1　秦孝儀主編：《中華民國史重要史料初編 —— 對日抗戰時期》第二編，《作
　　戰經過》三，中國國民黨中央委員會1981年版，第228頁。

2　秦孝儀主編：《中華民國史重要史料初編 —— 對日抗戰時期》第二編，《作
　　戰經過》三，第229-233頁。

3　杜聿明：《中國遠征軍入緬對日作戰述略》，《文史資料選輯》第8輯，第
　　14頁。

明抵渝。3 月 6 日，史迪威正式向蔣介石報到，轉達羅斯福總統對歐亞戰場同樣看重以及美國加強支援中國的意思，說明他奉派來華的任務是：一，指揮在中國、緬甸、印度的美國軍隊；二、監督及辦理（支配）美國援華的軍火、武器與其他器材；三、代表美國政府出席重慶軍事會議；四、中國戰區與南太平洋戰區間的聯絡員；五、管理、維持並改進滇緬公路；六、指揮在印度的美國空軍及由印緬出發的空軍活動。[1]蔣介石一聽史迪威列數自己奉派來華的任務有六項之多，惟獨沒有提到中國戰區參謀長一職，便感到不快。在蔣介石追詢下，史迪威方才回答："本人爲鈞座之參謀長，直接受鈞座之指揮。"[2]蔣介石當即要史迪威與軍政部長何應欽、軍委會辦公廳主任商震商討一切，並令其提出聯合參謀部組織草案。最後，蔣介石又讓史迪威進一步說明其確實任務。史迪威回答說："本人指揮在中國、印度、緬甸境內之美國軍隊，惟印度只用爲運輸器材由美入華之過道，別無他企圖。至關於中國部份，本人所受訓令，系在委員長統率之下，指揮中國境內之美國部隊，及撥交本人指揮之中國部隊。"[3]蔣介石與史迪威初次正式會面，就在指揮權問題上產生了隔閡，雙方都很不愉快。

　　3 月 8 日，蔣介石正式任命史迪威爲中國戰區參謀長，指揮入緬的中國軍隊。同日仰光失守。9 日，蔣介石在黃山官邸設宴招待史迪威，雙方在宴會上討論了緬甸作戰問題。蔣介石對史迪威詳細介紹了中國軍隊在緬甸的配置情況和對中英軍隊作戰分工的意見。史迪威認爲蔣介石講的那一套是"外行的戰術"，其要點就是要"小心謹慎"，對此很不以爲然。他建議在日軍調集增

1　《大溪資料（蔣總統檔）》卷十六，"重要協商"上，第 204 頁。轉引自梁敬錞《史迪威事件》增訂版，第 34-35 頁。
2　"重要協商"上，第 209 頁。轉引自《史迪威事件》增訂版，第 35 頁。
3　"重要協商"上，第 209 頁。轉引自《史迪威事件》增訂版，第 35 頁。

援部隊前發動進攻，但被蔣介石否決。[1]蔣介石認爲，“在緬中英軍隊之軍令必須統一，且應受史迪威之指揮”。宴會後，即電令宋子文就此與羅斯福總統接洽，並轉商邱吉爾首相。電文說：“據敵廣播，仰光昨午已被佔領。此後，緬甸作戰不得不重定計劃。尤其中英兩軍必須指揮統一，方能收效。英軍在緬兵力只有殘餘兩個師，而我派赴緬甸各軍，其數超過英軍4倍以上。中國在緬軍隊已命史迪威擔任指揮，則在緬英軍宜亦由史迪威指揮，以期統一。”[2]羅斯福回電說：“尊電建議史迪威率領在緬英軍之事，因史迪威許可權甫得英方之同意，請不必將此問題向英提出，以免發生困難。”[3]蔣介石企圖用抬美抑英，建議史迪威指揮在緬英軍，從而使自己能夠控制緬甸戰場上的盟軍指揮權，但由於在中英之間感到左右爲難的羅斯福婉拒了這一建議，使蔣介石的盤算落空。

　　3月10日，蔣介石第三次約見史迪威，談了他對仰光失守之後的緬甸戰局的重新考慮。他說，中國派兵入緬，原是協同英軍保衛仰光。現在仰光已失，中國軍隊就要協同英軍克復仰光。這個目的達不到，敵人就將乘我軍入緬之機，由越南襲擊雲南。倘若如此，大局將不堪設想。他要史迪威審時度勢，必要時調回入緬部隊，“以固滇省及長江流域之防務”。蔣介石一再叮囑史迪威：“我軍此次入緬作戰，能勝不能敗。蓋第5、第6兩軍爲我國軍隊之精銳，苟遭挫敗，不但在緬甸無反攻之望，即在中國全線欲再發動反攻，亦將勢不可能。故此次出師之成就，絕不應視爲二、三個軍戰爭之效果，其勝敗之機，不獨足以決定全部軍心之振頹，且足以影響全國人民之心理。”[4]史迪威一一允諾。3月

1　《史迪威與美國在華經驗》下冊，第378-379頁。
2　“重要協商”上，第214-215頁。轉引自《史迪威事件》增訂版，第36-37頁。
3　“重要協商”上，第221-222頁。轉引自《史迪威事件》增訂版，第49頁。
4　秦孝儀主編：《中華民國重要史料初編 —— 對日抗戰時期》第二編，《作戰經過》三，第238頁。

11 日，蔣介石通知史迪威：“已於今晨令知在緬第 5、第 6 兩軍撥歸指揮”。“現在昆明之參謀團長林蔚可供協助。林參謀長及第 5、第 6 軍軍長，皆已奉命絕對服從史迪威之命令。”[1]當天中午，史迪威從重慶飛緬甸。

史迪威在重慶 7 天（3 月 5 日至 11 日），與蔣介石 4 次會見。蔣介石雖然將中國入緬軍隊的指揮權交給他，但對他又很不放心。史迪威則看不起蔣介石，對他每次談話時的反復叮囑表面上耐心聽從，心裏卻很不佩服。史迪威也知道自己的指揮權“是有限的。當然，這些限制我也許能夠擺脫掉，也許擺脫不掉。十之八九擺脫不掉。”[2]兩人之間從一開始就產生的分歧，不但對緬甸戰局，而且對戰時中美關係都產生了深遠的影響。

3 月 12 日，中國遠征軍第一路長官司令部正式成立，任命衛立煌為司令長官，杜聿明為副司令長官，在衛未到任前由杜代理。中國遠征軍第一路編成內共 3 個軍：第 5 軍，軍長杜聿明，轄新編第 22 師（師長廖耀湘），第 96 師（師長余韶），第 200 師（師長戴安瀾）；第 6 軍，軍長甘麗初，轄第 49 師（師長彭璧生），第 93 師（師長呂國銓），暫編第 55 師（師長陳勉吾）；第 66 軍，軍長張軫，轄新編第 28 師（師長劉伯龍），新編第 29 師（師長馬維驥），新編第 38 師（師長孫立人）。中國遠征軍第一長官司令部發表文告：

親愛的英緬印各邦人士暨僑胞：

中國艱苦奮鬥，五年於茲，其目的在於粉碎暴日侵略迷夢，期謀世界和平；當此敵寇回光返照之日，又將魔手伸入南太平洋各友邦之領土，企圖危害緬印安全。此次中國軍隊入緬作戰，全在協助友邦，消滅民主國家公敵 —— 日本強盜，爭取人類正義，世界和平。今在入緬之初，謹以數端，敬告我友邦人士及僑胞父

1　《大溪資料》，“遠征軍入緬作戰”上，第 68-69 頁。轉引自《史迪威事件》增訂版，第 37 頁。
2　《史迪威與美國在華經驗》下冊，第 380 頁。

老兄弟姐妹：

　　一、中國軍隊入緬的目的，全在協助友邦，伸張正義，維護人道，爭取民主國家最後勝利，建立世界和平。

　　二、中國軍隊的勝利，與世界和平及緬印全部人民生命財產之安全，至為攸關，望我英緬印軍民團結一致，共同奮鬥。

　　三、日寇對臺灣、朝鮮亡國滅種之事實，及在中國淪陷區域姦淫燒殺的獸行，為全世界所共見。今復利用大批奸人，混入緬印境內，挑撥離間，造謠欺騙，望我緬印人士勿輕聽信‧誤入詭計……[1]

　　仰光失陷後，英國在緬甸的軍政機構後撤到曼德勒東北面的眉苗。這裏是緬甸的夏都和避暑勝地，草坪如毯，綠茵濃密，一座座花園洋房掩映在綠樹叢中，充滿了英國鄉間別墅的情調。英國總督府和英軍司令部都設在位於一個小山丘上的一座維多利亞時代建築風格的大廈裏，顯得格外引人注目。一敗塗地的英國官員們在這裏仍然忘不了擺出大英帝國紳士的排場，大廳裏始終擺著斟滿啤酒的銀盃，隨時準備招待來訪的賓客。緬南潰敗之後，英緬第 1 師、英印第 17 師和英裝甲第 7 旅的殘餘部隊只剩下不到 1.5 萬人，英軍司令部卻有 6 名上將、1 名中將、5 名少將、16 名準將和 250 名參謀軍官來指揮這支小小的部隊。[2]

　　史迪威入緬後，也把自己的總部設在眉苗，並組織了一個小小的參謀班子。3 月 14 日，史迪威致電重慶說，中國軍隊所需要的糧食、汽車、緬幣、車輛和武器，皆已與英方洽妥，請加調一軍增厚兵力。蔣介石遂令第 66 軍入緬，控制臘戍及曼德勒地區。[3]負責為中國軍隊提供補給和交通工具的英國人，認為史迪威的參謀人員完全幹不了向中國的 6 個師（後來是 9 個師）提供補給的工作。史迪威則認為英國人無法同中國人合作，"因為他們瞧不

1　樂恕人：《緬甸隨軍紀實》，勝利出版社出版，第 79-80 頁。
2　《史迪威與美國在華經驗》下冊，第 382 頁。
3　《大溪資料》，"遠征軍入緬作戰"上，第 72-74 頁。轉引自《史迪威事件》
　　增訂版，第 38 頁。

起中國人"[1]。

指揮權問題始終是困擾緬甸戰場上盟國軍隊的一個難以解決的問題。史迪威一到緬甸，英方代表就在 3 月 12 日的中英聯合報告會上提出，史迪威指揮中國第 5、6 兩軍，與亞歷山大之間的指揮系統不明。[2]同一天，史迪威在眉苗會見亞歷山大時，兩人互有戒心。衣冠楚楚、目中無人的亞歷山大"聽說是我 —— 就是我這樣一個該死的美國人 —— 指揮中國軍隊，他頗爲吃驚……他上下打量著我，就好象我是從石頭縫裏鑽出來似的"。當談到指揮管道時，亞歷山大"完全茫然地看著我"。史迪威也"回瞪了他一眼"。[3]美國陸軍部於 3 月 15 日通知史迪威，美英聯合參謀長委員會已授權印度英軍總司令韋維爾指揮緬甸的戰事，在印度或緬甸作戰的任何部隊都將置於韋維爾指揮之下。[4]同一天，史迪威向中國第 5、6 兩軍下達了 1、2 號命令，說明奉蔣介石的指示，他已擔任兩軍的指揮，開始行使其指揮權。[5]然而，直接聽命於蔣介石的中國將領卻不買史迪威的帳。史迪威曾以中國駐緬軍隊指揮官的名義對英國總督進行了一次禮節的拜訪。在這之後不久，杜聿明也以同樣身份拜訪英國總督，使他大爲驚愕。總督問杜聿明，怎麼他們兩人會擔任同一職務？杜聿明笑著回答說："噢，閣下，那位美國將軍只當是讓他指揮軍隊，其實並非如此。您知道，我們中國人認爲，讓美國人繼續參戰的唯一辦法是給他們一些名義的指揮權。只要我們實權在手，他們就不會造成多大危害。"[6]

自命不凡的亞歷山大認爲入緬的中國軍隊理所當然應該由他

1　《史迪威與美國在華經驗》，下冊，第 381-382 頁。

2　杜聿明：《中國遠征軍入緬對日作戰述略》，《文史資料選輯》第 8 輯，第 14 頁。

3　《史迪威與美國在華經驗》下冊，第 384 頁。

4　查理斯·羅馬納斯、賴利·森德蘭：《史迪威在華使命》。轉引自《中華民國史資料叢稿》譯稿，第 2 輯《史迪威資料》，中華書局 1978 年版，第 16 頁。

5　《林蔚報告書》，7143-27。

6　《史迪威與美國在華經驗》下冊，第 382 頁。

指揮，根本不歡迎半路上又來了個美國人插手。何況史迪威既缺少參謀人員，又不瞭解當地情況。史迪威則懷疑英國人保衛緬甸的決心，認爲英國派遣亞歷山大到緬甸來只不過是一種空洞姿態而已。3月24日，亞歷山大飛往重慶會見蔣介石，爭取對中國入緬軍隊的指揮權。蔣介石在4天以前還下手令重申"對史參謀長之命令應絕對遵守"[1]，在亞歷山大來訪後又出爾反爾，讓夫人出面送一便條給史迪威，告之："出於你的建議，在華盛頓方面進一步發展之前，緬甸最高指揮權將交給亞歷山大。"[2]28日，亞歷山大在眉苗面告中國參謀團團長林蔚："已在渝決定，以本人爲在緬作戰之中英聯合軍最高指揮官，史迪威將軍受本人之指揮"[3]。但參謀團和各部隊始終未正式接到此項命令。

　　邱吉爾和羅斯福也插手干預緬甸盟軍的指揮權問題。韋維爾於3月19日致電邱吉爾："中國方面的合作，並不容易，他們懷疑我們的戰鬥能力，有退縮的傾向。他們對抗日軍的叢林戰，能否比我們現在打得更成功，尚難肯定。無論怎樣，亞歷山大的善戰是能夠信賴的，日軍的困難一定很大。"[4]邱吉爾告訴羅斯福："蔣介石大元帥接受了我方的要求，亞歷山大對於實際上在緬甸境內的全部部隊應有最高的指揮權。"[5]羅斯福於3月20日回電說："關於來電所談緬甸指揮問題，最近我已經要求大元帥，繼續增援緬甸前線並允許史迪威按照他早經聯合參謀部批准的命令所規定的方針去安排合作的辦法……大元帥已派史迪威統率中國第5軍和第6軍。但是不幸的是，在指揮權問題尚未澄清時，他不容許他們全部調到緬甸。史迪威不僅迫切地要求大元帥撤回這個意見，並且在實際上已經命令增派的部隊向南推進，希望大元

1　《林蔚報告書》，7143-23。
2　《史迪威在華使命》，轉引自《史迪威資料》，第15頁。
3　《林蔚報告書》，7143-27。
4　邱吉爾：《第二次世界大戰回憶錄》第4卷，第240頁。
5　邱吉爾：《第二次世界大戰回憶錄》第4卷，第240頁。

帥會予以同意。史迪威不管指揮權問題的複雜，提出了保證完全
合作的措施，但是如果另有一位中國司令官，還是可以同亞歷山
大將軍爲難的。史迪威本人不但足智多謀，非常幹練，而且徹底
瞭解中國人民，中國話說得很流利，顯然不是一個自私自利的人。
他在最近的電報中說：「已同亞歷山大將軍安排合作事宜，指揮
權一事並不影響作戰指揮。已請大元帥開始增派 3 個師到緬甸。」
在這種情況下，我建議目前應將指揮權問題在此告一段落。我感
到亞歷山大將軍和史迪威將軍會作無間。」[1]

　　中、美、英三國高層領導爲爭奪緬甸戰場盟軍最高指揮權而
勾門角，致使作戰指揮混亂不堪，嚴重地貽誤了戰機，成爲導致
緬防禦戰最終失敗的重要原因之一。

第三節　同古保衛戰

　　由於英國方面的因循延誤，直到 1942 年 2 月中旬，中國遠征
除第 6 軍第 49、第 93 兩師進入緬東景東地區，其餘各部仍在滇
公路沿線集結待命。2 月 16 日，蔣介石應英方關於速派第 5 軍緬
的緊急請求，下令優先運送第 5 軍入緬，以第 200 師爲先頭部。2
月 27 日，蔣介石在昆明下達的各項命令中，特別要求：「第 5
之 200 師應於 3 月 1 日由現地開始輸送，急行入緬，在平滿納、
古間佔領陣地，掩護該軍主力集中。」[2]

　　蔣介石親自指定擔任第 5 軍入緬先頭部隊的第 200 師，是一
在抗日戰爭中屢建奇勳的英雄部隊。該師前身是 1936 年國民黨軍
隊初創機械化部隊時的一個戰車營。1937 年全面抗戰開始後，充
爲裝甲團，杜聿明任團長。1938 年春在湖南湘潭擴編爲第 200，

---

1 邱吉爾：《第二次世界大戰回憶錄》第 4 卷，第 242 頁。
2 《林蔚報告書》，7143-10。

編內有兩個戰車團和兩個摩托化步兵團。杜聿明是第 200 師首師長，並有蘇聯軍事顧問幫助訓練。1939 年 1 月又以第 200 師基幹擴編爲第 5 軍，杜聿明升任軍長，戴安瀾繼任第 200 師師。戴安瀾是黃埔軍校第三期畢業生，"九・一八"事變發生以來，加過長城抗戰、台兒莊之戰、武漢會戰、崑崙關之戰等重要戰役、鬥，在抗日疆場上馳騁 10 年，功勳卓著，多次受到嘉獎。尤其在崑關一役中，戴安瀾率第 200 師在友鄰部隊配合下強攻猛打，奮月餘，三奪雄關，殲敵 6000，擊斃敵酋，自己也身負重傷。在軍事委員會總結這次作戰的南嶽軍事會議止，代表蔣介石主持會議的何應欽讚揚戴安瀾是"當代之標準青年將領"。戴安瀾律己甚嚴，治軍有方，他接掌第 200 師時，就表示要"盡竭全力，練成勁旅，爲國馳驅，殲彼倭寇"。他在戎馬倥傯之中刻苦攻讀，總結訓練和作戰的經驗教訓，寫成《磨礪集》一書，作爲訓練部隊的教本。1941 年春夏，率第 200 師在黔西安順、滇東曲靖一帶補充訓練，練兵成績被評爲全軍第一。

　　1942 年 12 月 16 日，駐守昆明的第 200 師奉令開赴滇西保山，準備入緬協同英軍作戰。戴安瀾率部蓄銳待命，在 1942 年元旦清晨進行閱兵時勉勵部屬"發揚國威；增進學歷；排除惰性；健強體魄"[1]。在保山待命期間，戴安瀾除加緊訓練部隊外，又深入芒市、遮放、畹町一帶調查地形、交通與當地傣族生活狀況，爲出國作戰進行準備。

　　英方自 2 月中旬請求中方速派第 5 軍入緬救援仰光之後，直接派往第 200 師駐地催促動員的人絡繹不絕。3 月 1 日下午，蔣介石由昆明飛赴臘戍視察緬甸戰局，確定第 5 軍入緬後的部署和作戰指導要領，當晚即通過英軍通訊系統電召戴安瀾前往彙報。戴安瀾剛剛驚悉他的引路人、叔祖父戴端甫去世的消息，強忍悲痛，星夜賓士，從師部駐地保山板橋鎮趕往臘戍。3 月 2 日黎明

1　《戴安瀾將軍日記》，1942 年元旦。《革命人物志》第 8 集，第 232 頁。

到達後，蔣介石當即召見詢問情況，下令當天先開一個團到臘戍，其餘聽命。當晚蔣介石又與戴安瀾共進晚餐，詢及部隊情況甚詳，並指示每日開一個團到平滿納、同古佔領陣地。[1]3 月 3 日，蔣介石一天之內三次召見戴安瀾面授作戰機宜。戴安瀾還參加了當天召開的高級軍事會議。蔣介石在會上強調入緬部隊必須注重研究森林戰法。[2]蔣介石兩天來對戴安瀾的頻頻召見，表現了他對第 200 師擔任先鋒深入緬南作戰的期望之殷，關注之切。

　　3 月 3 日的軍事會議研究了第 5 軍入緬後可能遇到的四種情況及相應對策：第一種情況，第 5 軍之集中尚未完成，敵即已佔領仰光時，我應視敵兵力之大小，以決定我是否反攻。若敵兵力小，我可即行反攻。若敵在兩師以內，我仍可反攻。若有三師，則我反攻不易。故第 5 軍主力仍應在後方集中。第二種情況，第 5 軍在集中期間，敵人毫無行動，仍停滯在錫唐河兩岸時，則我應對培古（勃固）河東岸之敵攻擊殲滅之。第三種情況，我第 5 軍主力業已集中，而敵對仰光進佔時，如敵兵力為一師，我應對其反攻。第四種情況，我第 5 軍主力尚未集中，敵即進攻同古時，200 師應死守同古，一俟第 5 軍大部集中，即行反攻。[3]後來戰事發展為第四種情況。

　　戴安瀾於 3 月 3 日在臘戍連夜佈置本師行軍事宜。3 月 4 日一早又與杜聿明軍長研究到同古後的作戰機宜，並決定配屬部隊的多寡，隨即由臘戍起程回到部隊。

　　第 200 師各團及配屬部隊從 3 月 2 日起由駐地保山陸續向緬甸開進。“軍運全用卡車，每車載 25-30 人，馬則 4 匹，日常需車甚多。車隊蜿蜒行進，長達數裏，煙塵相接，蔚為壯觀”[4]。“滇

1　《戴安瀾將軍日記》，1942 年 3 月 2 日。《革命人物志》第 8 集，第 246 頁。
2　《戴安瀾將軍日記》，1942 年 3 月 3 日，3 月 4 日。《革命人物志》第 8 集，第 247 頁。
3　《林蔚報告書》，7143-12。
4　《大公報》，1942 年 4 月 17 日，第 2 版。

緬路上的車輛，那幾天差不多都是運輸出國的軍隊，緊張、熱烈，真是浩浩蕩蕩，大有我武唯揚，氣吞山河之勢。中國軍隊到國境以外去作戰，甲午以來，這還是第一次。而出境到外國去幫助友軍作戰，這還是有史以來的第一次……無論官兵，一個個都非常興奮。"[1]第 200 師官兵身穿草黃色單軍裝，腳穿草鞋，背掛斗笠，肩挎各種武器，精神抖擻，心情激動。每輛軍車車身上貼滿了用中、緬兩國文字寫的標語："中國軍隊為保衛緬甸人民而來！""加強中英軍事合作！""緬甸是中國最好的鄰邦！""驅逐倭寇，揚威異域！""為國爭光，不勝不還！"出征官兵高唱遠征軍戰歌："槍，在我們肩上；血，在我們胸膛。到緬甸去吧，走上國際的戰場……"雄赳赳、氣昂昂地踏上征途。車隊翻越橫斷山脈，飛渡怒江天險，途經龍陵、芒市、遮放等地，由畹町進入緬甸國境，受到沿途各族人民的熱烈歡送。近百年來，滇西邊境各族人民多少次奮起抗擊帝國主義強盜的入侵，保衛祖國的神聖國土。如今，中國軍隊跨出國門，遠征異域，抗擊日寇，支援友邦，滇西民眾莫不揚眉吐氣。他們準備了各種慰勞品，在滇緬公路沿線迎候。軍車一到，便擁上前獻茶敬酒，遞香煙，送食品。有的還按照民族風俗殺牲獻祭。車出國門，在緬北各地途經之處，當地華僑也聞風而至，熱烈歡迎來自祖國的軍隊。祖國人民和海外僑胞，對遠征軍將士寄予了殷切的希望。廣大民眾的熱情，使戴安瀾異常感奮。他在 3 月 4 日行軍途中吟成七絕二首，其一雲："萬里旌旗耀眼開，王師出境島夷摧。揚鞭遙指花如載，諸葛前身今又來。"其二雲："策馬奔車走八荒，遠征功業邁秦皇。澄清宇宙安黎庶，力挽長弓射夕陽。"[2]

---

1 《緬甸大戰實錄》，第 3 頁。
2 《戴安瀾將軍日記》1942 年 3 月 4 日。《革命人物志》第 8 集，第 247 頁。日記中注雲"武侯南征北返，緬人留之。武侯慰之雲：我還重來。緬人詢以重來之期，武侯指緬中不開花之草雲，此草開花，餘重來矣。自武侯回國後迄今，所指之草並未開花，去歲忽然開花，而緬人亦早知王師應到達矣。"

　　第 200 師日夜兼程，千里躍進‧深入緬南，於 3 月 7 日到達
同古。同古南距仰光 250 公裏，北距曼德勒 320 公里，是仰曼鐵
路沿線的重要城市和戰略要地。它與西線的普羅美和東線的毛奇
互相呼應，構成阻止日軍北犯的屏障。中國遠征軍派出精銳之師
長驅深入至此的戰略意圖是支援英軍守住仰光，並掩護全軍主力集
中，準備決戰。當時中方並不知道，亞曆山大已於 6 日下令放棄仰
光。第 200 師在同古尚未及接防，仰光已於 3 月 8 日淪陷。英軍由
仰光向普羅美方向撤退，將第 200 師當作掩護其後撤的部隊。

　　在侵緬日軍攻陷仰光的前一天，即 3 月 7 日。南方軍總司令
官命令第 15 軍"進一步抓住戰機，以大膽果敢的作戰，迫使曼德
勒方面之敵特別是中國軍隊進行決戰，務於短期內將其殲滅。本
項作戰應爭取大致於 5 月末以前完成。" "在上述作戰期間，要
佔領仁安羌附近的油田地帶和勃生，如情況許可，以一部迅速佔
領若開機場。"[1]爲完成上述作戰任務，南方軍從已經結束作戰的
馬來亞將第 18 和第 56 師團調往緬甸補充第 15 軍，使該軍兵力增
加到 4 個師團。第 15 軍攻陷仰光之後，根據南方軍的指示，於 3
月 15 日確定"大致於 5 月末以前，在曼德勒附近（廣泛包括以曼
德勒爲中心的緬甸中部地方）捕捉、殲滅英蔣聯軍主力，隨後將
殘餘之敵從緬甸境內一掃而光"的作戰方針[2]，並據此制定了計
畫。第 15 軍不待增援部隊到達，即分兩路北犯：第 55 師團由勃
固沿仰曼鐵路和公路進攻同古，然後向曼德勒推進；第 33 師團由
仰光沿伊洛瓦底江進攻普羅美，然後向仁安羌推進。

　　駐守在同古一帶的英緬第 1 師士氣極爲低落，既不瞭解敵
情，又不作迎敵準備。3 月 6 日，戴安瀾先到同古與該師師長斯
科特會見，"詢以敵情，則不明了，詢以敵戰法則亦不知"。戴
安瀾十分感慨，認爲"今後非由我國軍隊負起全責不可！"[3]3 月

1　《大東亞戰爭全史》第 2 冊，第 477 頁。
2　《大東亞戰爭全史》第 2 冊，第 477 頁。
3　《戴安瀾將軍日記》1942 年 3 月 6 日。《革命人物志》第 8 集，第 248 頁。

7 日，英緬第 1 師對交接防務仍毫無準備，致使第 200 師食宿俱感困難，師部及到達同古的第 599 團只好住在同古北方約 17 英里（27 公里）的葉達西。戴安瀾於 3 月 8 日晨 7 時即到同古英緬第 1 師師部，該師官兵大多數仍高臥未起。第 200 師到 10 時才找好住地。戴安瀾于 12 時即率團、營長偵察陣地。當天，第 200 師仍有兩團駐葉達西。3 月 9 日，戴安瀾再次偵察同古陣地，選擇指揮所及預備隊位置，與團、營長研究陣地配備及在同古注意事項。英緬第 1 師在移交防務撤離同古時，乘機搶劫當地華僑的財物並肆意侮辱。戴安瀾十分氣憤，在爲斯科特送行時進行了嚴正的交涉。第 200 師軍紀嚴明，尊重緬甸人民的風俗習慣，連亞歷山大也讚揚說：“華軍在緬紀律甚佳。”[1]

戴安瀾連日指揮各部偵察同古及周圍地區地形，部署兵力，加緊構築陣地，準備迎敵。同古城區分爲新舊兩部分。仰曼鐵路穿城而過，路西爲舊城，路東爲新城。舊城有高大的城牆，是現成的防禦工事。錫唐河從城東流過，構成天然屏障。其餘三面一馬平川，無可依託。戴安瀾以師主力在同古城區及四郊構築縱深防禦陣地，同時派配屬的軍騎兵團和本師步兵一個營在南面的皮尤河（彪關河）及鄂克春建立前哨陣地，警戒敵情並掩護英軍撤退，派工兵團警衛位於城北的飛機場。

同古保衛戰是中國遠征軍入緬後的第一戰，能否在此擋住北犯的日軍，對以後戰局的成敗關係極大。杜聿明將自己賴以起家的軍主力第 200 師作爲全軍的刀尖部署在同古，並將軍騎兵團、工兵團和戰防砲營配屬該師，既是慎重初戰，又顯示了集中主力擊破當面之敵，進而協同英軍收復仰光的決心。戴安瀾深知自己肩負責任的重大，連日來不辭辛苦，晝夜操勞，逐一巡視全師各處陣地，督促加固工事，反復研究改進作戰方案。3 月 17 日，杜

---

1 秦孝儀主編：《中華民國重要史料初編 ── 對日抗戰時期》第二編，《作戰經過》三，第 270 頁。

聿明赴同古視察，連夜與戴安瀾詳細商定部隊行動大計。

英軍的目的在於力求安全後撤以保存實力，為此在 3 月 11日至 14 日間多次提出希望第 5 軍主力迅速開至皮尤河附近，以皮尤河為主陣地，掩護英軍北撤，退守普羅美。英方代表直到 3 月 11 日仍對中方謊稱：“仰光至普羅美之路仍暢通，仰光仍在我手。”[1]3 月 13 日，亞歷山大特意到同古巡視。3 月 14 日，英方代表稱：“亞歷山大將軍表示緬甸英軍決與中國軍並肩作戰到底，縱被敵壓迫，寸土尺地亦必堅決抵抗，使敵人付至大之代價。希望第 5 軍主力迅速開至皮尤河附近。”[2]3 月 18 日史迪威由臘戍飛往重慶，又對蔣介石提出將第 5 軍主力集中于平滿納。[3]但第 5 軍的新 22 師和第 96 師在 3 月上、中旬一直在芒市待車，預計要到 3 月 23 日以後才能在曼德勒東北地區集結完畢。[4]在同古的第 200 師只能孤軍作戰。

日軍第 55 師團於 3 月 10 日從勃固出發，跟蹤追擊英軍，進逼同古。3 月 16 日，敵機開始轟炸同古，第 200 師已有輕微傷亡。3 月 18 日，英緬第 1 師最後一個旅通過第 200 師陣地撤往普羅美。當天下午，日軍先頭部隊推進到皮尤河以南 12 公里處，但直到此時仍不知我軍虛實。

第 5 軍騎兵團團長林承熙根據緬甸開戰以來英軍接連敗退，不明當面敵情，日軍氣焰囂張，輕敵冒進的情況，在皮尤河以南 12 公里處預先構築假陣地，在皮尤河南岸構築埋伏狙擊陣地，北岸構築主警戒陣地，並在皮尤河大橋下麵安放炸藥，作好爆破準備。所有陣地都偽裝得十分巧妙，敵人不易發現。

3 月 19 日晨，日軍約一個大隊以追擊英軍的態勢，進入中國遠征軍前哨部隊的設伏陣地。當滿載敵軍的數輛汽車毫無戒備地

---

1 《林蔚報告書》，7143-14。
2 《林蔚報告書》，7143-18。
3 《林蔚報告書》，7143-21。
4 《林蔚報告書》，7143-19。

馳上皮尤河大橋時，設伏部隊迅即引爆。隨著一聲巨響，長 200
餘米的大橋猛然塌陷，上橋敵軍人車盡覆，後面的車輛擁塞在南
岸的公路上。設伏部隊槍聲四起，打得敵人落花流水，紛紛向公
路兩側逃竄。激戰一個小時，斃敵 30 餘人，繳獲了一批槍支、彈
藥、檔和車輛。在這次戰鬥中，湧現了一位智勇雙全的排長王若
坤。對他在皮尤河前哨戰中的事蹟有這樣一段記載："先遣部隊×
師×團第一排中尉排長王若坤，1937 年入伍，久經戰場，藝高膽
大，打起鬼子來，殺法尤為驍勇。連長分配他在皮尤河北岸一帶
擔任警戒。19 日早晨，天尚未明，王若坤在呼呼大睡，外面報告
發現敵腳踏車搜索部隊，王若坤翻身起來，一面喊弟兄們各自準
備，一面跑了出去。剛到橋頭，我哨兵即對敵開始射擊，敵人猛
吃一驚，把車子丟在馬路上就向後跑，連掛在車上的步槍也來不
及取。王排長帶領一個戰士石寶祥去搶車，正行進間，樹林裏竄
出一個敵少尉軍官，王排長隨即舉槍將他擊斃。同時他抬頭一望，
發現一棵大樹在晃動，立即揮動神槍又打下一個敵人，也是～個
少尉。王排長片刻之間，擊斃兩名少尉軍官，繳獲了機槍一挺和
一批重要文件。"[1]從被擊斃的敵軍聯絡官磯部一經屍身上搜獲地
圖、日記及其它重要文件，證明從泰國入緬之敵為第 15 軍兩個師
團，第 33 師團由仰光指向普羅美，第 55 師團由勃固指向同古。
第 55 師團已於 3 月 10 日在勃固與同古之間的代庫集中完畢。該
師系山地師裝備，運動輕便，砲兵以山砲和野砲為主。[2]在皮尤河
畔被殲之敵即為第 55 師團第 112 聯隊之一部。

　　皮尤河前哨戰規模雖小，但意義重大。它是中國遠征軍入緬
第一仗，也是侵緬日軍第一次遭到挫敗。初戰的勝利鼓舞了第 200
師官兵的士氣，也扭轉了英軍對中國"草鞋兵"的輕視。更為重
要的是，中國遠征軍通過這次戰鬥偵知了敵軍的兵力部署和作戰

1　《緬甸大戰實錄》，第 14 頁。
2　《林蔚報告書》，7143-22。

意圖。副司令長官杜聿明判斷當面之敵最大不會超過兩個師團，下決心按蔣介石指示，集中遠征軍主力擊破當面敵人，進而協同英軍收復仰光。[1]史迪威也同意杜聿明的意見。他認為杜聿明"不錯，在戰術方面很扎實，願意打仗"[2]。於是杜聿明親赴同古前線，指導第 200 師固守同古，掩護主力集中進行會戰。史迪威在後方與英方交涉調度部隊集中。預計 5-7 日開始向敵攻擊。史迪威於 3 月 21 日晚 10 時下達的作戰命令中，對於同古會戰的部署是："我軍決在同古附近拒止由勃固北進之敵，並與英軍協同作戰。其兵力部署如下：1、第 200 師暨第 5 軍直屬部隊暨第 6 軍之暫 55 師歸杜軍長指揮，擔任同古方面之作戰。第 6 軍暫 55 師之主力應即由現駐地向瓢背附近輸送，聽候杜軍長命令。2、第 5 軍之新 22 師即由曼德勒開唐得文伊（東敦枝）附近歸余直接指揮，準備支援普羅美方面英軍之作戰。3、第 6 軍方面就現在部署，準備拒止由泰國方面來攻之敵……4、第 96 師為總預備隊，即開曼德勒附近，歸余直接指揮。"[3]

　　日軍前哨在皮尤河畔遭到伏擊後，旋即增加兵力，進行反撲。20 日，敵第 143 聯隊千余人攻擊皮尤河北岸我軍主警戒陣地。日軍接受前一天的教訓，先頭以步騎聯合部隊向我軍陣地搜索前進，發現我軍陣地後，就以飛機和火砲掩護部隊發動攻擊。20-22 日，皮尤河北岸的前哨陣地遭到敵軍 10 多次攻擊，敵我雙方各有數百人傷亡。同時敵機連日轟炸同古城，全城房屋被炸成一片瓦礫。日軍在戰鬥中亦繳獲我軍地圖，"據此得知重慶軍確已南下至東籲（即同古）附近。"[4] 22 日，我軍前哨部隊主動撤至同古以南約 12 公里的鄂克春（屋墩）既設陣地。第 200 師在鄂克春和

---

1 杜聿明：《中國遠征軍入緬和對日作戰述略》，《文史資料選輯》第 8 輯，第 19 頁。
2 《史迪威與美國在華經驗》下冊，第 385 頁。
3 《林蔚報告書》，7143-23、24。
4 《中華民國史資料叢稿》譯稿，《緬甸作戰》上，第 61 頁。

附近村莊構築了複廓陣地，在各交通要道修築了堡壘，設置了許多隱蔽得十分巧妙的射擊點。敵軍 55 師團以第 112、第 143 兩個聯隊攻擊鄂克春一帶的第 200 師陣地。"22 日敵人開始以主力進攻鄂克春最猛烈的時候，有幾百敵人被圍在村子裏，四周都是叢生的灌木，迷漫的野草，中國軍隊便燃起了火炬，團團圍著燒了起來。裏面的敵人著了急，拼命想突圍逃走，可是火的週邊都是機關槍和手榴彈：這幾百個敵人幾乎沒有生還的。"[1]日軍也承認："師團自代庫北進以來，在屋墩（即鄂克春）還是第二次與強敵遭遇。由於輕敵致使進攻受挫，而且從前線不斷傳來攻佔敵陣地的誤報，使指揮陷於混亂和苦戰。"[2]23 日，日軍集中 12 門大砲，坦克、裝甲車 7、8 輛和 20 餘架飛機，掩護步兵攻擊鄂克春陣地。第 200 師以步騎配合向敵側反擊，使用集束手榴彈，炸毀敵坦克、裝甲車各 2 輛，汽車 7 輛，敵勢頓挫。當晚 8、9 時敵軍再次攻擊，我軍陣地被突破一角，雙方徹夜對戰。當天進攻之敵已增至一旅團左右。第 5 軍也有一個補充團開到同古。

　　22 日晚，戴安瀾在團、營軍官會議上分析敵情，指出敵軍正面攻擊受挫，其右翼有錫唐河阻隔，必然從左翼迂迴同古城北的克永岡機場，切斷第 200 師與瓢背軍部的聯繫，企圖在同古圍殲我軍。他要求全師必須作好在敵人重兵包圍下孤軍作戰的準備，自己也下定了戰死同古，報效祖國的決心。爲此他停寫了堅持多年的日記，留下兩封信作爲一旦犧牲後的遺囑，令副官和司機帶到安全地點。給夫人的信是：

　　親愛的荷馨：

　　余此次奉命固守同古，因上面大計未定，與後方聯絡過遠，敵人行動又快，現在孤軍奮鬥，決以全部犧牲，以報國家養育！爲國戰死，事極光榮。所念者，老母外出未能侍奉，端公仙逝未

---

1 樂恕人：《緬甸隨軍紀實》，第 94 頁。

2 《中華民國史資料叢稿》譯稿，《緬甸作戰》上，第 61 頁。

及送葬，你們母子今後生活，當更痛苦。但東靖澄籬四兒，俱極聰俊，將來必有大成，你只苦得數年，即可有出頭之日矣！望勿以我爲念。又我去歲所經過之事，實在對不起你，望你原諒。我要部署殺敵，時間太忙，望你自重，並愛護諸兒，侍奉老母。老父在皖，可不必呈聞。手此即頌

　　心安

　　安瀾手啓三、廿二

　　信末又附言；"生活費用，可與志川、子模、爾奎三個洽取，因爲他們經手，我亦不知，想他們必能本諸良心，以不負我也。"[1]

　　同日給上述三位親友的信中也有"余決以一死，以報國家！"等語。

　　3月24日，敵軍從早晨起就以砲空聯合向鄂克春陣地猛攻，另以一部約500-600人，附小砲數門，於上午9時從鐵道以西向同古以北約8公里的克永岡機場迂回。在機場北部警戒的軍工兵團正在破壞鐵路，突然遭到敵軍偷襲。工兵團長李樹正驚慌失措，向後撤退，僅第200師第598團的一個營與敵激戰。下午5時以後，敵軍大量增援，守軍兵力單薄，又無強固工事依託，傷亡慘重。機場于當晚8時失守。第200師派部隊反擊未果，同古與後方的聯絡通道遂被切斷。戴安瀾連夜調整部署，撤回鄂克春、坦塔賓前進陣地的部隊，集結全師兵力保衛同古城。面對南、北、西三面被圍的險要處境，戴安瀾在調整部署時宣佈："如師長戰死，以副師長代之；副師長戰死，以參謀長代之；參謀長戰死，以某團長代之。"[2]並命各級官佐均預立遺囑，指定代理人。各級指揮官紛紛效法，全師上下同仇敵愾，抱定與同古共存亡的決心。戴安瀾還將師部遷到城東，以便經毛奇通往瓢背的公路保持與軍部的聯繫。由師步兵指揮官兼第598團團長鄭庭笈統一指揮城內

1　根據《中國抗戰畫史》，第339頁載原信照片全文照錄。
2　貴陽中央日報記者：《戴故師長傳略及殉國經過》，《革命人物志》第8集，第229頁。

的 3 個步兵團。部隊于午夜以前重新部署完畢。

　　第 200 師自 3 月 18 日與敵軍前哨接觸，在同古週邊陣地堅守一周之久，爲全軍主力的集結贏得了寶貴的時間。由於當時緬甸交通秩序極爲混亂，英方又以種種藉口一再拖延，到 3 月 24 日，除新 22 師先頭團和軍部一個補充團已經抵達同古以北的葉達西外，新 22 師的另外兩個團尙在曼德勒待車前往平滿納；史迪威決定將作爲總預備隊的第 96 師全部調赴平滿納，但該師尙遠在臘成；原定撥歸杜聿明指揮，參加同古會戰的第 6 軍暫 55 師，一直沒有開始輸送；配屬給第 200 師的軍戰防砲營亦遠在臘成。24 日上午，英軍聯絡官通知中方：新 22 師 “開始輸日期及輸送日程雖可儘量設法，但事實上頗有困難。至暫 55 師何時可以開始輸送，亦不敢說”[1]。在這種情況下，中國遠征軍主力未能按預定計劃於 5-7 日內開始向敵攻擊，失去了入緬以來殲敵的第一個良機。第 200 師經一周奮戰，已經傷亡 700-800 人，並且三面陷敵包圍。

　　日軍在同古遭到太平洋戰爭開戰以來未曾遇到過的猛烈抵抗。第 55 師團屢攻不克，損兵折將，師團長竹內寬中將遭到第 15 軍司令官飯田的嚴厲訓斥，惱羞成怒，將指揮所推進到前線附近，傾巢出動，猛攻同古。南方軍增調給第 15 軍的第 56 師團於 3 月 19 日從新加坡出發，3 月 24 日起陸續到達仰光。飯田中將命令該師團迅即前出到同古附近，增強攻擊力量。第 56 師團長渡邊正夫中將立即部署以搜索聯隊爲先遣，乘汽車向同古疾進，師團主力分乘汽車、火車乃至騎自行車隨後跟進。[2]

　　3 月 25 日拂曉，日軍第 55 師團傾巢出動，以第 112 聯隊爲右翼，第 143 聯隊爲左翼，騎兵聯隊配屬步兵一中隊沿錫唐河谷攻擊，企圖將第 200 師壓向錫唐河予以殲滅。戴安瀾指揮第 200 師依託城防工事沉著應戰，並以火燒森林阻敵前進。敵機 30 餘架

1　《林蔚報告書》，7143-36。
2　《中華民國史資料叢稿》譯稿，《緬甸作戰》上，第 62-63 頁。

輪番轟炸同古，城內地面建築大多被炸毀，但我軍利用陣地，傷亡甚微。敵軍三面環攻均被擊退。第 200 師各部還在夜間派小分隊襲擾敵軍，使敵人一夕數驚，不敢輕舉妄動。

26 日，日軍集中主力突擊城西北角，以坑道作業將城牆炸塌，並使用糜爛性毒氣。守衛該處的第 600 團傷亡過大，陣地被敵人突破。敵我雙方短兵相接，發生巷戰。我軍退守鐵路以東，敵占鐵路以西，同古城敵我各半。"雙方的部隊僅隔一條鐵路對峙，相距不到 100 米。由於犬牙交錯，敵人的飛機大砲均沒有派上用場。於是日軍將前沿部隊後撤 200 米，才派飛機來轟炸，隨後又用大砲轟擊。中國軍隊躲在掩蔽壕裏不動。敵人轟擊之後，步兵又才下來衝鋒，可是中國軍隊仍然不動。等到敵人衝鋒到只有 40-50 米的時候，所有的機槍、手榴彈、便像狂風暴雨似的，向著敵人發射了去。敵人死傷過重，又退了回去。像這樣的戰鬥，一日之內要往返多次。"[1]在激烈的爭奪戰中，敵我雙方傷亡均大。

第 200 師孤軍奮戰近 10 天，傷亡上千人，部隊已精疲力盡，戰鬥力嚴重下降。敵第 55 師團攻勢接連受挫，損失也很慘重，攻擊力已達極限。同古戰局已到了最後的關鍵時刻，敵我雙方一面繼續作戰，一面等待援兵。

第 5 軍新 22 師的先頭團和軍部兩個補充團於 3 月 24 日-26 日陸續到達同古以北約 20 公裏的葉達西一帶，原配屬第 200 師的軍騎兵團和工兵團也撤到葉達西及其以南地區。杜聿明命令新 22 師師長廖耀湘統一指揮在葉達西的各部隊向南進攻，以解同古之圍。南下增援部隊於 27 日中午與同古以北之敵發生遭遇戰。敵軍第 55 師團以一部阻擊我南下援軍，以主力繼續進攻同古。因敵我短兵相接，敵人砲火失效，第 200 師官兵沉著固守，敵傷亡較重。第 200 師在東城的陣地仍未動搖，但第 599 團傷亡亦大。敵第 56 師團搜索聯隊 27 日晚推進到勃固，28 日繼續前進，中午到達同

---

1 樂恕人：《緬甸隨軍紀實》，第 95 頁。

古南面的第 55 師團司令部。聯隊長平井卯輔大佐與第 55 師團取得聯繫，瞭解戰況後，立即以聯隊主力向錫唐河東岸移動，插向我同古守軍左後側。

3 月 28 日，敵軍第 55 師團一部已在同古北方要點構築陣地，阻擊葉達西方面的新 22 師援軍，以主力進攻同古。敵軍在飛機和重砲掩護下，逐次爆破我軍陣地向前推進，並再次施放糜爛性毒氣。我部分官兵中毒。第 200 師憑藉複廓陣地頑強抵抗，傷亡雖大，但士氣旺盛，一直堅守到晚上，城內陣地仍屹立不動。敵軍強攻再次受挫，在夜間化裝成英緬軍或緬甸老百姓，趕著裝載農產品的牛車，車上暗藏槍支彈藥，企圖混入城內裏應外合。第 200 師官兵警惕性甚高，識破了敵人的花招，將偽裝的敵人消滅。在當天的戰鬥中，我軍繳獲追擊砲 7 門、步槍 100 多支、機槍 6 挺和許多防毒面具。當天上午，新 22 師主力及砲兵、戰車各一部向南猛攻，至午後佔領葉達西與同古之間的南陽車站週邊及車站部分建築物，摧毀敵砲兵陣地，繳獲山砲一門。但敵人憑藉工事和車站堅固建築物頑強抵抗，新 22 師難於進展。

敵第 56 師團搜索聯隊乘同古正面戰鬥激烈之際，於 28 日黃昏涉過水深齊胸的錫唐河，從東岸迂迴到第 200 師陣地左後側，於當夜 11 時偷襲第 200 師師部。擔任師部警衛的第 599 團第 3 營特務連與敵人發生混戰。“當敵人沖近指揮所僅 40-50 米時，戴師長拔出手槍，準備殉國，被部下勸阻。士兵見戴師長也在和敵人戰鬥，均奮不顧身，跳出戰壕，用密集的手榴彈炸死了大量敵兵，其餘再也沒有勇氣進攻了。”[1]在城內的步兵指揮官鄭庭笈聽到河東槍砲聲越來越緊，隨即又接到戴師長電話，得知師部遭到敵軍偷襲，立即派第 598 團兩個連趕去增援。29 日拂曉，城內增援部隊與師部官兵東西夾攻，至午後將敵軍壓迫于大橋東南對峙，但河東師部與河西城內守軍的交通已被切斷。

<hr>

1 樂恕人：《緬甸隨軍紀實》，第 106 頁。

29 日，敵軍第 55 師團傾全力再度發起攻擊。第 56 師團搜索聯隊亦猛攻錫唐河大橋，企圖切斷同古後路，圍殲第 200 師。新 22 師繼續攻擊南陽車站，消滅敵大隊部一個，殲敵 200 餘人。敵軍增援，以步砲聯合反攻。南陽車站 5 棟堅固房屋，新 22 師攻佔 2 棟，敵軍尚占 3 棟。第 5 軍補充第 2 團的一個連一度曾攻入克永岡機場。圍攻同古之敵被我援軍牽制，對同古的攻勢稍減。但我援軍仍無法與守軍會合。在後方的中、英指揮機關卻認為我軍業已對敵構成包圍態勢。

中國遠征軍在同古地區與敵激戰十餘日，西線普羅美方面的英軍始終沒有採取任何積極行動加以配合。3 月 21 日，日軍飛機對普羅美以北約 160 公里的馬格威（馬圭）機場進行空襲，擊毀擊傷英軍飛機 51 架，殘餘的英機退到印度。日軍完全掌握了緬甸的制空權，同古前線的中國遠征軍及其後方交通線不斷遭到日機狂轟濫炸。加之英方消極延誤，使中國遠征軍後續部隊始終未能按預‧定計劃運送到同古前線。日軍第 33 師團經過 10 天的休整補充，從容地向普羅美推進，沿途未遇到大的抵抗。3 月 25 日，第 33 師團由禮勃坦、興實達一線出發，師團長櫻井省三中將令荒木正二少將率步兵第 214 聯隊、工兵第 33 聯隊、山砲第 3 大隊和獨立遠射砲第 11 中隊組成的前鋒突擊隊先期北進，師團主力隨後跟進。荒木所部於 3 月 29 日在普羅美以南 50 余公里的龐得與英軍發生遭遇戰，擊斃英軍 500 餘人，俘虜 100 餘人，繳獲坦克 22 輛、裝甲車 30 輛、大砲 20 餘門、汽車 160 多輛。日軍利用這些裝備，於 4 月 1 日攻佔普羅美。眉苗的英軍司令部卻在 3 月 29 日通報中方，"英軍現決採取局部攻勢……絕不影響普羅美之安全。"[1]

第 5 軍新 22 師被敵軍阻於南陽車站，第 96 師先頭團 29 日才到達葉達西以北約 16 公里的沙瓦特，一團到達平滿納，一團尚在

---

1 《林蔚報告書》，7143-42。

由曼德勒開往平滿納途中。第 6 軍暫 55 師因火車出軌,仍在棠吉附近的黑河待車。第 200 師已經苦戰 12 天,傷亡 2000 餘人,內缺糧彈,外無援兵,面對增援後 4 倍於己的敵人,困守孤城,已經到了最危急的關頭。

　　杜聿明時度勢審時度勢,認為 "在此形勢下,我軍既不能集中主力與敵決戰,以解同古之圍,而曠日持久,仰光登陸之敵勢必參加同古戰鬥,坐使 200 師被敵殲滅。如此,則我遠征軍將被敵人各個擊破,有全軍覆沒之虞。因此,我決心令 200 師於 29 日晚突圍,以保全我軍戰力,準備在另一時間、另一地點與敵決戰。"[1]史迪威則於 28 日下令: "我軍以擊破同古附近敵第 55 師團之目的,應於本日開始攻擊,與同古附近之我 200 師協力夾擊敵人而摧破之。第 5 軍應於本日以在葉達西集中各部隊開始攻擊敵人,與在同古附近之 200 師策應,先驅逐敵之前進部隊後,明(29)或後(30)日開始主力戰,迅速擊破當面之敵。"[2]他還帶領幾個參謀從眉苗趕到瓢背第 5 軍軍部督戰。杜聿明與史迪威發生了激烈的爭執。在進退維谷之際,杜聿明直接向遠在重慶的蔣介石力陳利害。蔣介石權衡再三,覺得如果把嫡系精銳部隊拼光了,美援武器再多也沒有用武之地了,終於同意讓第 200 師撤離同古。杜聿明得到蔣介石的批准,遂不顧史迪威的堅決反對,下令第 200 師於 29 日晚經同古以東突圍,沿錫唐河東岸到葉達西歸還建制,車輛經毛奇公路歸還,主力撤出同古後即將大橋破壞。另令新 22 師於 30 日向南陽車站之敵佯攻牽制敵人。[3]

　　戴師長接到突圍命令後,為了確保全師安全撤退,沉著鎮定地進行了周密的部署。當時師部與城內的通訊聯絡已被切斷,戴

1　杜聿明:《中國遠征軍入緬對日作戰述略》,《文史資料選輯》第 8 輯,第 22 頁。
2　《林蔚報告書》,7143-40。
3　杜聿明:《中國遠征軍入緬對日作戰述略》,《文史資料選輯》第 8 輯,第 23 頁。

師長派兩個通訊員化裝爲緬民，於 29 日黃昏入城，將他的親筆命令交給鄭庭笈。命令說：奉杜軍長令，全師向錫唐河東岸撤退，爾後轉移到葉達西集中待命。當天夜裏，鄭庭笈先派第 599 團一個營由錫唐河大橋對敵佯攻，掩護主力渡河。戴師長親到河邊指揮守城部隊撤退。到 30 日拂曉，大隊已經安全渡河。當天，戴師長率部隊擺脫敵軍，到達葉達西東面約 6 公里的錫唐河上游東岸。敵軍仍然圍住同古空城，在 30 日上午以步砲空聯合向城內大舉進攻，彈如雨下。第 200 師牽制敵人的小部隊完成任務後，在敵軍狂轟濫炸，步兵尙未衝鋒之際乘隙渡河，安全轉移。8 時 50分，敵右翼部隊的工兵爆破了部分複廓陣地攻入城內，並與從東面攻入的平井搜索聯隊取得聯繫，才發現同古已是一座空城。第 200 師在轉移時部署周密，指揮有力，連一個傷兵也未丟失，只有伙食擔一度走錯路失去聯絡，後來也全部歸隊。

同古保衛戰是緬甸防禦戰期間作戰規模最大、堅守時間最長、殲滅敵人最多的一次戰鬥。第 200 師作爲中國遠征軍的先頭部隊，千里躍進，深入下緬，在仰光已失的不利形勢下堅守同古，同兵力和裝備都佔優勢，並擁有制空權的敵軍苦戰 12 天，殲敵5000 餘人，掩護了英軍的撤退，爲中國遠征軍後續部隊的開進部署贏得了時間，最後全師秩序井然地安全轉移。戴安瀾師長於 3月 29 日發自同古前線的電報對整個戰況有簡要的敍述："敵與我接觸戰始自 19 日，迄今已經一旬。當開戰之初，只敵軍第 55-個師團之兵力，至 24 日，即發現敵軍 33 師團（本書作者按：似應爲第 56 師團）及其騎砲兵團各番號。激戰至 29 日，我仍固守同古鐵路以東之陣地。當交戰之初，敵勢之猛，向所未有。尤以 24至 28 日敵機更不斷轟炸，掩護其戰車縱橫馳騁；其砲兵且使用大量毒氣彈，晝夜更番向我陣地猛攻。然我軍皆預有準備，故敵未得逞。綜合戰果，在最近 6 日間，敵軍在我陣地前遺屍在 5000

以上，我軍亦多傷亡。"[1]

第200師的英勇善戰，獲得了盟國的同聲讚譽，極大地震憾了日軍。3月29日，蔣介石馳發"寅豔獎電"，通令嘉獎戴安瀾率第200師保衛同古的戰績。4月1日，印、緬英軍司令韋維爾和亞歷山大飛抵第5軍司令部瓢背，交口讚揚"同古中國軍隊英勇善戰，並對中國軍隊在同古掩護英緬第1師安全撤退表示感謝。"[2]英國《泰晤士報》發表文章寫道："同古之命運如何，姑可不論，但被圍守軍以寡敵眾，其英勇作戰之經過，實使中國軍隊之光榮簿中增一新頁。英方各界對於華軍敢死，像以手榴彈消滅敵坦克車之壯舉，以及華軍射擊敵人之準確，無不同聲讚揚。"[3]美軍戰史也記載第200師是緬甸戰役中防禦最久的部隊，後撤時也是全師而退，很有秩序。[4]在同古之戰中被擊斃的日軍大佐橫田屍身上所遺之日記寫道："南進以來，從未遭遇若是之勁敵。勁敵為誰？即頭頂青天白日徽之支那軍也。"[5]侵緬日軍司令飯田中將也不得不承認："當面的敵人是中國軍中最優秀的第200師。其戰鬥意志始終旺盛，尤其是擔任撤退收容的部隊直到最後仍固守陣地拼死抵抗，雖說是敵人也確實十分英勇。"[6]日軍記錄更稱同古之戰是緬甸戰役中最艱苦的一戰。[7]

蔣介石於4月5日再度入緬視察戰局，第二天即召見戴安瀾彙報同古保衛戰經過，甚覺滿意，慰勉有加。他囑咐戴安瀾加緊整理部隊，準備參加平滿納會戰。會見後，不但共進晚餐，而且安排戴安瀾留宿于蔣的臥室隔壁之屋，表示了特殊的嘉勉之意。

---

1 《中國抗戰畫史》，第338頁。
2 樂恕人：《緬甸隨軍紀實》，第65頁。
3 轉引自安徽省政協文史資料研究委員會編：《戴安瀾將軍》，安徽人民出版社1985年版，第48頁。
4 《第二次中日戰爭史》下冊，第811頁。
5 《革命人物志》第8集，第226頁。
6 《中華民國史資料叢稿》譯稿，《緬甸作戰》上，第64頁。
7 《第二次中日戰爭史》下冊，第811頁。

　　雖然第 200 師出色地完成了固守同古的任務，但由於全軍未能適時集中主力進行同古會戰，既未達到擊破當面之敵進而收復仰光的預定戰略目標，又放棄了同古這一戰略要地，並暴露了同古至毛奇的公路，致使敵軍後來得以沿該路向遠征軍大後方臘戍長驅直入，這是遠征軍指揮者在戰略指導上的一大失誤。因此，同古的失守，是中國遠征軍入緬作戰的第一次重大失利。戴安瀾將軍總結同古一戰的教訓說："同古之失，因我軍趕到太晚，該處平原一片，建築工事極感困難；前線'緬奸'出沒，耗我力量不少；又因英方運輸不能配合關係，致本師在同古被圍；又無空軍配合作戰，制空權爲敵人獲得，致我軍未能達成預期之戰果。"[1]英國軍事評論家亦承認："緬甸方面，日軍沿伊洛瓦底江推進，可能成爲更嚴重之因素者，即英軍之撤退已使同古以北華軍之側翼暴露，華軍亦必須隨之後退，以免後軍被敵切斷。"[2]

第四節　平滿納會戰的夭折

　　第 200 師在同古力戰拒敵之時，蔣介石於 3 月 26 日電示："侵緬之敵，似有以主力向東籲（即同古）、曼德勒進攻之企圖。我軍目前應以第 5 軍之第 200 師、新 22 師及軍直，在東籲，彬文那（即平滿納）間與敵作第一次會戰。如會戰不利，應行持久抵抗，以逐次消耗敵人，務期在此期間，迅速將第 66 軍全部，及第 96、暫 55 師，集中於曼德勒、雜澤（即塔澤）間地區，俟第二次會戰準備完成，以期一舉擊破深入之敵。"[3]杜聿明認爲："我遠征軍既不能適時適地集中主力與敵決戰，那末予敵以一定打擊之後放

1　《中國抗戰畫史》，第 338-339 頁。
2　《中國抗戰畫史》，第 339 頁。
3　《抗日戰史》第 9 冊，《西南及滇緬作戰》，臺灣國防部史政編譯局編印。1990 年 6 月出版，第 256 頁。

棄同古,保持戰力,選擇另一有利的時間地點集中主力與敵決戰,
這是合乎戰略戰術原則的。"[1]

　　第 200 師於 3 月 30 日成功突圍轉移後,入緬軍參謀團提出
"第 5 軍應以一部與敵保持接觸,主力在平滿納附近準備會戰"[2]
的意見。當晚杜聿明軍長令新 22 師以一營在葉達西佔領前進陣
地,掩護主力在斯瓦河南北岸構築逐次抵抗陣地,目的是以新 22
師爲阻擊兵團,利用斯瓦河沿岸狹長地帶遲滯敵人,爭取時間集
中第 5 軍主力于平滿納地區,完成會戰準備。31 日 16 時,杜聿
明在瓢背軍部下達作戰命令:"當面之敵第 55 師團,似有繼續北
進之企圖。軍決以有力之一部,利用斯瓦河兩岸及其以北之森林
狹長地區拒止敵人,以主力在平滿納佔領陣地,依火力摧毀敵人,
轉取攻勢,將敵包圍而殲滅之。"[3]兵力部署是以新 22 師爲阻擊
兵團基幹,配屬砲兵、戰車各一部,在斯瓦河沿線依託既設陣地
逐次抵抗,節節消耗敵軍;以第 96 師爲固守兵團基幹,配屬砲兵、
戰車各一部,堅守平滿納陣地,吸引敵人;以第 200 師爲機動兵
團基於,亦配屬砲兵、戰車各一部,待敵軍在平滿納與我固守兵
團膠著時,發動攻勢。同時阻擊兵團由敵之側後尾擊,將敵軍包
圍于平滿納地區夾擊而殲滅之。又令第 6 軍暫 55 師主力集結于黑
河附近,防止敵軍沿毛奇公路前往棠吉,威脅平滿納我軍左側背;
請英軍固守阿藍廟(亞蘭謬),掩護中國遠征軍右翼。

　　蔣介石得到同古失守消息後,即電林蔚轉告史迪威,應將中
國軍隊撤到平滿納附近,與普羅美相互策應。不久又聽說普羅美
南方 20 裏發現敵蹤,遂又電林蔚轉告史迪威,應以有力部隊扼守
平滿納附近據點,並不準將第 66 軍新 38 師開往前線使用。[4]史迪

---

1 杜聿明:《中國遠征軍入緬對日作戰述略》,《文史資料選輯》第 8 輯,第
　　23 頁。
2 《林蔚報告書》,7143-42。
3 《抗日戰史》第 9 冊:《西南及滇緬作戰》,第 259 頁。
4 《史迪威事件》增訂版,第 39 頁。蔣介石致林蔚 2 電,見《大溪資料》"遠
　　征軍入緬作戰"上,第 112、119 頁。

威對蔣介石的遙控非常不滿。他認爲，"蔣介石一心想守住曼德勒，而且看不到守住曼德勒的辦法是在同古吃掉日軍。"[1]4 月 1日，史迪威從緬甸飛回重慶，他不便指責蔣介石，就對蔣抱怨杜聿明和廖耀湘等遠征軍的"軍長和師長們不服從命令，而我沒有足夠的權力迫使他們服從命令"[2]，並以強烈的措辭表示，要麼解除他的職務，要麼賦予他指揮全權。蔣介石爲了安撫史迪威，於4 月 2 日告訴他，新 22 師師長已交付查辦，加派羅卓英爲中國遠征軍司令官，第 5、6 兩軍軍長服從羅卓英，羅卓英則服從史迪威的命令。[3]這樣，在中國遠征軍本來已經重重疊疊的指揮系統中又增加了一個層次，不但沒改進，反而降低了指揮效率。

　　4 月 5 日，史迪威和羅卓英隨同蔣介石夫婦前往緬甸。7 日，蔣介石在眉苗召集遠征軍高級將領宣佈："史迪威將軍爲余之參謀長，故以下五點，各員必須注意遵守：一、史迪威負責指揮國軍在緬作戰之責。二、羅長官卓英應受史迪威將軍之指揮，第 5軍、第 6 軍兩軍軍長以及其他在緬中國軍官，則皆應受羅長官之指揮。三、余授全權與史迪威將軍作一切最後決定。四、史迪威將軍有賞罰之全權。五、對英一切問題由史迪威將軍接洽。"[4]蔣介石還答應給史迪威一枚刻著他的正式頭銜的大圖章，以確認他的權力。一周後史迪威收到的圖章上刻的是"同盟軍總參謀長"，而不是"赴緬遠征軍總司令"。緬甸戰役結束後，新 38師的軍官們說，不論委員長在眉苗說過什麼話，刻著參謀長字樣的圖章說明史迪威是"顧問"而不是司令官。[5]蔣介石這種玩弄政治手腕的作法，非但不能消除誤會，反而只會加深他與史迪威的

1　《史迪威與美國在華經驗》下冊，第 396-397 頁。
2　《史迪威與美國在華經驗》下冊，第 397 頁。
3　《史迪威事件》增訂版，第 39 頁。
4　《大溪資料》，"遠征軍入緬作戰"上，第 152-153 頁。轉引自《史迪威事件》增訂版，第 140 頁。
5　《史迪威與美國在華經驗》下冊，第 398 頁。

矛盾。

日軍第15軍在3月15日制定的作戰計畫中，預定以東枝（棠吉）、敏鐵拉、仁安羌一線作爲進攻發起線，但在同古遭到中國遠征軍第200師的頑強抵抗，並根據情報判明中國遠征軍主力正向曼德勒以南地區前進，於是將進攻發起線後退到南面50公里之外的樂可（羅衣考）、央米丁（羊米典）、仁安羌一線。[1]4月1日，第15軍下達了向這一線前進的命令。4月2日，該軍戰鬥指揮所由仰光推進到同古。4月3日，制定了曼德勒會戰計畫。其作戰方針是："本軍以精銳兵團切斷臘戌方面敵人的退路，以主力沿同古 ── 曼德勒公路和伊洛瓦底江地區向曼德勒方面前進，包圍敵軍主力的兩翼，在曼德勒以西、伊洛瓦底江地區壓倒並殲滅該敵；然後，在臘戌、八莫、傑沙一線以西捕捉、殲滅殘敵，同時，不失時機地以精銳之一部向怒江一線追擊。"[2]這時，侵緬日軍已經不把缺乏戰鬥意志的英軍放在眼下，其攻擊矛頭主要指向正在曼德勒 ── 平滿納之間部署的中國遠征軍主力第5軍。日軍的兵力部署是以第56師團前出至羅衣考，並向臘戌突進，切斷中國軍隊的退路；以第55師團從仰曼鐵路以西、第18師團從仰曼鐵路以東向曼德勒突進，圍殲中國遠征軍主力；以第33師團沿伊洛瓦底江東岸突進，捕捉殲滅企圖向西北方退卻的英軍。[3]

我第5軍新22師以一部在葉達西佔領前進陣地，以主力在斯瓦河沿岸構築縱深梯次陣地。該師利用從斯瓦到平滿納道路狹窄，兩側森林密佈的有利地形，在沿途預設據點工事，以便層層阻擊敵人。4月1日至4日，新22師與敵第55師團對峙於南陽車站與葉達西之間，僅有小部隊搜索戰鬥及斷續砲戰。第200師由平滿納南面的沙瓦特移至北面的開當岡休整待命。第96師在平滿納附近構築工事。第6軍暫55師主力在黑河、他希一帶。第

1 《中華民國史資料叢稿》譯稿，《緬甸作戰》上，第76-77頁。
2 《大東亞戰爭全史》第2冊，第478頁。
3 《中華民國史資料叢稿》譯稿，《緬甸作戰》上，第78-79頁。

66 軍新 38 師到達曼德勒接防，第 5 軍補充第 1、2 團在敵軍側後方遊擊並搜索。英軍於 4 月 1 日放棄普羅美後，主力後撤至阿藍廟地區。敵第 33 師團前鋒亦跟蹤迫近阿藍廟。我軍第 96 師派一個營赴沙斯瓦築工警戒，以保障平滿納右側背安全。英印第 17 師及裝甲第 7 旅也轉移到沙斯瓦。敵機連日轟炸平滿納。

4 月 5 日至 10 日，敵軍第 55 師團以步、砲、戰車聯合，全力向我新 22 師陣地猛攻。新 22 師主力利用隘路和縱深陣地逐次抵抗，吸引敵人，並以小部隊從側面反擊，不斷消耗敵人。這種靈活戰術使敵人遭到重大傷亡，又摸不清我軍虛實。4 月 5 日傍晚，新 22 師主動放棄南陽車站的警戒陣地，後撤到葉達西陣地。4 月 6 日，敵軍出動步、騎、砲兵和戰車，自拂曉開始三面圍攻葉達西新 22 師陣地，雙方爭奪激烈，到晚上仍在對戰中。4 月 7 日，敵我雙方在葉達西激戰。守衛該地的新 22 師第 66 團主動出擊，予敵重創。敵軍進行反撲，向我軍陣地迂迴，集中砲兵轟擊葉達西東北。我軍陣地一部分被突破。第 66 團傷亡重大，由葉達西逐次向斯瓦轉移。向古，之敵大部集結於克永岡，加緊修復被我軍破壞的道路、橋樑，由仰光增調援軍。敵第 55 師團在同古之戰中傷亡慘重，又經連日作戰的不斷消耗，戰鬥力大大下降。第 15 軍令 4 月 8 日在仰光登陸的第 18 師團迅速北上增援。該師團由鐵路、公路運往同古集結，於 11 日加入斯瓦前線戰鬥。第 5 軍軍部及時偵知了這一敵情。

第 5 軍軍部一個名叫馬玉山的便衣偵探化裝成緬甸人，混進日軍第 55 師團司令部挑水打雜。他發現辦公桌上有一幅地圖，繪有部隊番號位置，便乘敵人吃飯時假裝送開水到辦公室，拿到地圖後星夜跑回平滿納。杜聿明審閱地圖，得知敵援軍為第 18 師團第 56、125 兩個聯隊，山砲、重砲各一營，當即轉告前方注意。[1]

---

1 杜聿明：《中國遠征軍入緬對日作戰述略》，《文史資料選輯》第 8 輯，第 25 頁。

　　4月11日至16日，敵增援部隊在砲、空掩護下輪番猛攻我斯瓦陣地，並不斷轟炸平滿納。11日夜23時；新22師第65團按原定計劃，留兩連兵力掩護團主力撤至薩加雅（沙加那）第二線陣地。12日以後，敵軍以優勢兵力連續猛攻，連陷薩加雅、沙瓦特等地。新22師各部節節抵抗，逐次遲滯敵人。到16日，新22師在第96師一部掩護下，安全轉入平滿納既設陣地。

　　新22師按照預定計劃，在斯瓦河一帶阻擊敵軍半個多月，運用靈活的戰術，完成了遲滯敵軍攻勢，消耗其有生力量，掩護我軍主力集中的任務，將敵軍主力逐步引自我軍在平滿納的設伏地區。蔣介石在4月5日入緬視察時已經批准了第5軍在平滿納會戰的計畫。第5軍各部已按3月31日的預定計劃部署就緒。4月11日，羅卓英正式接掌中國遠征軍指揮權，杜聿明軍長專任平滿納會戰總指揮。全軍只待一聲令下就轉入進攻，準備打一個大勝仗，一舉扭轉緬甸戰局。正在這一關鍵時刻，東、西線的戰況急劇惡化，使平滿納會戰功虧一簣。

　　4月中旬，日軍第15軍判斷，中國遠征軍"第5軍作為保衛緬甸北部的骨幹，右翼由英印緬軍，左翼由第6軍負責，似擬堅守平滿納 —— 曼德勒公路沿線地區。鑒於平滿納附近的戰略價值，企圖儘量長期保持該地區。""關於第6軍的企圖軍雖不甚明瞭，但可以判斷其一部在直接協助第5軍方面的戰鬥，主力繼續擔任警戒來自薩爾溫江上游的日軍及泰軍的進攻。""英印緬軍由於節節戰敗，喪失士氣，今後將不會有大的抵抗。"[1]根據上述判斷，第15軍司令官決定以軍主力第55和第18兩個師團，首先捕殲平滿納附近的中英聯軍主力第5軍。4月17日，第15軍下達了於18日黃昏開始行動的攻擊命令。

　　西線英軍自4月1日棄守普羅美之後，主力後撤至阿藍廟南北地區佈防。中國遠征軍在部署平滿納會戰時，一再要求英軍堅

1　《中國民國史資料叢稿》譯稿，《緬甸作戰》上，第86-87頁。

守阿藍廟。蔣介石入緬視察，當面對亞歷山大強調了固守阿藍廟的重要性，亞歷山大則主張放棄。蔣介石又囑史迪威轉告亞歷山大務請不惜一切代價據守約定地區。[1]日軍第15軍4月1日的命令下達給第33師團的任務是＂繼續執行原任務，同時做好得以沿伊洛瓦底江地區向八莫方面突進的準備＂[2]。所謂＂原任務＂是指攻佔仁安羌。阿藍廟在普羅美以北約50公里，仁安羌以南約100公里，是保衛仁安羌油田的重要屏障。敵第33師團進佔普羅美後繼續向北進攻。英軍毫無鬥志，一經與敵接觸即行潰敗。4月4日，英印第17師的一個旅和裝甲第7旅已後撤至沙斯瓦。4月5日，英緬第1師司令部撤至馬格威（馬圭），英軍已準備放棄阿藍廟。4月7日阿藍廟為日軍所占，英軍主力後撤至馬格威附近地區，英印第17師主力在唐得文伊（東敦枝）與沙斯瓦間地區。將中線平滿納地區的中國遠征軍右翼完全暴露給日軍。4月12日和13日，英軍從亞歷山大總司令到前線部隊指揮官，頻頻要求中國遠征軍派部隊增援沙斯瓦、唐得文伊、馬格威等地。林蔚與羅卓英研究，認為如英軍放棄唐得文伊，則沙斯瓦附近之敵可直攻平滿納之右側背，危及平滿納會戰，於12日令第96師派一個團到沙斯瓦，13日又應其要求再派一個團到唐得文伊。亞歷山大12日曾表示：＂如華軍能予唐得文伊之英軍以援助，則英軍決留印17師之兩個旅死守唐得文伊＂。但13日第96師部隊到達後，唐得文伊的英軍即撤至馬格威，又要求新38師的一個團由唐得文伊改開馬格威。英方上述做法等於將前線全部向中國軍隊交防，讓中國軍隊掩護英軍撤退，而毫不提及英軍以後的任務。[3]不斷後撤的英軍已經風聲鶴唳，草木皆兵，一片混亂，並於14日開始破壞仁安羌油田。亞歷山大15日通報，日軍已於14日午後佔領仁安羌。實際上，敵第214聯隊17日才佔領仁安羌。英緬第1師和第

---

1 《抗日戰史》第9冊：《西南及滇緬作戰》，第65頁。

2 《中國民國史資料叢稿》譯稿，《緬甸作戰》上，第91頁。

3 《林蔚報告書》，7143-57、58、59、60。

7 裝甲旅 7000 餘人被圍。我新 38 師奉令派兵馳援。

　　東線自同古失陷之後，毛奇公路開放，而守軍僅有第 6 軍暫
55 師分散配置在毛奇、保拉克、南帕、羅衣考、棠吉各地，兵力
分散，防衛薄弱。日軍第 56 師團在同古地區集結，按照第 15 軍
4 月 1 日下達的 "逐次前出樂可（即羅衣考）附近，並準備突進
臘戍方面"[1] 的命令，以搜索聯隊為先遣隊，於 4 月 1 日乘汽車沿
同古至毛奇公路突進。由於毛奇以西公路橋樑多處被我軍破壞，
日軍車隊走走停停，並不斷遭到我軍襲擾，後來只得棄車步行。
天氣酷熱，用水缺乏，日軍先遣隊又改為白天宿營，夜間行軍，
官兵疲憊不堪，先遣隊長平井大佐也只好乘擔架而行，前進速度
大大放慢。4 月 6 日，敵先遣隊在毛奇發起攻擊。毛奇守軍僅一
營左右，於當夜 11 時退出。4 月 8 日，第 6 軍為確保羅衣考，並
掩護第 5 軍左翼，令暫 55 師主力第 1、2 兩團集中于羅衣考，第
3 團主力位置棠吉，以一個營守備黑河飛機場。第 93 師開一個團
到棠吉以東的河邦（和榜）為軍的總預備隊。暫 55 師第 1 團第 3
營 6-8 日在毛奇附近作戰後，與團部失去聯絡。第 2 營在 8-10 日
戰鬥中傷亡甚大。該團余部於 11 日後撤至保拉克附近整理。第 2
團主力集中于南帕。師部與第 3 團兩個營在羅衣考。日軍先遣聯
隊經過 3 天休整補充，於 4 月 15 日重新開始進攻。其第一、第二
梯隊也隨後跟進，投入戰鬥。4 月 18 日，日軍佔領保拉克後繼續
北進，其前鋒部隊已佔領羅衣考以南 10 餘公里的高地。暫 55 師
兵力分散，被敵軍優勢兵力擊潰。4 月 19 日，日軍第 56 師團各
部陸續到達羅衣考附近，切斷退卻中的暫 55 師各部退路，準備攻
擊羅衣考。第 6 軍軍長甘麗初見頹勢已難挽回，於 4 月 20 日下令
部隊破壞羅衣考至河邦一線公路，率軍部和直屬部隊北撤至河
邦。羅衣考於當天失守。

　　東、西線戰局的急劇惡化，使中路第 5 軍平滿納陣地的左、

---

1 《中華民國史資料叢稿》譯稿，《緬甸作戰》上，第 77 頁。

右兩翼都暴露給敵人，當面之敵人已逼近平滿納主陣地前，準備發動大規模攻勢。這時不但平滿納會戰已喪失時機和依托，而且第 5 軍有被敵軍截斷後路，包圍殲滅的危險。中國遠征軍各領導幾經商酌，只得忍痛放棄平滿納會戰。史迪威、羅卓英於 18 日凌晨決定放棄平滿納會戰，退守梅克提拉（敏鐵拉）、敏揚之線，準備曼德勒會戰。[1]經過精心策劃和周密准備的平滿納會戰的夭折，失去了扭轉緬甸戰局的又一重要戰機。

第五節　馳援仁安羌

　　仰光失守後，在緬英軍各部北撤至距仰光約 240 公里的普羅美一帶。3 月中旬，英軍各部合編爲緬甸第一軍團，在同古的中國遠征軍第 200 師策應下，擔任西線（右翼）伊洛瓦底江方面的作戰。[2]該軍團編成內有英緬第 1 師（師長斯科特少將）、英印第 17 師（師長史密斯少將）和裝甲第 7 旅。兩個步兵師各有三個步兵旅，第 7 裝甲旅有戰車約 150 輛。軍團長是斯利姆中將。空軍戰鬥機‧和轟炸機共 52 架。[3]英軍各部總數約 6 萬人。英軍自緬甸戰役開始以來連連潰敗，士氣日益低落。此時雖仍有相當實力，但缺乏戰鬥意志，用斯利姆的話來說，要想讓英軍守住一個陣地，“就像引誘一隻膽小的麻雀到你窗檻前棲息那樣地困難”。[4]

　　正當中國遠征軍主力在中路準備平滿納會戰時，負責西線防務的英軍卻抵擋不住日軍第 33 師團的進攻。自 4 月 1 日棄守普羅美之後，一經與敵軍接觸即行潰退，不到半個月即將西線戰略要地阿藍廟、馬格威等地接連丟失。敵第 33 師團兵分三路向北推

1　《林蔚報告書》，7143-69。
2　《抗日戰史》第 9 冊：《西南及滇緬作戰》，第 244 頁。
3　《林蔚報告書》，7143-28、29。
4　約翰‧科斯特洛：《太平洋戰爭》上冊，第 292 頁。

進，一部繞過英軍，直趨仁安羌油田。亞歷山大對史迪威承認，他的部下"對日本人談虎色變"。[1]他企圖將西路前線的防務全部交給中國遠征軍，讓中國軍隊作爲擋箭牌，掩護英軍向緬印邊境撤退，毫不顧及這樣做對中路的平滿納會戰和整個緬甸戰局帶來的嚴重後果。史迪威4月15日向美國陸軍參謀長馬歇爾將軍彙報緬甸戰局時說，他相信英軍早在一段時間以來就把緬甸一筆勾銷了。他從亞歷山大不願讓自己的部隊投入戰鬥一事得出結論，認爲亞歷山大一定得到倫敦的命令，要他只象徵性地抵抗一下就撤出緬甸。[2]羅斯福派往印度的特使詹森一針見血地剖析了英國的意圖，他報告說，英國人寧願放棄緬甸，也不願爲了守住緬甸而欠中國的情，或向緬甸民族主義分子讓步。無論如何他們想在和談桌上收復緬甸，想既收復緬甸又不對將來的政府形式承擔任何義務。[3]

攻佔仁安羌是敵第15軍4月1日下達給第33師團的主要任務。仁安羌在緬語中意爲"油河"，是緬甸和整個中南半島上最大的油田，緬甸戰場上盟軍油料的主要供應地。它位於伊洛瓦底江中游東岸，南距阿藍廟約100公里，周圍是沙漠地帶，英緬石油公司的油井和煉油廠在茫茫沙海中星羅棋佈。侵緬日軍如奪取仁安羌油田，將大大改善太平洋戰場和中國戰場上日軍的石油供應。通往仁安羌的主要路線有一條公路和伊洛瓦底江水路。

敵第33師團4月7日攻佔阿藍廟後，便在該地集結兵力，準備進攻仁安羌。第33師團以第213、214、215三個步兵聯隊爲基幹，配屬砲、工兵部隊，組成荒木部隊、作間部隊和原田部隊，分三路向北進攻。以荒木部隊首先進攻馬格威，作間部隊隱蔽急襲仁安羌，原田部隊面對沙斯瓦、唐得文伊方向掩護師團右翼，師團司令部率直屬部隊在荒木部隊後面跟進。各攻擊部隊於4月

1 《史迪威與美國在華經驗》下冊，第403頁。
2 《史迪威與美國在華經驗》下冊，第404-405頁。
3 《史迪威與美國在華經驗》下冊，第405頁。

9 日黃昏後一齊開始行動。[1]

　　作間部隊於 4 月 9 日晚乘汽車出發，在原田部隊掩護下向仁安羌疾進。由於原田部隊在東面切斷了公路，英軍未發現作間部隊的行蹤。4 月 16 日午夜，作間部隊推進到仁安羌以東約 5 公里處，遠遠望見仁安羌公路上頻繁來往的英軍車輛的燈光。據當地居民講，一部分英軍連同坦克已撤到賓河以北。作間大佐當即兵分兩路，從南北兩處切斷仁安羌公路。他自己率聯隊主力和一個山砲兵大隊佔領仁安羌東北角的交叉路口，堵住從馬格威敗退下來的英軍退路，另派一個大隊佔領賓河北岸渡口，阻截喬克柏當方面的英軍增援部隊。同時從正面北進的荒木部隊 14～16 日擊潰了英緬第 1 師和第 7 裝甲旅的抵抗，於 17 日凌晨 5 時佔領馬格威。英緬第 1 師和第 7 裝甲旅向仁安羌撤退，被敵作間部隊阻擊包圍。駐唐得文伊和沙斯瓦的英印第 17 師受到敵原田部隊的牽制，不敢輕舉妄動。

　　4 月 14 日凌晨 2 時，英軍總司令亞歷山大急電告以仁安羌方面英軍情況緊急，唐得文伊至馬格威間公路已被截斷，請中國遠征軍迅加援助。遠征軍司令長官羅卓英認為，仁安羌雖非我軍作戰地域，但為發揚盟軍協同合作的精神，遂下令駐守曼德勒的第 66 軍新 38 師先派出第 113 團，由副師長指揮，迅開喬克柏當，歸英軍第 1 軍團長指揮。[2]

　　新 38 師是中國遠征軍戰略預備隊第 66 軍的主力和入緬先頭部隊。該師前身是財政部稅警總團，參加過 1937 年 "八·一三" 淞滬會戰。1938 年在長沙重新組建，全部是美式裝備。總團長孫立人、副總團長齊學啓均畢業於清華大學和美國西點軍校，文武雙全。1940 年 11 月，稅警總團改編為新編第 38 師，孫立人任師長，齊學啓任副師長兼政治部主任。全師列入第 66 軍建制，移駐

1　《中華民國史資料叢稿》譯稿，《緬甸作戰》上，第 91-92 頁。
2　《抗日戰史》第 9 冊：《西南及滇緬作戰》，第 284 頁。

貴州興義，準備開進雲南。1942 年 3 月，新 38 師由興義步行半月，到達昆明西面的安寧。3 月 27 日，由昆明乘汽車開往緬甸，於 4 月 5 日到達臘戍。蔣介石入緬視察，決定派新 38 師駐守曼德勒，師長孫立人擔任曼德勒衛戍司令。4 月 7 日，新 38 師留一個營警衛臘戍機場，師主力向曼德勒推進。當時，曼德勒這個古都和上緬甸中心城市，由於日本飛機的狂轟濫炸和緬甸反英民族主義分子的縱火焚燒，已經失去了昔·日商賈輻輳，人煙茂密的繁華景象，到處是一片片斷垣殘壁，居民四散逃亡。孫立人就任衛戍司令後，迅即發佈了中、英、緬三種文字的佈告，宣佈：

"本司令奉命衛戍期間，保此土，安斯民，職責所在，茲特與全城民眾共約四事：一、放火者殺無赦；二、殺人越貨者殺無赦；三、充當敵人間諜偵探者殺無赦；四、造謠惑眾擾亂治安者殺無赦。其餘僧侶人等生命財產均在本司令保護之列。" [1]

同時派政工人員到四鄉進行宣傳，救濟難民。派部隊清掃街道，恢復交通。經過一個星期的努力，市面逐漸恢復，民心開始安定，使曼德勒成爲當時全緬甸混亂局勢中一個相對穩定的地方。

駐守曼德勒的新 38 師又負有對第一線東西策應的任務。4 月14 日接到遠征軍長官部的命令後，齊學啓副師長即率第 113 團開往喬克柏當。4 月 15 日上午亞歷山大在眉苗與史迪威、羅卓英舉行例行協調會議時，又提出中國遠征軍僅增援一個團，兵力過於單薄，恐難達成解圍使命，要求增派兵力赴援。[2] 盡管平滿納正面形勢日益緊迫，中國遠征軍仍然續派新 38 師第 112 團開赴唐得文伊以北的納特曼克。衛戍曼德勒的任務，只留下第 114 團的兩個營擔任，該團第 1 營仍然在臘戍守衛機場。到 17 日，兩個團先後到達指定地區，準備支援西線英軍並掩護中路我第 5 軍右側背。

4 月 17 日凌晨，敵作間部隊主力已從南北兩處切斷了仁安羌

---

1 孫克剛：《緬甸蕩寇志》，上海時代圖書公司 1946 年版，第 4 頁。
2 《抗日戰史》第 9 冊：《西南及滇緬作戰》，第 284 頁。

公路。佔領賓河北岸渡口的一個大隊也擊退了在該處配有 10 餘輛坦克的千余英軍。作間大佐在仁安羌東、北、南三面設伏，將陸續從馬格威敗退下來的英緬第 1 師和第 7 裝甲旅包圍在仁安羌。退往仁安羌的英軍有 7000 餘人之眾，並擁有大量坦克、大砲和汽車，當面之敵不過一個加強聯隊，雙方實力懸殊。但一路敗退下來的英軍驚魂未定，日軍氣勢正盛。英軍被圍後更驚恐萬狀，頻頻呼救。敵作間部隊則利用仁安羌高低起伏的地形佈置陣地，阻擊英軍突圍。第 33 師團長櫻井省三得知作間部隊奇襲成功，下令荒木部隊和原田部隊兼程前進，打算集中師團全部力量，一舉殲滅被圍英軍。

17 日 11 時，英緬第一軍團軍團長斯利姆中將命令先到達喬克柏當的新 38 師第 113 團立即馳援仁安羌被圍英軍，派汽車將該團運到賓河以北，然後徒步兼程南進，連夜完成攻擊准備。並派英軍的輕戰車 12 輛，砲 3 門，支援第 113 團。從曼德勒趕到前線的孫立人師長親率第 113 團出擊。斯利姆也隨同前往協調中英軍隊行動。

救兵如救火。第 113 團在 17 日傍晚到達賓河北岸，在距河 5 英里（約 8 公里）的地方進入攻擊位置，於 18 日拂曉對賓河北岸之敵發起攻擊，激戰至中午，將賓河北岸之敵擊潰，奪回了渡口。該團右翼營乘勝渡河追擊，但被南岸之敵所阻。這時，斯利姆接到被圍的英緬第 1 師師長斯科特求救的無線電話："本師飲水及食糧斷絕已經兩日，困難萬分，官兵無法維持，勢將瓦解。"[1] 斯利姆催請第 113 團立刻渡河攻擊。孫立人師長經現地偵察，發現賓河南岸比北岸高，敵軍居高臨下，以逸待勞。我軍兵力不多，又處於仰攻位置，如果倉促進攻，一旦受挫，日軍即窺破我軍實力單薄。這樣一來，不但難解英軍之危，而且我軍也可能陷入險境。因此，孫師長決定白天暫停攻擊，先將當面敵情和地形偵察

1　《抗日戰史》第 9 冊：《西南及滇緬作戰》，第 285 頁。

清楚，我軍利用夜晚調整部署，第二天拂曉再發起攻擊。斯利姆雖對孫立人的周密部署表示欽佩，但更急於解救自己的部隊，不斷催促孫立人儘快發動攻擊，萬萬不能等到明天。孫立人一再解釋利害，請他打電話通知斯科特務須再忍耐一天。斯利姆正在猶豫之際，斯科特又打來第二次告急電話，說被圍部隊已經到了最後關頭，再也不能忍耐一刻了。斯利姆驟然變色。孫立人請斯利姆轉告斯科特，貴師既已忍耐了兩天，無論如何還要堅持這最後一日，中國軍隊一定負責在明天上午 6 點鐘以前，將貴師完全解救出圍。"電話中傳來斯科特"有無把握？"的焦急詢問，孫立人斬釘截鐵地回答："中國軍隊，連我在內，縱使戰到最後一個人，也一定要把貴軍解救出險！"[1]這一語千鈞的承諾，使站在一旁的斯利姆聽了也大為感動，緊緊地握住孫立人的手，感謝他這一鄭重的"紳士協定"118 日 18 時，下達了翌日拂曉攻擊的命令。

　　4 月 19 日凌晨，東方的魚肚白還沒有出現，我 113 團健兒在黎明前的黑暗中悄悄逼近日軍陣地，突然發起猛攻。為了迷惑敵人，孫立人師長下令在日軍陣地四周放火，吹衝鋒號，並以小分隊襲擾，使敵人無法判斷我軍虛實。破曉時，我左翼主攻部隊已將敵軍第一線陣地完全攻佔。強悍的敵人一面頑抗，一面組織反撲，陣地三失三得。攻擊部隊在山砲、追擊砲和輕重機槍的火力掩護下，與敵反復衝殺，直至進行白刃肉搏。第 3 營營長張琦率第 8 連從左側迂回，身中數彈，倒在地上還竭盡全力大喊："弟兄們，殺呀！"直到流盡最後一滴血。第 3 營官兵在營長的鼓舞下，前仆後繼地衝殺上前，一鼓作氣沖到了油田。遍地的油管、油罐、油桶在槍砲聲中燃起團團大火，火龍隨油流四處飛竄。山溝裏，油田上，敵我雙方在烈火硝煙中混戰。我軍官兵涉水過河時衣服被浸濕，在火戰中反而占了便宜。孫師長指揮部隊搶佔制高點和上風口，奪得了戰場主動權。戰至 14 時，我軍奪取 501

1　《緬甸蕩寇志》，第 10 頁。

高地和油田區，將敵軍主力擊潰。到 17 時，我軍全部收復仁安羌油田。日軍第 33 師團在這一場惡戰中遺屍 1200 餘具，我 113 團上千戰鬥兵員也傷亡過半。戰場上到處都是一堆一堆的屍體。

在戰鬥中，我軍首先將被俘的英軍官兵、美國傳教士和新聞記者 500 余人解救出險，並奪回被日軍擄去的英軍輜重汽車 100 多輛，交還英方。接著，脫圍英軍的步、騎、砲兵和戰車部隊 7000 余人，馬 1000 餘匹，均在我軍掩護下，從左翼退往賓河北岸。脫圍英軍絕處逢生，路過我軍陣地時，一個個豎起大姆指說 "頂好"，有的高呼 "中國萬歲"，與我官兵熱烈擁抱，感激之情溢於言表。

孫立人將軍指揮新 38 師第 113 團馳援仁安羌，智勇兼備，以少勝多，以寡救眾，不但解救了被圍的英緬第 1 師和裝甲第 7 旅，也挽救了東面的英印第 17 師。如果在仁安羌被圍的英軍被日軍殲滅，下一個目標就是圍殲英印第 17 師。仁安羌大捷是中國遠征軍入緬作戰以來第一次壬動進攻日軍取得的重大勝利，給危急之中的緬甸戰局又帶來了一線生機。勝利的捷報飛向重慶，飛向倫敦，飛向華盛頓，轟動了中、美、英三大盟國。英倫三島更是一片歡騰，將英軍在仁安羌脫險稱之為 "亞洲的敦克爾克奇跡"。矜持的英國官方人士也稱中國遠征軍在仁安羌的勝利是 "暴風雨前暫時沉寂中的一道清流。"[1]英國政府為了表彰新 38 師在仁安羌援救英軍的戰功，後來授予孫立人師長 "帝國司令勳章"，使他成為獲此殊榮的第一個外國將領。孫立人將軍還獲得中國的四等雲麾勳章和美國的豐功勳章。副師長齊學啓、第 113 團團長劉放吾和各營營長，也分別獲得中、英政府的嘉獎。

新 38 師在仁安羌一役中大挫敵第 33 師團的銳氣。孫立人師長認為解圍任務雖已完成，但當面之敵尚未完全擊敗，決定調集全師兵力，在英軍配合下乘勝攻擊，粉碎敵第 33 師團，進一步穩

---

1 《中國抗戰畫史》，第 340 頁。

定西線，確保中路遠征軍主力的右翼安全。他下令除第114團兩個營及師直屬部隊一部仍留曼德勒衛戍，並繼續加強工事外，其餘各部均趕赴賓河北岸參加戰鬥。

第113團20日在仁安羌油田區以南約3-4公里處與敵軍後續部隊發生戰鬥，雙力互無進展。20日晚，第112團及師直一部到達賓河北岸。24時，孫立人師長下達攻擊命令，準備在21日拂曉迂回敵軍右翼，斷其歸路，將敵軍壓迫到伊洛瓦底江東岸加以圍殲。

從仁安羌脫險的英軍早已是驚弓之鳥，馬不停蹄地兼程北撤。英緬軍總司令亞歷山大按照放棄緬甸，退保印度的既定方針，背棄中英共同防禦安排，非但不主動配合中國遠征軍保衛緬甸，反而千方百計隱瞞真實意圖，誘騙中國軍隊為英軍充當後衛。正當我新38師馳援仁安羌之時，亞歷山大於18日命令斯利姆立即開闢一條跨過欽敦江向西撤退的路線，並叮囑他務必對中國軍隊嚴格保密，"千萬不能讓他們抓住把柄，指責英國軍隊逃往印度。"[1]21日0時，斯利姆發佈命令："中國第5軍已改變原有計劃，業已向北轉進，以掩護東面軍（第6軍）之安全，從而影響本正面之作戰，貴師（新編第38師）應立即轉移喬克柏當附近。"[2]英方還謊報軍情，稱在喬克柏當西南發現日軍大部隊，亞歷山大以此為由，竭力說服史迪威和羅卓英將中路遠征軍主力第200師和新22師也西調喬克柏當一帶。

盟軍的背信棄義和上級意圖的變化，使新38師的殲敵部署功虧一簣。孫立人師長奉命後，只得放棄攻擊，將全師撤出進攻出發地，執行掩護英軍和中路遠征軍主力撤退的新任務。於是"這一群正在殺得興起的健兒，只得暫時收起雄心，執行掩護友軍撤退的新任務，開始轉進。敵人眼看我軍正在陸續增加，有積極準

---

1 約翰・科斯特洛：《太平洋戰爭》上冊，第292頁。

2 《抗日戰史》第9冊：《西南及滇緬作戰》，第287頁。

備攻擊的模樣，忽然間又向後撤退，弄得莫明其妙，不敢追擊。"[1] 4 月 25 日，日軍第 33 師團再次進佔仁安羌。我新 38 師健兒浴血奮戰的戰果付諸東流。

第六節　東線的崩潰

自中國遠征軍入緬作戰以來，東線始終是遠征軍防線的薄弱環節。英方將第 6 軍第 93 師置於景東，第 49 師置於猛畔，暫 55 師置於羅衣考，軍部置於棠吉，軍直屬隊置於雷列姆，兵力極端分散。而且軍主力三個師均成為守備部隊，機動性受到嚴重限制。同古保衛戰之後，遠征軍集結主力準備平滿納會戰。無論是杜聿明、林蔚還是史迪威、羅卓英在部署平滿納會戰時，均未注意到同古失守後，至毛奇的公路已門戶洞開，從而忽視加強東線防務，切實保障中路主力左翼安全，防止敵軍向我深遠後方突進的重要性。4 月初，東線只有暫 55 師以營、連為單位分散配置在毛奇、保拉克、南帕、羅衣考、棠吉、他希、黑河等地，兵力高度分散，防衛極端薄弱，難以抵擋敵軍的突襲。

侵緬日軍為儘快奪取臘戍，截斷中國遠征軍的退路，將 3 月下旬增援的第 56 師團投入東線，沿同古一毛奇公路突進。4 月 6 日，敵先頭部隊即攻佔毛奇。4 月 8 日，第 6 軍軍長甘麗初令暫 55 師第 1、2 團集中于羅衣考，第 3 團主力在棠吉、雜澤構築工事，留一營守衛黑河飛機場。敵軍一面整修公路橋樑，一面增兵，於 10 日再大舉進攻。暫 55 師第 1 團各營在毛奇附近分散作戰損失很大，於 11 日後撤至保拉克一帶。暫 55 師師長陳勉吾為穩定軍心，於 12 日將師部推進到羅衣考，督促第 2、3 團在羅衣考以南約 32 公里的高地之線佔領陣地。第 6 軍指揮所隨後也推進到羅

1　《緬甸蕩寇志》，第 15-16 頁。

衣考，並令第 49 師第 146 團取捷徑趕赴羅衣考以北佔領預備陣
地。敵第 56 師團也在這幾天集結主力，補充糧彈，於 15、16 日
分兩路向暫 55 師陣地兩翼攻擊前進。至 18 日，敵軍已推進到羅
衣考以南高地之線。暫 55 師各部分散投入戰鬥，被敵軍各個擊
破，所在各處陣地均未能擋住敵軍。第 5 軍配屬的 3 輛裝甲車也
在混戰中被擊毀。部隊陷于混亂，軍、師間一再失去聯絡。4 月
20 日，敵軍攻佔羅衣考。中國遠征軍在東線防務的薄弱至此已暴
露無遺。

　　史迪威、羅卓英於 4 月 18 日下令放棄平滿納會戰，同時又倉
促決定準備曼德勒會戰。當時參謀團團長林蔚提出兩種意見：
"1、貫徹平滿納會戰，努力擊破敵之一路，以解除我之危局；2、
徹底脫出敵之包圍圈，一舉退守曼德勒之東北，再增調兵力，重
新部署作戰。"[1]但史迪威、羅卓英並未接受上述意見，而是下令
部隊退守平滿納以北、曼德勒以南的敏鐵拉、敏揚一線，準備曼
德勒會戰。命令對各部隊的部署是："第 5 軍主力應先向敏鐵拉、
瓢背間逐次集結，並以一部于平滿納附近地區行持久抵抗，掩護
軍主力作戰。第 66 軍應守備曼德勒，並派出一個營至敏建警戒，
其新編第 38 師增援仁安羌之兩個團，應逐次向喬克柏當轉移，合
力遲滯敵人。"[2]當天羅卓英專函林蔚，對部署作了詳細說明："令
66 軍劉師（新 28 師）固守瓦城，先派一部佔領敏揚、棠沙，對
西南警戒；孫師（新 38 師）前方兩團逐次阻敵，會合于喬克柏當
後，以棠沙爲後路，節節阻敵前進；令 5 軍先抽 200 師回占敏鐵
拉、瓢背之線，掩護主力轉進；以 96 師在平滿納堅強抵抗當面之敵；
該軍以棠吉爲後方，準備在敏鐵拉、他希一帶側擊北犯之敵。"[3]

　　史迪威、羅卓英的上述部署，將第 5 軍和第 66 軍主力分散在
平滿納至曼德勒間長達 300 餘公里的公路線上，既不能集中兵力

1　《林蔚報告書》，7143-69。
2　《抗日戰史》第 9 冊：《西南及滇緬作戰》，第 271 頁。
3　《林蔚報告書》，7143-70。

進攻，又無法建立起堅固的防線。杜聿明堅決反對這樣分散兵力，被敵人各個擊破，提出要麼在乎滿納打下去，要麼集中兵力保全臘戍的兩大門戶棠吉和眉苗，而不應再作無準備的曼德勒會戰。[1]但羅卓英執意不聽，杜聿明只好接受羅的命令，下令放棄平滿納會戰。林蔚在緬甸防禦戰結束後，批評史、羅關於所謂曼德勒會戰的部署，"不但未由不利態勢變爲有利態勢，而且竟由相當不利態勢變爲更不利之態勢，徒使平滿納會戰形勢解體，並將後續部隊送入敵之另一包圍圈內。至於以棠吉爲後方，而對毛奇、羅衣考地區缺乏堅強組織，尤屬錯誤。"[2]

　　史迪威、羅卓英在 18 日下令放棄平滿納會戰後，既決心退守敏鐵拉、敏揚一線準備曼德勒會戰，在具體部署時又規定第 5 軍以棠吉爲後方，準備在敏鐵拉、他希一帶側擊北犯之敵，其決心與部署已不一致。4 月 20 日，又輕信英方關於在仁安羌和喬克柏當間有敵軍·3000 餘人的不確實的情報，遷就亞歷山大的無理要求，不待部隊在 18 日命令規定的新部署地點集結完畢，即下令第 200 師和新 22 師用汽車運送到喬克柏當及其以南地區，先消滅該方之敵，再調回原地應付他方之敵；新 38 師全師由喬克柏當向仁安羌前進，協助英軍攻擊該方之敵。[3]杜聿明根據掌握的情況判斷，我新 38 師尚在仁安羌，喬克柏當並無敵情，所傳喬克柏當與仁安羌間之敵軍，恐系新 38 師第 112 團前進之誤報。[4]因此杜聿明仍堅持保衛棠吉和眉苗的意見，並力陳利害，說明即使西線有敵人也不能置東線棠吉的危急於不顧。羅卓英完全拒絕杜聿明的意見。杜警告羅："如果出此決策的話，我不能負責。"史迪威反唇相譏說："中國軍隊吃飯不打仗嗎？"杜聿明回敬道："我

---

1 杜聿明：《中國遠征軍入緬對日作戰述略》，《文史資料選輯》第 8 輯，第 27-28 頁。
2 《林蔚報告書》，7143-73。
3 《林蔚報告書》，7143-76。
4 《林蔚報告書》，7143-76。

吃的是中國飯，而不是吃英國飯。”大鬧一場之後，杜聿明又一再申述，“即使喬克柏當發現敵人，以新38師掩護英軍撤退已可安全無虞，我軍應顧全大局，不要前門拒狼，後門入虎，使我遠征軍一敗塗地。”[1]史迪威、羅卓英置東線真正的危局於不顧，堅決將中國遠征軍戰鬥力最強的 3 個師全部調往西線喬克柏當方面。其理由是：“我如不去，則英軍要走。”[2]這一錯誤決策，不但激化了中國遠征軍主要領導人之間的矛盾，更為嚴重的是喪失了挽救東線危局的寶貴時間，從而導致東線的徹底崩潰。

　　日軍第56師團擊潰了暫55師的薄弱抵抗，連陷毛奇、羅衣考，窺破了東線是中國遠征軍防務的薄弱環節。第15軍司令官飯田判斷戰局將在棠吉一敏鐵拉一線決定，即命令第56師團向臘戍方面突進，切斷中國軍隊退路，第18和第55師團分別進到央米丁（羊米典）東西地區，然後向曼德勒方向突進，將遠征軍主力壓縮並殲滅在伊洛瓦底江畔。[3]

　　第200師先頭部隊第599團於 4 月 20 日當天開抵喬克柏當後，並未發現敵情，只有英軍在新38師掩護下撤退，才明白上了英國人的當。史迪威、羅卓英只好改變決定，令新22師在敏鐵拉不開，但仍要第200師續開喬克柏當附近，以一部搜索敵情，以主力控置待機，並支援新38師之行動。[4]日軍於 20 日中午 11 時佔領羅衣考。當天下午，羅衣考失守的消息傳到遠征軍司令長官部。羅卓英張惶失措，再次改變決定，令新22師附戰車及戰防砲各一部增援第 6 軍方面，但須待200師輸送完畢後才有汽車，火車又不可靠；第 200 師到達喬克柏當，如敵情不急，則待新 38 師集結或站穩後，立即開回敏鐵拉。預定第200師須於21日運完，

1 杜聿明：《中國遠征軍入緬對日作戰述略》，《文史資料選輯》第8輯，第28頁。
2 《林蔚報告書》，7143-78。
3 《大東亞戰爭全史》，第2冊，第478頁。
4 《林蔚報告書》，7143-78。

以便迅速輸送新 22 師。[1] 這種安排顯然是緩急不分，輕重倒置。為了遠征軍的最後命運，杜聿明趕到長官部找羅卓英報告，而羅卓英已先到眉苗找參謀團長林蔚商量對策。杜聿明也飛馳眉苗向林蔚陳述意見。午夜 12 時前後，羅、杜二人在途中相遇。羅對杜說：「你不必去了，現在照你的意見，200 師不去喬克柏當，改調棠吉。」並告訴杜：「我於本日午前已直接令 200 師於黃昏前集結喬克柏當以東向敵攻擊，不知現在情況如何？」杜說：「喬克柏當確無敵情，我只要 200 師去一團，如果你有直接命令的話，可能主力已到喬克柏當了。」兩人同車回去時，羅又告訴杜：「東路羅衣考已失守，暫 55 師情況不明，敵人正向棠吉、雷列姆前進中。」杜說：「這是可以預料到的。喬克柏當我們上了英國人的當。我認為目前必須集中第 5 軍主力 200 師與新 22 師與敵人力爭棠吉，否則棠吉不保，臘戌危急。」羅未否認杜的意見，也未說明他以後的全盤計畫，只說：「只要你帶 200 師把棠吉控制，我就有辦法準備曼德勒會戰。」[2]

21 日，突破羅衣考之敵第 56 師團兵分三路，一路繼續沿公路北進，一路由河邦以東指向雷列姆，一路由河邦以西直趨棠吉。遠征軍司令長官部下令分兵兩路阻截敵軍。第 6 軍軍長甘麗初僅掌握兩個營，在雷列姆附近佔領陣地。軍參謀長林森木率步兵不足兩營和砲兵一個連，在河邦佔領陣地。上午 10 時，敵軍先頭部隊在 4 輛裝甲車掩護下，突破河邦警戒陣地，向我主陣地猛進。中午，又在飛機支援下，攻擊河邦以西陣地。林森木所部與敵軍激戰一天。入夜後，日軍後續部隊陸續到達，併發現有大批車輛馳向棠吉。我軍則連夜加強陣地工事，破壞陣前道路。22 日，敵軍繼續進攻河邦陣地，激戰竟日，守軍傷亡過半，乘夜撤往孟邦。

21 日中午，杜聿明回到敏鐵拉軍部後，按照當天上午遠征軍

---

1 《林蔚報告書》，7143-78。

2 杜聿明：《中國遠征軍入緬對日作戰述略》，《文史資料選輯》第 8 輯，第 29-30 頁。

司令長官部的命令："即率第 200 師（附特種兵 1／2），並指揮第 6 軍，務求向棠吉方面前進之敵而攻擊之"的命令重新部署。當晚 8 時，杜聿明下達作戰命令；"1、軍以擊破該敵之目的，即以第 200 師及軍直屬部隊，先向雜澤以東地區進出，搜索敵之主力而攻擊之。2、騎兵團即於敏鐵拉出發，連系第 200 師第 598 團，向棠吉方面搜索敵情，並深入敵後，偵察其主力之所在。3、第 200 師先以第 598 團，附山砲一連，利用汽車輸送，隨騎兵團之後，向卡勞隘口以東搜索前進，限 22 日拂曉前到達，掩護師主力及軍直之進出。"[1]另令砲兵以主力及戰車全部，即向臘戌西南的西保（細胞）附近集結，相機策應雷列姆之戰鬥。攻擊時，以 75 榴砲一營及裝甲車隊，協力第 200 師之作戰。

　　遠征軍司令長官部也在 21 日移到曼德勒南面的皎克西。由於參謀團與長官部電話不通，林蔚用電話通知駐眉苗英軍司令部的代表侯騰，立即派員趕往皎克西向羅卓英建議："1、可否立即停止 200 師之運輸並改運棠吉。2、可否令新 28 師只留一團守曼德勒，而令劉伯龍率該師主力或一團由火車運回西保，並連同第 66 軍將到臘戌之軍直屬部隊（工兵營、戰防砲營、特務營等）歸一人指揮，再由汽車向雷列姆方向運送，以期與新 22 師夾擊北進之敵，並掩護極空虛之臘戌根據地。"羅卓英對參謀團意見的處置是：對於第一項，立令杜副長官率 200 師及特種兵半部由原車開回，並指揮甘軍，準備擊攘羅衣考北進之敵。對於第二項，認為不必如此辦理[2]。直到此時，羅卓英對於東線防務的空虛和第 6 軍戰鬥力的脆弱仍然沒有切實的瞭解並及時採取有力的補救措施。

　　4 月 22 日，緬甸的反英民族主義分子在棠吉到處縱火，劫掠華僑財物，破壞交通通信，英緬殖民官員無法制止。4 月 23 日，日軍以主力進攻孟邦正面，以一部繞過孟邦陣地右翼，切斷林森

1　《抗日戰史》第 9 冊：《西南及滇緬作戰》，第 277-279 頁。
2　《林蔚報告書》，714380、81。

木所部後路。甘麗初下令焚毀雷列姆物資、設備，率第 6 軍軍部轉移。敵軍乘亂搶先佔領棠吉。當天，重慶軍事委員會電令駐臘戍參謀團轉令遠征軍："臘戍、雷列姆公路，著即著手破壞。"[1] 參謀團電令第 66 軍新 28 師，即派臘戍之第 82 團兩個營，於 24 日乘汽車分兩路推進至萊卡以北地區，掩護第 6 軍撤退，實施道路破壞。同時通知中國駐臘戍各機關，迅向國內撤退。另電後勤部、交通部，準備搶運和破壞物資。

第 5 軍第 200 師和軍直屬部隊一部奉命由西線喬克柏當調回敏鐵拉轉向棠吉運輸，行程約 300 多公里，加上汽車放空到喬克柏當 100 多公里，全程共 500 多公里。西去東還，徒勞往返，耽誤了極其寶貴的 3 天時間。將士疲於奔命，敵人乘虛而入，搶先一步佔領棠吉。23 日下午，第 5 軍騎兵團和第 200 師第 598 團在棠吉以東約 15 公里的黑河與敵軍遭遇。我軍猛烈攻擊，將敵軍擊退，並於當晚攻佔距棠吉約 9 公里的敵前進陣地，進至約 6 公里處前進被阻。史迪威、羅卓英、杜聿明均親臨騎兵團陣地，獲知當面敵情後，當即決定："主力即在騎兵團掩護下展開，完成對棠吉之攻擊準備。以第 600 團在火力支援下行正面攻擊，以第 598 團（欠一營）在左，第 599 團在右，行兩翼包圍攻擊，期能迅速擊破當面之敵，收復棠吉。"[2]第 200 師奉命後，不顧數日往返奔波的疲勞，連夜完成展開。24 日拂曉，按預定計劃開始攻擊。各部進展迅速，激戰至午，已攻佔棠吉西、南、北三面高地。到下午 4 時，攻擊部隊已突入市街，與敵巷戰。戰至晚 11 時，敵軍一部東竄，少數在城內堅固建築物內負隅頑抗，城區大部被第 200 師收復。午夜以後，敵軍後續部隊沿公路增援，奪回棠吉東方及西北高地各一部份，企圖與在城內頑抗之敵相呼應，對我軍實行反包圍。25 日中午，第 200 師阻住了援敵，完全佔領棠吉四周山

1　《抗日戰史》第 9 冊：《西南及滇緬作戰》，第 277 頁。
2　《抗日戰史》第 9 冊：《西南及滇緬作戰》，第 279 頁。

地,肅清了市區內頑抗的殘敵。在收復棠吉的戰鬥中,戴安瀾師長始終親臨第一線指揮,他的隨身副官孔德宏負傷,衛士樊國祥犧牲,戰況的激烈由此可見一斑。

第 200 師收復棠吉後,杜聿明決心集中第 5 軍主力,向雷列姆攻擊前進,切斷向臘戍北犯之敵的後路。林蔚也來電說:"臘戍之安危,系于吾兄一身,望不顧一切星夜向敵攻擊"。[1]而羅卓英卻在 24 日和 25 日 4 次電令第 5 軍,在攻克棠吉後,除以第 200 師向雷列姆方向攻擊外,其餘各部應即馳返曼德勒,準備參加會戰。羅、林兩人的指示互相矛盾,使杜聿明左右爲難。後參謀團又電示:"應遵遠征軍司令長官部之命令行動。"[2]杜聿明奉令率新 22 師、第 96 師及軍直屬部隊一部開往曼德勒方向,軍部和軍直經敏鐵拉向皎克西集結。

正當第 5 軍在棠吉激戰之際,第 6 軍已於 4 月 24 日被迫放棄雷列姆。敵第 56 師團佔領雷列姆後,集中各部隊卡車 400 余輛,利用繳獲的 700 多桶汽油(每桶 180 升),以 10 輛坦克和裝甲車爲先導,分兩路北進,對臘戍形成夾擊之勢,企圖在 4 月 29 日天長節(日本天皇裕仁的生日)攻佔臘戍,向天皇獻禮。第 6 軍軍長甘麗初率少數殘破的兵力,無力阻擋敵軍突進,在敵軍的尾追攻擊下,倉卒向東北方向轉移,一直退過薩爾溫江。由於第 5 軍主力西調,羅卓英又拒絕參謀團關於派第 66 軍新 28 師和軍直屬部隊到雷列姆方面掩護臘戍的建議,至使敵軍的摩托化快速部隊得以在遠征軍缺乏有力防衛部隊的情況下,經雷列姆向遠征軍的後方基地臘戍快速突進。蔣介石在重慶得知東線危急,4 月 24 日給羅卓英發來手啓電,指示:"臘戍應有緊急處置,萬一臘戍不守,則第 5 軍、第 66 軍應以密支那、八莫爲後方,第 6 軍則以景

---

1 杜聿明:《中國遠征軍入緬對日作戰述略》,《文史資料選輯》第 8 輯,第 32 頁。

2 《抗日戰史》第 9 冊:《西南及滇緬作戰》,第 280 頁。

東爲後方。"[1]雪史迪威和羅卓英仍然執意堅持組織曼德勒會戰，對蔣介石的指示斷章取義，選擇符合他們個人企圖的部份一以八莫、密支那爲後方，不顧臘戌安危事關全局，迭令將第 5 軍主力西調曼德勒。由於敵軍已從棠吉東北的雷列姆北進，死守棠吉已毫無意義，第 200 師遂於 4 月 26 日自動放棄前一天剛剛收復的這一要地。全師將士連日的汗水和鮮血，由於高層指揮的失誤而付諸東流。

日軍第 56 師團師團長渡邊正夫中將爲了實現在天長節攻佔臘戌的目的，下令停止軍需品的運輸，集中全部車輛運送作戰部隊，全力向臘戌突進，各部隊給養就地解決。4 月 26 日上午 7 時，敵軍先頭部隊已進抵曼卡特（滿裏），與第 66 軍新 28 師 82 團第1 營發生接觸。該營在撤退時將曼卡特的吊橋破壞。當天下午，新 28 師第 84 團主力由曼德勒車運至西保，並馳赴南倫佈防，接應第 82 團第 1 營。敵軍先頭部隊亦進抵南倫，敵機轟炸西保。第84 團奮力抵抗，守住西保及以南陣地。第 66 軍軍長張軫除令新28 師主力防守西保及其以南陣地外，令軍參謀長指揮軍直屬部隊特務營、搜索營、工兵營、戰防砲營在臘戌南北佔領陣地，準備阻擊敵軍。當天夜間，第 5 軍軍部和新 22 師、第 96 師由皎克西到達曼德勒。4 月 27 日，南倫、西保相繼失守。新 28 師師長劉伯龍率兩營半人在西保以南被敵軍包圍，激戰 5 小時，損失過半。第 66 軍軍長張軫親率特務營前往將其解救出圍。羅卓英不顧日軍已經迫近臘戌，仍然下達了曼德勒會戰命令。

4 月 28 日下午 7 時，由南倫北進之敵已進抵臘戌附近。佔領西保之敵亦分兵沿鐵路向曼德勒前進。不僅臘戌十分危急，曼德勒也面臨危險。羅卓英當時的兵力部署是：以第 66 軍新 28 師 4個營守衛曼德勒市區；以新 38 師守曼德勒以西伊洛瓦底江彎曲部北岸；以第 5 軍新 22 師和第 96 師分防曼德勒以南小河之線。28

---

1 《抗日戰史》第 9 冊：《西南及滇緬作戰》，第 289 頁。

日下午 5 時，羅卓英下達的作戰命令，以“第 6 軍及第 66 軍主力
（欠新 38 師）與第 200 師，負責攻擊突入臘戍方面之敵，並以一
部固守臘戍。”[1]但實際情況是；第 6 軍各部已分途渡過薩爾溫
江，向景東方向撤退；第 66 軍只有新 28 師和軍直屬部隊各一部
在臘戍，當晚新 29 師才開到一個團；第 200 師自 26 日撤離棠吉
後即尾追由雷列姆北進之敵。臘戍的防衛兵力葡分薄弱，更談不
上以兩個軍的主力攻擊敵人。

　　臘戍是滇緬公路在緬甸境內與鐵路銜接的樞紐，又是中國遠
征軍入緬作戰的總後方基地，屯積著大批軍用物資。敵第 15 軍和
第 56 師團都判斷在這裏將會遇到中國軍隊的強大抵抗。敵師團長
渡邊正夫於 28 日夜間派出兩支部隊向臘戍西南和東面靠近滇緬
公路的高地搜索前進，並未遇到大的抵抗，便命主力于 29 日拂曉
沿滇緬公路開始攻擊。駐臘戍的中國參謀團和後勤各部則在第 66
軍直屬部隊掩護下撤退。

　　4 月 29 日拂曉，日軍出動步兵約一個聯隊附小砲 10 餘門，
在戰車、裝甲車各 30 餘輛和 10 餘架飛機掩護下進攻臘戍。戰至
上午 10 時，守軍第 66 軍新 29 師兩個營、軍工兵營一部和新 38
師留守機場的一個營傷亡慘重，第一線陣地被敵軍突破。日軍即
以待機的摩托化部隊擴大突破口，步兵隨後跟進。第 66 軍以軍特
務營、搜索營及戰防砲一連扼守老臘戍北端橋樑，掩護第一線部
隊撤退。剛剛部署完畢，敵軍戰車已經沖到跟前。當天中午，敵
軍完全佔領臘戍市區。第 66 軍各部退守新維。

　　蔣介石非常關心臘戍的安危，於 4 月 29 日電令：“如可能應
抽調瓦城有力部隊增援臘戍，先擊破其襲臘一側背，則以後皆易
爲力。如此瓦城不守亦可。蓋此時保臘戍爲第一，而瓦城之得失
無甚關係也。”[2]但參謀團已經撤退，電臺也隨團撤走，當天臘戍

1　《抗日戰史》第 9 冊：《西南及滇緬作戰》，第 292 頁。
2　《林蔚報告書》，7143，88。

失守，故此電未能及時收到並向部隊傳達。

　　日軍長途奔襲，乘虛輕取臘戌，不但繳獲了數量極爲龐大的
戰略物資，更重要的是切斷了中國遠征軍回國的主要退路，使遠
征軍各部在臘戌以南的任何地方皆不能立足。因此，臘戌的失陷，
是中國遠征軍入緬作戰以來，繼同古失守和平滿納會戰夭折之後
的第三次重大失利，而且這次失利的後果比前兩次更爲嚴重。自
此以後，中國遠征軍無可挽回地走上了總潰敗之路，在撤退過程
中經受了難以想像的痛苦，遭到了極其慘重的損失。

第七節　兵敗野人山

　　撤離緬甸，退保印度是英軍的既定方針。4 月 18 日，正當中
國遠征軍新 38 師馳援仁安羌之際，韋維爾從印度給亞歷山大來
信，指示從緬甸撤退時應採取的方針措施。韋維爾告訴亞歷山大，
他的目的是以緬甸軍團一部同中國軍隊保持密切接觸，掩護經加
里瓦渡過欽敦江撤往印度阿薩姆邦的道路。韋維爾強調，雖然掩
護阿薩姆邦道路的兵力要大一些，但還必須“優先考慮”與中國
軍隊的聯繫，不應該給中國當局以譴責英軍向印度逃跑的餘地。[1]
韋維爾的指示正中亞歷山大的下懷，他否定了斯利姆關於趕快組
織對曼德勒的防禦的意見，命令斯利姆開闢一條跨過欽敦江向西
撤退的路線，叮囑斯利姆同東面的中國軍隊保持接觸，“千萬不
能讓他們抓住把柄，指責英國軍隊逃往印度”[2]。

　　亞歷山大爲了使英軍能夠趕在北上日軍之前渡過欽敦江，越
過欽山，進入印度，千方百計說服史迪威、羅卓英將中國遠征軍
戰鬥力最強的第 5 軍新 22 師、第 200 師和第 66 軍新 38 師調往西

1　《中華民國史資料叢稿》譯稿，《緬甸作戰》上，第 125-126 頁。
2　約翰・科斯特洛：《太平洋戰爭》上冊，第 292 頁。

線喬克柏當方面掩護英軍撤退。東線局勢危急之際，亞歷山大又於 4 月 23 日發出訓令：1、現在曼德勒鐵路以東的中國軍，全部遵照史迪威中將的命令，為了防衛臘戍道路，向北方或東北方行動；2、在該鐵路以西的中國第 22 師、第 96 師，應在第 7 裝甲旅之支援下，暫時防衛敏鐵拉、塔澤、瓢背地區；3、第 1 緬甸師、第 17 印度師及中國第 38 師，應在軍團長斯利姆中將的指揮下，暫時防衛稍埠、泰昆、敏鐵拉一線；4、中國第 28 師防衛曼德勒；5、以後，渡伊洛瓦底江撤退之際，緬甸軍團主力掩護接近夢內瓦和耶烏的道路，與此同時，以一個支隊守備帕科庫、包、經密沙河谷通往吉靈廟的道路；第 38 師和中國的其他一個師與第 7 裝甲旅同時向實皆一瑞波道路方面行動；其餘的中國各師，沿曼德勒一臘戍路線行動。[1] 戰後，日本戰史研究人員指出：「亞歷山大上將將他的部隊關在伊洛瓦底江的彎曲地帶，根本未考慮使之背水佈陣，只是按曼德勒地區事實上已形成交通上的隘路和必須防衛欽敦江河谷和瑞波兩條通路而考慮。他在訓令中明確了緬甸軍團在伊洛瓦底江南岸，不使之直接參加曼德勒地區的防衛。」[2] 這個部署是在撤離緬甸，退保印度的既定方針主導下，以中國軍隊掩護英軍逃跑的被動挨打，損友利己的拙劣部署。

　　日軍第 33 師團在仁安羌遭到中國新 38 師的沉重打擊後，只好停下來休整補充，恢復戰力。新 38 師正集結兵力，準備在英軍配合下乘勝攻擊，殲滅這支敵軍，以穩定西線。但脫圍的英軍如驚弓之鳥，兼程後撤，喪失了這次戰機，使敵第 33 師團獲得了重新充實戰力的時間。該師團在獲得整補後，於 4 月 25 日開始行動，沿伊洛瓦底江向曼德勒方向突進，以後幾乎沒有遇到什麼抵抗，大步向前追擊。斯利姆按照亞歷山大的部署，將他的部隊撤到離曼德勒約 160 公里的地方。而且英軍在 4 月下旬連日不向中國遠

1　《中華民國史資料叢稿》譯稿，《緬甸作戰》上，第 127-128 頁。
2　《中華民國史資料叢稿》譯稿，《緬甸作戰》上，第 128 頁。

征軍通報情況。也是在 4 月 25 日，亞曆山大、斯利姆、史迪威和
羅卓英在皎克西舉行了最後一次聯席會議。"英國人斷定，他們
必須撤過伊洛瓦底江，然後前往印度，不然的話，他們的軍隊就
會陷入正向曼德勒挺進的一支日本突擊部隊的包圍。"[1]當晚，亞
曆山大即下達了實行撤退作戰的命令。當天深夜，緬甸第 1 軍團
各部即開始向伊洛瓦底江線後退。

　　曼德勒南面的阿瓦大橋，是英軍渡過寬闊的伊洛瓦底江西撤
的必經之地。4 月 26 日至 29 日間，英軍在中國軍隊掩護下，絕
大部分跨過阿瓦橋，到達伊洛瓦底江西岸。4 月 30 日，斯利姆獲
悉東線日軍攻佔臘戍的消息後，下令炸毀阿瓦橋。當天夜間，當
英軍後衛英印第 17 師澳 63 旅通過大橋後，2 月初就已放好的炸
藥被點燃。目睹炸橋的斯利姆說："一聲巨響，這座橋在 4 月 30
日 23 時 50 分被炸掉，橋的中段完完整整地落入江中 —— 既是一
幅可悲的情景，也是一個信號：我們丟掉了緬甸。"[2]

　　侵緬日軍力圖將撤往印度的英軍追殲於緬甸境內。4 月 26
日，第 15 軍向第 33 師團下達追擊命令："以一部切斷八莫及傑
沙附近的敵人退路，同時以主力在夢內瓦及瑞波地區捕殲敵人。"
[3]英軍西渡伊洛瓦底江以後的撤退路線是，沿欽敦江東岸的夢內瓦
—耶烏—加里瓦撤往印度阿薩姆邦。4 月 30 日晚，日軍搶先佔領
夢內瓦，堵住英軍退路。亞曆山大和斯利姆命英緬第 1 師奪回夢內
瓦，英印第 17 師抄近路向耶烏疾進，裝甲第 7 旅各派一部支援
兩個師。5 月 2 日，士氣低落的英緬第 1 師在 10 多輛坦克支援下
強攻夢內瓦失敗。日軍繳獲大砲 6 門、坦克 2 輛、汽車 158 輛，
俘虜 400 餘人。5 月 4 日，日軍佔領布達林。同日，第 15 軍命令
第 33 師團 "在繼續執行原任務的同時，應迅速以一部兵力沿欽敦
江地區向塔曼提方面追擊逃敵，切斷該江各主要渡河點敵之退

1 約翰·科斯特洛：《太平洋戰爭》上，第 293 頁。
2 約翰·科斯特洛：《太平洋戰爭》上，第 294 頁。
3 《中華民國史資料叢稿》譯稿，《緬甸作戰》上，第 121 頁。

路。從現在起，解除切斷傑沙、八莫附近退路之任務。"[1]第 33 師團先遣隊於 5 月 6 日佔領耶烏，5 月 7 日與從瑞波北上的第 55 師團一部會師，然後分 4 路掃蕩，追殲英軍。英軍主力于 5 月 5 日到達欽敦江東岸的瑞琴後，派廓爾喀士兵阻擊日軍的先頭部隊，用 5 天 5 夜將主力渡送到西岸。5 月 10 日，日軍前鋒突破英軍後衛，突入加里瓦峽谷。斯利姆命令廓爾喀士兵奮力阻擊，尚未渡江的部隊丟棄所有重裝備輕裝撤退。加里瓦最後一戰，英軍遺屍 1200 具，汽車 2000 輛、戰車 110 輛、火砲 40 餘門。[2]5 月 16 日，英軍先遣部隊終於珊珊到達阿薩姆邦的達武鎮。最後共有 1.2 萬名官兵到達印度。在長達 900 英里（約 1450 公里）的撤退中，有 1.3 萬多名英國、印度、緬甸和廓爾喀士兵喪命，還有 75 萬以上的難民在撤退途中死去。[3]儘管如此，亞歷山大仍然於 5 月 17 日向上報告，他的軍隊已經順利通過，這次撤退歸功於他和斯利姆沉著冷靜的指揮才使一場災難沒有變成全軍覆沒。似乎這是時隔兩年之後，他在亞洲創造的又一個"敦克爾克奇跡"。當亞歷山大在 5 月 20 日交出指揮權的時候，大言不慚地保證："我們當然要奪回緬甸，它是英帝國的一部分。"[4]邱吉爾也誇讚亞歷山大："這是他第一次獨立指揮的經驗，結果雖然完全失敗了，但是他在這次指揮中表現了將才、鎮定和果斷等優良品質，這些品質後來使他成為盟國第一流的軍事領導人。"[5]但亞歷山大此後再也沒有回過緬甸。

在東線作戰的中國遠征軍第 6 軍自 4 月 24 日被迫放棄雷列姆後，在敵軍的尾追攻擊下，倉促向東北方的薩爾溫江東岸轉移。4 月 27 日，第 6 軍軍長甘麗初在雷列姆東北約 150 公里的猛朽附近

1　《中華民國史資料叢稿》譯稿，《緬甸作戰》上，第 143 頁。

2　《中華民國史資料叢稿》譯稿，《緬甸作戰》上，第 144 頁。

3　約翰·科斯特洛《太平洋戰爭》上冊，第 294 頁。

4　約翰·科斯特洛《太平洋戰爭》上冊，第 295 頁。

5　邱吉爾：《第二次世界大戰回憶錄》第 4 卷，第 244 頁。

接到參謀團 26 日電：“第 6 軍此後應以景東爲後方，掌握第 93師及第 49 師各一部，重整戰力，開拓戰局。”4 月 30 日，又接到羅卓英當天 9 時電令：“敵於 29 日 14 時頃已陷我臘戍，第 200師刻在河邦附近，著歸該軍長指揮，向景東轉移。”甘麗初遂下令：“軍決以景東爲目標，各部隊應分別在自行掩護下，向新地區前進。軍司令部於 5 月 2 日徒步向景東轉移。”[1]第 6 軍各部於5 月 4 日按照上令行動。第 200 師又另有任務，奉命不歸第 6 軍指揮。泰、緬、老邊境的日軍和泰國僞軍，爲了切斷第 6 軍的退路，自 5 月 5 日起，不斷以小部隊越界襲擾，均被原來駐守這一地區的劉觀龍支隊及第 93 師一部擊退。5 月 8 日，甘麗初軍長到達景東，第 49 師主力到達景東以西的大高，暫 55 師先頭部隊到達孟色特。原駐大高的第 93 師一部於 10 日向第 49 師移交防務後，向景東徒步轉移。日軍及泰僞軍連日不斷來犯，兵力逐步增加。第 6 軍備部與敵軍保持對峙。5 月 15 日，第 6 軍接到重慶軍事委員會 12 日 8 時電令：“茲決定第 6 軍主力仍留景東地區，續行原任務，暫編第 55 師撤回思茅、甯洱（車裏以北）整理。”[2]甘麗初認爲第 6 軍已處於三面受敵困境，且敵衆我寡，景東一帶地形平坦，不利於防守，當時與遠征軍長官部聯絡困難，便直接電呈蔣介石和參謀總長何應欽申述，獲准“放棄景東，退入滇南，以鞏固國境。”[3]甘麗初奉命後，遂以第 93 師殿後掩護，第 49 師撤至南嶠，暫 55 師及劉觀龍支隊撤至車裏，軍部撤至佛海。第93 師最後撤至打洛，並長期擔任中緬邊境的守備。此後泰緬國境雖有泰國僞軍的擾亂活動，但再無大的戰鬥行動。

中路仰曼鐵路沿線是緬甸戰場的重心，敵我雙方均在此投入主力部隊。由於東、西線告急，中國遠征軍被迫放棄平滿納會戰，在中路也陷於被動局面。史迪威、羅卓英盲目提出准備曼德勒會

1 《抗日戰史》第 9 冊：《西南及滇緬作戰》，第 282 頁。
2 《抗日戰史》第 9 冊：《西南及滇緬作戰》，第 282 頁。
3 《抗日戰史》第 9 冊：《西南及滇緬作戰》，第 281 頁。

戰，不注重增強臘戍方面的防務，又輕信英軍要求，使遠征軍主力在曼德勒以南、平滿納以北地區東支西拒，不但未能擺脫被動局面，而且丟失了後方基地，退路也被切斷。

　　日軍第 18 師團和第 55 師團主力在重砲、戰車和空軍的配合下，從 4 月 18 日起向中國遠征軍在平滿納的陣地猛攻。第 5 軍第 96 師依託平滿納地區原來為會戰準備的陣地阻擊敵軍達 8 日之久。雖然敵我力量懸殊，而且從平滿納以北到瓢背的地形平坦開闊，缺少可利用的天然障礙，但第 96 師士氣旺盛，指揮得當，仍然給予敵人嚴重打擊。全師傷亡甚重，凌則民團長陣亡，但始終未被優勢敵軍擊敗。參謀團團長林蔚讚揚 “該師戰鬥成績及指揮技術則均屬可觀。” 同時又惋惜 “苦戰結果所得之寶貴時間（8日），我主力軍既未用以掩護撤退，又未用以擊破他方之敵。徒使戰士之血膏於原野，而於全盤戰局上未能發生任何有效作用。”[1]

　　日軍第 15 軍於 4 月 20 日制定的作戰計畫要求：“第 18 師團進入央米丁東側地區後，直向曼德勒方面突進，斷敵主力之退路；第 55 師團自央米丁西側地區向曼德勒西南方地區突進，將敵主力壓向伊洛瓦底江予以殲滅。”[2]4 月 24 日，日軍第 18 師團攻佔央米丁，25 日攻佔瓢背。第 15 軍司令部於 25 日推進到瓢背。中國遠征軍第 96 師節節阻擊，予敵相當殺傷後主動轉移。26 日，敵第 18 師團主力進攻塔澤。我第 96 師依託以房屋為主的防禦工事阻擊敵軍。敵軍以坦克和大隊步兵從側翼包圍。戰至黃昏，第 96 師撤離塔澤。敵第 18 師團先頭追擊隊在連日戰鬥中傷亡慘重，極度疲勞，師團長牟田口廉也中將替換追擊隊並配屬砲兵，繼續北進。

　　第 5 軍軍部和所屬新 22 師、第 96 師主力於 26 日黃昏由皎克西並用汽車、火車向曼德勒附近轉移，於當天夜間 10 時全部到達。27 日羅卓英下達曼德勒會戰命令之時，新 22 師一部在塔澤

<hr />

1　《林蔚報告書》，7143-86。
2　《中華民國史資料叢稿》譯稿，《緬甸作戰》上，第 111 頁。

以北 30 公里的溫丁（溫敦）與敵對峙。當時的戰局是：西線英軍在新 38 師掩護下大部已退至伊洛瓦底江以西，正繼續向印度撤退中；東線第 6 軍正向薩爾溫江以東撤退，第 200 師仍由棠吉向雷列姆方面的敵軍尾追攻擊，敵第 56 師團先頭部隊已逼近西保，臘戍告急。遠征軍主力分散，難以形成決戰之勢。28 日，敵第 18、55 師團向皎克西推進，威逼曼德勒；第 56 師團佔領西保後亦經鐵路開往曼德勒。這時羅卓英再也顧不得“曼德勒會戰”了，於當天下午 5 時下達作戰命令：“1、本路軍先以第 6 軍與第 66 軍主力及第 200 師擊破向臘戍方面突入之敵，第 5 軍主力連系英軍，由正面遲滯敵人；2、第 5 軍（欠第 200 師，附新 38 師）之部署大要：（1）第 96 師即西渡伊洛瓦底江，乘火車至密支那整訓，並負警備該地區之責；（2）新 22 師及新 28 師之二團，防守曼德勒以南之泥翟河右岸，予敵以打擊後，逐次向後撤退。新 22 師撤退至曼德勒以北約 40 哩（約 64 公里）之新喀，然後渡過伊洛瓦底江右（西）岸，負責拒止該方面北進之敵。新 28 師一團，即向眉苗方面撤退，準備歸還該師建制，並掩護師之側背；（3）新 38 師除以一團沿伊洛瓦底江左（東）岸 —— 曼德勒以北之馬打牙附近，掩護新 22 師之撤退及渡江時‧‧，師主力即在伊洛瓦底江右岸，協同英軍佈防，遲滯敵人。不得已時，逐次沿密（支那）瓦（曼德勒）路線後撤。其伊洛瓦底江東岸之一團，則在新 28 師之後，渡過伊洛瓦底江西岸。3、第 6 軍及第 66 軍主力（欠新 38 師）與第 200 師，負責攻擊突入臘戍方面之敵，並以一部固守臘戍；4、第 5 軍以密支那，第 66 軍以八莫、畹町，第 6 軍以車裏、佛海爲後方基地。”[1]

　　日軍在皎克西附近遭到我新 22 師的阻擊後，集中步、砲、坦克主力，于 29 日指拂曉開始，向新 22 師陣地猛攻。新 22 師集中砲火猛烈還擊，擊退突進到陣地前的敵第 55 師團步兵第 112 聯隊

---

1 《抗日戰史》第 9 冊：《西南及滇緬作戰》，第 291-292 頁。

第 2 大隊（星大隊）。星大隊全面崩潰，影響第 18 師團前衛也向
後退卻。呈現一片混亂。上午 10 時，第 18 師團以第 55 聯隊從正
面主攻，第 114 聯隊第 3 大隊迂迴攻擊側背。第 55 聯隊進到皎克
西西北橋樑一線，失去進攻餘力。從皎克西之西側迂迴的坦克第
1 聯隊也未能搶先佔領橋樑。橋樑被守軍炸毀。日軍在 30 日集中
兵力，進行渡河準備。5 月 1 日晨，敵第 55 和 114 聯隊同時開始
渡河攻擊，進佔皎克西。當天下午 5 時 25 分，日軍進入曼德勒市
區。中國遠征軍已經撤離該市。

　　新 22 師在皎克西阻擊敵軍之際，羅卓英於 4 月 30 日下令：
"1、臘戍已陷，西保亦告不守，敵有向摩谷（抹穀）進攻，威脅
我第 5 軍左側背之可能；2、第 5 軍直屬部隊，應迅速車運至瑞保
（瑞波）及其以北地區，並即派出裝甲部隊，警戒眉苗方面；3、
新 22 師及新 38 師主力，應提早向北轉移。"[1]同一天，蔣介石電
令羅卓英、杜聿明："希即將車輛與重武器由卡薩（傑沙）直運
畹町，務用最急方法趕施爲要！可否盼複。傷兵亦由該路提前運
回。"[2]蔣的命令由林蔚轉羅、杜。當天杜聿明的部署是："各派
步兵一連，協同機械化砲兵一連，應即馳赴費屯、馬打牙兩地，
向摩穀方向嚴密警戒，並派新 28 師第 83 團赴摩穀阻擊敵人，以
掩護軍之左側安全。以戰防砲一連掩護新 22 師之撤退。第 96 師
先開傑沙以西之南巴整理。電令第 200 師經棠吉東北、曼德勒東
北向傑沙附近集結。其餘部隊在原地待命。"[3]隨後，杜聿明即率
軍直屬部隊由曼德勒經瑞保向車岡轉移。

　　5 月 1 日，中國遠征軍各部全部撤至伊洛瓦底江以西以北地
區。史迪威、羅卓英已於前一天率遠征軍司令長官部人員由瑞保
轉抵甘不魯（甘巴羅），旋又轉至印道（英多），再經曼西徒步
西行，與第 5、第 66 軍完全分離。

1　《抗日戰史》第 9 冊：《西南及滇緬作戰》，第 294 頁。
2　《林蔚報告書》，7143-89。
3　《抗日戰史》第 9 冊：《西南及滇緬作戰》，第 294 頁。

　　5月2日，第5軍兩側翼均受到沿伊洛瓦底江北進之敵威脅，杜聿明在車岡軍部下達撤退命令：“軍以安全脫離敵人，準備爾後作戰之目的，擬沿曼密鐵路附近，向北方行逐次退卻：新38師應即開始行動向瑞保轉移，在其東西之線佔領陣地，連系英軍扼止敵人，掩護軍主力之撤退……在伊洛瓦底江左（東）岸之一營於掩護新22師退卻後，繼渡伊洛瓦底江向瑞保轉移，歸還建制；新22師應即一舉脫離敵人，迅向曼德勒以南附近，渡過伊洛瓦底江支流右（北）岸，向瑞保轉移。”[1]

　　5月3日，自西保西進的敵第56師團快速部隊在坦克掩護下，與我新22師一部發生激戰。第96師已越過瑞保向南巴轉移。新38師亦由曼密鐵路輸送中。到5月4日，第5軍主力已先後到達甘巴羅、車岡，等待車輛向北輸送。同一天，敵第55師團奉令“以一部兵力向實皆、瑞波、金宇方向進擊，捕殲當地之敵”。[2]16日又接到“第55師團除仍繼續執行前令之任務外，更須掃清蒙米特方面及沿伊洛瓦底江兩岸之八莫方面之敵”的命令。[3]而我第5軍杜聿明軍長在6日由車岡北進途中，突然接到羅卓英當天10時的急電：“畹町北方陣地業已動搖，該軍（含新38師）向密支那間轉進之計畫，應即改經溫托（溫佐）、印道（英多）向印度東境 —— 伊姆法爾（恩帕爾）東南約百公里之邦平轉移，並即派一部至傑沙、南巴，以掩護軍之行動。”[4]接著又收到同日7時電：“1、因敵占畹町有先我佔領八莫之可能；2、因曼密鐵路前日在南巴以北撞車，昨夜英方鐵路工作人員奉命西撤，輸送停止，故我軍決然西行，先向邦平附近集結，再相機處理；3、該軍除以有力一部在鐵路正面向南阻敵，掩護我車輛部隊之安全外，另以一部迅至印道附近對東北警戒掩護，主力即由溫托捷徑向邦平前

1 《抗日戰史》第9冊：《西南及滇緬作戰》，第295頁。
2 《中華民國史資料叢稿》譯稿，《緬甸作戰》上，第145頁。
3 《中華民國史資料叢稿》譯稿，《緬甸作戰》上，第145頁。
4 《抗日戰史》第9冊：《西南及滇緬作戰》，第295頁。

進。"[1]杜聿明連接羅卓英二電,一面遵照部署,一面急電羅卓英: "我軍戰敗入印,將爲印人所不齒,擬仍向密支那轉移,與由畹 町犯密之敵決一死戰。勝可保存緬北一隅,敗則退守騰沖,當否 乞示。"同時致電重慶,直接向蔣介石請示。

5月7日,羅卓英複電:"6日9時電悉,所見甚當,勇敢之 忱,尤爲嘉佩。判斷敵縱先佔領八莫或密支那,而爲數不多,只 要人心堅定,集結兵力,敏速行動,必可衝破險難,打通後路, 且可解龍陵、保山之危,舒統帥西顧之憂。應迅將主力沿鐵路北 上,至南巴、溫托間地區集結,儘先派有力部隊佔領傑沙、南巴 要點,並派幹探不斷搜索八莫、密支那方面情況。"[2]同日,重慶 發來蔣介石手令電:"杜軍長並轉羅司令長官,我軍應即向密支 那、片馬(滇省瀘水縣西北)轉移,勿再猶豫停頓。"[3]蔣介石的 手令同時發給參謀團轉史迪威、羅卓英。杜聿明召集各師師長和 參謀長商討後,決心遵照蔣介石的命令向國境撤退。

日軍於5月8日佔領緬北重鎮密支那。杜聿明仍按率軍回國 的既定目標,由溫托繼續北進。日軍第55師團分兵追擊,並派飛 機沿途轟炸,阻止第5軍撤退。第5軍各部在敵軍的圍追堵截中 艱難行進。第96師于當天抵達印道後,即用汽車輸送到密支那以 西的孟拱,準備掩護軍主力集結。新22師亦已到達溫托。而史迪 威、羅卓英自5月5日由曼西徒步西行後,離部隊越來越遠。杜 聿明於5月8日派參謀長羅又倫追趕60英里(將近100公里), 又派人繼續追趕,但一直沒有追到。杜聿明遂率部繼續北進。

5月10日,第5軍軍部到達印道,第96師可望于當日到達 孟拱,新22師和新38師主力正向印道急進中。八莫之敵第56 師團一部已進抵傑沙,強渡伊洛瓦底江,與擔任第5軍側翼掩護 的新38師第113團發生激戰。由於敵軍不斷增兵,第113團未能

---

1 《抗日戰史》第9冊:《西南及滇緬作戰》,第296頁。
2 《抗日戰史》第9冊:《西南及滇緬作戰》,第296頁。
3 《抗日戰史》第9冊:《西南及滇緬作戰》,第296頁。

阻止敵軍以廣正面渡江，截斷鐵路、公路交通。杜聿明鑒於情況緊急，下令：“軍以迅速脫離敵人之目的，即改沿曼密鐵路以西地區，逕向孟關、大洛之線轉進。”[1]至此，緬甸戰場中路的中國遠征軍即分爲三部分，避開鐵路，經野人山北撤，目的地仍爲密支那、片馬。

　　杜聿明率軍直屬部隊一部、新 22 師和遠征軍司令長官部所屬各單位，由曼西向北後轉大洛到新平洋。自 13 日離開曼西後，即脫離道路，徒步穿越原始森林。這時雨季已經來臨，部隊經過之處都是崇山峻嶺，密林蔽空，泥滑難行，全憑指北針指引，工兵開道前進。部隊行動遲緩，車輛馬匹通行尤其困難。部隊只得先將一般笨重裝備破壞丟棄，但大砲、車輛及隨身攜帶應用器材仍感笨重。到 14 日，忍痛將車輛、大砲焚毀，攜帶重要機件和通訊器材繼續北撤。由於行軍路上荒無人煙，給養困難，加之蚊叮蟲咬，毒蛇猛獸橫行，溪流亂石滾滾，官兵饑疲交困，疫病流行，人員騾馬倒斃甚多。本來預計可以在大雨季前到達片馬附近，但沿途可行之道多爲敵人封鎖，不得不以小部隊牽制敵人掩護主力轉移，因此迂迴曲折，費時曠日。

　　蔣介石爲營救第 5 軍官兵，下令滇西守軍分別派出小部隊到滇緬邊境偵察接應，但均無結果。蔣介石還一再親電昆明空軍總司令王叔銘，指示派飛機聯絡第 5 軍和尋找第 200 師，並準備空投糧彈接濟。5 月 15 日，蔣介石兩次致電杜聿明，告之：“現已設法由空中運輸糧彈前來接濟，一俟陸空連絡確實，即可開始實施。似此，弟部行動不必太急，應從容設計，分路繞道進行，務以避開密支那乃爲穩妥。”具體指示以孟關爲總目標，其次爲清加林卡姆特，再次爲霍馬林與塔曼提[2]。並強調：“未奉命不得入印”。[3]5 月 16 日，羅卓英由霍馬林致電參謀團，請林蔚轉報蔣

1 《抗日戰史》第 9 冊：《西南及滇緬作戰》，第 297 頁。
2 《林蔚報告書》，7143-94。
3 《抗日戰史》第 9 冊：《西南及滇緬作戰》，第 298 頁。

介石，准許他"假道印度，乘機飛滇，轉往前方指揮"。[1]蔣介石於 5 月 18 日電令羅卓英入印。

　　5 月 31 日，杜聿明率領的新 22 師和軍直屬部隊等終於到達清加林卡姆特。同日接到蔣介石來電："該軍既抵清加林卡姆特，即應西向印境或北向雷多前進，暫為休息，不必再越葡萄，以免中途被圍。"[2]杜聿明遵令改道經大洛、新平洋前往雷多，又經半個月行軍，於 6 月 14 日到達大洛以南河邊。由於天雨水漲，道路淹沒，糧藥兩缺，官兵僅以草根樹皮果腹，只得就地等待空投接濟。在苦等 3 天之後，終於在 17 日獲得空軍空投的 7000 人 3 日份給養，繼續向雷多前進。6 月 30 日，又在新平洋以南山林中遇到山洪暴發，迷失路途，當 7 月 3 日到達新平洋時，官兵已斷糧 6 日，僅新 22 師因饑病而死者即達 2000 餘人。杜聿明本人也幾乎病死。7 月 7 日，美軍飛機在新平洋空投大米 350 包，藥品 7 包，第 5 軍才得免於因饑病造成更大傷亡。這支疲憊之師在略事休息後，鼓起餘勇，繼續前進，終於在 7 月 25 日抵達印度東部阿薩姆邦的雷多附近。此時距 5 月 10 日從印道分兵北撤已經整整兩個半月，其間真正可謂"深入不毛"，穿越了縱深達 480 公里的野人山區，官兵歷盡艱險，損失慘重。新 22 師入緬時有 9000 人，在各次戰鬥中傷亡 2000 人，撤退時傷亡多達 4000 人，比戰鬥減員還多一倍。到達印度時，全師只剩下 3000 人，僅有入緬時的 1/3。[3]

　　第 5 軍第 96 師於 5 月 10 日到達孟拱，18 日到達孟關（孟緩），進入野人山區後，同樣是食糧無著，毒蛇猛獸時加侵襲，天雨水漲道路難行。部隊人困馬乏，沿途失蹤者達 800 餘人。6 月 24 日到達葡萄時，全師僅存 3000 餘人。副師長胡義賓率後衛部隊在葡

1　《林蔚報告書》，7143-95。
2　《抗日戰史》第 9 冊：《西南及滇緬作戰》，第 299-300 頁。
3　杜聿明：《中國遠征軍入緬對日作戰述略》，《文史資料選輯》第 8 輯，第 38 頁。

蔔以南遭敵伏擊，在督戰中陣亡。余部由參謀長胡心愉率領，到葡萄與主力會合。由於在葡萄徵集糧食困難，第 96 師先遣一部赴雲南維西就食。暫駐葡萄部隊由國內派飛機投送糧食，天雨即有斷糧之虞。7 月 27 日，蔣介石電令："該師即由葡萄向維西轉進返國。"[1] 第 96 師又東行翻越高黎貢山前往維西，由兵站部運糧至高黎貢山以西接濟。8 月 17 日，該師又經維西到劍川，全師於 8 月 23 日在劍川集結完畢。第 96 師入緬時有 9000 人，在平滿納阻擊戰中獨當敵第 18、55 兩個師團，激戰 8 晝夜，傷亡 2200 人。撤退時傷亡 3800 人。到達緬北葡萄時，全師僅存 3000 餘人。[2] 損失情況與新 22 師大體一樣。

　　第 5 軍第 200 師於 4 月 26 日放棄棠吉後，尾追攻擊由雷列姆北犯臘戍之敵，4 月 29 日進至河邦附近。當天臘戍失陷，東線崩潰。羅卓英電令第 200 師歸第 6 軍軍長甘麗初指揮，向景東轉移。第 200 師雖然遠離本部主力，孤軍深陷敵後，但戰鬥精神十分旺盛，於 4 月 30 日開始攻擊雷列姆之敵。5 月 2 日，杜聿明電令該師"由棠吉，雷列姆間穿隙向景東方向轉進"。[3] 當時如東渡薩爾溫江退往景東，只需通過一條河流和一條公路，路途既近，敵軍兵力也比較單薄；如北上與第 5 軍主力會合，途中橫亙著兩條河流和三條公路，路途既遠，還要衝破敵軍的重重封鎖。戴安瀾師長與師、團幹部商量後，決定北上歸建。5 月 4 日，第 200 師又奉命不歸第 6 軍指揮。全師按照杜聿明軍長 4 月 30 日下達的經棠吉東北、曼德勒東北迅速通過曼德勒公路向傑沙附近集結的電令，由雷列姆以北山地向東北方向疾進。5 月 8 日已過眉苗，準備渡過南渡河，經八莫、南坎間回國。

　　第 200 師在北撤中只能避開交通幹線，走小路，鑽密林，不

1　《抗日戰史》第 9 冊：《西南及滇緬作戰》，第 301 頁。
2　杜聿明：《中國遠征軍入緬對日作戰述略》，《文史資料選輯》第 8 輯，第 38 頁。
3　《林蔚報告書》，7143-89。

但要克服缺乏給養，沒有水喝，沒有醫藥治療傷病等困難，而且要隨時準備同遭遇的敵軍作戰。每逢要通過河川或公路時，白天將部隊隱蔽在附近山林中，派偵察員化裝成緬民摸清情況，夜晚以小分隊佔領掩護陣地，大部隊迅速通過。採取這種方法，部隊順利地渡過了南渡河，通過了臘曼公路。5 月 10 日，第 200 師又會合了由第 5 軍遊擊司令黃翔率領的軍補充第 1、2 兩團，並收容第 6 軍的兩個營和第 66 軍新 28 師一部。

　　5 月 18 日夜間，第 200 師在通過西保到摩谷公路時，遭到敵第 56 師團兩個大隊的伏擊。敵我雙方在夜深林密的情況下混戰了一夜。戴安瀾指揮第 599 團從左翼包圍敵人，不幸中彈負傷。第 200 師雖然沖出敵軍伏擊圈，但損兵折將，傷亡慘重。師參謀主任董幹、第 599 團團長柳樹人、第 600 團團長劉吉漢失蹤，兩團各只剩一個營兵力，第 598 團也只剩一個半營。戰鬥結束後發現戴師長下落不明，師參謀長周之再冒著生命危險多方搜索，才發現戴師長身負重傷倒在路旁草叢中，經仔細檢查，胸、腹部各中一機槍彈。第 200 師餘部由副師長高吉人，師步兵指揮官鄭庭笈等人帶領，繼續向孟密（蒙米持）轉移。5 月 23 日，第 200 師和補充第 1、2 團等各部，協力通過南坎、八莫間空隙，向滇西重鎮騰沖前進。重慶軍事委員會得到空軍情報，電令第 11 集團軍總司令派騰沖方面部隊向國境探尋聯繫。5 月 26 日下午 5 時許，戴安瀾將軍終因傷重不治，在孟密以北的茅邦村第 598 團駐地殉國，時年僅 38 歲。工兵營當即伐木制棺入殮，由第 598 團抬棺前進。6 月 2 日，第 200 師通過突圍的最後一關 —— 南（坎）八（莫）公路，17 日到達騰沖附近，6 月下旬東渡怒江到達漕澗，6 月 29 日又轉移到雲龍整訓。據副師長高吉人報告，全師官兵尚余 4650 人。[1]以後又奉命開往永平集結整訓。第 200 師入緬時也是 9000 人，除保衛同古和進攻棠吉的戰鬥傷亡外，在撤退途中尤其是通

---

1 《林蔚報告書》，7143-104。

過西摩公路的遭遇戰傷亡特別慘重。

7月15日，戴安瀾將軍的靈柩運抵昆明。各界代表萬餘人在志舟體育場舉行公祭。高大的靈柩兩壁漆成黑色，前後漆成紅色，正面寫著"戴安瀾將軍之靈"七個金色大字。靈車由紅綢白字的"陣亡陸軍少將第二〇〇師師長戴公安瀾銘旌"為前導，後面是將軍遺像。靈車側面掛著4件血跡斑斑的征衣。靈台一側顯著位置懸掛著將軍遺孀王荷馨的挽聯：

天道無憑世道衰，君斯壯烈成仁，已傜倖薄取勳名，略酬素志；

國難未抒家難續，我忽強肩巨責，應如何勤侍二老，教撫孤兒？

會場上掛滿了各級軍政長官和各界人士敬獻的數百件挽聯。此後，靈柩經安順、貴陽、柳州、桂林等地運抵200師發祥地廣西全州厝葬。所到之處無不萬人空巷，迎接忠魂，隆重公祭。戴夫人和三子一女及200師代表一直隨靈護送。全國各地報紙紛紛發表紀念文章。

國民政府於1942年10月6日頒佈命令，追晉戴安瀾為陸軍中將。12月31日，又批准他入祀首都忠烈祠，同時入祀省、縣忠烈祠。

同年10月29日，美國總統羅斯福根據國會授權，簽發了追贈戴安瀾將軍懋績勳章的命令。1945年又頒發了由杜魯門總統和史汀生陸軍部長簽署的授勳榮譽狀。

1943年4月1日，國民政府在廣西全州香山寺舉行全國性的悼念大會。軍事委員會桂林行營主任李濟深代表國民政府主祭。全國各地代表100多人前往致奠。參加悼念的有1萬多人。國共兩黨領導人贈送了挽詩、挽聯。

蔣介石的挽聯是：

虎頭食肉負雄姿，看萬里長征，與敵周旋欣不忝；

馬革裹屍酹壯志，惜大勳未集，虛予期望痛何如？

毛澤東的挽詩爲：

海鷗將軍千古

外侮需人禦，將軍賦采薇。

師稱機械化，勇奪虎羆威。

浴血東瓜守，驅倭棠吉歸。

砂場竟殞命，壯志也無違。

周恩來的挽詞爲：

黃埔之英民族之雄

朱德、彭德懷聯名的挽聯：

將略冠軍門，日寇幾回遭重創；

英魂羈緬境，國人無處不哀思。

林森、何應欽、陳誠、白崇禧、張治中、李濟深、徐庭瑤、杜聿明等國民黨高級軍政要員和美國大使館陸軍武官、軍事代表團團長，以及海外華僑領袖陳嘉庚、司徒美堂等均贈送了花圈和挽聯。

戴安瀾將軍的靈柩一直厝葬在200師的發祥地廣西全州。後因日寇侵入廣西，於1944年7月移葬貴陽花溪。抗日戰爭勝利後，於1948年5月3日遷葬到將軍家鄉安徽蕪湖小赭山。

黃翔所部補充第1、2團於5月30日輾轉抵瀘水返國。參謀團于6月1日令該部開往怒江東岸的漕潤整頓待命，暫歸第11集團軍總司令宋希濂指揮，擔任對瀘水方面的警戒。

第5軍各部自4月下旬開始撤退以來，歷時4個月，輾轉行軍總計長達3000裏，途中曆盡艱險，損失慘重，最後分別撤至雷多、葡萄、騰沖、瀘水四個不同方向。該軍是中國遠征軍主力，入緬時全軍三個師和軍直屬部隊共4.2萬人之眾，占入緬三個軍總數10萬人的42%，在戰鬥中傷亡7300人，撤退中傷亡1.47萬人，非戰鬥減員爲戰鬥減員的兩倍，撤離緬甸後全軍只剩下2萬人，損失一半以上。[1]各種重武器和車輛也在撤退途中遺棄殆盡。尤其是在作戰中並未損失團長以上的中高級指揮員，在撤退中犧牲師長2人，團長4人，參謀主任1人。主要由於高層指揮的嚴重失誤和英國方面的背信棄義，致使中國遠征軍付出的代價這樣大，失敗得這樣慘，其教訓是十分深刻的。第5軍廣大官兵在撤退過程中，堅韌不拔，臨難不苟，與惡劣的自然條件和兇殘的敵人相奮爭，終於突出重圍，重振旗鼓，表現了中華民族不屈不撓的民族精神，則是值得欽佩和歌頌的！

第66軍新38師是中國遠征軍各部撤退時唯一的一支全師而退，損失最小的部隊。

新38師於4月28日奉令在曼德勒附近的伊洛瓦底江兩岸掩護第5軍主力和英軍撤退。以後即歸第5軍軍長杜聿明指揮。5月2日，杜聿明又令新38師開赴瑞保東西之線佔領陣地，連系英軍阻擊敵人，掩護第5軍主力撤退。當時日軍企圖以雙重鉗形攻勢圍殲中、英盟軍：中路敵軍由曼德勒北進，東路敵軍分兵由西保西進，這是內鉗；外鉗的企圖更大，左翼由臘戍直趨八莫、密支那，截斷中國遠征軍回國的歸路，右翼溯欽敦江而上直趨加里瓦，截斷英軍到印度的退路。新38師師長孫立人對日軍這一戰術意圖洞若觀火。當時中、英兩國軍隊還有相當實力，只要雙方同心協力，仍然可以粉碎敵軍攻勢，擺脫盟軍危局。孫立人挺身而出，從瑞保趕赴耶烏，會見亞歷山大，建議英方配屬一部砲兵和坦克給新38師，先與侵入夢內瓦之敵決戰，斬斷日軍左鉗，使之不能進窺加里瓦，英軍便可安全撤往印度。亞歷山大言不由衷地表示讚賞孫立人的意見，卻拒絕以砲兵和坦克配合作戰。他的理由是："英軍已經奉命撤往印度，不便再作攻擊的措施，且大砲和坦克都已後撤，一無汽油，二無給養，不堪再戰。"[2]英軍領導

1　杜聿明：《中國遠征軍入緬對日作戰述略》，《文史資料選輯》第8輯，第38頁。

2　孫克剛：《緬甸蕩寇志》，第17頁。

人的消極被動,使孫立人粉碎敵人圍攻的計畫不能實現。

5月8日,新38師按原定日程到達溫佐。羅卓英電令改道入印,杜聿明堅持撤回國內。當時日軍已搶先佔領密支那、八莫,堵住了遠征軍北上回國的退路。孫立人權衡利弊,認為新38師向西退入印度較為穩妥。5月9日杜聿明在印道召集各師將領會議,決定新38師隨第5軍一同翻越野人山前往雲南。孫立人表示新38師準備西退印度。兩人各執己見,不歡而散。此後新38師即與第5軍分道撤退。

5月10日,新38師主力到達印道,第113團作為第5軍前衛已到傑沙,第112團作為後衛在溫佐。11日晚,第112團被尾追敵軍包圍。孫立人果斷決定回師溫佐,擊退尾追之敵,解救第112團,才能順利西撤。當晚,他親率第114團兩個營前往溫佐,與第112團形成對敵內外夾攻之勢。激戰一晝夜,斃敵400餘人,並用手榴彈炸毀敵戰車一輛,新38師亦傷亡200餘人。13日拂曉,敵軍又大量增援。孫立人認為掩護第5軍北撤的任務已經完成,且新38軍孤軍落後,糧彈補充斷絕,溫佐通八莫的公路被切斷,遂于當晚帶領全師脫離溫佐戰場,折向西北山地,日夜兼程行進,以擺脫敵軍追擊。

5月18日,新38師到達欽敦江東岸的旁濱。日軍的砲艦和汽艇正在溯江巡邏,沿岸還有敵探和便衣隊。孫立人在前臨大水、後有追兵的險境中沉著指揮:一面令部隊抓緊砍伐竹木,趕紮排筏,準備渡江;一面佈置疑兵,虛張聲勢,擺出準備在此決戰的姿態。當天晚上,全師乘夜幕掩護,從白天偵察好的空隙地段迅速渡江。孫立人親自帶領殿后部隊最後過江。後衛過江不到一刻鐘,日軍追兵趕來,但已經慢了一步。第二天,敵追兵主力又與新38師後衛發生激戰。到21日下午,敵追兵被擊退,殲敵200餘人,救出被俘英軍30餘人。5月27日,新38師除第113團在傑沙戰鬥中失去聯絡外,其餘全部到達印度恩帕爾東南18英里(約29公里)的普拉村。

　　第 113 團擔任前衛，在傑沙掩護第 5 軍北撤。5 月 10 日與從八莫西進之敵第 56 師團一部發生激戰。由於敵軍不斷增兵，第 113 團雖予以重創，但最終未能阻止敵軍強渡伊洛瓦底江。當天夜間第 113 團從傑沙撤入山地，與敵軍周旋 20 多天，終於甩掉追兵，於 5 月 30 日乘隙渡過欽敦江，6 月 8 日到達恩帕爾歸還建制。

　　新 38 師副師長齊學啓奉命到傑沙前線指揮，後到第 5 軍軍部向杜聿明軍長報告戰況。當時第 5 軍正準備撤離曼西。齊學啓帶領在第 5 軍醫院治療的本師傷病員歸隊，與師主力和第 113 團都失去聯繫。5 月 19 日，到達欽敦江畔的霍馬林以南 10 余公里處時，突被日軍騎兵追襲。齊學啓身負重傷，被日軍俘虜後押送到仰光，被囚 3 年矢志不移，1945 年 3 月 7 日被害。

　　新 38 師自 4 月 5 日開赴臘戍，到 6 月 8 日全師撤往恩帕爾，短短兩月間，衛戍曼德勒，馳援仁安羌，掩護友軍和盟軍撤退，都出色地完成了任務。該師在遠征軍全軍在撤退中均遭受重大損失的情況下，孤軍擺脫日軍的圍追堵截，抵達印度時，全師尚有 7000 多人，是遠征軍各部中唯一保存了完整建制的一個師。

　　參謀團在臘戍失陷前夕匆忙撤離，5 天內沿滇緬公路後退 1000 多華里，一直退過怒江，5 月 5 日到達保山，6 月 13 日又遷往昆明。

　　史迪威將軍在羅卓英棄軍入印後，謝絕乘美國陸軍航空兵司令阿諾德將軍派來接他的飛機撤離。他認為，"如果我現在逃跑，就會又造成一次失敗，又造成一次投降。那我以後就再也無法指揮中國軍隊了。"[1]5 月 1 日至 5 日，他帶領少數參謀和其他隨從人員由瑞保乘汽車到達印道。一路上收容了一些醫護人員、英國官員、新聞記者和平民等各式各樣的人。5 月 6 日以後即棄車徒步西行。年過 6 旬的史迪威一直走在最前面，以自己的榜樣和嚴格的要求帶領這支 100 多人的隊伍前進，於 5 月 13 日在霍馬林附

---

1 《史迪威與美國在華經驗》下冊，第 414-415 頁。

近渡過欽敦江，5 月 20 日到達恩帕爾。5 月 24 日，史迪威乘飛機抵達新德里。他在記者招待會上說："我要說我們挨了一頓狠揍。我們從緬甸逃出來，這是個奇恥大辱。我認爲我們應該找出原因，然後打回去，收復緬甸！"[1]史迪威直率地說出了事情的真相，並在以後全力以赴地兌現了自己的諾言。

　　8 月 5 日，杜聿明由印度飛返昆明，向參謀團報告中、英軍隊撤入印度的情況："1、所有在緬英軍早已安全撤至印度，其到達印度時間在新 38 師之前。2、第 5 軍軍部及新 22 師在極困難情形下，奉委座電令後始向印度轉進。3、各部隊除落伍者外，已全抵雷多附近之提拔。4、新 38 師約 4000 人。5、新 22 師約 2000 餘人。6、軍直屬隊約 1 萬人。7、整訓地點在藍姆加（加爾各答西北方）。新 38 師已到藍姆加。新 22 師及軍直屬隊均在鐵路輸送中。"[2]

1　《史迪威與美國在華經驗》下冊，第 429 頁。

2　《林蔚報告書》，7143-105。

第三章　雲南由大後方變爲最前線

第一節　騰龍邊區的淪陷

　　在緬甸戰場東線長驅直入的日軍第 56 師團，於 4 月 16 日接到第 15 軍命令：〝攻克騰戍後，應繼續以主力沿滇緬公路向怒江一線追擊。〞[1]該師團於 4 月 29 日攻佔騰戍後，即以平井搜索聯隊爲基幹，配屬大量砲兵以及工兵、衛生隊等，第三次作爲先遣隊，於 4 月 30 日從騰戍出發，沿滇緬公路直趨中國國境。

　　中國遠征軍第 66 軍新 29 師主力于 4 月 29 日到達騰戍東北的新維。4 月 30 日，第 66 軍軍長張軫利用新維的丘陵地帶，以新29 師兩個團並附第 5 軍戰防砲 4 門佈置第一線陣地，以從騰戍退下來的新 28 師殘部佈置第二線陣地，準備阻擊敵軍。當晚 9 時，敵軍開始攻擊。新 29 師都是未經戰陣的新兵，師長馬維驥既無決心，尤無勇氣。未及拂曉，師部電話即叫不通。5 月 1 日上午，第一線陣地被突破，敵軍追至新維以北高地的第二線陣地。張軫以新 29 師一個營和軍戰防砲營增強第二線陣地兵力，擊退敵軍 4次進攻，擊毀坦克 13 輛。敵軍增加預備隊繼續猛攻。張軫將軍部特務營和搜索營全部增加上去，也未能阻住敵軍。戰防砲營和搜索營全部犧牲，新維終陷敵手。日軍目睹我軍一上校參謀，面對敗局毫不屈服，鼓勵部隊誓死抵抗，在日軍猛烈砲火下壯烈陣亡，

---

[1]　《中華民國史資料叢稿》譯稿，《緬甸作戰》上，第 133 頁。

無不稱讚。[1]

5 月 2 日，日軍以汽車百餘輛載運步兵 2000 餘人，在坦克、裝甲車百餘輛和山砲數十門的支援下，傾力猛攻貴街。當天下午，貴街及其以北高地又告失守。張軫率特務營二部到貴街督促佈防，尚未及行動，即被敵戰車沖散。當天夜間，日軍先遣隊已到達畹町西南 15 公里的木姐三叉路口。同日，參謀團命張軫指揮第6 軍第 93 師補充團和第 5 軍裝甲兵團一個營，在畹町以北高地佈防，阻止敵軍追擊，掩護我軍後方各部退卻。

5 月 3 日，敵第 56 師團以步兵第 148 聯隊和坦克第 14 聯隊組成的松本部隊進攻畹町。我第 93 師補充團全系新兵，毫無作戰經驗，第 5 軍裝甲兵團長胡獻群又令在畹町的部隊立即撤退，以便在當晚趕過惠通橋，故畹町只守一日。當天夜間，畹町北側高地被敵軍突破。張軫于當夜 9 時下令毀掉第 5 軍中型戰車 5 輛阻塞道路，但仍未能阻止敵快速部隊的猛打猛追。畹町北側高地於半夜失守，敵快速部隊超過我退卻部隊，向惠通橋疾進。參謀團和張軫差一點被敵軍追上。敵平井部隊亦在同日佔領南坎、八莫。

畹町是滇西邊境國門，滇緬公路上的物資集散要地。從緬甸搶運至此等待轉運內地的物資堆積如山。敵軍搶佔畹町後，繳獲了大量戰略物資。據日本《朝日新聞》5 月 12 日報導，第 56 師團在畹町繳獲汽油 1570 桶、機油 1000 桶、米 500 袋、鹽 900 公斤。[2]遮放也於 3 日陷敵。

5 月 4 日，張軫僅率衛士 30 余人、戰防砲 2 門退到芒市、龍陵間高地。參謀團長林蔚由龍陵撤往保山途中，下令新 28 師師長劉伯龍統一收容整理退到當地的各部官兵，在芒市、龍陵間佔領制高點阻敵追兵，接應收容後撤部隊。張軫赴保山集結整理軍直屬部隊。當時滇緬路人車擁擠，途為之塞，車輛頭尾相接，進退

---

1 《中華民國史資料叢稿》譯稿，《緬甸作戰》上，第 134 頁。
2 《中華民國史資料叢稿》譯稿，《緬甸作戰》上，第 137 頁。

兩難。"畹町、遮放、芒市、龍陵，一路都是車子……芒市前後有 10 多公里走不通，龍陵前後有 20 多公里走不通，滿滿都是車子。"[1]交通部長俞飛鵬在龍陵命令遠征軍工兵總指揮馬崇六和龍陵縣長楊立聲，限所有在龍陵的車輛於當天中午 12 時前撤退完畢，然而這是根本辦不到的。劉伯龍率領一個警備大隊前往芒市，在擁塞的車流中行進緩慢，未及到達，敵軍已先沖到芒市。劉伯龍所部在途中倉促遇敵，混戰中陷入敵後。敵第 56 師團阪口支隊一路擊潰零星佈防的守軍，於 4 日下午進佔芒市，當晚又陷龍陵。日軍在芒市繳獲汽車輪胎 900 個、榴彈砲彈 900 箱、速射砲彈 600 箱。在龍陵繳獲汽油 550 桶、柴油 1000 桶、水泥 1 萬袋，米 700 袋及大量銅、鐵、鋅板、鎢等金屬材料。[2]

　　駐雲南的美國志願航空隊指揮官陳納德子 5 月 4 日給蔣介石的報告說："根據美空軍的偵察報告，在滇緬路上中國軍隊零零落落，潰不成軍，對於日軍的前進，完全沒有抵抗，如果再不設法挽救，依照敵人幾天來前進的速度計算，大約 10 天左右就可以到達昆明了。"[3]當時不僅滇西局勢處於極端危險的狀態，連昆明也震動了。

　　5 月 5 日上午 10 時，敵阪口支隊已迫至惠通橋西。駐滇第 11 集團軍司令宋希濂奉蔣介石命令，緊急調動第 71 軍第 36 師西進阻敵。該師先頭部隊幾乎與敵軍同時到達橋東高地，與敵先頭部隊發生遭遇戰。惠通橋被及時炸毀。敵我雙方經過反復爭奪，形成隔怒江對峙的局面。

　　敵阪口支隊一面搶佔怒江西岸高地，準備渡江，一面分兵進犯騰沖。騰沖是古代南方絲綢之路中國境內的最後一站，近代以

---

1 宋希濂；《遠征軍在滇西的整訓和反攻》，《文史資料選輯》第 8 輯，第 44 頁。

2 《中華民國史資料叢稿》譯稿，《緬甸作戰》上，第 137 頁。

3 宋希濂：《遠征軍在滇西的整訓和反攻》，《文史資料選輯》第 8 輯，第 46 頁。

來是我國通往緬甸、印度的商貿口岸，成爲西南的商業重鎮。這
裏商賈雲集，物阜民殷。當時設有騰龍邊區行政公署，駐軍有息
烽隊之梁河營、特務大隊之第 2 營、護路隊之第 3 營，加上縣政
府自衛隊，總計兵力約 1000 人。[1]日軍進佔畹町、龍陵的消息傳
到騰沖後，騰龍邊區行政監督龍繩武加緊搜刮，準備逃跑，不作
任何防禦準備。並暗中授意鄉紳："如敵軍入境，只好投降當順
民。"[2]龍繩武先將搜刮的鴉片煙土數百馱運走後，不顧地方人士
請求禦敵，於 5 月 7 日啓程赴昆。縣長邱天培送走龍繩武后，當
晚召集駐騰各機關負責人和地方人士開會，表示："騰沖勢難抵
抗，各機關須聯合一致行動，如敵進入騰境，相機撤退。"[3]到會
士紳謂縣長有守土之責，未見敵人，何可撤退？建議派兵沿龍川
江佈防，拆毀騰龍、龍安兩橋。當場表決決定，並派人分頭執行。
當天半夜，邱天培帶領自衛隊和員警潛逃，護路營也撤離，各機
關負責人也紛紛潛逃，鬧得人心惶惶，全城混亂。5 月 8 日，新
28 師師長劉伯龍帶 20 多人，卣龍陵退到騰沖。地方人士請他留
下統籌騰沖防務。劉伯龍藉口："本師長僅有收容潰兵之責，無
抵抗敵人命令。"[4]匆忙離開騰沖前往永平。連日來，從八莫、密
支那等地退下來的潰兵紛紛擁入騰沖，大肆拉夫封馬，使四鄉壯
丁不敢入城。民眾扶老攜幼逃難，老弱婦孺驅趕黃牛馱運者，絡
繹於途，流離顛沛，不堪其苦。昔日商號林立的繁華城市，幾天
之內就十室九空。逃到騰沖北部多間的縣長邱天培見敵軍並無動
靜，又於 9 日夜間潛回縣城，隨即聽到日軍已到達離城 40 裏的孟
連鎮的消息，大驚失色，又連夜潛逃。

　　5 月 10 日下午 2 時左右，敵軍 292 人由孟連長驅直入，不費
一槍一彈進佔騰沖縣城。當時各機關門戶洞開，居民逃散已空，

1　尹明德：《滇西軍民抗戰概況》，《雲南文史資料選輯》第 8 輯，第 4 頁。
2　尹明德：《滇西軍民抗戰概況》，《雲南文史資料選輯》第 8 輯，第 3 頁。
3　尹明德：《滇西軍民抗戰概況》，《雲南文史資料選輯》第 8 輯，第 3 頁。
4　楊友柏：《騰沖淪陷紀略》（未刊手稿），第 2-3 頁。

城內公私財物，悉歸敵軍所有。在商會中堆積著幾天前剛從密支那運來的大米 3000 餘馱，鹽局內的食鹽和各商店的棉紗、布匹、毛呢、雜貨等堆積如山，使敵人喜出望外。[1]敵軍初到時，因人數甚少，除以一部分追擊護路營外，城內守軍已不敷分配，遂在四城樓上紮草人，身穿軍服，持槍守衛。城外老草坡等處亦以草人爲疑兵。早晨部隊由北門出城，傍晚又由南門入城，揚言增援部隊已至。待兵力增加之後，除四城守衛之外，又強拉民夫，在城內外的要道口和制高點構築堅固的防禦工事，以圖長期固守。[2]

日軍佔領龍陵、騰沖二城後，趕修騰龍公路，在從畹町到騰沖的沿途市鎮分兵駐守。設立軍政班管理地方行政工作，組織漢奸維持會，收買少數民族土司。騰龍邊區廣大地區遂淪爲敵軍的佔領區。

第二節　惠通橋阻擊戰

日軍進迫滇西邊境，蔣介石於 5 月 1 日密電林蔚，令其對保山、畹町間橋樑，"完成破壞準備"。林蔚於 5 月 3 日複電："邊境潞（怒）、瀾兩江橋正準備破壞中，龍陵以西破路托樵峰部長就近市縣發動民眾，準備實施。"[3]5 月 3 日和 4 日，日軍連陷畹町、遮放、芒市、龍陵，迅速向怒江推進，大有長驅直入昆明之勢。雲南地勢居高臨下，高屋建瓴，東北拱衛川、康、黔、桂，西南控制緬、泰、老、越，滇西又是雲南西陲的重大屏障。滇西不保，昆明危急，中國將失去通往印度洋與盟國聯繫的唯一生命

---

1 楊友柏：《騰沖淪陷紀略》，第 5 頁。
2 楊友柏：《騰沖淪陷紀略》，第 6-7 頁。
3 《蔣介石致林蔚密電稿》、《林蔚複蔣介石複電》，載《抗日戰爭正面戰場（檔案資料）》下冊，江蘇古籍出版社 1987 年版，第 1428 頁。樵峰部長，即交通部長兼滇緬公路運輸總局局長俞飛鵬。

線，整個大西南也將受到嚴重威脅。因此，滇西從大後方變爲最前線，不但震動了昆明，而且震動了重慶乃至全國。

5月4日深夜，蔣介石親自給第11集團軍司令兼昆明防守司令宋希濂打長途電話，告之臘戌、畹町均已失守，敵人乘勝沿滇緬公路東進；林蔚的參謀團已有一天多沒有電報報告，不知到了何處。要宋設法與之取得聯絡，並迅即徵調車輛，將已到滇西祥雲的第71軍第36師沿滇緬公路西運阻擊敵軍，再陸續運送昆明附近的部隊。[1]

宋希濂的第11集團軍下轄第66軍、第71軍及預備第2師。第66軍已經入緬。第71軍的第87、88師正從川南的瀘州、敘永一帶入滇途中，只有第36師於4月下旬從西昌開到祥雲。昆明附近只有駐安寧的預備第2師。在曲靖整編的新編第39師也歸宋希濂指揮。從昆明到畹町的千里交通線和漫長的滇緬國境線上，除少量的雲南地方部隊和中央軍一個負責滇緬公路交通檢查的憲兵團、一個負責守衛怒江和瀾滄江公路大橋的工兵團及一個化學兵團外，並無強有力的作戰部隊。在滇西國境線和滇緬公路沿線，也沒有構築國防工事。可見當時滇西局勢確實十分危急。

宋希濂接到蔣介石的電話後，當即從昆明城內翠湖的集團軍司令部趕到郊外黑林鋪的滇緬公路運輸總局，要求停止一切軍運商運，集中所有能夠使用的車輛運兵到滇西前線，商妥於5月5日至7日3天內提供550輛卡車給第11集團軍運兵。並令下關和雲南驛站就近調車到祥雲，運送第36師到保山。宋希濂又連夜與36師師長李志鵬通電話，令該部整裝待運，並讓他趕上已乘車西行的該師第106團迎擊敵軍。5月5日，蔣介石和軍令部令駐滇南的第·9集團軍第54軍到昆明接防，第11集團軍開往滇西。

5月5日早晨，敵阪口支隊由龍陵向惠通橋疾進。上午9時

---

1 宋希濂：《遠征軍在滇西的整訓和反攻》，《文史資料選輯》第8輯，第47頁。

左右，敵軍在飛機掩護下占領松山山麓的臘猛，並開砲擊中東岸老農田公路上的汽車。惠通橋兩頭擠滿公私車輛。遠征軍工兵總指揮馬崇六眼看敵軍將至，當機立斷下令炸橋。惠通橋是一座大型鋼索吊橋，爆炸之後，橋身沉入湍急的江中，懸空只剩幾根鋼索。[1] 惠通橋炸斷後，日軍以裝甲部隊和摩托化步兵組成的快速部隊被阻於怒江以西。由緬北和滇西邊境撤退而來的大批難僑難民和車輛物資也被隔斷在西岸，前有大江之險，後有追兵之危，或遭到日軍的屠殺搶掠，或在冒險泅渡時被急流卷走。

上午 10 時左右，第 36 師第 106 團幾乎與敵軍先頭部隊同時到達惠通橋東岸高地。敵我雙方爲了爭奪控制公路兩側的最高山頂，展開了激烈的戰鬥。

惠通橋橫跨洶湧澎湃的怒江上面。這段江面寬約 600-700 米。水流湍急，兩岸山勢陡峻。公路盤山蜿蜒上下，無論從東向西或自西到東，都要曲折迂回地轉幾十道彎。從東岸的老農田到西岸的臘猛，直線距離不過三五里，但汽車一上一下，要行駛半天時間。橋東只有一個簡陋的橋頭堡，供守橋部隊駐守。日軍先頭部隊沖到惠通橋時，橋已被我軍炸毀。其坦克、汽車無法通過，遂派約一個大隊兵力，乘橡皮艇搶渡到東岸，並在橋西高地松山的公路拐彎處架設重砲，轟擊東岸公路，使從橋東到山頂的 100 餘輛汽車無法開行，大部分車輛被擊中。在這千鈞一髮之際，第 36 師先頭部隊第 106 團的兩個連乘車到達老農田附近。師長李志鵬和副師長各指揮一個連，居高臨下阻擊敵軍。第 106 團主力陸續到達投入戰鬥。日軍仰攻不利，遭到大量殺傷。雙方反復衝擊，戰至傍晚，第 106 團確實控制了公路兩側的最高山峰。但敵軍仍有 400-500 人在東岸公路沿線山地頑抗，並得到西岸重砲的支援。第二天，第 36 師第 107、108 兩團陸續趕到，投入戰鬥。下

---

[1] 高燼奎：《炸毀惠通橋目睹記》，《保山市文史資料選輯》第 4 輯，第 51 頁；楊廷；《抗日戰爭炸斷惠通橋的時間》，《雲南地方誌通訊》1985 年第 1 期，第 82 頁。

午向盤踞東岸之敵發起攻擊，殲敵 200 餘人，攻下兩座山頭，但殘敵仍繼續頑抗。

　　6 日下午，宋希濂率副參謀長陶晉初、作戰參謀楊肇驤和高寶書由昆明乘軍用飛機到雲南驛，隨即改乘吉普車到下關，到郵電局給保山打長途電話。接線員說線路不通，卻讓商人同保山談生意經。宋拍案大怒說："我是宋總司令，限 3 分鐘接通保山，不然貽誤戎機，殺你的頭！"接線員嚇得發抖，馬上把電話接通。宋希濂在電話上瞭解到第 36 師在怒江東岸阻擊敵軍的情況後，連夜趕到保山，找到參謀團，並於 7 日下午趕到怒江前線第 36 師指揮所視察戰況。這時第 36 師已全部到達，正在構築工事，準備反攻。敵軍仍有 200 多人據守在惠通橋頭兩側高地負隅頑抗。宋希濂察看地形後，與師、團長進行部署，決定 8 日上午發起攻擊，徹底殲滅東岸殘敵。

　　8 日上午，第 36 師將全師所有追擊砲集中起來轟擊東岸橋頭之敵。攻擊部隊在火力掩護下發起衝鋒，有的同敵人進行了白刃戰。經過反覆衝殺，把敵軍壓縮到怒江邊上。最後除有數十名敵軍乘橡皮舟或泅水逃回西岸外，其餘全部被殲。第 36 師經 4 天激戰，完全肅清了竄犯怒江東岸之敵，殲敵約 400 人，繳獲輕重機槍、步槍約 80 余支，終於穩住了惠通橋陣地。隨即抓緊沿江佈防，構築工事，防敵再度進犯。

　　日軍第 56 師團的後續部隊陸續到達怒江西岸後，見先頭部隊渡江受挫；便在西岸制高點松山一帶構築防禦工事，並以砲兵加強封鎖東岸公路的交通運輸，同時在沿江搜索警戒，防范我軍渡江反擊。[1]

　　在惠通橋阻擊戰中，美國志願航空隊也發揮了重要作用。飛

1　惠通橋阻擊戰經過，主要據宋希濂：《遠征軍在滇西的整訓和反攻》，《文史資料選輯》第 8 輯，第 46-49 頁；楊肇驤：《滇西大潰退及其它》，《遠征印緬抗戰 —— 原國民黨將領抗日戰爭親歷記》，中國文史出版社 1990 年版，第 300-304 頁。

虎隊在撤離緬甸之後，移駐雲南邊境瑞麗江畔的雷允機場，並得到新飛機的補充。4 月 29 日，飛虎隊在雷允上空一舉擊落日軍零式戰鬥機 22 架，自己無一損失。由於臘戍的失陷，中國遠征軍全線敗退，日軍迅速逼近中緬邊境。雷允基地失去地面防護，於 5 月 1 日被日軍佔領，飛虎隊在前一天忍痛焚毀在雷允修理廠待修的 22 架 P-40 戰鬥機，駕機轉移到保山和雲南驛機場，參加保衛滇西的戰鬥。

　　5 月 4 日，50 架日本轟炸機空襲滇西重鎮保山，造成人民生命財產的重大損失。飛虎隊擊落敵機 2 架，有一位飛行員犧牲。5 月 5 日，飛虎隊出動 9 架戰鬥機攔截再次空襲保山的敵轟炸機，擊落其中 9 架。同日，偵察機報告日軍先頭的裝甲部隊掩護摩托化步兵和火砲已逼近怒江西岸，中國軍隊在撤退中炸毀了惠通橋，日軍正準備搶渡。由於兩岸公路上擠滿了逃難的平民和潰兵，使飛虎隊無法攻擊夾雜在難民群中的日軍。5 月 6 日，陳納德致電重慶請求指示。1 小時後即收到宋美齡的回電，轉達蔣介石的要求，請陳納德指揮飛虎隊，全力襲擊怒江與龍陵之間的日軍。

　　當時飛虎隊在保山和雲南驛機場有 4 架新型的 P-40E 戰鬥、轟炸兩用機，每架可載炸彈 300 公斤，還有 4 架老型號的 P-40B 戰鬥機，兩種機型均在機頭和機翼上裝有 6 挺機槍。保山機場在遭敵機轟炸後已不能使用。5 月 7 日，這個小分隊從雲南驛機場飛往惠通橋，攻擊集結在怒江兩岸彎彎曲曲的公路上的日軍。飛虎隊員們勇敢地在狹窄的怒江峽谷中穿梭俯衝，炸彈在敵軍車隊中開花，機槍向逃竄的敵兵掃射。日軍原以爲飛虎隊已經不復存在，用地面砲火倉皇還擊。飛虎隊的 8 架飛機都安然返航雲南驛，迅速補充燃料和彈藥後再次出擊。從 7 日到 12 日，飛虎隊在怒江兩岸大顯身手，摧毀了日軍的浮橋和架橋設備，消滅了公路沿線的大量坦克、汽車和步兵，爲增援怒江東岸的第 11 集團軍贏得了鞏固江防陣地的時間和條件。[1]

　　1942 年 5 月上旬，在惠通橋頭的千鈞一髮之際，工兵部隊果斷炸橋；第 36 師增援部隊及時到達，英勇阻擊；飛虎隊小分隊的空中支援互相配合，終於阻遏了日軍乘勝搶渡怒江，沿滇緬公路向東突進，直驅昆明的行動，奠定了敵我隔江對峙的局面，穩定了滇西乃至整個大西南的戰局。因此，惠通橋阻擊戰雖然作戰規模不大，參戰部隊不多，戰鬥時間也不長，但這次戰鬥卻是一次具有重要戰略意義的勝仗。此後兩年間，日軍再也未能越過怒江向東推進一步。

第三節　怒江對峙局面的形成

　　第 36 師殲滅了竄犯怒江東岸之敵，穩住了惠通橋陣地之後，兼程入滇的第 71 軍第 87、88 師陸續到達保山集結，預備第 2 師也從安寧運抵保山。宋希濂判斷，敵軍主力集結之後，可能渡江大舉進犯，部署各師分兵把守沿江各渡口，構築工事，防敵再犯。因為怒江水流湍急，兩岸多是陡峻的懸崖峭壁，除渡口之外，船隻無法擺渡，只要把住渡口，就能阻止日軍過江。宋希濂命令第 87 和 88 師把守雙虹橋、紅木樹、攀枝花、惠人橋各渡口，預 2 師把守栗柴壩渡口。同時令各師派搜索隊過江偵察敵情，加強運輸補給和交通通訊等後勤設施，做好長期固守的準備。並從昆明集團軍總部調來一批參謀人員充實前線指揮所。怒江峽谷俗稱蠻煙瘴雨之區，時值盛夏，天氣炎熱，瘧病流行，部隊只能在夜間天氣稍涼的時候到江邊構築工事，白天則移到山腰修建竹棚，以

---

1 美國飛虎隊參加惠通橋阻擊戰經過，主要據陳香梅：《陳納德與飛虎隊》，上海學林出版社 1988 年版，第 100-105 頁；杜安·舒爾茨：《陳納德與飛虎隊 —— 獨行其是的戰爭》，雲南人民出版社 1989 年版，第 285-295 頁。

作久住之計。[1]

　　當時，日軍第 56 師團阪口支隊司令部駐龍陵。其兵力配置是：在臘猛有步兵第 146 聯隊一個大隊、野戰重砲兵第 18 聯隊（缺第 2 大隊）、野戰重砲兵第 3 聯隊第 2 大隊；在龍陵有步兵第 146 聯隊一個中隊、工兵一個中隊和野戰醫院。[2]第 56 師團其餘各部在傑沙、八莫、南坎、新維、貴街、騰沖等地掃蕩。日軍徵集大批民夫，在臘猛附近的松山構築工事，設置重砲陣地，控制怒江兩岸數十公里之內的滇緬公路。

　　惠通橋阻擊戰的勝利，使蔣介石產生了僥倖心理，對怒江前線的敵情作了錯誤的判斷。他認爲沿滇緬公路東進的敵軍，只是敵人爲施行追擊任務而臨時編成的一支快速部隊，最多不過 2000-3000 人，孤軍深入，不能持久。5 月 12 日，蔣介石下令："敵 9 日廣播已占八莫、密支那，似企圖切斷我第 5 軍對國內之聯絡線。希將惠通橋西岸敵人擊退，或 88 師到達後，可以預 2 師一或二團開騰沖，以掩護第 5 軍後方。"[3]5 月 13 日又電令："騰沖情況，無論如何，我軍務於日前佔領。如果敵軍負隅固守，攻城武器未到以前不必攻堅，只可派一有力部隊監視城，而我之主力應向騰沖西北、西南地區確實佔領，以後即以兵力向蓮山、盈江、梁河、滬水各縣道路，每路派一至二連兵力，並另派一連（一路）向密支那、八莫間之新坡稱（即辛博）、誦通、誦化方向星夜挺進，迎接第 5 軍之主力爲要。"[4]蔣介石下令第 11 集團軍反攻的目的，一是擊退入寇滇西的日軍，收復怒江以西的失地；二是迎接陷於緬甸敵後的第 5 軍部隊回國。

　　宋希濂接到反攻命令後，當即令預備第 2 師渡江向騰沖前進。5 月 15 日，預 2 師師長顧葆裕率第 5、6 兩團在惠人橋附近

1 楊肇驤：《滇西大潰退及其它》，《遠征印緬抗戰》，第 304 頁。
2 《中華民國史資料叢稿》譯稿，《緬甸作戰》上，第 148 頁。
3 《林蔚報告書》，7143-92。
4 《林蔚報告書》，7143-93。

渡江，進入騰沖的二、三兩區。預2師在騰沖愛國民眾的配合下，在橄欖寨、黃草壩等地與日軍激戰 10 餘天，殲敵近百入。預 2 師在騰沖、龍陵敵軍夾攻下，傷亡 600 余人，團長萬啓民陣亡，連長傷亡 5 人，排長傷亡 26 人，士兵損失過半。猛連鎮長楊紹貴等 4 名群眾參戰犧牲。5 月底，預 2 師轉移到龍川江上游地區堅持遊擊戰。[1]

第 88 師於 5 月 17 日集結完畢，由於正面渡江不易，宋希濂命令該師在惠通橋下游的攀枝花渡江繞攻龍陵。第 87 師到達後，也派出一團跟隨第 88 師向龍陵攻擊。第 36 師派一部從惠通橋正面渡江攻擊當面之敵。5 月 22 日，擔任反攻任務的部隊已全部渡過怒江，到達攻擊準備位置。5 月 23 日，各部隊分別向騰沖、龍陵、松山之敵發起攻擊，並分別以一部進攻騰龍、龍松公路上的日軍各據點。反攻之初，攻勢凌厲，聲勢頗大，首先攻佔平夏，逐步逼近龍陵。這次反攻完全出乎日軍預料，阪口少將"急將所有兵力集合，對逼近之敵，陷於苦戰"。第 56 師團師團長渡邊正夫中將"首先調集了附近的部隊進行反擊，並急速召回在八莫、傑沙等地掃蕩之松井部·隊馳赴龍陵。"第 15 軍司令部對中國軍隊向怒江以西反攻也很重視，"特由第 18 師團正面抽調步兵三個大隊、山砲兵一個大隊，受，第 56 師團長指揮"。[2]

第 11 集團軍各部奉令倉卒反攻，準備很不充分，特別是沒有砲兵，不能摧毀敵軍工事，彈藥糧秣也趕運不上去，因此攻勢難於持久。日軍各路援兵陸續趕到，尤其是從八莫來的松井部隊（步兵第 113 聯隊主力）參加戰鬥後，首先擋住了中國軍隊對龍陵的反攻，繼而又增援松山。第 11 集團軍的攻勢只持續了 5 天，各部

---

1 方國瑜：《抗日戰爭滇西戰事篇》，《雲南文史資料選輯》第 19 輯，第 13-14 頁；尹明德：《滇西軍民抗戰概況》，《雲南文史資料選輯》第 8 輯，第 6-7 頁；王人龍：《騰沖龍陵的失守與收複》，《雲南文史資料選輯》第 25 輯，第 155-156 頁。

2 《中華民國史資料叢稿》譯稿，《緬甸作戰》上，第 148 頁。

都遭到相當的傷亡，僅攻下兩條公路間的一些小據點，未能收到預期的效果。5 月 28 日，第 88 師第 264 團在龍松公路上擊斃一個日軍大隊長，繳獲了第 56 師團的作戰計畫和地圖，得知第 56 師團已全部開到騰龍地區，分爲騰北、騰沖、龍陵、臘猛（松山）、芒市、新濃 6 個守備區，其師團部及直屬部隊駐在芒市，判斷其兵力約爲 1.5 萬至 2 萬人左右。[1]宋希濂當即將繳獲的文件送給參謀團長林蔚，林蔚立即電告軍令部。5 月 31 日，蔣介石下令停止攻擊，將主力部隊撤回怒江東岸，固守怒江，並留置一部在西岸開展遊擊戰。

6 月 3 日，敵軍又集結惠通橋西岸兵力 1000 餘人，企圖進犯保山，並已有 300 餘人乘夜搶渡至怒江東岸。宋希濂命駐保山蒲縹部隊趕往增援堵擊，將渡江敵軍全部消滅，西岸之敵不敢再行東渡。另一股敵軍由緬甸境內怒江（薩爾溫江）果敢縣境內的麻栗壩向雲南鎮康、猛定一帶進犯。駐防猛定的滇緬鐵路員警隊據險抵抗，敵軍見我有備而退。以後怒江江防部隊以第 71 軍第 36、87、88 師爲主力，分段防守，並擇要建築防禦工事。另以一個師分駐鎮康、猛定一帶，防止敵人由怒江下游竄入雲南。[2]此後騰沖、龍陵之敵，屢次企圖渡江東犯，均被東岸守軍擊退。日軍占領緬甸全境，兵力分散，後方秩序亟待鞏固，不敢孤軍深入。中國軍隊一面鞏固江防，一面在滇西集結整訓部隊，待機反攻。敵我雙方隔江對峙的局面持續了兩年之久，直到 1944 年 5 月滇西遠征軍發動大反攻爲止。在這期間也發生過數十次小規模戰鬥，但每次使用兵力至多不超過一個師。

5 月上旬騰龍邊區淪陷，畹町大火燒了 3 天 3 夜，保山遭到

---

1 宋希濂：《遠征軍在滇西的整訓和反攻》，《文史資料選輯》第 8 輯，第 5-6 頁。

2 尹明德：《滇西軍民抗戰概況》，《雲南文史資料選輯》，第 8 輯，第 56 頁；方國瑜：《抗日戰爭滇西戰事篇》，《雲南文史資料選輯》第 19 輯，第 12 頁。

敵機連續轟炸，民眾死傷 1 萬多人，房屋被摧毀殆盡。駐防保山的雲南地方部隊第 6 混成旅（稱息烽部隊），和保山專員公署、縣政府官員都聞風而逃。遠征軍後方留守機關縱火焚毀倉庫，不問公私物資，付之一炬。盜匪乘機劫掠，民眾四散逃難，城市混亂不堪。[1]重慶當局驚惶失措，軍事委員會下令破壞惠通橋以東直至漾濞的滇緬公路，祥雲至猛定公路，祥雲至西昌金沙江以南的公路。昆明商民認爲當局決定放棄雲南，紛紛遷往四川。全滇人心惶惶。[2]第 11 集團軍部隊西進，兩次擊退渡江東犯之敵，並向騰沖、龍陵、松山之敵反攻，到 6 月上旬，穩定了怒江防線。滇西告急之時，辛亥革命元老、時任雲貴監察使的李根源請纓上前線殺敵，自昆明馳赴保山。李根源動身前發表《告滇西父老書》，指出："雲南已成戰區，滇西即是前線。保衛雲南，須先保衛滇西，而保衛滇西，須先扼住潞（怒）江，保住保山。"號召："我們一千七百余萬雲南民眾，立刻要發揮保省即是衛國的犧牲精神。尤其是我們滇西的廣大民眾，更應當強化保鄉即是保省保國的戰鬥意志，服從軍政長官的指示，推進軍民合作的工作，戮力同心，協同作戰。"[3]滇西民心逐漸安定。

6 月間，宋希濂在第 11 集團軍保山指揮所召開滇西戰役檢討會議，總結經驗教訓。會議開了 3 天，對滇緬路上大撤退的責任問題發生了激烈的爭吵。第 11 集團軍副總司令兼第 66 軍軍長張軫、新 28 師師長劉伯龍、新 29 師師長馬維驥互相指責，推卸責任。宋希濂在會上嚴厲批評了第 66 軍的潰敗及其引起的嚴重後果，表揚了第 36 師在惠通橋的作戰。會後，宋希濂爲了整飭軍紀，

---

1 方國瑜：《抗日戰爭滇西戰事篇》，《雲南文史資料選輯》第 19 輯，第 10-11 頁；張力：《日機轟炸保山的前前後後》，《保山市文史資料選輯》第 4 輯，第 91-92 頁。

2 方國瑜：《抗日戰爭滇西戰事篇》，《雲南文史資料選輯》第 19 輯，第 12 頁。

3 李根源著，李希泌編校：《新編曲石文錄》，雲南人民出版社 1988 年版，第 332-333 頁。

申明賞罰，報請軍事委員會將張軫、劉伯龍、馬維驥革職懲辦。撤銷第 66 軍和新 29 師番號，保留新 28 師番號，以收容的 5000 多人編成，歸入第 71 軍建制。將第 36 師改爲獨立師，由集團軍直接指揮。李根源在戰役檢討會上沉痛地說：＂現在我的家鄉（指騰沖）也淪陷了，我不能當亡國奴，不能當順民，不能當俘虜，我要豁出這條老命和日寇拼了。＂滇西民眾紛紛向雲貴監察使署控告不戰而潰的第 66 軍。李根源反映民意，電請蔣介石懲辦失職人員。

蔣介石很快批准了宋希濂的建議，撤銷第 66 軍和新 29 師的番號，撤了張軫和劉伯龍的職，把馬維驥關了起來。同時命令宋希濂負責指揮滇西軍事，昆明防守司令一職由新任第 5 集團軍總司令杜聿明擔任，第 11 集團軍總部由昆明移駐大理。第 6 軍軍長甘麗初也被免職，任命黃傑爲第 11 集團軍副總司令兼第 6 軍軍長，新的第 6 軍以預備第 2 師和新編第 39 師組成。第 6 軍直屬部隊和新 39 師於 1942 年秋開到滇西。當年冬天，第 54 軍（下轄第 14 師、第 50 師、第 198 師）也由昆明開到滇西的祥雲、彌渡一帶，歸宋希濂指揮。林蔚率參謀團於 6 月 10 日離開保山返回昆明。從這時起直到 1943 年 4 月＂遠征軍長官司令部＂成立之前，宋希濂單獨擔任起滇西戰場指揮的責任，兵力有第 71 軍、第 6 軍、第 54 軍和第 36 師。在將近一年的時間裏，作戰方面經常使用約一個師的兵力控制騰北地區掩護右側，並不斷襲擊騰沖一帶的敵軍。同時經常派出約一個團的兵力襲擊芒市至龍陵、松山間的敵軍，偵察敵情，破壞交通，徵購騰龍一帶的糧食解決一部分軍糧。主要任務是整訓部隊，準備反攻。[1]

第 11 集團軍各部在怒江東岸的守備正面北自瀘水，經惠人橋、惠通橋、三江口，南迄孟定，全正面約 200 公里。守軍利用

---

1 宋希濂：《遠征軍在滇西的整訓和反攻》，《文史資料選輯》第 8 輯，第 52-53 頁；楊肇驥：《滇西大潰退及其它》，《遠征印緬抗戰》，第 305-306 頁。

怒江天險,構築野戰工事,與敵對峙。第一線各師將兵力重點置於各渡口附近,以防備敵軍偷渡。又在保山和瀾滄江上的功果橋構築第二線防禦工事,以增大防禦縱深,增加作戰機動性。[1]

　　盤踞在怒江西岸的敵第56師團,在沿江和滇緬公路沿線,構成騰沖、松山、龍陵、平戛、畹町、滾弄6大據點,不斷加強工事,形成半永久性的堅固陣地,阻止我軍西進反攻。盤踞在緬北密支那、孟拱地區的敵第18師團,以第55、56聯隊各一部,協同滇西邊境的第56師團,於10月攻佔瀘水以西的固東、固永、片馬等地,以為其固守緬北的右翼屏障。[2]這樣,日軍就侵佔了雲南省怒江以西,北起瀘水,南到孟定數百公里狹長地帶的約3萬平方公里的國土。

　　日軍雖然由緬甸入侵雲南,佔領了我怒江以西大片國土,但其兵力有限,只能在公路沿線的畹町、遮放、芒市、龍陵、松山、騰沖等,城鎮和據點駐兵,無力佔領騰龍邊區的廣大地區。由於騰龍邊區居住著多種少數民族,敵軍便派人對各少數民族的土司頭人進行收買勸降活動,贈送禮物,並特許種植鴉片。為了粉碎敵人的陰謀,雲貴監察使李根源將《告滇西父老書》遍寄各土司。8月1日,第11集團軍又轉發軍事委員會昆明行營電令,號召各土司捍衛疆土,並派尹明德為代表,深入敵後宣慰各土司。各土司均致函李監察使,或秘密派人與內地聯絡,表示忠於國家民族,願為抗擊敵人多效力。[3]敵軍的陰謀未能得逞。此後兩年間,滇西敵佔區各族人民為了驅逐日寇,收復國土,進行了英勇的鬥爭。

1　《抗日戰史》第9冊:《西南及滇緬作戰》,第327頁。

2　《抗日戰史》第9冊;《西南及滇緬作戰》,第311-315、322頁。

3　方國瑜:《抗日戰爭滇西戰事篇》,《雲南文史資料選輯》第19輯,第12-13頁;尹明德;《滇西軍民抗戰概況》,《雲南文史資料選輯》第8輯,第1頁。

第四章　同盟國反攻緬甸的準備

第一節　中美英對反攻計畫的折沖

　　中英聯軍在緬甸防禦戰中失利，中國遠征軍和英緬軍分別撤到中國和印度境內，緬甸全境和滇西邊境地區被日軍侵佔，滇緬公路被截斷，對亞洲太平洋區域的其他戰場產生了巨大影響，並波及到歐洲戰局。日軍攻佔緬甸後，達到了其南方作戰計畫的預定佔領範圍，"對加強南方軍的防禦態勢作出了巨大的貢獻"。此後，侵緬的日軍第 15 軍即"繼續掃蕩殘敵，努力滲透軍事管制，同時，向防禦戰階段過渡"[1]。中、美、英三大盟國基於不同的戰略考慮，從緬甸防禦戰結束之初就開始籌畫和商討反攻緬甸的方案。由於三國的利益大不相同，對反攻緬甸的時間、地點、規模和手段存在著嚴重分歧。從 1942 年 7 月史迪威初次提出反攻計畫，到 1944 年 5 月盟國軍隊發動全面反攻的近兩年間，三國舉行了多次會議，對反攻計畫進行了反復的折沖與修改，致使反攻戰役遲遲未能實施。中、美、英三國對反攻緬甸問題的磋商過程，其曲折與複雜的程度不亞于同一時期蘇、美、英三國對開闢歐洲第二戰場問題的磋商過程。

　　中國要重新打通滇緬公路，以便大量輸入美國援華物資，同時收復滇西失地，解除日軍對西南大後方側背的嚴重威脅，因此對反攻緬甸基本上是積極的。但在經歷了緬甸防禦戰的失敗後又

---

1 《大東亞戰爭全史》第 2 冊，第 479 頁。

存在重重顧慮，要求美、英出動海陸空軍協同作戰，特別是以大量海空軍在仰光登陸，不能再讓中國軍隊單獨在緬甸冒險。

在美國的全球戰略中，將中國作為亞太地區對日作戰的主要地面戰場，並打算以中國作為空襲日本海上運輸線的空軍基地和進攻日本本土的跳板。因此，美國將收復緬甸，重新打通對華陸上運輸線，作為維持中國戰場對日作戰的重要戰略環節。但是，"先歐後亞"、"先德後日"是美國在大戰期間始終堅持的全球戰略原則。羅斯福在 1942 年 7 月 16 日明確表示："我反對在太平洋為了盡速將日本打敗，而由美國發動對它的全力進攻。極端重要的一點是，我們應當充分認識到打敗日本並不等於打敗了德國；美國如集中全力在今年或 1943 年對付日本，則就會增加德國完全控制歐洲和非洲的可能性。反之，我們可以明顯看出，打敗德國，或者說在 1942 年或 1943 年牽制住德國，就意味著德國在歐、非戰場以及近東有可能最終遭到失敗。打敗德國就是打敗日本，而且可能不發一彈，不損一兵。"[1]在美國的亞太戰略中，首要的戰略重點則是加強在太平洋戰場上的美軍力量，從日軍手中奪回制海權和制空權。中緬印戰場的作用是從側翼配合太平洋戰場。美國在中緬印戰場上的方針是力促中國和英國分擔出兵反攻緬甸的責任，美國提供物資援助和一定的海空軍力量，盡可能不派遣地面部隊。

英國從來就不歡迎中國軍隊進入緬甸，也不認為收復緬甸是當務之急。"英國人只關心保衛他們具有戰略意義的殖民地，而且只是在戰局符合帝國更大的戰略需要時才這樣做。他們不屑同中國人合作，認為中國是長期威脅殖民主義的民族主義國家。"[2]日軍奪取緬甸雖然構成對印度的軍事威脅，但侵緬日軍隨後轉取防禦態勢使英國獲得了喘息之機。只要能確保印度的安全，英國

---

1 《羅斯福與霍普金斯》下冊，第 205-206 頁。
2 《美國十字軍在中國》，第 105 頁。

對重新打通滇緬公路，恢復對華軍運根本不感興趣。英國認為將來戰勝日本之後，緬甸自然會重歸英國統治，不必假手中國。因此，"英國人不想為中國和緬甸的作戰作出努力，也不想貢獻出其他地方極為需要的物資，他們並不太對那裏的戰爭努力可能土崩瓦解或這種政治後果感到焦慮不安。"[1]作為共同對日作戰的盟國，英國不便明確表示反對反攻緬甸，也不得不贊同美國提出的維持中國對日作戰的主張，並同意中、美在印度訓練中國駐印軍和修築中印公路，但在三國協調反攻緬甸的作戰計畫時，英國總是以各種藉口橫加阻撓。

中、美、英對反攻緬甸的不同態度從開始籌畫反攻計畫時就充分表現出來，並引起了三大盟國之間的矛盾和衝突。

中緬陸路通道被截斷後，美國援華物資完全依賴由印度阿薩姆邦飛越喜馬拉雅山到中國昆明的"駝峰"航線空運。最初由於運輸機太少，加之密支那失陷後，航線被迫北移而變得更加艱險，運量很小。1942 年 5 月份只有 80 噸，6 月 106 噸，7 月 73 噸[2]，杯水車薪，難以滿足需要。6 月下旬，德國非洲軍團擊敗英軍，攻陷托卜魯克，侵入埃及，逼近馬特魯港，由地中海經蘇伊士運河到印度洋的航線受到威脅。由于北非戰場告急，羅斯福應邱吉爾的要求，將原來指定歸中國戰區使用的美國駐印度的第 10 航空隊的重型轟炸機以及"駝峰"航線的運輸機和駕駛員調往埃及支援英軍，並在事後才讓史迪威通知蔣介石。與此同時，美國軍需品分配委員會將中國戰區的運輸次序排列在各戰區的最後，並以積存在印度的物資無法運出為由，將分配給中國的租借物資削減為每月 3500 噸。[3]（注：）蔣介石為此對史迪威大發雷霆，質問"英美是否尚以中國戰區為同盟國之戰區"，要求對此作出明確

1 赫伯特‧菲斯：《中國的糾葛》，北京大學出版社 1989 年版，第 26 頁。
2 《史迪威事件》增訂版，第 66 頁。
3 《美國十字軍在中國》，第 109 頁。

回答。[1]並電令宋子文在華盛頓進行交涉。宋子文向美國陸軍部提出："事既如此,我們在此已失效用,當令在美有關機構關閉,所有人員立命回國。"[2]

　　爲了緩和驟然緊張起來的中美關係,羅斯福於 6 月 27 日致電蔣介石,首先保證"美國及其同盟國均確信中國爲共同作戰之重要份子,並視維護中國戰區爲擊敗敵人最切要之步驟。"接著解釋："最近軸心兵力在近東迅速推進,突使美國面對最危急之局勢,若不立予制止,中印交通亦將中斷,或受嚴重之騷擾,故曾搜集一切可能力量赴援,以保持我與中國戰區之交通線。美國空軍第 10 隊之重轟炸機調赴埃及助戰,乃一臨時措施,一俟保衛交通線之空中力量充實之後,該項飛機即當請回,仍交空軍第 10 隊應用……至在印之空軍中型轟炸機與驅逐機,自將仍爲支援貴軍之用。"[3]6 月 29 日,蔣介石以書面形式提出"維持中國戰場最低需要"的三項要求:

　　"1、請美國於 8、9 月間調陸軍三師到印,協助中國軍隊恢復緬甸交通線;

　　2、自 8 月起應經常保持中國戰區第一線飛機 500 架;

　　3、自 8 月起應保持中印空運 5000 噸之數量。"[4]

　　蔣介石夫婦還表示,如果這幾項"最低要求"得不到滿足,中國只好"取消中國戰區","重新調整"自己的立場,"另作安排"[5]。其言外之意就是要同日本講和。蔣介石夫婦在 6 月 26 日要求得到"盟邦是否對於中國戰場尚有興趣"的答復時,就已

---

1 梁敬錞:《史迪威事件》增訂版,第 61-62 頁,巴巴拉·塔奇曼:《史迪威與美國在華經驗》下冊,第 447 頁。

2 《史迪威事件》增訂版,第 63 頁。

3 《史迪威事件》增訂版,第 63-64 頁。

4 《史迪威事件》增訂版,第 67 頁,《史迪威與美國在華經驗》下冊,第 448 頁。

5 《史迪威與美國在華經驗》下冊,第 448 頁。

提出"美國是否願意中國與日本講和"[1]的問題。同時在重慶放出謠言，說日本特使和南京代表已到重慶來洽談媾和的條件。美國認爲蔣介石的三項要求等於最後通牒，提出與日本單獨媾和不過是迫使美國滿足其要求的手段，雖然中國的需要是真實的，但蔣介石的做法是在"嚇唬人"。然而美國也不敢冒丟掉中國這個作戰基地的風險，因此一面根據美國全球戰略特別是開闢歐洲第二戰場的物資需要，來決定向中國戰場能撥出多少物資，同時決定繼續由史迪威掌握調撥與分配援華租借物資的大權，以此來對付蔣介石。

對反攻緬甸態度最積極的是史迪威。從撤退到印度之日起，史迪威就把打回緬甸去作爲自己的目標，全力以赴地策劃反攻計畫，促進收復緬甸戰役的實施。他認爲，"一旦中國決心戰鬥，美國就得充分提供物資，支援這場戰役。華盛頓也一定會施加壓力，逼英國參加緬甸戰役。"他相信，"如果中美軍隊願意採取行動，英國幾乎不會不採取行動收復自己的領地。"[2]史迪威依據這個想法，參照自己原先兩路夾攻緬甸的設想，於7月18日向蔣介石遞交一份備忘錄，提出了反攻緬甸的計畫。史迪威的反攻計畫是：由英軍3師、華軍2師、美軍1師從印度阿薩姆邦經加里瓦、霍馬林等地渡過欽敦江進攻緬甸，向曼德勒出擊；由中國出兵12個師從滇西進攻緬北，向臘戍、八莫出擊。兩路進攻的中、英、美聯軍在曼德勒會師。[3]在盟軍從陸路進攻的同時，英軍重新在孟加拉灣確立制海權，收復安達曼群島，派部隊在仰光登陸。據史迪威估計，如果仰光收復，美國陸軍部就能連續半年每月撥運給中國3萬噸物資。[4]史迪威的這一計畫還建議，中國派兵9個師經老街向河內和海防進攻，美軍在西南太平洋發動進攻，以配

1 《史迪威事件》增訂版，第62頁。
2 《史迪威與美國在華經驗》下冊，第456頁。
3 《第二次中日戰爭史》下冊，第853-854頁。
4 《史迪威與美國在華經驗》下冊，456頁。

合緬甸的反攻。預計在旱季（當年 11 月到翌年 4 月）發動攻勢。[1]

蔣介石將史迪威的計畫批交參謀總長何應欽和軍令部核議。軍令部核議後，提出三點意見：“1、美國至少須有一師兵力參加作戰；2、美國空軍與空運力量須大量增加；3、陸上部隊出動時，英國海空軍須在孟加拉灣之安達曼島開始攻擊，並在仰光登陸。”[2] 8 月 1 日，軍委會辦公廳主任將這三點意見函告史迪威。這三點意見，也就是中國同意出兵參加反攻緬甸戰役的條件。其著重點一是要求美國派遣充足的空軍部隊給中國軍隊提供有效支援，二是英軍從陸路和海路參戰。無論是從盟國之間相互的責任與義務，還是從保證反攻緬甸戰役取得勝利的需要來看，這些要求基本上是合理的，並且同史迪威提出的反攻計畫基本一致。

軍令部隨即提出了《中美聯合反攻緬甸方案大綱》，主要內容是：

“甲、反攻緬甸的理由：1、規複緬甸可建立反攻日本的基地，使盟國爾後攻勢作戰容易。2、可鞏固印度，徹底擊破軸心國會師遠東的企圖。3、打通中印交通，使美國援華物資大量輸入，及完成中國總反攻的準備。4、牽制日本陸海空軍，使不能再行增辟戰場（如對蘇對澳或襲擊美國）。

乙、緬甸方面敵軍兵力判斷：1、陸軍現約 5 個師團，將來增加到 10 個師團為最大限度。2、海軍現新加坡以西互孟加拉灣，似尚無主力艦，將來可增加至其全部艦隊 1/4 為最大限度。3、空軍現緬境約有飛機 150 架，將來其第 4 飛行師團全部（約 800 架）協力該方面作戰為最大限度。

丙、作戰準備：1、中國陸軍以 15 至 20 個精銳師，準備以主力由滇西，一部由滇南攻擊敵人。英美陸軍以 5 至 7 個師兵力及一部降落傘部隊與中國留印部隊聯合，準備以主力由印度陸地正

---

1 《第二次中日戰爭史》下冊，第 854 頁。
2 《史迪威事件》增訂版，第 95 頁。

面，一部由仰光登陸攻擊敵人。2、英美聯合海軍以主力艦 3 至 4 艘，航空母艦 6 至 8 艘為基幹，特別須編入多數的潛水艇，準備確實控制孟加拉灣，掩護陸軍在仰光登陸。3、英美聯合空軍以能擊破敵人一個空軍師團而準備之。4、美國應設法加強中印間空運力量，盡先輸送中國出擊部隊所要的裝備及其它必要物資。5、英國應迅速準備開設印緬邊境的交通路。

丁、作戰指導大要：1、英美聯合空軍先攻擊敵空軍根據地，奪取制空權，掩護海陸軍作戰。2、英美聯合海軍先以有力潛艇艦隊進出中國海及爪哇海，截斷敵海上交通，爾後以海軍主力攻略安達曼群島，控制孟加拉灣，掩護陸軍在仰光上陸。3、中國陸軍在盟國空軍掩護下，主力由滇西，一部由滇南，向緬北之敵攻擊。4、英美中聯合陸軍以主力渡欽敦江向斯威堡、曼德勒方向，以一部沿吉大港海岸向阿恰布、仰光方面攻擊，另以一部在海軍掩護下由仰光登陸攻擊敵人。" [1]

8 月 4 日，史迪威由重慶飛往印度，與英軍司令韋維爾會商反攻緬甸計畫，並考察中國駐印軍的訓練情況。英國從來就不歡迎中國軍隊進入緬甸，也不認為收復緬甸是其急務。他們當時考慮的，一是印度國大黨領導的反英獨立運動威脅英國對印度的殖民統治，進入緬、印的大批中國軍隊對此持何態度，英國感到很不放心；二是英軍在北非戰場失利，英國正調集力量支援埃及英軍，沒有餘。力兼顧反攻緬甸，而且印度洋制海權已經喪失，難以投入大量海空力量收復仰光。因此在 9 月 27 日的會談中，韋維爾對史迪威反攻緬甸的計畫表示冷淡。韋維爾強調，要在緬甸發動全面反攻，取決於能否獲得兩個必要條件："一是強大得足以控制緬甸上空的空軍部隊，一是控制印度洋和掩護進攻仰光的一支 4-5 艘航空母艦組成的強大英國艦隊。鑒於海軍要在其他地方

---

1 宋希濂：《遠征軍在滇西的整訓和反攻》，《文史資料選輯》第 8 輯，第 56-57 頁。

投入戰鬥，第二個條件事實上是辦不到的。"[1]爲了表現英國在對日戰爭中並沒有無所事事，而是作出了自己的貢獻，韋維爾表示，英軍可以在緬甸西部的若開沿海地區發動一次有限的攻勢，同時收復阿恰布島的機場。史迪威認爲這簡直是"一個笑話"[2]。何況韋維爾的目的是使日軍不能利用這些機場襲擊印度東北部，而不是爲了收復緬甸。後來這個計畫的重點部分也因缺少登陸艇而作罷。

10 月 11 日，史迪威由印度返回重慶，向蔣介石報告磋商情況。蔣介石強調，反攻緬甸必須陸海空三軍都有充分準備，才能制勝。10 月 13 日，美國陸軍部作戰司致電史迪威，收複緬甸的指揮權應由英國擔任，但在印度的中國軍隊以特種部隊爲宜，並由中國同意的軍官指揮。[3]10 月 14 日，蔣介石將中國的作戰計畫交給史迪威。現在的問題是要英國表明態度了。10 月 15 日，史迪威又前往印度，於 16-19 日與韋維爾再度磋商反攻緬甸計畫。韋維爾表示，目前北非戰局尚未見分曉，英國海空軍能否南調，能否掌握孟加拉灣的制海權與制空權皆不可知，不能商議收復仰光。他主張以阿恰布爲目標，如阿恰布得手，則可收復上緬甸，再沿欽敦江東進，爲下一步收復全緬作準備。[4]韋維爾這一主張的目的旨在保衛印度，而不是打通中緬交通線。由於美國陸軍參謀長馬歇爾出面請英國駐美軍事代表團團長迪爾電請英國戰時內閣給韋維爾訓令，韋維爾才在會商的最後一天同意討論中國的方案，但仍堅持認爲收復緬南需要海軍支援，而海軍支援不一定能夠得到，因此不如先收復緬北。兩人最後同意將這個方案同時提交審議。[5]

1 利德爾一哈特：《第二次世界大戰史》上冊，上海譯文出版社 1978 年版，第 508 頁。

2 約翰・科斯特洛：《太平洋戰爭》上冊，第 420 頁。

3 《史迪威事件》增訂版，第 97 頁。

4 《史迪威事件》增訂版，第 97-98 頁。

5 《史迪威事件》增訂版，第 98 頁。

史迪威於 11 月 3 日回到重慶報告在印度商談的結果：開始收復緬甸的日期定在 1943 年 3 月 1 日左右；英軍及印緬軍共 7 個師（英軍 1 師，印緬軍 6 師），其中 3 個師從恩帕爾經加裏瓦，沿欽敦江奪取卡薩（傑沙）、士威坡（瑞波）、孟瓦（夢內瓦），另派 1 個師在佔領阿恰布後向東進展，其餘 3 個師為後備軍；中國軍隊若干師從雲南出擊臘戍，奪曼德勒，經雷列姆占羅衣考，應在 2 月 25 日以前完成準備；在印度的中國軍隊以雷多為根據地，經胡康河谷、孟拱，奪取密支那，與英軍在卡薩會師；孟加拉灣方面是否有制海和制空權還待再商討。[1]蔣介石聽後表示："中國擔任之兵力，除駐印度的兩個師外，並可再派一師參加藍姆伽訓練，作為後備軍。雲南方面預定出兵 15 個師，可於 2 月以前準備完成。但此次緬甸作戰的中心問題，在於英國能否在孟加拉灣掌握制海制空權，以阻仰光方面敵軍之增援。如海軍實力不能充分準備，則我不願令派一兵一卒參加此次戰役，因吾人不能再受第二次之挫敗。"[2]

蔣介石始終堅持在南北緬從水陸兩路同時夾攻的戰略，對史迪威與韋維爾商定的收復緬北計畫表示有條件的贊同，並下令中國軍隊準備必要的兵力。韋維爾將收復全緬的方案命名為"安納吉姆"方案，但以無法得到物資，因為物資要優先提供給北非戰場、歐洲第二戰場和俄國為由而把它擱置在一邊，而代之以規模十分有限的阿恰布作戰計畫。"英國人在整個戰爭期間花了很大氣力制訂安納吉姆計畫，但是他們為了避免實施安納吉姆計畫而花的氣力則更大……他們同意參加北緬戰役，但並不熱情，因為他們不像美國人那樣迫切感到需要把援助物資運往中國。英國人'重新估計'形勢後認為，中國即使不再得到援助，也能再堅持一年。"[3]同時，韋維爾拒絕中國在印度的軍隊從恩帕爾經過達武

1　《史迪威事件》增訂版，第 98 頁。
2　《史迪威事件》增訂版，第 99 頁。
3　《史迪威與美國在華經驗》下冊，第 464-465 頁。

和加里瓦向緬甸推進，其理由是"從孟加拉灣開始的曼尼普爾公路和阿薩姆鐵路不能同時支持中國人和英國人。"[1]韋維爾"規定史迪威帶領中國軍隊從藍姆伽進發的路線是北緬的胡康谷地，英國人確信他無法通過這個谷地。"[2]根據共同商定的作戰計畫，中國在印度的軍隊將以雷多為基地，經胡康河谷進入緬甸。史迪威與韋維爾進一步達成協定，"美國將負責修建一條公路，這條公路從雷多開始，經胡康谷地隨著前線部隊向前推進，給部隊運送補給。這條公路最終將同滇緬公路連接起來。"然而，"英國人不需要也不喜歡這項工程。他們寧可使前線無路以利於英國在運輸方面保持壟斷地位，更重要的是，因為英國不想讓中國人有進入印度的途徑。由於華盛頓的堅持，也由於公開拒絕會更加引起中國人的激烈對抗，英國人才表面上同意築路計畫，但是他們在幕後從來沒有停止過反對和阻撓這項計畫的實施。"[3]

11 月 19 日，英美參謀人員在新德里開會。英方表示：建設雷多公路的勘測、徵集車輛馬匹、儲備各種物資和訓練軍隊工作均不能在明年 2 月前完成，惟有將收復仰光與收復緬北兩個方案都加以延緩，改用英方明春佔領阿恰布的計畫。[4]12 月 7 日是珍珠港事件一同年，韋維爾建議取消進攻緬北計畫，並把原計劃用於反攻的 7 個師削減為 3 個師，除了保證要拿下若開海岸的實兌（即阿恰布）和在欽敦江組成一條防線外，不願作任何承諾。同一天，馬歇爾通知史迪威，美國已決定增加對緬北攻勢的支援，把滿足緬北戰場的需要排在北非戰場之後的第二位，包括派遣 6000 名從事築路任務的工兵部隊。[5]史迪威於 12 月 23 日致何應

1 查理斯‧F‧羅馬納斯、賴利‧森德蘭：《史迪威在華使命》，華盛頓 1953 年出版，第 228 頁。
2 《史迪威與美國在華經驗》下冊，第 490 頁。
3 《史迪威與美國在華經驗》下冊，第 491 頁。
4 《史迪威事件》增訂版，第 100-101 頁。
5 《史迪威與美國在華經驗》下冊，第 496 頁。

欽、宋子文的備忘錄通報了英國要單獨實行阿恰布作戰計畫的意圖，要求軍隊仍按原計劃於 1943 年 3 月，1 日進攻緬北。

蔣介石發現英國變卦，美國又無意出兵，遂於 12 月 28 日致電羅斯福："中國應用之軍隊皆已準備就緒，惟如英國不能踐其諾言，致使吾人反攻緬甸計畫無形打消，則實遺憾……請閣下敦促英方以充分之陸海空力量，負起共同收復緬甸之責任，中國軍隊與人民經過五年半軍事與經濟之消耗，實不能在緬冒第二次失敗之危險。"[1]羅斯福在 1943 年 1 月 2 日復電表示，緬甸反攻計畫當在即將召開的卡薩布蘭卡會議上與邱吉爾面商，並強調北緬作戰或較南緬作戰更為重要，亦即打通滇緬公路比收復整個緬甸更為重要。[2]來電表明羅斯福已有放棄收復仰光及以英國的海軍水陸夾擊的傾向。

為了說服英國在反攻緬甸時投入海軍力量，美國參謀長聯席會議和英國聯合參謀代表團進行了討論。馬歇爾強調："必須利用中國人情願採取攻勢的機會。必須找到方法，給予大元帥（指蔣介石）以必須的保證，使得進攻可以開始。"但英國代表團團長迪爾的態度和韋維爾一樣冷淡，他告訴馬歇爾："由於東部艦隊缺乏驅逐艦為他們所僅有的陳舊戰艦護航，艦隊不能在孟加拉灣有所行動。"[3]

羅斯福既要說服蔣介石，又要說服邱吉爾。他在給邱吉爾的電報中強調，中國軍隊在緬甸作戰是"我們從中國派空軍攻擊日本海上航線的先導"，"要設法確使中國人全力以赴地執行訂於 3 月實施的作戰計畫。"[4]但邱吉爾和蔣介石兩人誰也沒有被羅斯福說服。邱吉爾根本不打算滿足蔣介石提出的條件，蔣介石也決

1　《史迪威事件》增訂版，第 102 頁。

2　《史迪威事件》增訂版，第 102-103 頁；《史迪威在華使命》，第 253 頁。

3　《史迪威在華使命》，第 258-259 頁。

4　羅伯特・達萊克：《羅斯福與美國對外政策 1932-1945》下冊，商務印書館 1984 年版，第 548 頁。

心不參加得不到盟國全力支持的緬甸戰役。蔣介石於 1 月 8 日致電羅斯福：＂我深信收復緬甸的企圖必須有海陸的聯合行動。除非海軍能從海上阻止敵人增援，或登陸部隊能在緬甸南部後方打垮日軍，敵人將可迅速集中起來攻擊我們在緬甸北部的軍隊。由於我們供應線的薄弱，不論我們在後方有多大的兵力，我們趕不上日軍所集中的兵力。因此我認為進行局限於緬甸北部的攻勢，我們的軍隊最後勢將面臨戰敗的危險……由於這些理由，我抱歉地作出如下的結論，如果海軍不能控制緬甸海，與其冒著所提議的北緬戰役中所包含的風險，不如多等幾個月，或甚至等到秋季雨季結束以後。＂[1]羅斯福復電，仍表示等待卡薩布蘭卡會議之後再作決定。

　　1943 年反攻緬甸的計畫，在中、美、英之間經過半年之久的反復磋商，其間一波三折，最後終因三國戰略利益的矛盾而擱淺。導致這次行動被撤銷的主要原因，是英國出爾反爾，不肯提供必要的海軍力量在南北緬同時發動攻勢的消極態度。

　　1943 年 1 月 14-24 日，羅斯福、邱吉爾和美、英兩國主要軍事領導人在西北非摩洛哥的卡薩布蘭卡舉行會議，商談盟國在下一階段的作戰計畫。這時，美、英聯軍已在北非登陸，蘇軍正在斯大林格勒反攻，美軍繼上年 6 月中途島海戰大捷之後，又在瓜島爭奪戰中取勝。北非戰場、蘇德戰場和太平洋戰場的戰略主動權相繼轉入盟軍手中，大戰戰局發生了根本轉折，反法西斯戰爭的勝利曙光已經呈現。在有利的戰略形勢下，美英有可能更多地關注東南亞戰局，將對日戰略列入會議議程。會上，美國陸、海軍領導人馬歇爾上將和金海軍上將都力主對緬甸發動全面反攻。邱吉爾及其助手既反對過早地越過英吉利海峽進攻歐洲大陸，又反對進行一場大規模戰役以打開緬中走廊。他們熱衷於向義大利和巴爾幹半島進軍的地中海戰略。馬歇爾和金堅持認為：＂由英

---

[1] 《史迪威在華使命》，第 259-260 頁。

國在緬甸南部和中國在北部的聯合進攻將牽制南太平洋的日軍調
往緬甸"，"這可以防止太平洋的一場災難，否則就會斷送歐洲
第一的戰略。緬甸攻勢還能打通進入中國的陸上通道，以便集結
空軍部隊打擊日本。"[1]從美國的觀點來看，這樣做比把美軍投到
西南太平洋潮濕的島嶼叢林中發動進展緩慢、戰鬥艱難、逐島爭
奪、代價高昂的戰爭要可取得多。由於日軍在這些島嶼上的反攻
十分激烈，馬歇爾說美國"吃不消再來一次巴丹戰役"。如果讓
日本在中國和緬甸處於被動，美國就可以"減少在太平洋的危
險，發動對德作戰"[2]。

英國反對緬甸戰役的理由還是老一套。他們還在會上提出，
既然奪取仰光需要英國的登陸艇，那麼必須減少英國在歐洲戰場
上橫渡英吉利海峽的戰役中的任務。馬歇爾對英國發出警告："我
們重視打通滇緬路，並非全為提高中國士氣、打擊日本海上運輸
力著想。我們的目的在配合歐亞非各地作戰。若收復緬甸案不立
即實施，則美國或將有被迫退出歐洲之日。"[3]金海軍上將則答應
由，美軍從太平洋戰場調撥仰光戰役所需的登陸艇。在此基礎上，
英美聯合參謀長委員會對反攻緬甸的計畫作出三項決定：

"1、應作出一切計畫和準備，於 1943 年發動'安納吉姆'，
目標日期為 11 月 15 日；2、聯合參謀長委員會應于 1943 年夏季
作出進攻的真正決定，不得晚於 7 月；3、如果'安納吉姆'攻勢
於 1943 年發動，美國將幫助補足登陸艦艇和海軍方面的缺乏，艦
艇和海軍將從太平洋抽調。"[4]

反攻緬甸的作戰目標是："在北部發動地面攻勢，以便重辟

1 《羅斯福與美國對外政策》下冊，第 550 頁。
2 《史迪威與美國在華經驗》下冊，第 509 頁。
3 《史迪威事件》增訂版，第 99 頁。《史迪威與美國在華經驗》下冊，第 510
　頁對馬歇爾的警告的表述是：除非"安納吉姆"作戰計畫得到實施，否則
　"在太平洋上隨時都可能出現一種局勢迫使美國不得不遺憾地撤銷在歐洲
　戰場上承擔的義務。"
4 《史迪威在華使命》，第 271 頁。參見《史迪威事件》增訂版，第 118 頁。

滇緬公路；在南部發動兩棲戰役，重新奪取仰光港。"[1]羅斯福與邱吉爾審查批准了英美聯合參謀長委員會的報告。

羅斯福與邱吉爾於 1 月 25 日聯名致電蔣介石，通報卡薩布蘭卡會議的有關情況："我等正于北非集會，隨行有兩國參謀首長，以策劃我方 1943 年的攻勢及戰略。援助中國之極端重要性亦已在我等心目中。美國陸軍航空司令阿諾德將軍業已在途，行將晉謁閣，下。我等業已決定：對陳納德應立即予以增援，俾閣下得以打擊各重要海運路線以及日本本土。阿諾德攜有我等對緬甸之最佳判斷以奉閣下，他亦將向閣下提供我方在西南太平洋擴大作戰以及我等對德意兩國發動攻擊之意見，對德意之攻勢將於突尼斯摧毀軸心勢力之後立即從事。我等對同盟國 1943 年的攻勢具有充分信心，並願向閣下保證，我等亟盼閣下合作，以逐漸加強的壓力對付日本。"[2]

爲了向中國通報卡薩布蘭卡會議的情況，商討反攻緬甸的計畫，並消除沒有邀請中國代表參加會議而產生的誤會，羅斯福和邱吉爾向蔣介石派出一個高級代表團。代表團成員有美國陸軍航空兵司令阿諾德、陸軍後勤司令薩默維爾和英國駐美軍事代表團團長迪爾。代表團在途經印度時，先與韋維爾、史迪威進行磋商，形成了五條具體意見；"1、作戰期間預定爲 1943 年 11 月至 1944 年 5 月；2、陸軍以佔領曼德勒爲目標，其兵力爲雲南遠征軍 11 個師向臘戍前進，中國駐印軍 2 師向雷多前進，恩帕爾印度軍 3 個師向加里瓦沿欽敦江前進；3、派海軍封鎖仰光；4、奪取阿恰布與南穆裏；5、陸軍在 12 月出戰，1944 年 1 月佔領仰光。"[3]重

1 《羅斯福與霍普金斯》下冊，第 293 頁。
2 《第二次中日戰爭史》下冊，第 856 頁。
3 《史迪威事件》增訂版，第 118-119 頁。其中第 2 點關於印度軍的前進路線，此書和《第二次中日戰爭史》下冊第 856 頁均爲："卡兒瓦（即加里瓦）印度軍 3 師，向英坊（即恩帕爾）沿更的宛河（即欽敦江）前進。"將恩帕爾和加里瓦的地理方位顛倒了。

視空中戰略的阿諾德和第 10 航空隊司令比斯爾還強調指出,反攻緬甸方案中含有另一個更大的戰略,就是要使陳納德的空軍能夠直接攻擊日本及其運輸線,牽制日軍增援,減輕美軍在太平洋逐島作戰的艱苦。反攻緬甸所需的器材能夠得到優先安排,就是因爲含有這一戰略之故。[1]

2 月 5 日,阿諾德一行在史迪威陪同下,到重慶向蔣介石介紹了反攻緬甸的方案。蔣介石表示同意這一方案,並保證完全合作,條件是滿足他的三項新要求:給陳納德獨立的指揮權;每個月經喜馬拉雅航線空運 1 萬噸物資;至 11 月以前給中國 500 架作戰飛機。[2]蔣介石對阿諾德說:"告訴你們總統,除非他滿足我的這三個條件,否則我不能打這個仗,他也不能指望我派我的軍隊參加這個戰役。"[3]阿諾德認爲,這些要求聽起來有敲詐勒索的味道,拒絕轉告給羅斯福。2 月 7 日,蔣介石致電羅斯福重申了他的保證和三項新要求,表示"中國軍隊將在確定的時間內定然執行它承擔的任務",但著重強調的是陳納德的空軍力量及中印空運均有迅速增加的必要。羅斯福寧可遷就蔣介石而不是進行威脅,以贏得他的支持。因此基本上滿足了蔣介石的要求,包括下令建立一支擁有 500 架飛機的獨立的第 14 航空隊,歸陳納德指揮,並把經喜馬拉雅山的空運物資增至每月 1 萬噸,甚至不惜以削減史迪威所需要的物資來保證陳納德航空隊的物資供應。[4]羅斯福在 3 月 8 日致馬歇爾的信中解釋了他這樣做的理由。羅斯福說,美國和中國是盟國,而且都是大國,如果企圖指揮蔣介石,那就會產生相反的效果。因爲他經過一番奮鬥而成爲"4 億人民無可爭辯的領袖",並且他已經在中國建樹了"我們花費兩個世紀才

1　《第二次中日戰爭史》下冊,第 856-857 頁。
2　《史迪威與美國在華經驗》下冊,第 511 頁。並參見《美國十字軍在中國》,第 122 頁。
3　《史迪威與美國在華經驗》下冊,第 512 頁。
4　《史迪威在華使命》,第 278-279 頁。

取得的成就"。因此羅斯福不願"嚴厲地責備那樣的一個人,或者要他像摩洛哥的蘇丹那樣向我們提供保證"[1]。

2 月 9 日,中、美、英三國高級軍政領導人在印度的加爾各答開會,討論確定 11 月反攻緬甸的計畫。參加這次會議的中國代表是宋子文和何應欽,美國代表是阿諾德、史迪威、薩默維爾和比斯爾,英國代表是迪爾和韋維爾。韋維爾以東道主的身份擔任會議主席。何應欽在會上首先說明,這次戰役中國將以 10 個師主力由滇西向密支那、八莫進攻;中國駐印軍由胡康河谷向密支那攻擊,如獲勝就向曼德勒前進,本年 10 月底即可出戰。韋維爾報告,英國使用 9 個師兵力,2 師爲英軍,其餘爲英印混合部隊,其中 3 個師計 4.5 萬人從欽敦江進入曼德勒與中國軍隊會師,5 個師進攻下緬甸,1 個師爲預備隊。何應欽和宋子文再次強調:這次作戰,海軍非常重要,如果沒有海軍,是不會取得勝利的。與會的英美代表都沒有異議。會議對於加強空軍力量和增加中印空運也取得一致同意。[2]韋維爾也說:"一切都達成了協議",剩下的問題只是"盡最大努力"爲雨季過後立即就要開始的戰事作準備。[3]

1943 年 1-2 月,中、美、英經過在卡薩布蘭卡、新德里、重慶、加爾各答等地的頻繁商討,終於重新確定了在當年 11 月實施反攻,收復全緬的"安納吉姆"方案。三國爲此進行了大量準備:1942 年 12 月 10 日在雷多破土動工的中印公路,於 1943 年 2 月 28 日越過印緬邊界,進入野人山區;準備參加反攻的中國軍隊正在向滇西調集和整訓,並於 4 月在楚雄成立了遠征軍司令長官部,第六戰區司令長官兼湖北省政府主席陳誠調任遠征軍司令長官;中國駐印軍在印度藍姆伽加緊訓練,並由國內空運大批士兵

---

1 《美國十字軍在中國》,第 122 頁。並參見《史迪威事件》增訂版,第 121-122 頁。

2 《史迪威事件》增訂版,第 119-120 頁。

3 《史迪威與美國在華經驗》下冊,第 513 頁。

加以補充；美國第 23 戰鬥機大隊擴編爲獨立的第 14 航空隊，陳納德晉升爲少將司令官。正當中美按預定計劃進行各項準備之際，英國方面又出了問題。

駐印英軍從 1942 年 12 月起開始實施其對若開沿海地區發動有限反攻的計畫，但行動遲緩，在 1943 年 1 月底就被侵緬日軍阻遏。韋維爾不顧其東路集團軍司令的警告，堅持繼續進攻，結果英軍在 4 月大敗，日軍向北推進。到 5 月初，英軍已退到上年秋季的防線。[1]英軍在若開的反攻徹底失敗後，反對採取地面攻勢的論調又高漲起來，打亂了盟國軍隊在下一個旱季（1943 年 11 月到 1944 年 5 月）收復緬甸的計畫。邱吉爾覺得，收復緬甸好像是"一根一根地拔箭豬那樣費勁"。羅斯福開始贊同邱吉爾的意見，傾向于放棄"安納吉姆"行動計畫，轉而支持陳納德的空中作戰計畫，在緬甸採取有限的攻勢。這樣既能在中國戰區繼續有所行動，又能保證把主要力量用於歐洲戰場。他向馬歇爾表示，由於"安納吉姆"行動計畫同開闢歐洲第二戰場的準備工作有衝突，也許應當放棄。[2]對蔣介石則說："我充分相信，從戰略觀點來看，今年我們能做的首要事情之一是從中國起飛的飛機打擊敵人。"[3]

1943 年 5 月 12 日至 23 日，羅斯福、邱吉爾在華盛頓舉行"三叉戟"會議，著重討論了西西里作戰與緬甸作戰問題。史迪威、陳納德奉召列席會議，說明有關問題。宋子文代表中國在會上致辭。韋維爾也隨邱吉爾從倫敦前往參加。這是迄今爲止盟國舉行的規模最大的戰略會議，也是中緬印戰區的戰場指揮官第一次參加的會議。這一做法似乎表現了盟國對亞太戰場的重視，但是歐洲戰場仍是會議關注的重點。

在歐洲戰場的戰略問題上，邱吉爾一如既往地鼓吹他所謂

---

1 利德爾・哈特：《第二次世界大戰史》上冊，第 509、510 頁。
2 《史迪威與美國在華經驗》下冊，第 515 頁。
3 《羅斯福與美國對外政策》下冊，第 559 頁。

"打擊軸心國柔軟的下腹部"的地中海行動方案，美國則贊成橫渡英吉利海峽進攻西歐的計畫。在亞太戰場的戰略問題上，邱吉爾毫不隱諱地主張繞過緬甸，以新加坡爲戰略目標。邱吉爾認爲，英軍在若開反攻的失敗使從緬甸肅清日軍的計畫變得不現實，除非能大量增加分配給那裏的部隊和物資，而由於英美要準備西西里登陸作戰，無法調動大量海軍控制孟加拉灣和進攻仰光。他建議以對蘇門答臘和馬來半島進行兩栖登陸作戰並以此爲跳板奪回新加坡的戰役，來取代對緬甸的全面反攻。在英方的戰略主張後面有著強烈的政治目的。這就是邱吉爾所說，收復新加坡"將是恢複英國在該地區威信的唯一手段"，還有英國外交大臣艾登在籌備"三叉戟"會議期間對羅斯福所說，他"不大喜歡讓中國人在太平洋到處竄的主張"。[1]英國人希望中國在戰後發生一場革命而陷入分裂和軟弱的境地，以免危及英國在香港和東南亞各國的殖民統治。

　　美國不但把中國作爲對日作戰的重要基地，而且打算在戰後使中國成爲支持美國的亞洲大國。美國軍方領導人提出："'安納吉姆'行動計畫應予實施並貫徹到成功結束，如果英國反對而使這個計畫無法實行，那麼美國就要擴大和加強太平洋的行動以支援中國。"[2]他們計畫實行一個以香港爲目標的巨大鉗形攻勢：由美軍從西南太平洋越島進攻，直趨中國南部海岸；中英軍隊收復緬甸，重開滇緬公路；兩路盟軍在香港會師後，發動對日本本土的最後攻勢。羅斯福雖然遷就邱吉爾貶低收復緬甸的重要性，但仍然重視中國作爲對日作戰基地的必要性。作爲美國總統，他對戰後的世界政治格局比軍方想得更爲深遠，打算扶持中國取得大國地位，成爲亞太地區同蘇聯抗衡的力量。羅斯福與美國軍方領導人一致認爲："反攻緬甸之案如取消，亞洲戰局將見嚴重；

1　《史迪威與美國在華經驗》下冊，第 430-431 頁。
2　《羅斯福與美國對外政策》下冊，第 561 頁。

而全力攻緬，供應歐洲之物資又將不給。兩全之法，惟有縮小緬戰範圍，先從緬北開始。如果得手，則太平洋戰略既可配合，滇緬公路亦可打通。英國無登陸艇缺乏之顧慮，中國有加強國際空運之利益，同時陳納德之空運計畫與史迪威之整軍計畫，在增強中印空運噸位之下，亦可兼顧。"[1]美、英即按照這一方針，決定修訂"安納吉姆"計畫，把作戰行動嚴格限制在緬甸北部進行，放棄緬南作戰。

　　蔣介石在三叉戟會議召開前夕，通過在華盛頓的宋美齡，得知了美國有縮小反攻緬甸規模的意圖，即於 5 月 8 日電令宋子文力爭。電報說："反攻緬甸計畫，必須照卡港會議和重慶會議完全實施。倘僅占取緬北至曼德勒為止，不特無補中國戰場，且徒犧牲兵士。中國決不再蹈去歲覆轍。望以堅決反對之意，通知英美當局。"[2]宋子文在會前分別拜會羅斯福與邱吉爾，進行遊說。會議期間，於 5 月 17 日被邀出席，在會上作長篇發言，回顧了自緬甸失陷以來一年間，中、美、英三國商討反攻計畫的經過，強烈要求美、英實行共同決定的方案。[3]這是中國代表第一次，也是惟一的一次得到在盟國戰略會議上發言的機會。雖然宋子文在會議上慷慨陳詞，剴切聲述，甚至以"故今日如果尚有放棄收復緬甸，或只攻北緬之計畫，則中國人民將責英美背信違約，而無使用武力逼使日本投降之決意。萬一中國戰場因人心絕望而致瓦解，則同盟國失去中國基地，亦將無法消滅日本之武力！"相警告，但始終無法說服美、英。

　　5 月 18 日，羅斯福會見宋子文，面告美英決定的初步意見："一、自 7 月 1 日起，中印空運加至 7000 噸，其中 4700 噸應交

1　《史迪威事件》增訂版，第 131 頁。並參見《羅斯福與美國對外政策》下冊，第 559 頁。

2　《史迪威事件》增訂版，第 132 頁。

3　宋子文在三叉戟會議上發言的全文，見《史迪威事件》增訂版，第 134-136 頁；《第二次中日戰爭史》，第 858-860 頁。

陳納德空軍使用,其次之 2000 噸供應陸軍,其餘 300 噸亦歸空軍。二、9 月 1 日起,每月中印空運應加至 1 萬噸,阿薩姆機場已飭韋洛將軍督率修築,限期完成。三、5、6 兩個月之中印空運,除每月以 500 噸供陸軍外,其餘掃數分配空軍。四、反攻緬甸計畫決定年底會同英國實行。"[1]羅斯福顯然企圖以增加空運援華物資來安撫中國當局,以加強陳納德航空隊的空戰活動來取代全面反攻緬甸。羅斯福還告訴宋子文,美國堅決保證在冬季實行"安納吉姆"行動計畫,並且他已勸告過英國人,他期待他們履行他們方面對這個計畫的承諾。[2]但羅斯福這種表態是很含糊的,因為英國人的態度根本沒有改變。

5 月 20 日,美英聯合參謀長委員會提出第 220 號"擊敗日本方案"。其主要內容是:

"1、儘先集中可用物資于阿薩姆、緬甸區域,以建立及增強通達中國之地面設備,期於秋初達到每月 1 萬噸之運輸量,同時擴大阿薩姆航空設備,使達到下列目的:①加緊對日空戰;②增強(維持)美國駐華空軍;③支持對華空軍補給物資。

2、積極準備自雷多、恩帕爾入緬及自雲南入緬之中國軍隊作戰計畫,以打通滇緬路為目標。

3、水陸夾擊阿恰布及南穆裏島。

4、打擊日軍在緬之交通線。"[3]

在這個方案中,沒有在 1944 年攻佔仰光的規定,很少使用英國海軍作戰;強調優先增加駝峰空運以加強美國駐華空軍對日空戰;地面作戰則以中國軍隊從印度和雲南出擊緬甸為主,作戰目標,是打通滇緬公路,也就是只收復緬北而不收復緬南。這一決定,是以羅斯福 18 日通報宋子文的四點意見為基礎作出的,根本

---

1 《史迪威事件》增訂版,第 138 頁。

2 《羅斯福與美國對外政策》,第 567 頁。

3 《史迪威事件》增訂版,第 136-137 頁。並參見《史迪威在華使命》,第 329-332 頁。

沒有考慮中方一再提出的不同意見。

5 月 21 日，宋子文與邱吉爾進行了激烈的爭論，邱吉爾說："緬甸是蠻瘴出沒之區，在這種地區作戰，白人不如日本人，困難很多。"[1]因此，"目前考慮進軍緬甸是非常愚蠢的"[2]他聲稱："對於反攻緬甸的計畫，英國並沒有堅定的承諾，自然可隨局勢的演進而有變更"[3]。邱吉爾這樣說是因為他認為，只有俄國而不是中國"才能解決給予日本致命一擊的問題。"[4]宋子文與之力爭，邱吉爾仍堅持："安納吉姆，只有計劃並無決議。如果英國軍官曾經作出保證，亦屬越權。"宋子文再三請英國實踐諾言，否則前途不堪設想。邱吉爾一度露出可在緬北作戰的意思。在座的羅斯福乘機轉圜說："攻緬政策已定，但戰略或需變更，將來取道仰光或其他地方均未可知，請不必擔心。"邱吉爾則說："蘇俄如能度過今年夏天，將來必然參加對日作戰，滇緬路非到 1945 年以後不能恢復，恢復之後每月運輸量亦只有 2 萬噸，不如目前增加中印空運更為實際。"[5]同一天，宋子文又單獨晉謁羅斯福重申中方的觀點，羅斯福對他進行了一番安撫，要他報告蔣介石："反攻緬甸計畫必定進行，參謀團對此問題正在積極策劃，5 月 24 日當可提出報告。"[6]

5 月 24 日，美英聯合參謀長委員會對 20 日提出的方案進行了一些修改，主要是將 20 日方案中"中國軍隊自雷多、恩帕爾入緬"改為"中美軍隊由阿薩姆經雷多、恩帕爾進攻緬甸"，即美國提供一部分地面作戰部隊；增加"以海陸軍攻擊緬甸海岸，其目的為阻絕日本自海岸與其北境前線間之交通"；"阻遏日本在

---

1 《史迪威事件》增訂版，第 138 頁。
2 《羅斯福與美國對外政策》下冊，第 567 頁。
3 《史迪威事件》增訂版，第 138-139 頁。
4 《羅斯福與美國對外政策》下冊，第 567 頁。
5 《史迪威事件》增訂版，第 139 頁。
6 《史迪威事件》增訂版，第 140 頁。

緬海上交通"；"採取各種可能方法，用足夠之武力，以獲取孟加拉灣之制海權，除受時間及環境影響外，對於上述作戰，並無任何限制，俾達到解救中國被圍之目的。"[1] 修改方案經羅斯福、邱吉爾審核批准，成爲正式決定。5 月 25 日，羅斯福將該決定面交宋子文轉告蔣介石。這個決定與 20 日的方案相比，雖然增加了海上作戰的內容，但美、英的承諾仍然是很含糊的，並未明確規定使用多少海軍艦隻，而且仍然不提攻佔仰光，更回避是否在南、北緬同時出擊，以及誰掌握指揮權等重大問題。

　　三叉戟會議上最後作出的妥協性決定要求一方面進行空中戰役，一方面在緬甸採取有限的攻勢。旨在收復緬甸全境的"安納吉姆"行動計畫，實際上被放棄了，只保留了收復緬北的計畫。規定其代號爲"魯莽漢"行動計畫。這個妥協計畫似乎考慮了各方面的要求，但並沒有使每一個方面都感到完全滿意。陳納德的空軍得到的物資最多，但並未取得他所要求的全權；史迪威仍然是中緬印戰區的美軍最高司令官，他的權威卻遭到削弱，掌握的物資也大爲減少；加強陳納德的空軍雖然符合蔣介石的心意，但大大縮小緬甸戰役的規模使他很不滿意；英國既不願增加對中國的援助，又不想在緬甸進行大規模戰役，經美國說服才勉強同意最後的妥協方案，因爲他們心裏明白，加強陳納德空軍的作戰活動勢必削弱在緬甸地面作戰。

　　奉召參加三叉戟會議的史迪威通過自己的觀察寫道："結果必然是邱吉爾任意支配羅斯福。他們正在爲英國尋找一個輕而易舉的辦法，一條捷徑，因此，無論怎樣都無法把注意力從歐洲大陸上轉移開去。英國佬對太平洋戰爭是不感興趣的，而由於總統給迷惑住了，他們正是交上紅運呢。"[2] 儘管有各種議論非難他，史迪威從來沒有放棄收復緬甸的堅定信念。他帶著欣慰的心情聽

1　5 月 24 日方案全文見《史迪威事件》增訂版，第 141 頁。
2　《羅斯福與霍普金斯》下冊，第 364 頁。

說英國人終於撤換了韋維爾來振作他們在印度的司令部。史迪威將限於反攻緬北的計畫稱爲“茶碟”行動。[1]他的任務是取得蔣介石的同意，參加這個不包括仰光在內的反攻緬甸計畫。史迪威奉羅斯福之命，將美國榮譽軍團勳章授予蔣介石和何應欽。史迪威認爲，這是“以此作爲對他們的撫慰，也可以說是賄賂”，並在給妻子的信中寫道，“這真使我感到噁心”。[2]馬歇爾屢次致電催辦，要史迪威“務請合作，羅斯福要知道授勳的日期！”[3]授勳儀式於 7 月 7 日舉行。5 天以後，即 7 月 12 日，蔣介石同意參加緬甸戰役，並以書面形式親自簽字答復。羅斯福運用政治手腕達到了自己的目的。史迪威則立即前往印度呆了 6 個星期，爲緬甸戰役作準備。

美、英兩國雖然在三叉戟會議上對反攻緬甸的計畫作出了妥協性決定，但雙方對中國戰場的戰略地位和作用的認識大相徑庭。這一重大分歧大大影響了反攻緬北計畫的落實。在三叉戟會議結束之後三個月召開的魁北克會議上，反攻緬甸仍然是雙方爭議的重要問題之一。

1943 年夏天，美、英盟軍實施西西里島登陸戰役，義大利法西斯瀕於崩潰。蘇軍在庫爾斯克戰役勝利後連續反攻，德軍節節潰敗。歐洲對德戰局的進一步好轉，使美、英有可能進一步關注對日作戰。8 月 14 日至 24 日，羅斯福和邱吉爾在加拿大的魁北克舉行代號爲“四分儀”的戰略會議，研究新形勢下的盟軍戰略。會議的主要議題是盟軍於 1944 年開闢歐洲第二戰場問題，制訂擊敗日本的計畫也提上議程。

英國在會上繼續鼓吹其地中海戰略，企圖乘義大利投降之機，收復羅馬，進軍巴爾幹，深入地中海，將蘇聯勢力隔在多瑙

---

1 《史迪威檔》，希歐多爾・Ｈ・懷德整理編輯，紐約，威廉・斯隆公司 1948 年出版，第 204 頁。
2 《史迪威與美國在華經驗》下冊，第 543 頁。
3 《史迪威與美國在華經驗》下冊，第 547 頁。

河以東。在亞太地區,英國認爲中國並不是戰時必不可少的夥伴,如果中國在戰後強盛起來,就是大英帝國遠東厄運的開始。因此,維持中國戰場雖然不是壞事,但如須消耗英國大量的物資和兵力,那就很不值得了。雖然在義大利投降後英國已能抽調大批海軍,但認爲將這支力量用於鼓舞澳大利亞和新幾內亞的士氣,較之用於孟加拉灣支援反攻緬甸更有意義。[1]

美國從先歐後亞、先德後日的全球戰略出發,認爲要迫使日本投降,必須攻入日本本土;要進攻日本本土,必須利用中國的基地和人力;要利用中國的基地和人力,必須打開中國的國際通路,充實中國的軍備。中國戰場具有重要戰略價值,中國戰局卻有崩潰的隱憂。美國駐華空軍轟炸日本的船舶,勢必引起日本反擊中國。中國戰場因美國鼓吹反攻而增加危機,美國若不迅速援助,日本將在中國大陸發動大攻勢,或切斷中印間的空運,抽調在緬甸的日軍到南太平洋、西南太平洋與美軍對抗。這些情況只要有一種出現,就會迫使美國無暇顧及歐洲對德戰事。因此,水陸夾攻收復緬甸全境的戰爭並非只關係到亞洲一隅,而是關係到歐洲和太平洋戰爭全局的大事。[2]美國還認爲,中國作爲同盟國一方積極的交戰國,是使目前的戰爭不致成爲白種人對黃種人的種族戰爭的最佳保證。不但在目前,就是在長遠的將來也是極端重要的。[3]

美國基於上述軍事上和政治上的種種戰略考慮,堅持在法國北部登陸開闢歐洲第二戰場,在緬甸發動全面反攻,反對英國極力兜售的向巴爾幹進軍的地中海戰略。魁北克會議前夕,馬歇爾與羅斯福密商英、美間的戰略分歧,準備在會上向英國攤牌。

魁北克會議也沒有邀請中國派代表參加。宋子文向美國國務

1　《史迪威事件》增訂版,第 159 頁。

2　《史迪威事件》增訂版,第 160 頁。

3　1943 年中美外交關係文件（聯合報中譯本）第 7 頁,轉引自《第二次中日戰爭史》下冊。第 862 頁。

卿赫爾送了一份備忘錄表示抗議，指出中、美、英、蘇四強的同盟國關係只是表面的、形式的，甚至可以說在四國之間是貌合神離的。[1]宋子文要求參加魁北克會議沒有成功，直到會議結束才獲得表達意見的機會，仍然只能面對既成事實。

英、美雙方在會上進行了激烈的爭論。在歐洲作戰問題上，由於美國的大力主張，雙方同意於 1944 年 5 月 1 日實施在法國北部登陸的"霸王"作戰計畫，將地中海作為輔助戰場，英國不再堅持進軍巴爾幹的主張。在反攻緬甸問題上，雖經美國軍方人士再三說明，英方仍頑固地反對在緬南進行兩栖登陸作戰。最後雙方作出妥協，將收復全緬案改為收復緬北案。8 月 25 日，羅斯福、邱吉爾聯名致電蔣介石，告之關於反攻緬甸問題的決定：

"為緬甸軍事行動活躍起見，決定在印度統帥部之外另設一統帥部，以海軍中將路易士・蒙巴頓勳爵為統帥，直接受美英聯合參謀長委員會（Ｃ・Ｃ・Ｓ）的指揮，作下列之軍事行動：1、從速建立對華空運路線。2、增加阿薩姆交通路線之運輸力，使其達到每月 2 萬噸之程度。3、在未來乾燥季節中實施出擊，其目的為奪取上緬甸，以增加空運之數量。4、軍事行動路線將由阿薩姆經過雷多及恩帕爾進攻，同時雲南出兵聯繫，在各軍進展以前，均將發動長距離剽劫隊，即溫蓋特今春所用之突擊戰術。5、為使緬北戰事克收成效起見，海陸兩栖攻擊正在準備，其地點應俟蒙巴頓到印考慮後再定。我們已採取步驟保證我方海軍在該區之優勢，切斷敵人出入仰光之海上交通。"[2]

這個作戰計畫的目的在於建立空運路線而不是恢復中緬陸路交通，因此收復地區只限於上緬甸，作戰部隊以中國駐印軍和滇西遠征軍為主，英軍僅以小規模的突擊隊加以配合，海軍是否出動還有待蒙巴頓到任決定。在馬歇爾給史迪威的電報中，進一步

---

1 宋子文致赫爾的備忘錄，見《第二次中日戰爭史》下冊，第 861-862 頁。
2 《史迪威事件》增訂版，第 163 頁。書中將每月空運量增至 2 萬噸，誤為 20 萬噸，據《第二次中日戰爭史》下冊第 862 頁引文更正。

透露出一些真相。電報說：“反攻緬甸的日期，定在 1944 年 2 月中旬。以奪取密支那、阿恰布與南穆裏爲目標。至於南緬水陸夾擊，因英國對於收復蘇門答臘不肯放棄，尚未決定。茲新置東南亞戰區，以蒙巴頓爲統帥，以閣下（史迪威）爲副帥。”[1]

　　新設東南亞戰區一事，是英、美爲平衡雙方的利益而作出的又一重要決定。這一建議出自邱吉爾。由於英國在東南亞地區有一系列殖民地，而美國在這一地區原來沒有、也不打算派出作戰部隊去爲恢復大英帝國的殖民統治而戰，只好同意英國的要求，增設這個由英國將領主持的新戰區。由英國王族蒙巴頓出任戰區統帥，以史迪威爲副，也是爲取得雙方平衡的人事安排。這一新戰區的成立，意味著中、美、英三國在同一區域有代表三個國家的三個戰區互相重迭：東南亞戰區隸屬于英美，範圍包括緬甸、錫蘭、馬來亞和蘇門答臘；中國戰區包括中國大陸和越南、泰國，同時中國軍隊還承擔著收復緬甸北部的作戰任務，援華物資的運輸必須經由印度和緬甸；美國則單獨設立了一個中緬印戰區，它橫跨三個地理區域，然而既不隸屬於中國戰區，也不隸屬於東南亞戰區統轄。此外還有由奧金萊克取代韋維爾之後的英國印度司令部，它對從中東到遠東所有有英印軍作戰的地區都可插手。這種疊屋架床的戰區機構設置，使具有不同利益，在戰略上已經矛盾重重的三個盟國，在具體作戰行動中也很難協調一致。由此出現的一系列新老矛盾，既影響三國關係，又不利於對日作戰。比如中國駐印軍基地在印度，史迪威是總指揮，作戰地區在緬北，因此既要服從中國戰區統帥蔣介石的指揮，又要聽令于東南亞戰區統帥蒙巴頓；第 14 航空隊的基地在中國，隸屬中國戰區，供應來自印度，由美國控制；史迪威既是中緬印戰區美軍司令，直接受美國陸軍參謀長馬歇爾指揮，又是中國戰區統帥蔣介石的參謀長和東南亞戰區統帥蒙巴頓的副手，等等。

---

1 《史迪威事件》增訂版，第 159 頁。

　　魁北克會議將收復緬甸全境的計畫縮小爲只收復緬北的決定之後，爲了實施緬北作戰，賦予中緬印戰區七項工程任務："1、加緊中印空運之運輸力，以 1944 年 6 月達到每月 2 萬噸爲目標。2、建置自北緬 FortHertz 至昆明的油管。3、修築雷多公路，使其在 1945 年 1 月達到每月 3 萬噸的運輸力。4、修建自加爾各答至阿薩姆的油管供空運隊（ATC）用。5、建立 6 時的細油管直達中國。6、設置 Brahmaputra 江上的鐵路駁船航線。7、加強孟加拉至阿薩姆的鐵路交通。"[1]這些工程浩大而又艱巨，僅鋪設從加爾各答到昆明的輸油管道，就長達 3000 多公里；修築從印度雷多到緬甸密支那的公路，長 434 公里，再向前延伸 338 公里經八莫到畹町接滇緬公路，中印公路全長 772 公里（南線），同時 959 公里長的滇緬公路也需要修復。這一切都要花費巨大的人力物力，而美國皆不惜工本，毅然爲之，表明美國對中緬印戰區還是給予相當的重視，在反攻全緬的方案無法達成協議時，通過加強空運、修築公路、鋪設油管等措施來增加對中國戰場的援助。

　　9 月 4 日，蔣介石對羅斯福、邱吉爾 8 月 25 日來電作出答復：重申 "下緬甸之海岸線與其交通要點，若不確實佔領，則敵軍接濟仰光之路線將難截斷，而上緬甸之戰爭亦將無法完成。"[2]

　　10 月 2 日，蒙巴頓和薩默維爾奉命來華向蔣介石介紹魁北克決議。10 月 9 日，宋子文由美國飛到新德里，與蒙巴頓、史迪威等會談。10 月 16 日，蒙巴頓一行到達重慶。10 月 19 日，蔣介石召集何應欽、商震、劉斐、林蔚等高級將領與蒙巴頓、史迪威、薩默維爾會談。蒙巴頓向蔣介石面交了邱吉爾的密信。信中保證："1、擴大對華空運路線與物資供應，使陳納德之空軍與雲南方面之中國軍隊，皆得到適當之補給與裝備。2、採用溫蓋特旅長在緬作戰之遊擊戰術，深入緬甸內地，與遠征軍攜手作戰，以打通滇

1　《史迪威事件》增訂版，第 162 頁。
2　《史迪威事件》增訂版，第 164 頁。

緬路。3、南緬軍事行動，須視北緬軍事行動進行情形再作決定。
4、在孟加拉灣及印度洋，擬於 2 月間集中有力部隊，以錫蘭為根
據地，佐以有力空軍，以及水陸包抄之行動。其出擊地區，須俟
蒙巴頓到印後提供意見始可決定……"[1]會上，與會三國的將領討
論和交換了有關情報後，作出兩點決定：1、攻擊日期照蔣介石的
提議，於 1944 年 1 月 15 日開始。2、中國駐印軍在到達加邁以前，
可由英國將領指揮，並以蒙巴頓為反攻緬甸的總指揮。蔣介石再
三強調：不能低估敵人的軍力；雷多公路方面的中國軍隊必須配
備預備隊；孟加拉灣必須有絕對優勢的海空軍，實行水陸夾擊；
中印空運無論如何應維持每月 1 萬噸的運量。蒙巴頓聲稱，大批
英國海軍的增援不久就可到達。薩姆維爾表示，維持 1 萬噸空運
量大概沒有問題。蔣介石最關心的兩個問題得到了肯定的回答，
也就認可了魁北克會議的決定。蒙巴頓大受鼓舞，稱這天為盟軍
進攻日本的歷史紀念日。[2]

　　在魁北克會議上，美、英就對日戰略還作出兩項重要決定：
一是在戰勝德國 12 個月內必須擊敗日本；二是美軍向太平洋的吉
伯特群島、馬紹爾群島推進。美英聯合參謀長委員會於 10 月 25
日提出在 1945 年進攻日本北海道、臺灣、新加坡、北蘇門答臘，
然後經由這四條進攻路線，在 1946 年夏至 1947 年初攻取日本本
土的四種方案。在比較這四種方案的利弊得失後，得出的結論是：
盟國不能找到可在 1945 年 10 月擊敗日本的任何計畫；不論採取
任何方案，都要看英國海軍從歐洲東移到太平洋、印度洋的時間
和程度而定；蘇俄在最後究竟將在遠東扮演何種角色，也是一個
未知數。[3]從中可以看出美、英企圖尋找不依靠中國戰場而戰勝日
本的方案這一動向。結果證明中國戰場在對日戰爭中的戰略地位
和作用仍然不可輕視。在美國的堅持下，10 月 19 日至 30 日在莫

1 《史迪威事件》增訂版，第 164-165 頁。
2 《史迪威事件》增訂版，第 165-166 頁。
3 《第二次中日戰爭史》下冊，第 919-920 頁。

斯科舉行的蘇、美、英三國外長會議將中國列為四強之一。10 月
30 日，三國外長和中國駐蘇大使簽署了四國《關於普遍安全的宣
言》。就在宣言簽署的當天，史達林向美國國務卿赫爾表示，蘇
聯將在擊敗德國之後出兵參加對日作戰。三個星期以後，開羅會
議就在這一背景下召開。

　　開羅會議（代號"六分儀"）是中、美、英三個對日作戰的
主要盟國在戰時召開的第一次，也是唯一的一次首腦會議。會議
於 11 月 22 日至 26 日舉行。三國協同反攻緬甸是會議討論的重要
議題之一。

　　蔣介石在接到羅斯福的邀請後即讓史迪威、商震等擬具反攻
緬甸的提案，蔣介石多次參加討論修改。提案中保證中國將"按
照一致商定的計畫參加收復緬甸的戰役"，從雷多和雲南同時發
動進攻。要求這一軍事行動"得到在孟加拉灣海軍行動的支持，
在採取行動之前，英國海軍應及時集中，為行動作好充分準備。"
在打通緬甸交通並提供必要的裝備之後，"將采取行動來奪取廣
州—香港地區，並從海上打通一條交通線"。蔣介石希望："在
1944 年雨季之前，盟國將使用陸海空軍，儘快作出努力以重新打
通經由緬甸至中國的交通；美國將為 90 個師（分三組）提供裝備；
保證給第 14 航空隊，中國空軍部隊提供充分的裝備和補給；在占
領廣州—香港區域之後，美國派遣 10 個步兵師、3 個裝甲師及及
輔助部隊在華南登陸，進攻華中和華北，任命美國將領擔任中美
聯合部隊的作戰指揮。"[1]

　　開羅會議的第一次全體會議就討論了反攻緬甸問題，但提交
討論的是蒙巴頓主持制定的"錦標保持人"作戰計畫，而不是中
國提出的方案。其主要內容是以英國第 15 集團軍由吉大港向若開
地區的孟道（孟都）和布提當（皎托）推進，目的在於掩護吉大

---

1 巴巴拉・塔奇曼：《史迪威與美國在華經驗》下冊，第 575 頁；查理斯・F・
　羅馬納斯、賴利・森德蘭：《史迪威指揮權問題》，美國陸軍部軍事史局長辦
　公室，華盛頓，1956 年版，第 57-58 頁。

港和加爾各答的安全,如進展順利,則進攻阿恰布(實兌);以第 4 集團軍由恩帕爾向欽敦江西岸出擊,如進攻得手,則向緬北孟拱前進,與中國駐印軍新 1 軍會師于密支那;中國駐印軍從雷多向孟拱、密支那,雲南遠征軍從龍陵、畹町向臘戍、卡薩、八莫進攻。[1]這一計畫根本不提在緬南進行水陸兩棲夾攻,也沒有規定佔領印道、卡薩、八莫以後的進一步行動。參加會議的中國代表杜建時認為:"蒙巴頓的緬甸作戰議案,完全從英國立場出發,只讓中國出兵而未照顧中國的利益。""主要目的是為確保印度安全而非反攻緬甸,但給予中國遠征軍之任務則甚繁重。""臘戍、曼德勒是敵主力所在地,如中國遠征軍向臘戍、卡薩進入,吸引敵人主力,則在更的宛河(欽敦江)以西之英軍,不至遭受強大阻力。"[2]

　　邱吉爾在會上發言說:"英國現已能抽調大批海軍艦艇到孟加拉灣去,相信這支力量超過日本所能派到孟加拉灣的任何誨軍艦隊。盟邦部隊共約 32 萬人,英國部隊占 18 萬人,當可獲得勝利。"[3]但全篇說明也不提及兩棲作戰的地點和日期。蔣介石對英方的利己打算非常不滿,在發言中,針對蒙巴頓計畫中的問題強調指出:"反攻緬甸的勝利關鍵,全在陸海軍能否同時配合,僅僅陸軍集中,如海軍未集中,仍無勝算把握。故陸海軍同時集中,實有必要。質言之,亦可謂陸軍集中之日期,應視海軍集中之日期而定。"[4]11 月 23 日上午的第一次全體會議,由於中、英之間的分歧而未就反攻緬甸問題達成協定,改由幕僚會議繼續討論。

　　23 日下午和 24 日下午,三國幕僚開會審議蒙巴頓方案。商

1 《史迪威事件》增訂版,第 176-177 頁;《史迪威指揮權問題》,第 62 頁;杜建時:《抗日戰爭時期美蔣勾結與矛盾》,《文史資料選輯》第 57 輯,第 196 頁。

2 杜建時:《抗日戰爭時期美蔣勾結與矛盾》,《文史資料選輯》第 57 輯,第 196 頁。

3 《第二次中日戰爭史》下冊,第 864 頁。

4 《史迪威事件》增訂版,第 178 頁。

震和史迪威在會上一再強調蔣介石堅持的三點意見：1、南北緬海陸同時夾擊；2、同時佔領安達曼島；3、英軍應進至曼得勒。[1]但美英聯合參謀長委員會在中國代表出席前 1 小時私下達成"此案暫緩決定"的諒解，審議會仍然議而未決。

24 日晚上和 25 日上午，邱吉爾和蔣介石兩次進行非正式會談。邱吉爾通報了英國準備用於反攻緬甸的海軍艦艇大約有多少以及海軍將在 1944 年 5 月登陸，但仍不肯透露登陸地點。同時，中方通過馬歇爾提出要求英軍進攻曼德勒，英方以運輸機不夠為藉口拒絕接受。馬歇爾同意美英聯合參謀長委員會在討論中國戰場事務時，邀請中國代表出席，英方亦加以拒絕。

羅斯福對於邱吉爾不想讓中國成為強國的態度深為不滿，在 26 日與蔣介石會晤時，作出在緬北作戰時，緬南海軍必能同時行動的保證。蔣介石在得到羅斯福這一保證後，有條件地接受了蒙巴頓的緬北作戰計畫。蔣介石的條件是：1、英國海軍在孟加拉灣掌握制海權；2、水陸兩栖作戰同時發動。[2]同一天，美英聯合參謀長委員會批准了蒙巴頓的作戰計畫，並作出六點決議。中方連日力爭的進攻曼德勒、緬南水陸夾擊和不得挪用中印空運噸位等各項要求，一條也沒有被接受，唯一得到的僅僅是羅斯福關于在緬北作戰時，緬南海軍同時行動的口頭保證而已。而且緬北反攻計畫的作戰目的，表面上是為了打開中緬交通線，實則主要是為了奪回密支那，建立飛機場，配合美國太平洋戰略。一星期之後，形勢又發生變化，連羅斯福的口頭承諾也落了空。

蔣介石於 11 月 27 日啓程回國。羅斯福、邱吉爾赴德黑蘭與史達林會晤。史迪威留在開羅等候德黑蘭會議的消息。

在德黑蘭會議上，著重討論了對德作戰，特別是開闢歐洲第二戰場問題。在史達林堅決要求下，羅斯福和邱吉爾明確保證在

1　《史迪威事件》增訂版，第 178 頁。
2　《史迪威事件》增訂版，第 179 頁。

1944 年 5 月實施在法國北部登陸的 "霸王" 作戰計畫。史達林答應屆時蘇軍將在東線開展進攻以進行配合，並表示蘇聯將在歐洲戰爭結束半年左右出兵參加對日作戰。邱吉爾從中找到了藉口，要求取消奪取安達曼群島的 "海盜" 行動計畫，把英國登陸艇用於在法國南部登陸的 "鐵砧" 行動。他認為， "既然俄國許諾要參加對日作戰，就沒有必要花主要力量來支持中國。 '海盜' 行動計畫將是白費勁。俄國參戰的前景改變了一切。" [1]

　　羅斯福在會前同史達林的會晤中和第一次全體會議上，介紹了開羅會議通過的緬甸反攻計畫。他說： "我們的一個重要目的是要中國繼續打下去。為此目的，正準備一支遠征軍通過緬甸北部和雲南省進攻。在這一戰役中，英、美軍隊將在緬甸北部作戰，中國軍隊則從雲南省過來。整個戰役將由路易士·蒙巴頓勳爵指揮。此外，在緬甸南面還計畫用水陸兩棲作戰進攻曼谷附近的重要日本基地和交通線。" 這些作戰行動的目標是： "1、打開通向中國的道路，向中國提供補給，使它繼續把戰爭進行下去。2、通過打開通向中國的道路，和增加使用運輸機，使我們自己處於能轟炸日本本土的地位。" 史達林認為： "中國人仗打得很糟"， "這是中國領導人的過錯"。[2]史達林親自在最高級會議上重申蘇聯將在戰勝德國後出兵參加對日作戰，為此將從西線增調三倍於目前在遠東的兵力發動進攻。這一保證給羅斯福留下了深刻的印象，中國戰場的地位在他的心目中下降了。

　　羅斯福、邱吉爾重返開羅之後，於 12 月 4 日召開第二次開羅會議，重新審議反攻緬甸的計畫。英、美雙方圍繞取消還是保留在安達曼群島進行兩棲登陸作戰的 "海盜" 行動計畫發生了激烈的爭論。邱吉爾聲稱，蘇聯參加對日作戰後，不但中國基地已不重要，對中國是否繼續對日作戰也不必過於顧慮，而且連東南亞

---

1 《史迪威與美國在華經驗》下冊，第 586 頁。
2 《德黑蘭、雅爾達、波茨坦會議記錄摘編》，上海人民出版社 1974 年版，第 6、14 頁。

戰區也已失去重要性。安達曼群島的作戰與緬北作戰並無戰略上的聯繫，僅只是由於政治上的理由而對蔣介石作出的承諾。蒙巴頓從軍事角度估計，進行兩棲登陸作戰需要 5 萬兵力，調集運輸這支部隊的艦船和陸登艇，必然影響"霸王"作戰計畫。因此，他們極力主張取消"海盜"行動計畫。羅斯福和美國三軍參謀長對此表示反對。他們認爲，安達曼作戰行動如果取消，蔣介石必然不會下令雲南遠征軍入緬，日本在緬甸的軍隊就可轉用於太平洋戰場，影響麥克亞瑟的部隊在西南太平洋的攻勢。而且羅斯福對蔣介石有言在先，如無重大理由不能取消兩棲作戰。[1]雙方連日反復爭辯，英方始終固執己見。美國爲了協調美、英兩國的歐洲戰略，最後同意英國的主張，放棄"海盜"計畫，從而背棄了中國。這場激烈的爭執持續了 3 天，據美國總統參謀長李海海軍上將說，無論在這以前或以後的會議上，英國人都沒有如此堅決地反對過美國的建議。

　　12 月 5 日，羅斯福致電蔣介石："經過與史達林元帥會商後，我們將於今年晚春在歐洲有一大戰，可望能在今年夏末結束對德戰事；但因是之故，遂使吾人不能供應足量登陸艇於孟加拉灣，實行兩棲作戰，以支持 Tarzen 之戰略（即反攻緬北）。在此情況下，閣下是否仍照原定 Tarzen 計畫進行作戰，或將 Tarzen 計畫延至明年 11 月，庶大規模之兩棲作戰可以實現。至於飛越駝峰運輸之陸空軍供應，則在集中努力之中。"[2]這一電報是由霍普金斯起草，經邱吉爾同意後發出的。羅斯福這一決定，不但一筆勾銷了開羅會議期間中國對於反攻緬甸方案取得的唯一收穫，也放棄了美國三軍參謀長一致同意的對日戰略。它標誌著在美國的全球戰略中，中國戰場的戰略地位和作用降低了，蘇聯取代中國成爲大戰後期美國對日作戰的主要夥伴。羅斯福和邱吉爾認爲，蘇聯

1　《史迪威事件》增訂版，第 193 頁；《史迪威與美國在華經驗》下冊，第 588-589 頁。

2　《史迪威事件》增訂版，第 191-192 頁。

參戰的主要好處在於減輕在他們心目中不甚可靠的中國力量的依賴程度。而史達林答應蘇聯出兵對日作戰是以在中國東北恢復沙俄的一系列殖民特權爲前提的。

　　蔣介石面對既成事實，選擇了羅斯福來電中提出的第二種辦法，於 12 月 17 日復電表示：“倘登陸部隊所需之艦隻，不能依照原定計劃集中，則依閣下之建議，將海陸全面攻勢展至明年（1944 年）11 月，較爲妥適。”[1]

　　中、美、英三國對於反攻緬甸計畫的磋商，至此告一段落。在長達一年半的時間裏，三國召開了多次會議，在各個層次上進行了反復的討論和激烈的爭吵，提出了若干個方案，進攻的時間、地點、規模和手段一變再變，議而不決，決而不行。英國是否承擔在緬南實行海陸兩栖登陸作戰的任務是三國的矛盾的焦點。英國這個老牌殖民帝國，拼命維護其在歐洲的戰略地位和恢復在遠東的殖民統治，對反攻緬甸始終持消極態度，對緬南兩栖作戰時而接受，時而反對，出爾反爾，敷衍搪塞，對反攻計畫久拖不決，遲遲不能實施負有主要責任。蔣介石注重于要求美國增加援助，在盟國不能提供海軍保障的條件下，對出兵緬北顧慮重重，討價還價，也負有相應責任。美國則將中緬印戰場放在次要地位，雖然積極提供援助物資，但不肯派遣地面部隊。在大戰戰局形勢好轉，蘇聯答應出兵對日作戰，美軍在太平洋戰場上取得戰略主動權之後，美國的對日作戰方針改由“太平洋徑攻日本”，而“不必經由中國”，將中國戰場由亞洲大陸的主要戰場降爲太平洋戰場的輔助戰場。同時，美國往往爲了與英國協調一致而遷就英國，背棄中國，也影響了反攻計畫的落實和實施。總之，三個盟國不同的國家利益和因此而產生的戰略觀點的分歧，導致三個盟國在商討反攻緬甸方案時出現一系列矛盾與衝突。

1　《史迪威事件》增訂版，第 197-198 頁。

第二節　中國駐印軍的編練

　　史迪威受命到緬甸指揮中國遠征軍作戰後，看到英軍缺乏守住緬甸的決心，企圖退保印度，入緬的中國軍隊戰鬥力參差不齊，便著手籌畫在印度由美國訓練和裝備一支中國軍隊，作為日後收復緬甸的主力。1942 年 4 月 16 日，史迪威派格魯伯準將前往重慶，向蔣介石呈送“在印度組織訓練中國軍隊計畫書”，提出精選 10 萬中國官兵到印度，利用美國援華租借物資的裝備，由美國軍官訓練，組成兩個軍，每軍下轄三個師，另加一個師和六個傘兵營為後備，並訓練若干砲兵和坦克車隊。團長以下的指揮官由中國軍官擔任，團長以上的指揮官和參謀長先由美國軍官擔任，到中國軍官有能力指揮時再換成中國軍官。中國軍隊的調運計劃從 5 月 15 日開始，從昆明出發經緬北到印度雷多的火車起點站。訓練時間為 4 至 6 個月，然後在美國第 10 航空隊的配合下投入戰鬥。第一階段的作戰目標是收復緬甸；第二階段是把日軍從泰國趕出去。運兵方式是在美國空運公司盡可能的幫助下，從密支那經孟拱和新平洋（新背洋、信賓揚）飛越緬北前往雷多。這時，緬甸防禦戰遭到失敗的可能性已越來越大，史迪威在同一天寫給妻子的信中說：“我相信我們很快就要挨揍了。”因此他以參謀長的身份向蔣介石指出了實施這一訓練計畫的必要性：經緬甸北部通往中國的陸空供應線即將被日軍切斷，從而將堆積在印度的租借物資同中國隔離開來；如果武器運不到中國軍隊手裏，中國軍隊就必須到印度去取武器。這個計畫於 4 月 27 日交給蔣介石。蔣介石與格魯伯會談之後，對這一計畫大體上表示同意，但作了一些修改，主要是一半的高級軍官要由中國人擔任。同時提出如果印度人民舉行起義不得讓中國軍隊幫助英國進行鎮壓。由於史迪威的計畫符合美國關於“讓亞洲國家軍隊在亞洲大陸作戰”的原則，美國陸軍部也批准了這一計畫。[1]

　　史迪威的練兵計畫尚未付諸實施，中英聯軍便遭到慘敗，緬甸全境和滇西邊境地區相繼淪陷。中國遠征軍各部分數路撤入雲南和印度境內。其中新 38 師、新 22 師和第 5 軍軍部等輾轉到達印度東北邊境的恩帕爾和阿薩姆省的雷多附近地區，並於 8 月初經由鐵路輸送至比哈爾省藍姆伽營區進行整訓。

　　英國歷來奉行"沒有永恆的敵人，也沒有永恆的朋友，只有永恆的國家利益"的外交准則，英印殖民官員更是充滿了傲慢與偏見。先期入印的新 38 師剛剛進入印度邊境時，英印東方警備軍團軍團長艾爾文中將居然認為這是一群走投無路，沒有紀律的潰兵，急電英印軍總司令韋維爾，要求將新 38 師解除武裝。從緬甸逃回印度的亞歷山大和斯利姆聞訊後，極力勸阻韋維爾和艾爾文，說明新 38 師在仁安羌解救英軍和後來掩護英軍撤退的功勞，況且新 38 師戰鬥力很強，只能以禮相待，不可採取輕率行動，以免引起嚴重後果。新 38 師師長孫立人將軍也憤怒地表示："倘無理對待我軍，余將率部隊以武力反抗。"一面下令全師整頓軍容，嚴肅軍紀，嚴密戒備，一面派人與英方交涉。艾爾文以拜訪孫立人為名，探視虛實，果然看到新 38 師軍容嚴整，凜然不可侵犯，與不久前潰退回來的英緬軍敗兵丟盔棄甲的狼狽相比較之下，簡直有天壤之別，遂不敢輕舉妄動。[2]

　　1942 年 6 月 14 日，11 個反法西斯盟國在印度新德里舉行聯合閱兵典禮。剛剛入印一個星期的新 38 師奉令派步兵一排，護送中國遠征軍第一路司令長官羅卓英出席，並代表中國軍隊受閱。在參加分列式後，以步伐最整齊，精神最飽滿，軍容最壯盛的講評獲得第一名，大大改變了英印當局歧視中國軍隊的偏見。英國

1　《第二次中日戰爭史》下冊，第 867 頁；《史迪威與美國在華經驗》下冊，第 406-407 頁；《史迪威在華使命》，第 135-136 頁。

2　孫克剛：《緬甸蕩寇志》，上海時代圖書公司 1946 年版，第 33-35 頁；《我的戎馬生涯 —— 鄭洞國回憶錄》，團結出版社 1992 年版，第 288 頁。

駐印度總督特意宴請這一個排，並破例批准加爾各答的6000多華僑集會遊行，歡迎來自祖國的軍隊爲國爭光。自此新38師不但蜚聲印度，而且受到盟國輿論的盛讚。一直關注緬甸戰場的美國總統羅斯福，在頒發給孫立人將軍豐功勳章的頌辭中說：＂中國陸軍新編第38師師長孫立人中將於1942年緬甸戰役，在艱辛環境中，建立輝煌戰績。仁安羌一役，孫將軍以卓越之指揮，擊滅強敵，解放英軍第1師之圍，免被殲滅。後複掩護盟軍轉進，於千苦萬難中，從容殿后，轉戰經月。至印後，尤複軍容整肅，不滅銳氣，尤爲難能可貴。其智勇兼備，將略超人之處，實足爲盟軍楷模。＂[1]

史迪威從緬甸撤入印度後，於1942年5月24日抵達新德里。5月26日，他又擬訂了一個改造中國軍隊的計畫提交蔣介石。[2] 6月3日，史迪威飛到重慶，第二天即同蔣介石商談了在印度訓練中國軍隊的計畫。6月15日，史迪威再次向蔣介石提出：＂根據訓練華軍10萬人之原議，美國實願負完全責任以訓練之，配備以在印可得之大砲等武器，供給以營房及醫藥設備，並希望得升降黜陟之全權。＂[3] 由於涉及到軍權問題，蔣介石當場未置可否。宋美齡則在另一次會議上說，史迪威將軍所倡議的激烈措施（指史迪威建議清除無效率的高級司令官）不能採用，＂頭不能砍下來，否則就不會有什麼東西留下來了。＂[4] 蔣介石原來打算讓撤到印度的中國官兵在大吉嶺休息幾個月後，經西藏回國，後經6月24、29日兩次與史迪威商談，蔣介石最後同意了在印度訓練中國軍隊的計畫。史迪威提出的條件大部分被接受了。由於史迪威反對讓

1　《緬甸蕩寇志》，第35-37頁。
2　計畫全文見《史迪威事件》增訂版，第71-74頁，第四章注（7）；《史迪威在華使命》，第151-154頁。
3　秦孝儀主編：《中華民國重要史料初編 —— 對日抗戰時期》第二編，《作戰經過》（三），第306頁。
4　《史迪威在華使命》，第154頁。

杜聿明擔任訓練營長官，堅持必須將杜聿明召回中國，雙方最後商定，由史迪威指揮和管理訓練工作，羅卓英擔任主管行政和軍紀的副長官。[1]蔣介石提出的條件是美國向中國提供 500 架作戰飛機，每月經駝峰向中國運送 5000 噸軍火。這樣，中國軍隊的整頓和改造，同中國接受美國租借法案的援助就聯繫起來，成爲雙方的交換條件。

史迪威的訓練計畫得到蔣介石批准後，還要去說服韋維爾同意將藍姆伽作爲訓練基地。英印殖民當局非常不願意讓中國軍隊開進印度，擔心他們會支持印度的反英民族獨立運動，也不想讓中國軍隊參與收復緬甸。而作爲盟國，又不便公然拒絕與中國的軍事合作。由於美國不準備派地面部隊到中緬印戰區作戰，因而力主實施史迪威的計畫。英國面對中國遠征軍撤入印度境內的既成事實，在美國的大力敦促下，史迪威與韋維爾經過多次談判，終於達成協議：將藍姆伽的原義大利戰俘營改作中國軍隊的訓練基地，由英國負責水電、膳食、醫藥、運輸等後勤保障，美國提供軍事裝備並負責教練，日常生活管理和執行紀律由中國軍官負責。[2]這是中、美、英三個盟國軍事合作的一個成功範例，是反攻緬甸戰略計畫的一個重要組成部分。

藍姆伽是印度比哈爾邦省藍溪縣的一個小鎮，位於加爾各答以西約 200 英里（約 322 公里），在普通地圖上難以找到這個地名。這裏有座英國在第一次世界大戰期間修建的戰俘營，曾關押過 2 萬名義大利戰俘。營區面積約有 20 多平方英里（50 多平方公里），範圍很大，裏面有 200 多棟大小房屋，整個營區縱橫都有良好的瀝青石子公路連接。經過改造之後，新建了幾個寬闊的訓練場和打靶場，各種訓練和生活設施都很齊全，成爲可以容納數萬部隊的理想練兵場所。[3]

1　《史迪威文件》，第 117 頁；《史迪威與美國在華經驗》下冊，第 441 頁。
2　《史迪威與美國在華經驗》下冊，第 452 頁；《史迪威事件》增訂版，第 94-95 頁。
3　《緬甸蕩寇志》，第 47 頁；《史迪威與美國在華經驗》下冊，第 452 頁。

　　史迪威原計劃在此訓練軍官，著重學習使用美國武器，回國後擔任在雲南練兵 30 個師的主要幹部。後來蔣介石同意將入印的中國遠征軍留下來進行訓練和補充。1942 年 7 月 15 日，新 38 師由恩帕爾開往藍姆伽。8 月初，由野人山脫險入印的新 22 師和第 5 一軍直屬隊一部也相繼送劃藍姆伽整訓。基本訓練時間定為 6 個星期，期滿後由中國軍官根據美軍要求的標准繼續教練，美國軍官在場督導，計畫於 1943 年 2 月完成訓練。[1]

　　史迪威於 8 月 4 日來到藍姆伽就任訓練營長官，羅卓英任副長官，波德諾任參謀長。8 月 26 日，訓練正式開始。最初參加訓練的只有新 22 師和新 38 師所部 9000 餘人。史迪威雄心勃勃，打算到 1943 年 2 月訓練和裝備步兵 3 個師、砲兵 3 個團、工兵 1 個團、步兵 10 個營，以及回國擔任練兵 30 個師的教官 1500 人。由於新 22 師和新 38 師均缺額甚多，亟待補充，蔣介石在美國答應增加空運援華物資後，接受了反攻緬甸的計畫，同意增調 2.3 萬人空運到藍姆伽作為補充。韋維爾於 9 月 27 日同意了這個擴大訓練計畫，但兩天后又突然變卦，表示反對，要求史迪威提出申請書詳列理由。英印當局仍然擔心;進入印度的中國軍隊太多，會對印度民族主義者尤其是國大黨產生影響。史迪威說明，訓練中國軍隊是為了反攻緬甸，別無其他任何企圖。韋維爾又以行政上有種種困難加以阻撓。馬歇爾得到史迪威報告後，要求英國駐美軍事代表團團長迪爾注意後果，並呈報羅斯福總統。迪爾向倫敦請示後，英國方面才打消了顧慮。[2]

　　史迪威規定最初每天空運 400 人。在他的督促與何應欽的協助之下，10 月份就達到了這個數字。在從 10 月 20 日起的 10 天內，空運了 4000 人。11 月份又增至每天運送 650 人。當時每天有 16 架運輸機飛越駝峰航線，每架運輸機都擠進 35-40 個士兵。

1　《史迪威事件》增訂版，第 95 頁。
2　《第二次中日戰爭史》下冊，第 868 頁。

有些曾執行空投任務的飛機連艙門都沒有。羅卓英爲了讓這些士兵將軍服留在國內，到印度再領新軍服，竟然說：「把 50 個人光著身子塞進一架飛機，只擠三個小時嘛！」士兵從昆明上機時只穿著短褲，每人發一個防止嘔吐用的紙袋，以至有的士兵在飛越喜馬拉雅山上空時被凍死。在藍姆伽的接應人員要求在飛機上準備棉衣供每次的乘坐者禦寒，但中國當局認爲沒有必要這樣做。士兵們到達目的地後，許多人都凍僵了，要坐在陽光下逐漸恢復過來。到 12 月底，已經有 3.2 萬人在藍姆伽受訓。[1]

　　藍姆伽訓練營是以訓練步兵和砲兵爲主。士兵們輪流在不同的訓練場接受不同科目的訓練。美國教官訓練軍隊同中國傳統的練兵方法大不相同，他們把訓練場當作工廠，把士兵當作原料。訓練的分工很細，要求也相當嚴格，但動作卻很簡單。根據美國的訓練綱目，中國士兵學習使用美式步槍、輕重機槍、60 及 81 釐米臼砲、火箭發射筒、反坦克砲等武器。當掌握方法後，便進行大量實彈射擊。並到叢林沼澤地區訓練 8 天，著重訓練爬山、上樹、武裝泅渡等技戰術，以適應反攻緬甸的實戰需要。有些技術兵種，如軍事通訊、醫護等，除由部隊內部選派學員，還從國內招收了不少高中學生。這些知識青年既有愛國熱情，又具備文化素質，掌握技術很快。通訊專業學員大多數在 3-4 個星期內，就能熟練掌握美國一般通訊人員 3 個月才能學會的技術。美國教官大爲驚奇，一再稱讚中國人聰明能幹。但美國軍官自恃有強大的空軍及砲兵，因此對築城作業和夜戰教育不甚重視。[2]

　　爲了消除中、美官兵的語言障礙，各部隊都配備了中國翻譯官。他們都是從國內各大專院校徵召的學生，愛國熱情很高，工

1　《史迪威與美國在華經驗》下冊，第 463-466 頁。
2　《我的戎馬生涯 —— 鄭洞國回憶錄》，第 290-291 頁；《第二次中日戰爭史》下冊，第 869 頁；《緬甸蕩寇志》，第 47-48 頁；鄭洞國、覃異之：《中國駐印軍始末》，《文史資料選輯》第 8 輯，第 80 頁；《史迪威與美國在華經驗》下冊，第 470 頁。

作也很勤奮，最初由於不熟悉軍事術語，出現一些困難，經過一段時間就逐漸適應了。

新 22 師和新 38 師經過一段時間的休整和訓練，逐漸從緬北撤退後的疲憊虛弱中恢復過來。經過國內空運兵員的補充，每個師達到 1.2 萬多人。在建制上，每個師下轄步兵 3 個團，砲兵 1 個營（後來又增加 1 個營），工兵、通訊兵和輜重兵各 1 個營，1 個衛生隊，1 個特務連。緬北反攻戰役開始後，又給新 38 師配屬 1 個戰車營。每團有步兵 3 個營，追擊砲、平射砲各 1 個連，1 個通訊連，1 個衛生隊，1 個特務排，兵員約 3000 人。每營有 3 個步兵連，1 個機槍連。每連 3 個排。每排 3 個步兵班，1 個輕追擊砲班。總指揮部的直屬部隊有：3 個砲兵團，每團重砲 36 門；6 個戰車營；汽車兵團，有載重汽車 400 輛；2 個工兵團，2 個化學兵團（後改為重追擊砲團），每團有重追擊砲 48 門；1 個騾馬輜重兵團；1 個特務營，1 個通訊營，1 個戰車訓練處。此外還有一個訓練處，其處長的權力很大，僅次於史迪威。[1]

藍姆伽訓練部隊的裝備全部由美國提供。每個士兵都發給新軍裝、頭盔、靴子、背包、步槍、刺刀。火砲、卡車等大型裝備按編制配發到部隊各級。部隊的供應由英方提供。食品均發實物，主要是罐頭和麵包，營養較國內的部隊好得多。藍姆伽訓練營地的氣候和衛生環境都很適宜，加之配備了較為完善的醫療衛生設備，醫務人員給中國官兵注射了預防霍亂、傷寒和天花的疫苗，發生傷害也能夠及時得到治療，並且一日三餐吃得飽，營養有保障，幾個月裏每人的體重平均增加了 21 磅（9.5 公斤）。[2]

中國駐印軍是抗日戰爭時期在國外組建、裝備、訓練和作戰的唯一一支中國軍隊。由於遠離祖國，從緬甸撤入印度的老戰士

---

1 《我的戎馬生涯 —— 鄭洞國回憶錄》，第 292 頁；鄭洞國、覃異之：《中國駐印軍始末》，《文史資料選輯》第 8 輯，第 79-80 頁。

2 《我的戎馬生涯 —— 鄭洞國回憶錄》，第 291 頁；《史迪威與美國在華經驗》下冊，第 467-468 頁。

懷著報仇雪恥，收復緬甸，凱旋歸國的決心苦練殺敵本領；從國內補充的新兵，不但知識青年有文化、熱情高，領會快，而且從來沒有見過機器的農村青年也善於模仿，一個星期就學會使用手中的槍砲。一位美軍將領說：“謝天謝地，我們不需要講漢語，也沒足夠的譯員。我們做示範，他們跟著學。他們是世界上模仿力最強的人，學得非常非常快。”訓練工作成效卓著，駐印軍官兵的技、戰術水準迅速提高。其中一個重要原因是官兵們在愛國主義思想的鼓舞下，士氣高漲，在一定程度上彌補了美國人只重視訓練技術，不重視精神教育的雇傭軍式訓練的缺點。同時駐印軍基本上杜絕了國民黨軍隊中普遍存在的層層克扣軍餉，士兵紛紛逃跑的現象。史迪威將軍以身作則，率先垂範，也給美國人樹立了一個如何進行教練的榜樣。1942 年 6 月到 12 月，他 7 次往返于重慶和新德里之間，每次來到印度，他都要到藍姆伽訓練營地深入指導，一呆就是幾個星期。他身穿短衣短褲，頭戴一次大戰時期的硬邊帽來到訓練場，沿著一排臥在地上的中國士兵走動，耐心地在每個人身邊臥下，示範或糾正瞄準動作。史迪威對普通戰士的平易近人，贏得了士兵們的愛戴。他將中國士兵看作“我的孩子們”，戰士們則親昵地稱他為“喬大叔”。這個中國通還經常用漢語講述越王勾踐臥薪嚐膽和南宋嶽飛精忠報國的故事來鼓舞士氣。在後來的緬北反攻戰役中，每當戰事處於緊張時刻，只要喬大叔瘦削高大的身影出現在陣地上，就會引起戰士們熱烈的歡呼，部隊的士氣更加高漲起來，再艱難的任務也會毫不猶豫地去完成。史迪威本人也常常以此引為自豪。[1]

　　藍姆伽營地除訓練駐印軍部隊外，還專門開辦了一個軍官訓練學校，由美軍人員執教，中國方面負責行政管理。駐印軍各級幹部都要在這裏接受輪訓，同時分批調集國內準備裝備美式武器

---

1 《我的戎馬生涯 —— 鄭洞國回憶錄》，第 291-292 頁；《史迪威與美國在華經驗》下冊，第 468-470、472 頁。

的 13 個軍的部分軍、師、團級軍官來這裏輪訓。先後分別舉辦了步兵、砲兵、工兵、戰車、汽車、通訊、戰術（參謀）等多種訓練班，訓練時間一般爲 6 個星期。另外在昆明也設立了“軍委會駐滇幹部訓練團”，並在大理設立分團。在這些學校裏接受過訓練的各級軍官先後達到 1 萬餘人。[1]

　　在藍姆伽訓練期間，中美雙方人員也不斷發生各種矛盾和衝突。特別是在兩國高級軍官之間，經常發生爭吵。這既是基於東西方不同的歷史文化背景而產生的不同思想方法和工作作風的差異的反映，更是中美兩國不同的戰略利益而引起的矛盾的具體表現。在第二次世界大戰期間，中美兩大盟國對戰勝日本法西斯這個總的戰略目標是一致的，這是兩國合作的基本前提。太平洋戰爭爆發後，兩國對於緬甸戰場和開闢對華國際交通線的認識也大體相同，並進行了比較密切的合作。由於中美之間國力懸殊，兩國的利益各不相同。以蔣介石爲首的國民政府，想打通中緬印國際交通線，以獲得美國的更多援助。美國的目的則是以此增強中國的抗戰力量，將更多的日軍牽制在中國戰場上，以減輕太平洋戰場上美軍的壓力，並有利于實施“先歐後亞”的戰略方針。這是軍事戰略上的不同考慮。在政治上，美國朝野不少人士認爲中國不但貧窮落後，而且政府的政治腐敗，只有依賴美國的援助，才能取得抗戰勝利，在中國人面前擺出一副財大氣粗的施主架勢。羅斯福政府還打算提供援助和支持中國成爲大國，在戰後將中國納入美國的勢力範圍，成爲美國抗衡蘇聯和稱霸遠東的基石。蔣介石政府雖然處處仰人鼻息，唯美國馬首是瞻，但在一些嚴重損害中國民族利益，尤其是危及統治集團地位的問題上，又不得不進行抗爭。因而戰時中美關係一直處於在總體上保持合作，在具體問題上不斷發生矛盾和衝突的狀況。這種合作在很多情況下是不平等的。這種既合作又沖突的狀況，不能不反映到中

1　《我的戎馬生涯 —— 鄭洞國回憶錄》，第 290 頁,《緬甸蕩寇志》，第 48 頁。

國駐印軍的編練上，並且由於蔣介石與史迪威之間的矛盾而使問題複雜化了。

　　史迪威制訂在印度訓練中國軍隊的計畫之初，就主張 "要中國士兵，不要中國軍官，尤其不要中國將領"，向蔣介石要求團長以上的指揮官和參謀長由美國軍官擔任，並且先由美國調來300 多名軍官，準備接替中國軍官的職務。史迪威在同中國軍政部談判時，還堅決要求至少有權處理少校級以下不服從命令的軍官，解除少校級以上軍官的職務。對於史迪威企圖掌握中國駐印軍兵權的要求，不但蔣介石不肯答應，而且遭到駐印軍全體軍官的堅決反對。孫立人將軍雖然極受美方器重，並與史迪威有西點軍校校友之誼，但他作爲中國的愛國軍人，與其他將士一同抵制了史迪威控制中國駐印軍的企圖。這樣一來，史迪威準備用來接替團以上中高級職務的美國軍官，也對他不能兌現諾言表示不滿。史迪威將這些軍官一部分分派到藍姆伽和昆明兩個訓練基地任教官和管理人員，一部分派到中國駐印軍中擔任各級聯絡官。這些聯絡官權力很大，往往凌駕于中國軍事主官之上頤指氣使。中國軍官對從來沒有上過火線的美國人對他們指手劃腳表示不滿。他們認爲，既然在戰場上由他們指揮作戰，那就不能在訓練中損害他們的權威。美國人則帶著中國軍官由於吃敗仗而精神不振，想阻止爲進攻緬甸進行訓練的偏見，往往繞過中國軍官而自行其是。美國聯絡官經常不通知中國軍事主官直接調部隊到訓練場。中國軍官不願被人隨便擺佈，便與美國聯絡官發生爭執，雙方鬧得很僵。後來士兵們也不肯聽美國人的話，在訓練場上鼓噪起來，並曾不止一次地拔出槍來，幾乎釀成流血衝突。尤其是總指揮部的直屬部隊，更是由美國人爲所欲爲。只要美國聯絡官認爲某個中國軍官不如意，只要向總指揮部彙報，就隨時撤換，並送上飛機回國，往往到事後中國的部隊長才知道。除了美國聯絡官與中國部隊長爭奪對部隊的控制權外，軍餉的發放也是影響雙方關係的一個突出問題。美國人知道各級軍官層層克扣軍餉是國民黨軍隊的通病，便不把軍餉交給中國軍官發放，而是由美國聯絡官列隊點名，直接將軍餉發給士兵。廣大士兵當然歡迎這樣做，不少中國軍官則感到不滿。[1]

　　上述矛盾直接影響了訓練工作的順利開展。爲了緩和關係，雙方都採取了一些措施。蔣介石下令撤銷原來的中國遠征軍第一路司令長官部，成立中國駐印軍總指揮部，由史迪威任總指揮，羅卓英任副總指揮。史迪威則命令美國軍官嚴禁體罰中國士兵，並不得干預中國軍隊的紀律。但矛盾仍然未能徹底解決，中、美軍官還是相互看不慣對方的所作所爲。雙方的矛盾最後集中到正、副總指揮史迪威與羅卓英身上。史迪威拒絕由羅卓英按“中國的老辦法”來支配駐印軍的軍餉。羅卓英作爲主管行政的副總指揮，自然對此十分不滿，便向軍政部長兼總參謀長何應欽發去措辭強烈的電文：“設我果將經理實權授予外人，其事受縛，委實無法辦理，且必影響國軍在外尊嚴。同時美方經理人員對我軍經理業務完全不明，處處解釋，極爲困難，故職已決定不向美請領（經費），以待鈞座之複可。”[2]羅卓英認爲美方的做法侵犯了他的行政權力，史迪威則認爲羅卓英企圖從每月 45 萬盧比的軍餉裏面中飽 10 萬盧比。羅卓英憤而離開指揮部。史迪威則向蔣介石控告羅卓英十大無能，其中有“羅長官終日繞室彷徨，對於軍隊之教育訓練毫無辦法”等語。[3]1942 年 10 月，蔣介石被迫調羅卓英回國，並撤銷副總指揮部，把駐印部隊改編爲一個軍，即中國駐印軍新編第 1 軍，軍長由國內選派。經反復考慮，決定調第 8 軍軍長鄭洞國入印擔任新 1 軍軍長。史迪威不便反對成立新 1 軍，便以縮小軍部編制的辦法，來削弱軍長的權力和作用。新 1 軍軍

---

1 《我的戎馬生涯 —— 鄭洞國回憶錄》，第 295-296 頁，299-300 頁；《史迪威與美國在華經驗》下冊，第 471-472 頁。

2 秦孝儀主編：《中華民國重要史料初編 —— 對日抗戰時期》第二編，《作戰經過》（三），第 372 頁。

3 《我的戎馬生涯 —— 鄭洞國回憶錄》，第 238-239 頁。

部只有 30-40 人的編制，沒有任何直屬部隊。部隊的指揮、訓練、人事、經理、衛生等權力都集中到總指揮部，軍部僅限於管理軍容風紀等事務。鄭洞國到任後，花費相當時間到各部隊巡視，對官兵曉以大義，安撫勸導，以穩定部隊情緒，避免激化矛盾。同時對美方的過分要求與不當行為，也進行有理、有利、有節的交涉，不作無原則的遷就。經過一段時間共事，雙方逐漸增加了相互理解和信任，關係才不斷融洽起來。特別是在反攻戰役開始後，雙方在戰鬥中建立起患難與共的關係，為協調指揮，收復緬北提供了切實的保證。

中國駐印軍這支在特殊的歷史條件和特殊環境中建立的部隊，在艱難曲折中錘煉成為一支精兵，挑起了首先反攻緬北的重任。1943 年春，中國駐印軍首批部隊的整編、訓練和裝備基本完成。3 月中旬，鄭洞國將軍率軍部人員抵達印度藍姆伽，正式成立新編第 1 軍。全軍官兵懷著為國爭光，打回祖國的強烈願望，待命出征。駐印軍一位高級將領寫了一首詩："捧檄出神州，天涯作壯遊。關山欣聚首，風雨感同舟。束手難為策，依人豈善謀？重溫西漢史，無語對班侯。"[1]生動地反映了廣大駐印軍官兵當時的處境和心情。

藍姆伽訓練營於 1944 年 1 月完成訓練工作。受訓結業的中國軍官有 2626 人，士兵有 2.9667 萬人。新 22 師、新 38 師和後來由國內空運到藍姆伽的新 30 師組成新 1 軍。全部是美式裝備。[2]

第三節　滇西遠征軍的整訓

在中、美、英歷次提出的反攻緬甸計畫中，中國軍隊由雲南

---

1 鄭洞國、覃異之《中國駐印軍始末》，《文史資料選輯》第 8 輯，第 90 頁。
2 《第二次中日戰爭史》下冊，第 872 頁。

進攻緬甸均是重要的一路。中國方面為此進行了大量的準備工
作，計畫調派 15-20 個師兵力，以主力由滇西，一部由滇南出擊。
1942 年 6 月，怒江防線穩定，隔江對峙局面形成後，滇西遠征軍
的整訓即開始進行。

　　擔負滇西防衛任務的第 11 集團軍（總司令宋希濂、副總司令
黃傑）兵力有 3 個軍、9 個師：即第 71 軍（軍長鐘彬），下轄新
28 師、第 87 師、第 88 師；第 6 軍（軍長由黃傑兼任），下轄預
備第 2 師、新 39 師；第 54 軍（軍長方天），下轄第 14 師、第
50 師、第 198 師；此外還有第 36 師（獨立師）。經過整頓改編
之後的第 11 集團軍，除以一部守衛怒江東岸北起瀘水、南迄孟
定，正面長約 200 公里的各要點，並派出一部在怒江西岸遊擊外，
主力大部分駐在保山、永平、大理、彌渡、祥雲一帶進行整訓，
準備反攻。宋希濂向軍政部要到 2 萬多名補充兵，充實到各軍、
師，使部隊兵員達到編制的 80-90%。全軍展開了轟轟烈烈的練兵
運動。在大理、永平、保山等 9 個縣的大部分村莊裏都駐有部隊。
每個連或獨立排都有自己的講堂，官兵就地取材，建造了各式各
樣的練習射擊的設備、沙盤，各種作業的模型等。除了佇列、射
擊等基本訓練外，經常舉行班排連營的對抗演習，有時還舉行實
戰演習，攻擊堡壘、爬山、夜間演習等等。著重培養官兵能耐艱
苦，射擊準確，善於攻堅，能打運動戰的能力。滇西農村民風淳
樸，官兵很少有進行賭博及其它不正當娛樂的。加之強敵壓境，
怒江對岸即是日軍，為了驅逐敵寇，收復國土，部隊練兵熱情很
高，軍容風紀也大有改善，各單位駐地都收拾得乾淨整潔。[1]

　　緬甸和滇西邊境地區淪陷後，許多從緬甸回國的華僑青年和
從騰沖、龍陵等地逃跑出來的中學生，既無家可歸，又無錢到昆
明等地繼續求學，流落在保山一帶，衣食無著。第 11 集團軍總部

---

1 宋希濂：《遠征軍在滇西的整訓和反攻》，《文史資料選輯》第 8 輯，第 53-54 頁。

派員將這些青年收容起來，先解決他們的食宿。宋希濂建議爲這些青年辦一個訓練班，並擴大招收滇西青年，進行一個時期的政治教育和軍事訓練後，派往各地去組織民衆，運濟糧秣，偵察敵情，配合部隊作戰。這個建議在征得林蔚同意後，隨即擬訂具體方案報請軍事委員會批准，定名爲"滇西戰時工作幹部訓練團"。團長名義上由蔣介石兼任，副團長爲龍雲、李根源、教育長宋希濂，副教育長董仲笵。訓練團設在第 11 集團軍總部所在地大理，於 1942 年 8 月下旬正式成立。以大理三塔寺營房爲校舍，招收學生 1100 多人，編爲 1 個總隊，下轄 3 個大隊，訓練期定爲一年。訓練團的教育方針是"對滇西青年施以三民主義的政治教育和必要的軍事訓練，培養他們成爲保家衛國的幹部"。訓練課程政治與軍事並重，其中有 1 個大隊較爲偏重軍事教育，準備派到部隊充當下級幹部。在政治教育中，是以戴季陶、蔣介石的思想來解釋孫中山先生的三民主義。曾在 1943 年 1 月從昆明邀請西南聯大的潘光旦、費孝通、曾昭掄、羅常培、張印堂、蔡維藩等教授前來大理講學。1943 年 5 月，由於"軍委會駐滇幹部訓練團"在昆明成立，"滇西戰時工作幹部訓練團"改名爲"駐滇幹訓團大理分團"。新任遠征軍司令長官陳誠接替李根源兼任大理幹訓分團副團長。大理幹訓分團共辦了兩期，到 1945 年 3 月結束。培訓學員約 2000 人。他們中有一部分被分派到各軍、師充當排、連下級幹部，大部分按原籍派到滇西各縣做地方工作，並有一些人深入到滇緬邊境敵後工作。這批學員對 1944 年滇西反攻作出了一定的貢獻。[1]

1942 年 11 月 3 日，蔣介石在與史迪威商談反攻緬甸計畫時表示，雲南方面預定出兵 15 個師，可於 1943 年 2 月以前準備完成。史迪威力促中國準備第二批遠征軍。11 月 10 日，蔣介石命

---

1 宋希濂：《遠征軍在滇西的整訓和反攻》，《文史資料選輯》第 8 輯，第 54-56 頁。

軍令部次長林蔚、劉斐及第一廳廳長張秉均同史迪威就反攻緬甸計畫進行商談。商談的主要內容是：對泰、越、馬、緬方面日軍力量的估計；中美英聯軍反攻的目標；中國方面擬使用的兵力及部隊的選定；補給、交通、衛生方面的整備等，雙方一致同意對泰、越取守勢，對緬甸取攻勢。蔣介石對會議紀要批示：“可照談話結果積極準備進行，但留守滇省與昆明防守部隊必須增派 1 軍，尤其要增強昆明的實力，必須要有 3 個軍防守昆明，應即籌畫在第六戰區或第九戰區再抽 1 個軍，限明年 2 月以前到達昆明。”[1]蔣介石這一佈置不僅僅是為了對日作戰的需要，也是在對日作戰的藉口下為今後解決龍雲的雲南地方勢力預作安排。11 月28 日，軍令部頒發關於“部署聯合英美反攻緬甸”的訓令，規定駐滇部隊“以聯合英美反攻緬甸，恢復中印交通之目的，應于英美由印發動攻勢時，先行攻略騰沖、龍陵，整備態勢，爾後向密支那、八莫、臘戍、景東之線進出，保持主力于滇緬公路方面，與印度盟軍協力殲滅緬北之敵，會師曼德勒。作戰準備須于明年（1943 年）2 月底以前完成之。”駐滇部隊的部署是：“滇西方面：（1）以 3 個軍又 1 個師沿滇緬公路及其以北地區攻略騰沖、龍陵後，以一部分向密支那、八莫，主力向畹町、臘戍方面攻擊前進。（2）以 1 個軍沿滇緬鐵路便道協同主力向臘戍方面攻擊前進。（3）以 1 個軍沿車裏、佛海大道及雙江、猛腦道協同主力向雷列姆、景東前進，威脅敵之側背。滇南方面以 3 個軍守備國境。昆明方面以 2 個軍擔任防守。”“滇西方面的後方勤務，應由後方勤務部部長派定專員負責，並加強其機構；關於兵站的設施，應使野戰軍于騰沖、龍陵、滾弄、打洛間地區會戰時補給圓滑，同時並必須準備向八莫、臘戍、曼德勒、雷列姆、景東各方面分別延伸設施，能適應時機補給而無遺憾。”[2]兵力部署是以第 11

---

1 宋希濂：《遠征軍在滇西的整訓和反攻》，《文史資料選輯》第 8 輯，第 57 頁。

2 宋希濂：《遠征軍在滇西的整訓和反攻》，《文史資料選輯》第 8 輯，第 58 頁。

集團軍爲進攻部隊主力，並調第 2 軍、第 32 軍和第 93 軍入滇。
隨後第 2 軍王凌雲部（下轄第 9 師、第 76 師、新編第 33 師）主
力由瀘州經昆明，一部由西昌到祥雲，開入滇西，劃歸第 11 集團
軍指揮。這樣，到 1942 年底，第 11 集團軍編成內即有 4 個軍、
12 個師。第 32 軍和 93 軍則因其所屬的第六和第九戰區堅持不
放，始終沒有開入雲南。

　　1942 年 3 月到 11 月，中美雙方參謀人員擬出並修訂了編練
和裝備 30 個師陸軍部隊的計劃。該計畫於 11 月定稿。預定從這
30 個師中挑選 15 個師作爲從雲南向緬甸出擊的部隊。這支部隊
稱爲 Y 部隊（中國駐印軍稱爲 X 部隊）。編練計畫十分具體，軍
需庫、運輸管理、醫療、通訊、工程服務以及從蟻帳到榴彈砲的
各類問題都是議事日程上的事。改編中國軍隊一個團，使之達到
規定的實力所需的人員和物資是多少，以及按照租借法向中國提
供各種援助的比例，都由在中國作戰處工作的美軍人員在幾個月
時間裏一一擬訂好確切數字。爲了保證 Y 部隊最初階段的作戰需
要，估計從 1942 年 11 月 15 日到 1943 年 2 月 15 日的 3 個月內需
經駝峰航線運輸 4300 噸物資。此後 Y 部隊和中國其他部隊每月
繼續需要 3500 噸物資。[1]

　　12 月 27 日，史迪威向宋子文提交了一份備忘錄，提出了在
雲南重新編組並集中裝備和訓練中國軍隊的計畫，包括在昆明地
區設立步兵、砲兵和陸空軍協同作戰訓練班；設立後方勤務學校，
建立有效率的後勤補給制度，包括工程、醫療、通訊、運輸等；
修復和擴展滇緬公路，並安排通往華東的交通。宋子文從華盛頓
回到重慶後，認爲由於史迪威得到史汀生和馬歇爾的支持，要辦
的事情就必須同史迪威合作，而不是與他作對。宋子文還說服蔣
介石，只要贊成而不是反對史迪威採取軍事行動反攻緬甸，就能

1　《史迪威與美國在華經驗》下冊，第 493-494 頁；《第二次中日戰爭史》下
　　冊，第 872 頁。

從美國獲得更多的援助。宋子文和蔣介石的另一親信陳誠，兩人一文一武（宋子文是外交部長，陳誠時任第六戰區司令長官），成為代表蔣介石經常與史迪威會商的特使。[1]

史迪威的訓練計畫於 1943 年 1 月 16 日得到美國陸軍參謀長馬歇爾批准。1 月 28 日，史迪威又向蔣介石提出報告。報告說："如果第一批訓練 30 個師的計畫完成並用於攻擊日軍，就具備了要求裝備第二批 30 個師的基礎。今特請求立即實]泡雲南練兵計畫：應加速集中軍隊；陳誠將軍應擺脫其他一切職務；各軍需要改變的事項立即進行；請即授權安排財務；請即批准訓練計畫。同時請即指定第二批練兵 30 個師的單位，以便早日準備重新編組及裝備。" 史迪威的報告指出："這是我們裝備和訓練中國軍隊，以促使中國強大和安全的機會，因為武器及物資供應都有了保障。" "今年秋季，第一批 30 個師就可以成為有力的野戰軍。第二批 30 個師的技術訓練也會順利進行。供應路線開通後，這兩批部隊就可迅速裝備武器，嗣後中國就不怕日軍來攻擊了。"[2]史迪威還打算第三批再訓練 30 個師，以達到為中國陸軍組建 100 個滿員師的目標。第一批 30 個師編練完成後作為收復緬甸的主力軍，然後凱旋東歸，準備收復漢口和九江，再進攻徐州。從徐州可以對日本發動空襲。因此他還在致宋子文的一份備忘錄中敦促"要確實大規模加強空軍，支援作戰，並且立即利用空軍對日本進行猛烈的連續轟炸。"[3]

史迪威的練兵報告獲得蔣介石的批准。2 月 1 日，蔣介石命令陳誠擔任中國遠征軍司令長官。史迪威也派遣他的副參謀長多恩上校率領重慶美軍司令部的若干人員到昆明設立辦事處，並下令將美國教官調往雲南。多恩的任務是代表史迪威處理有關 Y 部

1　《第二次中日戰爭史》下冊，第 872 頁；《史迪威與美國在華經驗》下冊，第 492-493 頁。
2　《第二次中日戰爭史》下冊，第 872-873 頁。
3　《史迪威與美國在華經驗》下冊，第 494 頁。

隊訓練的一切事宜，以及涉及美方人員的行政事務。根據中美協定，在雲南的遠征軍（即 Y 部隊）完全由中國軍官指揮，美方人員只負責訓練及供應租借法案提供的武器和物資。[1]

中美雙方商定的訓練計畫是：訓練分別在訓練中心和部隊中進行。在昆明設立步兵、砲兵、通訊兵、交通兵訓練中心，軍官在訓練中心上課，受訓期滿後回原來所在部隊擔任教官。每種課程的訓練期為 6 個星期,每期每一兵種訓練幹部 150-450 人。第一期計畫步兵班 450 人，砲兵班 300 人，通訊和軍醫各 150 人。各軍、師分別派遣一批美軍教官協助組織和指導訓練。[2]

3 月 10 日，陳誠和史迪威在重慶開會，決定在昆明訓練基地調集各部隊軍官 8000-9000 人分批訓練，然後空運到印度藍姆伽訓練基地，進一步熟悉新武器的性能和使用方法。陳誠主張特種兵科的幹部尤應多送印度，加強技術訓練，高級幹部則以精神訓練為主。他並提醒史迪威，將中國軍隊的 1 個軍轄 3 個師改為 2 個師的編制問題，必須根據滇西地形詳加研究；中國軍隊在營以下沒有通訊隊伍，擔心影響獨立作戰。[3]

蔣介石於 3 月 23 日核定批准了軍政部呈送的雲南練兵具體計畫，命令有關部隊向雲南集中。按照計畫，有 11 個軍共 31 個師參加訓練，每個師的兵員就應由 8400 人增加到 1.03 萬人。預計按新編制組成 24 個新式攻擊師，2 個舊式攻擊師，6 個調整師，兵員總計為 41.26 萬人。但各軍師都不滿員，實際人數只有 22.7345 萬人，缺額 18.5255 萬人。而且各部隊只有一半擁有通常必備的武器。軍政部一再保證，按照同史迪威商定的日期，在 6 月 10 日前補充 12.2753 萬人。史迪威多次對軍政部指出：中美戰時關係的基礎在於由中國提供人力，美國提供租借武器和物資，共同

---

1 《史迪威在華使命》，第 292 頁；《第二次中日戰爭史》下冊，第 873 頁。

2 《第二次中日戰爭史》下冊，第 873 頁；《史迪威在華使命》，第 292 頁；《史迪威與美國在華經驗》下冊，第 512 頁。

3 《第二次中日戰爭史》下冊，第 873 頁。

抗敵，如果中國不能充分提供人力，租借武器和物資就是大浪費了。但國民黨當局的徵兵制度弊病叢生，積重難返。靠抓壯丁作爲徵兵的主要手段，民眾不堪其苦，避之惟恐不及，根本不可能徵集到足夠數量的合格兵員。因此軍政部從來不能按計畫補充兵員，或者是在刺刀的押送下七零八落地送來一些體質很差的新兵。爲了使新兵的體質能適應訓練，不得不實行一項爲期 5-6 個星期的特殊計畫，讓入伍新兵一日三餐吃得飽，睡足覺，作短途步行，以逐漸恢復體力。1943 年，新兵因死亡或開小差造成的減員達 40%，即 167 萬新兵就有 75 萬人死亡或逃跑。史迪威寫道，"這是對中國領導人的可怕的控訴。" "何應欽預計有三分之一的補充兵員在路上死亡或逃跑，何應欽對這種狀況泰然處之。"[1]

　　1943 年 4 月 1 日，"軍事委員會駐滇幹部訓練團"的步兵、砲兵兩個訓練中心正式成立。幹訓團團長由蔣介石兼任，龍雲、陳誠兼任副團長，教育長由社聿明、關麟征、黃傑、梁華盛等人先後擔任。幹訓團團部設在昆明北校場，有教學樓、靶場和各種設備。史迪威將軍派多恩上校任訓練中心參謀長，阿姆斯上校爲訓練計畫負責人，包瑞德上校爲行政負責人。在緬甸防禦戰期間擔任史迪威聯絡官的曾士奎上校任中方行政負責人。由於中方不能提供足夠數量的適當軍官參加訓練，各個訓練班的學員從來沒有滿額。砲兵訓練中心設在昆明東郊的幹海子，有 56 名美軍教官，12 名中國助教和 23 名翻譯官。第一期原計劃培訓 300 人，4 月 5 日開課時只有 87 人，其中 40 人是第 71 軍砲兵團的軍官。這個砲團還派來了 248 名士兵。4 月 12 日，第 2 軍野戰砲團也來到砲兵訓練中心。步兵訓練中心設在昆明西郊的黑林鋪，於 4 月 4 日開學。最初兩班都是第 5 軍幹部訓練班學員，不是正式軍官，體格都不健壯。1943 年全年中，砲兵訓練中心的受訓人數約爲原

1　《史迪威與美國在華經驗》下冊，第 520 頁；《第二次中日戰爭史》下冊，第 873 頁。

計劃人數的 25%，步兵訓練中心受訓人數約爲原計畫人數的 60%。儘管參加受訓的人當中，許多人都不是當軍官的材料，但大多數人都渴望學習，學得也很快。一位美國教官說：“他們確實接受得很快，這是一段了不起的經歷。我從來沒有看到美國軍人這麼樣。”[1]

訓練方法根據各兵種的情況決定。步兵訓練班第 1、2 周學習武器使用方法，使受訓者了解各種兵器的性能，並熟練地分解、組裝；第 3、4 周進行實彈射擊，使受訓者能熟練地使用各種兵器來發揚火力；第 5、6 周爲戰術訓練，通過沙盤教育和班排連的實兵指揮，使受訓者瞭解如何掌握和運用自己的指揮的隊伍以發揮戰鬥力量。砲兵訓練班是將各軍的砲兵部隊全部官兵調到昆明砲兵訓練中心來進行訓練和裝備，訓練完成後歸還各軍建制。大砲和馱砲的騾馬都由印度經駝峰航線空運來昆。訓練物件爲參訓各部隊副團長以下各級幹部。除砲兵外，按所屬兵種分別進入步兵、工兵、通訊各訓練班受訓。參謀人員、團附或營級幹部則進入參謀訓練班（即戰術訓練班）。另外在大理分團辦了一個軍醫訓練班，將各部隊的醫務人員輪訓 6 個星期。[2]

駐滇幹訓團各訓練中心在 1943、1944 兩年先後培訓了中國 10 餘個軍的各級幹部和一部分士兵共 1 萬人左右。這些官兵成爲各自所在部隊的練兵骨幹。在駐雲南的遠征軍部隊中，從遠征軍司令部、各集團軍、軍、師直到團，都有美軍聯絡參謀組。每個步兵團有 1 個中、上尉級軍官和 1-2 名軍士，配備 1 部無線電報話機。軍部或師部的聯絡組一般是 6-7 人，爲首的是中、少校軍官。集團軍總部的聯絡組有 20 多人。第 11 集團軍總部的聯絡參

1 《史迪威與美國在華經驗》下冊，第 519、521 頁；《第二次中日戰爭史》下冊，第 874 頁；宋希濂：《遠征軍在滇西的整訓和反攻》，《文史資料選輯》第 8 輯，第 63 頁。
2 宋希濂：《遠征軍在滇西的整訓和反攻》，《文史資料選輯》第 8 輯，第 63-64 頁。

謀組組長是吳德上校，第 20 集團軍總部的聯絡參謀組組長是康得上校。美國在各級的聯絡參謀組都有自己的無線電報話機，在集團軍總部還有 1 部雷達機專供對空聯絡，對中國人嚴格保密。在各野戰醫院中也有不少美國人和美籍華人工作。中、美官兵之間雖然不像駐印軍中那樣矛盾突出，但是也存在隔閡。美國人既有優越感，又常常批評國民黨當局腐敗無能。如 1943 年春天，史迪威有一次在昆明約宋希濂談話，當宋希濂提出軍政部對兵員補充、器材補充異常遲緩時，史迪威用中國話大聲說："壞透了！壞透了！太腐敗了！太腐敗了！"並列舉許多事實對軍政部進行尖銳批評說："美國送給中國的大批物資，是美國納稅人出了錢的，一交到你們的軍政部就公開盜賣，如藥品、電訊器材等，街上都可以買到。你們的政府這樣糟，怎能爭取戰爭的勝利呢？這叫羅斯福總統怎樣對美國人民說話呢？"[1]

　　陳誠被任命為遠征軍司令長官後，帶了一大批人來到雲南，在楚雄設立了長官司令部。1943 年 3 月 28 日，陳誠從重慶飛到楚雄就任，負責遠征軍部隊的編練和反攻計畫的制訂。5 月 5 日，陳誠提出的作戰計畫，預定遠征軍的編練和裝備在 8 月底完成，然後與中國駐印軍和英美盟軍同時發動攻勢，恢復中印緬水陸交通，並協助英印軍收復緬甸。到 8 月，隸屬遠征軍的 5 個軍已按每軍 3 個師的編制改編完成。其中第 11 集團軍轄第 2、第 6、第 71 軍共 8 個師；第 20 集團軍轄第 53、第 54 兩個軍共 4 個師；第 8 軍轄 4 個師，直屬遠征軍司令部。但這時遠征軍各部兵員缺額仍多達 2.2508 萬名，各師以下各步兵團的武器仍是將 2 個師的配備標準數平均撥給 3 個師，缺機槍 212 挺，82 口徑迫擊砲 69 門。遠征軍的武器是由中國供應步槍、輕機槍、擲彈筒、82 口徑迫擊砲和半自動步槍 5000 支，美國供應半自動步槍 2200 支、戰防砲

---

1 宋希濂：《遠征軍在滇西的整訓和反攻》，《文史資料選輯》第 8 輯，第 67-69 頁。

576 門、60 毫米臼砲 900 門、75 毫米榴彈砲 40 門、火箭筒 430 具、重機槍 558 挺，各類槍砲的彈藥 6900 噸。[1]

當時接受美械裝備的國民黨軍隊共 12 個軍，即第 2、5、6、8、13、18、53、54、71、73、74、94 軍。每個軍成立 1 個榴彈砲營，配備 105 毫米榴彈砲 12 門；每個師成立 1 個山砲營，配備 75 毫米山砲 12 門；每個步兵團成立 1 個戰防砲連，配備戰防砲 4 門；每個步兵營成立 1 個迫擊砲排，配備 82 迫擊砲 2 門，1 個火箭排，配備火箭筒 2 具；每個步兵營的重機槍連配備重機槍 6 挺；每個步兵連配輕機槍 9 挺，"湯姆森"式手提機槍 18 支，60 迫擊砲 6 門（每排 2 門）和火焰噴射器 1 具。每個軍，師都有 1 所設備完善的野戰醫院，從軍、師到營、連，都有完整的通訊設備。這些美械裝備的部隊與原來的裝備比較起來完善得多，尤其是火力大大增強了。[2]

9 月 16 日，史迪威請蔣介石授權陳誠指揮雲南、廣西的所有部隊，並要求立即補足第一批 30 個師的兵員，改善雲南受訓部隊的營養，迅速完成道路及車輛運輸工程。他說："按照雲南訓練計畫，美國將裝備中國野戰砲兵團 19 個，中國軍政部只提供了 5 個團的人員，還缺 14 個團的人員。" 史迪威同時要求，立即指派第二批訓練 30 個師的部隊司令官，以便在 12 月 1 日就可開始訓練。蔣介石沒有同意由陳誠指揮滇、桂兩省部隊的建議，將滇南劃歸遠征軍作戰地區指揮，廣西仍由軍事委員會直接指揮。[3]到 1943 年冬，陳誠因病調離，由衛立煌接任遠征軍司令長官，指揮了 1944 年的滇西反攻戰役。

---

1 《第二次中日戰爭史》下冊，第 875-876 頁；臺灣國防部史政編譯局編印，《抗日戰史》第 9 冊：《西南及滇緬作戰》，1990 年版，第 325 頁及插表 18。

2 宋希濂：《遠征軍在滇西的整訓和反攻》，《文史資料選輯》第 8 輯，第 61-62 頁。在《我的戎馬生涯 —— 鄭洞國回憶錄》一書第 290 頁，記述接受美械裝備的國民黨軍隊為 13 個軍，即第 2、5、6、8、13、18、53、54、71、73、74、79、94 軍，與本書所引宋希濂的記述稍有出入，並存待考。

3 《第二次中日戰爭史》下冊，第 875 頁。

第四節　"駝峰"航空線的開闢

　　日軍攻佔緬甸，截斷滇緬公路，封鎖了盟國援華的主要陸路通道，控制了中國戰場與盟國的國際聯繫，給中國的持久抗戰造成了新的困難。重新開闢通往中國的國際通道的戰略重要性日益緊迫，引起了中、美、英三國政府的高度重視。經過三方的共同努力，迅速開闢了一條從印度通往中國的空中運輸線──"駝峰"航空線。這條世界上最艱險的航空線，在 1942 年-1945 年間，源源不斷地運輸了大批物資和人員，為中國軍隊在中國戰場和緬甸戰場上發動對日反攻提供了巨大支援，對戰勝日本軍國主義發揮了重要作用。

　　最早探索中印航空線的是中國人。由於日本處心積慮地企圖截斷滇緬公路，一面從越南出動飛機轟炸雲南境內路段，一面對英國施加壓力，從緬甸方向進行封鎖。為了開闢新的國際通道，以適應抗戰的需要，中國方面在 1941 年 3 月開始接受美國租借法案援助後，便著手開闢中印航空線和勘測中印公路路線。1941 年11 月下旬，中美合營的中國航空公司的 1 架雙引擎運輸機，由中國飛行員陳文寬、潘國定駕駛，從新疆飛越喜馬拉雅山。到達印度的德裏，並從印度西北的白沙瓦（現屬巴基斯坦）飛往迪化（即烏魯木齊），再經蘭州到重慶。在此前後，從印度的加爾各答向東北飛越喜馬拉雅山穿越緬甸北部，飛往雲南昆明的航線也試航成功。勘測中印公路的中國工程技術人員歷經 191 天的長途跋涉，於 11 月 27 日到達原計劃的終點 ── 印度東北角的薩地亞。後經過考察，重新選定交通較為便利的雷多為中印公路終點。1942年初，勘測隊正副隊長和主要工程技術人員奉交通部之命，乘中國航空公司首次試航中印航線的飛機，沿中印公路計畫線飛行，從空中視察從印度雷多至雲南中甸的地勢，然後在麗江機場降落，於 1942 年 1 月 2 日飛返昆明。太平洋戰爭爆發前後，中國飛行員對由中國西北和西南飛越喜馬拉雅山到達印度的航空線的初步探索，爲中印空中運輸線的開闢奠定了基礎。當時，中、英兩國還沒有達成有關印度空運的協議。在征得英印當局的臨時同意後，中國航空公司就開始了從重慶、昆明經過臘戍、密支那到加爾各答的空中運輸。1942 年 2 月，蔣介石夫婦訪問印度，3、4 月兩次入緬視察戰局，以及史迪威、韋維爾、亞歷山大等人往來於中、緬、印之間都使用這條航線。西北航線則由於位置偏遠，航程迂回，在中國境內遠離陪都重慶，在印度境內遠離主要港口而被放棄。

　　日軍大舉侵緬，英軍節節敗退。1942 年 1 月 30 日，侵緬日軍攻佔毛淡棉，逐步進逼仰光。英國當局棄緬保印的意圖日益暴露。一旦仰光失守，中緬國際交通線就失去了最重要的海上入口。密切關注緬甸戰局的中、美兩國均對此感到焦慮不安，加快了開闢新的陸、空交通線的行動。毛淡棉失守的當天，羅斯福總統便在美國內閣會議上提出開闢一條空中運輸線和另闢一條陸上補給線的可能性，並委託哈裏曼同宋子文商談了這件事。宋子文認爲開闢航空線會更起作用。1 月 31 日，宋子文寫信給羅斯福，建議開闢從印度東北部阿薩姆邦（省）地勢最高的薩地亞到中國昆明的航線，全程 700 英里（約 1126 公里）。他估計用 100 架 DC-3 型運輸機 1 個月可以把 1.2 萬噸物資運到中國。信中說 "整個航程的高度變化不大"，但並沒有提到在這條航線上高聳著喜馬拉雅山，因而大概是世界上最危險的航線。以加爾各答爲物資的登陸口岸，然後經鐵路北運阿薩姆邦。哈裏曼很快將宋子文的信轉交給羅斯福，並在說明書中表示贊同宋子文的建議，但謹慎地指出了喜馬拉雅山這一巨大的天然障礙。羅斯福決心迅速開闢新的援華運輸線，確信任何純後勤問題都能迅速解決，因而在要求提出的 9 天內（2 月 9 日）就信心十足地致電蔣介石，明確保證："經印度通往中國的補給線可以採取空運的辦法保持暢通"。爲了開闢這條飛越世界屋脊的空中運輸線，要修建飛機場，調集飛機、空地勤人員、燃料和服務設施。羅斯福認爲這一切都很必要，因爲“局勢在逼著一切有關的人士認識到緬甸的極端重要性，我們必須立即讓航線通航，還必須開闢一條邊遠公路”。[1]羅斯福將這項任務交給即將離美赴華就任的史迪威。

邱吉爾這時也終於爲時過晚地認識並承認維持與中國聯繫的戰略重要性。1942 年 1 月中旬，他在華盛頓參加“阿卡迪亞”會議回到倫敦後，對英國三軍參謀長說：“作爲一個戰略目標，我認爲使滇緬公路暢通比守住新加坡更爲重要”。如果滇緬公路被日軍截斷，那將是“令人非常痛心的，將會切斷我們同中國的聯繫”。[2]2 月 15 日新加坡淪陷，邱吉爾於第二天致電英國駐緬甸總督說：“我認爲，緬甸以及中國的聯繫在整個（東方）戰區中是最重要的一環。”[3]

對於開闢中印航線和修築中印公路，要求最迫切的當然是中國。1942 年 2 月 9 日到 21 日，蔣介石夫婦在英國駐華大使卡爾陪同下訪問印度，目的是加強中、英兩國爲共同對日作戰在印度的合作。訪印期間，蔣介石取得了英印當局對開闢中印陸、空交通線的贊同。

在中、美兩國的共同促進下，中國與英印當局於 1942 年 4 月就開闢中印航空線問題達成協議：“中印兩國政府業于目前就重慶加爾各答間航空線事，成立協定。據協定之規定，英國政府同意中國航空公司開闢重慶加爾各答間之航線，中國政府同意，情況許可時，恢復昆明仰光間航線。”[4]

中、美、英三國領導人對中國戰場國際交通線的戰略重要性

1　《史迪威與美國在華經驗》上冊，第 348 頁；《第二次中日戰爭史》下冊，第 830 頁。
2　《史迪威與美國在華經驗》上冊，第 344 頁。
3　邱吉爾；《第二次世界大戰回憶錄》第 4 卷，第 218 頁。
4　《大公報》，1942 年 4 月 3 日。

取得共識，爲中印航線的迅速開闢創造了條件。3 月 10 日，美國陸軍空運中心在北卡羅來納州成立。9 天后；該中心的一批人員乘 "巴西" 號輪船赴遠東。3 月 21 日，美國陸軍航空部隊司令阿諾德將軍下令成立負責印度—緬甸—中國空運任務的美國空運隊，從泛美航空公司調來 25 架運輸機，擔任中緬印間的空運工作。中國航空公司的中印航線也繼續飛行。

中印航線西起印度阿薩姆邦，東到中國雲南昆明。航程 1100 多公里。途中要飛越號稱 "世界屋脊" 的喜馬拉雅山南段，平均海拔高達 5000 米左右，最高處爲海拔 7000 米，在當時被視爲 "空中禁區"。因喜馬拉雅山山脈蜿蜒起伏，群峰聳立，形狀好似駱駝的峰背，飛行穿行其間，"駝峰" 航空線因此而得名。飛機在 "駝峰" 航線的飛行高度比一般航線高一倍，高空風雲莫測，地面保障設施簡陋，日軍飛機不斷襲擾，是當時世界上最爲艱險的一條航線。中美兩國飛行員歷艱涉險，以自己的勇敢和智慧開闢並不斷完善 "駝峰" 航線，使之成爲一個龐大的空運體系，完成了第二次世界大戰中持續時間最長、規模最大的戰時空運行動，創造了世界航空史上的奇跡，爲中國抗日戰爭和世界反法西斯戰爭的勝利作出了不可磨滅的巨大貢獻，用他們的汗水、鮮血乃至生命在萬里長空譜寫了壯麗的篇章。

"駝峰" 航空線開闢伊始，就遇到了不少困難。航線最初是從加爾各答沿印度海岸向東飛行，穿越緬甸後，再朝東北飛往昆明。飛行途中可以利用密支那、臘戌等地的機場作爲中繼機場，飛行高度較低。4 月底 5 月初，臘戌、密支那相繼失陷，航線被迫北移，以避開日軍戰鬥機從這些機場起飛襲擊。北移後的航線從阿薩姆邦的機場起飛後，要橫跨西藏、雲南、緬甸間的喜馬拉雅山、高黎貢山，橫斷山以及怒江、瀾滄江、金沙江，才能到達昆明或重慶。飛行高度更高，氣候條件也更加複雜。在缺乏地理和氣象資料，又沒有地面導航設施的情況下，在這樣一條障礙重重，險象環生的新航線上飛行，其艱巨複雜的程度是局外人難以想像的。飛行途中如果遇到強大的氣流，其狂暴程度甚至能將飛機撕裂。當時雨季已經來臨，飛行常常無法進行。每架飛機 1 月平均只能在中印間往返兩次。同時又抽調部分運輸機向在野人山區艱難撤退的中國遠征軍和難民空投給養，也影響了中印間的運輸量。因此在 1942 年 4、5 兩個月，只將 96 噸物資運到中國。

羅斯福在 5 月 5 日指示阿諾德："不顧任何困難，提供每一可能，維持中印空運"[1]。美國的目的是在緬甸淪陷，中國完全被封鎖之後，通過空運物資支持中國堅持對日作戰，以中國為基地空襲日本的海上航線，最後從中國進攻日本本土。阿諾德計畫將 50 架 B-24 轟炸機改裝為運輸機，用於中印空運。美國陸軍部作戰計畫司認為，這樣做會影響在非洲的登陸作戰計畫，中印空運只是象徵行動，沒有重大價值。阿諾德於是建議，以商業形式盡可能維持這條空運線，羅斯福對此表示同意。蔣介石致電羅斯福，要求美國提供 4 引擎的大型新式運輸機，取代當時使用的舊式雙引擎運輸機。總統顧問霍浦金斯商詢陸軍部，得到的回答是 1942 年只能製造 24 架 C-54 型運輸機，無法分配給中印航線使用。[2]

史迪威從緬甸撤到印度後，於 5 月 25 日從德里給美國陸軍部發出電報說："我堅信中國在戰略上具有決定性重要意義。因此，我認為美國不向這一戰區派遣作戰部隊是犯了個嚴重錯誤。"[3]隨後，史迪威啟程前往重慶。由於天氣惡劣，他中途在昆明停留了 5 天，於 6 月 3 日才到達重慶。史迪威乘坐的是時速 250 英里（約 402 公里）的 B-25 型轟炸機。他親自體會到了速度緩慢的舊式運輸機不適宜在"駝峰"航線的惡劣條件下飛行，因為這種飛機上沒有導航輔助設備，也沒有配備武器以對付日本戰鬥機的攻擊。史迪威與阿諾德聯合要求撥 75 架運輸機用於駝峰空運，以滿足中

---

1 《第二次中日戰爭史》下冊，第 831 頁；《史迪威與美國在華經驗》下冊，第 435 頁。
2 《第二次中日戰爭史》下冊，第 831 頁。
3 《史迪威與美國在華經驗》下冊，第 431 頁。

國方面要求得到 100 架飛機的願望。史迪威希望在 8 月能得到這 75 架運輸機。但陸軍部作戰計畫司堅持非洲登陸計畫不能變更，中國戰場的需要仍然被排在最後。[1]

　　與美國空運隊同時進行駝峰空運的中國航空公司從 6 月開設了定期航班。7 月 1 日，該公司獲得美國租借法案撥交的 10 架運輸機，每天至少有 1 架飛機從印度運輸物資到中國來。美國空運隊則由於種種障礙，在 1942 年的運輸情況一直改善不大。儘管美國空運隊的運輸機到 9 月增加到 54 架，10 月又增至 75 架，但運量卻比只有 10 餘架運輸機的中國航空公司少。以至美國國務院在讚揚中國航空公司的同時，指責了美國空運隊的工作效率。[2]11 月，一批 C-47 型飛機投入駝峰空運，當月運量達到 819.7 噸。12 月，美國陸軍運輸隊接替了美國空運隊的工作。

　　駝峰航空線的開闢是 1942 年亞太地區盟國對日作戰中一個具有戰略意義的重大事件。中、美、英三國爲此作出了巨大的努力。經駝峰空運到中國的物資，首先要從美國橫渡大西洋到非洲，再橫渡印度洋運到印度西部沿海港口，航程長達 1.2 萬公里。然後裝上火車橫穿印度次大陸，行程 1500 英里（2410 多公里）運到加爾各答。再換裝運茶葉的火車，沿孟加拉一阿薩姆窄軌鐵路行程約 1000 公里到達阿薩姆邦的機場。這條窄軌鐵路是爲了把阿薩姆邦出產的紅茶運到孟加拉沿岸港口而修建的，設備不佳，運量有限。從加爾各答到雷多，鐵路軌距變換 3 次。還要經過布拉馬普特拉河，河上沒有架橋，列車得分解開來，用駁船把一節節車廂運過江。英國人對鐵路的管理墨守成規，辦事不緊不慢。鐵路的運量長期低於商定的數目。1942 年夏天，印度國大黨號召全國開展 "不合作" 運動，工人舉行罷工，使本來就擁擠阻塞的孟加拉一阿薩姆鐵路更加混亂不堪，嚴重地影響了援華物資的運輸

---

1 《第二次中日戰爭史》下冊，第 831 頁。
2 《第二次中日戰爭史》下冊，第 831 頁。

工作。這種混亂狀況持續了兩年之久，直到 1944 年 2 月，美英雙方達成協定，將這條鐵路劃歸軍隊，由美國派幾營鐵道兵管理，情況才逐漸改善。阿薩姆邦的幾個飛行場站都是英國種茶人修築的小型和簡易機場，除一個機場有硬跑道外，其餘各個機場都是土質跑道，一到雨季就積水淤泥，很難使用。喜馬拉雅山區的氣象記錄當時幾乎是空白，自從緬甸防禦戰失利，密支那等地失陷後，無法在緬北建立地面導航和警報網，航線只有北移，飛機要飛得更高才較為安全。這些客觀因素都對駝峰空運產生了影響。1 架運輸機能裝載 4-5 噸貨物，在最適宜的條件下，1 天能飛 1 個來回。由於駕駛員不足，設備供應不上，飛機缺乏維修，機場簡陋不堪，氣候變化莫測等原因，每次起飛的飛機數量很少超過 60-70%。空運隊每運 1 加侖汽油到中國，自己也要消耗 1 加侖汽油。陳納德的飛行隊每向日軍投擲 1 噸炸彈，空運隊就得運 18 噸物資到中國。因此，空運隊原來估計每月能運送 5000 噸物資，但在 1942 年月平均運量不到計畫的 10%。其中 4 月 16 噸，5 月 80 噸，6 月 106 噸，7 月 73 噸。[1]

　　除了上述客觀因素外，蔣介石、史迪威、陳納德之間，以及史迪威、比斯爾（美國第 10 航空隊司令兼中緬印戰區空軍司令）、陳納德之間的矛盾，也直接影響了駝峰空運。陳納德曾經指責 "比斯爾和史迪威都輕視這種補給辦法。史迪威不曉得空運的效力倒是可以原諒的，身為空軍官員的比斯爾竟堅認駝峰運輸不合實際，我真無從索解了。比斯爾堅決地認為要每月自印度運輸 5000 噸物資到昆明，需用運輸機 300 架，機場 25 處，故意誇張困難。比斯爾被調走以後，陸軍運輸隊按月運 1 萬噸物資至昆明，就只用了 150 架運輸機和不上 12 個飛機場而已。"[2] 蔣介石要求美國

1 《史迪威與美國在華經驗》下冊，第 441-443 頁；《第二次中日戰爭史》下冊，第 832-833 頁。
2 陳納德：《我與中國》，第 143 頁。轉引自《第二次中日戰爭史》下冊，第 833 頁。

撤換比斯爾，提升陳納德為中緬印戰區空軍司令。後來比斯爾雖然被調走，由於馬歇爾、阿諾德和史迪威的反對，陳納德也沒有當上中緬印戰區空軍司令。

　　1943 年 1 月，卡薩布蘭卡會議確定了反攻緬甸的"安納吉姆"計畫。會後，羅斯福決定增加空運援華物資，建立由陳納德指揮的第 14 航空隊。5 月初，羅斯福下令："空運物資數量在 7 月份應達到每月 7000 噸，9 月份應達到每月 1 萬噸。"[1]為了完成這個計畫，美國陸軍空運隊制定了代號為"7 號工程"的空運方案，要求 7 月份給空運隊增加 142 架運輸機，人員 2490 人，增設 7 個機場，到 9．月再將 C-46 型飛機增到 146 架。隨著飛機的增加和地面保障設施的逐步改進，空運隊飛機的飛行次數在 1943 年大幅度增加，空運量逐月上升。5 月為 3000 噸。7 月達到 4500 噸（其中美國陸軍運輸隊為 3451 噸，中國航空公司為 1054 噸）。9 月份達到 6332 噸（其中，中國航空公司使用 23 架雙引擎道格拉斯飛機運了 1134 噸，美國陸軍運輸隊使用包括 100 架 C-46 型新式大型運輸機在內的 225 架飛機運了 5198 噸）。儘管如此，駝峰空運的數量仍然沒有如期達到羅斯福命令的要求。直到 12 月，大量 C-46 型機抵印，26 架 B-24DS 改裝完成，美國陸軍運輸隊全月飛越駝峰 3135 架次，共運物資 1.259 萬噸，達到了羅斯福的要求。[2]加上中國航空公司運送的物資，總數達到 1.345 萬噸，是 1942 年全年運量 5158 噸的 2.5 倍以上。應該說明的是，經駝峰航線空運到中國的物資，絕大部分是供美國在華部隊使用。如羅斯福 1943 年 5 月下令 7 月空運量應達到 7000 噸，其中有 4700 噸交陳納德指揮的第 14 航空隊使用，其次以 2000 噸供應陸軍，其餘 300 噸亦歸空軍。

　　為了使駝峰空運量在 1944 年增加到每月 2 萬噸，以保障美國

1　《第二次中日戰爭史》下冊，第 832 頁。

2　《第二次中日戰爭史》下冊，第 832 頁;愛德華·李·懷特;《耶誕節時一萬噸》，佛羅里達聖彼德堡 1977 年版，第 117 頁。

B-29 遠端轟炸機從中國西部機場起飛轟炸日本本土的巨大消耗，美國陸軍運輸隊在 1944 年 1 月 22 日進行了擴編。當月空運到中國的物資達 1.4472 萬噸，比 1943 年 1 月空運量 1923 噸增加近 7 倍。[1] 5 月 17 日，中美突擊隊奇襲攻佔密支那機場。8 月 5 日，中美聯軍收復密支那。駝峰航線得以南移，避開山勢高峻，氣候惡劣的地區，選擇山勢較爲平緩的路線，從而降低飛行高度，並縮短了飛行里程，每月運量激增。5 月運量爲 1.3686 萬噸，6 月即猛升爲 1.8235 萬噸，7 月又增至 2.5454 萬噸。[2] 1945 年 1 月，空運物資達 4.4 萬噸，1 個星期的運量就相當於 1943 年 12 月全月的運量。

在緬甸淪陷，滇緬公路被截斷之後，駝峰航空線的迅速開闢和不斷擴大，打破了日本對中國的封鎖，在 1942-1945 年間，成爲中國戰場的"空中生命線"。在盟國對日作戰中，這條航空線是一條重要的戰略通道，它密切了中、美、英三大盟國的戰略協同和互相支援，爲對日作戰的最後勝利作出了不可或缺的積極貢獻。

首先，駝峰航空線源源不斷地向中國戰場運來了大批各類戰略物資，保證了美國在華部隊特別是空軍的作戰需要，裝備了大批中國軍隊，加強了正面戰場的抗戰力量。綜合各種有關資料記載，從 1942 年 5 月到 1945 年 8 月，中美兩國的飛機飛越駝峰 8 萬多架次，從印度運到中國的物資達 70 萬噸以上，其中美國空運隊運送 65 萬噸，中國航空公司運送 5.0089 萬噸。中國航空公司從中國運到印度的物資 2.0472 萬噸，運送人員 3.3477 萬人。僅 1945 年 7 月 1 個月，經駝峰運往中國的物資就達 9.1183 萬噸，其中美國空運隊運送 7.0043 萬噸，中國航空公司運送 2639 噸。當月經中印公路開往中國的車隊有 75 個，卡車 4745 輛，運送物資 5.9 萬噸。[3]《大公報》7 月 14 日評論說："目前航空運輸能力

1 《中美關係資料彙編》第 1 輯，世界知識出版社 1957 年版，第 100 頁。
2 《第二次中日戰爭史》下冊，第 978 頁。
3 《第二次中日戰爭史》下冊，第 1098 頁；《美國歷史詞典》V3，紐約 1976 年版，第 46 頁；《雲南文史資料選輯》第 37 輯，第 360 頁。

較之過去滇緬運輸力量並不遜色，稍予擴充更可加強。"此外還有 1000 多架飛機經駝峰投入中國戰場。

　　美國空運隊是駝峰空運的主力，中國航空公司協助空運。1944年 11 月，美國空運隊人員爲 2.2423 萬人，雇用印度勞工 2.3812萬人，平均每天飛行 297.8 架次。1945 年 6 月，美國空運隊人員增爲 3.3938 萬人，雇用印度勞工 4.7009 萬人，擁有飛機 600 多架，平均每天飛行 622.4 架次。中國航空公司力量比較薄弱，1942年下半年只有 10 餘架運輸機，飛行員不到 100 人。直到抗戰結束時，中航也只有飛機 40 餘架，飛行員約 200 人。初期空運量每月100 多噸，最高達到每月 2600 多噸。[1]儘管如此，中航不但首先開闢了駝峰航線，而且在以後 3 年多時間裏，在某些方面發揮了美國空運隊不可取代的積極作用。

　　其次，駝峰空運爲中國駐印軍和中國遠征軍在緬北、滇西發動反攻，提供了可靠有力的後勤保障。中國駐印軍的補充兵員，滇西遠征軍的美械裝備，都是經駝峰航空線運送，使這兩支部隊能夠按計劃完成訓練和裝備，戰鬥力大大提高，成爲反攻緬甸和收復滇西失地的主力軍。在緬北、滇西反攻戰役中，駐印軍、遠征軍給養械彈的補給、兵力的調運、傷患的後送等，都得到了駝峰空運隊的大力支持，爲反攻戰役的勝利創造了有利的條件。

　　緬北、滇西反攻戰役的勝利，成爲中國戰場全面反攻的序幕。中緬印陸路交通打通後，美國援華物資通過駝峰航線和中印公路及中印油管，大批運到中國，裝備了 60 個師。這些部隊編成 4個方面軍，由 1945 年初在昆明成立的陸軍總司令部統一指揮，準備實施中國大陸反攻計畫第 1 期作戰，即由雲、貴向湘、桂進攻，截斷日軍大陸交通線，收復衡陽、桂林、柳州、南寧等地，再向廣州、九龍進軍。中國駐印軍新 6 軍和新 1 軍也先後空運回國。

1　《第二次中日戰爭史》下冊，第 830-831 頁，1099 頁；《雲南文史資料選輯》第 37 輯，第 360 頁。

新 6 軍並空運芷江參戰，直到侵華日軍投降。

　　第三，駝峰空運線成爲抗日戰爭後期中國主要的外貿通道，各種出口物資經這一通道銷往國外，除一部份換取外匯外，大部分用於償付外債。抗戰初期，中國的出口物資主要通過東南沿海的港口輸出。抗戰中期（1939-1941 年），主要依靠滇越鐵路和滇緬公路搶運。從 1937 年到 1941 年，全國出口的各類物資有：茶葉 148.4504 萬公擔，桐油 250.2949 萬公擔，豬鬃 17.3084 萬公擔，羊毛 15.1991 萬公擔，生絲 59.7923 萬公擔，銻 4.282 萬公噸，鎢 4.0071 萬公噸，錫 4.9397 萬公噸，汞 265 公噸。[1]1942 年緬甸淪陷，滇緬公路被截斷後，各種出口物資外運受到嚴重阻礙，數量大大下降。其中茶葉由 1941 年的 9.1180 萬公擔降至 789 公擔，桐油則由 4.5967 萬公擔降爲 4069 公擔，豬鬃由 2.7403 萬公擔降爲 636 公擔，羊毛外銷幾乎全部終止，生絲由 4.9639 萬公擔降爲 2116 公擔。債權國紛紛來人來電詢問，嚴重影響了中國的償債信用。

　　駝峰航線開闢以後，中國即利用返印飛機空餘的貨艙外運物資。1942 年 4 月-11 月，只有中國航空公司的飛機承擔出口物資的運輸。中航的飛機少，運輸能力小，特種礦產品的出口幾乎完全停頓。12 月份，美國同意在昆明接貨，由美軍駝峰運輸隊利用回程飛機裝運，恢復了特種礦產品的出口。1943 年以後，美軍運輸隊不斷擴大，中國航空公司得到的美國運輸機也有所增加，中國出口物資的外運量也逐漸回升。1944-1945 年經駝峰航線空運出口的各類物資，茶葉爲 7307 公擔，桐油 2177 公擔，豬鬃 2.5463 萬公擔，生絲 1961 公擔。特種礦產品出口量的增加更爲明顯，1943-1945 年，出口鎢達 2.5085 萬公噸、錫 1.717 萬公噸、汞 204 公噸。這些戰略物資的出口，不但償還了外債，換取了外匯，而且支援了盟國的軍需民用。特種礦產品更是軍工生產必不可少的原料。這也是中國對世界反法西斯戰爭作出的貢獻之一。

1　《抗戰時期國民政府財政經濟戰略措施研究》，第 430、434 頁。

中、美兩國為開闢和維持駝峰航空線提供了巨大的人力、物力，並付出了重大的犧牲。據史迪威將軍對宋美齡介紹說，每月飛越喜馬拉雅山空運 5000 噸物資，從後勤上說，意味著得有 304 架飛機、275 名機組人員和 3400 名地勤人員，而且航線兩頭每一頭得各有 5 個飛機場，每個機場得能容納 50 架運輸機才行。[1]隨著空運量的增加，使用的飛機、機場和空、地勤人員也要相應增加。美軍駝峰空運隊的飛機最多時達 600 餘架、人員 3.4 萬人。在中、印兩國均有數以萬計的軍民協助美軍。在印度的阿薩姆邦和中國的雲南、四川兩省，主要依靠中、印兩國民工一鋤一鎬的勞動修建了數十個機場，如雲南昆明巫家壩、呈貢、沾益、陸良、蒙自、雲南驛，四川的重慶、成都、宜賓、瀘州、廣漢等機場，動用的民工不下數十萬人。如果加上將物資從美國遠渡重洋運到印度，以及經駝峰航線運到中國的機場後再分送各地，其組織工作的艱巨複雜，消耗人力、物力的巨大，更是難以計數。從駝峰航線開闢到抗日戰爭勝利的 3 年多時間裏，中、美兩國共損失飛機 514 架，其中美國損失 468 架，中國損失 46 架。即平均每月損失 14 架以上。飛行員有的能跳傘逃生獲救，許多人墜機身亡，有的死在森林裏，屍體長期掛在樹上被螞蟻吃掉，有的被日軍俘虜。兩國飛行人員共有 1500 多人犧牲或失蹤。在駝峰航線沿途的山地上，飛機殘骸到處可見。天氣晴朗的日子裏，飛行員可以看到這些鋁片在陽光下閃閃發光，並把它作為航線的地面標誌。[2]1983年和 1990 年，中國軍民先後在西藏察隅的因察冰川和波密的若果冰川發現兩架當年駝峰運輸機的殘骸和 5 具美國飛行員的遺骨。其中，1983 年發現的飛機殘骸已被確認為是由曾經駕機到緬北營救史迪威將軍的斯科特上校及其助手本奇·傑克遜上尉駕駛的。中美兩國飛行員用鮮血和生命開闢的駝峰航線，是鑄造在世界屋

---

1 《史迪威與美國在華經驗》下冊，第 449 頁。
2 《史迪威與美國在華經驗》下冊，第 443 頁；《雲南文史資料選輯》第 37輯，第 366 頁。

脊之上的一座歷史豐碑。他們的英雄業績，永遠載入了中國抗日
戰爭和世界反法西斯戰爭的光輝史冊。

第五節　中印公路的修築

　　中印公路的修築和駝峰航空線的開闢，是中、美、英三國爲
反攻緬甸，打通新的援華國際通道，在 1942-1945 年間協力採取
的兩項重大戰略措施。中印公路以印度東北邊境的雷多爲起點，
貫穿緬北，進入滇西，與滇緬公路銜接，通往昆明。中印公路是
在嚴酷的戰爭環境裏和惡劣的自然條件下動工的，築路工程與反
攻戰役同步進行，相輔相成，不可分割。作戰部隊掩護築路，築
好路支援作戰部隊前進。中印公路全線建成通車之日，也是中國
駐印軍和滇西遠征軍勝利會師之時。中、美、英三國爲打通和建
成這條公路，付出了巨大的人力和物力。這條堪稱世界上最艱巨
的跨國公路的建成通車，在大戰後期盟國對日反攻中發揮了重要
的戰略作用。

　　最先籌畫修築中印公路的也是中國方面。1940 年，中國獨力
抗擊日本侵略已進入第四個年頭。日本的南進野心也日益暴露。
當年 9 月，日軍搶佔越南北方，截斷了滇越和桂越國際交通線。
自此以後，滇緬公路遂成爲我國西南大後方唯一的國際交通命
脈。日本將進攻緬甸，拿下仰光，直接佔領滇緬公路，進逼中國
西南大後方的門戶雲南，徹底封鎖中國，完全斷絕中國的外援，
迫使中國投降，結束對華戰爭，作爲其南進計畫的一個重要目的。
如果日軍這～戰略意圖得逞，緬甸淪入敵手，滇緬國際交通線被
阻，將嚴重危及中國抗戰。爲了避免在一旦局勢進一步惡化時措
手不及，開闢一條新的國際交通線勢在必行。1940 年 12 月，國
民政府交通部責成公路總管理處研究提出組織中印公路實地勘測
的建議。雲南省公路局會同英緬路政分局勘測騰沖 ── 八莫公路

國界接線地點。中印公路的籌建自此提上日程。以後兩年間，中印公路的籌建兩下三上。

1941 年 2 月，中國政府在應邀派出中國緬印馬軍事考察團，策劃中英共同防禦緬甸計畫的同時，交通部公路總管理處組織了中印公路勘測隊。勘測隊抽調敘昆鐵路部分人員組成，經過一個多月的準備，於 4 月 24 日由昆明出發，前往勘測起點西昌，會同重慶前來的另一部分人員，于 5 月 21 日由西昌開始線路勘測工作。經過 191 天的艱苦跋涉，11 月 27 日到達原計畫的終點－印度東北角的薩地亞。由於薩地亞地理閉塞，交通不便，經與英印當局協商，重新選定有鐵路、公路通往吉大港和加爾各答，當地又出產石油和煤的雷多為中印公路終點。此後，勘測隊正副隊長和主要工程技術人員奉交通部之命，於 1942 年初由印度汀江機場乘中國航空公司首次試航中印航線的飛機，沿中印公路計畫線飛行，從空中視察印度雷多到雲南中旬間的地勢，然後在麗江機場降落。1942 年 1 月 2 日飛返昆明後，整理勘測資料，編寫了中印公路勘測總報告。這次勘測選定的路線，是由西康（今四川）省的西昌至雲南中旬後分南北兩路。南路由中旬經其宗、崖窪，進入緬北中緬未定界的崖陽、葡萄過野人山，到達印度雷多。全長 1486 公里，其中在我國境內 693 公里，中緬未定界地區 487 公里，印度境內 306 公里。北線原計劃由中旬經德欽進入西藏的門工、察隅至印度的薩地亞。但勘測隊過瀾滄江後，即被西藏地方官和駐軍阻攔，斷橋阻路，不容續測，只得返回。南路初測的路線，沿途要穿過滇西北橫斷山脈的高山深谷和緬北野人山區的原始森林，跨過金沙江、瀾滄江、怒江、獨龍江等 19 條江河，越過海拔 3000 米以上的高山隘口 9 處。沿線自然條件複雜，人口稀少，踏勘時往往十天半月不見人煙。其工程量和施工難度之大，在當時的全國公路建設中無可比擬。一旦開始施工，人力、器材、糧食的運輸和供應將會遇到極大困難。因此這一方案最終沒有付諸實施。[1]

中國政府一面組織對中印公路的線路勘測，一面爭取美國援助築路物資。美國國會於 1941 年 3 月 11 日通過《租借法案》和羅斯福總統于 3 月 15 日表示美國將援助中國之後，宋子文即於 3 月 31 日在華盛頓提交了中國需要美國援助的物資清單，其中第三個要項是："幫助中國建立一條有效的國際交通線，包括從雲南通緬甸的狹軌鐵路，從雲南經緬甸北部到印度薩地亞的公路，重鋪滇緬公路路面以及撥運輸卡車和修車廠，撥載運送鐵路公路器材的運輸飛機。"[2]

太平洋戰爭爆發後，南進的日軍迅速佔領英國的殖民地香港、馬來亞，入侵泰國，接著又發動了以"切斷援蔣路線，清除英在緬之勢力，佔領並確保緬甸要地"[3]爲作戰目標的緬甸戰役。駐緬英軍未作像樣的抵抗即連連潰退，頻頻呼籲中國軍隊入緬增援。開闢通往中國的新的陸、空運輸線的必要性日益緊迫。1942 年 1 月 1 日，中國方面再次向美方提出利用租借物資修築中印公路的建議。雖然當時日軍尙未大舉侵緬，但中國方面已預計到下緬地區有可能丟失，因而提出修築從印度阿薩姆邦的雷多，經緬甸北部進入中國境內，在龍陵同滇緬公路連接起來。這條公路要穿越中、緬、印三國邊境地區的崇山峻嶺、森林、河流，是一項比開闢空中航線還要艱難得多的工程。根據羅斯福總統在 1 月 30 日的內閣會議上提出的開闢一條空中運輸線和另闢一條陸上補給線的指示，哈裏曼與宋子文進行了商談。宋子文拿出一張地圖，上面用紅顏色標出了一條交通線。這條線路從波斯灣起，由鐵路通往里海，然後乘船到俄國的土耳其斯坦，再經鐵路通往中國邊界，然後通過約 2000 英里（3200 多公里）的汽車公路到達重慶，

1　雲南省公路史編寫組編印：《雲南省公路交通史·公路篇》第 6 冊之《中印公路史略》，1983 年 8 月油印本，第 2-8 頁。

2　《第二次中日戰爭史》下冊，第 727 頁。

3　《中華民國史資料叢稿》譯稿，《緬甸作戰》上，第 16 頁。

全程共長 5000 英里（8000 多公里）。其中中印公路長約 800 公里。蔣介石認為中印公路可以在 5 個月內築成。美國駐華軍事代表團的軍官們經過 1 個月的勘查後，估計要兩年半的時間才能完成。美國陸軍部作戰計畫處把修築中印公路列為 "緊急軍事需要"。蔣介石答應在 2 月份訪印時，親自爭取英印政府的同意。[1] 蔣介石訪印期間，中、英兩國代表于 2 月 12 日在新德里舉行會談，第二次策劃修築中印公路。出席會議的中方代表是軍事委員會辦公廳主任商震，英方代表是英國駐華大使卡爾和英印軍參謀長斯莫溫中將。會議否定了不久前中方第一次組織勘測的西昌至雷多路線。雙方與會人員一致認為，在目前形勢下搶修中印公路，最便捷的路線是由印度的雷多、甘昭關經緬甸的葡萄、密支那，到中國雲南的騰沖、龍陵。會議決定線路測量立即開始。英印當局負責完成雷多至葡萄段。中國負責龍陵經密支那到葡萄段。雙方還商議了美國提供給中國的租借法案的物資在印度中轉的儲存，由英印當局提供儲存地點。

　　2 月 13 日，交通部將中印公路的籌建任務交給滇緬鐵路督辦公署。2 月 21 日，蔣介石由印度回到昆明，部署遠征軍入緬作戰事宜，並於 24 日接見滇緬鐵路會辦兼總工程師杜鎮遠，命杜前往密支那，與美、英代表會商築路事宜。3 月 1 日，蔣介石飛赴臘戍視察緬甸戰局。同日，中、美、英代表在密支那舉行會議，決定修建由孟拱經戶拱至雷多公路為雷多經葡萄至密支那公路的輔助線，並由中國代築緬境內的線路。3 月 9 日，蔣介石在重慶設宴歡迎史迪威來華赴任。宴會後，兩人敍談中提及的第一個問題就是 "公路鐵道之建築及在緬甸之運輸問題"。[2] 同一天，杜鎮遠又飛往新德里會晤英印當局特派的總工程師，商談中印公路施工計畫。雙方議定，由英印當局招工 7.5 萬人，並提供工具、糧食，

1　《史迪威與美國在華經驗》下冊，第 347-349 頁。
2　秦孝儀主編：《中華民國重要史料初編；對日作戰時期》第二編《作戰經過》三，第 221 頁。

中英雙方相向赴修至銜接爲止，不受國境限制。2 月底至 4 月底，滇緬鐵路督辦公署組隊完成了由騰沖至中緬邊境的線路測量，選定由騰沖經和順轉西北，經歡喜坡、古永、猴橋經國界 36 號界樁出境。3 月 23 日，交通部撥付盧比 1000 萬盾作爲籌備施工經費，計畫於 4 月中旬全路開工，年底完成。4 月 1 日，雲南省政府成立 "協修中印公路募工處"，在下關、保山、騰沖設辦事處，計劃在滇西 24 縣（設治局）募工 6 萬人。滇緬鐵路督辦公署在密支那籌設行署，組織了 6 個工程處，於 4 月份赴所屬地段籌備施工。[1]

　　正當中印公路籌建工作全面鋪開之際，緬甸戰局卻急轉直下。3 月 8 日仰光失守。日軍控制了滇緬國際交通線的海上入口，打開了通往緬甸全境的門戶，進一步向緬北進犯。早已喪失鬥志的英軍急於退往印度，將剛剛入緬的中國遠征軍推到第一線掩護英軍撤退。4 月下旬，滇緬鐵路局督辦曾養甫、會辦陳逸凡、杜鎮遠正在前往密支那途中，於 4 月 24 日在臘戍接到命令，限 4 小時將滇緬鐵路局入緬人員全部撤退。26 日晚，曾養甫由臘戍撤至畹町對面的木姐。適值第一、第四工程處處長張海平、王節堯經木姐前往八莫，聽到戰局危急，問曾養甫請示行止。曾明知戰局危急，並已奉命撤退，仍回答說："中印公路關係抗戰，自無臨時中止之理，我們既命承修，義無反顧。" 指示兩個處繼續向八莫、密支那前進，自己卻撤往彌渡。這兩個處的數十輛汽車開到八莫沒有幾天，八莫、密支那相繼淪陷。各工程處員工和民工 6000 多人倉促撤退。一部分驅車搶在日軍佔領畹町之前，沿滇緬公路退回國內。大部分不得不棄車步行，歷盡艱辛繞小道回到國內，攜帶的公私物品丟失殆盡。密支那材料庫的員工 10 餘人，到 5 月 4 日下午才奉命撤退，向東行抵高田，打聽到日軍已進佔騰沖，只得繞道北行，21 日到達功果橋。各路員工到 5 月底先後到

---

[1] 中印公路第二次籌建情況，見前引《雲南省公路交通史·公路篇》第 6 冊，《中印公路史略》，第 8-12 頁。

達彌渡集中，隨後大部分調往川、滇、桂修建飛機場，一部分調滇緬公路工務局，一部分遣散。[1]中印公路的第二次籌建；剛要動工即因戰局失利而停止。

　　緬甸防禦戰的失利，對中國戰場和太平洋戰場均產生了嚴重的影響。為了扭轉亞洲太平洋戰局，反攻緬甸勢在必行。打通中緬印國際交通線，是反攻緬甸勝利的前提。反攻作戰的勝利，又是打通這條國際交通線的保證。中、美、英三國從各自的不同利益考慮，對反攻緬甸，打通中緬印國際交通線的方案，進行了反復的協商。10月中、下旬，史迪威由重慶飛往新德里，經與英印軍總司令韋維爾多次會談，韋維爾勉強同意以收復全緬的“安納吉姆”行動計畫作為規劃戰鬥的基礎。規定史迪威帶領中國駐印軍以雷多為基地，沿胡康河谷進軍，目標是奪取密支那及其機場，然後與從滇西進攻的遠征軍會師。根據美英聯合計畫班子的推算，要把中國駐印軍從藍姆伽運到雷多，再從雷多運到緬北作戰，每天需要 800 輛汽車沿 350 多英里（560 多公里）長的交通線運送供應物資 200 噸。美英雙方達成協定，由英國提供 500 輛卡車和運載火砲的騾馬。美國則負責修建從雷多下經胡康河谷和孟拱河谷至密支那，最後與滇緬公路銜接起來的公路。這條公路隨著前線部隊向前推進，給部隊運送補給。Fp印公路的修築自此第三次提上日程。史迪威同這條公路結下了不解之緣，為它的建成耗費了巨大心血。英國人既不需要也不喜歡這項工程。他們認為雷多公路是美國支援中國政策的另一項工程。他們寧可使前線無路以利於英國在運輸方面保持壟斷地位。更重要的是，英國不想讓中國人有進入印度的途徑。由於華盛頓的堅持，也由於公開拒絕會更加引起中國人的激烈對抗，英國人才表面上同意築路計畫。但是他們在幕後從來沒有停止過反對和阻撓這項計畫的實施。他

---

1 前引《雲南公路交通史·公路篇》第 6 冊，《中印公路史略》，第 12-13 頁。

們宣稱無法修築雷多公路，修這條路是勞民傷財。[1]

　　如前所述，修築中印公路和緬北反攻戰役是同步進行，相輔相成，不可分割的。史迪威形象地說：“我們不得不通過一個耗子洞，還要一邊前進一邊繼續打洞。”[2]這個耗子洞由三個河谷地帶組成，即胡康谷地、孟拱谷地、伊洛瓦底谷地。日本在緬甸最北部的重要駐軍和空軍基地密支那就位於孟拱河谷以南 40 英里（65 公里）。從密支那有一條公路向南連接著中國境內的滇緬公路。這就是史迪威指揮反攻緬甸的簡明作戰計畫和爲修築中印公路繪製的一幅簡要藍圖。根據史迪威與韋維爾達成的協議，以雷多爲反攻緬北和修築中印公路的後方基地。史迪威命令中緬印戰區美軍補給司令惠勒准將會同英方，於 1943 年 3 月完成雷多基地的建設和物資儲備，並繪製雷多公路（即中印公路印緬段）的線路圖。1942 年 11 月 5 日，基地建造計畫和公路線路圖告成。史迪威任命阿魯史密斯上校爲工程負責人，開始進行勘測。兩周後，史迪威把美軍第 45 工程團、第 823 航空工程營和中國駐印軍工兵第 10 團調集到雷多，從英國入手中接過了修築雷多公路的責任。按照美英雙方的協定，英軍負責將所需的物資運到鐵路終點站雷多，再由美軍轉移到雷多基地。築路的技術性工作由美軍工兵部隊承擔，英印政府負責招募印度勞工協助美軍工兵作業。

　　1942 年 12 月 10 日，雷多公路正式破土動工。美軍工兵部隊的大部分士兵是黑人，在白人軍官指揮下工作。美軍最初投入的築路機械不多，主要只有 D4 型輕型推土機和卡車，缺乏修築這類公路急需的重型挖土機械。一位美國工兵形容用輕型推土機開闢路基，“好象一隻小狗撕咬重達 300 公斤的野豬的豬腿一樣”。[3]中國工兵和印度民工使用的主要是斧頭、鐵鍬、十字鎬等

1　《史迪威與美國在華經驗》下冊，第 490-491 頁。
2　《史迪威與美國在華經驗》下冊，第 600 頁。
3　唐‧莫瑟：《第二次世界大戰‧中緬印戰區》，美國時代生活圖書公司 1978 年版，第 196 頁。

手工工具。這支多國築路大軍舉鍬揮斧，在茂密的原始森林中披荊斬棘，艱難地前進。

人力、機械和各種材料的缺乏一直是施工中遇到的困難，英國方面對反攻緬甸的消極態度更是築路工程的重大障礙。11 月 19 日在新德里召開的英美參謀人員會議上，英方主張延緩收復仰光和緬北，代之以佔領阿恰布的計畫。12 月 7 日，韋維爾乾脆建議取消反攻緬北的計畫。而這是修築中印公路的先決條件。同一天，馬歇爾致信史迪威，表示美國決定加強對緬北攻勢的支持，因為重新打通緬甸的地面道路可以使美國駐華空軍加強活動。馬歇爾答應將在職權範圍內盡一切努力給史迪威運送急需的物資，除首先滿足北非戰場上艾森豪的要求之外，緊接著就是滿足中緬印戰場上史迪威的要求，包括派遣 6000 名從事築路等任務的勤務部隊。[1]羅斯福在優先關注擴大駝峰空運量的同時，也同意給史迪威派出築路機械、工兵部隊以及通信、衛生人員等支援。1943 年 1 月召開的美英卡薩布蘭卡會議上，由於美國陸、海軍參謀長馬歇爾和金的大力敦促，美英首腦和參謀長們終於批准了在 1943 年反攻緬甸的 "安納吉姆" 作戰計畫。要達到的戰略目標是：在北部發動地面攻勢，以便重辟滇緬公路；在南部發動兩棲戰役，重新奪取仰光港。[2]

卡薩布蘭卡會議之後，美國提供的各種築路機械陸續運抵中印公路工地。推土機、挖掘機、壓路機、打石機、排水機、空壓機、起重機、電動油鋸等各種機具大量用於施工，工作效率大為提高。美軍工兵第 3302 團和中國駐印軍工兵第 12 團亦投入施工。中、美工兵部隊以及印度、尼泊爾和我國西藏藏族勞工，總計達 7000 多人並肩勞動，密切配合。中國士兵友善而親呢地稱美國黑人士兵為 "黑美人"。工程指揮部從 1 月 20 日起，實行晝夜 24

---

1 《史迪威與美國在華經驗》下冊，第 496 頁；《史迪威在華使命》，第 246 頁。
2 《羅斯福與霍普金斯》下冊，第 293 頁。

小時輪班工作制，乘旱季氣候乾爽，充分調動人力和機械，加快工程進度，以平均每天 3-5 公里的速度向前推進。到 2 月 28 日，中印公路從雷多基地向前推進了 43.2 英里（約 70 公里），越過印緬邊界，進入緬甸境內。這一天正好是滇緬公路樞紐臘戍失守 10 個月。築路部隊舉行了紀念儀式，在邊界上豎起一塊路標，上面寫道："歡迎來緬甸！此路通往東京！"

築路大軍越過印緬邊界，進入緬北野人山區之後，不但要克服惡劣的自然條件帶來的困難，而且要擊退日軍的襲擾，工程進度不得不大大放慢。

歷來被中國史書稱為野人山的那加山區位於緬甸西北部，是一個縱深 200 多公里，平均海拔 2600 米以上的三角地帶。這一地區山勢高峻，密林蔽空，蟲豸遍地，人跡罕至。茂密的植被使人難以對它進行精確的勘測繪圖工作，更不用說築路了。這裏的氣候同喜馬拉雅山區一樣變幻無常，年降雨量為 150 英寸（3810 毫米）。雨季期間，有時一晝夜降雨量達 14 英寸（356 毫米），洪水氾濫，一片泥濘，到處是蚊蟲、螞蝗、蛇蠍。旱季時節，天氣乾熱，極易染上瘧疾等多種熱帶疾病。這樣惡劣的自然條件，外來者很難適應。築路部隊經過的地方，沿途到處可見一年前中、英部隊官兵和印緬難民大潰退時病餓而死的累累白骨。從雷多築路到胡康河谷的新平洋，計長 117 英里（190 餘公里），預計到新平洋以後可能就會與日軍發生戰鬥。美軍補給司令惠勒準將會同英國軍官進行實地勘測之後，發現每英里（1.6 公里）公路需要修建 13 個涵洞，以便在暴雨時排水溢洪。天氣好的時候，築路人員全體出動，每天能建成單線路面 3/4 英里（1.2 公里）。作為一名工程技術人員，惠勒不贊成修築這條公路，作為一名軍人，他只能按照命令繪製出線路圖。但惠勒向史迪威報告說，雷多基地的建設和物資儲備工作不能在 1943 年春季完成。建立兵營和醫院，儲備 45 天的軍糧，徵集 2000 輛卡車和 3000 匹騾馬，都不是短期內能夠完成的事。將在藍姆伽訓練的中國駐印軍兩個師官兵用卡車運到雷多，也需要 9 個星期。[1]

當時，中國駐印軍的編練已經初步完成。駐印軍總指揮部任命新 38 師師長孫立人為前敵司令官，率該師第 114 團為先遣部隊，於 1943 年 1 月 27 日由藍姆伽訓練中心開往雷多基地，掩護築路工程向野人山區推進。3 月 9 日，孫立人將軍率第 114 團從雷多向野人山區進軍時，一位英軍少校曾斷言：" 你們的部隊想從野人山打出去，還要掩護工兵修建中印公路？我看，不要說這條公路無法修成，恐怕連你們的部隊也爬不過這座野人山！"[2]情況雖然不像這位英國軍官所說的那樣悲觀，但自從越過印緬邊界，進入野人山區之後，築路工程的進展確實極其緩慢。從 3 月初到 5 月初雨季到來之前，工程時開時停，只築成 4 英里（6.4 公里）。主要原因並不是要克服自然界的困難和排除敵軍的襲擾，而是盟國內部的不同意見不斷造成的障礙。

史迪威和陳納德對於在中國戰區是以地面戰略為主還是空中戰略為主歷來意見相左。兩人在華盛頓軍政上層人物中各有不同的支持者。陸軍部長史汀生和陸軍參謀長馬歇爾側重陸軍，支持史迪威；總統顧問霍普金斯和勞克林·柯裏側重空軍，支持陳納德。蔣介石出於種種原因，始終支持陳納德，反對史迪威，並不斷以要求提供飛機作為在其他問題上同美國討價還價的籌碼。陳納德在美國陸軍部幾乎沒有什麼影響，他一面依靠同蔣介石的親密關係來提高自己的地位，一面越過正規的指揮系統直接把自己的意見呈送羅斯福來引起重視。羅斯福則根據情況變化，時而傾向這一方，時而傾向那一方，以保持一種脆弱的平衡。這就使得史迪威與陳納德之間不同軍事戰略的分歧發展成為帶有政治內容的矛盾，而且愈演愈烈。由於英國對支持中國抗戰和對反攻緬甸一直持消極態度，又使矛盾更加複雜化。這些錯綜複雜並令人眼

---

1 《史迪威與美國在華經驗》下冊，第 522-523 頁；《史迪威事件》增訂版，第 100-101 頁。

2 《緬甸蕩寇志》，第 54 頁。

花繚亂的矛盾，直接影響了作爲反攻緬甸計畫重要組成部分的中印公路工程的進展。

　　4 月下旬，羅斯福電召史迪威和陳納德回國彙報各自的作戰計畫。兩人同機回到華盛頓。陳納德拒絕向史迪威透露自己的計畫，抵美後，則搶先給史汀生和馬歇爾呈送報告，提出第 14 航空隊擬自本年 7 月份起，以兩個月時間爭取制空權，8 月以後將分三期展開攻勢，以摧毀日本的運輸線和日本本土。報告中最後說：“史迪威方案中之雷多路，建築工程甚爲浩大，而通路時間將在 1945 年，恐難應太平洋作戰之用。”[1]陳納德的報告，不切實際地鼓吹空戰速勝論，完全否定修築中印公路的必要性。史迪威指出，陳納德的計畫有一個缺點，即日本在遭到盟國大量空軍轟炸之後，必定以地面部隊追尋空軍基地。中國軍隊缺乏大砲坦克，難以守住機場。中國基地固然是轟炸日本所必要的，但轟炸時間的早晚，取決於中國軍隊裝備和訓練的遲速，現在加速裝備訓練中國軍隊就是爲了這一目的。[2]美國陸軍部也認爲陳納德的計畫時機不成熟，表示反對實施這一計畫。因爲除非有緬甸的地面攻勢配合，否則就會惹起日本人來摧毀中國的機場，還會進攻阿薩姆的基地。蔣介石則向羅斯福“親自擔保”，如果敵人對中國的空軍基地採取行動，“中國現有的地面部隊能予擊退”[3]宋子文則配合陳納德在華盛頓進行遊說。

　　由於當時華中日軍正向兩湖地區長江沿岸發動攻勢，羅斯福在聽取各方意見後，主要基于政治考慮，決定支持陳納德的空軍作戰計畫，縮小緬甸反攻計畫。羅斯福在同霍普金斯和參謀長聯席會議舉行的一次會議上說：“蔣介石的處境危急，他的整個政

1　《史迪威事件》增訂版，第 127-128 頁。
2　《史迪威事件》增訂版，第 128 頁。
3　《史迪威與美國在華經驗》下冊，第 527 頁；《史迪威事件》增訂版，第 129 頁。

府有垮臺的可能。"[1]5 月 3 日，羅斯福對馬歇爾說："從政治上講，必須支持蔣介石"。[2]同一天，馬歇爾致函史迪威說："總統在政治上必須支持委員長。空軍轟炸方案，對於振導中國士氣，亦至有效用。至於反攻緬甸之計畫，總統意可縮小，只佔領曼德勒爲止。總統謂經此縮小之後，使與陳納德空戰計畫無所窒礙。"[3]也就是說，史迪威的反攻緬甸計畫必須爲陳納德的空軍轟炸方案讓路。這一方針在隨後召開的"三叉戟"會議上進一步得到確認。"三叉戟"會議放棄了旨在收復緬甸全境的"安納吉姆"行動計畫，代之以只收復緬北的"魯莽漢"行動計畫，決定擴大駝峰空運的規模，空運物資優先保證陳納德航空隊的作戰活動。修建阿薩姆的機場獲得了徵用機械設備和工程人員的優先權，中印公路工地的大量築路機械和人力被抽調去修建阿薩姆機場。因此，1943 年 5 月以後，駝峰航空線運量的增加，在很大程度上是以犧牲中印公路的建設爲代價而取得的。

　　5 月中旬雨季來臨，又給築路增添了重重困難。山洪淹沒活動住房和帳篷，炸藥和水泥等施工材料全泡了湯。剛剛開闢的路基在雨水浸泡下到處塌方。築路機械陷在泥濘裏無法開動，渾身鏽跡斑斑。運送物資的卡車無法通過泥濘的道路，只有用大象和挑夫勉強運進少量食品、燃料等應急的物資。施工在惡劣的環境中艱難地維持。雖然從三班改爲一班，但由於休息不好，供應不足，疾病流行，醫藥缺乏，築路官兵體質下降，生命安全受到威脅。築路工程近於停頓，從 5 月到 8 月，只推進了 3 英里（4.8公里）。英國人又找到了反對修築中印公路的理由。他們說："由於自然條件決定了緬甸的公路都是沿河流成南北向，從來沒有一條東西向的公路，因此要修好這條東西向的公路是不可能的。"[4]

1　《史迪威與美國在華經驗》下冊，第 529 頁。
2　《史迪威與美國在華經驗》下冊，第 529 頁。
3　《史迪威事件》增訂版，第 130-131 頁。
4　《史迪威與美國在華經驗》下冊，第 539 頁。

　　史迪威面對重重困難和來自各方面的反對，仍然堅定不移地認爲這條公路"既有可能修好也值得耗費它所需的人力物力"。因爲首先北緬戰役的全部補給物資必須經這條公路運輸。他表示；"我一定要找出一條路，不然就修築一條路。"[1]梅里爾上校給史迪威的報告認爲，築路工程陷於停頓的原因，除了雨季到來這一客觀因素外，主要是由於許多築路機械和人力被抽調到修建阿薩姆機場工程以及築路的施工組織工作不得力這兩個人爲的因素。報告對主管工程的阿魯史密斯將軍提出了尖銳的批評。[2]由於駝峰空運本身消耗巨大，單靠空運無法滿足中國戰場需要的物資，8月的魁北克會議決定，務必在 1945 年 1 月使中印公路通車並達到每月 2 萬噸的運輸能力，同時沿中印公路鋪設一條輸油管遭。

　　嚴峻的現實和緊迫的要求引起了史迪威的高度重視。他決定採取有力措施來加快築路工程，推進反攻作戰。史迪威在重慶、昆明、新德里、藍姆伽、雷多之間來回奔波，視察訓練部隊和築路工地，聽取各方面的意見，確定輕重緩急。視察結束後，史迪威對修築中印公路的必要性和艱巨性有了更深刻的印象。他隨即採取了兩條措施：一是加派美軍第849、第1833 工兵營和第 382 獨立工兵營充實築路人力；£是任命陸軍工程專家皮可上校爲築路工程的新負責人。皮可在戰前就是美國著名的水利工程專家，曾主持設計和建成了著名的密蘇裏大壩工程，具有豐富的工程建設和施工管理經驗。皮可於 10 月到雷多就任後，給築路部隊注入了新的活力。他批評認爲中印公路無法建成的論調是失敗主義者的精神狀態，向史迪威保證一定要把這條公路建成。他採取的第一個措施是將築路指揮部移到施工第一線。史迪威前往工地視察時，就是在皮可的叢林辦公室見到他的。第二個措施是恢復 24 小時輪番工作制，晝夜不停施工，以提高修建速度。第三個措施

1　《史迪威與美國在華經驗》下冊，第 540 頁。
2　《史迪威在華使命》，第 348 頁。

是改善後勤供應和醫療保健，保證施工部隊官兵的健康和高昂的士氣。皮可本人以身作則，不論晴雨，天天拄著手杖到工地檢查督促，碰到問題在現場及時解決。築路官兵和工人都很佩服，親昵地稱之為"拿手杖的皮可"，將中印公路稱為"皮可梭鏢"。

10月29日，新38師一舉攻克從野人山區進入胡康河谷的門戶新平洋，結束了反攻緬北的前哨戰，拉開了全面反攻的序幕。築路工程緊跟反攻大軍向前推進。由於指揮有力，措施得當，加之雨季結束，氣候乾爽，工程進度大大加快。到11月底，公路又往前推進了36公裏。12月21日，史迪威到達新平洋設立前進司令部，指揮緬北反攻戰役。皮可也派出先遣隊到新平洋建造物資倉庫，為進入胡康河谷施工作好準備。12月27日，公路比預定期限提前4天到達新平洋。由55輛卡車組成的運輸隊載運作戰部隊和物資由雷多開抵新平洋，支援收復胡康河谷的戰鬥。中印公路雷多至新平洋段全長116英里（186.7公里）。這段公路的如期修通，為後來緬北反攻戰役的勝利創造了有利的條件。

胡康原名戶拱，歷史上曾屬滇西孟養宣慰司管轄。其行政中心孟關，原名孟緩。"孟養"（或作"抹允"），與"木邦"、"緬甸"、"八百媳婦"、"車裏"、"老撾"同為滇邊六宣慰司，號稱"六慰"。據永昌（今保山）府志，騰越（今騰沖）州志孟養傳載，其地"北極吐蕃，西通天竺，東南鄰於緬"，即印度阿薩姆邦以東，西藏以南，欽敦江上游，皆為戶拱之地。抗戰時期我國國內報刊多從英語名字音譯為中文，因而失其真名。[1]胡康河谷是一個東西寬20-70公里，南北長約200公里的大盆地。中間橫亙的山地又將它分隔為南北兩個盆地。北部是大龍河盆地，南部是大奈河盆地。兩條河流都是欽敦江上游的支流。其間又有無數分支流縱橫在茂密的森林裏，雨季一來，就變成一片大沼澤。胡康河谷雨季一片汪洋，夏季瘴癘嚴重，居民極其稀少。

---

1 見《大公報》1944年3月2日吳景敖先生的訂正文字。

中印公路要通過這一地區，不但要征服險惡的自然環境，而且首先要肅清據守在河谷中要衝村鎮的日軍。胡康河谷中的四大村鎮於邦、太白家、孟關和瓦魯班，是原有道路和新建中印公路必經之地，也是日軍第 18 師團經營一年之久的主要據點。

　　1943 年 10 月 29 日到 1944 年 3 月 29 日，在藍姆伽訓練中戰鬥力大爲增強的中國駐印軍新 38 師和新 22 師，經過一系列激戰，屢挫強敵日軍第 18 師團，自新平洋向東南推進 90 多英里（約 150 公里），肅清了胡康河谷的日軍，控制面積達 3100 多平方英里（8000 多平方公裏）的地區。[1]打通了史迪威所說的一串"耗子洞"中的第一個。

　　胡康河谷之戰的勝利爲中印公路的繼續修建掃清了障礙。晉升爲準將的皮可隨即把施工隊伍開進胡康河谷，在戰鬥部隊後面邊測繪邊施工。1944 年 2 月 5 日，皮可向史迪威保證，兩周之內把公路修到前線作戰司令部的新地點太白家。胡康河谷的築路條件很差，地表是一層很厚的粘土，粘土下面卻只有一層很薄的水成岩。大奈河在新平洋以南 16 公里處呈西北—東南走向，更增加了施工難度。在某些地段，路基只好建造在河堤上。通過山地時，還要開鑿隧道。中美工兵部隊因地制宜，將舊有的牛車道加以修繕，使汽車能夠通行，及時支援前線作戰。有的舊道地勢低窪，易被淹毀，便選擇地勢較高地區另測新線，重新修築路基。至 5 月底，從新平洋到丁高沙坎的路基初步建成，但雨季來臨後，數度被洪水沖斷。又幾經搶修，終於在 7 月底通車。中美工兵部隊除以大部在戰鬥部隊之後趕修新路外，又以一部擔任雷多至新平洋段的改善和保養。這段路基辟通後，雖已暫時通車，但路面狹窄，許多配套工程尙未完成。爲了保證在雨季暢通無阻，需要加寬路幅，加固橋涵，在路面鋪設碎石。由於公路沿線缺乏合適的

---

1 鄭洞國：《中國駐印軍緬北戰役戰鬥紀要》上冊，中國駐印軍副總指揮辦公室 1945 年 4 月編印，第 51 頁。

採石場，石料要到幾十英里之外運取，工程量仍然不少。經過努力，這段公路也在 5 月完全竣工。

胡康河谷之戰使日軍認識到修築中印公路"是一個龐大的戰略措施。一則是爲了將重慶軍 90 個師改裝成美式裝備，使之轉入大反攻；二則是爲了加強以中國爲基地的美國戰略空軍對日本本土的襲擊，以策應美軍橫渡太平洋的進攻。"[1] 3 月中旬，東條英機對日本南方軍重申："在緬甸，切斷自印度東北部經緬甸到中國的路線（即中印公路）爲第一項任務。"[2]此後數月間，南方軍陸續增加了緬甸方面軍的兵力。

1944 年 3 月 31 日至 7 月 15 日，中國駐印軍一鼓作氣進行了孟拱河谷之戰。孟拱河谷縱長約 75 英里（約 120 公里），橫寬不過 10 英里（16 公里），南高江（即孟拱河）流經其間。堅布山是胡康、孟拱兩河谷的分水嶺，從隘口以北的丁高沙坎至南面的沙杜渣，全長約 10 英里（16 公里）。中國駐印軍首先突破堅布山隘，進入孟拱河谷後便分路推進，粉碎了日軍利用河谷縱長地形構築的縱深陣地，於 6 月 25 日佔領該地區行政中心孟拱。史迪威將軍爲早日打通中印公路，於 4 月下旬將剛剛開赴緬北前線的新 30 師第 88 團、第 50 師第 150 團，與美軍第 5307 支隊組成中美混合突擊部隊，長途奔襲緬北重鎮密支那。7 月中旬，從正面進攻孟拱河谷的部隊已將敵軍掃蕩乾淨，打通孟密公路，與圍攻密支那的新 30 師會師。孟拱河谷之戰歷時三個半月，其中一大半時間是冒著雨季的惡劣氣候作戰。中國駐印軍從沙杜渣向南推進 60 多英里（約 100 公里），控制了面積達 2600 平方英里（6700 多平方公里）的孟拱河谷地區，[3]打通了中印公路必經的第二個"耗子洞"。

中印公路自沙杜渣經加邁（卡盟）至孟拱一段，原本有舊路

1 《大東亞戰爭全史》第 3 冊，第 1050 頁。
2 天津市政協編譯委員會編譯：《日本軍國主義侵華資料長編》下卷，四川人民出版社 1987 年版，第 171 頁。
3 《中國駐印軍緬北戰役戰鬥紀要》上冊，第 106 頁。

可循，但亦因地勢低窪，又值雨季，泥水沒膝，無法通行，雖幾經修繕，終不能使用。除加邁至孟拱一段勉強可通行之外，其餘路段經常被洪水淹沒。築路部隊不得不從沙杜渣起另選新線，越孟拱河，循河之東，不經加邁、孟拱而直趨密支那。改道後的新路既可避雨水沖毀，又較舊路縮短一半里程。中國駐印軍於 8 月 5 日攻克密支那後，中印公路從雷多至密支那之間全線通車，大批物資用汽車運到密支那後，再空運國內，有力地支援了國內抗戰。

中印公路從雷多至密支那段（即雷多公路）全長 434.4 公里，是全部工程中最為艱險的一段。中美工兵部隊和中、印等國民工以堅韌不拔的精神，克服了各種自然的和人為的障礙，只用了一年多時間就修通了這條公路，創造了世界築路史上的奇跡。雷多公路通車後，就完成了全部築路工程中最主要的部分。從密支那往南經八莫、南坎到畹町，原來已有公路，只須進行拓寬和修整，施工難度和工作量都不大。

中國駐印軍在密支那進行休整後，擴編為新 1 軍和新 6 軍，於 10 月中旬繼續反攻。中印公路的運輸為反攻部隊提供了及時而充分的後勤保障，運輸量從 10 月初的每天 275 噸增加到月底的每天 800 多噸。

10 月 15 日，新 1 軍收復八莫。皮可隨即將築路指揮部遷到此地。1945 年 1 月中旬，中印公路在密支那附近與正在鋪設碎石路面的密八公路銜接。1 月 15 日，駐印軍攻克緬甸邊境城鎮南坎。1 月 19 日，滇西中國遠征軍攻佔畹町。中印公路在畹町與滇緬公路銜接，中印陸路交通線至此完全打通。由雷多經密支那、八莫到畹町的南線是中印公路的主幹線，全長 772.3 公里。其中，雷多—密支那段 434.4 公里，密支那—八莫—畹町段 337.9 公里。

中印公路還有一條北線，即保密公路（保山至密支那）。從騰沖到密支那原有一條古商道。1944 年夏秋，收復騰沖的戰鬥尚在進行之中時，重慶國民政府令滇緬公路工務局趕修保密公路，與雷多公路連接。該局一面組織滇緬公路搶修總隊，修復和改善

滇緬公路，支援滇西中國遠征軍反攻；一面組織保密公路工程處，
開闢新的國際交通線。1944 年 7 月 10 日，保密公路第一工程處
在保山成立（1945 年 2 月 23 日遷往騰沖），負責修築保密公路
國內路段。起點是保山以西 K690 處的大官市，經惠人橋到騰沖，
在 37 號界樁處進入緬甸。隨後又從四川、廣西抽調修建機場的工
程技術人員，在昆明成立保密公路第二工程處，9 月緬甸雨季結
束後遷到緬北的灑魯，負責修築保密公路國外路段，即從 37 號界
樁到密支那。保密公路是由滇西各族民眾出動勞力，中美工程技
術人員密切協作，美國提供的築路機械加以配合建成的。公路沿
線的保山、騰沖、梁河、蓮山等縣出動的民工達 2 萬人。美軍提
供了 200 台築路機械和 750 名工兵。遠征軍司令長官部要求儘快
完成全線便道工程以適應軍事急需，通車以後再行改善。通車時
間最初定為 1945 年 2 月底，後來兩次提前到 2 月 1 日和 1 月 20
日。為了保證按時通車，兩個工程處都將主要的人力、物力投入
最艱巨的工程地段，並得到美軍工兵的密切配合。第一工程處劃
分為 7 個施工總段，每個總段有 1 個美軍工程隊配合施工。所用
築路機械是在印度將各種部件拆卸裝機，空運到雲南驛和保山機
場，再經公路轉運到施工現場裝配使用。第二工程處的築路機械
直接由密支那運到工地。民工則從中國邊境各縣徵調。在公路未
通之前，為了保證施工隊伍的後勤供應，從 1944 年 11 月中旬到
1945 年 1 月中旬，利用中國航空公司由昆明放空飛往印度的飛機
裝運大米空投到工地。每機載 50 袋大米，每袋 32 公斤。兩個月
間空投大米 400 噸。此外還運送了其他一些生活用品和工具。公
路通車後，後勤供應才得到改善。1945 年 1 月 19 日，保密公路
單行道修通。路線由雷多經密支那、騰沖至龍陵接滇緬公路，全
長 734.4 公里。其中，密支那－龍陵段長 300 公里。[1]（注：）

---

1 保密公路修建情況，見《雲南省公路交通史·公路集》第 6 冊，《中印公路史
　略》，第 15-34 頁。

第五章　滇西敵後軍民的抗日鬥爭

第一節　騰北地區軍民堅持抗戰

　　日寇侵佔雲南怒江以西的大片國土，大肆燒殺搶掠，激起了雲南人民和駐滇部隊官兵極大的民族義憤。全省軍民緊急動員，紛紛請纓西進，驅逐日寇，收復國土。滇西邊疆各族人民，為了捍衛民族的生存，保衛家鄉，保衛祖國的神聖領土，奮起抗擊日寇的暴行。騰衝、龍陵、潞西、梁河、盈江、瑞麗、隴川、瀘水等地的漢、傣、佤、景頗、傈僳、阿昌、德昂等各族愛國民眾，組織了多支抗日武裝，配合挺進到怒江以西的正規軍，在敵後開展艱苦卓絕的遊擊戰爭，使日本佔領軍根本不得安寧。滇西敵後軍民的抗日遊擊戰爭在十分困難的條件下堅持了兩年之久，直到迎來主力部隊的大反攻。

　　具有反帝愛國鬥爭傳統和民主革命光榮歷史的騰衝縣各族人民，再次走在滇西敵後軍民抗日救國鬥爭的前列。

　　當騰龍淪陷，保山告急之際，騰衝籍辛亥革命元老，時任國民政府委員、雲貴監察使的李根源老先生，愛鄉心切，報國情激，不顧年邁多病，置安危生死於度外，迭電請纓西進殺敵。在由昆明馳赴保山途中，沿途以“天下興亡，匹夫有責”和“抗日救國救鄉”的道理宣傳群眾。1942 年 6 月 5、6 兩日，李根源先生在保山金雞村傳檄召開軍民大會。到會者有第 11 集團軍司令宋希濂，各界知名人士和保山八鄉四哨紳老、鄉鎮長、在鄉軍官、中小學教員等數百人。李根源先生在會上慷慨陳詞，並提議各鄉組織"義勇自衛隊"，協助國軍作戰，努力完成支前任務。並當場賦詩數首。其一曰：

　　"騰龍失守祖宗辱，緬甸淪胥盟國憂。

　　復土復仇偌大事，人人應挺鐵肩頭。"[1]

　　這次大會對穩定民心，鼓舞士氣發揮了重要作用。會後，李根源先生又發表 1500 餘言的《告滇西父老書》，號召："我父老要抱定決心，驅逐敵人退出騰沖、龍陵國境以外，退出緬甸，甚至退出暹羅、安南及南洋群島。"並指出："要確保滇西軍事的勝利，端賴我父老發揮自己的力量。民眾力量盡到一分，軍事力量即增長一分。自然，今後軍隊所需於民眾的人力物力的供給者至鉅。敵人在淪陷區域的橫徵聚斂，荼毒殘殺亦愈凶，而我滇西民眾所遭受的痛苦和犧牲，也一定愈來愈大。但苟可有利於國家民族，有利於抗戰者，雖毀家紓難，赴湯蹈火，亦在所不辭。我父老必抱定更大犧牲之決心，始能保住滇西，驅除敵寇，恢復失土，始能在雲南抗戰史中占最光輝之一頁。"[2]

　　1942 年 5 月上旬日軍逼近騰沖縣城時，全城民眾相率撤離一空，然後又在夜間冒險回城，將尚未搬走的公私物資運往四鄉山區，先後將約 10 萬馱棉紗、布匹、蠶絲等物資搬運過高黎貢山和怒江，運回內地。[3]在廣大農村，"敵兵姦淫搶擄，無所不為，居民視為惡獸，敵兵至村寨，即逃散一空，多白晝入山林，昏夜始歸家，料理家務，黎明複出"[4]。騰沖縣愛國知識份子和士紳張問德、劉楚湘等人在李根源先生的感召下，以組織全縣民眾抗敵為己任，毅然挺身而出，於 1942 年 6 月 5 日在江苴成立臨時縣務委員會，推舉劉楚湘為主任委員，代行縣長職務。6 月下旬，雲南

---

1 李成森：《記李根源將軍》，載《大西南的抗日救亡運動》，重慶文史書店
　　1987 年版，第 77 頁。
2 《新編曲石文錄》，第 333-334 頁。
3 《騰沖縣誌稿·商業志》，1983 年稿本。
4 方國瑜：《抗日戰爭滇西戰事篇》，《雲南文史資料選輯》第 19 輯，第 9 頁。

省政府正式任命張問德為騰沖縣長。7 月 5 日，張問德在瓦甸宣誓就職，並發表告全縣父老書，表示：“徒以國家興亡，匹夫有責，故且不惜殘餘，投艱時局……唯有鞠躬盡瘁，死而後已。”[1] 雲貴監察使李根源、第 11 集團軍總司令宋希濂發來了賀信。在騰沖地區作戰的預備第 2 師師長顧葆裕主持了會議。張問德將抗日縣政府遷往界頭，領導騰沖人民，與預備第 2 師互相配合，在騰北地區開展對敵鬥爭。

怒江對峙局面形成後，第 11 集團軍主力在怒江東岸設防和整訓，以第 6 軍預備第 2 師留置怒江以西，在騰北地區開展遊擊戰，以牽制敵軍，消耗其有生力量，掩護東岸守軍右側，並發動群眾，徵購軍糧，偵察敵情，破壞交通，準備迎接主力部隊反攻。預 2 師自 1942 年 5 月中旬進入騰沖地區，到 1943 年 5 月換防東渡休整，在騰沖人民的支援與配合下，不斷襲擊敵人，進行了多次戰鬥。比較重要的戰鬥有以下幾次。

一、二區橄欖寨黃草壩戰鬥

1942 年 5 月 15 日，預 2 師師長顧葆裕率領第 5、6 兩團從惠人橋過江，進入騰沖的二、三兩區。第 6 團於 17 日到達二區龍江，即於當晚圍攻橄欖寨敵軍。第 5 團於 19 日到達龍江忙棒街，次日即開往猛連、官坡、羅漢沖、綺羅及三區清水、朱新街等處佈防，以切斷龍陵敵軍增援，並相機進攻騰沖城。20 日，第 6 團奉命以 1 個營進攻橄欖寨，以 2 個營進據飛鳳山、高山寺、玉璧坡，進追縣城，並斷敵向橄欖寨增援。盤踞在橄欖寨之敵憑險扼守，並分據寨後二台坡、石頭坡高地互為聲援。第 6 團 1 營奮力攻克，全村房屋半數燒毀，並跟蹤追擊潰逃之敵。接著敵我雙方在黃草

1　王人龍：《騰沖龍陵的失守與收復》，《雲南文史資料選輯》第 25 輯，第 150-151 頁。

壩激戰 3 晝夜。敵軍由界頭和騰城兩路增援。第 6 團一部傷亡甚重，退往龍江東岸整理。第 5 團第 3 營偵知敵運輸隊自龍陵運送械彈來騰，在猛連官坡設伏，於 5 月 26 日殲敵 83 人，繳獲大批槍支彈藥。猛連鎮長楊紹貴率壯丁 30 餘人參戰，楊鎮長和壯丁 3 人陣亡。28 日龍陵敵軍向騰沖增援，第 6 團腹背受敵，萬啟民團長陣亡，連長傷亡 5 人，排長傷亡 26 人，士兵損失過半，遂於 30 日拂曉突圍撤出橄欖寨陣地。進迫騰沖城郊的第 5 團亦於 31 日轉移途中，在紅木樹以南同敵軍發生遭遇戰。6 月初，預 2 師部隊轉移到雙虹橋以南地區，在騰北沿龍川江上游的大塘子、瓦甸、界頭、曲石等地佈防。6 月 5 日，預 2 師副師長洪行在江苴召集騰沖愛國士紳成立臨時縣務委員會執行縣政，籌設幹部訓練班，組織民眾武裝，軍民協力以騰北地區為遊擊根據地，堅持抗日鬥爭。[1]

二、三區蠻東（芒東）一帶戰鬥

1942 年 8 月 6 日，預 2 師副師長洪行帶領第 4 團前往騰南三區，在以蠻東為中心的各鄉駐防，目的在於控制騰南各土司地，並截斷敵軍從騰沖到八莫的交通線。南甸、幹崖、盞達、隴川、戶撒、臘撒、猛卯等地土司均表示內向，擁護抗戰。騰沖敵軍偵知預 2 師已向騰南發展，各土司內向，便決定對蠻東進行掃蕩。8 月 20 日，敵軍 300 餘人向三區朗蒲寨進犯，在楊家坡遭到伏擊，死傷 100 多人。23 日，敵軍 600 多人由騰沖出發，沿緬箐河南下。25 日·明朗、荷花池失陷。預 2 師以朗蒲寨守軍向明朗、荷花池進攻，另以一路越過緬箐河抄其後路，荷花池之敵被迫向騰城撤

---

1 尹明德：《滇西軍民抗戰概況》，《雲南文史資料選輯》第 8 輯，第 6-7 頁；方國瑜：《抗日戰爭滇西戰事篇》，《雲南文史資料選輯》第 19 輯，第 13-14 頁；王人龍：《騰沖龍陵的失守與收復》，《雲南文史資料選輯》第 25 輯，第 155-156 頁。

退。猛連之敵軍一部約 300 餘人，於 27 日沿曩宋河向西運動，有直搗蠻東模樣，被預 2 師阻擊于大盈江、曩宋河三角地帶，激戰 3 日。附近各鄉鎮的漢、傣、景頗各族民兵紛紛前來支援，協助預 2 師防守大盈江西岸和曩宋河南岸，並攻克曩宋關。敵軍在我軍民包圍圈中傷亡慘重，於 9 月 2 日向猛連撤退。敵軍掃蕩失敗後，竟將率領九保鎮民兵攻克曩宋關的趙寶賢、趙寶忠兄弟的住宅焚毀，以泄其憤。[1]

三、1942 年 9 月戰鬥

日軍 8 月下旬對騰南的掃蕩遭到失敗後，第 56 師團即調集主力，企圖全殲我預 2 師。9 月中旬，日軍從龍陵調兵數千與騰沖駐軍會合，分數路掃蕩騰北地區，連陷江苴、大塘子、齋公房、瓦甸，界頭等地。同時又以一個大隊兵力由瑞麗向隴川、梁河、蠻東一帶進犯，企圖消滅預 2 師駐騰南部隊。10 月初，洪行副師長奉命率第 4 團回援騰北，此後騰南地區遂為敵軍完全控制。騰北地區戰事在馬面關呈膠著狀態。預 2 師留置在四區朝陽寺、打苴山一帶的第 5 團主力由明光以北向馬面關增援。敵軍腹背受敵，於 10 月 12 日潰退。預 2 師各部乘勝追擊，於 14 日將敵軍驅逐到曲石以南，基本上恢復了騰北原來控制的地區。敵軍掃蕩騰北，全殲預 2 師的企圖又歸於失敗。[2]

---

1 尹明德：《滇西軍民抗戰概況》，《雲南文史資料選輯》第 8 輯，第 7-8 頁；王人龍：《騰沖龍陵的失守與收復》，《雲南文史資料選輯》第 25 輯，第 156-157 頁。

2 尹明德：《滇西軍民抗戰概況》，《雲南文史資料選輯》第 8 輯，第 89 頁；王人龍：《騰沖龍陵的失守與收復》，《雲南文史資料選輯》第 25 輯，第 157-158 頁。

四、1943 年 2 月戰鬥

這是預 2 師堅持騰北遊擊戰的最後一次重要戰鬥。預 2 師粉碎日軍 1942 年 9 月的掃蕩後，仍控制騰沖西北四、五兩區爲遊擊根據地，進行整頓補充，並不時向敵襲擾。12 月中旬，預 2 師與第 71 軍第 88 師一部相策應，以固東街、瓦甸一帶爲據點，將活動範圍擴大到騰沖城周圍地區，使日軍無法穩固控制佔領區。

日軍第 56 師團長松山佑三中將爲了強化佔領區的"治安"，防禦中國軍隊的反攻，決心摧毀騰北遊擊根據地。自 1943年 2 月初起，組織了多次掃蕩。2 月 4 日至 21 日，由該師團第 146聯隊第 3 大隊長山本恒正中佐指揮的臘戌守備隊，向臘戌以東怒江以西進行掃蕩。各地遊擊隊巧妙地反復集散，避開敵軍主力，使敵軍的第一期討伐落空。接著敵第 56 師團主力對騰沖東北高黎貢山方面的我預備第 2 師進行第二期討伐作戰。日軍恃仗其兵力優勢，採取大包圍戰術。第 146 聯隊長今岡宗四郎大佐指揮該聯隊主力，于 2 月 11 日夜從畹町出發，經猛昌街、龍川江北進，沿江苴街一林家鋪道路進入高黎貢山東麓。第 148 聯隊隊長松本喜六大佐指揮該聯隊主力，于 2 月 13 日從騰沖城出發，擊破在馬站街、固東街附近佔領陣地的預 2 師第 4 團，經明光前出到橋頭街。臘戌警備隊於 12 日從畹町出發，沿龍陵一騰沖一固東街道路疾進，於 16 日突入瓦甸。預 2 師第 5 團退守馬面關。敵今岡部隊也於 16 日到達大塘子附近。松本部隊則前出到馬面關。第 56 師團戰鬥指所亦子 12 日由芒市出發，推進到瓦甸。我預 2 師各部被迫退守高黎貢山一線，利用以馬面關爲中心的高黎貢山險要隘口據守數線陣地。第 11 集團軍派第 88 師一部渡過怒江增援預 2 師。密支那敵軍亦分兩路東進：一路由昔董、古永直撲阿幸街以牽制固東我軍；一路沿密支那羅孔至片馬通道東進，對騰北我軍採取四面包圍態勢。敵軍出動重兵，多路進犯，預 2 師兵力分散，處

於敵軍大包圍之中，形勢十分不利。16 日馬面關戰鬥開始。預 2
師憑險據守，與敵激戰數日。敵松本部隊於 18 日以有力之一部迂
回，由於地形險要，雨霧濛濛，前進困難。敵軍從正面和側翼連
續攻擊，20 日中午突破冷水溝，21 日前出到栗柴壩怒江渡口。預
2 師馬面關守軍因後路被切斷，於 21 日晨向西衝擊，與明光守軍
會合，擊破圍攻明光的敵軍，並向姐妹山轉移。怒江東岸守備部
隊第 36 師渡江增援，將雙虹橋、大塘子之敵軍擊潰。同時，大盈
江流域的蓮山自衛支隊擊敗敵軍，敵軍由騰北抽調兵力前往增
援。密支那、龍陵守備空虛，原駐兩地敵軍也陸續撤回。騰北地
區敵軍兵力日益削弱，無力維持攻勢。2 月 28 日，松山佑三下令
今岡、松本兩部逐次撤回兵力，在騰沖周圍集結。敵軍撤退時，
騰北村鎮大部被焚毀，壯丁被殺害，以報復騰北民眾對預 2 師的
支持。敵軍的暴行，更加激起群眾的憤怒，他們在騰沖抗日縣政
府領導下，同仇敵愾，更加積極地支援國軍作戰。騰沖抗日縣政
府在敵軍掃蕩期間，由界頭幾經遷徙，最後遷到怒江東岸的漕澗，
繼續領導全縣人民的抗日鬥爭。預 2 師在敵軍撤離後，在民眾的
大力支持下，迅速恢復了騰北遊擊根據地。至 5 月換防，一直堅
守陣地。[1]

　　預 2 師在怒江以西國土淪陷後，挺進敵後，開闢了騰北遊擊
根據地，與騰沖抗日縣政府互相配合，發動群眾，開展遊擊戰，
牽制和消耗敵軍，打擊懲治漢奸，掩護了怒江防線，為全面反攻
保留了一,個基地。預 2 師在敵後單獨活動，與敵軍苦戰經年，
也遭到相當損失，部隊十分疲勞。1943 年 5 月 8 日，第 11 集團
軍命令第 36 師進入騰北接替預 2 師防務，預 2 師東渡怒江到永平
整訓。

　　日軍第 56 師團乘我軍交接防務之際，集結兵力進行所謂第三

1　尹明德：《滇西軍民抗戰概況》，《雲南文史資料選輯》第 8 輯，第 9-10 頁；
　　方國瑜：《抗日戰爭滇西戰事篇》，《雲南文史資料選輯》第 19 輯，第 14-15
　　頁；《緬甸作戰》上，《中華民國史資料叢稿》譯稿，第 164-166 頁。

期討伐。其騰沖、龍陵、芒市、畹町、滾弄等地的警備隊，分別在 5 月中旬相繼出動，對各地區進行掃蕩。[1]

　　騰沖敵軍約兩個大隊兵力向騰北進犯。5 月 13 日突破固東、江苴，進陷瓦甸、界頭。14 日，第 36 師在馬面關與敵軍發生激戰。第 36 師是第 11 集團軍的基幹部隊，戰鬥力較強，一年前就是這個師在惠通橋阻止了日軍東進。此時該師乘敵猛進之際，實行反包圍戰術，外線各部由側翼向敵後推進，到 15 日傍晚，克復向陽橋、灰窯橋、固東街，切斷敵軍後路。進攻騰北之敵反遭我軍突然襲擊和包圍，倉皇撤退，連戰地遺屍都來不及掩埋。

　　5 月戰鬥之後，中國軍隊反攻騰龍的呼聲日漸高漲。日軍判斷：“駐雲南之遠征軍爲按預定於 1943 年 10 月底完成以保山爲根據地的反攻準備，在籌畫逐次集中後方兵團的同時，加緊整備補給道路和補給設施以及軍需物資的輸送。其兵力多達十數個師，反攻的重點，似仍指向騰越（即騰沖）北方地區，故該方面的反攻準備跡象日趨明朗。”[2]9 月左右，日軍不斷收到中國遠征軍幹部往來于騰北地區和部隊移動的情報，如第 71 軍軍長進入界頭地區，中美聯合偵察班被派到界頭、江苴街方面，第 36 師參謀長偵察固東街附近等消息。隨著雨季過去，中美空軍加強了對臘戌、騰沖等地的空襲。僅 9 月中旬即 7 次轟炸騰沖。日軍特別注意中國遠征軍保護騰沖地區秋收，以保證軍糧徵集的動向。認爲如果事先控制了農作物，將會給中國遠征軍的反攻造成重大障礙。這時，從印度向緬北反攻的中國駐印軍已從野人山區逼近胡康河谷，日軍第 15 軍正策劃發動恩帕爾作戰，切斷中國駐印軍的後路。爲了消除恩帕爾作戰的後顧之憂，準備先擊破雲南方面的中國遠征軍。當時考慮了兩個方案：其一是越過怒江，進攻保山；其二是將作戰地域限於怒江西岸，擊破騰北我軍反攻據點，將中

1 《緬甸作戰》上，第 167 頁。
2 《緬甸作戰》下，日本防衛廳防衛研究所戰史室著，天津市政協編譯委員會譯，載《中華民國史資料叢稿》譯稿，中華書局 1987 年版，第 1 頁。

國遠征軍封鎖在怒江東岸。緬北日軍要分兵于胡康河谷、恩帕爾和滇西怒江一線三個方面作戰，兵力捉襟見肘，不敢貿然採取過江進攻保山的方案，決定實施限於怒江西岸作戰的第二方案。計畫以第 56、第 18 師團，在確保佔領區各主要據點的同時，重點向騰北地區發動進攻。[1]

日軍進攻騰北的作戰代號甲號討伐，第 56 師團幾乎投入了全部兵力，並得到第 18 師團約兩個聯隊兵力的配合。9 月中旬，日軍從密支那、龍陵等地增調重兵，多路並進，企圖一舉圍殲第 36 師。一路由密支那經羅孔、拖角、片馬擾其北；一路由昔董經古永、固東攻其西；一路由龍陵、松山溯怒江而上進攻大塘子、蠻雲街、小橫溝斷其後。騰沖之敵則於 9 月 29 日到 10 月 6 日分別向馬站街、向陽橋等地進攻。第 56 師團司令部於 10 月 12 日從芒市出發，當夜將戰鬥指揮所推進到騰沖。第 15 軍司令官牟田口廉也中將，也將軍戰鬥指揮所推進到臘戍。這是日軍在滇西發動的最大一次掃蕩，出動的部隊有第 56 師團的第 113、146、148 聯隊，第 18 師團的第 114 聯隊、第 55 聯隊第 2 大隊、山砲兵第 18 聯隊第 2 大隊，總兵力在 1.5 萬人以上。第 36 師與敵軍激戰多日，因兵力寡殊過大，主力向橋頭街附近退卻。敵軍第 56 師團長松山佑三變更部署，將各部隊攻擊目標集中指向馬面關，企圖在此捕捉殲滅第 36 師。10 月 15 日，明光、滇灘、固東、瓦甸、界頭、橋頭等重要市鎮全部失陷，高黎貢山東北交通孔道又爲敵軍截斷，敵軍第 56 師團戰鬥指揮所亦於 15 日進入橋頭街。16 日，第 36 師主力在馬面關附近突出敵軍包圍圈。在該方向的敵今岡部隊未能搜尋到我軍主力，于當晚返回橋頭街。第 36 師主力隨後在姐妹山附近化整爲零，潛伏深山，糧食給養全由當地民眾設法接濟。敵軍第 56 師團長下令各路敵軍全力圍堵搜索，反復掃蕩明光、橋頭街周圍地區。第 36 師各部由熟悉路徑的群眾作響導，從偏僻地

1　《緬甸作戰》下，第 1-2 頁。

區晝伏夜行，由馬面關以南嚴家山小路越過高黎貢山，又經大塘子以北渡過怒江，師主力安然脫險，所受損失不大。第 36 師副師長朱振華率領的一部於 10 月底在盞西東北方山中被打垮，朱振華隻身逃往北方。10 月 25 日，敵第 15 軍命令停止掃蕩，鞏固騰北地區防務。自此騰沖全境及怒江西岸高黎貢山各要隘全部被日軍控制。給 1944 年 5 月的反攻增加了困難。[1]

從 1942 年 5 月預 2 師挺進騰北，到 1943 年 10 月第 36 師退出騰北的一年半時間裏，以張問德為縣長的騰沖抗日縣政府，克服重重困難，積極推行縣政，發動群眾支援部隊作戰，安定地方秩序，與部隊密切配合，為堅持騰北遊擊戰作出了重要的貢獻，成為滇西淪陷區各族人民抗日鬥爭的一面旗幟。這一時期騰沖抗日縣政府開展的工作主要有以下幾個方面：

（一）開辦戰時工作幹部訓練班

騰沖縣原有鄉鎮人員不能適應抗日鬥爭的需要，縣政府與預 2 師共同開辦騰沖戰時工作幹部訓練班，召集鄉保長和地方有為青年為學員，講授情報、破壞作業、遊擊戰術等軍事課程和編練保甲、調查戶口等行政管理知識。訓練班於 1942 年 7 月 21 日開學，受訓期一個月，受訓人員 125 人，畢業後分任鄉保長，號召和組織民眾參加抗日。

（二）設立便衣隊和擔架隊、運輸隊

為支援部隊作戰，縣政府下令各鄉鎮成立便衣隊，大鄉 60 名，中鄉 30 名，小鄉 15 名，由鄉保青壯年充任，由預 2 師派員

---

1 尹明德：《滇西軍民抗戰概況》，《雲南文史資料選輯》第 8 輯，第 12-13 頁；王人龍：《騰沖龍陵的失守與收復》，《雲南文史資料選輯》第 25 輯，第 160-161 頁；《緬甸作戰》下，第 3-5 頁。

訓練如何收集情報、破壞橋樑道路、襲擊敵軍等基本軍事知識。後來爲節省人力物力，在部隊活動能夠到達的地區撤銷便衣隊，改爲擔架隊、運輸隊，以救護傷病員，輸送軍用物資，所需人畜由各鄉鎮自行徵集。部隊在騰北作戰中的傷病員，或就地收容，依靠群眾掩護藏匿，或化裝疏散，使傷病員能及時獲得搶救並保證安全。

（三）設置遞步哨和情報網

縣政府令各鄉鎮組織遞步哨，遇有緊急情報，由鄰近鄉鎮間接力迅速傳遞，以彌補缺乏現代通訊工具的困難。情報網由軍政聯合組織。1942 年 9 月以前，以四區之朝陽寺、三區之蠻東、二區之猛邦爲情報收集處，各鄉鎮收集的情報皆彙集到這幾個地方，用無線電報與界頭縣政府聯繫。9 月以後，隨著遊擊區的變化，情報收集處改設在灰窯、固東、龍江、蓮山等處。43 年 3 月蓮山淪陷後改設在神護關。情報網的設置，對及時收集敵情發揮了很好的作用，對部隊作戰十分有利。

（四）組織軍民合作站

爲減少地方對部隊提供人力的浪費，提高部隊官兵生活待遇，消除軍民間的糾紛，1943 年 5 月以後，在界頭、瓦甸、江苴、固東、古永等主要鄉鎮設立軍民合作站，統一指揮原有的擔架隊、運輸隊和遞步哨。軍隊需要嚮導和運輸，以及借用器物、代購物品等，均由軍民合作站負責。軍隊派政工人員到合作站維持秩序，其他工作人員由鄉保公所職員兼任。軍民合作社的成立，減輕了群眾負擔，改善了軍民關係。

（五）舉辦救濟事業

騰沖既是邊境交通要地，又是著名僑鄉。緬甸戰事失利後，大批難僑由密支那、八莫擁入騰沖轉往內地。遠征軍潰兵也有許多來到騰沖。經騰沖東渡怒江者約 20 萬人之多。騰沖淪陷前，有商會和士紳宣導，各鄉保及民眾進行救濟。騰沖淪陷後，救濟失去組織。由於縣城被日軍佔領，由密支那、八莫萬向撤到騰沖境內的遠征軍和難僑多由騰北東渡怒江。抗日縣政府成立後，與預 2 師共同在古永、固東、江苴、橋頭設立僑胞轉運站，發給鹽、米及少量金錢，資送渡過怒江，進入內地。對少數經濟寬裕的僑胞，也在行程上給予便利。

縣城淪陷後，城區及四郊人民逃往騰北的也很多。1943 年 2 月預 2 師退過高黎貢山以東後，騰北所有重要鄉鎮大部被敵軍焚毀，無家可歸者 1034 戶，147 人遭到殺害。本縣不斷產生的難民亦亟須救濟安置。縣政府成立後，即組織難民救濟委員會，籌集款項、被服、藥物進行救濟。並在界頭設立難民送診所，組織醫療隊到騰北各鄉鎮巡迴醫療。1942 年冬季舉辦冬賑，向貧苦群眾發放錢、糧、衣物。43 年 2 月戰鬥後，縣政府及時電請各方予以救濟，向大理、下關、昆明的騰籍商號籌集賑款 100 萬元，使災民及時獲得救助。

（六）組織搶運物資

騰沖是中緬邊境商貿重鎮。淪陷前由八莫、密支那進口的大量花紗布匹和各種雜貨，無法及時疏散。縣政府和預 2 師共同組織物資搶運處，盡力搶運各種物資數千馱轉運到保山、下關等地。當年冬天，搶運處調撥一批棉布棉花加工成軍棉衣，解決了滇西部隊過多之需。

（七）號召捐獻飛機

縣政府號召全縣群眾、工商業者和歸僑捐獻抗日飛機 100架，每架折合滇幣 30 萬元，共計 3000 萬元，支援全國抗戰。[1]

騰沖抗日縣政府這些卓有成效的工作，有力地動員和團結起全縣人民支援抗戰，使日本佔領軍及其漢奸傀儡政權陷於孤立境地。日軍又恨又怕，必欲除之而後快。但對騰北多次掃蕩，均未能摧毀抗日政府。抗日政府在張問德領導下，與軍隊密切配合，堅持騰北游擊戰爭。日軍遂改變手法，由其特務頭子"行政班本部長"田島出面，於 1943 年 8 月 31 日函邀張問德縣長"長日聚談，共同解決雙方民生上之困難問題"。張問德縣長于 9 月 12日復信嚴詞駁斥，同時分令全縣各區、鄉、鎮、保、甲長及人民群眾，揭發敵人瓦解我抗戰的心理戰術，號召嚴加警惕，努力殺敵抗戰。張問德復田島書全文如下：

田島閣下：

來書以騰沖人民痛苦為言，欲籍晤會長談而謀解除。苟我中國猶未遭受侵凌，且與日本猶能保持正常國交關係時，則余必將予以同情之考慮。然事態之演變，已使余將可以同情考慮之基礎掃除無餘。

誠如閣下來書所言，騰漏士循民良，風俗醇厚，實西南第一樂園，大足有為之鄉。然自事態演變以來，騰沖人民死於槍刺之下，暴露屍骨于荒野者已逾二千人；房屋毀於兵火者已逾五萬棟；騾馬損失已過六千匹；穀物損失達百萬石；財產被劫掠者近五十億。遂使人民父失其子，妻失其夫，居則無以遮蔽風雨，行則無

---

1 騰沖抗日縣政府開展工作情況，見尹明德：《滇西軍民抗戰概況》，《雲南文史資料選輯》第 8 輯，第 16-20 頁；王人龍：《騰沖龍陵的失守與收復》，《雲南文史資料選輯》第 25 輯，第 165-168 頁。

以圖謀生活，啼饑號寒，坐以待斃。甚者爲閣下及其同僚之所奴役，橫被鞭笞，或已被送往密支那，行將充當砲灰。而尤使餘不忍言者，則爲婦女遭受污辱之事。凡此均屬騰沖人民之痛苦。余願坦直向閣下說明，此種痛苦，均系閣下及其同僚所賜與；此種賜與，均屬罪行。由於人類之尊嚴生命，餘僅能對此種罪行予以譴責與詛咒，而於遭受痛苦之人民更能寄予衷心之同情。

　　閣下既欲解除騰沖人民之痛苦，余雖不知閣下解除之計畫究將如何？然以余爲中國之一公民，且爲騰沖地方政府之一官吏，由於余之責任與良心，對於閣下將提出之任何計畫，均無考慮之可能與必要。然余爲使閣下解除騰沖人民痛苦之善意能以伸張，則余所能貢獻於閣下者，僅有請閣下及其同僚全部返回東京，使騰沖人民永離槍刺脅迫生活之痛苦，而自漂泊之地返回故鄉，于斷井頹垣之上重建其樂園。苟騰沖仍爲閣下及其同僚所盤踞，所有罪行依然繼續發生，余僅能竭其精力以盡其責任，他日閣下將對騰沖不復有循良醇厚之感。由於道德及正義之壓力，將使閣下及其同僚終有一日屈服於餘及我騰沖人民之前。故余謝絕閣下所要求擇地會晤以作長談，而將從事於人類尊嚴生命更爲有益之事。痛苦之騰沖人民，將深切明瞭彼等應如何動作，以解除其自身所遭受之痛苦。故余關切于閣下及其同僚即將到來之悲慘末日命運，余敢要求閣下作縝密之長思。

　　大中華民國雲南省騰沖縣縣長張問德
　　大中華民國三十二年九月十二日

　　附田島來函如下：

　　崇仁縣長勳簽：
　　久欽教範，睹晤無緣。引領西北，倍增神馳。啓者：島此次捧檄來騰，職司行政，深羨此地之民殷物阜，氣象雍和，雖經事變，而士循民良，風俗醇厚之美德，依然具在，誠西南之第一樂園，大足有爲之鄉也。惟以軍事未靖，流亡未集，交通梗阻，生活高昂，彼此若不謀進展方法，坐視不爲之所，恐將來之不利，其在貴境亦未見爲幸福，徒重困雙方人民，饑寒凍餒，坐以待斃而已，有何益哉！職是之故，島甚願與臺端擇地會晤，作一度長日聚談，共同解決雙方民生上之困難問題，臺端其有意乎？如不我遐棄，而予以同情時，則島茲先擬出會晤辦法數事，徵求臺端同意解決：

一、會晤地點定在騰屬小西鄉董官村之董氏宗祠。

二、談話範圍絕對不許有一語涉及雙方之軍事問題。

三、爲保證第二項之確實起見，雙方可用監視員一人，在場監視談話。

右列三事，如臺端具有同情予以同意時，請先期示復。會集日期，可由臺端決定示知，以便島先時候駕。至臺端到達本境以後，生命名譽之安全，由島負完全責任。最妥請不帶兵衛，不攜武器爲好。如萬一必須帶武裝兵士侍衛時，亦無有不可。則兵數若干？攜槍械子彈若干？請預先示知，以免發生誤會。總之，茲事雙方系以誠懇信又爲前提，請不須疑慮。島生平爲人，百無一長，唯不欺不詐，推誠接物八字，則常用以自礪。凡事只要出自島心中而出諸口者，雖刀鋸在後，鼎鑊在前，亦不致有一字之改移。蒼蒼在上，言出至誠，臺端其有意乎？臨穎神馳，不勝依依，竚盼回玉。

大日本騰越行政班本部長田島上

昭和十八年八月三十一日具[1]

張問德複田島書是一篇大義凜然，伸張了中華愛國志士民族

---

1 田島致張問德函和張問德複田島書傳抄甚廣，各有歧異，此處據《雲南檔案史料》第 11 期（1986 年 5 月）第 32-34 頁刊載，並參照張問德：《偏安騰北抗戰記》手抄本；寸守德：《抗日戰爭時期騰沖淪陷與光復》（載雲南省歷史研究所《研究集刊》1985 年第 1 期）；尹明德《滇西軍民抗戰概況》等文校訂。

正氣的討敵檄文。當年的中央日報、大公報、掃蕩報、雲南日報、
大理日報等爭相發表，在全國廣爲傳誦，大大鼓舞了全國軍民的
民心士氣。張問德受到國民政府的表彰，被譽爲"全國淪陷區五
百多縣縣長之人傑楷模，不愧富有正氣之讀書人。"[1]

第二節　龍潞地區的遊擊戰

　　龍陵、潞西（即芒市）地區各族愛國民眾組織的抗日遊擊隊，
在滇緬公路沿線和日軍第 56 師團司令部所在地芒市周圍開展遊
擊戰，與騰北地區的遊擊戰南北呼應，並且堅持了兩年半之久，
人數由幾十人發展到數千人，牽制和消滅了大量敵軍，1944 年 5
月以後，又配合中國遠征軍強渡怒江，反攻騰龍。

　　1942 年 5 月，日軍入侵滇西，佔領騰沖、龍陵等地。愛國人
士朱嘉錫是龍陵象達人，畢業于中央軍校軍官高等教育班第 8
期，在中共雲南地下黨員朱嘉璧、張子齋等人的影響和鼓勵下，
表示願意毀家紓難，深入敵後，組織民眾抗敵。他向昆明行營主
任龍雲請願，得到批准，頒發了"昆明行營龍潞區遊擊支隊"的
番號，委任他爲遊擊支隊司令兼龍陵縣縣長，常紹群爲遊擊支隊
副司令兼潞西設治局局長。由於常紹群時任第 60 軍第 184 師副官
處主任，由金憲人代理副司令，鄭作舟任參謀長。朱嘉錫在昆明
招募了一批龍陵籍學生和緬甸歸僑青年，聘請了一些第 60 軍的軍
官，用自己的家產購買了槍支彈藥，在昆明進行短期訓練。昆明
行營也發給 1 部電臺、10 支步槍、數萬發子彈和幾十箱手榴彈。
訓練中除學習武器使用和一般戰術外，還以斯諾的《西行漫記》
爲教材學習紅軍的遊擊戰術，並進行抗戰形勢教育和宣傳、情報

1　寸守德：《抗日戰爭時期騰沖淪陷與光復》，雲南省歷史研究所《研究集刊》
　　1985 年第 1 期。

訓練等。大約經過一個多月的訓練和準備，組建了支隊部和第一大隊，朱嘉錫帶領數十人由昆明奔赴滇西。離昆前朱嘉璧同志諄諄囑咐：「遊擊隊的同志們千萬不要把舊軍隊的惡習帶到遊擊區去，要吃要穿，要槍要砲向敵人要，不要找百姓要，不要亂來。」這支遊擊隊紀律比較嚴明，規定不准騷擾民眾，官兵同甘共苦，因此得到群眾的支持，在敵後的困難環境中堅持下來。

　　朱嘉錫一行於 6 月初抵達大理，向第 11 集團軍總司令宋希濂和雲貴監察使李根源請示機宜，制印了《告龍陵潞西民眾書》，並收容散兵和汽車司機 10 多人。6 月中旬來到保山施甸鎮（今施甸縣）天王廟，在此成立了龍潞區遊擊支隊和龍陵縣政府後方辦事處。這時隊伍已增加到 100 人左右。由於怒江西岸各渡口均被日軍封鎖，遊擊隊又無船隻，遂在天王廟一面訓練，一面偵察。天王廟愛國士紳楊謂廷趕造木船一隻相贈，遊擊隊 6 月底經姚關、酒房到打黑渡口偷渡過江，進入龍陵象達街朱家村一帶。象達是朱嘉錫的老家，其父朱旭（字曉東）曾任第 38 軍第 99 師師長和雲南省民政廳廳長，在當地聲望卓著。當地民眾又親身體驗了日軍的暴行，抗敵熱情高漲，對朱嘉錫帶去的遊擊隊很歡迎。龍潞區遊擊支隊就利用象達一帶良好的群眾基礎，以此作為活動中心。為了適應龍潞淪陷區地處邊境，山高林密、村鎮分散，人口稀少的情況，支隊決定分為兩個小分隊，每隊 30-40 人，開展遊擊活動。另有一個 10 餘人的後勤隊，負責籌糧、醫務等後勤事務。在打黑渡東岸的酒房設立聯絡站，負責轉運供給和傷患，也有 10 餘人。同時在象達周圍 25 公里範圍內，特別是公路沿線設置情報網點，組織遞步哨，派出諜報人員偵察龍陵、潞西敵情。

　　龍潞區遊擊支隊得到當地愛國群眾的積極幫助，象達一帶的愛國青年主動獻出入緬遠征軍撤退時，丟失在民間的槍支 50 多支。愛國士紳捐獻步槍、手槍 30 多支。當地青年和流散士兵紛紛參加遊擊隊。在群眾支持下，遊擊隊很快站穩了腳跟，摸清了敵情。當時日軍第 56 師團在龍陵的兵力約 1 個聯隊，除縣城外，敵軍在沿滇緬公路的鎮安所、黃草壩、楊梅田等地都設置了據點，直到江邊都駐有日軍。潞西方面，日軍第 56 師團司令部在芒市，除以主力駐在芒市、畹町和滇緬公路上的遮放、三臺山、八角嶺等重要據點外，在猛戛和猛旺有兩個據點，各有 1 班日軍，但不常駐，主要由芒市的偽軍駐守。

猛戛是潞西設治局所在地，距芒市 30 餘裏，是一個較大的鄉鎮。日軍入侵後，原設治局長棄職逃走，日軍派行政班來此組織維持會和偽軍，建立了據點。日軍在猛戛屯積了大量物資，因此防守甚嚴。龍潞遊擊支隊決定首先襲擊猛戛。由象達到猛戛有 100 多公里，支隊司令部挑選 10 多人組成精幹的突擊隊，由參加過討袁護國運動的愛國老人艾振邦帶路進行長途奔襲。突擊隊到達猛戛後，攜輕機槍 1 挺、步槍 6 支和炸藥包潛入敵軍駐地，被偽軍發現。雙方經 40 餘分鐘戰鬥，偽軍不知虛實，紛紛逃竄。遊擊隊打死偽軍 4 人，繳獲步槍 10 余支和食鹽、毛毯等物品。撤退時，用炸藥炸毀敵碉堡。附近據點敵軍聞訊支援，突擊隊負責人普永達和另一個戰士在阻擊敵軍時中彈犧牲。其餘隊員在群眾掩護下日宿夜行，一星期後才繞道回到象達。這是龍潞區遊擊隊在敵後的第一次戰鬥。雖然犧牲了兩名戰士，但首戰的勝利鼓舞了民心，震懾了敵偽。支隊在象達召開追悼會，紀念犧牲的烈士，全體戰士表示要勇敢殺敵，為死難的戰友報仇。

1942 年 7 月底，龍陵鎮安所據點之敵約一個中隊，向遊擊隊駐地象達進犯。遊擊隊與敵軍戰鬥一天后，轉移到平戛平安山。數日後，芒市之敵約 300 余人又向平戛進犯。遊擊隊在象達、囊灑間道路兩旁的山林內設伏，並在路上埋設地雷。日軍遭到伏擊，傷亡 10 多人，撤回芒市。象達陷落後，遊擊隊即在平安山建立根據地，以平戛為前沿。

同年 8 月初，龍陵黃草壩據點之敵 200 多人，配帶迫擊砲 2 門、輕機槍 10 余挺，向猛卯、洋煙河一帶掃蕩遊擊隊。支隊司令部即派一個分隊，配合過江遊擊的第 87 師一個加強連，埋伏于洋煙河山路兩側。敵軍進入伏擊圈後，遭到我軍猛烈投射，首尾不能相顧。後黃草壩之敵前來增援，收搶傷亡而回。我軍亦主動轉移。黃草壩日軍屢遭遊擊隊襲擊，認為遊擊隊隱蔽在猛卯大橋一帶，當地人晏品興是遊擊隊的情報員，遂於 8 月中旬出動數十人前來報復。敵軍在猛卯大橋設有搜尋到遊擊隊，便燒毀晏家住宅而去，遊擊隊員 10 餘人尾追敵軍，用機槍將騎馬的敵軍官擊斃，乘敵軍混亂中轉移。

也在 8 月中旬，分隊長劉忠亮率 5 名隊員潛入芒市附近公路偵察敵情，捉獲敵偽中尉監工員 1 名。敵軍為搶救被捉的監工員，出動 20 多人連夜追擊。遊擊隊在中途設伏，打死敵軍 2 名，繳獲步槍 2 支，其餘敵軍狼狽逃回芒市。

龍潞區遊擊支隊進入敵後活動以來，在短短的二三個月裏，連續進行了幾次戰鬥。這些戰鬥雖然規模不大，但已使敵偽感到惶惶不安。遊擊隊初試鋒芒，士氣日益高漲。隊員也發展到 200 多人。由於敵後環境惡劣，供給困難，在發展中不懂得政治思想教育，成員複雜，組織不健全，加之敵人的分化瓦解，以致幾次發生叛逃，全支隊只剩下 60 多人，瀕於瓦解。支隊司令朱嘉錫之母也被土匪武裝扣為人質。朱嘉錫為謀求恢復實力和營救其母，於 9 月中旬離隊前往昆明，報請龍雲催促常紹群趕快到任。

常紹群於 1942 年 10 月上旬辭去在第 60 軍第 184 師的軍職，銜命前往滇西敵後，就任龍潞區遊擊支隊副司令兼潞西設治局局長。途中經下關到鄧川，在軍政當局的同意和支持下，招安了外號"小霸王"的王振武匪部，帶到施甸天王廟的遊擊支隊後方辦事處進行了教育訓練，改編為龍潞區遊擊支隊第 2 大隊，下設 3 個中隊，有 200 多人槍。第 1 大隊由原來的幾十個人組成，暫設 1 個中隊。朱嘉錫在昆明邀請他和常在中央軍校高教班第 8 期的同學李猶龍、王叔湛分任副司令和參謀長，還有一位政治部主任王任之，調整了遊擊支隊的領導班子。10 月下旬，常紹群、朱嘉錫分率第 2 和第 1 大隊先後由打黑渡口過江，秘密到達龍陵平安鄉的平頭寨子。朱嘉錫率第 1 大隊到達的第二天夜間，由於麻痹大意，遭到象達日偽軍 100 餘人襲擊，敵軍一直沖進司令部駐地蔣家祠堂院內。朱、常倉促由後門逃出追趕隊伍，裝在兩人外衣袋中的支隊司令部和潞西設治局關防均失。敵軍燒毀蔣家祠堂後折回象達。

為了摧毀敵偽政權，捉拿漢奸，掌握敵情，重新打開龍潞地區遊擊戰的局面，朱、常二人於 11 月下旬親自帶領第 2 大隊再次攻打潞西設治局所在地猛戛，驅趕了偽維持會。12 月上旬，朱嘉錫爭取潞西猛板土司蔣家駿參加抗戰。猛板土司武裝有 79 步槍 100 余支、輕機槍 4 挺、重機槍 2 挺，改編為遊擊支隊第 3 支隊。1943 年 1 月中旬，朱嘉錫、李猶龍帶領全支隊武裝 400 多人由猛戛沖過芒市大河和滇緬公路的日軍封鎖線，前往騰南地區瞭解敵情，發動群眾參加抗戰。龍潞區遊擊支隊在騰南活動了 3 個月左右才回到平戛，部隊通過這次行動得到了鍛煉。

支隊主力前往騰沖後，留在龍潞區的常紹群爭取了潞西青年抗日救國團同遊擊支隊合作。潞西淪陷後，遮放小學教師谷祖汗和原雲南警官學校學生楊煥南（原名楊思敬）等愛國青年，自願毀家紓難，購買武器，組織了有 300 多傣、漢青年參加的潞西青年抗日救國團，在遮放、猛戛、三角岩一帶襲擊敵軍。常紹群以潞西設治局長身份邀請谷祖汗、楊煥南等人來平戛會面，商談合作事宜，將該團名稱改為潞西縣民眾自衛大隊，由楊煥南任大隊長，谷祖汗任政治指導員，接受龍潞區遊擊支隊的領導，在原來的地區活動。後來楊煥南在 1943 年 4 月中旬的潞西小平河戰鬥中受傷被俘，敵人強迫他帶路搜索遊擊隊，楊煥南在途中跳崖壯烈犧牲，表現了邊疆愛國青年與敵人血戰到底的英雄氣概。消息傳來，龍潞區遊擊支隊的全體官兵莫不痛哭哀悼！敵軍撤退時把小平河寨子完全燒光，又欠下了中國人民一筆血債。新中國建立後，人民政府追認楊煥南為烈士。

常紹群還組織了龍陵縣民眾自衛大隊，任命楊伯舜（第 5 軍

少校軍官，由緬甸撤回國後流落在當地）為大隊長。全大隊有 3
個中隊。其中第 1 中隊從隊長到士兵都是傈僳族，人數有 100 多
人，最初只有銅帽槍、火藥槍、弩箭等打獵的武器。常紹群以潞
西設治局長身份，於 5 月中旬帶領傈僳中隊前往猛戛，迫令偽鎮
公所呈繳淪陷前原潞西常備中隊的步槍 40 支、手槍 2 支，用這些
武器裝備了傈僳中隊。傈僳中隊雖然武器裝備差，其他隊形容他
們是人比槍多，槍比子彈多，但隊員打起仗來十分勇敢。他們從
小在深山裏長大，爬山越嶺如履平地，強弓硬弩箭無虛發，活躍
在龍陵、潞西交界的木城坡一帶的高山密林中，經常在平達到遮
放在道路上襲擊敵軍，用帶毒的地弩射殺敵人，用桶裝的野蜂螫
傷敵人，與日軍作戰數十次。日軍看得見追不著，對傈僳中隊不
知所措。在一次打援狙擊中，傈僳中隊犧牲了 10 幾名隊員，始終
堅守陣地，迫使日軍繞道而行。後來，傈僳支隊隨龍潞區遊擊支
隊轉移到小隴川、昔馬、銅壁關及緬甸密支那一帶，一直堅持鬥
爭直到大反攻勝利。

　　龍潞區遊擊支隊第二次西渡怒江半年左右，雖然遭到多次挫
折，但在各族愛國民眾支持下，終於在敵後站穩了腳跟，發展了
隊伍，擴大了活動範圍。到 1943 年五六月間，隊伍已經發展到
700-800 人，成為一支具有一定規模的抗日遊擊武裝。為了爭取
擴大編制，朱嘉錫、李猶龍返回昆明，由常紹群主持支隊工作。

　　隨著遊擊隊力量的日益壯大，潞西的土司和龍陵的鄉保長、
士紳對遊擊隊的態度也發生了變化，紛紛在暗中與遊擊隊聯絡，
表示歸順之意。常紹群逐提出在龍陵、潞西兩縣的遊擊隊控制區
組織經・濟委員會，負責有計劃地供應遊擊隊所需糧秣和必要的
經費，以免增加老百姓的負擔。這一倡議得到回應，兩縣各鄉鎮、
土司派代表到龍陵平戛遊擊支隊司令部開會，決定了經濟委員會
的組織、供應標準和各地平均負擔，按月實支實報的辦法，使遊
擊隊的後勤供應有了比較可靠的保障。

　　遊擊支隊的司令部平戛，是平安鄉唯一的集市，周圍是長約

10 華里、寬約 3 華里的谷地，是全鄉主要的產糧區。遊擊隊爲了保證軍需民用，春耕時讓本地遊擊隊員放假回家種田，並派隊伍保護群眾栽插。秋收時派隊伍保護群眾搶收。1943 年 10 月中旬，平戛壩子稻穀成熟，爲了防備敵軍前來搶糧，常紹群召集遊擊支隊各隊隊長和第 87 師過江的加強連商議，採取陣地戰和遊擊戰相結合的戰術，保衛平戛人民秋收。由遊擊支隊第 1、2、4 三個大隊構築防禦工事阻擊敵軍，第 3 大隊和第 87 師加強連在陣地兩翼活動。各隊部署完畢後，象達之敵 300-400 人前來竄犯，遊擊隊憑藉防禦工事與敵戰鬥 2 日，在兩翼部隊的配合下擊退敵人。平戛群眾按遊擊隊的要求，及時將稻穀搶收、搶運上山。遊擊隊順利完成了保護秋收的任務。

龍潞區隊遊擊支隊在敵後的活動，引起了遠征軍司令長官部和美國盟軍的重視。1943 年秋，遠征軍司令長官部派出情報參謀陪同美國聯絡參謀數人過江隨遊擊支隊行動，直到保衛平戛秋收戰鬥結束，由遊擊隊派兵護送回昆，並接朱嘉錫歸隊。朱嘉錫在昆逗留半年不歸，被龍雲查究，撤掉本兼各職，命令常紹群代理龍潞區遊擊支隊司令，將該支隊撥歸遠征軍司令長官部指揮。遊擊隊與遠征軍關係不融洽，遂於 10 月下旬宣佈不服從遠征軍司令長官部指揮，獨立進行抗日鬥爭，取消龍潞區遊擊支隊番號，改稱騰龍人民自衛遊擊總隊。對支隊原有的 3 個大隊和龍陵、潞西兩個自衛大隊進行整編，合併爲 4 個大隊，將不可靠的人員遣送過江，加強軍紀，對以汙陷別人是漢奸來勒索錢財或強姦婦女者，一律槍決。司令部副官許益清勒索潞西猛板土司銀元 600 元，被抓獲後在猛戛鎮當眾槍斃。以後紀律大有改善，受到群眾歡迎。遊擊隊改組後，還派人到滇緬公路以北的騰沖、梁河一帶和緬北南坎等地聯絡組織，壯大力量，後來均收到成效。

1944 年元旦，遊擊隊集中在怒江邊的等養、等穀等村寨舉行軍民聯歡大會，龍陵遊擊區的群眾紛紛前來參加。聯歡會上編演了《怒吼吧！怒江！》、《在松花江上》等節目，鼓舞了民心士氣，融洽了軍民關係。遊擊隊偵察到龍陵僞縣長元旦時在僞縣政府大門上貼了一副無恥宣揚賣國的對聯：“卅載昏天黑地，遭受無邊痛苦；一旦撥雲見日，享盡萬代榮華”。橫額是“中日親善”。遊擊隊官兵非常氣憤，由常紹群換寫一副對聯：“二三子喪心病狂，造下無邊罪惡；一旦間粉墨登場，羞盡萬代祖宗”。橫額是“民族罪人”。遊擊隊派人連夜將這副對聯貼在僞縣政府大門上。日僞惱羞成怒，元旦後第 3 天，芒市、龍陵、鎮安所、象達等地日僞軍紛紛出動，掃蕩平夏一平安山地區遊擊隊根據地。遊擊隊準備在麥地埡口構築工事狙擊敵軍，但在向該地運動途中遭到敵軍伏擊，陣亡分隊長 1 人，隊員負傷 3 人，損失重機槍 1 挺。常紹群派隊增援，擊退敵軍，救回了重機槍隊。遊擊隊隨即向潞西猛板一帶轉移，途中在猛堆、猛蚌遭到敵軍堵擊包圍。遊擊隊在白石頭山構築工事，堅守兩天。日軍聯隊長松井秀治大佐寫信誘降，表示常紹群如與日軍攜手合作，維持龍陵、潞西治安，即由日軍第 56 師團司令官松山佑三委任爲騰沖、龍陵、耿馬、鎮康四縣遊擊總司令。常紹群復信說，我和爾等有血海深仇，堅決和爾等拼命到底，爲我全中國、全龍潞區受害的同胞報仇！徹底消滅爾等獸軍而後快！我是中國人，中國人的骨頭是很硬的，你休想誘我失節，爾等真不知高低，但爾等如果願意放下屠刀，向我軍歸順的話，我可委你爲本軍夥頭軍軍長。送信的老百姓剛走，常紹群即下令各隊突圍，到潞西木城坡集中。突圍中，第 1 大隊代理大隊長艾鋒犧牲，其他各隊傷亡不大。

　　遊擊隊由白石頭山突圍到木城坡集中後，過了 10 多天又回到平夏老根據地。龍、潞兩縣的主要產米區芒市、遮放都是敵佔區，遊擊區除平夏谷地產米外，其餘大部分是高寒山區，冬春季節歷來缺糧。加上敵軍的封鎖掃蕩，糧食更加困難。老百姓沒有吃的，遊擊隊的供應也無法解決。爲了粉碎敵人的封鎖，遊擊隊不能固守龍潞區束手待斃，決定沖往滇緬公路以北的騰南各縣活動。經請示保山專員同意，遊擊隊與前來配合活動的第 2 軍第 9 師第 27

團，於 1944 年 2 月初離開龍陵平達、潞西小平河一帶的根據地，在陰曆除夕乘敵不備沖過滇緬公路，正月初二全部渡過龍江，正月初五到達梁河設治局所在地大廠，沿途受到各族愛國群眾的歡迎。隨隊活動的美軍聯絡人員也一同轉移。

　　遊擊隊到達梁河後，即組織偵察騰南地區敵情，向群眾作宣傳工作。到梁河的第 2 天，第 2 大隊向騰南的河西鄉一帶遊擊，同由於岩舊城撤回騰沖的日軍 1 個中隊遭遇，在大盈江邊展開激戰。敵軍邊打邊走，撤往騰沖。遊擊隊在梁河一帶聲勢很大，日軍摸不清虛實，將騰南盈江各個據點的守軍撤回騰沖城加強防禦，準備抵抗我遠征軍即將進行的大反攻。梁河一帶的附敵土司攝於遊擊隊聲威，也紛紛前來大廠表示，待時機成熟即來歸附。

　　2 月下旬，遊擊隊離開大廠向蓮山、昔馬一帶前進，會合了半年前派往騰沖、梁河一帶聯絡組織，擴大隊伍的肖光品、周文光部，遊擊隊力量更加壯大，並與蓮山抗日獨立支隊建立了聯繫。周文光部曾救援前來昔馬活動的英軍工作隊。英軍工作隊脫險後，電告東南亞盟軍總司令蒙巴頓，派飛機 5 架運送武器到昔馬空投給遊擊隊，遊擊隊得到小砲 8 門、電動重機槍 2 挺、重機槍 8 挺、手槍 400 多支、傘槍 40 支，裝備大為改善。隨後遊擊隊擊敗幹崖偽軍數百人，渡過大盈江，來到梁河趙家寨，獲悉隴川敵軍 1 個大隊將於次日上午開往戶撒、臘撒兩地駐防的可靠情報。常紹群當即佈署各部在戶撒寨子外的高地諸葛營趕築工事，並在週邊村莊及敵軍退路設伏。第 2 天，敵軍在戶撒附近遭到遊擊隊正面阻擊和側面伏擊，在敗退回隴川途中，再次遭到伏擊。這一仗，擊斃日軍少佐大隊長谷川一雄和士兵 5 名，傷 10 餘名，繳獲戰刀 2 把，布匹和軍服 10 馱。戶撒一戰是遊擊隊在騰南取得的重要勝利。這時，中國遠征軍即將開始反攻，第 2 軍電令第 27 團返回鎮康歸還建制。隨後，遠征軍司令長官部情報參謀和美軍聯絡人員也返回保山。他們離開時，常紹群請他們帶去日軍戰刀、軍服、鋼盔等戰利品，向遠征軍長官部報告遊擊隊戰況。

　　1944 年 5 月 11 日，中國遠征軍強渡怒江，反攻騰龍。5 月 20 日，遠征軍長官部電令騰龍人民自衛遊擊總隊歸第 20 集團軍司令部指揮。第 20 集團軍司令部電令："該部奉令歸我部指揮，速派員前來本部聯絡並接受任務，並派員率領運輸隊前來騰沖北邊大塘子領取步機彈藥 50000 發勿誤"。常紹群奉令後，遂派人前往第 20 集團軍司令部報告情況，接受任務。第 20 集團軍命令遊擊隊負責防守騰沖、龍陵間的交通要道騰龍橋，阻止龍陵敵軍向騰沖增援，或騰沖敵軍向龍陵逃竄。8 月 25 日，遠征軍司令長官部任命常紹群為第 20 集團軍遊擊第 1 縱隊少將司令，並給該部派來副司令、參謀長、政治部主任。常紹群又呈報委任了各支隊長等幹部。部隊奉命負責騰沖到八莫的防守任務，並根據新 1 軍軍長孫立人的要求，派第 2 支隊到八莫配合新 1 軍作戰。9 月下旬，奉命在中緬邊境沿線阻止緬北殘敵增援芒市，配合主力作戰。

　　滇西失地全部收復，反攻作戰取得勝利後，常紹群感到遊擊隊已沒有存在的必要，遂自行採取緊縮措施，遣散了大批人員。到 11 月上旬，仍剩下 2000 多人。1945 年初，遊擊隊被強行改編，常紹群調任第 20 集團軍總部少將高級參議，支隊長以上人員均為上校參議，其餘官兵 2000 餘人空運到貴州獨山參加對日作戰。在滇西敵後轉戰兩年半的龍潞區遊擊隊，在滇西反攻作戰勝利後不久，即被國民黨中央軍瓦解。龍潞區遊擊隊是滇西堅持敵後抗戰的一支重要武裝力量，這支遊擊隊與騰北地區軍民南北呼應，鼓舞和組織淪陷區各族群眾，打擊敵偽，支援反攻，作出了不可忽視的貢獻。[1]

1　本節參照王開秀：《龍陵潞西區抗日遊擊隊片斷回憶》；常紹群：《滇西敵後軍民抗戰紀實》（二文載《雲南文史資料選輯》第 25 輯）；餘五：《神出鬼沒 —— 記龍潞遊擊隊傈傈中隊》；方南天：《參加龍潞遊擊隊的回憶》；楊思仁：《碧血沃鄉》（三文載《雲南文史資料選輯》第 27 輯）等的資料和訪問雲南省參事室參事常紹群獲得的資料撰寫。

第三節　滇西邊境各族人民的抗日鬥爭

　　騰龍邊區 8 縣、局（設治局）淪陷後，具有反帝愛國鬥爭傳統的各族人民不堪忍受日軍的暴行，動員和組織起來，投入抗日救亡的鬥爭行列。在北起怒江上游的瀘水，南到阿佤山區的沿邊廣大地區，活躍著一支支抗日遊擊武裝。這些遊擊隊配合在怒江兩岸活動的正規軍，不斷給敵偽預沉重的打擊。各縣、局所屬的土司等少數民族上層，有的堅持愛國立場，支援民眾抗日；有的投敵賣國，為虎作倀；有的見風使舵，兩面應付，情況比較複雜。

　　瀘水地跨怒江上游，西鄰緬甸，東連大理專區的雲龍縣，南接保山、騰沖，是滇緬北段的邊防要地。1942 年 5 月上、中旬騰龍邊區淪陷前後，瀘水縣境內的栗柴壩成為緬甸難僑和騰沖難民以及潰退的遠征軍東渡怒江的主要渡口之一。5 月 18 日，由騰沖撤出的海關人員和民眾數百人，隨騰沖護路營撤退到栗柴壩。渡口只有 1 艘木船，日夜過渡，但求渡難民太多，不能滿足需要。當天夜裏護路營爭先過江後，就收到東岸守軍停船封渡，嚴防敵人過江的命令，當時在西岸待渡的難僑難民還有 300 人左右。5 月 19 日上午日軍到達栗柴壩，將待渡民眾三面包圍壓向江岸，數十名婦女不願受辱，相率投江自殺。日軍用機槍向人群掃射，200 多人慘遭殺害，只有數十人冒死突圍，倖免於難。這股日軍從騰北竄犯瀘水，目的是截擊自緬甸撤退回國的中國遠征軍。在栗柴壩沒有發現遠征軍，就製造了這場大屠殺。因孤軍深入，不敢久待，第二天又竄回騰北。[1]

　　1942 年 6 月，在緬北撤退中歷盡艱險的第 5 軍第 200 師輾轉

1　方國瑜：《抗日戰爭滇西戰事篇》，《雲南文史資料選輯》第 19 輯，第 13 頁；李道生、馬秉坤：《瀘水軍民聯合抗日戰事紀實》，《雲南文史資料選輯》第 39 輯，第 183-185 頁。

到達滇緬邊境。第 11 集團軍第 6 軍所屬預備第 2 師奉命到騰沖、
瀘水一帶接應。第 200 師在瀘水境內稍事休息後，由栗柴壩和六
庫渡過怒江到達漕澗，轉移到雲龍休整。戴安瀾將軍的靈柩也在
瀘水軍民慎密保護下，經栗柴壩渡口安全運到漕澗。第 200 師過
江後，敵軍跟蹤追到栗柴壩，撲空後又返回騰北。預 2 師完成接
應第 200 師回國的任務後，留在騰北開展遊擊戰。瀘水自此成為
騰北我軍的後方根據地，直到 1943 年 10 月第 36 師退回怒江東
岸，日軍佔領騰北，分兵侵入瀘水。[1]

　　雲貴監察使李根源先生也于 6 月派人到瀘水對各土司進行宣
慰，散發《告滇西父老書》，動員愛國人士組織民眾，保衛鄉土，
支援抗戰。瀘水各階層愛國人士積極回應李根源先生的抗日號
召。瀘水設治局局長劉公度率六庫、魯掌、登埂、老窩、卯照等
五土司致電輸誠。電文說：“倭寇侵略中國，五載於茲，近複輕
舉妄動，賈其餘勇，寇我滇邊。鈞座以高齡碩望，及時西上，領
導群眾，衛我鄉邦，足使頑廉懦立，後輩聞風興起。職等銜膺重
命，或世守邊疆，保鄉衛國，責無旁貸，誓以獎率紳民枕戈待敵。
前奉委座電諭，並派尹專員臨境宣慰，敵愾同仇，益知奮勉。除
經電複矢忠效命，聽候驅策外，並祈頻加指示，俾資遵行，殲此
頑敵，集此大勳”。六庫土司段承經也復函說：“此次倭寇深入，
凡我邊民，無不眦裂髮指，幸悉綸巾羽扇，五月渡瀘，則蕩平醜
虜，收復失地，當在不遠矣！”[2]在此前後，第 11 集團軍總司令
宋希濂也委託外交部專員尹明德代表國民政府軍事委員會赴騰龍
邊區宣慰各土司，要求“他們深明大義，當能一心一德，與國家

1 李道生、馬秉坤：《瀘水軍民聯合抗日戰事紀實》，《雲南文史資料選輯》
　第 39 輯，第 186-187 頁、202 頁。
2 李道生、馬秉坤：《瀘水軍民聯合抗日戰事紀實》，《雲南文史資料選輯》
　第 39 輯，第 201 頁。並參見尹明德：《滇西軍民抗戰概況》，《雲南文史
　資料選輯》第 8 輯，第 1 頁。

共休戚，與疆土共存亡，協助國家，努力作戰。"[1]瀘水各土司均對此作出積極回應。六庫老土司段浩派代表到大理第 11 集團軍總部請示瀘水抗日事宜。宋希濂、李根源會見了土司代表，並派前遠征軍第 5 軍運輸 13 團團長謝晉生同往六庫，與段浩商定組織民眾遊擊自衛隊伍，軍民合作保衛邊防。1942 年 8 月初，在六庫成立"福（貢）、碧（江）、瀘（水）、練（地）民眾自衛支隊"，第 11 集團軍總部委任段浩為少將司令，謝晉生為上校副司令。支隊下轄 4 個遊擊自衛大隊，大隊長由各土司（鎮長）兼任，大隊副由謝晉生部軍官擔任，支隊司令部設在六庫土司署。福碧瀘練民眾自衛支隊成立後，在各地廣泛開展抗日救亡宣傳，動員青壯年參軍，發動群眾支前。由於福貢、貢山無戰事，支隊的兵員徵集和遊擊活動主要在瀘水境內進行。瀘水各地參加自衛支隊的各族群眾有 430 餘人。當年 9 月，選送知識青年 52 人到"軍委會駐滇幹訓團大理分團"培訓，回瀘水後分任自衛支隊中隊長、分隊長等職務，一部分到遠征軍滇康緬邊境特別遊擊區總指揮所屬駐瀘水部隊擔任情報聯絡工作。

　　從 1942 年 5 月日軍侵佔騰龍邊區到 1944 年 5 月遠征軍大反攻之前，在瀘水境內沿怒江東岸佈防的正規軍有遠征軍滇康緬邊境特別遊擊區和第 11 集團軍第 6 軍預備第 2 師所屬的 1 個縱隊、2 個支隊、5 個團，兵員共 9000 多人。民眾自衛支隊的主要任務是"協助軍隊，盡到守望、運輸、救護、偵察、通訊的責任"。支隊在各地設立軍民聯合辦事處，徵集籌募糧秣、資金、夫役。在交通阻塞，運輸艱難，部隊糧秣供應不濟的情況下，瀘水各族人民竭盡全力支援江防部隊和自衛支隊。瀘水設治局將全縣 200 多石積谷無償供應江防部隊。自衛支隊的糧秣和經費主要由六庫土司供給。六庫土司傾其所存谷米，並捐出騾馬 50 匹，現款 10

1　李道生、馬秉坤：《瀘水軍民聯合抗日戰事紀實》，《雲南文史資料選輯》第 39 輯，第 201 頁。並參見尹明德：《滇西軍民抗戰概況》，《雲南文史資料選輯》第 8 輯，第 1 頁。

萬元供應自衛隊。在這兩年中，自衛支隊和瀘水各族群眾還爲江防部隊制造船筏，充當水手，遞送公文，進行偵察，運送糧彈，救護傷患，做了大量支前工作。江防部隊在瀘水各族人民的有力支援下，在怒江東岸建造工事，控制渡口，在西岸開展遊擊戰，爲大反攻進行充分的准備。

　　1943 年 10 月，第 36 師自騰北退守怒江東岸。日軍分 3 路越過高黎貢山進犯瀘水，燒毀瀘水縣城魯掌，進據上江區、魯掌區和茶黑區（當時爲中緬北段未定界區域）的昔董、片馬、拖角一帶。第 11 集團軍謝晉生部自 1942 年初即挺進茶黑區開展遊擊戰。從 1943 年 10 月到 1944 年 3 月，當地各族民工數百人頂風冒雪修築驛道，爲部隊打通了進軍道路，使謝部能夠翻越高黎貢山的風雪丫口，出其不意地從敵軍側背發動進攻，在正面部隊的配合下，一舉擊潰日軍，收復片馬。片馬的收復，不但鞏固了怒江上游的江防，也阻止了英緬殖民當局在中緬北段未定界覬覦我國領土的企圖。上江、魯掌等地怒江西岸的各族群眾，實行堅壁清野，人自爲戰，用大刀、弓弩消滅分散的日軍，使敵人在當地無法立足。他們還機智勇敢地配合江防部隊狙擊圍殲敵軍。傈僳族農民祝老二，將來犯之敵 200 多人帶到怒江東岸預 2 師新村渡口江防陣地對面，使敵軍遭到嚴重殺傷。薪村傈僳族農民渡江偵察到逃敵在馬掌河集結，用 8 張竹筏連夜擺渡預 2 師兩個連過江，將這股敵軍大部圍殲。像這樣的事例不勝枚舉。瀘水各族人民配合江防部隊，使日軍始終不能從怒江上游渡江東犯。1944 年 5 月，瀘水人民又打造船隻，派出民工，支援遠征軍右翼兵團第 54 軍第 198 師由栗柴壩、孫竹河兩個渡口強渡怒江，向騰沖方向反攻。[1]

　　蓮山設治局（其轄地在今盈江縣內）在騰沖西南的滇緬邊境。設治局所在的太平街和芒允（蠻允）、昔馬等地，民風強悍，民

<hr/>

1 瀘水各族人民抗日鬥爭，主要參考李道生、馬秉坤：《瀘水軍民聯合抗日戰事紀實》（載《雲南文史資料選輯》第 39 輯）及方國瑜：《抗日戰爭滇西戰事篇》（載《雲南文史資料選輯》第 19 輯）有關部分撰寫。

間槍支甚多。1942 年 11 月，太平街士紳劉金生、芒允士紳許本和、昔馬士紳寸時金將他們組織的 3 個自衛大隊合併為滇西自衛軍蓮山獨立自衛支隊，以騰沖人明增慧為司令，接受第 11 集團軍總部領導。1943 年 2 月 20 日，緬北昔董之敵分 4 路向昔馬進犯，寸時金大隊在巨石關憑險據守，與敵軍激戰 2 日。敵傷亡甚重，增兵後再度圍攻昔馬，5 日未下。明增慧率援軍內外夾攻，擊退敵軍。日軍為消滅蓮山獨立自衛支隊，調動掃蕩騰北的部隊，沿大盈江分道南下。由於敵我眾寡懸殊，3 月 11 日太平街失守。12 日由八莫進犯之敵到達芒允，與許本和部激戰 2 日，佔領芒允。15 日昔馬淪陷。蓮山獨立自衛支隊在大盈江和檳榔江三角地帶的根據地逐被敵軍摧毀。此後敵軍在蓮山設立據點，派駐部隊，建立偽組織，使蓮山獨立自衛支隊的活動日益困難。同年秋冬之際，東南亞戰區盟軍總司令蒙巴頓派緬甸景頗族善倫中校率 10 多人空降到昔馬，要求蓮山獨立自衛支隊協助他們在中緬邊界一線開展對日遊擊戰，並向蓮山支隊空投過一些武器裝備。1944 年 2 月，常紹群率領騰龍遊擊自衛總隊越過滇緬公路到騰南各縣活動，與蓮山獨立自衛隊支隊建立了聯繫。兩支遊擊隊協同作戰，在太平街擊潰了前來挑釁的幹崖偽軍數百人。[1]

　　騰南於崖（今盈江縣新城區）的傣族土司刀京版組織了滇西邊區自衛軍。1942 年 9 月中旬，率部在騰南芒東（蠻東）一帶活動的預備第 2 師副師長洪行專程前往幹崖，與刀京版共商抗日大計。他們得到日軍從畹町經隴川進犯盈江的情報，便聯合派兵在敵軍必經之地渾水塘設伏。日軍在渾水塘被預 2 師部隊和自衛軍狙擊包圍，無路可逃，只有攀登懸崖向騰沖方向突圍，人員物資損失不少。渾水塘初戰的勝利，極大地鼓舞了自衛軍的士氣。1943 年 3 月，騰北日軍大舉進犯騰南，尋殲蓮山獨立自衛支隊。刀京

1 尹明德：《滇西軍民抗戰概況》，《雲南文史資料選輯》第 8 輯，第 10-11 頁；常紹群：《滇西敵後軍民抗戰紀實》，《雲南文史資料選輯》第 25 輯，第 223-224 頁。

版之弟刀保圖（綽號刀三怪）率數百人投敵。刀京版堅持抗日，率隊伍轉移到昔馬一帶。同年秋，龍潞區遊擊支隊派往騰南活動的周文光部在昔馬與刀京版的自衛軍會合。當騰龍遊擊自衛總隊於 1944 年 2 月下旬由梁河大廠向蓮山昔馬一帶前進時，刀京版派其子刀承鉞和周文光前往接應，周文光部回歸原部隊。此後，刀京版與第 20 集團軍總部取得聯繫，帶領自衛軍回到幹崖，重振旗鼓，迎接反攻。[1]

在盈江西部山區，李綮弄組織的景頗族遊擊中隊，在大盈江兩岸打擊日本佔領軍。在瑞麗縣景頗山區，景頗族和漢族民眾組織了三戶單抗日遊擊隊，帶領當地的景頗族青壯年支援遠征軍反攻作戰，將日軍全部趕出國境。

以佤族為主的少數民族聚居的阿佤山區，包括今臨滄專區的滄源、鎮康、耿馬、雙江、西盟等縣，西鄰緬甸撣邦，歷來是祖國西南的重要屏障。1942 年 5 月中國遠征軍在緬甸防禦戰中失利，第 6 軍第 49 師、第 93 師、暫編第 55 師等部渡過薩爾溫江，由緬東的景棟等地撤入國境。日軍跟蹤追擊，進犯阿佤山區，大肆燒殺搶掠。阿佤山各族人民和愛國的土司頭人奮起抗擊，阿佤山抗日遊擊隊配合遠征軍作戰，在滇西敵後軍民抗日鬥爭的南部戰線上打擊敵人。阿佤山區的民眾抗日武裝有 3 支隊伍，即阿佤山遊擊隊、耿滄支隊和班洪自衛支隊。

1942 年中秋節前後，中共黨員江枕石以記者身份從昆明來到阿佤山區組織抗日武裝。他聯絡了曾參加過班洪抗英鬥爭的思普區知名人士羅正明，緬甸愛國華僑尹溯濤等人，共同到滇緬南段未定界考察，提出了建立阿佤山抗日遊擊根據地的設想。因江枕石與中共聯繫的信件被瀾滄縣公安局查獲，於 1943 年農曆正月十五日被殺害。後羅正明、尹溯濤等與雲貴監察使李根源建立了聯

---

1 刀安祿等：《盈江人民抗日片斷》、《雲南文史資料選輯》第 39 輯，第 172175 頁；常紹群：《滇西敵後軍民抗戰紀實》，《雲南文史資料選輯》第 25 輯，第 219-225 頁。

繫，經李根源引薦，第 11 集團軍司令宋希濂任命爲 "南卡佤山區自衛支隊" 司令。支隊下轄兩個大隊，每大隊有 3 個中隊。隊員以當地的傣、佤等少數民族爲主，並收編了第 6 軍的部分散兵和一些緬甸歸僑。大、中、小隊長均由當地土司、頭人擔任。武器除向敵人繳獲一部分外，多數由羅正明出錢購買。隊伍的經費主要也由羅私人的馬幫馱運物資銷售的收入維持。

阿佤山區的情況十分複雜。由於歷史上漢族統治階級對少數民族的欺壓，佤族群眾認爲 "漢族不可以交朋友，石頭不可以做枕頭"。因此遊擊隊特別重視與土司和廣大佤族群眾建立良好的關係。遊擊隊領導人羅正明、尹溯濤、李曉村等人邀請西盟土司代辦李紮體等人共商西盟人民以支援日事宜，並按佤族習俗共喝咒水盟誓："抗擊日寇，同甘共苦，有福同享，有禍同當，"又通過西盟土司與各地的部落王子、山官、頭人疏通關係，鏢牛盟誓，共同抗擊日寇及其走狗。遊擊隊注意嚴格軍紀，維護社會秩序，公平交易，通過這些實際行動，遊擊隊逐漸贏得佤族群眾的支持，阿佤山出現了團結抗日的新氣象。

同年 9 月，宋希濂將軍派高參張振武帶 1 個特務連到耿馬組織耿滄支隊，下轄耿馬、孟定、猛董 3 個大隊和 1 個特務連共 500 多人。第二年 5 月，張振武奉宋希濂之命，將耿滄支隊和羅正明的南卡佤山區自衛支隊合併爲阿佤山遊擊支隊，編成 3 個大隊共 1000 多人，將耿馬、滄源、瀾滄等地的遊擊區聯成一片。

1944 年 10 月，雲南省主席龍雲委任班洪王胡忠華爲班洪守備司令官，並贈槍 300 支，子彈 3 萬發。胡忠華組織了班洪自衛支隊，轄南臘、班老、班洪、岩帥的 6 個大隊，每大隊 20-50 人，絕大部分隊員是佤族，中、小隊長均爲佤族。

遠征軍第 11 集團軍第 2 軍第 9 師和第 33 師於 1943 年 5、6 月先後進駐阿佤山區，第 9 師駐防鎮康一線，第 33 師駐防耿馬、滄源一線。此後兩年間，駐防阿佤山區的遠征軍備部在各地遊擊隊的配合下，與由緬東滾弄等地來犯的日軍進行了大小數十次戰鬥，重創了敵軍，保衛了國土。

　　1943 年 6 月 23 日，滾弄日軍的一個"討伐隊"進犯孟定，途經金廠壩時，第 33 師第 99 團 1 個營在班洪自衛隊 30 多名隊員和附近村寨群眾支援下狙擊敵軍，殲敵 60 餘人。同日，日軍第 56 師團第 146 聯隊長今岡宗四郎大佐親率 1000 多人由滾弄出發，經南臘過小黑河，企圖襲擊剛到孟定接防的第 33 師第 98、99 團。班洪自衛隊於 29 日在小黑河截擊日軍。日軍退到孟定正待休息準備用餐，遭到預先埋伏的第 98 團和遊擊隊的砲轟和掃射，敵人措手不及，死傷過半，南定河江面漂滿了數百具敵屍和丟棄的物資。殘敵沿河谷竄入叢林向滾弄方向逃竄。30 日，逃竄的敵軍進入第 9 師第 27 團 3 營埡口防區。該營機槍連利用居高臨下的有利地形，向逃敵猛烈開火。日軍組織火力拼命反撲，被斃傷 100 餘人。孟定之戰共殲滅滾弄來犯之敵 700 餘人，取得了一次重大勝利。自此以後日軍不敢再犯孟定。

　　1944 年反攻前夕，遠征軍調整防區，耿馬、滄源一帶劃歸第 20 集團軍總部指揮。阿佤山遊擊支隊司令張振武奉調回第 11 集團軍，第 20 集團軍派謝應麟接替司令之職。5 月，日軍偵知阿佤山遊擊支隊活動的新地方正規軍少，遊擊隊武器裝備差，企圖由此打開缺口，進入滄源，再犯孟定、耿馬。曾參加過 1934 年班洪抗英鬥爭的傣族土司張萬美帶領 1 個遊擊大隊，在土林、班楷一帶狙擊敵軍。他們利用熟悉地形的優勢，將敵軍引入山林之中進行伏擊，堅持 10 餘日戰鬥。日軍不斷增兵攻擊，又派奸細打入內部。支隊司令謝應麟指揮不力，張萬美大隊且戰且退，傷亡日增，彈藥也逐漸打光。張萬美腿部負傷，在一個隊員背他過江轉移時，被奸細從背後開槍擊中，以身殉國。這次戰鬥失利後，謝應麟被第 20 集團軍免職，由副司令李文開接任司令。李文開繼任後，調第 33 師一個連加強力量，又將 4、6、8 三個大隊殘部 300 餘人組織起來，向新地方日軍進行反擊。在羅正明、尹溯濤、李曉村等愛國志士的配合下，於 11 月重新奪回新地方，將日軍趕回滾弄。

英國殖民者佔領緬甸後，即對阿佤山區懷有野心。因此，阿佤山的抗日軍民不僅要同日軍作戰，而且要警惕英國殖民者的領土野心。1945年農曆正月，英國派遣原在瀾滄縣當過牧師、因進行間諜活動被中國政府驅逐出境的殖民主義分子永亨樂來阿佤山區活動，企圖建立行政機構，挑起領土爭端。日本投降後，英緬殖民政府的景棟軍區照會阿佤山遊擊隊，要求遊擊隊撤離瓦州。1946年春節，永亨樂帶領軍隊，並出動空軍協助，向班洪進犯。阿佤山遊擊支隊和當地各族人民與之進行了針鋒相對的抗爭，使其陰謀未能得逞，保衛了祖國的神聖領土。[1]

滇西敵後軍民的抗日鬥爭發展到相當大的規模，持續了兩年之久，將日軍大量兵力牽制在怒江以西地區，被迫以重兵固守芒市、龍陵、騰沖、松山等少數重要據點，從而有力地支援了怒江以東的江防，並為下一階段的大反攻創造了有利的條件。敵佔區各族人民、愛國的地方官員和各民族上層人士及深入敵後開展遊擊戰的遠征軍將士，表現了高尚的民族氣節和強烈的愛國主義精神，在極其艱苦的條件下創造了許多可歌可泣的英雄業績。在敵後堅持鬥爭的地方政府和遊擊隊，與過江開展遊擊戰的正規軍密切配合，互相支援。中共地下黨組織在一些遊擊隊的組建及其活動中發揮了積極的作用。這是抗日民族統一戰線在滇西抗戰中的生動體現。

---

1 阿佤山區軍民的抗日鬥爭參照李曉村；《憶阿佤山抗日遊擊隊》，《雲南文史資料選輯》第25輯，第235-243頁；段世琳：《阿佤山區的抗日烽火》，《雲南文史資料選輯》第39輯，第222-233頁二文資料撰寫。

第六章　日本軍事佔領下的緬甸

第一節　日本對緬甸的軍事殖民統治

日本入侵和佔領緬甸，不僅是軍事作戰上的需要，而且是建立其"大東亞共榮圈"殖民帝國的重要組成部分，是蓄謀已久的既定步驟。日本軍政當局在策劃太平洋戰爭之時，大本營和政府聯席會議即於 1941 年 11 月 20 日制訂了《南方佔領地區行政實施要領》，提出在東南亞進行殖民統治的基本方針是："對佔領地區，暫且實行軍事管制，以資恢復治安，迅速獲得重要國防資源及確保作戰部隊的給養。"[1] 日軍在太平洋戰爭初期迅速攻佔了東南亞和西南太平洋廣大地區，日本軍國主義頭目的氣焰更加囂張。東條英機於 1942 年 1 月 21 日在第 79 次帝國議會上發表了題為《大東亞建設的構想》的演說，提出："指導帝國目前正在進行中的大東亞戰爭的關鍵，一方面在於確保大東亞的戰略據點，一方面在於把重要資源地區收歸我方管理和控制之下。"東條在這一演說中系統地拋出了所謂"戰爭即建設，建設即戰爭"的軍事法西斯理論，以加強對佔領區的軍事殖民統治。他說："在建設的時候，我認為，對於為保衛大東亞所絕對必要的地區，應由帝國自行掌握處理；對於其他地區，根據各個民族的傳統文化等等，隨著戰局的發展，作出各種適當的處置。"[2]

1　服部卓四部：《大東亞戰爭全史》第 1 冊，第 302 頁。
2　《東條英機首相演說集 —— 面臨大東亞戰爭》，1942 年改造社版。轉引自復旦大學歷史系編譯：《日本帝國主義對外侵略史料選編 1931-1945》，上海上民出版社 1983 年第 2 版，第 390-391 頁。

　　緬甸就是日本軍國主義認為"對於為保衛大東亞所絕對必要的"戰略據點和重要資源地區之一。日本佔領軍在緬甸實行軍事殖民統治，直接控制緬甸的軍事、行政、經濟等大權，掠奪當地的戰略物資，鎮壓緬甸人民的反抗，並以緬甸作為封鎖中國、進犯印度的重要基地。在日本侵略軍佔領緬甸的 3 年中，其殖民統治手法儘管有所變化，但萬變不離其宗，始終是圍繞著實現上述佔領目標而調整其殖民政策。

　　日軍進犯緬甸之初，利用緬甸人民的反英情緒，以同意幫助緬甸獨立的虛偽諾言，欺騙緬甸獨立軍協助日軍的軍事行動。由於英軍在緬甸既不得人心又缺乏鬥志，在緬甸防禦戰中接連敗退。"1 月，戰爭的問題是如何從毛淡棉脫身；2 月，是如何渡過錫唐河；3 月，是如何逃出仰光；4 月，是如何撤出仁安羌；而 5 月初的問題已是如何逃出緬甸了。"[1]英國殖民者在緬甸遭到的失敗既是軍事上的，也是政治上的。他們嘗到了自己在長期殖民統治中種下的苦果，"無所不能"的白人殖民者"不可戰勝"的神話破產了。然而對於緬甸人民來說，日本軍國主義取代英國殖民者只不過是前門拒狼，後門進虎，根本不可能給緬甸帶來真正的獨立。日本發動太平洋戰爭的目的，是要"把每一個東南亞國家變成單獨的剝削物件和供應部署在各該國的日軍所需的一切物資的來源。緬甸受到特別的注意，因為戰線橫貫它的領土，並且當時它已經成為日本帝國主義的最西前哨，其使命是在預定對印度的入侵中起橋頭堡作用。"[2]日本侵略軍一踏上緬甸國土，就拒絕兌現讓緬甸獨立的諾言。對緬甸的佔領進行得越順利，他們對自己的諾言就背棄得越快。日軍進佔土瓦時，第 15 軍司令部答應到毛淡棉宣佈緬甸獨立。佔領毛淡棉之後，又推說到仰光再履行諾言。並解散了緬甸獨立軍在各地建立的行政機構，實行軍事管制。

1 J・貝爾登：《和史迪威一起撤退》，紐約 1943 年版，第 233 頁。轉引自瓦西裏耶夫：《緬甸史綱》下冊，第 485 頁。
2 瓦西裏耶夫：《緬甸史綱》下冊，第 510 頁。

拒絕向緬甸獨立軍提供財政援助，並停止供應武器。[1]

第 15 軍佔領仰光後，不但沒有宣佈緬甸獨立，而且發佈了《林集團（第 15 軍代號）占領地統治綱要》和《林集團軍政措施要領》，根據日本軍部和政府統治佔領區的既定方針，制定了在緬甸實行軍事殖民統治的具體政策。其主要內容是：1、緬甸獨立政府要到"大東亞戰爭"結束後才能產生，現在不應再提此事。2、現存的組織、制度、法律，只有無礙於軍政府的統治，才能允許其存在。3、努力吸引有能力、在事業上有聲望的親日分子參加地方行政。4、採取特別措施加強日本的經濟實力。爲此，必須建立新的經濟機構，剷除英美影響，並對華僑和印度人的經濟勢力採取措施。5、佔領軍應控制礦山、工廠，亟需加強發展石油、錫、棉花等重要資源的生產。6、軸心國國民現有的權利應受尊重，但應節制其進一步擴張。[2]

隨著對緬甸佔領的完成，日本佔領軍和緬甸獨立軍的關係越來越緊張。在平滿納、皎克西、瑞波、實皆等地，都發生了日軍與獨立軍的衝突。爲了從軍事上控制緬甸，侵緬日本占領軍總司令飯田祥二郎中將于 1942 年 6 月 10 日下令解散緬甸獨立軍。7月 31 日把它改編爲緬甸國民軍，人數從原來的 1.5 萬人裁減到3000 人，由昂山任司令，日軍派顧問團進行監督。地方權力由過去英國人建立的行政機構行使，日軍司令部負責監督各級行政機構的工作。飯田對緬甸的民族主義領導人宣稱："給予緬甸獨立在戰爭期間是辦不到的和不可思議的事情。你們的命運取決於日本的勝利。戰爭勝利結束以後，緬甸將獲得自由。緬甸必須準備長期戰爭，並爲戰爭動員其一切資源；危及軍事努力或者拒絕協助滿足軍事需要的人，將由軍事當局嚴加懲處。"[3]飯田還說，將

1 瓦西裏耶夫：《緬甸史綱》下冊，第 491 頁。
2 溫佐榮：《1941-1945 年日本佔領下的緬甸》，紐約大學博士論文。轉引自賀聖達：《緬甸史》，第 415-416 頁。
3 R・佩恩：《亞洲的叛亂》，紐約 1947 年版，第 245-246 頁。轉引自瓦西裏耶夫：《緬甸史綱》下冊，第 496 頁。

來緬甸宣佈獨立以後，鐵路和財政仍將繼續由日本再管制 15 年。[1]日本佔領軍還建立了"軍事預備局"，負責國民軍的組織、訓練和裝備。同年 8 月，日軍在仰光郊區的明加拉頓建立"緬甸陸軍學校"，第一期學員 300 人在 1943 年 3 月畢業後，選送 30 人到日本陸軍學校深造，以培養忠於日本軍國主義的緬甸軍官，把國民軍變爲日本佔領軍控制下的傀儡軍。緬甸獨立軍被解散，對於緬甸民族主義者爭取獨立的希望是一次沉重打擊。

英軍從緬甸退卻時實行了焦土戰術，使緬甸經濟遭到巨大的破壞。他們有計劃地把凡是對日軍有價值的一切戰略工業和運輸設施幾乎破壞殆盡。緬甸石油公司的財產在一個月內全部被毀，所有的井架、輸油管、煉油廠、發電站等主要設備都被炸毀，幾百萬加侖石油被燒掉。其他礦井和工廠的設備也遭到破壞。緬甸有限公司和毛奇礦業公司的廠礦、仰光的碾米和鋸木企業都被迫停工。伊洛瓦底輪船公司損失了大部分船隻。鐵路運輸遭到嚴重破壞。緬甸的經濟瀕於崩潰。

日本佔領軍的貪婪掠奪使殘破不堪的緬甸經濟遭到進一步的摧殘。日軍官兵所到之處。大肆搶劫公私財產，隨意闖入佛塔和民宅，看見什麼就搶走什麼。佔領當局以"沒收敵產"的名義，把屬於英國資本的工廠、土地、礦山、銀行等全部收歸日本所有，控制了緬甸的經濟命脈。隨著日軍對緬甸軍事佔領的完成，大批日本商人進入緬甸。他們在軍隊的庇護下，滲透到緬甸的各個經濟領域，用種種方法掠奪緬甸富饒的資源，榨取緬甸人民的財富。日本佔領軍強制推行"以戰養戰"的戰時經濟政策，把緬甸經濟完全納入爲日本的侵略戰爭服務的軌道。掠奪的重點是大米、棉花、石油、有色金屬等戰略物資。佔領當局宣佈嚴禁緬甸的大米流往敵國，強迫緬甸農民種植日本大量需要的棉、麻等作物。在

---

1 貌登佩：《在緬甸發生的事情》，第 13 頁。轉引自瓦西裏耶夫：《緬甸史綱》下冊，第 496 頁。

工業方面，集中生產供給佔領軍需要的物資，對於在資本、技術、物資方面會"加重帝國負擔"的工業則予以放棄。殘存下來的工礦企業和運輸工具全部被置於佔領軍控制之下。私人的運輸工具、牲畜、大米儲備和外幣均被徵用。凡是能運回日本的財產和物資都被立即運走。佔領當局還在緬甸濫發既無黃金外匯擔保，又無商品物資保證的軍票、儲蓄券、彩票等，榨取緬甸人民的財富，攪亂了緬甸的金融。據估計，到 1943 年底，日本在緬甸發行的軍票數額達 5.6 億盧比，1944 年底又增到 13 億盧比。[1]日本佔領軍還在繼承英國殖民統治時期稅收制度的基礎上，增加了名目繁多的苛捐雜稅。

佔領初期，緬甸全國經濟都由佔領軍司令部控制。隨著軍事佔領的完成，從 1943 年起，以三井和三菱爲首的日本壟斷資本集團逐漸操縱了緬甸經濟。原屬緬甸有限公司的包德溫、毛奇和抹穀的礦場和冶金廠均由三菱康采恩壟斷。三井和三菱康采恩壟斷了木材、大米的生產和銷售，優先滿足日軍的需要。橫濱正金銀行在緬甸各地開設了支行。3 家日本商行獲得了經營緬甸棉花的專利權。到 1944 年，在緬甸的日本商行至少有 55 家，它們與佔領軍互相勾結，共同掠奪緬甸的資源，剝削緬甸人民。專門爲掠奪東南亞各國而開設的南方開發銀行是這些商行的資金提供者。這家銀行從中獲得了巨額利潤。因此剛剛開業一年，就能借給日本政府 70 億日元以平衡 1944-1945 年度的預算。[2]

日本佔領軍還大量徵用緬甸的勞動力，驅使他們修築鐵路、公路，建造機場，爲軍隊運送物資等。到 1944 年底，日本在緬甸徵用的勞工多達 80 萬，遠遠超過在東南亞其他國家征用的人數。日軍強制徵用勞工爲侵略戰爭服勞役，最突出的是驅使勞工修築泰緬鐵路。

---

1 吳努：《日本佔領時期的緬甸》，第 86 頁。轉引自賀聖達：《緬甸史》，第 417 頁。
2 瓦西裏耶夫：《緬甸史綱》下冊，第 512-514 頁。

　　日本海軍在 1942 年 6 月的中途島之戰中遭到慘敗，喪失了太平洋戰場上的制海權。中國駐印軍和中國遠征軍的編練，中印駝峰航空線的開闢，駐印美英空軍和在華美國空軍對緬甸空襲的逐漸增加，以及印度英軍從 1942 年 11 月對緬甸若開沿海地區的反攻，使日本南方軍認識到："緬甸勢將成為西南方面同盟軍反攻的最重要的物件，日軍與同盟軍之間註定要在這裏展開一場大規模的大陸戰。"[1]緬甸位於日本南方軍西南方面防禦的第一線，在戰略上對日軍至關重要。緬甸戰局的勝負，對整個太平洋戰局都有舉足輕重的影響。在地理位置上，緬甸又被安達曼海和泰緬國境山脈與東南亞其他地區隔開。由於日軍正在失去制海權和制空權，如何守住緬甸這個廣闊的戰場，就成為一個十分棘手的問題。1942 年初日本第 15 軍侵緬時，最初是沿著泰緬國境的山間小道進軍。這條山路的運輸補給量每天只能勉強維持 10-15 噸左右。1942 年 3 月佔領仰光之後，侵緬日軍的補給就以海上運輸為主。侵緬日軍兵力在 1942 年 6 月已達 4 個師團以上，而且還在不斷增加。但海上運輸線卻日益受到美英海、空攻擊的威脅，隨時有被切斷的危險。為了避開美英的海上封鎖，溝通同泰國和東南亞日本佔領區的聯繫，開闢對緬甸日軍新的補給通道，日軍大本營和南方軍採納了修築泰緬鐵路的建議。根據大本營下達的命令，南方軍於 1942 年 6 月制訂出泰緬鐵路建設綱要。該綱要規定：鐵路路線東起泰國的佛統，西到緬甸的丹彪西驛，全長約 400 公里；運輸能力為單向日運量 3000 噸；時間預定於 1943 年底完成；所需兵力為 1 個鐵道監部、2 個鐵道聯隊、1 個鐵道材料廠為基幹的部隊；所需勞動力由當地勞工和俘虜充當。[2]

　　為了修築泰緬鐵路，日本佔領軍在緬甸強征了 8.4738 萬名勞工。此外還有馬來人、泰人、華人勞工 26.9948 萬人，美英盟軍

1　《大東亞戰爭全史》第 2 冊，第 749 頁。
2　《大東亞戰爭全史》第 2 冊，第 752 頁。

戰俘 4.6 萬人，共約 40 萬人。[1]1942 年 11 月初，日軍大本營下達
了開工命令。由於反法西斯同盟反攻緬甸的動向日益明顯，日軍
大本營嚴令南方軍將工期縮短 4 個月，務必趕在 1943 年雨季結束
之前於 8 月末基本建成這條鐵路，以便利用它向緬甸增兵和運輸
補給，趕在同盟國反攻之前加強緬甸防務。負責築路工程指揮的
日軍第二鐵道監部司令官下田宣力少將在1943年1月因飛機失事
死去，由高崎少將接任。為了加快工程進度，日軍大本營於 2 月
24 日下令以第二鐵道監部和鐵道第 5、第 9 兩聯隊為基幹，編成
南方軍鐵道隊，驅趕 40 萬勞工和戰俘加班加點搶修。這條鐵道所
經的泰緬邊境地帶，地處熱帶雨林區，地形險峻，氣候惡劣，瘴
癘流行，勞動條件極差。40 萬勞工和戰俘在日軍的刺刀和皮鞭下
築路，勞動強度極大，供應卻十分低劣，體力日益衰竭。1943 年
4 月中旬，當地雨季比往年提早 1 個月到來，道路、橋樑崩潰，
後方補給斷絕，築路勞工和戰俘在饑餓與疾病中仍然被強迫勞
動，終至引起 4 萬多人被摧殘至死的悲慘事件。還有許多逃亡者
被日軍殺害。也就是說，平均每修築 1 公里鐵路，就有 100 個人
死亡，每 10 米鐵路線上埋著 1 個死屍。泰緬鐵路因此被稱為 "死亡
鐵路"。日軍大本營也不得不承認築路勞工和戰俘大量死亡的事
實，下令將工期延長 2 個月，但是卻將死亡人數縮小了 10 倍。[2]

　　戰火的毀壞和日本佔領軍的貪婪掠奪給緬甸經濟造成了極其
嚴重的後果。由於工業和運輸業設施遭到破壞，緬甸喪失了石油
開採和加工工業、採礦業和內河運輸業。佔領時期石油日平均產
量只有戰前的 1/5，礦產品月產量不到戰前的 1/10。伊洛瓦底江
輪船公司的 650 艘船共有 550 艘被毀。碾米、木材加工和鐵路運
輸業也遭到極大損失。農業嚴重衰退，大多數農作物的種植面積
不斷縮小。最主要的農作物水稻的種植面積在 1944-1945 年度約

1 Ｖ・丹尼森：《英國在遠東的軍事行政，1942-1946》，倫敦 1956 年版，第
　281 頁。轉引自賀聖達：《緬甸史》，第 418 頁。
2 《大東亞戰爭全史》第 2 冊，第 753 頁。

為 240 多萬公頃，比戰前減少了一半。由於日本佔領軍大量宰殺牲畜，使耕畜的總頭數減少，也嚴重影響了農業生產。以盛產大米著稱的緬甸，1943-1944 年度稻穀產量只有 300 萬噸，還不到戰前的一半，從 1943 年起就不能滿足國內對大米的需要。日本的壟斷和盟軍的海上封鎖，使緬甸的內外貿易日益萎縮，日用必需品極端匱乏，佔領時期消費品物價上漲了 9-19 倍。佔領時期的緬甸經濟倒退了幾十年，到戰爭結束前夕已經完全崩潰。日本佔領軍在緬甸進行殘暴的政治統治。為了鎮壓緬甸人民的反抗，維護殖民統治秩序，佔領當局在緬甸建立了龐大的員警機構。在緬甸全國的日本員警署有 334 個，員警 1.5968 萬人，由受過專門訓練的日本警官領導。員警負責監督社會各階層人士的行動，防止發生抗日活動，實行保甲制度。日本政治員警還建立了一個遍及緬甸全國的間諜和告密系統，監視緬甸國民軍和行政機構的各級官員，挑撥緬甸各民族的關係，嚴密注視左翼民族主義領導人的反日活動。任何緬甸人只要對日本的殖民統治稍有不滿，就被指控犯有陰謀破壞或信仰共產主義的罪行，遭到逮捕、嚴刑拷打以至槍殺。日軍官兵在緬甸全國恣意妄為。他們隨意闖入民宅，搶劫財物，姦污婦女，射殺牛羊。佔領者對緬甸各族人民的民族風俗和宗教信仰毫不尊重。他們把寺院當作馬廄和廁所，凌辱僧侶，褻瀆佛塔，嚴重傷害了緬甸人民的民族感情。

日本佔領軍還在緬甸大力推行法西斯文化專制，實行親日奴化教育，進行思想控制和文化侵略。佔領軍的仰光情報部（後來改為宣傳部）控制了緬甸的宣傳機構，利用各種形式鼓吹法西斯思想，宣揚"日本是緬甸的解放者"，"建設大東亞共榮圈"，組織翻譯版《武士道》、《士與部隊》等法西斯主義書籍。佔領當局廢除了英式的教育制度，禁止使用英語，代之以宣揚日本法西斯的課程設和教材，大辦日語學校，強制推行日語。到 1943年底，開辦了日專科學校 25 所，在校學生數千人。日軍把仰光大學作為軍營，大的閱覽室一夜之間變成了廚房，閱覽室昂貴的硬木拼花地板被們撬來當作劈柴燒飯。佔領軍一方面褻瀆佛教，凌辱僧侶，另一面又企圖利用緬甸佛教僧侶來鞏固日本的殖民統治。他們先後立了"緬甸振興佛教聯盟"、"緬甸僧侶協會"，等組織，開展以"強日緬親善"為主要內容的活動。此外還組織了"睦鄰協會"、"作家合會"等形形色色的親日文化組織。

　　日本佔領軍在緬甸嚴酷的軍事政治統治，貪婪的經濟掠奪，大模的強制勞動，不遺餘力地推行法西斯文化專制和親日奴化教，使緬甸人民陷於水深火勢之中，從而認清了日軍軍國主義的猙面目，奮起同日本佔領軍進行鬥爭。原來對日本抱有幻想，企圖日本合作反對英國殖民統治，實現緬甸獨立的一部分民族義，在嚴峻的現實面前逐漸認識到自己已誤入歧途。他們經過痛苦反省，毅然轉變立場，投入反對日本法西斯佔領者的鬥爭。

第二節　緬甸人民的抗日鬥爭和　　日本導演的緬甸"獨立"

　　日本侵緬之前，緬甸共產黨人和"我緬人協會"的一些左翼成對日本帝國主義的本質已經有所認識，不贊成"聯日反英"的主開始考慮進行抗日鬥爭，爭取民族獨立的道路和方法。日軍入和佔領緬甸，建立軍事殖民統治，取代英國殖民者奴役和掠奪緬人民，使越來越多的人認清了日本侵略者的法西斯真面目，走上抗日的道路。日軍佔領的前半期，緬甸各階級、各政治派別從各的立場出發，開展合法和非法的鬥爭，並通過不同途徑到印度或國尋求支持，相互之間卻缺少聯繫與合作。儘管如此，緬甸民族解放力量從聯日轉向抗日，是緬甸民族解放運動深入發展的重要表現。這一轉變符合世界人民反法西斯鬥爭的總潮流，有利於盟國軍隊同侵緬日軍的作戰。

　　日軍侵緬使英國在緬甸的殖民統治機構陷於崩潰。戰前被英國殖民當局監禁的緬甸民族主義領導人，大多數在英軍撤退的混亂之中逃出監獄。重新獲得自由的"我緬人協會"的一些左翼領導人，于 1942 年 4 月 29 日在曼德勒以北的卡包村舉行會議，商討了開展抗日鬥爭，爭取緬甸獨立的問題。會議決定派德欽梭、德欽登佩等人前往中國或印度，尋求對緬甸人民抗日鬥爭的支持。當年 7 月，德欽登佩和德欽丁瑞到達印度。他們先在英國情報部遠東局工作，用緬語進行反日宣傳。後來又與直屬於英國戰時內閣領導的特工機構特別行動委員會建立了聯繫。這個委員會負責在東南亞的對日鬥爭。兩人成為緬甸反法西斯力量在印度的代表。德欽登佩在 1943 年還受特別行動委員會的派遣，於 1 月 18 日到達重慶。他在重慶與中國國、共兩黨進行了接觸，對國民黨政府消極抗日深感失望。德欽登佩在閱讀了毛澤東論述中國抗日戰爭的有關著作後，在重慶寫了《抗日遊擊戰爭的總問題》這本小冊子。1943 年底，德欽登佩由中國重返印度。當時盟軍東南亞司令部正在制定再次反攻若開的計畫，亟需得到緬甸抗日力量的支持。德欽登佩遂派德欽丁瑞回到緬甸，與國內的抗日力量建立了聯繫。

　　本來準備與德欽登佩一同前往印度的德欽梭，經過反復考慮，決定留在國內堅持鬥爭。1942 年 7 月，德欽梭進入仰光，從事地下鬥爭。他在當年寫的小冊子《獨立宣言之一》，分析了法西斯主義的性質，提出了緬甸抗日鬥爭的目標。德欽梭還把馬克思主義關於革命鬥爭和遊擊戰爭的論述譯成緬文，以緬甸共產黨的名義印發，供地下組織的成員學習。

　　緬甸共產黨是地下抵抗運動的積極組織者和宣導者。共產黨人盡可能運用一切非法的和合法的鬥爭手段進行抗日活動。1943 年初，緬甸共產黨第一次代表大會在下緬甸的德達耶鎮召開。德欽梭在政治報告中，分析了世界反法西斯戰爭的形勢，批評了"等著瞧"的消極態度，提出建立抗日統一戰線，加強抗日活動。緬共一大之後，共產黨人加強了對工人農民的組織工作。在仁安羌油田、仰光的碼頭工人和運輸工人中，都建立了抗日小組。在伊洛瓦底江三角洲的農村裏，出現了共產黨人領導的遊擊隊。緬共還在過去的"我緬人協會"、"紅龍書社"、"貧民党"等組織的成員中進行了大量的抗日宣傳和組織工作。

緬甸獨立軍被日軍強行改編爲國民軍後，許多官兵對日軍一進入緬甸，就粗暴地違背了戰前許下的全部諾言，不但不讓緬甸獨立，而且在緬甸實行更加嚴酷的軍事殖民統治，感到強烈的憤慨。日軍佔領之初，昂季、貌貌、丁佩、盛溫等 19 人就組織了"青年軍人抵抗小組"，成員大多數是營、連級軍官。青年軍人抵抗小組從 1942 年 6 月起就秘密散發各種反日宣傳品，僅小冊子就有17 種，內容涉及抗日運動的組織、戰略、戰術等。青年軍人抵抗小組反對日本對緬甸的軍事佔領，同時認爲英國仍然是緬甸的敵人。1943 年 8 月-12 月間，青年軍人抵抗小組舉行了幾次秘密會議，強調依靠自己的力量進行反法西斯和帝國主義的鬥爭。這個抵抗小組的成員同昂山、奈溫等國民軍上層領導人都有聯繫。他們的活動對昂山有很大影響，是促使昂山后來下決心領導抵抗運動的重要因素。

日軍侵佔緬甸之初，緬甸各階級、各政治集團的愛國者，就開始進行各種形式的反日鬥爭，並且同國際反法西斯力量建立了聯繫。但在 1944 年以前，各抗日力量之間由於觀點分歧，往往各行其是，缺乏相互聯繫與配合行動，更沒有統一的組織和領導，因而力量分散，活動規模有限，不能給日本佔領軍更加有力的打擊。

日本佔領軍爲了瓦解緬甸人民的抵抗運動，鞏固日本的殖民統治，於 1942 年 6 月初在眉苗組織了一個"行政籌備委員會"，將緬甸右翼政客、1937-1939 年間曾任英緬首屆殖民政府總理的巴莫抬出來擔任這個籌委會的主席。7 月，籌委會遷到仰光。8 月 1 日改名爲"緬甸行政委員會"。日本佔領當局的意圖是利用這個傀儡機構來籠絡前英緬殖民政府的官員和緬甸各政治集團的成員，利用他們裝點門面，欺騙緬甸人民，分化抵抗運動。以侵緬日軍副參謀長奈須大佐為首的日本"顧問"操縱著行政委員會的一切活動。日本佔領軍繼續在緬甸全國為所欲為。任何緬甸人如果不明白日本人的意思是要他做什麼，或者接受命令稍有遲緩，就要挨揍和挨耳光。日本憲兵隊對一切被懷疑為有反日傾向的人進行殘酷鎮壓。他們慣用拔掉受害者指甲的酷刑，以至緬甸人只要聽到"你的指甲要修一修嗎？"就感到毛骨悚然。他們還鼓勵告密。任何人只要被告密者檢舉，就遭到憲兵隊搜捕和刑訊逼供的折磨。在日本佔領軍嚴酷的軍事殖民統治下，緬甸人感到以前是被英國人吸血，現在日本人則在吸緬甸人的骨髓。他們盼望"矮子先生"離開的那一天能早日到來。然而奈須大佐告訴巴莫，關於獨立的任何談判，時機尚未成熟。巴莫則拼命巴結日本主子。他在 1942 年 7 月 22 日說：緬甸人"擔負著保衛共榮圈西部邊界的重要使命，這個共榮圈以日本為核心，將東起太平洋，西至印度洋"[1]。當 8 月 1 日緬甸行政委員會成立時，巴莫又重申了與日本合作的保證。侵緬日軍司令飯田祥二郎則表示，只要緬甸今後一如既往繼續與日本人合作，那麼日本軍隊將為創建一個緬甸人的緬甸而提供最大的援助。[2]

　　1943 年初，日軍被迫從瓜達爾卡納爾島撤退。隨著美軍在太平洋戰場上展開反攻，戰局對日軍越來越不利。日本在東南亞的殖民統治也隨之動搖。1943 年 1 月 28 日，東條英機在日本國會宣佈，日本準備在年內承認緬甸獨立。3 月 10 日，日本大本營和政府聯席會議通過了《緬甸獨立指導綱要》，提出"在帝國的輔助下建立成為大東亞共榮圈一員的新緬甸國"的方針。其實施要點是：1、3 月中旬召見巴莫等人，通知他們允許緬甸獨立，並指

---

1 《昭南時報》，1942 年 7 月 23 日。轉引自 F・C・鐘斯等著："《1942-1946 年的遠東》上冊，上海譯文出版社 1979 年版，第 93 頁。

2 《昭南時報》，1942 年 8 月 5 日。轉引自《1942-1946 年的遠東》上冊，第 93-94 頁。

示獨立綱要；2、在侵緬日軍領導下，成立以巴莫爲首的“獨立籌備委員會”，進行各種準備工作；3、預定於 1943 年 8 月 1 日宣佈緬甸獨立，以巴莫爲國家領導人；4、緬甸宣佈獨立時即對美、英宣戰，同時與日本簽訂日緬條約。[1]在這個綱要的附件《緬甸國與日緬關係基本形式》中，對緬甸的建國思想、國家組織、領土、國民等都作了具體規定。並制定了《日緬關係大綱》，提出：“帝國對緬甸的政策要點，在於儘量根據緬甸人的創造性和責任感，使緬甸名實相符地真正成爲大東亞共榮圈一員的獨立國家”。“帝國在緬甸國政府內配置少數精幹的日本人作爲領導”。對緬甸的政治、軍事、經濟等各方面國家機構的設置和具體政策都作了詳盡的規定，總的原則是接受日本的領導，服從日本的利益。[2]這個《緬甸獨立指導綱要》及其附件，就是日本侵略者預先編好了腳本，導演一出在日軍刺刀下的緬甸“獨立”醜劇，使緬甸成爲在“大東亞共榮圈”內與日本合作的榜樣，穩定日本在緬甸的殖民統治。

在這一場醜劇中，傀儡巴莫得到日本主子的青睞，表演得十分賣力。3 月 11 日，巴莫一行應召前往日本聽取指示，對日本同意緬甸“獨立”表示感謝。東條兩次會見巴莫，第一次聽取了巴莫的感謝，第二次則告訴他，參加對美、英的戰爭是緬甸的責任。巴莫於 3 月 24 日回到仰光後，即在佔領當局的指揮下進行所謂“獨立”的籌備工作。5 月 8 日，“獨立籌備委員會”成立，巴莫任主席，侵緬日軍副參謀長磯村武亮大佐爲副主席，還有 22 名委員。7 月，在磯村大佐操縱下砲製的“緬甸獨立宣言”和“日緬基本條約”的草稿出籠。並附有一份秘密軍事協定，規定日軍司令官有權採取他認爲對促進日本軍事行動有必要的任何措施，並有權命令緬甸政府協助執行這樣的措施。如果他認爲有必要，

1 〔日〕參謀本部編：《杉山筆記》下卷，1967 年版，第 388-389 頁。
2 附件全文見《杉山筆記》下卷，第 389-391 頁。

也有權否決緬甸政府的任何行動。[1]

"緬甸獨立宣言"於 1943 年 8 月 1 日發表,以巴莫爲"國家元首"兼總理的政府同時成立。日本緬甸方面軍司令河邊正三中將則宣佈結束"軍政"。緬甸向美、英宣戰,並與日本簽訂了同盟條約。條約規定,在進行"大東亞戰爭"中,緬甸與日本在軍事、政治、經濟等方面實行全面合作。兩國也將合作建立"大東亞共榮圈"。細節問題將由兩國有關官員協議決定。[2]當天下午,日本、納粹德國、克羅地亞、斯洛文尼亞、泰國、僞"滿洲國"、汪僞政權等法西斯及其僕從國承認了緬甸的"獨立"。

根據"獨立籌備委員會"制訂的《憲法》,國家元首兼任總司令,擁有全部立法權,有權任命總理和政府部長,權力似乎很大。但是實際上,緬甸仍然是日本的殖民地,日本佔領軍仍然凌駕于巴莫政府之上,控制著緬甸的一切大權。緬甸只是在形式上獲得了獨立。

另一方面,日本既然導演了緬甸的獨立,就不得不作出一些相應的姿態,在口頭上承認緬甸的國家主權,在形式上給予緬甸作爲一個獨立國家的一些主要的外部特徵。這對緬甸人民以後繼續開展反對英國恢復殖民統治的鬥爭是有利的。宣佈獨立之後,緬甸資產階級民族主義者特別是其上層的地位和影響有所上升,爲抗日鬥爭的發展提供了有利的條件。巴莫政府中的大部分成員,在戰前是"我緬人協會"的領導人,如德欽妙出任副總理,昂山任國防部長,吳努任外交部長,丹東任農業部長,奈溫任國民軍總司令。他們對日本法西斯佔領者已經不再抱有幻想,參加巴莫政府的目的是爲了利用合法的地位和權力,掩護爲反對佔領者而積聚力量的活動。並盡可能地採取措施減輕佔領政策造成的危害,改善人民群眾的處境。特別是昂山和丹東在佔領後半期擔

---

1 對巴莫的審訊。《1942-1946 年的遠東》上冊,第 95 頁。
2 《昭南新聞》1943 年 8 月 4 日,轉引自《1942-1946 年的遠東》上冊,第 95-96 頁;《日本外交年表和主要文書》下卷,第 586-587 頁。

負了自上而下地組織與聯合反法西斯力量，掌握軍隊，建立抗日統一戰線，準備武裝起義的重任。他們在這一時期進行了許多有利於緬甸民族解放的工作，在人民群眾中逐步樹立了巨大的威信。

第三節　侵緬日軍防務的加強

　　日本在發動太平洋戰爭一年之後，雖然佔領了東南亞和西南太平洋廣大區域，但遠未達到其迫使反法西斯同盟屈服以建立亞太霸權的預定戰爭目標。美國並未因戰爭初期的挫敗而退出亞太地區，反而同仇敵愾，舉國動員，決心徹底擊敗日本。中國戰場的抗日軍民堅持戰鬥，繼續拖住日本的百萬大軍，並與太平洋戰場上的盟軍互相呼應，協同作戰。日本南進的主要目的之一，是打破同盟國的封鎖，奪取東南亞各國豐富的石油、橡膠、錫和大米等戰略物資，以戰養戰，增強日本的作戰能力。但日本在恢復佔領區的生產和物資的運輸方面都遇到了嚴重困難。戰爭第一年，日本的運輸船只被美國潛艇擊沉 100 萬噸左右，占日本商船隊總噸位的 1/6。日本的年造船能力為 40 余萬噸，只能補充損失的 40%。運輸船隻的損失不僅影響了作戰，也影響了日本的軍工生產和軍需物資的運輸，削弱了日本的戰爭能力。戰爭第一年對日本打擊最為沉重的是中途島之役和瓜島之役。日本聯合艦隊在中途島一役的慘敗，使日軍在太平洋戰場上失去了戰略主動權。日本陸海軍在瓜島又遭重創，重新奪回戰略主動權的企圖完全破滅，被迫停止戰略進攻，轉而採取戰略防禦。在太平洋戰爭進入第二年之際，日軍大本營不得不承認，總的戰爭形勢對日本日趨不利，同盟國將加強合作，從西南太平洋和阿留申群島方向發動反攻，同時將反攻緬甸並加強對中國的支援。為了對付盟軍的反攻，日軍決定採取“確保要域”的防禦戰略。緬甸成為日軍在東南亞的防禦重點。

日軍大本營、南方軍和侵緬的第 15 軍之間，從 1942 年底到 1943 年 3 月下旬，對如何增強緬甸的防務進行了反復研究。他們認為："緬甸位於我西南方面防禦的第一線上，是切斷美、英、華同盟軍大陸戰線的西陲要衝。即對日軍來說，無論是在切斷援蔣公路，對重慶軍施加軍事壓力上，還是在策動印度反英的政略和戰略施策上，都具有戰爭指導上的重要意義。緬甸如果失守，在政略上不僅將使重慶的物質與精神的戰鬥力得到恢復，而且會促使政情不穩的泰國國民等我佔領統治下的各地民心發生動搖；在戰略止由必然導致我西南方面防線的崩潰。可以預見，敵我在緬甸勢力的發展趨勢，對整個戰爭全局確實有莫大的影響。"[1]日軍增強緬甸防務的措施，一是調整在緬甸的指揮機構；二是增加駐緬兵力；三是修築泰緬鐵路。

同盟國在緬甸防禦戰失利之後，就開始協調戰略，集聚力量，準備反攻。根據日軍情報，1942 年夏，駐印美、英空軍只有飛機 170 架左右，到 1943 年初已增至 400 架左右，由 B-24、P-38 等性能優良的新型飛機組成的美國空軍已經成為主力，在印度東部的空軍基地正在大規模擴建。在華美國空軍已增至 120 架左右。1943 年 1 月，盟國空軍對緬甸的空襲多達 1000 架次。駝峰空運的援華物資也日益增加，日軍推測 1943 年初每月空運量已達 1000 噸。1942 年 11 月，駐印英軍對緬甸若開沿海地區發動反攻。1943 年 2 月中旬，英軍溫蓋特旅由英帕爾地區滲入緬甸北部，開展叢林遊擊戰。日軍還判斷在印度阿薩姆東部編練的中國駐印軍已達到 1 萬人左右，並且還在不斷增加；以雷多為起點的中印公路已開始動工修築；在滇西組訓的中國遠征軍兵力已達 7 個師，並以一部進到怒江西岸活動。[2]日軍驚呼，緬甸方面風雲險惡，勢將成為西南方面同盟軍反攻的最重要的物件，日軍與同盟軍之間註定

---

1 《大東亞戰爭全史》第 2 冊，第 749 頁。

2 《大東亞戰爭全史》第 2 冊，第 737-738 頁；《緬甸作戰》上，第 176179 頁。

要在這裏展開一場大規模的大陸戰。日軍預料，盟軍對緬甸的反攻"將企圖首先迅速奪回若開，同時加強航空作戰，以便壓制我航空力量，孤立緬甸，使緬甸境內的交通陷於癱瘓。接著，在本年（1943年）雨季過後，恩帕爾方向的英印軍主力，東部阿薩姆方面的美中軍很有可能與雲南省方面的緬甸遠征軍等遙相呼應，首先反攻緬甸中北地區，取得進展後，再同海上的反攻相策應，試圖奪回整個緬甸"[1]。

當時，日本南方軍包括緬甸在內的西南方面戰線的防禦兵力不足，漏洞百出。在 1942 年 6 月南方作戰的大規模攻勢結束後，因初戰的輕易勝利而得意忘形的日軍大本營，以為同盟國在相當時期內無力舉行全面反攻，遂從西南方面將相當數量的陸、空軍兵力調往中國大陸戰場和日本國內。同年 9 月瓜島戰況告急，又抽調西南方面的陸、空軍兵力前往支援，致使西南方面的兵力更加捉襟見肘，防務更為薄弱。駐防緬甸的第 15 軍，在若開地區和緬北雖然擊退了英軍的進攻，但在長達半年的作戰中疲於奔命。而且該軍並未從上述戰鬥中吸取教訓，仍然認為依靠印緬國境的天然屏障和怒江天險就能防禦中、美、英聯軍從雲南和印度發動的幾路反攻。

南方軍總司令寺內壽一大將對上述情況非常擔憂，迫切要求增加西南方面的兵力。1943 年 2 月下旬，寺內向大本營提出了增兵的具體意見，首先是在緬甸增加地面部隊兩個師團以及高砲、工兵等部隊，並將第 15 軍改編為緬甸方面軍，其下新設一作戰軍。[2] 2 月 27 日，日本大本營和政府聯席會議通過的《世界形勢判斷》認為："在太平洋、印度洋方面，美國將與英國合作，以強大兵力進行奪回西南太平洋方面和阿留申方面我佔領的各島及緬甸的作戰，同時從中國方面加強對日的反攻態勢，並將竭力利

---

1 《大東亞戰爭全史》第 2 冊，第 738-739 頁。
2 《大東亞戰爭全史》第 2 冊，第 740 頁。

用空軍和潛艇作戰破壞日本的海上交通。”[1]基於上述判斷，大本營陸軍部制訂並下達了《昭和 18 年度（1943 年）帝國陸軍西南方面作戰指導計畫》，決定“將作戰及防衛重點放在緬甸方面與重要資源要地”。計畫規定：“緬甸方面需要確保的要地，定爲怒江以西、密支那、甘馬因、加里瓦、甘高、若開一線的地區和丹那沙林地方。”該計畫還特別具體地制定了緬甸方面的作戰要領，並明確了根據情況對印度東北方面實行地面進攻作戰的意圖。貫徹緬甸作戰要領的主要措施是：新設緬甸方面軍和向緬甸方向增強兵力；修建泰緬鐵路；加強安達曼、尼科巴等印度洋方面的防務等。[2]

　　1943 年 3 月 27 日，日本南方軍緬甸方面軍成立。該方面軍的任務是：1、指揮緬甸的全局作戰；2、直轄西南沿海方面的作戰；3、政略方面的指導。河邊正三中將任方面軍司令官。方面軍司令部由原第 15 軍司令部的大部分參謀軍官組成。方面軍下轄第 15 軍、第 55 師團和方面軍直轄部隊。改編後的第 15 軍司令官由原第 18 師團長牟田口廉也中將升任，軍司令部成員由各方面抽調人員組建。第 15 軍的任務是指揮緬甸中部、北部和雲南方面的作戰。該軍下轄 3 個師團和軍直轄部隊。第 18 師團師團長田中新一中將，任務是擔任緬甸北部作戰；第 33 師團師團長柳田元三中將，任務是擔任緬甸中部作戰；第 56 師團師團長松山佑三中將，任務是擔任雲南省方面的作戰。第 15 軍的改編於 4 月上旬結束，軍司令部設在眉苗。該軍以 3 個師團的兵力，防守從中緬邊境經緬北、緬中到印緬邊境長達一千數百公里的防線，兵力顯然不夠分配。直屬方面軍指揮的第 55 師團，任務是擔任西南沿岸方面的作戰，師團長古閑健中將。[3]

　　在侵緬日軍指揮機構調整之前，原第 15 軍就認爲需要 9 到

1　《大東亞戰爭全史》第 2 冊，第 712 頁。
2　《大東亞戰爭全史》第 2 冊，第 741-743 頁。
3　《大東亞戰爭全史》第 2 冊，第 749-751 頁。

10 個師團兵力才能滿足緬甸防禦的需要，對付同盟國軍隊即將從緬甸周圍發動的大規模反攻。南方軍和大本營也持相同看法。然而日軍有 30 多個師團、140 萬兵力陷在中國戰場不能脫身。在太平洋戰場上美軍兵力不斷增強，與日軍展開了激烈的逐島爭奪戰，使日軍無法從其他戰場抽調兵力加強緬甸防禦。在 1943 年上半年，日軍大本營和南方軍決定將兩個師團調往緬甸，但直到下半年這一調動也沒有全部完成。其中，在 3 月 22 日就已決定將駐馬來亞的獨立第 25 旅團、從瓜島調來的步兵第 124 聯隊以及將中國華南、華北的山砲兵、工兵聯隊拼湊起來新編爲第 31 師團（師團長佐藤幸德中將），編入第 15 軍的戰鬥序列。該師團於 5 月在曼谷編組完畢，師團司令部於 7 月上旬才到達緬甸勃固。各部隊在 6-8 月的雨季最盛期徒步通過泰緬國境，直到 9 月才在緬甸北部集結完畢。6 月 17 日，又把駐南京的第 15 師團（師團長山內正文中將）劃歸緬甸方面軍統轄。由於海陸運輸的緊張，該師團直到 9 月以後才在泰國集結。南方軍又把它作爲總預備隊留在泰國，令其構築泰緬邊境的道路。直到 10 月底，第 15 師團主力才到達緬甸北部，編入第 15 軍建制。[1]

　　日軍這種拆東牆、補西牆的做法，充分暴露了戰線太長、兵力不足的致命弱點。緬甸方面軍認爲，對緬甸防禦的佈局，應該在雲南省方面和緬甸西南沿海地區分別設立一個野戰軍司令部，緬甸方面軍統率 3 個野戰軍，統一指揮作戰全局和綜合指揮政略。雖然一時難以做到，但以後日軍在緬甸的部署基本按照這一構想發展。

---

1 《大東亞戰爭全史》第 2 冊，第 751-752 頁。

第七章　中國駐印軍挺進緬北

第一節　掃蕩胡康河谷

　　1942 年緬甸防禦戰失利後，中、美、英三大盟國對於反攻緬甸，收復滇西，打通中緬印陸路通道的計畫，進行了將近兩年的反復磋商。儘管由於三國的意見分歧，特別是英國一直持消極態度，反攻計畫屢經變更，但反攻緬北始終置於優先考慮。中國駐印軍是反攻緬北的主力。在磋商反攻計畫的同時，各方面的準備工作也陸續開展。諸如中國駐印軍的編練，滇西遠征軍的組訓，"駝峰"航空線的開闢，中印公路的修築，等等。隨著這些規模巨大的準備工作的逐步完成，使實施反攻戰役的條件日益成熟。

　　由於印緬邊境地形險峻，氣候惡劣，因此攻擊路線的選擇，對中國駐印軍反攻緬北具有重要的戰略意義。駐印軍總指揮史迪威將軍和印度英軍總司令韋維爾，對此進行了多次磋商。根據駐印軍實力，針對日軍在緬北的佈防情況，選擇反攻路線時，應考慮以下幾方面因素：首先要便於大兵團作戰，尤其要便於發揮駐印軍較為優良的重型裝備的威力；其次是能迅速進出緬北地區切斷敵人的交通線，一舉向孟拱、八莫等要點攻擊；第三是修築公路比較容易，並且為此後使用效率高的地區。為此，史迪威最初打算從印度恩帕爾地區發動攻擊。因為從恩帕爾通往緬甸的地勢相對平坦開闊，對作戰和築路都較為有利。但這一合理的選擇遭到居心叵測的韋維爾的竭力反對。這個大英帝國殖民利益的忠實維護者擔心，中國軍隊一旦深入到緬甸中南部，將會加強中國在緬甸的影響，不利於英國在戰後恢復對緬甸的殖民統治。韋維爾提出了各種各樣的困難來加以阻撓。史迪威認爲：＂總之，他們不想讓中國軍隊參加收復緬甸的作戰。＂[1]經過 3 天的反復商談，由于美國陸軍參謀長馬歇爾將軍進行了干預，韋維爾才勉強同意，中國駐印軍以雷多爲反攻基地，經野人山區、胡康河谷、孟拱河谷，奪取密支那和八莫，與從雲南反攻的中國遠征軍會合。同時由美國負責修建雷多公路，隨前線部隊推進，爲部隊運送補給。這條公路最終將同滇緬公路銜接。從地圖上看，這條路線比取道恩帕爾似乎距離較近。實際上所經之處都是崇山峻嶺、森林密佈、河流縱橫、人跡罕到的地方。日軍憑險據守，以逸待勞，而且後方交通便利，兵力轉運靈活。中國駐印軍要跋山涉水，臨絕地以攻天險，作戰任務十分艱巨。修築公路的困難很多，路修成後，雨季也不能暢通，使用率很低。因此英國人將條件較好的英帕爾路線留給自己的部隊，將環境險惡的雷多路線劃給中國駐印軍。他們確信史迪威無法率領駐印軍通過這一絕地，其自私、狡猾和對待盟友的不良居心昭然若揭。

中國駐印軍的作戰方針是：＂從雷多前進基地出發，經野人山區進入胡康谷地和孟拱谷地，奪取緬北重鎮孟拱、密支那等要點，然後經八莫向曼德勒推進，將日軍逐漸壓迫至曼德勒附近地區包圍殲滅之。其第一期攻擊目標爲孟拱、密支那之線；第二期攻擊目標爲八莫、南坎、臘戌之線；第三期攻擊目標爲曼德勒。＂[2]

緬北、滇西反攻戰之前，緬北方面敵軍防禦的態勢是，日軍侵佔緬甸全境後，分兵據守各戰略要點：其第 18 師團自 1942 年 10 月起擔負緬北地區防務，以密支那、孟拱爲根據地；在滇緬邊境協同入侵滇西的第 56 師團攻佔我滇西邊境的固東、古永、片馬等地，以爲固守緬北的右翼屏障；在印緬邊境深入胡康河谷，以

---

1 《史迪威與美國在華經驗》下冊，第 490 頁。
2 《我的戎馬生涯 —— 鄭洞國回憶錄》，第 312 頁。

新平洋為核心,在於邦、新平洋、太洛三角地區諸要點構築堅固的據點工事,以鞏固其緬北週邊之防禦。日軍按照森林戰要領嚴密佈防,利用山川之險和密林茂草,修築了許多明碉暗堡,對中國軍隊的反攻設置了重重障礙。[1]

中、美、英盟軍則對緬北、滇西的日軍形成三面包圍的陣勢:在緬北胡康河谷正面有以雷多為基地的中國駐印軍;在雲南方面有以保山為基地的中國遠征軍;在緬西欽敦江方面有以恩帕爾為基地的英軍。日軍判斷,盟軍正從這三個方面準備大規模反攻,中國駐印軍兵力約 2 個師;中國遠征軍約 16 個師;英軍約 4 個師,而且盟軍兵力正在迅速增強。盟軍在這幾個方面修築軍用公路規模之大,使日軍瞠目結舌。據日軍情報稱,在印度方面還有 1-2 個空降師,也很惹人注目。盟國空軍還控制了緬甸的制空權。日軍預料盟軍在 1943 年雨季過後,必將開始以奪回緬甸中、北部為目標的總反攻。[2]

駐守緬北的第 18 師團,是日本陸軍的一支精銳部隊。該師團在九州編成,自"七·七"事變時即參加侵華戰爭,1937 年 7 月又在杭州灣登陸,占上海,陷南京;1938-1940 年間參加過登陸大鵬灣,佔領廣州,攻陷南寧諸役;此後在越南進行了熱帶叢林戰訓練,成為日軍南進的勁旅,參加過入侵南洋群島、馬來亞等地;在侵緬之戰中打棠吉,攻曼德勒,掃蕩緬東,直犯滇西,在日軍中號稱"常勝師團"。該師團自 1942 年 10 月以來即擔任緬北三個正面廣大地域的防務。1943 年 3 月 27 日組建緬甸方面軍,第 18 師團長牟田口廉也升任第 15 軍司令官,師團長由大本營陸軍部原作戰部長田中新一繼任。以後,隨著新編成的第 31 師團劃入

---

1 中國駐印軍副總指揮辦公室 1945 年 4 月編印:《中國駐印軍緬北戰役戰鬥紀要》上冊,第 1 頁;臺灣國防部史政編譯局編纂:《抗日戰史》第 9 冊:《西南及滇緬作戰》,1980 年 6 月出版,第 315 頁。

2 《第二次中日戰爭史》下冊,第 970 頁;《大東亞戰爭全史》第 3 冊,第 1043 頁。

第 15 軍序列，在雨季結束前後開到緬北，接替了欽敦江正面的防務，第 18 師團防務調整爲密支那和胡康河谷兩個方面，師團司令部由眉苗推進到密支那。這時在該師團編成內有步兵 3 個聯隊共 8 個大隊，砲兵 5 個中隊，騎兵、工兵、輜重兵各 1 個聯隊，其他特種部隊 5 個中隊，以及若干後方勤務部隊，兵員 2.077 萬人。[1] 其主要任務是阻擊進入胡康河谷的中國駐印軍，配合在恩帕爾和雲南方面的日軍作戰。田中新一自 1943 年 3 月就任第 18 師團長以來，即加緊策劃如何防衛緬北，並於 8 月完成了作戰計畫。其要點是："1、對雲南方面敵軍的進攻，應力求將戰場置於密支那東方地區殲滅敵軍。2、對胡康谷地方面敵軍的進攻，應求得將戰場置於遙遠的印緬國境狹隘的路口附近以急襲一舉殲滅之。3、敵軍若由上述兩方面同時來攻，究應向其中哪一方面尋求決戰，雖需取決當時情況，但應盡可能以一部壓制雲南方面之敵，以師團主力攻擊胡康方面之敵，力求達到各個擊破。"並要求"即使在最壞的情況下，也要確保密支那及甘馬因（即加邁）一帶要地。"[2]

1943 年 1 月，中國駐印軍首批部隊的整編、訓練和裝備基本完成，反攻緬北、打通中印公路的時機業已成熟。反攻之初，駐印軍投入的部隊主力爲新 22 師和新 38 師。每個師編成內各有 3 個步兵團，山砲兵、工兵、通訊兵各 1 營，輜重兵、衛生隊各一部。新 38 師還配屬輕戰車‧1 營，重迫擊砲 1 連。兵員總計 1.83 萬餘人。敵我雙方參戰人數比較，中國駐印軍約爲日軍第 18 師團的 88%強，敵軍略佔優勢。[3]

中國駐印軍總指揮部任命新 38 師師長孫立人爲前敵司令官，率該師第 114 團爲先遣部隊，由藍姆伽訓練基地開往雷多前進基地，進入野人山區，掩護中美工兵部隊築路。出征前夕，英

---

1 《中國駐印軍緬北戰役戰鬥紀要》上冊，第 3 頁；《抗日戰史》第 9 冊：《西南及滇緬作戰》，第 314 頁。
2 《中華民國史資料叢稿》譯稿，《緬甸作戰》下，第 10-11 頁。
3 《中國駐印軍緬北戰役戰鬥紀要》上冊，第 4-5 頁。

印政府的比哈爾邦省省督於印度的隆重節日"達爾巴日"（1 月 2日）代表英王喬治六世舉行隆重的授勳典禮，將英國的"帝國司令勳章"授予孫立人將軍，以表彰他前一年在緬甸的傑出戰績。中、美、英在印度的高級將領都應邀出席了這一盛典。1 月 27 日，第 114 團和駐印軍工兵第 10、12 團由藍姆伽乘火車抵達雷多，協同美工兵 2 個團和 3 個獨立工兵營進入野人山區開闢公路。第 114團兼程前進，於 3 月 20 日到達第一線擔任警戒，救援了在卡拉卡、唐卡家遭到日軍襲擊的英軍駐防部隊約千餘人，隨即接替了第一線防務。集結于新平洋、於邦、孟關一帶的日軍第 18 師團第 114聯隊多次前來襲擾，均被我第 114 團擊退。5 月中旬雨季開始後，胡康河谷洪水氾濫，敵軍補給困難，大部撤至新平洋以南地區。孫立人亦以第 112 團接替疲勞過甚的第 114 團。整個雨季敵我雙方在野人山區對峙。新 38 師官兵既要與強悍狡詐的敵人周旋，又要克服極端惡劣的自然環境帶來的巨大困難。

　　1943 年 8 月，魁北克會議決定務必在 1945 年 1 月將中印公路建成通車。史迪威採取有力措掩來加快築路工程，推進反攻作戰。9 月上旬印度阿薩姆邦雨季結束，中印公路修築進度加快，原來派出的掩護兵力已感到不足。新 38 師主力和新 22 師於 8 月底、9 月初先後到達雷多，已完成訓練和裝備的戰車第 1 營、重砲兵第 12 團、野戰砲兵第 4 和第 5 團，以及駐印軍直屬部隊主力，亦先後向雷多地區集結。9 月底，緬北雨季將止，中國軍事委員會與盟軍聯合參謀部一再磋商，決定先以中國駐印軍主力，附英美軍一部，準備開始反攻緬北。駐印軍總指揮部據此策定的反攻作戰計畫要點是：

　　第一：方針

　　軍以協同友軍殲滅敵人之目的，於 1943 年 12 月中旬，先向緬北進攻，奪取孟拱、密支那要點，然後經八莫向曼德勒前進，將敵壓迫於曼德勒附近地區，包圍而殲滅之。

　　第二：指導要領

一、軍於攻勢前，集中于雷多附近地區，俟雷、新（平洋）公路完成後，即向新平洋附近躍進。

二、軍集中時，派有力部隊，佔領新平洋以北各山路口，掩護集中。及築路躍進時，應增強掩護部隊兵力，推進至孟關東西之線，擔任掩護及搜索敵情。

三、軍集中後，分遣有力一部至葡萄附近，掃蕩該地區以南，及孫布拉板附近之敵，並與滇西兵團連絡。

四、軍應先發動攻勢，將敵兵力吸引於緬北方面，使友軍在緬南登陸容易。

五、軍攻勢作戰分期實施，第一目標爲孟拱、密支那之線；第二目標爲卡薩（即傑沙）、八莫之線；第三目標爲曼德勒。

六、軍攻擊前進時，應與左右軍密切聯繫，並對通敵各溪流小徑，嚴防敵之滲入及擾亂，確保軍側背之安全。

七、敵如以重兵來攻，軍應利用地形，極力拒止而抑留之。俟友軍攻勢得手，再勇猛前進，期與友軍包圍敵人而殲滅之。

八、敵如以少數兵力拒止我軍，或企圖脫離戰場時，軍應迅速南下，作參加曼德勒會戰之準備。

九、要求美軍對緬北各要點儘量予以轟炸摧毀，並配屬有力空軍，協助本軍作戰。

十、軍作戰地域內之遊擊隊，應不斷擾亂敵之後方，策應軍之攻擊。

第三：搜索及防空防毒（略）

第四：兵團部署

一、左側支隊，兵力約步兵二個團，及山砲兵一營，由雷多空運至葡萄，掃蕩該地區以南，及孫布拉板之敵後，即向密支那前進。二、右縱隊以步兵一團，山砲兵一營爲基於，由太洛經隆康，向孟拱西側地區前進，並派遣一部掩護右側背之安全。

三、左縱隊（軍主力二個師）沿雷（多）、新（平洋）、孟（拱）路，由新平洋向孟拱前進。

四、軍直屬部隊，隨左縱隊前進。

第五：交通通信（略）

第六：補給衛生（略）[1]

上述作戰計畫經中國軍事委員會和東南亞盟軍總司令部批准後，立即付諸實施。10 月 10 日，駐印軍總指揮史迪威下達第 6 號命令：「本軍仍繼續擔任保護雷多基地及掩護築路之任務，著派步兵一團，於 11 月 1 日前，佔領太洛至大龍河及大奈河之交點，以迄下老卡之線，以掩護新平洋飛機場之構築。」[2]新 38 師奉令以在唐卡家、卡拉卡擔任掩護的第 112 團，開始南向大龍河之線攻擊前進。胡康河谷的爭奪戰由此展開。

第 112 團以團部及第 1 營為中央縱隊，由唐卡家逕取新平洋；第 2 營為左縱隊，由唐卡家攻擊下老村、甯邊，另以 1 個連鑽隙迂迴，側擊於邦；第 3 營為右縱隊，由卡拉卡向太洛攻擊。10 月 29 日，第 112 團中央縱隊一舉攻克新平洋，其左、右縱隊亦分別進佔瓦南關、鹽泉。11 月 2 日，第 114 團由雷多進至唐卡家、新平洋一帶擔任警戒，使擔任攻擊的第 112 團得以全力突進，進佔於邦敵前進陣地。敵軍被迫退守核心陣地頑抗，戰鬥陷於膠著狀態。

第 112 團向新平洋、於邦發動攻勢之初，駐印軍總指揮部根據英方提供的情報，以為這一帶僅駐有少數日軍，每一個據點只有 1-2 個日本軍官或軍士指揮幾十個緬甸兵或土人據守。雙方交戰後始知正面之敵為日軍第 18 師團主力第 55、56 兩個聯隊，並配有多門山砲和重砲，憑藉堅固的據點工事嚴密防衛。敵我雙方展開拉鋸戰，戰鬥一開始就十分劇烈。於邦之敵頑強死守，第 112 團攻擊一再受挫，傷亡較大。孫立人師長多次請求總指揮部調砲兵支援。總指揮部參謀長波德諾將軍輕信英方提供的不可靠情報，以日軍兵力不多，且後方公路未通，補給困難為由，遲遲不

---

1 《抗日戰史》第 9 冊：《西南及滇緬作戰》，第 334-335 頁。
2 《中國駐印軍緬北戰役戰鬥紀要》上冊，第 9 頁。

肯調砲兵前往助戰。敵第 18 師團長田中新一則企圖乘駐印軍前後分離，各個擊破。於邦敵核心陣地縱深 400 碼、橫寬 800 碼，築有極其堅固的鹿砦、坑道和碉堡。第 112 團從兩翼包圍攻擊，但因無砲兵，無法摧毀其工事，激戰至 8 日，進展不大。連長江曉垣、吳瑾等 60 余名官兵犧牲。9 日，美空軍轟炸敵陣地，因密林蔽空，無法觀測，收效甚微。10 日以後，胡康河谷南部的增援之敵已到。於邦被圍之敵也實行反擊，企圖突圍，均被擊退。于邦三面環林，一面靠河，第 112 團既要圍攻於邦之敵，又要阻止增援之敵搶渡大龍河，兵力嚴重不足。激戰至 22 日，增援之敵集中山砲 4 門及迫擊砲、機關槍，向圍攻於邦的第 112 團第 1 營和左翼封鎖渡口部隊猛烈攻擊。當晚，敵軍一部約 400 餘人，從大龍河下游偷渡，繞到第 1 營後面約 1000 米處佔領制高點，與于邦守軍互相呼應，對第 1 營實行反包圍。另以一部襲擊第 112 團指揮所。又一部敵約 300 餘，從甯邊附近偷渡，圍攻甯邊之第 1 連。此後數日，敵軍在大龍河至新平洋間多處滲透，第 112 團第 1 營為敵重兵包圍，與友軍聯絡及補給完全斷絕。直到這時，駐印軍指揮部才弄清當面之敵不是少數緬甸兵，而是日軍第 55、56 聯隊主力，遂令新 38 師第 113、114 團及山砲第 2 營增援。增援部隊從新平洋出發，沿著剛剛開出路基的中印公路步行 20 多天，才到達於邦前線。

　　第 112 團第 1 營被敵反包圍後，營長李克己指揮部隊在一片縱深約 700 米，橫寬約 270 米的森林裏構築工事，固守待援。他們巧妙地利用天然屏障構築成 8 個據點，各派一班兵力守衛，各據點可用火力互相支援。周圍設了 6 道鹿砦，鹿砦邊沿埋設觸發式手榴彈，形成環形防禦陣地。主陣地北面道口有一棵直徑 3 米的大樹，李營以此為前哨陣地，在樹上、樹下各置一挺輕機槍，在 20 多條支幹上掛了 200 多枚手榴彈，形成一個覆蓋面達數 10 平方米的天然堡壘。這棵大樹槍彈打不穿，砲彈炸不倒。敵軍沖到附近，不是死於機槍火網下，就是亡於手榴彈爆炸中。李營官兵依託這一陣地，充分發揮在藍姆伽練兵中學到的熱帶叢林戰本領，頑強地頂住了 5 倍於己之敵的反復攻擊，在極其艱苦的條件下堅守了一個多月，陣地寸土未失。由於補給斷絕，該營官兵以芭蕉、毛竹、樹葉爲食，最低限度地消耗彈藥，一直苦撐到援軍到達。日軍企圖拔掉這個障礙，但每次進攻都付出重大傷亡，始終未能得逞，只有不斷增加兵力嚴密包圍。後來，新 38 師官兵將這一陣地稱之爲"李家寨"。

　　12 月 21 日，孫立人師長親率第 114 團第 1、2 營和砲、工兵各一連趕到於邦前線。史迪威將軍也親臨指揮督戰。23 日完成攻擊準備。24 日晨，在美空軍支援下，從左右兩翼渡過大龍河，夾擊敵後，並以一個營向於邦正面猛攻。李克己營長也組織守軍出擊配合。在駐印軍內外夾擊下，終於 29 日攻克於邦。是役擊斃日軍第 56 聯隊長藤井小五郎大佐和大隊長管尾少佐以下官 184 人。新 38 師彭克立營長，許炳新、諶茂棠連長等 50 餘人犧牲，負傷60 多人。殘敵向南潰退，途中又遭我伏兵夾擊，損失慘重，幾乎潰不成軍。新 38 師各部先後到達大龍河右（北）岸，新 22 師先頭部隊亦推進到新平洋附近地區。

　　於邦之役是中國駐印軍反攻緬北的第一次重要戰鬥。這一戰規模雖然不算太大，但敵我之間犬牙交錯，反復較量，戰況激烈複雜，最後終以駐印軍的勝利和日軍的失敗而告結束。駐印軍首戰的勝利，爲掌握胡康河谷乃至整個緬北戰場的主動權奠定了基礎，向敵軍和友軍顯示了駐印軍強大的戰鬥力，鼓舞了盟國奪取緬甸反攻勝利的信心，打破了號稱日軍"熱帶叢林作戰之王"的第 18 師團不可戰勝的神話。第 18 師團長田中最初判斷與該師團交鋒的只是爲了掩護中美軍主力越境派出的一支先遣部隊，命令第 56 聯隊從胡康河谷南部急速前進，企圖將其各個擊破。于邦一戰之後才搞清楚，面對的"原來是中國軍第 38 師一支勁旅，和第 18 師團過去在中國大陸上接觸過的中國軍隊，在素質上完全不同，因而大吃一驚。過去，日軍以一個營消滅中國軍一個師乃是家常便飯。尤其是這個在九州編成的師團，在中國戰場上久經戰鬥，縱橫馳騁，同中國軍交戰最有自信。然而，此次在富昆（即胡康）的中國軍，無論是編制、裝備，還是戰術、訓練，都完全改變了面貌。儘管第 56 聯隊奮勇猛攻，敵軍圓形陣地在熾密的火力網和空軍的支援下不僅毫不動搖，而我軍的損失卻不斷增加。敵軍雖已遭到了將近 900 名的損失，卻仍頑強抵抗，堅守密林陣地，毫不退讓。於是立即向上級報告了這個情況，使全軍不禁為之愕然。"[1]日軍不得不承認，這支"中國軍隊的戰力已達到不可與昔日相比的精強程度。"[2]（注：）

12 月 28 日，史迪威將軍下達第 8 號作戰命令，令新 22 師以步兵一團附工兵一營為右路軍，向太洛攻擊前進，確保該地區並控制大奈河右岸道路；新 38 師為左路軍，向太伯卡及甘卡等地攻擊。兩路攻擊部隊應驅逐敵人於太洛經太伯卡至甘卡及東南方之線以外，準備爾後繼續向東方及南方前進。（注：《中國駐印軍緬北戰役戰鬥紀要》上冊，第 16 頁。）

1944 年 1 月 9 日，新 22 師第 65 團及工兵營渡過大奈河，沿左岸草莽密佈的崎嶇山地，逐段開路前進，沿途不斷擊破小股日軍的阻擊，向太洛突進。1 月 14 日，該團前衛第 1 營進至百賊河北岸，發現日軍第 55 聯隊主力已集結在百賊河南岸，沿大奈河向北佔領陣地。第 65 團為迅速佔領太洛，決定先將該敵包圍殲滅。22 日夜，第 65 團完成了對敵包圍。23 日上午 11 時，在強大砲火掩護下發動全線猛攻。敵軍漸次向核心陣地退守。第 65 團三面壓敵，縮小包圍圈。敵我咫尺相接，砲兵均失去效力。手榴彈、擲彈筒、輕重機槍，小迫擊砲等兵器在近戰中充分顯示了威力。日軍陣地四周火光沖天，殺聲震野，戰鬥空前激烈。戰至 25 日，頑抗的敵軍大部被殲，少數殘敵攜重武器向南逃竄，又遭到阻擊部

1　《大東亞戰爭全史》第 3 冊，第 1051 頁。
2　《中華民國史資料叢稿》譯稿，《緬甸作戰》下，第 14 頁。

隊迎頭痛擊，悉數就殲。這一戰擊斃敵軍 300 餘名，繳獲 75 榴彈砲 1 門、迫擊砲 2 門、輕重機槍各 4 挺及大量彈藥物資。從繳獲的文件中得知，被殲之敵為第 55 聯隊岡田大隊主力。1 月 26 日，第 65 團乘勝前進，沿途掃蕩小股日軍。敵軍士氣沮喪，節節敗退。31 日上午 11 時攻佔太洛，殘敵渡河向大奈河右岸逃竄。第 65 團在太洛戰鬥中，先後斃敵官兵 400 多人。

左路軍新 38 師主力兵分三路，以第 113 團為左翼，第 114 團為右翼，第 112 團在於邦附近大龍河沿岸警戒，吸引對岸日軍的注意力。1 月 11 日，第 113 團在甯邊偷渡，向盤踞在大龍河右岸的日軍發動猛攻，連克大班卡、喬卡、甯魯卡等敵據點，進迫太伯卡。1 月 17 日夜，日軍一個加強中隊分乘 4 只大竹筏，從太伯卡對岸渡口橫渡大奈河，企圖增援太伯卡。第 113 團 3 營 9 連乘敵半渡，集中輕重火力猛烈射擊，將竹筏全部擊沉，斃敵 100 餘人。第二天清晨發現河面上浮滿敵屍，令太伯卡守敵喪膽。第 1 營在森林中開路前進，於 30 日到達太伯卡右翼指定位置，完成對守敵的包圍，並於當天發起攻擊。第 3 營則沿大奈河北岸向東進迫，攻擊太伯卡之敵左翼。守敵憑籍堅固工事和複雜地形頑強抵抗。經兩晝夜激戰，第 113 團於 2 月 1 日下午 14 日攻克太伯卡，殘敵向東南方向撤退。據繳獲文件獲悉，太伯卡之敵為第 56 聯隊第 2 大隊。

孫立人師長另派第 112 團第 2 營，配屬砲兵一連，組成左支隊，乘左右兩翼主力與敵激戰之際，在密林中開路前進，於 1 月 11 日迂迴至敵後，出其不意地擊潰甯邊對岸之敵。13 日，該支隊改歸左翼隊第 113 團指揮，向甘卡攻擊前進，重創敵軍 56 聯隊第 3 大隊，於 16 日佔領甘卡後，繼續向東南方向追擊。

右翼隊第 114 團於 1 月 12 日進抵孟陽河。由孟陽河至太伯卡是日軍主要抵抗地帶，日軍以步砲陣地多處構成縱深防禦配置。第 114 團在孟陽河以東地區與敵對峙多日，後採取迂迴穿插戰術，粉碎了敵第 55 聯隊主力和第 56 聯隊一部的頑抗，在友軍策應下，將森邦卡以北、孟陽河以東之敵全部肅清。2月21日，在大奈河東岸的拉安卡與左翼隊第113團會師。第114團在孟陽河之線長途穿插，連續作戰，吸引了敵軍主力，使第113團能長驅南下，迅速攻佔太伯卡，奪取了日軍在胡康河谷的交通要點。第114團爲此付出了重大的代價，全團尉官損失達60%。史迪威將軍讚揚該團在孟陽河之役中取得了"緬北過去各戰役中最輝煌的戰績"，並親自授予"慶祝孟陽河勝利"錦旗一面。

孟關是胡康地區的行政中心和通往緬甸內地的重鎮。位於胡康河谷的腹心，也是日軍防禦的重點。自印入緬，由新平洋南來大道，必須經孟關而至密支那，故孟關爲敵我必爭之地。駐印軍攻佔太洛、大伯卡等地後，即數路分進，掃清孟關週邊之敵。根據史迪威將軍2月5日發佈的9號作戰命令，以新22師爲右縱隊，新38師爲左縱隊，向孟關攻擊前進。新22師第65團攻克太洛之後，橫越近20公里的宛托克山，向東直搗通往孟關平原的重要據點腰班卡；該師第66團則由康道渡河，秘密開路南下，逐次擊破日軍抵抗，於23日在腰班卡與第65團會合；第64團則直下拉征卡。新38師則從左翼向孟關敵後作深遠迂迴，長驅90餘公里，連克據點30餘處，一直攻到孟關東南側的瓦魯班附近，並與右翼新22師取得聯繫。到2月23日，孟關週邊重要據點大多被駐印軍攻佔。日軍第18師團主力紛紛向孟關集結，其師團長田中新一亦親自坐鎮孟關指揮，準備對駐印軍進行反撲。

爲了爭取主動，不失時機地拿下孟關，史迪威將軍於2月21日下達第10號作戰命令，以新22師主力在戰車第1營協同下，即由腰班卡、拉征卡之線，沿公路南下攻擊孟關。新38師從孟關側後協同攻擊。新22師師長廖耀湘奉令後，於23日作了重新部署："第66團（欠一營）附工兵一排，沿公路西側開路前進，攻取孟關；第64團主力沿公路向南前進，壓迫孟關之敵；第65團（欠一營）附砲、工兵各一連，自腰班卡向東南開路前進，奪取般尼，截斷般尼至孟關道路。"[1]根據史迪威將軍第 10 號作戰命令，以新 22 師第 66 團第 1 營配屬於獨立戰車第 1 營，在大奈河西岸秘密集結，沿孟關東側繞敵側後，佔領大班，斷敵退路。美軍 5307 支隊約步兵一團兵力於 2 月 24 日由甯邊出發，從新 22 師左翼前進，相機攻佔位於孟關東南的重要據點瓦魯班，抄襲日軍後方。

　　新 22 師各團按照上述部署，分路向孟關攻擊前進。擔任正面攻擊的第 64 團於 3 月 1 日在唐開以北地區與日軍展開激戰。其先頭之第 2 營遭兩倍優勢之敵圍攻。該營官兵沉著應戰，勇猛拼殺，頂住了敵軍的攻勢。第二天又激戰竟日，至晚敵軍不支，遺屍 60-70 具，向南潰退。第 2 營也遭到較大傷亡，第 6 連連長高世欽犧牲。這一戰代價雖大，但挫敗了日軍的反撲，為攻克孟關掃清了障礙。第 66 團也於 3 月 2 日切斷了般尼至孟關的道路，將增援之敵包圍在孟關以南地區，經 3 天激戰，將這股敵軍大部殲滅，斃敵 130 餘人。第 65 團在密林中艱難拓路前進，因地形複雜，一度迷失方向。跋涉十餘日後，方於 3 月 3 日抵達般尼以北地區，隨即協助第 66 團，將由般尼向孟關增援之敵殲滅。這樣，到 3 月 4 日，新 22 師各團已從北、南、東三個方向包圍孟關，駐般尼的日軍也在第 65 團一部的牽制之下動彈不得。

　　集結于孟關的日軍第 18 師團兵力，計步兵 7 個大隊、山野砲 2 個大隊、重砲 1 個大隊、47 戰防砲 1 個大隊，其火砲數量約 4 倍於正面攻擊之新 22 師。[2]3 月 5 日，新 22 師主力向孟關發起全線猛攻：第 64 團由北側正面攻擊；第 65 團在般尼附近阻止敵軍增援；第 66 團第 2 營斷敵南向退路，第 3 營向孟關西南進迫。北正面的第 64 團第 2 營在重迫擊砲連掩護下，冒著敵人濃密的砲火，首先突入孟關北關，與日軍進行巷戰。第 66 團第 3 營亦突入

---

1 《中國駐印軍緬北戰役戰鬥紀要》上冊，第 26 頁。
2 《抗日戰史》第 9 冊；《西南及滇緬作戰》，第 378 頁。

孟關西關，擊退日軍三路反撲，與第 64 團第 2 營會合。至晚，孟關之敵見大勢已去，棄城南逃。緬北門戶孟關遂被新 22 師攻克。是役殲敵 800 餘名，繳獲武器彈藥和各種戰利品無數。

　　左翼新 38 師為配合新 22 師奪取孟關，亦向大奈河、南比河右岸的日軍發動凌厲攻勢，使該方面的兵力無法轉用孟關方面。部署在這一方面的日軍，主要是第 18 師團第 55、56 聯隊主力。第 18 師團長鑒於孟關已被完全包圍，遂於 3 月 2 日決定轉往瓦魯班，攻擊向該地迂迴前進的中美軍隊。3 月 3 日黃昏後，第 55、56 聯隊陸續開始向瓦魯班移動。4 日拂曉，其前衛第 56 聯隊第 2 大隊突破南比河渡口，進入瓦魯班，與美軍 5307 支隊一部遭遇。由於駐印軍主力將敵軍第 18 師團大部分兵力吸引于孟關及以東地區，在駐印軍左翼擔負抄襲日軍後方任務的美軍 5307 支隊，一路上幾乎毫無阻攔，進展迅速。該部於 3 月 4 日進至南比河東岸時，突遭日軍襲擊，倉皇後撤，損失了大批武器裝備，連連向駐印軍求援。史迪威將軍急令新 38 師前往增援。一年前馳援仁安羌英軍的第 113 團再顯身手，經兩晝急行軍，於 3 月 6 日進抵瓦魯班東南，擊退當面之敵，解了美軍之圍。美軍脫圍之後，在第 113 團掩護下後撤到安全地帶，該團則乘勝向瓦魯班攻擊前進。

　　新 22 師主力攻克孟關後，沿公路南下追殲向瓦魯班方面逃竄的殘敵。協助新 22 師攻克孟關的獨立戰車第 1 營則沿公路東側南下，實施超越追擊。3 月 7 日，駐印軍各部對瓦魯班之敵形成合圍之勢，並開始多路攻擊。新 38 師第 113 團推進至瓦魯班以南約 3 公里的秦諾附近，切斷敵軍退路。戰車第 1 營於 8 日進抵瓦魯班西北側。敵軍未料到駐印軍戰車部隊竟能迅速通過森林和沼澤地帶，一時猝不及防。戰車第 1 營鐵騎縱橫馳騁，如入無人之境。敵第 18 師團作戰課長石川中佐、第 56 聯隊長山崎大佐以下官兵 450 余人被射殺或輾死。敵師團長田中下令撤退，自己先溜之大吉。第 18 師團司令部關防及裝甲車 2 輛、卡車和指揮車 1 輛被我軍繳獲，其指揮系統被摧毀。3 月 9 日，新 22 師、新 38 師和戰車第 1 營在瓦魯班會師。瓦魯班一戰,斃敵 1500 餘人,擊傷近 3000 人,繳獲了大量軍火物資,僅裝滿砲彈的大倉庫就有 4-5 個。敵第 18 師團遭到殲滅性打擊。駐印軍取得了胡康河谷戰役中最大的一次勝利。尤其是奪取第 18 師團關防,創造了抗戰以來的新紀錄。胡康河谷至此盡入駐印軍掌握。殘敵退守胡康、孟拱兩河谷的分水嶺 —— 堅布山隘口。

　　堅布山山勢北陡南緩,只有一條隘路相通。隘路北起丁高沙坎,南至沙杜渣,全長約 16 公里,兩側懸崖峭壁,森林密佈,難以攀越。日軍調來第 2 師團和第 56 師團各一部,協同第 18 師團殘部防守孟拱河谷。在堅布山隘口利用有利地形,集中 30 餘門火砲據險防守,企圖阻止中國駐印軍繼續南進。

　　駐印軍面對困難的地形,根據在胡康河谷作戰的經驗教訓,仍然採取“以正合,以奇勝”的戰法,巧妙用兵。史迪威將軍于攻佔瓦魯班的第二天下達第 11 號作戰命令,其要旨為:“軍以最大速度南下,攻取沙杜渣及其兩翼之高地。”[1]具體部署是:以新 22 師主力在戰車第 1 營支援下沿公路向堅布山隘正面進攻;以新 38 師第 113 團附山砲、工兵各一連,與美軍 5307 支隊一部配合,向堅布山隘出口沙杜渣以南的拉班迂迴推進,截斷在堅布山地的敵軍退路;新 38 師主力則沿大奈河谷前進,到達大克裏後,繼續向高利推進。此外,英軍一個旅在駐印軍右翼作戰,向龍京方向搜索前進。

　　日軍第 18 師團從瓦魯班戰場逃出後,其兵員和武器的損耗極大,一般步兵中隊的兵力已減至 50-60 人,而且疲憊不堪。胡康河谷戰役開始以來,以中國駐印軍為主力的盟軍部隊,發揮機動力強的優勢,採取迂迴包圍戰術,不斷迫近日軍側背。由於盟軍掌握了制空權,日軍沒有空中偵察手段,如同盲人騎瞎馬,只能被動地對付盟軍出奇不意的攻擊。敵師團長田中企圖利用堅布山

---

1 《中國駐印軍緬北戰役戰鬥紀要》上冊,第 34 頁。

隘天險阻止盟軍，爭取時間，等待增援，加強孟拱河谷防務。為此，令其第 56 聯隊主力佈置在堅布山隘附近，準備反擊尾追而至的盟軍；第 55 聯隊配置在堅布山隘主陣地，集中火砲，據險防守。

　　新 22 師第 64 團及砲兵第 1 營於 3 月 10 日沿公路追擊南下，一路上掃蕩殘敵，並於 3 月 15 日奪取堅布山隘北口丁高沙坎。同日，新 22 師變更部署，以第 66 團在兩個排戰車掩護下，沿公路正面攻擊；以第 64 團沿公路以東高山開路，迂迴高魯陽北方敵軍側背。正面攻擊部隊在猛烈砲火支援下，以戰車協同步兵向敵猛攻。守敵亦集中砲火還擊。由於山高林密，火力不易發揮，敵我雙方在隘路兩側茂密的山林中短兵相接，混戰一場。3 月 18 日之後，戰鬥愈益激烈。第 66 團反復衝擊，至 19 日晨，突破正面敵軍陣地。敵我傷亡均重。同日，第 64 團迂迴進至高魯陽東北約 1.5 公里處，敵軍害怕退路被截斷後遭到全殲，遂全數後撤。第 66 團乘勢追擊，越過山隘口，將堅布山完全佔領。從 3 月 10 日至 19 日，新 22 師各部斃敵 400 多人、生俘 2 人，繳獲平射砲 2 門、輕機槍 7 挺、步槍 73 支。該師亦傷亡官兵 191 人。[1]

　　新 22 師從正面攻擊之時，新 38 師第 113 團及配屬部隊於 3 月 14 日在瓦魯班東北地區集結完畢，以第 1 營配合美軍 5307 支隊為前衛，團部及第 2、3 營為本隊，沿庫芒山開路前進。經 14 天艱苦跋涉，克服了斷糧缺水等困難，迂迴 100 餘公里，深入敵後約 30 多公里，3 次退敵軍阻擊，手 3 月 27 日傍晚迫近沙杜渣以南 16 公里的拉班東側。28 日凌晨，第 1 營渡過南高江（即孟拱河上游），出其不意地進攻拉班敵陣地。敵軍猝不及防，倉皇應戰，拉班陣地遂被我軍攻佔。美軍 5307 支隊第 1 營亦在拉班東北方渡過南高江，到達公路附近。敵軍後方主要交通線被切斷，沿堅布山隘路各據點的守軍將成甕中之鱉。田中新一匆忙從第 55 和 114 兩聯隊各抽調一大隊兵力，並集中 150 重砲和其他各種大

1　《中國駐印軍緬北戰役戰鬥紀要》上冊，第 34 頁。

小砲火，拼命反撲，企圖打通被切斷之後路。美軍第 1 營在敵軍砲火猛轟下立腳不穩，往後撤退。第 113 團以第 1 營在拉班固守，擊退日軍反撲，以第 3 營增援美軍。日軍從南、北兩個方向猛攻。駐印軍兩個營沉著應戰，擊退敵軍 6 次衝鋒。戰至 29 日，敵傷亡慘重，攻勢減弱。第 113 團第 2 營沿南高江東岸輕裝北上，襲擊沙杜渣，將公路截爲 3 段，威月辦高魯陽方面敵軍側背。這時新 22 師已突破高魯陽敵陣，南下進攻沙杜渣，對敵軍形成夾擊之勢。29 日晚，新 22 師與新 38 師部隊交相策應，一舉攻克沙杜渣。守敵大部就殲，全線潰敗。至此，堅布山天險要隘盡入駐印軍掌握之中，胡康河谷戰役勝利結束，通往孟拱河谷的門戶也被打開。

中國駐印軍自 1943 年 10 月開始進軍胡康河谷，發動緬北反攻戰役，至 1944 年 3 月底掃清胡康河谷之敵。半年內歷經大小數十戰，克服了種種艱難險阻，由新平洋向南推進 90 多英里（150 多公里），佔領土地面積 3100 多平方英里（8000 多平方公里）；先後斃敵軍官 60 餘人、士兵 4100 多人，其傷亡總數 1.2 萬餘人，俘敵官兵 60 餘人；繳獲敵第 18 師團司令部關防一枚，大砲 15 門，步、機槍 780 余支，其他裝具、彈藥爲數甚多。（注：《中國駐印軍緬北戰役戰鬥紀要》上冊，第 51 頁。）日軍善於熱帶叢林戰的勁旅第 18 師團遭到殲滅性打擊，元氣大傷，從此一蹶不振。中國駐印軍出征緬北，首戰即獲重大勝利，顯示了強大戰鬥力，全軍士氣日益高漲，協同作戰的美英盟軍也受到極大鼓舞。胡康河谷之戰的勝利，爲滇緬戰場的全面反攻和中印公路的順利修築提供了有利的條件。這一勝利的取得也是來之不易的，中國駐印軍爲此付出了傷亡 6459 人的巨大代價，其中戰死 1931 人，負傷 4546 人。新 22 師戰死 1033 名，負傷 2958 名；新 38 師戰死 874 名，負傷約 1556 名；戰車第 1 營戰死 24 名，負傷 50 名。[1]

---

1 《中國駐印軍緬北戰役戰鬥紀要》上冊，第 66 頁。

第二節　攻克孟拱河谷

　　中國駐印軍主力新 22 師和新 38 師以破竹之勢掃蕩胡康河谷之敵，突破堅布山隘天險，立于瞰制孟拱河谷，進可攻，退可守的有利地位。兩個師隨即在戰車部隊和美空軍的支援下，乘勝長驅南下，分路向孟拱河谷進擊。1944 年初由國內空運到藍姆伽訓練和裝備的新 30 師也編入新 1 軍建制，經雷多向新平洋集結，參加孟拱河谷戰役。1944 年 4 月空運印度編練的第 14 師和第 50 師，亦陸續經雷多開赴緬北前線參戰。中國駐印軍兵力日益增強，戰鬥力不斷提高。

　　胡康河谷之戰使日軍認識到，盟軍決心打通和修築雷多公路，開闢中印陸上聯絡線，"是一個龐大的戰略措施。一則是爲了將重慶軍 90 個師改裝成美式裝備，使之轉入大反攻；二則是爲了加強以中國爲基地的美國戰略空軍對日本本土的空襲，以策應美軍橫渡太平洋的進攻。"[1]1944 年 3 月中旬，東條英機對日本南方軍重申："在緬甸，切斷自印度東北部經緬甸到中國的路線（即中印公路）爲第一項任務。"[2]

　　日軍第 18 師團在胡康河谷屢戰屢敗，已經潰不成軍，日軍承認，"從去年 10 月末以來，接連 5 個月連日同優勢敵軍殊死搏鬥的第 18 師團官兵的疲勞和損失，簡直慘極了。步兵中隊（連）的兵力只剩了 50 名左右。"[3]這些殘兵敗將"上衣破爛，襯衣撕碎，露出脊背，褲子已不成形，大腿膝蓋露在外邊，拖著透底的布鞋，滿腳上長著一層'叢林瘡'，身體瘦如枯柴，幾乎都是半病員狀態，可以說全部都患有瘧疾和腳氣病。""每人每日配給的大米

---

1 《大東亞戰爭全史》第 3 冊，第 1050 頁。

2 天津市政協編譯委員會譯：《日本軍國主義侵華資料長編》下卷，第 171 頁。

3 《大東亞戰爭全史》第 3 冊，第 1065 頁。

不足 1 合（約 150 克），補給正處於中斷狀態。" "面對掌握著
絕對制空權，利用充分的空中補給促進挺進的敵人，要想破壞其
包圍迂回的企圖，第 18 師團已經毫無能力。"[1]

　　爲了對付中國駐印軍對孟拱河谷的進軍和溫蓋特率領的"欽
迪特"遠程突擊兵團（代號爲印度第 3 師）在緬北日軍後方的空
降作戰，日本緬甸方面軍除對其第 18 師團殘部送予補充之外，又
從滇西方面抽調第 56 師團第 146 聯隊，從第 2 師團抽調第 4 聯隊
佈置在孟拱河谷。日軍在孟拱河谷拼湊的兵力已不下一個師團。3
月中下旬，陸續將防守丹那沙林的獨立混成第 24 旅團和緬甸方面
軍戰略預備隊第 53 師團調往緬北。4 月 8 日，成立第 33 軍司令
部，以本多政材中將任司令官，統一指揮緬北、滇西作戰。[2]

　　孟拱河谷北起堅布山隘的出口沙杜渣，南迄孟拱，地勢狹長，
南北縱長約 75 英里（約 120 公里），東西橫寬約 10 英里（約 16
公里）。南高江（孟拱河）縱貫谷地，蜿蜒流入伊洛瓦底江。水
運順流而下可直達八莫。孟拱城位於南高江與南因河匯流處，是
緬北鐵路、公路與水運的交叉點，與密支那、加邁互爲犄角，是
緬北軍事戰略要地。日軍以第 18 師團第 56 聯隊及第 114 聯隊第
3 大隊，在南高江西岸沿公路作縱深配置，以英開塘爲主要據點，
阻止中國駐印軍正面攻擊部隊；以第 18 師團第 55 聯隊，第 56
師團第 146 聯隊及第 114 聯隊一部集結于江東地區，以馬諾塘、
高利、馬蘭爲主要據點，阻止駐印軍側翼攻擊部隊；加邁（卡盟）
位於孟拱河谷中心，日軍以重兵防守，但戰前駐印軍對其兵力和
番號不詳。[3]

　　中國駐印軍向孟拱河谷進軍時，距雷多後方基地已經 300 多
公里，補給線日益延長。而且在狹長的河谷地帶作戰，兵力不易

1　《中華民國史資料叢稿》譯稿，《緬甸作戰》下，第 38-39 頁。
2　《大東亞戰爭全史》第 3 冊，第 1064-1065 頁。
3　《中國駐印軍緬北戰役戰鬥紀要》上冊，第 68 頁；《抗日戰史》第 9 冊：
　　《西南及滇緬作戰》，第 384 頁。

展開。日軍則據有孟拱、加邁、密支那三大戰略要點，有鐵路、公路、水路通達後方基地，處於有利的地位。敵人企圖憑籍山川險阻、工事強固、交通便利等有利條件，逐次抵抗，遲滯駐印軍前進。並尋找機會與我決戰，奪回緬北戰場上的主動權。

　　按照史迪威將軍下達的第 12 號作戰命令，駐印軍於 4 月 4 日以新 22 師由南高江西岸沿公路南下，向加邁推進；以新 38 師沿加邁以東山地南下，越過丁克林地區後，向加邁及其以南地區迂回，威脅敵之側背，策應新 22 師作戰。4 月 10 日，新 22 師第 65 團主力及配屬的第 64 團第 3 營、第 66 團第 1 營，在戰車第 1 營及美空軍支援下，將日軍重要據點瓦康三面包圍並發動猛攻。激戰兩日後，日軍在駐印軍熾盛砲火轟擊和步兵凌厲攻勢下大部分傷亡，殘敵不支潰逃。新 22 師於 12 日上午 10 時控制了瓦康。至 14 日，肅清了瓦康附近之敵，除以一部向南追擊殘敵外，主力暫時休整。新 38 師第 113 團於 4 月 3 日在拉班附近與新 22 師第 65 團會合後，即渡過南高江，攻佔巴杜陽，於 4 月 14 日前後分別攻佔西、中、東丁克林。

　　駐印軍攻佔瓦康至丁克林之線後，沿公路抵抗的日軍主力退踞英開塘及沙遜山附近，南高江以東的日軍則退守高利、瓦蘭等地。為了迅速奪取加邁、殲敵主力，新 22 師和新 38 師各部按照原定部署，繼續向南攻擊。

　　右翼新 22 師的部署是：以第 65 團並配屬第 66 團第 3 營沿公路攻擊正面之敵；第 64 團為右側支隊，沿公路以西、沙遜山東麓前進，攻擊敵之左側翼。各攻擊部隊自 4 月 17 日開始行動。戰至 4 月 27 日，新 22 師第一線兩個團已進抵清河，英開塘已經在望。4 月 29 日，戰車第 1 營一部協同第 65 團步兵一連攻擊當面之敵，因氣候惡劣，空軍無法出動支援，在敵軍猛烈砲火襲擊下遭到較大損失，連長李紀元陣亡，戰車被擊毀 3 輛。直到 5 月 2˙日，敵我仍對峙于英開塘以北地區。第 65 團由北面，第 64 團迂回到西南面，第 66 團在東北面對英開塘展開三路圍攻，激戰竟日，守敵第 56 聯隊仍死守不退。史迪威將軍下令以陸空聯合攻擊迅速拿下這一據點，掃清了進軍加邁的障礙。

　　5 月 3 日天氣轉晴。下午 1 時，美空軍戰鬥轟炸機 36 架，對英開塘敵軍陣地反復轟炸掃射。獨立戰車第 1 營的輕型和中型戰車 57 輛在空軍轟炸時超越步兵第一線，交互掩護，突入敵陣，反復衝擊。各種火砲隨後跟進，逐次延伸射程，以壓制敵軍戰防砲和戰車肉搏隊。步兵乘機突入，與敵軍短兵相接，展開激烈的肉搏戰。英開塘日軍陣地在陸空聯合及步車砲協同的猛烈攻擊下，幾乎全部被摧毀。同時，右側支隊第 64 團亦在空軍掩護下搜索前進，截斷公路線，夾擊英開塘之敵。守敵雖拼死頑抗，終因死傷慘重，陣地被毀，入夜以後，偷偷向南逃竄。但又被我軍發覺，集中火力將其大部殲滅，只有少數敵人逃往馬拉高。4 日中午，第 65 團完全控制英開塘，並與第 64 團會合。

　　英開塘一戰，是中國駐印軍發動緬北反攻戰役以來，陸空協同攻堅作戰的首次成功戰例。英開塘攻堅戰的勝利，不僅顯示了駐印軍作戰水準的提高和盟軍諸兵種協同作戰的巨大威力，也為以後的大規模攻堅戰提供了寶貴的經驗。英開塘戰鬥自 4 月 17 日開始，到 5 月 4 日結束，激戰 18 天，擊斃敵軍 410 多人（擊傷數不詳），俘虜 1 名，繳獲大量武器彈藥。新 22 師亦陣亡官兵 157 人，傷 507 人。[1]戰鬥之激烈於此可見！

　　在右翼新 22 師沿公路線向英開塘推進時，左翼新 38 師方面，自第 113 團佔領丁克林之線後，即兵分兩路沿南高江東岸山地南下：第 114 團為右路，由巴杜陽南進，在丁克林超越第 113 團，向加邁方向攻擊前進；第 112 團為左路，由巴杜陽附近沿東丁克林東側，經庫芒山開路向瓦蘭以西前進，並隨時準備策應加邁方面的戰鬥。第 113 團作為師預備隊，在丁克林一線警戒。

　　庫芒山系重巒疊嶂，山勢險峻，當地居民形容它是"無頂之

1　《中國駐印軍緬北戰役戰鬥紀要》上冊，第 80 頁。

山，永不能至”。第 112 團的任務就是要開闢新路，翻越這“無頂之山”，繞路迂迴攻擊據險而守的敵軍側背，“使敵不知戰地，不知戰期”，一鼓而將其消滅。該團從 4 月 11 日開始行動。由於所經路線皆爲深山密林，懸崖絕壁，部隊艱難拓路前進，配屬該團的山砲連和騾馬不得不於 15 日撤回拉班附近。第二天，隨軍攜帶的糧秣用盡，後方因道路險阻無法運送，爲保守行動秘密，又不能空投補給，加之山間水源缺乏，全團陷於極其困難的境地。官兵以野菜和芭蕉根充饑解渴，以無比堅強的毅力克服種種艱難險阻，全團於 4 月 20 日進抵瓦蘭西北之蕩板山附近。爲截擊由加邁向瓦蘭增援之敵，第 3 營繼續向曼平推進，並在瓦蘭西南約 3 公里的叉路口佔領陣地，切斷了由加邁、曼平兩地至瓦蘭的交通線。21 日，敵第 114 聯隊第 1 大隊由東北及西南兩個方向夾擊該營，各以一個中隊猛撲多次，被擊斃 60 餘人，雙方形成對峙。第 3 營以一個連奔襲曼平。曼平之敵以爲遠離前線，疏於戒備，遭到襲擊後倉皇應戰，當即被擊斃 40 餘人，殘敵向密林中潰逃。第 3 營攻佔曼平，堵截由加邁北上之敵，團主力即向瓦蘭進擊。日軍爲打通後方補給線，自 4 月 25 日至 5 月 8 日，集中第 56 師團 146 聯隊和第 18 師團 114 聯隊各一部，不分晝夜向第 3 營陣地反撲。該營官兵沉著固守，14 天斃敵 200 餘人，陣地寸土未失。第 112 團在進軍途中，還解救了美軍 5307 支隊的圍困。該支隊司令梅里爾準將曾兩次致電孫立人師長，表示感謝和欽佩。其第二次電報說：“茲慶賀貴部第 112 團神異之推進，餘確知該團所經過之地區，其地形之艱險，爲地圖上所表示不出者，懸崖絕壁，攀登困難。敵部對貴師行動之神速，深感欽佩，並慶倖能與貴師並肩合作。”[1]

　　4 月 16 日，第 114 團以第 1 營在左，第 3 營在右，超越第 113 團陣地，向日軍部署在南高江東岸的第一線抵抗地帶攻擊前進。

---

1 孫克剛：《緬甸蕩寇志》，上海時代圖書公司 1946 年 9 月版，第 95 頁。

第 2 營作為團預備隊。日軍抵抗陣地沿拉克老河部署，集中了第55、56、114 聯隊各一個大隊，由第 55 聯隊長山崎四郎大佐統一指揮，作縱深配備，陣地堅固，並以輕重砲火支援。17 日，第 3 營在拉克老河北岸與敵兩個中隊遭遇。該營以一部攻敵正面，同時分兵從兩翼迂回。敵軍亦在猛烈砲火掩護下向我軍左翼逆襲，雙方發生混戰。至 19 日，第 3 營在山砲和追擊砲火力掩護下發動攻勢，將越過拉克老河之敵全部肅清。此後當面之敵幾度反撲均被擊退。23 日，團預備隊第 2 營投入戰鬥，攻克地勢險要的馬諾塘一帶敵陣地，前後夾擊日軍。左翼第 1 營亦由叢山密林中開路南下，奔襲大龍陽。5 月 13 日，第 1 營出敵不意，一舉攻克大龍陽，並掃蕩大龍陽至曼平間殘敵，與第 113 團會合，繼續向瓦蘭挺進。第 113 團除以一部從南高江東岸谷地與新 22 師保持聯繫，協力攻擊前進外，並以主力協同第 114 團，掃蕩瓦拉、馬蘭、卡勞一帶殘敵。

　　5 月以後，緬北又進入雨季。駐印軍為迅速打通中印公路，並策應滇西遠征軍強渡怒江，反攻騰龍的攻勢，新 22 師和新 38 師繼續分道南下，向加邁攻擊前進，不給敵人以喘息之機。第 50 師第 149 團到達前線後，配屬於新 22 師。

　　日軍自英開塘、馬蘭、曼平、高利等重要據點相繼失守後，其據守南高江以西谷地的第 18 師團第 56 聯隊，附第 18 山砲聯隊一部及第 21 重砲大隊，退守馬拉高以北及畏龍河以西之線；河東山地的第 18 師團第 146 聯隊則退至瓦蘭及西瓦拉等地。日軍企圖憑險死守，阻止駐印軍前進，以待雨季來臨。

　　左翼新 22 師在 5 月 4 日攻佔英開塘後，即命第 64 團（配屬山砲第 1 營和總部直屬重迫擊砲團一個連）沿公路正面攻擊；第66 團（配屬山砲工兵各一連）攻擊敵之左翼；第 65 團為預備隊，控置在英開塘附近，並對東南方向警戒，待戰鬥進展之後，在第64 團後面跟進。5 月 6 日，第 50 師第 149 團到達前線，新 22 師將該團控置在瓦拉渣附近相機使用。同日，第 64 團先頭第 2 營在馬拉高以北約 1.5 公里處的敵軍陣地遭到阻擊。守敵超過一個加強中隊，配有重機槍多挺，其陣地正面約 400 碼，前緣地形開闊，攻擊部隊不易接近。第 2 營多次猛攻，至 8 日佔領敵陣地大部。但守敵凶頑異常，死守陣地一隅不退。5 月 9 日，第 64 團第 1 營在戰車第 1 營掩護下突擊敵陣。守敵以濃密砲火攔擊戰車，同時出動步兵反撲。攻擊部隊雖將反撲之敵擊退，但戰車被擊毀數輛，被迫退回原陣地。第 64 團偵察到馬拉高以北地區小河湖沼密佈，地勢開闊，東有南高江為障，西有叢山之險，敵軍扼守既設堅固工事，正面攻取甚為困難。該團以第 3 營接替第 1 營正面，第 1 營沿叢山地障向敵陣地側後迂迴。經兩日艱難行軍，擊退沿途少數抵抗之敵，於 12 日進抵馬拉高以西約 1.5 公里的 563 高地西端山麓附近。第 2 營從 12 日開始，在戰車部隊和空軍協同下向正面之敵猛攻兩日，日軍死守不退，擊毀我戰車 2 輛，擊傷 7 輛。至15 日，迂迴部隊襲擊 563 高地附近敵砲兵陣地，並將其摧毀。敵軍出動一加強中隊由東南方面前來反撲，雙方展開激戰。日軍為掩護其加邁主要據點，陸續來援，雙方形成拉鋸戰。第 66 團亦於5 月 6 日進抵馬拉高以西地區，與守敵展開激戰。該團各營雖分路猛攻，但日軍憑險據守，並時有增援，傷亡雖大而不肯稍退。至 15 日，該方面戰鬥仍雖膠著狀態。

　　新 22 師師長廖耀湘鑒於第 64、66 兩團久戰疲憊，於 5 月 16日增調配屬該師之第 50 師第 149 團南下攻擊。在調整部署後，採用迂迴穿插，分割包圍的戰術，分別圍殲頑抗之敵。戰至 20 日，將日軍主力包圍。24 日夜，被圍日軍主力乘夜暗大雨之際，從新22 師陣地結合部向東南方向逃竄。但被發覺後遭到痛擊，大部就殲。5 月 29 日，第 149 團當面之敵在駐印軍強大攻勢下料難久守，紛紛撤退。該團乘勢進攻，於 5 月 30 日下午 1 時許攻佔加邁週邊要地馬拉高。新 22 師各部從 5 月 6 日起，經過將近一個月的苦戰，終於攻佔馬拉高，殲敵 500 餘人，為從正面進攻加邁掃清了障礙。

　　加邁（即卡盟）是孟拱河谷的第二大城鎮，位於河谷中心地帶，其西北的龍京是緬甸著名的寶石產地，東南通往緬北重鎮孟拱、密支那，歷來是重要的物資交流中心。加邁東北是險峻的庫芒山系，西北是綿延的高地，孟拱河自北而南流經加邁，是一個易守難攻的戰略要地。負責緬北防務的日軍第18師團，在這裏建立了龐大的後勤基地，並利用有利地形構築了堅固的縱深防禦陣地。加邁一破，孟拱即無險可守，中國駐印軍便可直趨密支那。

駐印軍自新22師由公路正面攻佔馬拉高，左翼新38師由東側山地攻佔馬蘭、大龍陽、瓦蘭等日軍重要據點後，從週邊形成了包圍加邁的有利態勢。日軍迭遭重創，加邁週邊據點盡失，為挽救危局，保住加邁，急由孟拱抽調第2師團第4聯隊和第53師團第128、第151聯隊增援加邁。第18師團第56聯隊及第114聯隊第3大隊則退守加邁西北的索卡道和南亞色。瓦蘭附近山地的第55聯隊主力和第56師團第146聯隊一部，則控置於加邁對岸的支遵附近。日軍在加邁及其附近集結重兵，企圖在此與中國駐印軍決戰，一舉扭轉在緬北的被動局面。

這時緬北雨季已經來臨。為了早日結束緬北戰役，打通中印公路，儘快攻佔加邁至關重要。5月21日，新3g師師長孫立人根據各方面情報判斷：當面敵軍因傷亡太大，其兵力已全部用到第一線，加邁後方十分空虛；同時駐印軍新30師、第50師與美軍5307支隊各一部組成的中美混合突擊部隊已打到密支那城郊；新22師正在馬拉高地區與日軍激戰。孫立人認為，乘日軍增援部隊尚未到達孟拱河谷之前奪取加邁，南下孟拱，策應密支那方面作戰，機不可失。他主動請纓率新38師向加邁敵後穿插，切斷日軍後方交通線，協同正面的新22師夾攻加邁。史迪威將軍批准了孫立人的作戰計畫。

5月24日，新38師第112團奉命擔任先遣，每人攜帶4天乾糧和一個基數的彈藥，在沒有配屬砲兵和馬匹的情況下，乘敵軍與師主力相持于瓦蘭之際，按既定計劃翻山越嶺，秘密開路，大膽向加邁以南迂回。於26日上午11時到達加邁以南的孟拱河東岸，並在沒有任何渡河器材的情況下，冒雨渡過水流湍急的孟拱河。5 月 27 日晨，第 112 團突然對西通發起攻擊。西通之敵為第 12 輜重聯隊，野戰重砲第 21 大隊一部和守護庫房的兩個中隊，兵力約 1500 人。由於駐在後方，戒備疏忽，正在用早餐時遭到突襲，以為遇到空降部隊，各處空襲警報齊鳴，倉皇應戰，很快就被擊潰。第 112 團輕取西通，斃傷敵軍 700 餘人，繳獲 15 公分榴彈砲 4 門、步槍 359 支、滿載軍需品的大卡車 45 輛、小轎車 2 輛、馬車 100 輛、騾馬 320 匹、糧彈庫房 11 座、汽車修理所一個，以及大量糧秣、彈藥和重要檔。[1]該團隨即以西通為依託，沿公路向南北攻擊，佔領公路線長 6 公里，完全截斷加邁敵軍的唯一一條補給線孟拱至加邁公路。28 日，又奪取日軍糧彈倉庫 20 多個，敵人在孟拱河谷的軍用物資總屯積站完全被駐印軍佔領。這就是有名的西通截路之戰，第 112 團團長因此得到了一個 "攔路虎" 的綽號。西通之戰使加邁及其以北地區的日軍不僅面臨彈盡糧絕的境地，而且其後方的通訊聯絡、交通運輸和指揮系統均遭破壞，陷於一片混亂。

　　日軍為奪回西通，於 5 月 28 日集中新增援的生力軍第 2 師團第 4 聯隊全部，第 53 師團第 128、151 聯隊各一部及第 18 師團第 114 聯隊一部，共約兩個聯隊的兵力，配屬重砲 4 門、野砲 12 門、速射砲 16 門、中型戰車 5 輛，向第 112 團南北兩端陣地猛烈反撲：該團官兵堅守陣地，連續打退日軍多次進攻。經兩晝夜惡戰，斃傷敵軍 300 餘人，南北陣地均屹立未動。6 月 1 日，日軍自晨起即向南端陣地猛攻，被第 3 營堅決擊退，殲敵 100 餘人。稍後，又以一個大隊以上兵力，在各種砲兵支援下，向北端第 1 營第 3 連陣地集中突擊，直至 2 日拂曉，輪番衝鋒 14 次。第 3 連在沒有砲兵支援，補‧給不繼，彈藥缺乏的困難條件下堅守陣地，與敵

---

1 《中國駐印軍緬北戰役戰鬥紀要》上冊，第 94-95 頁；《抗日戰史》第 9 冊：《西南及滇緬作戰》，第 388 頁。

浴血奮戰。第 1 排陣地被敵軍以 3000 多發砲彈完全摧毀，排長周浩率全排與日軍肉搏 5 個小時之久，無 1 人後退，最後全部壯烈犧牲。第 3 連在反復衝殺中斃敵 160 餘人，自己亦遭重大傷亡。第 112 團在敵我力量懸殊的情況下，頂住了優勢之敵連續多日的猛攻，堅守西通南北陣地直到 6 月 16 日，使加邁敵軍得不到一粒米、一顆子彈的補充。在西通攻防戰中，共打死敵軍大隊長增永少佐以下官兵 2700 餘人，第 112 團亦傷亡連長周有良以下 300 餘人。敵我陣亡人數的比例爲 15：1。敵我傷亡人數的比例如此懸殊，主要原因是敵軍在屢敗之後，其後勤中心又遭奇襲，在驚慌失措中喪失戰鬥意志。駐印軍則士氣旺盛，越戰越勇。周浩排與陣地共存亡的壯舉，就是最好的說明。“軍無輜重則亡”。第 112 團在西通的勝利，決定了加邁日軍潰滅的命運。

　　第 114 團爲策應第 112 團作戰，於 5 月 28 日在曼平附近集結，經大班、青道康等杳無人煙、獸跡罕至的地區，披荊斬棘，不分晝夜地鑽隙潛行。6 月 1 日，該團出敵不意，一舉攻占拉芒卡道，然後席捲東西瓦拉各據點，切斷潛伏在庫芒山中的日軍退路。並乘勝向南追擊，連克丹邦卡、大利、馬塘等一系列據點。6 月 15 日，該團第 1 營突進到孟拱、密支那之間的交通要衝巴稜杜北面，與據守的敵第 53 師團第 128 聯隊一個加強中隊發生激戰。第 1 營先集中追擊砲火摧毀其工事，繼以步兵突入敵陣，搏戰拼殺達 8 小時。日軍遺屍 40 餘具，殘敵狼狽逃竄。巴稜杜在孟拱北側 6 公里的山地上，佔領該地後，即可瞰制孟拱。第 114 團的突進，與第 112 團截斷加邁、孟拱公路的行動互相呼應，對加邁形成包抄之勢。同時，第 114 團還切斷了孟拱至密支那間的公路、鐵路交通，使孟拱之敵無法支援密支那，大大減輕了中美突擊部隊在密支那作戰的壓力。

　　第 113 團奉命以第 2 營接替第 114 團在曼平的防務，團主力側擊加邁。5 月 29 日，第 112 團主力由西瓦拉向南攻擊前進，在肅清西瓦拉至馬蘭間殘敵後，於 6 月 2 日推進到大龍陽附近。接著又連續攻佔青道康、納昌康等多處據點，於 6 月 7 日追擊殘敵到達支遵附近。支遵在孟拱河東岸，與加邁隔河相望，是加邁東面的重要屏障。支遵守敵是第 55 聯隊第 1 大隊和第 114 聯隊第 1 大隊各一部，以及一個工兵中隊，兵力約 600 人。連日大雨將支遵附近變為一片澤國，孟拱河水面加寬到 300 多米。地面積水過腹，行動非常困難。9 日上午，第 113 團在優勢砲火支援下涉水攻擊，先在支遵北端渡口擊潰敵工兵支隊，擊斃敵第 56 師團工兵聯隊少佐山中少長以下 36 人，乘勢向支遵攻擊。守敵在對岸砲火支援下負隅頑抗。第 113 團經 4 小時激戰，攻克支遵，斃敵 198 人。殘敵被孟拱河阻隔，後退無路，四散逃竄，隨後全數就殲。該團準備乘勝攻取加邁，因河寬流急，日軍防範甚嚴，3 次使用竹筏強渡均未成功。新 38 師一面令各團加強對加邁的圍攻，一面急電駐印軍總指揮部要求趕快派飛機投送渡河工具和 75 山砲煙幕彈。

這時，加邁日軍已處於駐印軍四面包圍之中，右翼新 22 師以主力第 64 團和第 149 團沿公路向南攻擊加邁之敵正面；以第 65 團由昆卡道向東南前進，攻擊加邁之敵側背。左翼新 38 師第 113 團由加邁東北渡河攻擊；第 112 團由西通以北向加邁攻擊。至 6 月 15 日，駐印軍備部已進抵加邁北、西、南三面，加邁以東亦在積極準備強渡孟拱河。

6 月 16 日，駐印軍各部對加邁發動總攻。在支遵的新 38 師第 113 團已裝備了駐印軍總指揮部及時空運的橡皮舟。其第 3 營在強大砲火及煙幕掩護下，於上午 10 時強渡成功，一舉攻克加邁城東的 673 高地，瞰制加邁城區。日軍失去這一屏障後，只能退縮城內作困獸之鬥。第 3 營隨後跟進，11 時由東北突入加邁城內。各路攻城部隊亦乘勢發動猛攻。新 22 師第 65 團第 3 營於下午 1 時突入加邁西南城區。第 64 團主力與日軍數度搏戰，由西北攻入城內。下午 3 時許，各路攻擊部隊在城內會合，完全控制了加邁。守城日軍死傷慘重，殘敵逃往加邁西南山地。還有一些敵軍倉皇之間跳入孟拱河,有的被洶湧的波濤吞沒,有的被岸上追兵擊斃。

駐印軍攻克加邁後,新38師主力奉命向孟拱挺進,第50師第149團亦配屬新38師指揮。新22師奉命肅清退守加邁西南山地的殘敵。該師至6月29日將殘敵大部殲滅。敵第18師團長率千餘殘兵敗將落荒而逃。屢經補充的第18師團,其主力在加邁一役中基本上被駐印軍殲滅。在此之前,新22師右側支隊第65團第1營於6月11日攻佔龍京。

加邁一役中,新22師自6月1日至29日,打死打傷日軍不下5000人,其中先後發現的敵軍遺屍就有1600餘具;俘獲敵大尉以下官兵89人;繳獲各種火砲30門,步槍300餘支,汽車200餘輛,倉庫30餘所。[1] 新38師自4月初到6月中的戰績是,作戰300餘次,攻佔敵軍大小據占200餘處,斃傷敵軍7700餘人。[2]

加邁之戰前後,緬北、滇西的反攻已進入決定性階段。史迪威將軍為策應中美突擊支隊進攻密支那和滇西遠征軍收復騰沖、龍陵 t,決心不待加邁收復,即以新38師主力會同英印軍第36師第77旅奇襲孟拱之敵。6月11日,史迪威下達第16號作戰命令,其要旨是:"1、著新編第38師(欠第112團)由西北方面向孟拱攻擊,與正由東方進攻孟拱之英印軍會合;2、著英印軍第36師,以其第77旅由東南方面攻擊孟拱並佔領之,與我薪編第38師會合;3、新38師于佔領孟拱前,得在英軍之北活動,但攻佔孟拱後,得歸還其指定地域。"[3]

據守孟拱的日軍,有第53師團第128聯隊主力、第151聯隊一部、第56師團第146聯隊一部、第2師團第4聯隊一部、第53砲兵聯隊、武兵團139大隊和第18師團第114聯隊殘部,總兵力約一個師團。

當駐印軍在加邁地區與日軍主力決戰之際,兩個月前在孟

1 《中國駐印軍緬北戰役戰鬥紀要》上冊,第99頁。
2 孫克剛:《緬甸蕩寇志》,第108頁。
3 《抗日戰史》第9冊:《西南及滇緬作戰》,第390頁。

拱、卡薩間空降的英軍第 77 旅乘虛進攻孟拱城。原定增援密支那的日軍第 128 聯隊改道增援孟拱，反將英軍包圍在孟拱城東南約 3 公里處。17 日，英軍派參謀迪克少校趕往新 38 師指揮所求援，聲稱該旅向孟拱攻擊，因敵陣地堅固，不但進展困難，而且傷亡慘重，現有官兵還不到 500 人，戰鬥力十分薄弱，如在 24 小時以內不能得到增援，便只有向東南山地撤退。[1]孫立人師長考慮到，這支英軍如果被擊潰，將危及孟拱前線整個戰局，遂令第 114 團向孟拱東北地區輕裝疾進，強渡孟拱河，支援英軍，並攻擊孟拱城。

　　第 114 團奉令後，於 6 月 17 日夜將巴稜杜等地防務交第 113 團接替，連夜整裝出發。沿途大雨滂沱，泥濘沒膝，行軍非常困難。該團經一夜強行軍，6 月 18 日晨到達孟拱河北岸。暴雨之後，河面水勢洶湧，河寬達 400 米，舟渡不易。為了迅速解救英軍，第 114 團於 19 日乘橡皮筏冒險偷渡，進至孟拱東側，敵軍仍未察覺。20 日清晨，第 114 團主力猛襲包圍英軍的日軍左側背，並以一部接替英軍防務，掩護其撤退。當時加邁至孟拱公路尚未打通，日軍根本沒有料到駐印軍行動如此迅速。當第 114 團在其側背出現時，頓時驚慌失措。該團為英軍解圍後，即向孟拱城包圍攻擊。兩天內連克週邊據點，將鐵路、公路交通全部截斷，迫使日軍龜縮到孟拱城內。孫立人師長另以第 113 團掃蕩孟拱河北岸殘敵，策應第 114 團作戰。新 38 師兵臨孟拱城下之際，密支那爭奪戰也正激烈進行。孟拱日軍步、砲兵約一個大隊在馳援密支那途中，剛到南堤，聽說孟拱遭到攻擊，又掉頭返回，企圖與孟拱守軍夾擊第 114 團。6 月 21 日晚，這股日軍在威尼附近被第 114 團 3 營 8 連排哨阻擊。日軍見該排兵力單薄，遂以密集隊形衝鋒。該排沉著固守，激戰達旦，打退日軍衝鋒 7、8 次，斃敵 53 師團砲兵聯隊長高見量太郎大佐以下 135 人，繳獲火砲 3 門、輕重機槍 6

---

1 孫克剛：《緬甸蕩寇志》，第 112 頁；《我的戎馬生涯 —— 鄭洞國回憶錄》，第 351 頁。

挺。殘敵向鐵路以南逃竄,又被第 113 團 1 營 3 連堵擊。戰至 22
日上午 9 時,又斃傷敵 253 人、生俘 14 人,繳獲火砲 5 門、輕重
機槍 10 挺、步槍數十支、軍馬 50 匹。[1]

　　6 月 23 日,第 114 團主力在強大砲火支援下對孟拱發動攻
擊,經 6 小時激戰,突破週邊重重障礙物及 3 個堅固據點,突入
城區。日軍利用房屋和預設工事步步頑抗,雙方展開激烈巷戰。
到當日黃昏,第 114 團已攻佔一半城區及火車站。第 2 營亦由瓦
鐵西進,擊潰當面之敵兩個中隊,佔領城西大鐵橋,切斷了城內
守敵退路。當夜敵軍反撲又被擊退,被迫退守城西北隅作困獸之
鬥。第 114 團持續猛攻,激烈巷戰兩晝夜。日軍傷亡慘重,又無
援軍,抵抗力逐漸削弱。6 月 25 日下午 5 時,第 114 團完全攻克
孟拱。殘敵走投無路,紛紛跳河泅水逃命,大部被擊斃于水中。

　　新 38 師在孟拱之役中殲敵 1500 餘名、俘虜 21 名,繳獲輕戰
車 5 輛、各種火砲 24 門、輕重機槍 57 挺、步槍 682 支、汽車 47
輛、列車 97 節、騾馬 125 匹、倉庫 21 所,各種糧彈藥品裝具器
材及重要文件甚多。該師亦傷亡官兵 247 人。[2]

　　第 114 團攻克孟拱後,第 113 團即由巴稜杜向東南疾進,6
月 28 日攻克孟密鐵路線上的重要據點南堤,截獲火車廂 300 餘
節。第 112 團則打通了加孟公路。新 38 師(附第 149 團)主力乘
勝向緬北重鎮密支那攻擊前進。7 月 11 日,第 149 團到達密支那,
與新 30 師會合。孟拱河谷戰役至此勝利結束。加邁、孟拱和密支
那間的公路鐵路均已打通,為攻佔密支那,奪取緬北反攻戰役的
全面勝利提供了有利的條件。

　　中國駐印軍攻克孟拱河谷之戰歷時三個半月,其中大部分時
間是在雨季的惡劣氣候條件下作戰。在這次戰役中,基本全殲了
日軍第 18 師團,重創第 2 師團第 4 聯隊、第 53 師團第 128、151

1　《中國駐印軍緬北戰役戰鬥紀要》上冊,第 100 頁;《抗日戰史》第 9 冊:
　　《西南及滇緬作戰》,第 392 頁。
2　《中國駐印軍緬北戰役戰鬥紀要》上冊,第 101 頁。

聯隊、第 56 師團第 146 聯隊。先後斃敵 1.5 萬餘名，敵軍傷亡總數約達 2.6 萬名。其中第 18 師團補充達 12 次之多，最終仍被全殲。生俘敵軍 117 名。繳獲各種火砲 116 門、輕重機槍 324 挺、步槍 4369 支、戰車 5 輛、各種汽車 467 輛。日軍自行銷毀或投入河中及丟棄在森林中的武器裝備尚不在此數。駐印軍由沙杜渣向南挺進 60 餘英里（約 100 公里），占領土地面積 2600 多平方英里（6700 多平方公里），打通了中印公路緬北段和孟密公路，從而完全掌握了緬北戰局的主動權，並爲盟軍反攻緬甸的勝利奠定了基礎。[1]駐印軍在孟拱河谷戰役中傷亡 4646 人，其中戰死 1433 人，負傷 3163 人，失蹤 50 人。[2]

第三節　奔襲密支那

　　緬北重鎮密支那位於喜馬拉雅山脈南端，伊洛瓦底江西岸，是緬甸南北鐵路幹線的終點，公路也四通八達，歷來是緬北的行政中心、交通樞紐和商品集散地，戰略地位極爲重要。密支那東、西、北三面皆爲高度 500-1000 米的綿亙山脈，中間爲一地形稍有起伏的小平原，遍地都是幼年的叢林，地形非常隱蔽。伊洛瓦底江環繞城東、南兩面，支流如織，主流河床寬 300-800 米，水路交通也很便利。城西、北郊均有小型飛機場。盟軍如佔領密支那，不但可以打通中印陸路通道，而且可以大大改善"駝峰"航空線的飛行條件。對日軍來說，密支那也是必須確保的戰略要地。一旦該地失守，必將使防衛雲南的第 56 師團陷於險地，進而使經八莫通往曼德勒的作戰路線暴露在盟軍面前。敵我雙方必將在密支那展開一場激烈的爭奪戰。

---

1 《中國駐印軍緬北戰役戰鬥紀要》上冊，第 106 頁。
2 《中國駐印軍緬北戰役戰鬥紀要》上冊，第 106 頁附錄一：《中國駐印軍新編第一軍孟拱河谷戰役死傷表》。

　　儘快攻佔密支那，打通中印公路，改善“駝峰”航線，大幅度增加援華物資的運輸，粉碎日軍對中國的封鎖，使中國戰場密切配合盟軍在太平洋戰場上的反攻，是中國駐軍反攻緬北的重要戰略目標之一。史迪威將軍率領駐印軍向胡康河谷和孟拱河谷推進時，就積極策劃進攻密支那，並得到美國軍政領導人的大力支持。英國方面對反攻緬北一貫持消極乃至反對態度。1944 年 1 月 8 日，當中國駐印軍已經進入胡康河谷之時，東南亞戰區盟軍總司令蒙巴頓又提出一個代號爲“公理”的作戰計畫，主張在蘇門答臘發動攻勢，然後再在中國南海行動，打開中國沿海的一個港口來運輸物資。這一計畫別有用心地把香港包括在東南亞戰區的範圍之內。該計畫建議停止反攻緬北的所有軍事行動，停止修建中印公路。蒙巴頓指責打通中印公路向中國運送物資的計畫緩不濟急，爲此而作戰實在是浪費。[1]邱吉爾表示贊成蒙巴頓的新計畫，強烈反對在緬北發動大規模戰役。他認爲在這裏同日軍打仗是再糟糕不過的選擇了，要是在緬甸北部甚至在其南部“受到了牽制或者陷了進去，我們就無法在遠東勝利中獲得應該享有的份額。”[2]作爲大英帝國的忠實捍衛者，在邱吉爾心目中，恢復英國遠東殖民體系的道路是經過新加坡到香港。英國人力圖搶在中國人到達香港之前先從海上到達香港。史迪威堅決反對英國人規避執行緬甸反攻計畫的做法，他以其一貫的直率語言在日記中寫道，東南亞司令部那班人是以“幻想的圖表、虛假的數字和骯髒的動機”作這種決定的。[3]羅斯福總統和美國三軍參謀長也不同意英國的計畫。在新德里的東南亞戰區總部和華盛頓的美英聯合參謀長委員會上，美英高級將領進行了激烈的爭論。羅斯福也親自出面干預。他在 1944 年 1 月 25 日致電邱吉爾表示：“我對戰略

1　《第二次中日戰爭史》下冊，第 974-975 頁；《史迪威與美國在華經驗》下冊，第 615 頁。
2　《史迪威與美國在華經驗》下冊，第 617 頁。
3　約翰・科斯特洛：《太平洋戰爭》下冊，第 126 頁。

上的最近傾向深感不安，這種傾向是主張今後在蘇門答臘和馬來亞方面採取行動，而不是正視我們在緬、甸面臨的緊迫困難……如果把我們現在掌握的全部資源用於全面進攻緬甸北部的戰役，看來收穫要大得多。"[1]2 月 24 日，羅斯福再次致電丘吉爾，更加明確地指出："史迪威將軍確信，他的部隊能在這個旱季結束前佔領密支那，而且一旦佔領，就能堅守。我知道這是一項最艱巨的任務，但是我認為，在你的熱情鼓勵下，蒙巴頓的指揮官們是能夠克服困難的。"[2]邱吉爾只好複電保證，東南亞戰區的英軍決不從緬北撤走而發動另一攻勢，同時堅持認為雷多公路不可能適時援助中國。3 月初，美英聯合參謀長委員會正式否決了蒙巴頓的"公理"作戰計畫。3 月 21 日，美國參謀長聯席會議通知英國，蒙巴頓的最大成就應在攻佔密支那，以迅速增加對華空運。目前亟應把握乾燥季節即將結束的時間，展開最大行動攻佔上緬甸。[3]4 月和 5 月，馬歇爾和美國參謀長聯席會議一再電告史迪威，必須攻佔密支那。

隨著新 30 師、第 14 師和第 50 師陸續開赴緬北戰場，中國駐印軍兵力日益增強。緬北日軍則在胡康河谷與孟拱河谷迭遭慘敗，實力不斷削弱。史迪威認為，另外組織一支部隊進攻密支那，開闢緬北第二戰場的時機已經成熟。4 月中下旬，正當新 22 師和新 38 師沿庫芒山南下進迫加邁之際，史迪威下令由新 30 師第 88 團、第 50 師第 150 團和美軍 5307 支隊組成中美混合突擊支隊，由美軍支隊長梅里爾準將指揮，由孟關集結南下，長途奔襲密支那。突擊支隊分為兩個縱隊：第 1 縱隊（K 縱隊）由新 30 師第 88 團、新 22 師山砲兵第 4 連和美軍支隊第 3 營組成，指揮官肯利生上校；第 2 縱隊（H 縱隊）由第 50 師第 150 團、美軍支隊第

---

1 邱吉爾：《第二次世界大戰回憶錄》，第 5 卷，第 874 頁。

2 約翰・科斯特洛：《太平洋戰爭》下冊，第 126 頁。

3 《第二次中日戰爭史》下冊，第 976 頁。

1 營和 75 山砲兵一個排組成，指揮官亨特上校。[1]美軍支隊第 2
營和緬甸克欽人一部約 300 人組成 M 縱隊，指揮官馬基上校。美
軍 5307 支隊總兵力相當一個加強團，初到緬北前線時約 3000 人，
經作戰消耗已減員爲 1400 人左右。因此中美混合突擊支隊主力爲
中國駐印軍兩個團。

　　當時據守密支那的日軍兵力及其配置情況是：第 18 師團第
114 聯隊主力，其第 3 大隊和聯隊直屬部隊駐市區；第 2 大隊位
於密支那─孫布拉板公路的瓦紮附近，向西對庫芒山方面警戒；
第 1 大隊自 1943 年 10 月參加第 56 師團對騰北地區的掃蕩後，一
直駐在片馬、拖角地區，防禦滇西中國遠征軍由六庫方面進攻密
支那，故該大隊未直接參加密支那攻防戰；第 56 師團第 148 聯隊
第 2 中隊、第 18 師團工兵第 12 聯隊第 1 中隊駐密支那西郊；第
15 機場守備大隊密支那分遣隊及氣象分遣隊駐西機場，另有兩個
中隊駐北機場，番號不詳。密支那守敵兵力最初爲 1500 人左右，
作戰開始後陸續增加到 3000 餘人。[2]

　　密支那是緬北日軍重點防禦的戰略要地，經過一年半的苦心
經營，防禦工事堅固，糧彈儲備充足，可以長期固守。守敵根據
密支那地形，將全市分爲 4 個防禦區。城郊工事多構築在叢林、
樹根、穀壑、岩穴之中，佈置十分隱蔽。市區工事則依託建築物
構成據點，利用房屋和街道兩側構築各種堅固掩體。重要據點間
均以交通壕連接。在街道進出口、十字路口和民房屋角均配置了
重火器，形成嚴密火網。4 個防禦區既可獨立作戰，又能夠相互
支援，使整個城市形成一個完整的縱深防禦體系。側背依託伊洛
瓦底江，可阻礙攻擊部隊迂迴包圍。密支那與孟拱、加邁形成犄
角之勢，並可獲得八莫方面的增援補給。守敵指揮官、第 114 聯
隊長丸山房安大佐制定了持久作戰的方針，準備憑藉密支那有利

---

1 《中國駐印軍緬北戰役戰鬥紀要》上冊，第 108 頁。
2 《我的戎馬生涯 ── 鄭洞國回憶錄》，第 356 頁；《中華民國史資料叢稿》
　譯稿：《緬甸作戰》下，第 49、51-52 頁。

的地形和堅固的防禦工事，至少堅守 3 個月，以後萬不得已時，再退守伊洛瓦底江東岸。

中美混合突擊支隊兩個縱隊於 4 月 21 日至 29 日間相繼在孟關東南的大克裏地區集結，補充糧彈後即秘密出發，深入敵後，向 100 多公里之外的密支那長途奔襲。預定 5 月 12 日到達密支那城郊，開始攻擊行動。首先要攻佔的目標是密支那機場。突擊支隊分道穿越險峻的庫芒山脈，在茂密的熱帶叢林內行軍。一些地段有克欽人穿行的小道，許多地方連這樣的小道也沒有。部隊攀懸崖，越峭壁，在密林中辟路前進，每天只能艱難地推進 7-8 公里。隨隊的馱馬有半數跌進深谷或累死，空投又經常接濟不上，部隊全靠隨身攜帶的糧食度日，時有缺糧斷水之虞。沿途還要防止日軍的襲擊。連續多日的艱苦行軍使中美官兵體力極度下降。

5 月 6 日，K 縱隊到達密支那日軍前哨據點雷班附近，偵知扼守雷班隘口之敵爲一個加強中隊，當且 p 以第 88 團第 1 營進行攻擊，以美軍向敵左側迂回，至 9 日晚攻佔雷班。10 日又乘勝佔領阿蘭機場。H 縱隊亦在南卡洋擊退由瑞裏向雷班增援之敵第 114 聯隊一個中隊，繞道向阿蘭前進。5 月 12 日，K 一縱隊進抵丁克路高附近，美軍第 3 營與敵第 114 聯隊第 2 大隊主力約兩個中隊遭遇，激戰至晚被圍。第 88 團即以第 3 營附迫擊砲_二連向敵猛攻，美軍則由包圍圈內向外突擊。戰至 13 下午 4 時，敵軍在內外夾攻下不支後退。K 縱隊以第 88 團第 3 營牽制敵軍，以主力向密支那兼程前進。H 縱隊於 12 日經阿蘭、蘭拜南下，14 日進抵密支那週邊據點升尼，並在該地開闢一小型飛機場。15 日進至 475 高地，切斷孟密公路。16 日到達密支那西機場以西，準備攻擊機場。K 縱隊主力日夜兼程，於 18 日進抵密支那以北約 10 公里的遮巴德。至此，中美混合突擊支隊對密支那長途奔襲的第一步行動已經完成，準備向機場突擊。

駐印軍總指揮部爲增強攻擊密支那的兵力，以新 30 師第 89 團、第 14 師第 42 團編組爲空中突擊隊，於 5 月 12 日由駐地集結至印度阿薩姆邦的馬魯、喬哈特兩空軍基地，等待中美混合突擊支隊拿下密支那機場，即經雷多空運密支那增援，以擴大戰果。

由於駐印軍上下均忙於向密支那前線輸送兵員和給養，負責空中運輸補給任務的美軍官員竟忘記向 K 縱隊留在丁克路高掩護主力前進的第 88 團第 3 營空投給養，致使該營 500 多官兵忍饑挨餓達 8 天之久。該營官兵靠採集山果、野菜和芭蕉根充饑，仍堅持戰鬥，與敵相持 17 日，然後奉命參加密支那攻堅戰。

駐印軍總指揮部于 5 月 16 日 21 日下達作戰命令："1、我中美突擊支隊第 2 縱隊，已於本（16）日 11 時到達密支那機場以西地區，明（17）日上午 11 時向西機場攻擊。2、第 1 縱隊主力正向密支那市以北地區挺進中。3、第 89 團於明（17）日上午 11 時，開始空運到達密支那後，向中美混合突擊支隊長梅里爾準將報到，聽其指揮。4、輸送器材為 C-49 運輸機。5、美空軍第 848 戰鬥機隊，於明（17）日晨轟炸密支那後，自 11 時起掩護該團之運送。"[1]

5 月 17 日上午 10 時，中美混合突擊支隊 H 縱隊在空軍支援下，向密支那西機場發動突襲。駐守機場的日軍僅百餘人，分佈於機場四周。H 縱隊行動秘密迅速，敵軍事先未曾發覺。第 150 團以第 1、3 兩營從兩翼夾攻，直至逼近機場，敵軍才倉皇抵抗。第 3 營首先攻入機場，並向殘敵追擊，佔領了江邊跑馬堤。至中午完全控制了機場。H 縱隊指揮官亨特上校即按預先約定的暗語"威尼斯商人"發出電報，通知增援部隊的運輸機可以在機場降落。下午 1 時，大批 C-49 運輸機在戰鬥機護航下，運載新 30 師第 89 團 2、3 兩營在機場降落。梅里爾準將即令這兩個營在機場西、南兩面構築工事，對敵警戒。美軍掃蕩機場殘敵。第 150 團當晚向市區攻擊。18 日，美軍兩營已攻抵河套附近。第 150 團向市區攻擊前進。第 89 團第 1 營空運到達後，即奉命西取跑馬場。

---

1 《抗日戰史》第 9 冊：《西南及滇緬作戰》，第 198 頁。

K 縱隊亦到達遮巴德。

　　奇襲密支那西機場勝利的捷報傳到駐印軍總指揮部，史迪威將軍歡欣鼓舞。半年多來，他頂住來自各方面的反對，指揮中國駐印軍率先反攻，深入緬北腹地數百公里，擊敗日軍精銳 7 個聯隊。這時，正面的新 22 師和新 38 師正乘勝進擊加邁、孟拱，中美混合突擊支隊又長途奔襲密支那，切斷日軍後路，緬北反攻的勝利指日可待。

　　奪取密支那機場的消息使邱吉爾和蒙巴頓都大吃一驚。邱吉爾電詢蒙巴頓對此是否料及？並要蒙巴頓解釋"美國人用了什麼樣的高招使我們在密支那難堪"[1]。蒙巴頓對進攻密支那始終持反對態度。他斷言爲佔領孟拱、密支那和收復緬甸北部，需要步兵 5 個師、傘兵 1 個旅和挺進部隊 1 個旅，而且在 1944 年底以前進行此項作戰甚爲困難，即使在那以後也不應當冒險嘗試如此沒有充分準備的作戰。[2]直到 5 月 1 日，中美混合突擊支隊已經在向密支那進軍途中，蒙巴頓還企圖以運輸機不夠用爲由，命令史迪威取消攻擊密支那的作戰行動。[3]面對邱吉爾的質問，蒙巴頓只好回答說：他只是"偶然地聽到史迪威在計畫攻擊密支那。今後勢必要使用若干英印軍隊了。我實在應於這一決定以前獲悉一切計畫，如今也只有用個人信件來向史迪威表明我自己的職位了。"[4]英國領導人爲了挽回面子，過了一天半以後，用蒙巴頓的名義給史迪威發了一道嘉獎令："在你的英勇領導下，加上你所率領的美國軍隊和中國軍隊的勇氣和耐力，你們完全出敵所料，奪取了密支那機場，你們取得了一個非常傑出的成就。"並稱這是"將載入史冊的一個功績"。在嘉獎令中也沒有忘記爲英軍表功，說是因爲英軍"欽迪特"突擊隊"在密支那及其以南地區切斷了日

1　《史迪威與美國在華經驗》下冊，第 648 頁。

2　《大東亞戰爭全史》第 3 冊，第 1082 頁。

3　《第二次中日戰爭史》下冊，第 976 頁。

4　《第二次中日戰爭史》下冊，第 977 頁。

軍的交通線"，保證了中美混‧合突擊支隊奪取密支那機場。[1]邱
吉爾則將孟拱的攻克也掛到欽迪特突擊隊第 77 旅的功勞簿上。[2]

　　中美混合突擊支隊雖然迅速襲占了密支那西機場，但部隊經
長途跋涉已精疲力盡，並且因輕裝前進而未配備砲兵，缺乏攻擊
市區的強大能力。部隊補給全靠空運，前後方聯絡出現混亂。當
時最需要的是砲兵和食品，第 10 航空隊卻運來了一個高射砲連。
梅里爾準將未能在初戰勝利後乘守敵兵力薄弱，全線動搖之際，
迅速調動後續部隊擴大戰果，以迅雷不及掩耳之勢一舉突入敵軍
陣地縱深，反而分割使用兵力，使守敵獲得喘息之機，調整部署，
增調援兵，實施反擊，使部隊遭到嚴重損失，形成了敵我雙方在
密支那攻防戰中曠日持久的僵持局面。

　　密支那守敵指揮官丸山大佐在接獲西機場遭到襲擊的報告
後，當即調遣兵力轉入守備態勢：以軍旗中隊主力連同野戰醫院
傷癒的傷兵佔領靶場附近；步兵第 7 中隊佔領鐵路線正面；包括
通訊中隊的大約 200 名士兵佔領第 7 中隊南部相連陣地；憲兵隊
指揮緬甸新兵，佔領最右翼的麻栗樹林一帶；衛生隊和防疫供水
部佔領最左翼的孟拱公路正面。[3]可見當時密支那守敵兵力的確十
分薄弱，丸山除將傷兵和後勤部隊都搜羅起來投入防禦，又急令
駐瓦紮的第 2 大隊迅速趕往密支那。5 月下旬，密支那守軍由第
18 師團劃歸第 33 軍直接指揮。第 33 軍司令官本多政材從東、北、
西面各地抽調守軍，火速向密支那增援。一周以後，日軍在密支
那的兵力增加到 3000 人，兩周以後又增加到 5000 人。

　　5 月 19 日，第 150 團繼續向市區攻擊前進，至傍晚攻到車站
附近，並突破鐵絲網。守敵憑藉堅固工事，以濃密火網阻擊。該
團傷亡頗大，第 3 營營長郭文幹中彈犧牲。入夜，守敵全線反撲，
中美突擊隊各部均陷於苦戰。至 20 日拂曉，將反撲之敵擊退。第

---

1 《史迪威與美國在華經驗》下冊，第 648 頁。
2 邱吉爾：《第二次世界大戰回憶錄》第 5 卷，第 866 頁。
3 《中華民國史資料叢稿》譯稿，《緬甸作戰》下，第 55 頁。

150 團乘勢於 8 時半左右攻克車站。19 日空運到達的第 14 師第
42 團兩個營，奉命接替第 89 團擔任西機場警戒。第 89 團以第 1
營由跑馬場向河套前進，接替美軍，主力掃蕩西機場附近殘敵。
18 日進至遮巴德以北的 K 縱隊，以第 88 團主力在鐵路線附近的
無名村擔任警戒，一部在南圭河鐵路線佔領陣地，阻擊由孟拱方
面增援之敵。

　　20 日，第 150 團在車站與反撲之敵發生激戰。日軍集中砲火
轟擊，切斷了該團與後方指揮部的通訊聯絡。美軍總聯絡官孔姆
中校藉故離開火線，以致無法要求機場空軍及砲兵支援。敵砲自
8 時 10 分持續猛轟 1 個多小時，第 150 團進入車站的第 2、3 兩
營傷亡慘重。敵步兵乘機反撲，車站得而復失。由於後方補給不
繼，到當晚該團已彈盡糧絕，被困於車站附近徹夜苦戰。全團官
兵與敵展開白刃格鬥，至 21 日晨奉命撤至跑馬堤。日軍乘勢跟
進，恢復並加強了原有工事。第 89 團第 1 營亦在河套森林內陷敵
包圍，一時情況不明。全線進攻受挫。

　　5 月 23 日，駐印軍總指揮史迪威、新 1 軍軍長鄭洞國、參謀
長波德諾、新 30 師師長胡素、第 50 師師長潘裕昆等人飛抵密支
那前線，檢討戰況並重新調整部署。史迪威決定由波德諾准將接
替梅里爾准將的指揮職務，組成前方指揮所，各部隊歸還原建制
並明確各部隊指揮員，重新部署攻擊。當日下達的命令為："1、
自即日起派下列各員，分別指揮密支那區所屬各單位。2、美軍第
5307 支隊麥根少將，負責密支那區並指揮該區所有各部隊。3、
新編第 30 師師長胡素少將，負責指揮該師第 88、第 89 兩團。4、
第 50 師師長潘裕昆少將，負責指揮該師第 150 團及第 14 師第 42
團。5、中美混合突擊支隊第 2 縱隊長亨特上校，負責指揮美軍第
5307 支隊。"[1]

　　5 月 24 日，史迪威親赴前線偵察，當晚下達第 11 號作戰命

1 《抗日戰史》第 9 冊：《西南及滇緬作戰》，第 400 頁。

令，令新 30 師主力于 25 日拂曉攻擊密支那西郊之敵；第 50 師第 150 團及第 14 師第 42 團第 3 營在跑馬堤一帶構築陣地，擔任警戒，並不惜一切犧牲確實固守，與友軍保持聯絡。25 日，新 30 師第 88、89 團，在砲兵及美空軍支援下，向西郊射擊場南北之線攻擊。26 日，右翼第 50 師第 150 團第 3 營由西機場出發向南郊攻擊。27 日，美軍兩個營亦向第 88 團左翼增加，對北機場之敵攻擊。由於日軍工事堅固，火網稠密，尤其是側防火力熾盛，樹上遍佈狙擊手，連日來攻擊部隊進展緩慢而傷亡眾多。5 月 28 日以後，戰地陰雨連綿，遍地泥濘，加以遍地蔓草叢生，藤葛滿布，進攻更加困難。第 14 師第 42 團亦於 5 月 30 日投入戰鬥。駐印軍在第一線投入的兵力已多達 4 個步兵團，加上美軍 2 營，兵力擁有極大優勢，但進展十分緩慢。由於中美聯軍既無足夠的砲兵，也沒有坦克支援，空軍雖連日出動轟炸，但難以徹底摧毀日軍巧妙地利用各種地形地物構築的各種工事，特別是其隱蔽的封閉式據點。

這時密支那戰場敵我之間的態勢形成一個弓形，中美聯軍的攻城部隊從北到南，在長約 7-8 公里的戰線上形成弧形包圍圈，伊洛瓦底江好似弓弦，密支那日軍夾在大江和中美聯軍的弧形包圍圈之間。5 月 31 日天氣稍晴，中美聯軍再次發動全線進攻。經兩星期苦戰，左翼第 150 團和第 42 團先後突破市區南面的日軍防線。左翼新 30 師第 88、89 團在強行通過開闊地帶時遭到較大傷亡，但也攻佔了若干重要據點。6 月 15 日以後，前方指揮所聽取了部隊指揮員的意見，決定由各部隊根據戰場情況臨機處置，採取掘壕與強攻並用的戰法。日軍為阻止中美聯軍前進，常在夜間以小分隊襲擾。戰鬥仍呈膠著狀態。

守敵指揮官丸山大佐決定乘中美聯軍攻擊受挫之機，在 5 月 30 日以所有兵力進行反攻。第 33 軍司令官本多政材阻止了這一行動，命令丸山等待第 53 師團主力前往救援密支那。本多政材從 5 月下旬直接指揮密支那防務後，即下令第 53 師團疾進密支那，救出當地守備隊。又分別急調增援孟拱河谷的第 56 師團第 148 聯隊第 1 大隊和第 56 師團步兵團長水上源藏少將指揮的部隊趕赴密支那。在此之前,第 114 聯隊第 3 大隊已於 5 月中旬到達密支那,與當地守備隊合併。水上源藏於 5 月 30 日到達密支那後,即接任守備隊長之職。到 6 月初,密支那守敵得到約 2000 名援軍和山砲 4 門、野砲 2 門的增援。但第 53 師團在經孟拱沿鐵路線向密支那前進途中,因孟拱河谷日軍戰局惡化,駐印軍已經逼近加邁,第 33 軍司令官不得不下令第 53 師團停止向密支那前進,掉頭返回孟拱。6 月 7 日,第 53 師團主力步兵 4 個大隊、砲兵 2 個大隊已經進到密支那西北約 12 公里的第 715 號鐵橋以東,正準備展開攻擊中美聯軍,在回援孟拱途中遭到新 38 師痛擊。這樣,密支那敵軍死守待殲的命運已經決定。

6 月上中旬,中美聯軍補充了糧彈,砲兵力量也有所增強,保持對守敵的壓迫,每天與敵軍爭奪 30 米、50 米的陣地,艱難地前進。敵我雙方都付出了重大的傷亡代價。中旬以後,攻擊部隊採取掘壕戰法,以空軍和砲兵火力壓制敵軍,封鎖其增援補給,步兵由各陣地挖掘多條蛇形塹壕,向敵軍陣地前延伸,接近敵陣時,先進行爆破,然後一舉佔領。這種戰術頗有成效,逐步攻克了日軍郊外據點,接近市區。6 月 21 日,右翼 150 團佔領了江邊和公路之間的三角地地帶,第 42 團佔領火車修理廠大半。但左翼部隊的攻擊受挫。第 88 團在空軍支援下一度攻佔射擊場北端高地,不久又得而復失。美軍 5307 支隊第 1 營向敵後滲透時被圍困於西打坡以北地區,到 26 日才得以突圍。指揮部感到美軍力量單薄,將第 42 團第 1 營調去增援。27 日該營奉令向北機場滲透。29 日,美工兵第 309 營派一個連前往北機場與該營聯絡,又誤入敵陣,傷亡 120 餘人。指揮部恐第 1 營再蹈覆轍,急令該營於 7 月 2 日夜撤回第 88 團左翼。第 1 營向北機場滲透時僅有 9 名士兵負傷,但在撤退中卻傷亡官兵 70 多人。在 7 月 5 日前各部隊進展只有 500-600 米。

6 月底 7 月初，駐印軍在孟拱河谷的戰鬥已經勝利結束。7 月 6 日，新 1 軍軍長鄭洞國再次飛抵密支那前線視察。在此之前，駐印軍總指揮史迪威亦於 6 月 18 日視察了密支那戰場，並再次調整前線指揮官，于 6 月 25 日下令以韋瑟爾斯準將同波德諾準將對調。韋瑟爾斯原在史迪威手下負責訓練中國陸軍的計畫工作，史迪威希望他到任後有助於改善密支那戰場的作戰指揮。鄭洞國到前線後感到，密支那各部隊長期膠著不動，任其拖延時日，對整個緬北戰局十分不利。經與前線各部隊長磋商後，決定於 7 月 7 日抗戰七周年紀念日發動全面攻勢。6 日夜間，鄭洞國以電話向各師下達了攻擊命令。

7 月 7 日午後 1 時，中美聯軍圍城各部隊在空軍、砲兵掩護下，向密支那之敵展開全線進攻。戰至午後 6 時，右翼第 150 團在江邊三角地區推進約 150 米，第 42 團將火車修理廠全部佔領。該團剛由雷多空運到達的第 3 營立即投入戰鬥，超越團主力，進迫市區，攻佔八角亭據點。營長黃晉隆、副團長寧偉、王竹章親赴第一線指揮，均負重傷。其他各部隊在美軍火力支援下進迫敵陣展開搏鬥，但進展不足 200 米。8 日以後，駐印軍總指揮部令第一線各團（第 42 團除外）各抽調一個營至火線後方進行短期的據點攻擊演習，其餘各部隊繼續掘壕攻擊，並構築工事，防敵反撲。另自雷多空運重砲兵第 12 團第 2 營第 5 連，以其 155 榴彈砲增強攻擊敵據點的火力。10 日，駐印軍總指揮部下令新 30 師師長胡素少將接替美軍第 5307 支隊長麥根少將，負責指揮密支那地區中美聯軍各部隊的作戰行動。10-12 日間，各部隊根據攻擊預備命令進入攻擊準備位置。

7 月 13 日，中美聯軍自左至右以美軍第 5307 支隊、新 30 師第 88 和 89 團、第 14 師第 42 團、第 50 師第 150 團並列，在優勢空軍和重砲兵支援下發動強大攻勢。經 3 日連續猛攻，除第 88 團突入射擊場北端高地及西南幾個據點，第 42 團和第 150 團攻佔八角亭及車站外，其他方面進展不大。尤其是左翼方面，因地形蔭蔽，泥水齊膝、搜索聯絡困難，部隊行動不便，處處遭敵狙擊和襲擊，加之美軍不能及時策應，以致進展遲緩，傷亡較大，未能達到預定攻擊目標。向市區北側西大普攻擊的美軍則誤遭己方飛機轟炸，造成不應有的傷亡。指揮部對各部隊進展遲緩表示不滿，部隊各級指揮官則認爲指揮部命令不合理，導致部隊傷亡太重。

　　由於日軍在孟拱河谷和恩帕爾均遭到慘敗，第 33 軍司令官本多政材制定了一個在雲南方面採取攻勢，以鞏固南坎、八莫防禦的作戰計畫。爲此企圖儘量長期守住密支那，阻止緬北的中國駐印軍和滇西的中國遠征軍會師。遂對守軍發出死守密支那的命令："1、我軍主力計劃在龍陵方面採取攻勢。2、八莫及南坎方面的防禦尙不完備。3、水上少將務須死守密支那。"水上回電；"1、謹遵軍令。2、守軍誓死固守密支那。"[1]密支那日軍既無增援又無退路，只有負隅頑抗到底。在中美聯軍 7 月中旬的攻勢中，空軍的猛烈轟炸和地面砲火將敵軍陣地大部摧毀，僅空軍投彈即達 754 噸。日軍採取的方法是在中美聯軍砲空火力猛轟時，其第一線守軍退往後方，一線陣地上僅留下少數使用自動武器的狙擊兵。待砲空火力延伸射程，步兵接近其陣地前沿時，敵守兵便返回陣地向我步兵射擊。同時利用戰鬥間隙，不斷修復和加強其工事。士兵進入掩體，每人均攜帶竹筒、管子，以防因掩體坍塌埋在土內而窒息。掩體上覆蓋鐵板、防禦火攻。日軍的頑抗雖然使中美聯軍遭到大量殺傷，攻擊進展遲緩，但日軍死傷也日益增加。到 7 月中旬，已被擊斃 790 人，負傷 1180 人，戰鬥力已下降到最低限度。[2]

　　7 月 17 日以後，駐印軍各部隊繼續掘壕攻擊，大部進入街市村落戰鬥。日軍在市區的防禦配置，大部分利用民房和街道兩側構築堅固的掩蔽部，砲兵則移到江東岸遊動使用。但這時日軍彈

1　《大東亞戰爭全史》第 3 冊，第 1083 頁。
2　《大東亞戰爭全史》第 3 冊，1084 頁。

藥已消耗殆盡,只能將火砲射擊限制在一天 6 發以下,每個士兵配發 2 枚手榴彈。守敵指揮官水上源藏感到密支那的陷落只是幾天之內的事,便著手安排將傷病員用木筏沿伊洛瓦底江順流而下,撤往八莫。守敵殘餘兵力已減少到 1500 人左右,逐步退守市區,分成北、中、南三個防禦地區繼續頑抗。

　　攻擊部隊掌握了敵軍戰鬥方式的特點後,亦改進戰法。在空軍機群飛臨敵陣轟炸時,第一線部隊向後收縮,乘敵第二線兵力向前推進時,集中各種火砲實施殲滅性轟擊,使敵軍遭到嚴重殺傷,戰鬥力進一步衰竭。7 月 20 日至 25 日,第 14 師第 41 團、新 30 師第 90 團由雷多空運到密支那,第 50 師第 149 團參加攻克孟拱後亦馳抵密支那歸還建制,攻城部隊兵力益愈強大。右翼第 14 和第 50 師攻佔了市區南端第一條馬路。中間新 30 師第 88、89 團迫近市區西端。左翼美軍亦進至北機場至江北地區。各部隊對密支那之敵已形成三面包圍之勢。守敵陣地設施均遭破壞,第一線官兵處於毫無掩護,完全暴露的狀態,兵力減少到 1200 名左右,浸泡在水深齊腰的戰壕中作垂死掙扎。

　　7 月 25 日,中美聯軍又開始全線攻擊。各部隊的迫擊砲直接進行支援射擊,攻擊部隊在砲火掩護下,逐巷、逐屋進行爭奪。第 150 團當日攻佔第二條馬路,接近第三條馬路。26 日,第 88 團第 1 營與第 89 團第 1 營在鐵路附近會合。這時,孟拱殘敵已敗集八莫,糾集兩個步兵大隊約 2000 餘人,汽車 200 餘輛,準備向密支那增援。駐印軍指揮部即令第 14 師第 42 團之 2、3 兩營,由市區南方連夜強渡到伊洛瓦底江東岸,截斷密八公路,阻擊援敵。該團防務由第 149 團接替。

　　7 月 28 日,中美聯軍各部繼續對敵猛攻。主攻方向在第 50 師方面。駐印軍砲兵優先支援該方面,然後再向其他方面轉移支援。激戰至晚,左翼第 150 團到達第四條馬路,第 149 團攻佔火車站一部。左翼第 88 團在鐵道北側進展 300 餘米,第 89 團接近敵營房西北角,第 90 團沿鐵道及其南側一直向東推進。只有美軍被阻于小溪附近，進展不大。29 日，各部隊在砲空火力掩護下，攻勢更加猛烈。第 149 團一舉突入車站中心，第 150 團佔領第五條馬路。第 89 團在重砲火力掩護下，突入新街市區。至 31 日，第 150 團已進至第六條馬路。各路攻擊部隊已將密支那市區大部佔領。密支那守敵已面臨末日。

這時，敵丸山大佐向水上少將建議，與其死守待斃，不如轉移到伊洛瓦底江東岸，據守馬楊高地再謀對策。水上默默同意了這一建議，並未向丸山透露軍部的死守命令。丸山遂下令於 8 月 1 日開始撤退。水上讓傷病員先乘木筏順江而下，撤往八莫，丸山率殘部約 800 人撤到江東。水上自己在看到第一批殘兵逃到伊洛瓦底江東岸後，在岸邊密林中用手槍自殺。

8 月 1 日拂曉，駐印軍沿江警戒部隊發現三五成群的敵傷病官兵，分乘木筏或汽油桶順江而下，當即擊沉或俘獲。這一跡象表明日軍已失去頑抗意志，正在準備逃跑。駐印軍指揮部嚴令各圍攻部隊加緊攻擊，防敵脫逃。第 150 團於當晚突至第七條馬路。第 14 師步兵兩營攻佔十字路口重要據點，並與新 30 師取得聯絡。新 30 師第 90 團攻佔敵營房修械所。渡江攻擊的第 14 師第 42 團之 2、3 營，正對江東岸的宛貌進行攻擊。左翼美軍亦迫近西大坡。當日晚，指揮部下達最後攻擊令，命令各部隊於 8 月 2 日全力攻擊，儘快全殲殘敵。當時城北之敵仍負隅頑抗。第 50 師師長潘裕昆為儘快解決戰鬥，以師工兵連為骨幹，徵選精壯官兵 100 餘人，組成敢死隊，分為 15 個小組，攜帶輕便武器和通訊器材，於當晚潛入敵陣地後方，切斷其通信聯絡。3 日拂曉向敵指揮所和各重要預定據點發動突襲。正面攻擊部隊乘勢沖入敵陣。戰至上午 8 時，敢死隊和第 150 團將市區第十一條馬路攻佔。殘敵向江東逃竄。第 50 師以一部追殲逃敵，其餘部隊肅清營房區以東沿江一帶殘敵。新 30 師第 90 團攻下敵軍準備作為死守據點的營房區，敵守軍大部以手榴彈自殺。城北的美軍亦攻佔西大坡。至 8 月 5 日，駐印軍完全控制了密支那市區，並與西大坡美軍取得聯絡。困守密支那的日軍大部就殲。駐印軍指揮部派新 30 師第 89 團渡江追擊，並對八莫方向警戒。原已過江的第 14 師第 42 團的兩個營，亦將密支那東南約 2 公里的宛貌攻佔。密支那攻堅戰至此方告結束。

密支那之戰是整個緬北反攻戰役中持續時間最長，投入兵力最多，打得最爲艱苦激烈的一場攻堅戰。自中美混合突擊支隊於 4 月 26 日在大克裏集結後開始長途奔襲，到 8 月 5 日完全攻佔密支那，歷時整整 100 天。以中國駐印軍爲主力的中美聯軍先後投入 3 個師、7 個團以上的兵力。駐印軍傷亡達 6600 餘人，其中陣亡官兵 2400 餘人，負傷 4200 餘人。[1]駐印軍在美軍一部協同下，長驅突進 150 餘公里，佔領土地面積 2200 餘平方公里，斃敵 2000 餘人，俘獲 70 餘人，繳獲敵第 15 軍司令部關防一枚及各種軍火物資甚多。守城之日軍第 18 師團第 114 聯隊主力、工兵第 12 聯隊、第 56 師團第 148 聯隊主力及機場、後勤等其他部隊基本上被全殲。[2]

攻克密支那，是整個緬北反攻戰役中具有決定意義的一戰。自此之後，駐印軍即控制了整個緬北地區。日軍承認，密支那"一旦失守，八莫就難以保持，第 33 軍的後方也將陷於危殆。"[3]從而導致日軍在滇西緬北防禦體系的全面崩潰。駐印軍攻克密支那，意味著中印公路最艱巨的雷多—密支那一段已經打通，全線溝通也指日可待。奪取密支那最爲立竿見影的效果是，駝峰航空運輸隊可以在更靠南面的航線上飛行，而不用擔心日軍戰鬥機的攻擊，從而大大縮短了航程，降低了飛行高度，增加了安全係數，提高了效率，更多更快地將大量物資運往中國。自中美混合突擊支隊 5 月 17 日襲取密支那西機場後，駝峰航空線的運量就逐月猛增。5 月爲 1.3686 萬噸，6 月即增至 1.8235 萬噸，7 月又增 2.5454

---

1 《中國駐印軍緬北戰役戰鬥紀要》上冊，第 138 頁，《中國駐印軍新編第 1 軍密支那戰役死傷表》。
2 《中國駐印軍緬北戰役戰鬥紀要》上冊，第 129 頁。
3 《大東亞戰爭全史》第 3 冊，第 1082 頁。

萬噸，8 月即達到 2.9 萬噸，9 月幾乎達到 3 萬噸，10 月提高到
3.5 萬噸，11 月爲 3.9 萬噸。[1]密支那的佔領，還使中國駐印軍和
滇西遠征軍的作戰連成一氣，對緬北、滇西日軍形成夾擊之勢，使
其首尾不能相顧。總之，密支那一役的勝利，不但使滇緬戰場形勢
完全改觀，盟軍戰局全盤皆活，而且也有力地支援了中國戰場。

　　中國駐印軍廣大愛國官兵在密支那一役中不畏艱險，不怕挫
折，英勇頑強，堅韌不拔，創建了出色的戰績。但在作戰中也暴
露了不少問題，如前線指揮官在作戰初期對敵情判斷不準確，未
能及時把握戰機，指揮不果斷；指揮系統不統一，部署時有不當，
各部隊特別是中美軍隊之間聯絡協同不好；部分參戰部隊訓練不
充分，缺乏熱帶叢林作戰經驗和攻堅能力等等。這些問題使作戰
時間拖長，部隊傷亡增多，付出了血的代價。

　　史迪威將軍通過密支那一戰，進一步認識了中國士兵的優
點，也增加了對中國將領指揮能力的信任。"史迪威相信中國士
兵能打仗，認爲只要領導得當，他們完全能同世界上的任何軍隊
媲美。中國士兵吃苦耐勞，長時間任勞任怨，對粗劣的食物、艱
巨的任務、負傷生病和缺乏樂趣的生活習以爲常，但又能以一些
瑣碎小事說笑逗樂，在最令人失望的情況下也能高高興興。如果
有信得過的軍官，中國士兵跟他們到任何地方去都樂意。"[2]史迪
威多次飛臨前線瞭解情況，及時發現作戰指揮方面的問題並加以
調整，他先後更換了三任美國戰地指揮官，並不斷擴大中國將領
的指揮許可權，直至最後由中國將領指揮全部作戰行動，取得了
密支那攻堅作戰的最後勝利。史迪威由於出色地指揮密支那一戰
而榮升爲四星上將。3 月 8 日，重慶《新華日報》發表題爲《祝
密支那的勝利》的社論，指出"這一輝煌的勝利，是由於史迪威
將軍的卓越指揮，也是由於盟軍將士協同一致，英勇效命所得到

1　《第二次中日戰爭史》下冊，第 978 頁；《史迪威與美國在華經驗》下冊，
　　第 700 頁。
2　《史迪威與美國在華經驗》上冊，第 238-239 頁。

的成就。"社論盛讚史迪威將軍"膽識過人的戰略、堅強的意志和卓越的指揮"。同時還認爲"史迪威將軍的打通援華路線的戰略,浸透了史迪威將軍對華的濃密友情。"這就是當時中國人民對史迪威將軍傑出功績的評價。

第四節　八莫、南坎之戰

　　中國駐印軍自 1943 年 3 月上旬進入野人山區掩護修築中印公路,至 1944 年 8 月 5 日收複密支那,連續作戰 17 個月,中間沒有進行過大的休整。其中駐印軍主力新 38 師和新 22 師,在胡康河谷與孟拱河谷之戰中作戰時間最長。隨後相繼開赴緬北前線的新 30 師、第 14 師和第 50 師各部,也已在密支那鏖戰了兩、三個月。全軍各部在極其艱苦的條件下長期征戰,十分疲勞,加之雨季不便作戰,遂在孟拱、密支那地區進行休整,並重新編組。其所屬五個師分編爲兩個軍:新編第 1 軍(軍長孫立人),轄新編第 38 師(師長李鴻)、新編第 30 師(師長唐守治),集結于密支那;新編第 6 軍(軍長廖耀湘),轄新編第 22 師(師長李濤)、第 14 師(師長龍天武)、第 50 師(師長潘裕昆),集結于孟拱。駐印軍的砲兵、工兵等戰鬥支援部隊亦分別配屬於兩軍。總指揮仍由史迪威將軍擔任,並成立駐印軍副總指揮部,原新 1 軍軍長鄭洞國調升副總指揮。同年 10 月,史迪威將軍因與蔣介石矛盾激化而奉調回國。其原任中國戰區參謀長一職由魏德邁接替,駐印軍總指揮則由索爾登中將繼任。

　　中國駐印軍和中國遠征軍在滇緬戰場上大舉反攻,使日軍第 33 軍在緬北、滇西腹背受敵,連連潰敗。與此同時,日軍第 15 軍入侵恩帕爾也遭到慘敗,陷於全面崩潰。日軍大本營爲了挽回緬甸的敗局,在 9 月到 10 月之間,對緬甸方面軍司令部、第 15 軍司令部及該軍所屬各師團司令部指揮官進行全面撤換,以木村兵太郎中將任緬甸方面軍司令官，田中新一中將任方面軍參謀長；片村西八中將任第 15 軍司令官，吉田權八少將任參謀長。在太平洋戰場上，美軍於 6-8 月攻佔了馬利安納群島，突破了日本的絕對國防圈，將日本本土置於 B-29 轟炸機的有效空襲範圍之內。東條英機內閣因此垮臺。日軍大本營和南方軍爲了集中力量對付美軍即將對菲律賓發動的進攻，命令緬甸方面軍收縮戰線，在臘戍、曼德勒、抹穀（帕科庫）一線阻止盟軍突進，並加強西南海岸的防衛，企圖保住南緬。根據上述命令，緬甸方面軍在 9 月底擬出的作戰指導綱要中提出，作戰目的是："確保南緬要地安定，構成南方圈（按即絕對國防圈）西部邊境堅強堡壘。儘量切斷妨害印中地面聯絡。"作戰方針是："以臘戍、曼德勒及該地以南連結伊洛瓦底江、仁安羌、仰光一線及包括以上地區爲基點，拒止與擊潰來攻之敵。確定曼德勒及該地以南伊洛瓦底江一線，以及伊洛瓦底江三角地帶爲主作戰正面。除上述外，以盡可能手段切斷印中地面聯絡。"作戰指導要領的第一條就是："第 33 軍要擊破八莫、南坎之敵，即使萬不得已，亦應在臘戍、蒙米特附近長期堅持。盡力切斷及妨害印中地面聯絡。"[1]在此之前，第 33 軍司令部判斷："8 月初佔領密支那的美中軍必將南下逼近八莫、南坎，與正在從龍陵方面向芒市、南坎進攻的遠征軍相呼應，以便一舉打通中印公路，因而準備增強八莫、南坎的防禦力量，對敵進行反擊。"[2]根據這個計畫，該軍於 8 月下旬令第 18 師團加強防守南坎，以第 2 師團一部加強防守八莫，並將這一次作戰代號稱爲第二期"斷"作戰，以便與龍陵方面的"斷"作戰相區別。

由於中國駐印軍在密支那、孟拱一帶休整達兩月之久，沒有立即南下，使日軍對駐印軍下一步的動向捉摸不定。第 33 軍司令

---

1 《中華民國史資料叢稿》譯稿，《緬甸作戰》下，第 176 頁。
2 《大東亞戰爭全史》第 3 冊，第 1091 頁。

部在分析駐印軍動向時發生了意見分歧，軍參謀長山本清衛少將認為駐印軍主力將指向蒙米特方面，高級參謀遷政信大佐則認為駐印軍主力將指向八莫、南坎。二者爭持不下。司令官本多政材則在二者之間舉棋不定，最後同意了參謀長的意見，將在南坎的第 18 師團主力調往蒙米特方面。同時本多存在僥倖心理，認為在今年秋季或年底以前切斷中印公路並不困難，主動建議將第 2 師團和第 49 師團的一個聯隊調往曼德勒方面。緬北日軍根據錯誤的判斷變動部署，給駐印軍進攻八莫、南坎提供了可乘之機。

10 月上旬，緬北雨季剛過，駐印軍總指揮部於 10 月 10 日下達第 18 號作戰命令："1、本軍分三縱隊，於 10 月 15 日開始，向南攻佔印道互瑞古之線而確保之，並準備爾後繼續推進。2、英印軍第 36 師為右縱隊，於 10 月 19 日之前肅清和平之敵，佔領卡薩、印道地區而確保之，並準備爾後繼續推進。該縱隊之其餘部隊為重砲兵第 12 團之第 1 連（155 榴）、砲兵第 3 營第 7 連（105 榴）及迫擊砲兵營第 3 連。3、新 6 軍之新 22 師（欠砲兵一營）為中央縱隊，於 10 月 19 日到達和平，22 日前肅清和平之敵，經摩西前進，佔領伊洛瓦底江以南之瑞古地區，並準備繼續推進。4、新 1 軍為左縱隊，迅速向八莫推進，擊滅或包圍八莫至曼西地區之敵，並準備繼續推進。該縱隊之支援部隊為重砲兵第 12 團第 5 連（155 榴）、美軍砲兵第 494 連及砲兵第 3 營（欠第 7 連）。5、第 14 師（欠兩營）、第 50 師及美軍第 148 團為總預備隊。6、暫編第 1 戰車隊為本軍機動部隊，其任務行動另令飭遵。"（注：《抗日戰史》第 9 冊；《西南及滇緬作戰》第 409 頁。）這一部署以八莫為主要攻擊目標，以新 1 軍為主攻部隊。右路英印軍第 36 師沿密支那至曼德勒鐵路走廊進攻卡薩、印道，主要起牽制該方面敵軍增援八莫的作用。中路新 22 師由鐵路以東經和平迂迴攻擊伊洛瓦底江邊的瑞古，切斷八莫守敵的後路，並阻止日軍向八莫增援。

八莫位於伊洛瓦底江東岸，發源於中國騰沖的大盈江（下游爲太平江）在八莫北側流入伊洛瓦底江。水路南下直達曼德勒、仰光，北可上溯密支那、孟拱。陸路除密八公路外，還有一條八莫至騰沖的驛馬古道。由於水陸交通便利，歷來是滇緬往來的要衝和邊境地區的物資集散地。滇緬公路通車後，八莫的商貿地位受到影響，但其作爲緬北兵家必爭之地的戰略重要性並沒有下降。八莫市區房屋沿江而建，東西寬僅約 2750 米，但南北縱長達5500 米。城內溪穀交錯，丘陵起伏。城郊河川縱橫，湖沼遍佈，易守難攻。

日軍侵佔緬甸後，即以八莫作爲進犯滇西的戰略基地，在城內和四郊構築了大量防禦工事。日軍在密支那告急時，曾由緬南抽調第 2 師團兵力前往增援。援軍剛到南坎，密支那已經失守。第 33 軍估計駐印軍下一步將進攻八莫，遂以第 2 師團搜索聯隊爲骨幹，加上第 16 聯隊第 2 大隊、混合砲兵一個大隊，輕戰車 10輛，以及由孟拱、密支那等地逃回的第 18 師團殘部等共 5000 餘人混編爲一個支隊，由搜索聯隊長原好三大佐指揮，擔任八莫的防務。從 8 月中旬起在八莫周邊加強工事，並以一個大隊兵力推進到密八公路上廟堤至那龍間及兩側山地構築狙擊陣地，以遲滯駐印軍對八莫的進攻。廟堤位於高黎貢山東南伸向八莫的頂端，海拔 1450 米，俯瞰太平江注入伊洛瓦底江的三角地帶，距八莫僅12 公里，是八莫週邊的重要屏障。

新 1 軍奉令攻取八莫後，全軍於 10 月 15 日在密支那渡過伊洛瓦底江，即以新 38 師爲第一線兵團，向八莫疾進；新 30 師爲第二線兵團，置於宛貌附近待機續進。10 月 21 日，新 38 師以第113 團爲左縱隊，第 114 團爲右縱隊，向南攻擊前進。第 112 團隨第 114 團之後跟進。第 113 團驅逐那龍的敵警戒部隊，於 27日進抵太平江北岸的大利。29 日，該團以迅猛的行動一舉殲滅據守廟堤的一中隊敵軍，佔領太平江北岸正面的全線，迫使敵軍退守太平江南岸。

太平江正面河寬約 230 米，水流湍急。日軍在南岸依山勢構築了許多強固工事，控制了所有渡口。為了避免因強攻而增加傷亡，孫立人軍長多次到江邊觀察地形，最後決定以第113團在北岸正面佯攻，吸引敵軍注意力，師主力于11月1日由大利以北地區秘密轉移到左翼山地，從上游的鐵索橋過江，對八莫、曼西作迂迴行動，包抄日軍後路。迂迴所經路線都是海拔2000米以上的山地，並且要通過險要的銅壁關。11月6日，第112團首先佔領這一帶險地，接著第114團也順利通過。兩團沖出山地後，席捲莫馬克以北到廟堤間公路東側的全部敵軍據點。在太平江正面佯攻的第113團幾次試探強渡，均因日軍以強大火力封鎖江面而未成功。11月8日夜，該團團長趙狄選派6名水性好的士兵，偷偷游過太平江，尋找敵軍陣地的破綻，接應第3連過江佔領陣地，掩護各營連順利偷渡成功。第113團過江後，分道沿新舊公路直撲莫馬克和馬於濱等地。至11月16日，將八莫週邊的大小村落和3個飛機場完全佔領。迂迴成功的新38師主力會同由廟堤南下的第113團，於11月14日攻佔莫馬克，17日攻佔曼西，截斷了八莫到南坎的公路，完成了對八莫的包圍。二線兵團新30師也乘勢推進到廟堤，接替了太平江北岸的防務，並以一部過江同新38師取得聯繫。

在左翼新38師向八莫迂迴包圍之際，中路新22師亦經和平南下，11月5日強渡伊洛瓦底江，7日攻佔瑞古。為配合新38師進攻八莫，新22師以第64團防守瑞古，主力于11月11日分兩路向八莫以南的曼大及其西北山地前進，以切斷八莫日軍後路並阻蓼增援。第65團於12日攻擊曼大，17日與新38師第113團在八莫市南端會合。第66團亦於14日到達曼大。

右路的第36英印師在向卡薩前進途中，遭到日軍鐵道守備隊突襲，陷於混亂。中路駐印軍新6軍預備隊第50師馳援，將日軍擊退，使英軍轉危為安，並保證攻擊八莫部隊側翼安全。

新38師在掃清八莫城郊週邊據點後，在新22師一部協同下，對八莫市區進行攻擊。由于日軍對八莫防禦已經苦心經營兩年之久，城垣工事非常堅固。許多據點掩體都巧妙利用地形，以大鋼板和鐵路枕木構成，有的則依託合抱不攏的大樹，輔以鋼筋水泥築成。據點的火力配置以重機槍和戰防砲為主，形成嚴密的交叉側防火網。面對複雜的地形和堅固的敵軍陣地，駐印軍攻擊部隊吸取了強攻密支那的經驗教訓，充分發揮砲空優勢，以陸空協同、步砲協同，步兵在戰車掩護下逐點殲敵的作戰方法，攻下一個據點再攻一個據點，逐個摧毀日軍陣地。

11 月 21 日，新 38 師主力對八莫市區發起攻擊。每次進攻時，均先以空軍轟炸，砲兵射擊，然後以戰車掩護步兵進佔敵陣地。駐印軍攻勢猛烈，日軍死傷慘重，但抵抗十分頑強，並且幾乎每天夜間都進行反撲。激烈的攻防戰進行了 20 多天。到 12 月 14 日，日軍在城內的南北兩大主要據點和陸軍監獄、憲兵營房、老砲臺等堅固堡壘均相繼攻克，各攻擊部隊乘勝沿江岸馬路直搗敵核心陣地。敵酋原好三大佐在混戰中被第 113 團第 3 營擊斃。殘敵見大勢已去，遂於當晚強迫傷病官兵自殺，糾集數百人拼死突圍。圍攻部隊集中輕重火器猛烈射擊。突圍之敵死傷累累，遺屍遍野，除 60 余人洇水逃逸之外，其餘悉數被殲。15 日下午 2 時，新 38 師完全控制了八莫。

八莫之戰是一次成功的攻堅戰役。戰後從繳獲的日軍防禦計畫中得知，日軍將八莫防禦戰分為三期：第一期是太平江戰鬥；第二期是八莫週邊戰鬥；第三期是市區戰鬥。計畫死守 3 個月。新 38 師僅用 28 天就攻佔八莫，徹底粉碎了敵軍的企圖。該師在八莫之戰中，不僅表現了英勇頑強、善打硬仗的一貫戰鬥風格，而且顯示了機動靈活的作戰指揮藝術，以較小的代價取得了重大的戰果。在八莫一役中，擊斃敵酋原好三大佐以下官兵 2400 余人，俘敵池田大尉等 21 人，繳獲零式戰鬥機 2 架、戰車 10 輛、各種火砲 2B 門、輕重機槍 95 挺、步槍 1273 支、壓路機及牽引車 8 輛。[1]

新 38 師猛攻八莫之際，新 1 軍軍長孫立人爲早日打通滇緬公路，於 11 月 19 日令該軍二線兵團新 30 師超越新 38 師陣地，分三路縱隊沿南八公路及兩側山地南下，直趨南坎。

敵 33 軍司令官本多政材爲阻止中國駐印軍南下和滇西遠征軍西進，糾集整理殘破的第 2 師團第 4 聯隊，第 18 師團第 55 聯隊，第 56 師團第 146 聯隊，剛從朝鮮調來的第 49 師團第 168 聯隊，以及砲、工、輜重各一個大隊，拼湊了大約相當一個師團的兵力，由第 18 師團第 55 聯隊長山崎四郎大佐指揮，在南坎佈防。南坎在滇緬邊境的瑞麗江南岸，西北距八莫 71 英里（約 114 公里），東北距畹町 39 英里（約 63 公里），南距臘戍 134 英里（約 216 公里）。

南坎是一狹長的河谷地區，縱長 65 公里，橫寬 11 公里，地勢低窪平坦，土質鬆軟肥沃，是緬北主要的產米區。谷地四周都是高山，因此欲取南坎，必先爭奪四周的制高點。南坎在明代是木邦宣慰司轄地，抗日戰爭時期又成爲滇緬公路由畹町進入緬甸後的第一個要衝。因此攻下南坎是中國駐印軍和滇西遠征軍會師，溝通中印公路和滇緬公路的關鍵一戰。日軍入侵緬北後，一直在南坎駐紮重兵，構築了半永久性工事，儲備了大量彈藥和糧秣。

本多爲救援八莫守軍，於 11 月 30 日下令以南坎的第 18 師團第 55 聯隊步兵兩個半大隊，第 56 師團步、砲各一個大隊及工兵兩個小隊，第 49 師團步兵一個小隊拼湊爲一個支隊，總兵力 3200 多人，由山崎親自率領救援八莫。山崎企圖乘新 30 師主力在山地分兵行進之機，在八莫、南坎之間的南於山地附近擊破該師主力，然後傾全力向曼西突進，解救八莫守軍。本多同時下令八莫守備隊突圍，在山崎支隊接應下撤退。

新 30 師主力兵分三路，於 11 月底越過曼西，沿綿亙數 10

<hr>

1 孫克剛：《緬甸蕩寇志》，第 151-152 頁。

公里的山地長驅疾進。12 月 3 日，先頭部隊在南於附近與敵山崎支隊遭遇。新 30 師先頭部隊當即以迅猛的動作搶先佔領八南公路西側的 5338 高地，將日軍堵擊在山腳之下。山崎指揮日軍猛烈反撲，雙方激戰數日。9 日，日軍集中 150 重砲 2 門、山砲 8 門、平射砲 16 門，對新 30 師陣地發動全線猛攻，並派小股日軍多路鑽隙滲透。敵我混戰終日。守軍沉著抵抗，擊退日軍進攻，並將滲入之敵全殲。孫立人將軍見來犯之敵兵力雄厚，速令新 30 師預備隊第 89 團由曼西星夜增援，又由八莫抽調新 38 師第 112 團爲新 1 軍左側獨立支隊，迂迴抄襲南坎來犯之敵右後方。14 日，山崎支隊以主力猛攻 5338 高地，一日之間發射砲彈 3000 餘發。據守高地的第 90 團第 3 營陣地被摧毀，營長王禮宏陣亡。全營官兵頑強堅持戰鬥，誓與陣地共存亡，擊退了日軍 15 次大規模衝鋒。最後，日軍在第 3 營陣地前遺屍 1263 具，內有中少佐以下軍官 41 人，丟棄輕重機槍 76 挺、大砲 6 門、步槍 650 支、擲彈筒 46 個、卡車 46 輛，狼狽潰退。[1]

新 30 師第 88 團乘敵軍傾全力猛攻 5338 高地時，從左翼乘虛向馬支攻擊前進，切斷日軍正面突擊部隊的交通線。19 日，該團攻佔卡的克和卡龍，殲敵一個大隊。新 38 師第 112 團也越過南宛河，進抵拉康。一部沿河西岸向南，將八南公路切成數段，並包圍南開之敵。23 日，正面新 30 師與第 112 團夾擊南開日軍，擊潰援敵兩個中隊，進佔南開，26 日迫近南坎週邊。

敵山崎支隊由南坎出援八莫，不但未能挽救八莫守敵被殲的命運，該支隊也在南於遭遇戰中遭到挫敗，損失慘重，並造成南坎防禦力量的嚴重削弱。駐印軍攻佔南坎週邊山地的分水嶺卡的克之後，站在卡的克或 5338 高地上，用望遠鏡觀察，南坎敵軍的動向一覽無餘。至此，南坎爭奪戰的勝負實際上已經確定了。

新 1 軍各部完成對南坎的合圍，並佔據了週邊有利地勢，攻

---

1 孫克剛：《緬甸蕩寇志》，第 157 頁。

佔南坎指日可待，瑞麗江北岸的祖國國土也已遙遙在望。全軍官兵士氣空前高漲，決心早日拿下南坎，返回國門。軍長孫立人審時度勢，認爲南坎西北週邊地勢狹長險要，不宜正面攻擊，遂令左側獨立支隊第 112 團深入到南坎右後方。12 月 27 日，第 112 團渡過瑞麗江，一舉襲占瑞麗附近的雷允機場和中央飛機製造廠舊址，在祖國國土上過了新年。接著又沿瑞麗江北岸向東攻擊，與滇西遠征軍遙相呼應。從南坎正面進攻的新 30 師也控制了西面的大部分山頭。1945 年 1 月 5 日，新 38 師第 114 團佔領了南坎西南角一帶高地，封閉了合圍圈上最後一個缺口。新 30 師第 89 團冒著緬北旱季少見的大雨，從西南向東北迂迴，攻佔了 3712 高地。第 90 團秘密沿瑞麗江南下，於 11 日拂曉乘大霧過江，由東北向南側迂迴。兩個團分別從背後和側面直撲南坎。

　　1 月 15 日早晨，南坎河谷又撒滿濃霧。新 1 軍各部在砲空火力和戰車支援下，對南坎發動突襲。南坎之敵這時才發現已陷入駐印軍四面包圍之中。擔任側面攻擊的第 90 團，從田壟中以廣正面向南坎突進。上午 10 時，該團 3 營 7 連首先先突入南坎市區。到中午濃霧散盡時，南坎城已被完全攻佔，守敵大部就殲，少量殘敵逃往臘戍。1 月 16 日，孫立人軍長令新 38 師主力向芒友推進，新 30 師主力掃蕩在老龍山區頑抗的敵軍。同日，駐印軍總指揮索爾登、中國戰區參謀長魏德邁、美軍第 10 航空隊司令大衛斯飛抵南坎視察。當時滇西遠征軍已攻克芒市、遮放，正分路向畹町挺進。駐印軍、遠征軍的勝利會師和中印公路的全線通車之日很快就要到來了。

　　新 1 軍在南坎之戰中斃敵 1780 餘人，俘敵 10 餘人，繳獲火砲 12 門、輕重機槍 15 挺、步槍 500 餘支、卡車 12 輛、轎車 1 輛、倉庫 10 餘所。[1]

　　駐印軍中央縱隊新 6 軍在攻佔瑞古、曼大等地後，本擬繼續

---

1 《我的戎馬生涯 —— 鄭洞國回憶錄》，第 375 頁。

南進，截斷臘戌、南坎交通，以策應新 1 軍作戰。這時國內戰局吃緊，侵華日軍發動打通大陸交通線的“一號作戰”，長驅直入豫、湘、桂數省，於 1944 年 12 月初一直打到貴州獨山，貴陽告急，重慶震動。重慶軍事委員會急調新 6 軍主力回國赴援。新 6 軍主力于 12 月日奉令停止前進，在西於地區集結待命。12 月中旬，新 22 師和第 14 師由緬北分批空運到雲南沾益，撥歸在昆明的中國陸軍總司令部直轄。不久又開赴湖南芷江參加湘西戰役。留在緬北的新 6 軍第 50 師則轉歸新 1 軍建制。該師主力于 12 月 28 日推進到西口、西於間地區，並於 1945 年 1 月 1 日向南進擊。1 月 4 日攻佔萬好，擊潰日軍第 18 師團第 114 聯隊、第 56 師團第 113 聯隊兩部殘敵 800 餘人。接著又乘勝追擊，肅清瑞麗江北岸之敵，策應南坎方面新 1 軍主力的作戰。

第五節　美英盟軍配合緬北反攻

　　緬甸在整個亞太戰場上的日軍防禦體系中佔有重要的戰略地位。日本大本營和政府聯席會議 1943 年 9 月 25 日制定，御前會議 9 月 30 日批准的《今後應採取的戰爭指導大綱》規定，“帝國在進行戰爭上，應在太平洋及印度洋方面絕對確保的重要地區是，包括千島、小笠原群島、內南洋（中、西部）及西部新幾內亞、異他群島、緬甸在內的防衛圈。”[1]這就是日本的“絕對國防圈”，緬甸是這一國防圈西翼的防衛重點。大本營陸軍部在當年 12 月底進行了一個星期左右的“虎號”圖上模擬演習，研究確保絕對國防圈的部署。結論是根據 1943 年中期以後的戰局判斷，在盟軍可能採取的五條反攻路線中，“特別需要重視美軍從太平洋方面來的海上攻勢與英、美、中從緬甸方面來的大陸攻勢”。同

---

1 日本外交年表和主要文書（1840-1945）》下卷，《文書》第 588 頁。

時認爲：“關於緬甸方面的作戰，因爲泰國和法屬印度支那在政略上形成我防衛圈內的薄弱環節，加上這方面作戰的進展，將顯然直接增加重慶軍的反攻力量。因此判斷，敵軍在緬甸發動攻勢，將是極爲有利的方策。”[1]根據圖上作業演習的結果，日軍大本營和南方軍於 1943 年底到 1944 年初陸續向緬甸增調兵力，緬甸的日軍由原來的 5 個師團增加到 8 個師團。同時調整和加強作戰指揮機構，增設第 28 軍和第 33 軍司令部。到 1944 年 2 月，日本緬甸方面軍下轄 3 個軍、8 個師團和 1 個旅團。第 15 軍轄第 15、31、33 師團，位於以曼德勒爲中心的伊洛瓦底江至欽敦江之間地區；第 28 軍轄第 2、54、55 師團，駐守仰光和若開地區，擔任孟加拉灣沿岸的防務；第 33 軍轄第 18、56 師團，擔任緬北滇西方面的防務；獨立混成第 24 旅團直轄於方面軍司令部，駐守緬南丹那沙林地區。第 5 飛行師團協同陸軍作戰。[2]

　　中、美、英三大盟國對反攻緬甸的作戰規模、主攻方向和戰場指揮等方面雖然存在各種分歧，但在商討反攻緬甸計畫的過程中，三大盟國一致同意從緬北陸上開展反攻，以便打通中印公路作爲首要目標。盟軍集結在印緬和滇緬邊境的作戰部隊除中國駐印軍和滇西遠征軍外，還有英國第 14 集團軍，下轄第 4 軍、第 9 軍和第 15 軍，分別部署於印度東北部的英帕爾、科希馬和南部的阿拉幹地區。美軍主要以駐印度的第 10 航空隊和駐華的第 14 航空隊協同地面部隊作戰，並提供了一支人數不多的地面突擊支隊（5307 支隊），作戰兵員大約相當一個加強團。

　　在反攻緬甸階段，緬北是盟軍與日軍首先爭奪的戰略要地。盟軍收復緬北，不僅可以重新打通中緬陸路交通，保證援華物資的輸送，支援中國戰場的對日作戰，而且可以爲盟軍在東南亞戰場發動全面反攻提供作戰基地，與從太平洋戰場上反攻的美軍東

1　《大東亞戰爭全史》第 3 冊，第 930 頁。
2　《大東亞戰爭全史》第 3 冊，第 1058-1059 頁。

西呼應，使日軍在廣闊的亞太海陸戰場上首尾不能相顧。日軍控
制緬北，既可封鎖滇緬、中印公路，斷絕援華物資的輸送，又可
保障其絕對國防圈西翼的穩定，以緬北作爲向印度進攻的跳板和
阻止盟軍從印度向緬甸反攻的屏障。

中國駐印軍率先反攻緬北，揭開了盟軍在緬甸全面反攻的序
幕。爲了配合中國駐印軍在緬北的攻勢，英軍第 15 軍於 1944 年
1 月 19 日沿阿拉幹山脈向若開地區發動局部攻勢。2 月 4 日，日
軍在南部實施反擊，以 1 個師團從正面阻擊，另 1 個師團迂回英
軍後方，並於 2 月 6 日將英軍第 7 師合圍。英軍組成環形防禦陣
地，依靠空中支援堅守 3 個半月。日軍則因缺乏空中支援，又受
到英軍後續部隊攻擊，反而陷於英軍反包圍。2 月 17 日，日軍被
迫分爲小股，由叢林中鑽隙撤退。英軍在這次戰鬥中殲敵 5000
人。這是英軍在亞太戰場上對日作戰中首次取得勝利。3 月 1 日，
邱吉爾向蒙巴頓發出的賀電表示：“這次戰役獲得這樣的勝利，
使我非常快慰。這標誌著你們軍隊的新精神，我並相信這將促使
每個士兵更加緊追擊敵人。”[1]

駐印軍打響胡康河谷戰役後，盟軍東南亞司令部派溫蓋特少
將指揮的“欽迪特遠端突擊隊” 1 個旅（英軍第 16 旅），於 2 月
5 日從雷多出發，滲透到緬北敵後。其任務是在英多（即印道）、
傑沙（即卡薩）一帶切斷日軍交通線，打亂緬北日軍特別是正在
與駐印軍作戰的第 18 師團的供給系統，支援駐印軍主力從正面反
攻胡康河谷。這個英軍旅依靠空投補充給養，穿過約 400 多公里
的山地和叢林秘密推進。3 月 5 日，“欽迪特”突擊隊的另外兩
個旅（第 77 和 111 旅），由菲力浦·科克倫上校指揮的新建美國
“空中突擊隊”的 250 架運輸機和滑翔機運載，在英多、傑沙一
帶降落。突擊隊首先利用滑翔機在林間空地著陸，隨即開闢小型
機場跑道，運輸機接著強行降落，源源不斷地運來兵員和裝備。

---

1 邱吉爾：《第二次世界大戰回憶錄》第 5 卷，第 857 頁。

從 3 月 5 日到 11 日，共有 7500 人攜帶他們的裝備安然著陸，此外還運來了砲兵、吉普車和 1300 頭騾馬。3 月中旬，由陸路進軍的第 16 旅也到達英多附近。

英軍這一行動完全出乎日軍意外。駐眉苗的日軍第 15 軍司令部直到 3 月 9 日才接到發現空降部隊的報告，認爲不過是類似於一年前溫蓋特旅進行的"打了就跑"的遊擊襲擾活動。第 15 軍司令官牟田口廉也下令由第 15、18 和 56 師團各部抽調 1 個大隊趕赴現場掃蕩空降部隊。但直到英軍降落兩個星期以後，日軍尚未掌握瞭解其全貌的情報。日軍第 5 飛行師團也出動飛機轟炸英軍降落場，但並未發現北面的降落場。南面的降落場在 3 月 10 日遭到轟炸，但當時英軍已經離去。這時英軍已經調集了戰鬥機和轟炸機來提供空中支援並保護其基地，在兩天內擊毀 61 架敵機，自己僅損失 3 架。英軍在這次空降行動中的損失是死傷和失蹤 145 人，一些滑翔機在著陸時失事。此外有少數滑翔機未找到著陸點而被迫折回，第三個著陸點由於種種原因而臨時取消。3 月 18 日，牟田口匆忙拼湊的部隊到達英多。由於情況不明，這支日軍的掃蕩猶如瞎子摸象，結果完全失敗。緬甸方面軍司令官河邊正三緊急從緬南抽調獨立混成第 24 旅團主力和第 2 師團一部北上，攻擊英軍空降部隊。3 月 25、26 日，獨立混成第 24 旅團連續兩天攻擊均遭失敗。河邊正三感到情況嚴重，又調方面軍戰略預備隊第 53 師團前往緬北，並於 4 月 8 日正式成立以本多政材爲司令官的第 33 軍司令部，統一指揮第 18、53、56 三個師團，擔任對緬北、滇西方面的中、美、英盟軍作戰。

3 月 24 日，溫蓋特的座機在恩帕爾附近的群山中因濃霧迷失方向而墜機身亡。溫蓋特死後，"欽迪特"突擊隊由第 111 旅旅長倫泰恩准將繼任司令官。26 日，由陸路進軍的第 16 旅根據溫蓋特的遺命進攻英多，但被已有準備的日軍擊退。由於日軍陸續向緬北調集重兵，"欽迪特"突擊隊在沒有主力部隊支援的情況，無力單獨發動大規模攻勢。4 月初，蒙巴頓、斯利姆和倫泰

恩討論了緬北戰局之後，決定把"欽迪特"突擊隊北調，接受史
迪威將軍指揮，協同中國駐印軍在孟拱河谷作戰。這樣，緬北戰
場上的盟軍以中國駐印軍 5 個師為主力，在英軍"欽迪特"突擊
隊 3 個旅以及美軍 5307 支隊約 1 個加強團的協同下，由史迪威將
軍統一指揮，對孟拱河谷和密支那的日軍發動了強大的攻勢。

　　英軍"欽迪特"突擊隊的空降行動，雖然沒有取得英國領導
人預期的輝煌戰果和轟動效應，但已經達到了擾亂日軍後方，切
斷其交通補給線，支援中國駐印軍正面反攻的主要目的。這一行
動不但加劇了日軍第 18 師團的困境，而且牽制了日軍第 15 軍和
第 5 飛行師團預定用於進攻恩帕爾的部分兵力。溫蓋特雖然沒有
看到"遠端突破"行動的最後勝利，但他所宣導的空投補給戰術
在緬北反攻和恩帕爾之戰中的大規模實施取得了很好的效果，對
中美軍隊奔襲密支那的勝利和英軍救援科希馬、扭轉恩帕爾戰局
都發揮了積極的作用。因此邱吉爾對溫蓋特之死極其悲痛，在回
憶錄中寫道："一團明亮的火焰和他一起熄滅了。"[1]

　　日軍為了挽回在緬北的敗局，悍然向印度恩帕爾發動大規模
進攻。日軍對進攻恩帕爾進行了長期策劃。由於兵力不足，補給
困難，地形艱險等原因而遲遲未能實施。中國駐印軍長驅直下胡
康河谷，溫蓋特率領的英軍"欽迪特"突擊隊深入到緬北日軍後
方，使日軍感到在緬甸的廣闊戰場上，面對優勢的盟軍來自不同
方向的反攻，單靠守勢作戰完成防禦任務幾乎是不可能的。與其
被動挨打，不如主動出擊，進攻並摧毀盟軍在印度東北部的反攻
基地。1944 年 1 月 7 日，日軍大本營指出："南方軍總司令官為
了防衛緬甸，得在適當時機擊潰敵軍的防禦，佔據恩帕爾附近印
度東北部地區。"[2]對恩帕爾的進攻代號為"烏"號作戰。1 月下
旬，緬甸方面軍司令官河邊對第 15 軍發佈了作戰命令，要求"第

---

1 邱吉爾：《第二次世界大戰回憶錄》第 5 卷，第 861 頁。
2 《大東亞戰爭全史》第 3 冊，第 1056-1057 頁。

15 軍先以一部（第 33 師團）從欽高地方面發起攻勢，儘量將恩帕爾方面的敵第 4 軍團牽制在這一方面，同時軍的主力（第 15、第 31 師團）奇襲渡過欽敦江，一舉攻佔科希馬，切斷敵軍的增援路線，並以主力（第 33、第 15 師團等）包圍並殲滅恩帕爾之敵。"[1]同時將"印度國民軍第 1 師劃歸第 15 軍指揮。1 月下旬和 2 月上旬，第 15 軍的 3 個師相繼進入進攻出發地。牟田口選擇 2 月 11 日日本紀元節（即傳說中的神武天皇即位之日）發出了發動"烏"號作戰的命令，決定第 33 師團於 3 月 8 日、軍主力于 3 月 15 日分別開始行動，在雨季到來之前結束戰鬥，在恩帕爾地區轉入防禦態勢。

在日軍第 15 軍向恩帕爾進攻前夕，英軍的"欽迪特"突擊隊在緬北敵後空降。日軍輕率地認爲這只是一支孤立之敵，是日軍各個擊破的好物件。河邊和牟田口都堅持按預定計劃開始"烏"號作戰。當"欽迪特"部隊的空運工作在 3 月 8 日進入最後階段時，日軍第 33 師團也在通贊附近渡過欽敦江，分爲 3 個突擊隊向恩帕爾進發，另外兩個師團和印度國民軍約 7000 人隨後渡江跟進。

英軍第 14 集團軍司令斯利姆中將打算將分散在阿薩姆邊界防線的第 4 軍 3 個師撤退到英帕爾平原地帶，引誘日軍冒進，然後發揮英軍在坦克和飛機方面的巨大優勢，在恩帕爾平原與日軍決戰。由於英軍行動遲緩，第 4 軍第 17 師於 3 月中旬在恩帕爾以南約 160 公里的鐵定附近被日軍第 33 師團包抄後路。第 4 軍派第 23 師第 37 旅在坦克配合下攻擊日軍左翼，第 17 師也從包圍圈內向外反擊。經一周激戰，重創日軍左翼突擊隊。3 月 24 日，日軍第 33 師團長柳田下令左翼突擊隊撤退，英軍第 17 師及其數百輛汽車牽引的大砲，得以安全撤往英帕爾。

日軍以 33 師團向南迂回恩帕爾之際，第 15 和 31 師團從北翼直取科希馬。科希馬是位於恩帕爾東北 80 公里的一個山間小鎮。

1　《大東亞戰爭全史》第 3 冊，第 1057-1058 頁。

英軍在恩帕爾部署了 4 個師的重兵，在科希馬的守軍卻只有 1500
人。3 月 29 日，日軍切斷了恩帕爾至科希馬的公路，並於 4 月 6
日攻佔科希馬。距科希馬只有不到 50 公里的盟軍補給中繼站迪馬
普爾受到嚴重威脅。位於群山出口處的迪馬普爾是阿薩姆鐵路的
終點站。這裏堆滿了武器彈藥和各種軍用物資，不僅為英國第 14
集團軍和中國駐印軍提供補給，而且儲存著“駝峰”航線向中國
空運的物資。但盟軍並未派戰鬥部隊守衛這一重要的後勤基地，
因此只要有一小股日軍就能佔領它。迪馬普爾一旦陷落，將嚴重
危及盟軍在緬甸各條戰線的部隊，並影響援華物資的空運。斯利
姆對此十分緊張，緊急向迪馬普爾調集部隊。4 月初，第 7 印度
師從阿拉幹沿海地區空運到迪馬普爾，第 5 印度師空運到恩帕
爾。第 33 軍也經鐵路運往迪馬普爾。為了空運增援部隊，蒙巴頓
調用了“駝峰”航線的 20 架美國飛機，並且還要求再借用 70 架。
邱吉爾也親自出馬，決定將原已準備從東南亞戰區調往地中海戰
區的 79 架運輸機留下來支援恩帕爾地區的作戰。他還請羅斯福敦
促蔣介石下令滇西遠征軍反攻，以牽制日軍。

　　英軍通過大規模緊急空運迅速向恩帕爾、科希馬地區增調了
大量援兵和補給，對日軍進行阻擊和反攻，終於穩住了戰局。日
軍的後勤保障十分薄弱，又缺乏有力的空中支援，出發時隨軍攜
帶的糧食和彈藥已經消耗殆盡，隨軍運輸的駄馬和駄牛大部分已
經死掉，自開始進攻以來一直沒有得到一駄軍需品的補充。由於
長途行軍和連日激戰，官兵的傷亡和疲勞與日俱增，戰鬥力迅速
下降。日軍原計劃以 3 周時間結束戰鬥，但速戰速決的企圖落空
了。4 月 10 日，英軍第 33 軍在科希馬發起反攻。4 月 20 日，由
迪馬普爾一路攻來的英國第 2 師和印度 161 旅進入科希馬，擊斃
日軍 4000 人。到 4 月底，日軍各師團的戰鬥力已減到 40%左右，
不斷地向其軍司令部發出戰況緊急，請發彈藥，請調空軍支援的
告急電報。這時，恩帕爾地區的英軍已增至 12 萬多人，向南北兩
個方向實施突擊。日軍被優勢英軍步、砲、空和坦克的協同攻擊

壓制在山谷裏,已經失去了戰鬥行動的自由。白天不僅不能舉炊,甚至晾曬一件衫衣也會招至英軍轟炸。日軍只能在夜間偷襲英軍,但天亮之後,在英軍的空襲和砲轟下,又只有潛伏到山谷之中。

緬甸其他戰線的日軍部隊也在盟軍的強大攻勢下節節敗退。5月11日,滇西的中國遠征軍分7處強渡怒江,向當面的日軍第56師團全線進攻。5月17日,中美混合突擊支隊一舉襲占密支那西機場。恩帕爾地區的日軍陷於孤立無援的境地。

第15軍司令牟田口決定鋌而走險,糾集殘兵發動孤注一擲的總攻擊。他不顧手下3個師團長的強烈反對,以山本支隊的坦克和重砲聯隊以及新編入該軍的第53師團2個步兵大隊加強第33師團,於5月中旬在恩帕爾西南山地開始反撲。經過40天激戰,日軍的反撲遭到慘敗。6月22日,英國第2師和第5印度師在恩帕爾北面會師。日軍反攻部隊傷亡慘重,第33師團戰鬥力下降到30%以下,大隊長、聯隊長相繼戰死。對恩帕爾戰局惶恐不安的日軍大本營派參謀次長秦彥三郎中將前往南方軍和緬甸方面軍視察,於5月15日回東京向東條英機報告說:"恩帕爾戰役成功的希望正在逐漸減少。"[1]但以首相兼陸相和參謀總長的東條不願正視現實,幻想牟田口指揮的反撲取得成功,沒有下令終止作戰。6月初,緬甸方面軍司令官河邊視察恩帕爾前線,與牟田口進行了會談。兩人仍然決定繼續頑抗,要求南方軍增派空軍支援。牟田口瘋狂地電令戰場指揮官"繼續執行任務,直到彈藥耗盡。如果你們的手臂斷了,用你們的牙齒。如果已停止了呼吸,用你們的靈魂戰鬥。缺乏武器不是理由。"[2]牟田口的命令未能阻止其饑疲交困,死傷累累的部隊的潰退。第31師團長佐藤惱怒地回答牟田口:"自從離開欽敦江,我們沒有得到你的一粒子彈,也沒有得到一粒米。"[3]佐藤不顧軍法制裁的威脅,擅自下令由科希馬地區

---

1 《大東亞戰爭全史》第3冊,第1072頁。
2 約翰·科斯特洛:《太平洋戰爭》下冊,第135頁。
3 約翰·科斯特洛:《太平洋戰爭》下冊,第135頁。

撤向能得到補給的地方。該師團在撤退時傷亡達 7000 人。牟田口惱羞成怒，要求撤換佐藤和患病的第 15 師團長山內正文。在此之前，第 33 師團長也已被撤換。在作戰過程中撤換全部師團長，在日本陸軍史上從無先例。這一事件說明了日軍第 15 軍在恩帕爾已陷入無法擺脫的困境。牟田口自知罪責難逃，也提出了自請處分的報告。

　　日軍第 31 師團的擅自撤退，使英軍在 6 月 22 日突破了日軍在科希馬至恩帕爾道路上的防線，重新打通了向恩帕爾主要作戰地區增援的路線。頑固的牟田口至此也不得不承認失敗，於 6 月 23 日向緬甸方面軍提出意在停止"烏"號作戰的報告。報告說："在萬一停止進攻轉入防禦時，根據我軍現狀，認為退到從印緬國境線上的欽敦江西岸高地經莫萊西北高地至鐵定一線，較為合適。"[1]緬甸方面軍司令官河邊一面電示第 15 軍繼續頑抗，一面向南方軍司令官寺內請求停止"烏"號作戰。在此期間，英帕爾日軍只能靠吃野草和昆蟲苟延殘喘，並不斷遭到英軍的大量殺傷。在得到南方軍司令官和大本營批准後，緬甸方面軍於 7 月 10 日向第 15 軍下達了停止"烏"號作戰的命令。7 月中旬，日軍開始撤退。時值雨季，饑疲交團、傷病交加的第 15 軍官兵在撤退時已經潰不成軍，許多人在撤退途中倒斃或自殺，其餘的人則扔掉武器狼狽逃回。撤退過程從 7 月中旬拖到 9 月下旬。由於軍紀蕩然並喪失了通訊器材，軍司令部已無法掌握各師團的情況。第 15 軍已完全喪失戰鬥力。

　　根據英國方面的資料，日軍在恩帕爾之戰中投入了三個師和一個"印度國民師"，總兵力為 8.4 萬人，損失達 5 萬多人。英軍先後投入六個師和若干較小的編隊，兵力最多時達 12 萬人（不包括用飛機運走的 3.5 萬名傷病員和非戰鬥人員），由於掌握了

1　《大東亞戰爭全史》第 3 冊，第 1074 頁。

制空權，損失不到 1.7 萬人。[1]日軍自己承認的損失情況是："最初越過欽敦江參加恩帕爾戰役的約 10 萬人中，約損失了 3 萬名，另有 2 萬名的傷病員任其自流地撤到更遠的後方，殘餘兵力約 5 萬名。而這 5 萬名中有一半以上是病人。"武器大部損失。"以第 15 師團爲例，一個步兵大隊剩下的武器只有 1 挺重機槍、2 挺輕機槍和 2 個擲彈筒，僅及一個小隊的裝備。一個師團的步槍只有 600 支左右。"火砲、汽車等重要武器裝備的損失爲：各種火砲 171 門，汽車 2051 輛。[2]日軍大本營原指望通過恩帕爾之戰扭轉緬甸戰局，結果適得其反，不但付出了極其慘重的代價，而且在緬甸戰場各條戰線上都處於更加被動的不利態勢。大本營爲此而將緬甸方面軍和第 15 軍的軍、師團司令官及參謀長全部撤換。蒙巴頓則高興地宣稱："日軍侵略印度的企圖實際上已成過去，展示在我們面前的前景是英國將在緬甸獲得第一次大捷。"[3]

1　利德爾 —— 哈特：《第二次世界大戰史》下冊，上海譯文出版社 1980 年版，第 185-186 頁。
2　《大東亞戰爭全史》第 3 冊，第 1077 頁。其中火砲、汽車損失數系本書作者根據該頁列表的第 15 軍 3 個師團和軍直轄部隊在恩帕爾戰役前後擁有的火砲、汽車數計算所得。
3　邱吉爾：《第二次世界大戰回憶錄》第 5 卷，第 868 頁。

第八章 滇西遠征軍收復失地

第一節 強渡怒江

中國駐印軍發動緬北反攻戰役之際，集結在滇西的中國遠征軍也在加緊準備，等待戰機強渡怒江，收復滇緬邊境失地，與駐印軍互相策應，打通國際交通線。美國對滇西反攻也非常重視，1943 年 12 月 23 日至 1944 年 4 月 4 日，羅斯福 5 次致電蔣介石，敦促中國遠征軍在滇西進行反攻。1944 年 2 月 27 日，蔣介石複電羅斯福，答應"儘量自雲南空運軍隊往印度，以增強雷多地區的軍力，打擊日軍。"[1]3 月中旬，日軍向恩帕爾發動大規模反撲。蒙巴頓一方面要求大量調用"駝峰"航線的美軍飛機，一方面要求滇西的中國遠征軍立即出動。羅斯福應英方要求，在 3 月 20 日致蔣介石的第 4 次電報中強調："緬北形勢已達重要階段，此情勢可有利於吾人，但若吾八不能把握有利之時機，則亦可予吾人以甚大之不利……如雲南中國軍隊不即採取行動，則日敵將在此劣勢之下逐漸回蘇，請閣下立命雲南華軍在此良好機會之下，與吾人共同合作。"[2]同日，史迪威的參謀長賀恩少將奉羅斯福之命，由緬北飛往重慶，向蔣介石面交第 163 號備忘錄，要求"滇西方面之遠征軍，及時開始攻擊，牽制當面之敵第 56 師團，使我駐印軍作戰容易。遠征軍若能推進至騰沖或龍陵，則駐印軍可乘

---

1 《第二次中日戰爭史》下冊，第 968 頁。
2 《史迪威事件》增訂版，第 201 頁。

機推進至密支那。"[1]史迪威亦於 3 月 28 日由緬北前線飛往重慶要求滇西遠征軍儘快出動。蔣介石出於保存實力和維護國民黨在國內統治地位的種種考慮，於 3 月 1 日和 15 日將第 50 師及第 14 師由昆明空運印度，滇西遠征軍則仍然按兵不動。4 月 4 日，羅斯福第 5 次來電敦促，指出："英坊（即恩帕爾）方面之日軍攻勢，實即打擊通華物資路線之戰事，如其目的克達，則日本即可消滅雷多方面之部隊，而轉擊閣下之遠征軍。英軍現在所抵抗者，亦即打擊貴國補給線之威脅。緬甸西部、阿拉幹海岸皆在激烈戰鬥，而怒江前線尚無動作，致使日軍得轉用其第 56 師團以攻擊史迪威孟拱方面之部隊，威脅美軍北緬長程突擊隊。"電報最後說："自去年以來，吾人裝備中國遠征軍，正爲今日作戰，若不能在這絕好機會加以使用，則吾人過去空運器材與教官之努力，皆失去意義。我企盼閣下立即採取行動。"[2]這封電報措詞強烈，並暗示如不出兵，則將停止運送援華物資。

在美國的強烈敦促下，蔣介石不得不改變初衷開始採取行動。4 月 13 日，軍政部長兼參謀總長何應欽簽發了準備發動怒江攻勢的命令：1、以策應駐印軍攻擊密支那之目的，著以第 20 集團軍第 53 軍爲第一線，第 36、198 師爲第二線，于栗柴壩、雙虹橋間地區，超越防守部隊，渡河攻擊當面之敵，向固東街、江苴街之線進出，相機攻佔騰沖。

2、各作戰部隊準備，限 4 月底以前完成，待命開始攻擊。

3、怒江防守部隊（第 11 集團軍），除第一線各師各派一營以上兵力加強怒江西岸遊擊，牽制當面之敵，使攻擊部隊易於進展外，其餘仍負原任務。

4、著第 8 軍赴祥雲，雲南驛地區集結，限 6 月 5 日前到達，歸衛司令長官指揮，並速擬渡河攻擊計畫呈核。[3]

1 《抗日戰史》第 9 冊：《西南及滇緬作戰》，第 337 頁。
2 《史迪威事件》增訂版，第 202-203 頁。
3 《抗日戰史》第 9 冊：《西南及滇緬作戰》，第 337-338 頁。

　　遠征軍司令長官部奉令後，迅即擬定了作戰計畫，4月17日由副司令長官黃琪翔送呈軍事委員會，經蔣介石親自批准實施。計畫要點是：“1、遠征軍為策應駐印軍攻擊密支那，以第20集團軍為攻擊軍，由栗柴壩、雙虹橋間渡江，以騰沖為目標。2、第11集團軍為防守軍，負怒江左（東岸）防守之責。另以該集團軍之新39師、第88師、第76師、新33師各派一個加強團，渡江攻擊，策應第20集團軍之作戰。”[1]作戰計畫對各軍、師在攻擊準備和攻擊實施中的任務進行了具體部署。4月21日，遠征軍司令長官部規定，在遠征軍各部隊的美軍聯絡官主要是協助訓練、補給供應、交換情報和提供陸空聯絡等，而沒有指揮中國作戰部隊的權力。4月29日，與美軍第14航空隊（戰鬥機3個中隊、中型轟炸機2個中隊）就協同中國軍隊反攻達成協定。同日電令第20集團軍第一線兵團及砲、工支援部隊應於5月5日以前展開完畢。

　　反攻前夕，滇西方面的中日軍隊兵力和部署情況是：

　　遠征軍方面：遠征軍司令長官部（司令長官衛立煌、副司令長官黃琪翔）戰前由楚雄前移至保山的馬王屯。第11集團軍（總司令宋希濂、副總司令黃傑）總司令部由大理進至保山板橋。該集團軍下轄第2、第6、第71三個軍及軍直屬部隊。第2軍（軍長王凌雲）轄第9、新33和第76三個師，駐鎮康、耿馬、順寧一帶，戰前由第9師第25團和第76師第228團合編的加強團已集結於七道河附近，新33師的加強團集結於戶板附近。第6軍（軍長由黃傑兼任）轄預備第2師和新39師，預2師主力原在漕澗，一部在騰北地區遊擊，新39師在永平、下關一帶，戰前預2師第4團已由六庫附近渡江，對片馬方面警戒。新39師加強團（第115團及師直屬部隊）移至惠仁橋東岸附近地區。軍部移至保山的白廟。第71軍（軍長鐘彬）轄第87、88師和新28師，在滇緬公路

1　《抗日戰史》第9冊：《西南及滇緬作戰》，第338頁。

正面，原以一部分擔任江防，大部分集結在保山的蒲漂、由旺和施甸等地，軍部駐保山。戰前第 88 師加強團（第 264 團及師直屬部隊）已進至打黑渡附近。[1]第 20 集團軍（總司令霍揆彰、副總司令方天）總司令部由彌渡進至保山的瓦窯。該集團軍下轄第 53、54 兩軍。第 53 軍（軍長周福成）轄第 116、130 兩師，原駐彌渡、南潤一帶，奉命擔任攻擊軍第二線兵團後，進駐保山瓦窯以西的汶上、老營街地區。第 54 軍（軍長由方天兼任）原轄第 14、50、198 三個師，駐祥雲、永平一帶。1944 年 4 月第 14、50 師空運印度，又將第 11 集團軍直轄的第 36 師撥歸第 54 軍，該軍作爲攻擊軍第一線兵團，在怒江東岸的栗柴壩、雙虹橋間集結，軍部駐保山的瓦房街。[2]至 5 月 10 日，參加反攻作戰的遠征軍各部隊基本上完成了攻擊準備和戰役展開。

渡江反攻初期，遠征軍參戰部隊爲 2 個集團軍計 5 個軍、12 個師以及砲、工兵和滇緬康特別遊擊區部隊。此外，擔任滇西南車裏、佛海方面防務的第 93 師亦屬於遠征軍系列。此後，遠征軍司令長官部直轄的第 8 軍 3 個師（榮譽第 1 師、第 82、103 師）以及第 5 軍第 200 師亦相繼投入反攻作戰，因此，先後直接參加滇西反攻戰役的中國遠征軍部隊主力爲 16 個師，兵力 16 萬餘人。

日軍方面：自 1942 年夏怒江對峙局面形成後，盤踞在怒江以西滇緬邊境地區的日軍時有調動和增減，但始終以第 56 師團爲主，保持約一個師團的兵力。其防衛地區北起片馬以南的中緬邊境，南至滾弄以南，正面約 400 公里。日軍在 1944 年 4 月底以前的兵力部署大概情況是：第 56 師團長松山祐三中將率師團部駐芒市；第 113 聯隊附砲兵聯隊一部，由聯隊長松井秀治大佐指揮，分據臘猛、松山、豬圈山、大壩子、黃草壩一帶；第 146 聯隊第 1 大隊，由大隊長安部少佐指揮，分據平戛、象達一帶，其第 2

---

1 吳致皋：《滇西作戰實錄》，臺灣文星書店 1962 年版，第 21-25 頁。

2 《抗日戰史》第 9 冊：《西南及滇緬作戰》，第 357-359 頁；宋希濂：《遠征軍在滇西的整訓和反攻》，《文史資料選輯》第 8 輯，第 71-72 頁。

和第 3 大隊於 3 月中調赴緬北掃蕩英軍"欽迪特"空降部隊,其後動向不明;第 148 聯隊由聯隊長藏重康美大佐指揮,分據騰沖城及騰北的橋頭、馬面關、界頭、瓦甸、江苴、大塘子一帶;搜索聯隊由聯隊長平井大佐指揮,擔任滾弄的防務;工兵聯隊主力由聯隊長小寶中佐指揮,據守龍陵城及附近地區;第 18 師團第 114 聯隊第 1 大隊,由大隊長豬瀨少佐指揮,分據片馬、拖角、落孔、明光、固東一帶。此外還有第 2 師團和第 53 師團各一部,分據遮放、畹町至臘戍間公路沿線。[1]

　　日軍第 33 軍司令官本多政材預料中國遠征軍為配合緬北盟軍的反攻,將於最近發動進攻。對於日軍來說,"這將是一場防衛緬甸生死攸關的重大戰役"[2]。據守在怒江以西的日軍為此加緊進行戰備。日軍首先加固了作為警備中心、進攻據點和防禦支撐點的臘猛(松山)、平夏、滾弄、騰沖、瓦甸和高黎貢山的冷水溝、大塘子等地的據點工事。加固後的陣地樞紐部達到了能承受中口徑火砲直接命中的堅固程度,並在陣地內儲存了至少可堅持 3 個月戰鬥的物資。同時大力改善交通設施,將龍陵一騰沖一瓦甸間的道路改修為汽車道,在這條道路和滇緬公路主要渡河點,預先儲備了搶修橋樑的材料和儲備渡江器材。對怒江各渡河點和高黎貢山的地形進行周密偵察,補充作戰地圖,使官兵熟悉戰場地形。對官兵進行技、戰術強化訓練,並增加給養。加強情報工作,特別是監聽和破譯中國遠征軍的無線電通訊。

　　日軍通過破譯密碼偵知了中國遠征軍的企圖,於 5 月上旬對其部署進行了調整。以第 56 師團步兵團長水上源藏少將指揮第 148 聯隊為基幹的各部隊防守騰沖地區,並將主力向高黎貢山北移佔領各隘路口。以第 113 聯隊為基幹,部署在包括臘猛、龍陵、芒市的滇緬公路沿線。該聯隊主力向紅木樹及其以北地區調動。

1 吳致皋:《滇西作戰實錄》,第 19 頁;方國瑜:《抗日戰爭滇西戰事篇》,《雲南文史資料選輯》第 19 輯,第 19-20 頁。
2 《中華民國史資料叢稿》譯稿,《緬甸作戰》下,第 88 頁。

其第 1 大隊和砲兵聯隊第 3 大隊由砲兵大隊長金光少佐指揮，擔任臘猛、松山的守備。第 146 聯隊以一個大隊據守平戛，主力由聯隊長今岡宗四郎大佐率領，控置在畹町附近作為師團的反擊機動預備兵力。在芒市還有第 53 師團搜索聯隊，第 2 師團第 29 聯隊第 2 大隊以及第 146 聯隊一部共約 1000 餘人，作為機動部隊。[1]

遠征軍攻擊軍第 20 集團軍於 5 月 6 日制定攻擊計畫，以第 54 軍附第 53 軍第 116 師第 346 團為第一線兵團，第 53 軍為第二線兵團，由栗柴壩，雙虹橋間渡江，以騰沖為攻擊目標。預計將作戰分為三個階段：第一階段強渡怒江；第二階段佔領怒江西岸高黎貢山的敵軍據點；第三階段攻佔騰沖。[2]5 月 8 日，第 20 集團軍下達攻擊準備命令，第一線兵團各部在加緊渡江準備的同時，派出武裝便衣，在當地民眾引導下，利用黑夜偷渡到西岸佔領要點，以便掩護大部隊搶渡。5 月 9 日，遠征軍司令長官部電令攻擊軍及防守軍各加強團一律於 11 日開始渡江攻擊，具體時間由各部隊指揮官根據情況決定。

敵第 56 師團防線廣闊，兵力不足，拼命搜集情報，竭盡全力判斷遠征軍的主攻方向和進攻時間，以便集中兵力進行反擊。根據破譯密碼判斷中國軍隊將在 5 月 10 日前後開始反攻，主攻方向大致在惠人橋以北，六庫渡以南地區。敵第 56 師團長遂於 5 月 5 日召集各團隊長在芒市師團司令部籌畫反擊方針，並進行圖上作業，決定首先在怒江西岸地區，繼而轉移到險峻的高黎貢山區，再在龍川江河谷對突入到高黎貢山西側的遠征軍實行各個擊破。[3]

1944 年 5 月 11 日黃昏，第 20 集團軍第一線兵團第 54 軍，以第 198 師和第 36 師各一個加強團，在砲、工兵支援下，由栗柴壩、雙虹橋間強渡怒江西岸。第 11 集團軍各部除擔任東岸防守任

---

1 吳致皋：《滇西作戰實錄》，第 19-20 頁；《中華民國史資料叢稿》譯稿，《緬甸作戰》下，第 90-91 頁。

2 《抗日戰史》第 9 冊：《西南及滇緬作戰》，第 357-361 頁。

3 《中華民國史資料叢稿》譯稿，《緬甸作戰》下，第 91-92 頁。

務外，以新 39、第 88、第 76、新 33 師各一個加強團，由惠人橋、打黑渡、三江口分別渡江，向紅木樹、平戛和滾弄攻擊，策應第 20 集團軍作戰。

怒江兩岸山勢險峻，懸崖壁立，江中水深流急，只有少數渡口可以渡江，其他地段無法過渡。日軍在對岸憑險據守，以火力封鎖江面，更使敵前強渡困難倍增。遠征軍在渡江前進行了較長時間的充分準備，成立了以工兵為基幹的怒江渡江工程處，並雇用民工打造船筏。美軍工兵部隊也提供了數百條橡皮艇。各部隊渡江前在大理洱海和瀾滄江反復進行渡江的強化訓練。進攻之日，在北起栗柴壩，南至三江口的各出發點集中了各種舟船筏 393 艘，大木船可運兵一排，橡皮艇和竹可運兵一班，在夜暗掩護下，以迅速秘密的動作一舉搶渡成功。守在怒江西岸高黎貢山要隘的日軍，直到第二天上午才發現遠征軍已經到達西岸。渡江作戰部隊除一個士兵落水淹死外，基本上沒有損失。參加渡江準備和搶渡的工兵部隊有直屬遠征軍長官司令部的工兵第 2 團 3 個營和獨立工兵第 35 營，以及各軍、師編偽的工兵營、連，總兵力約 4000 人。從技術和戰術上看，渡江的準備和實施是成功的。

遠征軍搶渡成功後，第 11 集團軍所屬新 39 師的一個加強團於 12 日攻佔紅木樹，第 76、88 師的兩個加強團會攻平戛，殲敵 100 餘人。13 日殘敵突圍竄往芒市。

第 20 集團軍一線兵團第 54 軍，以第 198 師為右翼，第 36 師為左翼，在加強團渡江成功後，師主力相繼過江，分頭向北、南兩路攻擊敵軍據點。北路第 198 師相繼攻佔邦瓦寨、灰坡、馬面關及橋頭等地。師主力轉攻北齋公房。敵第 148 聯隊憑險死守，形成對峙。第 36 師由雙虹橋渡江後，向大塘子一帶攻擊。敵軍利用週邊據點頑抗。由於敵軍據點居高臨下，第 36 師仰攻傷亡過重，攻勢頓挫。二線兵團第 53 軍於 5 月 13 日渡江增援。14 日晨，第 53 軍在優勢砲空火力支援下，對敵展開猛攻，激戰一晝夜，攻克大塘子。並乘勝追擊，於 5 月下旬越過高黎貢山，進抵瓦甸、江苴一線以東。第 36 師則轉移到唐習山以北集結待命。

　　中國遠征軍自 5 月 11 日強渡怒江到 5 月 25 日之間，攻擊軍第 20 集團軍在防守軍第 11 集團軍各師派出的加強團協同之下，向高黎貢山仰攻前進。經過一系列雖然規模不大但卻十分激烈的戰鬥，連續攻克若干敵軍據點，克服地形不利、氣候惡劣、給養運輸不斷等種種困難，佔領怒江西岸各要點並沖上了高黎貢山，爲收復騰沖、龍陵等地打開了道路。這一行動與中美聯軍奇襲密支那互相呼應，使緬北日軍陷於東西夾擊之中。

第二節　力克松山

　　滇西遠征軍強渡怒江成功後，重慶軍事委員會於 5 月 22 日電令："遠征軍即全部渡江攻擊，擴張戰果，攻擊重點指向龍陵。第 20 集團軍即改爲右翼軍，轄第 53、第 54 兩軍及預備第 2 師，攻擊目標爲騰沖。第 11 集團軍即改爲左翼軍，轄第 6 軍（欠預備第 2 師）、第 71 軍及第 2 軍，攻擊目標爲龍陵、芒市。"[1] 第 11 集團軍奉令後，隨即變更部署，調整防務，積極進行攻擊準備。5 月 25 日，該集團軍擬定攻擊計畫。其作戰方針是："集團軍爲攻略龍陵、芒市，決以主力由惠仁橋迄七道河間地區各渡口，渡過怒江，重點置於右翼，向龍陵、芒市包圍攻擊。"指導要領是："1、各攻擊部隊，務於 5 月 30 日以前，分別向攀枝花、畢寨渡、火石地、菖蒲廠及平夏各附近地區集結完畢，準備攻擊。2、攻擊開始時，先以有力一部，協同惠通橋我岸砲兵，攻擊臘猛、松山，吸引敵之注意力於該方面，然後以主力直趨龍陵、芒市，依飛機、砲兵之協力，包圍而攻略之。3、攻擊奏效後，即以一部向畹町、

---

1 吳致皋：《滇西作戰實錄》，第 35-36 頁。

九谷挺進，主力暫集結于龍陵、芒市整理待命。"[1]最初擔任松山攻擊任務的是第 71 軍新 28 師。

松山雄踞怒江西岸，海拔 5300 米，在怒江江面以上 950 米，前臨深谷，背連大坡，高聳雲霄，俯視群峰。站在松山頂上眺望，周圍百里盡收眼底，東面怒江如帶，南北群山起伏。地當要衝，形勢險要，扼滇緬公路保山至龍陵段的咽喉，爲敵我必爭之地。松山主峰前面南爲陰登山，北爲黃土坡。主峰後面爲小松山，傾斜而下爲大埡口，複向上爲滾龍坡，側爲松林坡，自此逶迤至黃草壩。滇緬公路由怒江東岸山地蜿蜒至穀底，過惠通橋後沿江盤山西上再折向南，迂回至臘猛街後，環繞松山盤旋而上，經滾龍坡又折向西，過黃草壩逐漸下至龍陵。從松山腳下公路直登山頂，步行需 1 小時。

日軍自 1942 年 5 月進犯滇西，襲占騰沖、龍陵，迫抵怒江西岸後，即在松山駐紮重兵，構築據點，與龍陵、平戛互爲犄角，作爲狙擊遠征軍反攻騰龍和掩護緬北軍側背的防衛要地。日軍動用一個工兵聯隊，並強迫當地民夫數千人，經過近兩年的苦心經營，在松山主峰及其周圍各高地，建成堅固的堡壘群據點。各據點均以直徑 50-80 公分的粗大木材和汽油桶，加蓋幾層鋼板築成，覆土在 3 米以上，即使重磅炸彈命中也不易穿透。堡壘之間有戰壕或坑道相通。日軍在大小松山、黃土坡、陰登山、大埡口、滾龍坡、大寨、黃家水井、馬鹿塘等處，均築有這樣的堡壘群，既能各自爲戰，又能互相支援，彼此之間構成濃密的火網。爲了長期固守，儲備了充足的糧秣彈藥，並有發電、抽水和衛生設備。敵緬甸方面軍司令和第 56 師團長均曾前往視察，認爲松山陣地在猛烈攻擊下至少可以堅守 8 個月。

第 11 集團軍按照預定計劃，主力于 5 月 29 日分由各渡口強

---

1 吳致皋：《滇西作戰實錄》第 36-37 頁；《抗日戰史》第 9 冊：《西南及滇緬作戰》，第 362-363 頁。

渡。敵軍兵力空虛，未作強烈抵抗。6 月 2 日，各部隊均已順利
過江。6 月 4 日，新 28 師主力，在惠通橋東岸的砲兵第 10 團火
力掩護下，向臘猛之敵發動進攻。同時以一部向臘猛南方迂迴，
切斷臘猛、龍陵之間的滇緬公路。新 28 師第 82 團以第 1 營爲左
翼，第 3 營爲右翼，第 2 營爲預備隊，於 6 月 4 日晨 6 時 40 分開
始向臘猛和竹子坡攻擊。戰至 12 時左右，將兩地先後攻佔。攻擊
部隊傷亡僅 13 人。敵軍傷亡約 30 人，殘敵撤向陰登山。6 月 5
日，新 28 師繼續攻擊，但被敵軍堅固據點的密集火力所阻。6 月
7 日，該師以第 82 團攻擊陰登山，並進出小水洞、松山之線；以第
83 團展開于汪家寨、核桃箐之線，向大埡口、滾龍坡攻擊，以後進
出松山、邦掌之線，同時以一部向鎭安街方向警戒並破壞公路。

　　遠征軍最初判斷松山守敵不過 300-400 人，砲 1-2 門，不知
敵軍在此荒山築有極其強固的陣地，並以重兵據守。松山守敵爲
第 56 師團第 113 聯隊主力和師團野砲兵第 3 大隊，以及工兵、輜
重、通訊、衛生、防疫給水等各一部，共約 3500 餘人。第 113
聯隊長松井秀治大佐兼任守備隊長，並負責指揮龍陵、鎭安街守
備隊。遠征軍渡江反攻後，松井被調馳援騰沖方面，野砲兵第 3
大隊長金光惠次郎少佐被任命爲拉孟（即臘猛）守備隊長，統一
指揮松山地區日軍。

　　6 月 7 日至 10 日，新 28 師第 82、83 團多次對松山敵軍陣地
發動攻擊，雖傷亡慘重，但進展不大。向龍陵方面攻擊的第 71
軍主力進展則較爲順利。第 87 師第 259 團於 6 日攻佔黃草壩，第
260 團於 8 日攻佔大壩和鎭安街，切斷松山至龍陵間公路。大壩
又是松山之敵補給倉庫所在地。龍松公路的切斷和大壩倉庫的佔
領，使松山守敵處於遠征軍四面包圍之中。第 11 集團軍爲早日肅
清松山之敵，消除對攻擊龍陵主力的側後威脅，遂於 6 月 14 日電
令第 6 軍新 39 師第 117 團由怒江東岸開至松山附近，歸新 28 師
指揮，參加攻擊松山。6 月 15 日，新 28 師以第 82、83 和第 117
團再次發動攻勢。經 3 日冒雨猛攻，於 17 日下午 6 時左右攻佔陰

登山。6 月 20 日以後，新 28 師第 84 團加入戰鬥，第 71 軍軍長鐘彬親自來到松山前線坐鎮指揮，遠征軍司令長官部又調戰略預備隊第 8 軍的榮譽第 1 師增援。工兵部隊在惠通橋舊址趕築便橋，源源不斷地將增援部隊和補給物資運到松山腳下。各部隊連日猛攻，又克復據點 10 餘處。敵軍利用堅固工事頑強死守，雖重砲直接命中亦難將其摧毀。加之天氣惡劣，地形險要，攻擊部隊連續作戰多日，傷亡重大，官兵疲勞，進展困難。至 7 月 2 日，遠征軍司令長官部下令以第 8 軍接替圍攻松山任務，第 71 軍各部全力攻擊龍陵。

　　6 月 4 日至 7 月 2 日為圍攻松山戰鬥前期。在這一個月的戰鬥中，遠征軍以第 71 軍新 28 師為主力的各攻擊部隊付出了傷亡近 1700 人的重大代價。其中士兵陣亡 805 人，負傷 736 人；軍官陣亡 50 人，負傷 108 人。此外失蹤 32 人。斃傷敵軍 596 人，繳獲步槍 16 支。[1]敵我傷亡的比例接近 1：3，戰況的慘烈和遠征軍損失之巨大於此可見。

　　第 8 軍原駐滇南文山一帶，擔負防禦越南方面日軍來犯的任務，屬第 9 集團軍關麟徵指揮。1944 年 4 月調往滇西作為遠征軍的戰略預備隊。4 月中旬，該軍經開遠、昆明開往祥雲、鳳儀一帶集結。5 月中旬，奉命以一師開保山由旺鎮，接防怒江東岸。6 月中旬，又奉命以一師開赴龍陵鎮安街，參加圍攻龍陵。由於松山久攻不下，第 8 軍遂於 7 月 2 日奉命接替第 71 軍新 28 師圍攻松山，新 28 師調鎮安街待命。

　　第 8 軍下轄榮譽第 1 師、第 82 和 103 師，軍長何紹周，副軍長李彌兼榮譽第 1 師師長。該軍因屢次改變任務，所屬三個師兵分數處。軍長何紹周接受圍攻松山的任務後，命各部於 3 日內在松山地區集結並完成準備，於 7 月 5 日拂曉對松山、滾龍坡兩路進攻，準備驅敵於陣地之外而一舉殲滅之。第 8 軍先後參加松山

1　吳致皋：《滇西作戰實錄》，第 45 頁。

戰鬥的兵力爲 7 個半團和軍直屬隊，兵力 5 萬餘人。遠征軍直屬的砲兵第 7、第 10 團的混合營，第 5 軍砲營，第 71 軍砲兵第 2營以砲火支援攻擊。攻擊部隊部署在大松山、陰登山、滾龍坡、臘猛街方面，砲兵部署在竹子坡和怒江東岸滇緬公路 733 公里處的大山頭陣地。軍指揮所設在陰登山。

　　7 月 5 日凌晨 3 時 15 分，第 8 軍對松山發起第 1 次攻勢。砲兵首先對攻擊目標進行壓制射擊。凌晨 5 時，榮 1 師第 3 團主力由陰登山以北高地向松山頂峰（子高地）及其北側高地突擊。至5 時 40 分，佔領敵陣地。但到達松山頂峰部隊遭到守敵各方火力密集掃射，傷亡甚重，雖一再增援，仍無法立足，只得退至山頂直下方約 100 米處構築工事，作爲再次攻擊的立足點。這次攻擊失敗的原因，是受到守敵反斜面陣地和密林谷地中側防陣地的火力壓制。這些陣地十分隱密，又是大砲射擊的死角，步兵難於發現和接近，砲兵亦無法破壞。攻擊部隊總結經驗教訓，決定先攻破松山兩翼的黃土坡和滾龍坡，斷其火力支援，然後再從正面突擊其主陣地。經地形偵察，滾龍坡樹木較少，目標顯著，其南側核桃箐高地瞰制滾龍坡全面，遂決定以新到達的第 82 師第 246團攻擊滾龍坡，松山坡側的榮 3 團和陰登山的榮 2 團同時進擊子高地，牽制敵軍兵力。

　　7 月 7 日下午，怒江東岸和竹子坡砲兵集中火力轟擊滾龍坡敵陣地。傍晚 7 時，第 246 團主力由核桃箐和紅術樹方向攻擊滾龍坡，相繼佔領丙高地和乙高地。祖敵堡壘圍攻不下，砲火亦因步兵過於接近而無法支援。各堡壘敵軍以交叉火網射擊暴露在高地上的攻擊部隊，並以火力封鎖預備隊的前進道路，同時出動 200餘人進行反撲。第 246 團堅持至拂曉，終因無法立足而退回。突入子高地山頂的榮 3 團主力遭敵交叉火網嚴重殺傷。該團先頭的一營兵力，到午夜僅有 5 名傷患撤回，其餘全部陣亡。第 8 軍的第 2 次圍攻又遭到失敗。

　　第 8 軍決定於 12 日發動第 3 次進攻，並調第 103 師增加兵力。

鑒於前兩次進攻失敗的教訓，決定以剛由祥雲車運到松山的第103師第307團主力爲左翼隊，配屬砲兵及火焰噴射器，攻擊滾龍坡乙、丙、丁三高地；第246團爲中央隊，攻擊滾龍坡東側甲高地和大埡口；榮3團爲右翼隊，攻擊松山子高地。並以第245團第3營爲右側支隊，向馬鹿塘以北迂迴攻擊以吸引敵人，第307團第1營爲預備隊。12日下午3時，先以砲火轟擊松山子高地和滾龍坡乙、丙、丁高地。經2小時火力準備，步兵趁砲兵延伸射程之際發起衝鋒。第307團主力沖到丙、丁高地敵陣地約50米時，遭到敵軍反斜面側防陣地及乙高地火力密集射擊，雖一再以砲火壓制，仍無效果。敵軍組織3次反撲，攻擊部隊彈藥打光，犧牲極大。第246團向大埡口和滾龍坡甲高地攻擊亦受挫退回原地。榮3團主力接近子高地時，遭到松山西北側和南側敵陣地交叉火力射擊，敵陣地隱蔽在密林之中，支援砲火難以準確命中。第3次圍攻亦告失利。

　　第8軍發動三次進攻，雖然步兵勇敢，砲火猛烈，但敵軍工事隱蔽而又堅固，砲火大面積覆蓋難於將其摧毀。第8軍接受教訓，改變戰術，將砲兵推進至陰登山、滾龍坡一帶，對敵軍在各高地的堡壘和反斜面工事，逐個進行定點精密射擊。第一線步兵每個連最少挖兩條與敵陣地平行的散兵壕作爲衝鋒出發地，以減少敵軍火力殺傷。沖上敵陣後，對未被砲火摧毀的敵堡壘，以工兵爆破或用火焰噴射器將其摧毀。在此期間，遠征軍司令長官衛立煌、第11集團軍司令宋希濂及美軍顧問團長竇爾恩准將均前往松山前線視察，與第8軍軍長何紹周研究決定，由各部抽調精幹官兵組成尖兵團，以師長擔任團長，團長任營長，各級軍官逐級向下充實第一線，集中全力攻堅。18日下達攻擊命令後，適值連日陰雨，加之濃霧彌漫，致使步砲協同困難，只好將攻擊日期順延。

　　7月23日上午10時以後天氣轉晴，第8軍各部在砲空火力支援下，開始第4次圍攻。右翼隊的榮2團第3營突擊己高地，由於受松山子高地火力控制，整日攻擊沒有收到成效。中央隊第

246 團主力一舉突入庚高地，擊退敵軍反撲，利用其陣地加以固守，並以一部推進至大埡口面方約 200 米的公路旁。當夜敵軍由大埡口和己高地 4 次反撲，均被擊退。左翼隊第 307 團迅速佔領滾龍坡丙、丁兩高地大部，繼續向乙、戌高地突進。當接近山頂時，遭到其堡壘和左側谷地機槍射擊，傷亡殆盡。下午 3 時以後，敵軍乘大雨濃霧，由甲、乙、戌三高地不斷向丙、丁兩高地反撲。敵我雙方反復展開肉搏，黃昏時丁高地一度丟失。第 308 團第 3 營適時趕到投入戰鬥，下午 7 時又收復丁高地。丙、丁兩高地至此確實佔領。在激戰中，第 307 團副團長陳一匡（原名陳偉）、第 1 營營長劉家驤率領官兵與敵搏戰中負傷。第 4 次圍攻取得了一定進展。24、25 兩天，陰雨濃霧，步砲協同困難，未能擴張戰果，主要是擊退敵軍反撲，鞏固已得的陣地。

第 8 軍攻擊松山各部隊，至此已傷亡過半，戰鬥力大大削弱。第 103 師第 308 團和第 82 師第 245 團奉令加入戰鬥，增強左翼和中央隊進攻兵力。同時總結砲兵破壞敵陣地的經驗，決定將大砲推進至最近距離，以猛烈砲火摧毀敵軍的大型多層掩蔽部，將守敵封堵於內，輔以工兵爆破或步兵用火箭筒及火焰噴射器將其消滅。預定於 29 日發動第 5 次攻擊，27 日至 31 日又是連日大雨，攻擊時間又一再推遲。各部隊利用這幾天時間，冒雨進行土工作業，將交通壕逐步迫近敵陣地。到 8 月 1 日夜，中央隊的交通壕已推進到距己高地敵陣地 60 餘米處。

8 月 2 日天氣轉晴，第 8 軍左、中、右三路攻擊部隊按照預定計劃，於下午 2 時起向各自的指定目標突擊。中央隊第 246 團和左翼隊第 308 團在砲火支援下，交互運用工兵爆破和火焰噴射器，將滾龍坡各據點之敵全部肅清。當天戰況至為激烈。步兵出動前，砲兵火力首先集中轟擊甲、己高地，隨後將砲火轉移於甲、乙高地間，步兵乘勢衝鋒。第 246 團於 15 分鐘內衝上己高地，佔領前半部陣地。敵軍據守後半部陣地拚死不退。陰登山砲兵冒著誤傷己方部隊的危險開砲，將這股頑抗的敵軍殲滅。第 308 團於下午 2 時 30 分進至甲高地堡壘前約 20 米，用火焰噴射器噴燒敵堡壘，東、西兩個堡壘中各竄出敵軍 40-50 人進行反撲，大半被第 308 團殲滅。殘敵在甲高地北側交通壕內集中，準備再行反撲。被竹子坡、陰登山的砲擊和第 308 團 4 挺重機槍掃射，全部就殲，無一漏網。甲高地之敵除被砲轟埋於地下和在堡壘內被燒死者外，在堡壘附近即遺屍 68 具。我軍繳獲大小砲 5 門、高射機槍 1 挺、輕重機槍 5 挺、步槍 20 余支。

　　8 月 3 日至 7 日，第 8 軍各部對松山主峰子高地周圍的辰、巳、午、未諸高地及大寨展開攻擊，以掃清最後衝擊松山的道路，這就是松山之戰的第 6 次圍攻。在經過 5 天苦戰，付出重大犧牲後，終於掃清了週邊，打開了進攻松山主峰的道路。第 8 軍自 7 月 2 日接替松山圍攻任務後，先後發動 6 次圍攻，終於攻克滾龍坡高地，但各部隊兵力損失極大。第 246 團第 1 營僅剩官兵 8 人，第 2 營僅剩 10 余人，榮 2 團第 3 營僅剩 20 餘人。於是將在祥雲機場擔任守備任務的第 103 師第 309 團和保山機場的榮 1 師第 3 團第 3 營調往松山前線增援。

　　松山久攻不下，直接影響滇西、緬北反攻全局。當時，遠征軍第 11 和第 20 集團軍主力，正分別攻擊龍陵、騰沖之敵，駐印軍已攻克密支那。由於松山未克，滇緬公路不能暢通，制約了各路反攻大軍的行動。在此情況下，遠征軍司令長官衛立煌傳達蔣介石的緊急命令，限第 8 軍於 9 月上旬收復松山，如違限不克，軍、師、團長均以貽誤戎機論處，按軍法從事。軍長何紹周緊急召集各師師長，連夜商討對策。經研究決定，在繼續對各高地敵軍陣地保持壓力的同時，對松山主峰子高地的敵軍主陣地，以坑道作業進行爆破，一舉將其炸毀。指定第 82 師副師長王景淵為指揮官，指揮軍工兵營和第 82 師第 246 團，在子高地垂直下方進行對壕作業，掘進兩條坑道直至山頂敵軍堡壘下方，構成兩個藥室，填充大量炸藥進行爆破。

　　日軍在松山構築的防禦工事中，以子高地的堡壘最大最堅固，周圍的側防火網最為嚴密。第 8 軍攻擊部隊曾 4 次衝擊子高地，到達山頂後，既不能攻入堡壘內部，又暴露在四面八方的密集火網之中，每次都遭到嚴重殺傷而無法立足。雖經飛機輪番轟炸，重砲不斷猛轟，子高地的敵堡壘也沒有遭到重大毀壞，其堅固程度可想而知。因此久攻不下，最後才決定以大爆破將其徹底摧毀。

從 8 月 3 日起，第 8 軍工兵營在第 246 團協同下，由第一線陣地距敵約 150 米處開始對壕作業。首先挖掘 4 條深度各為 1.8 米、寬 1 米的戰壕，逐步迫進子高地。戰壕上加掩蓋，以防敵軍擲彈筒和手榴彈殺傷。由於工作面狹窄，工兵輪班掘進，晝夜不停，進展很快。3 日至 12 日，每晝夜推進約 12 米，各壕均推進約 120 米。並在各壕之間橫向溝通，加以掩蓋，構築射擊掩體，以掩護繼續作業。隨著戰壕日益迫進敵陣地，敵軍的破壞活動也日見猖獗，工兵及掩護部隊不斷被敵殺傷。掘壕部隊冒著敵軍槍林彈雨堅持工作。當戰壕推進至子高地堡壘垂直下方約 30 米處時，在第 1、2 壕和 3、4 壕之間各開挖一條坑道，每條坑道高 1.2 米、寬 1 米，以簡單的木框支撐。從 13 日到 18 日，每晝夜掘進約 5 米。估計已到達敵堡壘下方，即開挖藥室，裝填炸藥。經事先計算，要徹底摧毀敵堡壘，需用 TNT 炸藥 3 噸，即裝填每箱 25 公斤的炸藥 120 箱。在右藥室裝填 70 箱，左藥室裝填 50 箱。19 日拂曉裝藥完成。然後又用麻包裝土填壘藥室，再沿坑道填土搗固，以增加爆破力。到 19 日下午，爆破準備工作全部完成，待命起爆。為保險起見，除安裝電氣起爆裝置外，又布導火索作為預備。點火位置設在榮 3 團指揮所附近，距爆點約 500 米。

在開挖戰壕和坑道，進行爆破準備工作期間，第 8 軍各部不斷襲擾敵軍，空軍和砲兵繼續轟炸，保持對守敵的壓力，掩護爆破準備工作。其間並於 8 月 8 日晨發起第 7 次圍攻，第 308 團將未、辛兩高地之間敵軍全部肅清，並一度攻佔未高地，後因兵力不足，退至未高地稜線下構築工事據守。第 307 團一度攻佔癸高地，因受敵側防火力威脅而撤退，到 10 日，以掘壕作業再次攻佔癸高地。11 日夜，第 307 團 5 名戰士沖入大寨，用手榴彈擊斃正在開會的敵軍官數人，繳獲龍 673 部隊（第 113 聯隊代號）關防一枚。13 日，第 246 團加強連到達橫塘，與第 307 團取得聯絡。13 日至 17 日，第 307 團繼續掃清當面公路兩側敵掩蔽部。第 8 軍備部連日的小規模戰鬥，使敵軍疲于應付，掩護了對子高地爆破準備工作的完成。17 日，榮 3 團第 3 營由保山到達臘猛。軍山砲營第 2 連亦於同日到達。第 8 軍遂決定於 20 日上午 9 時對子高地實行爆破，並發動第 8 次圍攻。

8 月 20 日拂曉，第 8 軍以榮 3 團猛攻子高地，以吸引敵軍向子高地增援。上午 9 時，攻擊部隊後撤至爆破威力圈外。軍長何紹周下令起爆，全軍官兵從四面八方注視子高地動靜。9 時 15 分，榮 3 團攻擊部隊撤到安全地帶，旋即起爆。隨著一聲沉悶的爆炸聲，濃煙突起，直沖雲霄，松山子高地山頂被炸成兩個巨大的漏斗坑，右邊一個坑直徑約 40 米，左邊一個約 30 米，深約 15 米，兩坑之間相距約 10 米。山頂 2/3 被破壞，敵軍堡壘被徹底摧毀。守敵除 4 人奄奄二息被俘外，其餘全部炸死。爆炸之後，又以重砲轟擊子高地反斜面。榮 3 團乘勢沖上山頂，與反斜面殘敵激戰 1 小時，將子高地完全佔領。左翼第 245 團亦趁爆破後的瞬間開始擊巳、辰兩高地，又爲敵交叉火網所阻。以砲火壓制，因敵堡壘的反斜面死角，效果不大。第 308 團于 9 時半一舉襲占未高地。但少數殘敵潛伏在已被火焰噴射器焚毀的碉堡下層坑道內，用冷槍射殺過往的中國官兵多人。經嚴密搜索，數日後才將其全部擊斃。

20 日夜和 21 日，敵軍多次向子高地反撲。守軍榮 3 團第 3 營與頑敵反復搏戰，營長以下傷亡殆盡。到 22 日拂曉，子高地已呈混戰狀態，情況不明。榮 3 團團長親率全團僅能集結的 50 餘人增援，將反撲之敵擊退，守住子高地。上午 9 時，第 82 師副師長王景淵率一部到達，見殘敵三五成群向反斜面逃跑，當即佈置火砲 6 門散佈射擊，又以步兵追擊。清掃戰場時，發現在一個未被砲火破壞的大掩蔽部內，我軍一位連長帶領 12 名士兵堅守其中，掩蔽部外堆積敵屍 20 餘具。陣地上各處，敵我士兵互相擁抱而死者 62 對。整個反斜面上，殘肢斷體狼籍遍地，慘不忍睹，可見殘敵反撲之凶頑和榮 3 團官兵作戰之英勇。榮 3 團占領子高地之初，利用爆破坑邊沿構築簡易工事與反撲之敵作戰，因戰況緊急，配置不能周密。擊退反撲之敵後，即抓緊加固工事，配置支援火力，使敵人難於接近陣地。此後敵軍多次反撲，企圖奪回子高地，均未能得逞。

　　24 日，第 103 師第 309 團由祥雲到達臘猛，奉命擴大攻克子高地的戰果，向盤踞在附近各高地之敵攻擊。從 25 日到 9 月 2 日，第 8 軍在松山戰場各部，第 82 師第 245、246 團，第 103 師第 307、308、309 團，榮 1 師第 3 團和第 2 團第 3 營全部投入戰鬥，圍殲困守各據點負隅頑抗之敵。殘敵進行絕望的拼死掙扎，拒不投降。第 8 軍備部每攻克一個據點，均要付出重大傷亡代價。其中尤以第 309 團 8 月 29 日在寅高地的戰鬥最爲激烈。該團自當天下午 1 時佔領寅高地後，到第二天拂曉，擊退敵軍反撲達 11 次之多。營長黃人偉身負 3 傷，仍堅持指揮作戰。全營官兵傷亡 200 餘人，始終堅守寅高地。其英勇壯烈，堪與榮 3 團堅守子高地相媲美。至 8 月 31 日，松山與陰登山之間的交通已基本溝通。9 月 2 日，第 8 軍指揮所由竹子坡推進到子高地，佈置最後圍殲松山地區殘敵。當天，先以第 309 團攻擊黃土坡 3 個高地，再以榮 3 團協同攻擊 2、3 號高地。經兩晝夜激烈搏戰，將 3 個高地各堡壘完全攻佔。第 309 團團長陳永思、代團長王光偉先後負傷，全團官兵僅剩數十人歸榮 3 團指揮，防守既得陣地。2 日晚，第 8 軍將所有兵力重新部署，決定於 9 月 4 日發起第 9 次圍攻。

　　9 月 4 日拂曉，第 8 軍發動第 9 次圍攻。榮 3 團猛攻第 1、2 號高地，經半日苦戰，將兩個高地佔領，但攻擊 1 號高地兵力僅餘 18 名，2 號高地僅餘 6 名，無法擴張戰果。午後，敵軍 100 余人向第 309 團昨日攻佔的第 3 號高地反撲。第 309 團僅餘官兵 20

多人，與敵陷於混戰。榮 3 團團長趙發筆抽調團部勤雜兵 20 餘人，親率前往增援，擊退反撲之敵。第 307 團攻擊黃家水井，因傷亡太大，無力再攻。後增加第 246 團一個加強連及第 103 師工兵連、搜索連，到 5 日拂曉，完全佔領黃家水井。5 日，第 308 團與第 245 團協同向馬鹿塘攻擊，受阻于距馬鹿塘約 300 米處。6 日，第 82 師第 244 團第 1 營抵達松山增援，接替松山主峰及第 4、5 號高地防務。第 245 團以全力投入攻擊，在第 309 團和榮 3 團協同下，相繼摧毀第 2、3、4 號高地西側大型堡壘 6 個。7 日，第 307、308 團由正面攻擊馬鹿塘，第 245 團由東面，榮 3 團於北面合力突入，頑抗之敵大部就殲。至下午 4 時，馬鹿塘全部攻佔。松山之敵全軍覆滅。

在第 8 軍爆破攻佔松山子高地日軍主陣地之後，敵守備隊長金光惠次郎少佐自知難逃覆滅的命運，一面糾集殘部頑抗，一面命砲兵大隊中尉木下昌已逃往芒市，向第 56 師團報告。第 113 聯隊副官真鍋邦人大尉則按照聯隊長松井秀治大佐 7 月下旬關於在最壞情況下應燒毀軍旗、文件，將徽章埋於地下的電令，於 8 月 3 日將軍旗纏於腹部，燒毀旗杆，將徽章深埋地下，準備拼死頑抗。9 月 6 日下午 3 時左右，金光被迫擊砲彈炸傷大腿和腹部而死，殘敵由真鍋代理指揮。7 日早晨，真鍋命木下帶領 3 名士兵逃出報告，焚燒了軍旗，帶領殘部約 80 人負隅頑抗，最後被全部殲滅。

第 8 軍從 7 月 2 日到 9 月 7 日圍攻松山，費時 68 天，先後發動 9 次攻擊，大小戰鬥無數次，終於摧毀敵軍經營兩年之久的堅固設防陣地，全殲守敵，打通了扼守滇緬公路的咽喉要地。該軍為此付出了極其慘重的代價。全軍傷亡達 5014 人，其中士兵陣亡 3038 人，負傷 1741 名；軍官陣亡 107 名，負傷 128 名。此外有 18 人失蹤。取得的戰果是斃傷敵軍 254 名，俘虜 28 名；繳獲步騎槍 437 支，輕重機槍 32 挺，各種口徑火砲 16 門，戰車 3 輛，汽車 15 輛。[1]有大量敵軍屍體及其武器裝備被埋于地下無法清理統計。松山守敵 3000 餘人除少數逃逸外，悉數就殲。從第 71 軍新 28 師於 6 月 4 日向松山之敵發動進攻，到第 8 軍於 9 月 7 日攻克松山，遠征軍先後動用 4 個師以上，兵力總計約 6 萬人，作戰近百日，才將松山攻克。其原因除松山地形險要，敵軍工事堅固，抵抗頑強，作戰期間正值雨季，補給困難等原因外，遠征各級指揮機關對松山敵情不明，在戰術指導上未能進行充分準備，集中優勢兵力、兵器一鼓作氣攻克敵陣，而是逐次使用兵力，在攻擊一再受挫後也是逐漸增兵，致使攻擊曠日持久，傷亡增大。各攻擊部隊傷亡總數達 6763 人，與查實敵軍傷亡 850 人相比，比例約為 8:1，且戰死人數超過負傷人數。第 8 軍損失尤為重大，有的一個步兵連僅餘 2 人，一個步兵團僅餘 10-20 人，戰鬥力嚴重削弱。遠征軍廣大愛國官兵在松山之戰中表現出來的不畏艱險，不怕犧牲，英勇頑強，前仆後繼的精神則是值得歌頌的。他們的英雄業績與巍巍松山同在。滇西反攻勝利後，雲南各界群眾在昆明市園通公園建立《滇西戰役第八軍陣亡將士紀念碑》，碑文是：

　　島寇荼毒，痛及滇西。誰無血氣，忍棄邊陲。桓桓將士，不顧艱危。十蕩十決，甘死如飴。瘞忠有壙，名勒豐碑。懍懍大義，昭示來茲。

第三節　爭奪龍陵

　　龍陵與騰沖同為滇西邊陲重地。龍陵在惠通橋以西約 77 公里，北距騰沖約 100 公里，自古以來即是由永昌（今保山）前往緬甸八莫和臘戍的咽喉要地，現為滇緬公路和騰龍公路的交匯點。龍陵四面環山，中間為一小盆地。滇緬公路出保山後，由惠

---

1 吳致皋：《滇西作戰實錄》，第 45 頁。

通橋過怒江，越松山而穿龍陵，然後經芒市、畹町出境到緬甸。由於龍陵扼滇緬交通要衝，形勢險要，故日軍入侵滇西後，即在此建立重要據點，與松山、平戛鼎足而峙，進可窺伺雲南內地，退可作爲緬北屏障。日軍在龍陵周圍高地構築的防禦工事與松山類似，以山頂爲核心構築極其堅固的堡壘和掩蔽部，周圍山地塹壕縱橫，並在塹壕之外設立障礙物。城內亦依託制高點和堅固房屋建立據點。公路沿線及附近渡口亦構築工事，以掩擴其側背。龍陵守敵爲第 56 師團砲兵第 2 大隊和工兵聯隊主力、第 113 聯隊一部及第 2 師團第 29 聯隊第 2 大隊，兵力共約 1000 多人，由工兵聯隊長小寶中佐指揮。[1]

　　1944 年 6 月初，中國遠征軍左翼攻擊集團第 11 集團軍渡過怒江後，按照預定作戰計畫，以一個師於 6 月 4 日開始攻擊松山，主力于 6 月 5 日向龍陵攻擊前進。

　　面對中國遠征軍的強大攻勢，日軍緬甸方面軍決定在緬北戰場收縮戰線轉入守勢，在滇西戰場採取攻勢，積極進行反擊，以繼續切斷中印公路，並將此稱之爲 "斷作戰"。爲此下令第 18 師團撤至英多，第 15 軍撤至加里瓦、甘高一線進行防禦，將第 2 和第 49 師團部分兵力增援到滇西戰場。[2]第 33 軍根據緬甸方面軍上述意圖制訂了作戰計畫。其作戰方針是："將主力集結于芒市周圍，粉碎蝟集在龍陵周圍的敵遠征軍，向怒江一帶前進，解開控孟、騰越之圍，救出兩地守軍，以完成切斷中印公路任務。"[3]爲此將第 56 和第 2 師團集結在芒市一帶，第 18 師團將英多防務交給第 53 師團，然後向南坎轉移，並以第 2 師團一部防守八莫，掩護第 18 師團轉移。盤踞在滇西的第 56 師團則在北面的騰沖保持守勢，在南面的龍陵採取攻勢。

1　鐘彬著、鐘強編輯：《龍陵會戰史》，臺灣國防部史政編譯局 1977 年版，第 21 頁；吳致皋：《滇西作戰實錄》，第 19 頁。

2　《大東亞戰爭全史》第 3 冊，第 1086 頁。

3　《大東亞戰爭全史》第 3 冊，第 1087 頁。

　　由於中國遠征軍和日軍均將注意力集中于龍陵方面，從 6 月初到 11 月初，敵我雙方在龍陵展開了 3 次反復爭奪。

　　第 11 集團軍以第 71 軍主力第 87、88 師配屬第 5 軍山砲營為右（北）翼攻擊軍，第 2 軍主力第 9 師、第 76 師為左（南）翼攻擊軍，逐步肅清沿途之敵，向龍陵攻擊前進。第 2 軍新 33 師和第 9 師一個團，配屬軍山砲兵一部，固守既設陣地並佯攻滾弄，牽制當面之敵。阿伕山遊擊支隊改編為本部別動隊待命行動，配合主力部隊攻擊敵軍。[1]

　　對龍陵的第一次攻勢從 6 月 5 日開始。第 87 師第 260 團經 4 晝夜激戰，於 6 月 8 日攻佔大壩及鎮安街，佔領松山敵軍補給倉庫，並切斷龍陵至松山公路。第 259 團亦於 6 月攻佔黃草壩。該團並派一個加強營破壞騰龍橋，向騰沖方面警戒，掩護本軍右翼。第 88 師第 264 團一部襲占放馬橋，切斷龍陵至芒市公路，主力向龍陵東南側迂迴包抄。至 6 月 7 日，已進占長嶺崗、陡岩子到南天門之線。6 月 8 日，第 263 團攻擊猛連坡，敵我爭奪激烈，失而復得者 9 次。全團自團長以下傷亡 500 餘人，終將猛連坡攻佔，並根據繳獲的檔暸解到日軍在龍陵城內和郊區的防禦狀況。同日，第 11 集團軍總司令宋希濂，第 71 軍軍長鍾彬進駐龍陵城郊的尖山寺，指揮各部攻擊。6 月 10 日，第 88 師主力攻克廣林坡、老東坡、風吹坡、三官坡，第 264 團並乘勢突入城區。第 87 師主力攻克文筆坡、老城、伏龍寺，圍攻偽縣政府。敵軍退守城區內西山坡、黃土坡、桅杆坡、觀音寺、文昌宮、東卡等各據點。第 2 軍第 9 師主力經胡家寨攻擊象達，並向芒市附近推進，威脅敵軍側背，策應第 71 軍攻擊龍陵。第 76 師一部圍攻平達。至 6 月 13 日，第 9 師亦將象達攻克。

　　第 11 集團軍各部連日攻勢進展迅速，本可一鼓作氣攻佔龍陵。由於該集團軍原為防守軍，運輸工具絕大部分撥交攻擊軍第

---

1 吳致皋：《滇西作戰實錄》，第 37-38 頁。

20集團軍,轉入攻勢後,運輸補給一時跟不上。加之連日大雨,崎嶇山徑行動困難,糧彈運量不但有限,而且緩不濟急。渡江以來,各部彈藥已消耗殆盡,從11月到13日,補給一直未到。第71軍只剩數十發砲彈,逐將砲兵陣地盡可能推到最近距離,企圖以僅有的砲彈摧毀敵軍陣地。敵軍憑藉堅固工事頑抗,戰鬥形成膠著狀態。攻擊部隊口糧亦已告罄,先改喝稀飯,後來只好挖山芋、芭蕉根充饑。直到14日才運到山砲彈800發及其它彈藥,但糧食仍未運到。第71軍準備於15日發動總攻,但騰沖、芒市增援之敵已經來到。

　　由騰沖南下增援龍陵之敵約1500人並附砲7、8門,6月14日已兼程趕到騰龍橋附近,積極搶修橋樑,準備強渡龍川江。第71軍87師260團由大壩和黃草壩星夜馳往騰龍橋,阻止騰沖來援之敵南下,與竄至邦乃的敵軍先頭部隊發生激戰。6月15日,第71軍主力按原計畫向龍陵發動總攻,派第87師副師長黃炎到邦納掌指揮龍川江方面的阻擊戰。並以軍搜索營、第6軍新39師一個團和別動隊到騰龍橋,阻擊援敵後續部隊。到15日下午5時,攻擊龍陵部隊第87師已肅清老城之敵,進迫西山坡;第88師攻克封家坡、桅杆坡等地。敵軍在龍陵城內的據點只剩下紅土坡、西山坡、觀音寺、文昌官等處。6月16日,攻擊部隊克服糧食斷絕、彈藥不足的困難,繼續協力進攻,打算在敵增援部隊到達以前攻佔龍陵。但當天騰沖援敵已突破騰龍橋陣地,進抵邦納掌。17日,騰沖援敵一部突破遠征軍陣地沖進龍陵,主力由老戶蚌迂迴遠征軍右翼。與此同時,由芒市來援之敵約600-700人,附砲7、8門,亦繞經伏龍寺,與龍陵日軍會合,向第71軍攻城部隊兩翼猛烈反撲。芒市之敵另一部則連日不斷反撲象達。象達守軍彈盡糧絕,不得已而退守其週邊據點。到18日夜,進至龍陵附近地區的敵軍約達4000-5000人,龍陵戰局轉而對遠征軍不利。

　　第11集團軍鑒於騰沖、芒市之敵以反包圍態勢向龍陵迫近,為避免陷於被動,逐於6月18日下令調整部署,在龍陵周圍轉入防禦，阻擊南、北兩面來援之敵。援敵從 6 月 21 日向公路正南和空樹坡、回頭坡的遠征軍陣地猛攻。第 87、88 師頑強堅守，雙方反復衝殺。第 87 師在深溝的陣地被敵突破，並逼近空樹坡。第 11 集團軍令蚌渺附近的第 2 軍第 76 師第 227 團增援反攻。敵軍亦增兵 500 餘人。激戰至 24 日，敵軍終未能得逞。當天夜間，第 9 師再次克復象達。25 日，敵增援後全線猛攻。第 71 軍將預備隊第 263 團全部投入，第 2 軍亦以第 226 團一部增援。敵我雙方激戰于黃草壩、周家寨、空樹坡、香菇嶺一帶。雙方陣地犬牙交錯，戰局甚為險惡。第 11 集團軍以配屬的第 8 軍榮譽第 1 師主力投入戰鬥，以第 2 軍軍直屬部隊和第 227 團由蚌渺向龍陵、芒市間攻擊，切斷敵軍後方聯絡。至 27 日，戰局逐漸好轉。第 11 集團軍決定轉守為攻，重點指向空樹坡、長嶺崗，先消滅由深溝突入之敵，再圍攻龍陵。

6 月 28 日，集團軍總司令宋希濂親自到第一線指揮反攻。第 71 軍之 87、88 師，第 2 軍第 76 師，第 8 軍榮 1 師各出動一個團，在龍陵週邊轉入攻勢。至 30 日，增援之敵攻勢頓挫，一蹶不振。遠征軍各部乘勝推進。至 7 月 6 日，敵軍因連日傷亡慘重，退據龍陵城區及週邊的城北猛連坡、廣林坡、城東南的老東坡及三關坡各高地。第 11 集團軍恢復原有陣地，準備以主力圍攻龍陵，一部向芒市前進。7 月 10 日，由松山戰場撤下來的新 28 師和新 39 師第 117 團到達黃草壩歸還建制。7 月 13 日，第 11 集團軍各部冒雨攻擊。第 87 師第 261 團向猛連坡，榮 1 師第 2 團向廣林坡，第 88 師第 262 團向孫家山，第 9 師第 27 團向紅土坡、一碗水、山神廟之敵軍陣地猛攻。激戰至晚，各高地均被攻佔。7 月 14 日，敵軍再度增援，分路反撲，均被擊退。

日軍第 56 師團糾集兵力，由騰沖、芒市增援龍陵，企圖尋求與遠征軍決戰。經過近一個月戰鬥，日軍傷亡 2000 人以上，武器彈藥損耗也很大。7 月中旬，又糾集芒市、遮放的敵偽軍 2000 餘人，經龍陵以南的放馬橋、油菜地向平戛、象達的第 2 軍攻擊，迂回第 11 集團軍的左側背。第 9 師第 26 團和第 76 師第 226 團頑強阻擊，從 7 月 12 日到 16 日，與敵軍激戰 5 天。第 226 團第 3 營傷亡重大。營長犧牲。第 71 軍軍長鐘彬令新 28 師第 84 團渡過蘇帕河前往增援，與第 26 團和第 226 團協同，擊潰敵軍，粉碎其迂回集團軍左側背的企圖。增援平戛之敵大部退回芒市。7 月 20 日，第 11 集團軍令第 71 軍圍攻龍陵，第 2 軍除圍攻平戛部隊外，主力由象達西南地區向芒市攻擊。

當時，遠征軍已控制由龍陵到松山及到騰沖的公路，松山、騰沖守敵已成甕中之鱉。但因松山尚未攻克，滇緬公路不能暢通，致使圍攻龍陵的第 11 集團軍各部供給困難。運輸路線只能從保山繞道經由旺、施甸、畢寨渡、楊梅田、咬郎到黃草壩。山路崎嶇、雨季泥滑難行。自渡江以來，駄馬已倒斃 3000 多匹，飛機空投亦受天氣限制，時斷時續，不能滿足需要。作戰部隊經常有彈盡糧絕之虞，官兵往往兩三日不得一飽，戰鬥力大受影響。7 月 20 日以後又是連日大雨，直至 24 日午後稍晴。第 11 集團軍決定 25 日發動攻擊。

7 月 25 日上午 8 時，第 71 軍各部和第 8 軍榮 1 師第 1 團對龍陵之敵發起攻擊。至 7 月 28 日，基本攻佔了龍陵城郊各據點，並擊退日軍多次反撲。龍陵之敵傷亡慘重，僅退守文筆坡、西山坡、紅土坡、伏龍寺、老東坡、三關坡等處負隅頑抗。攻擊部隊歷經兩月來在雨季中連續戰鬥，消耗也很大，遂暫停攻擊，進行整補，重新部署進攻。龍陵之敵也利用暫時休戰之機，日夜加固各據點工事，死守待援。

8 月上旬天氣稍晴，飛機空投糧彈增加。松山之敵已無力控制公路，汽車運送物資可到臘猛，再由人背馬駄繞過松山用繳獲的卡車運至黃草壩。龍陵前線部隊的供給大為改善。第 71 軍以第 87 師接替榮 1 師陣地，新 28 師接替第 88 師陣地。至 8 月 10 日，各部隊的補充整理和重新部署大體完成。第 11 集團軍下令於 8 月 14 日對龍陵發起第二次攻擊。第 71 軍以第 87 師附第 5 軍山砲營和軍山砲營各一連攻擊青山、古澤山；以新 28 師附軍山砲營 2 連，攻擊老東坡、風吹坡；以第 6 軍新 39 師附第 5 軍山砲營 1 連，攻擊三關坡。

8 月 14 日 8 時 20 分，先以砲兵進行 70 分鐘的準備射擊。10 時 30 分，又以美軍戰鬥機 14 架、轟炸機 24 架分批轟炸掃射。第一線攻擊部隊在砲空火力掩護下攻擊前進。日軍頑強據守並不斷發動反撲。敵我對每一個據點都展開反復爭奪。7 月 16 日，第 11 集團軍令第 8 軍榮 1 師加入攻擊。激戰至 20 日，攻擊部隊各部將三關坡、老東坡、風吹坡、文筆坡、青山、古澤山等要點逐個攻佔。其中尤以對老東坡的爭奪最爲激烈。日軍在老東坡構築了 19 個堡壘，防禦極其強固。新 28 師與老東坡守敵激戰 6 晝夜，至 19 日下午 4 時，在第 88 師第 162 團一部支援下，將 19 個敵堡壘完全攻克，陣地內敵屍達 400 餘具。新 28 師一個團在進攻前有官兵 1000 人，戰鬥結束後僅餘 200 多人，大部分壯烈犧牲。到 24 日，攻擊部隊已突入龍陵城區並佔領多處要點，守敵僅據西山坡、紅土坡、伏龍寺、鍋底塘坡及其以南高地，死守待援。

日軍緬甸方面軍和第 33 軍，分別於 6 月下旬和 7 月下旬制訂了 "斷作戰" 計畫。第 33 軍司令部爲此進行了積極的部署。8 月中旬以來，芒市的第 56 師團陸續得到由日本國內運來的補充兵員約 2000 人，並基本完成了芒市周圍的據點式陣地，儲備了軍需物資。今岡宗四郎大佐指揮的第 146 聯隊於 8 月下旬返回芒市歸建。由師團長岡崎中將率領的第 2 師團第 16 聯隊全部，第 4 聯隊和第 29 聯隊各一部亦於 8 月 26 日到 28 日，利用夜晚從南坎轉移到芒市。集結在芒市之敵增加了 5000-6000 人之多，準備與遠征軍爭奪龍陵。第 33 軍戰鬥指揮所亦由緬甸新維移到芒市。

敵第 56 師團和第 2 師團糾集步、砲兵 7000 餘人，沿龍芒公路北犯。8 月 25 日，北犯之敵與遠征第 9 師和新 39 師在桐果園、一丘田、張金山、南天門等地展開激戰。敵軍以一部突入龍陵城內增援，以主力向雙坡、三官坡、鍋底塘坡進攻，企圖恢復龍陵週邊據點。遠征軍備部在龍陵週邊與由芒市來犯之敵激戰 10 餘天。新 39 師戰鬥兵僅剩 100 餘人。新 28 師第 82 團守衛鍋底塘坡的一個連，擊退敵軍 600-700 人衝鋒 10 餘次，陣地失而復得者 3 次，全連官兵壯烈犧牲。敵軍倚仗優勢兵力，突破遠征軍防線，龍陵城郊大部要點重陷敵手。正當形勢危急之際，由昆明馳援的第 5 軍第 200 師到達戰場，第 54 軍第 36 師亦由騰沖南下。第 11 集團軍即令第 200 師加入右翼作戰，第 36 師渡過龍川江，沿騰龍公路南下攻擊敵軍側背。第 11 集團軍各部協力反擊，到 13 日將來犯之敵擊退，收復已失陣地。敵軍撤回芒市時，運走的傷兵即達 1800 多人，被擊斃者超過此數。與此同時，第 8 軍於 9 月 7 日攻克松山，第 20 集團軍於 9 月 14 日收復騰沖。敵第 33 軍糾集緬北、滇西一切可以調動的兵力 1.5 萬人傾巢向龍陵反撲又遭到痛擊，切斷中印公路的企圖被遠征軍粉碎。這時敵軍進犯龍陵和在滇西各據點的守軍總兵力為 2.1 萬人，其中病、傷、亡者已達 7200 人。[1] 敵第 33 軍司令官本多政材被迫下令停止 "斷作戰"，轉而營救陷於重圍的平戞守備隊。9 月 16 日以後，日軍以第 2 師團與龍陵方面遠征軍對峙，以第 56 師團主力在第 49 師團第 168 聯隊支援下向圍攻平戞的遠征第 2 軍進攻。9 月 22 日，日軍以主力攻擊尖山寺、良子寨，以一部乘隙突入平戞，接應被圍殘敵 600 余人，於 23 日向芒市回竄。第 2 軍第 76 師第 226 團乘勢收復平戞。

　　遠征軍左翼攻擊集團第 11 集團軍在總司令宋希濂指揮下，自 5 月 29 日渡江，以一部攻擊松山，主力攻擊龍陵、芒市。從 6 月 5 日到 9 月 20 日的三個半月間，對龍陵發動兩次大規模進攻，並擊退前來增援的敵軍主力。9 月 19 日，遠征軍司令長官衛立煌傳達蔣介石命令，以集團軍副總司令兼第 6 軍軍長黃傑代理總司令，宋希濂調陸軍大學甲級將官班受訓。9 月 22 日交接以後，第 11 集團軍經補充和調整部署，準備對龍陵發動第三次攻擊。

1　《大東亞戰爭全史》第 3 冊，第 1088 頁。

　　松山、騰沖相繼攻克，遠征軍全軍士氣大振。龍陵至保山、騰沖公路完全暢通，使龍陵前線部隊的補給得到保障。雨季過後，美軍飛機的支援也更加方便。第 11 集團軍利用有利時機，進行了長達一個月的休整補充，養精蓄銳，準備給予龍陵之敵最後的殲滅性打擊。龍陵之敵經遠征軍數月連續攻擊，僅剩 1000 餘人困守城區及近郊陣地。芒市之敵兩次向龍陵反撲被擊退，亦無力再行反撲。10 月 25 日，第 11 集團軍代總司令黃傑下令，先以有力部隊攻佔龍陵週邊各要點，切斷龍芒公路，阻止芒市之敵增援。主力于 10 月 31 日對龍陵之敵發動總攻。攻擊部隊準備了充足的彈藥。其中 75 山砲彈達 1.76 萬發、野砲彈 2000 發、115 榴彈 500 發、150 榴彈 400 發、82 追擊砲彈 4400 發、60 砲彈 9800 發。[1]各攻擊部隊於 10 月 26 日至 28 日間調整部署，進入攻擊準備位置。

　　10 月 29 日拂曉，第 200 師第 600 團率先出擊，揭開了龍陵最後一戰的序幕。按照作戰計畫，第 200 師從右翼攻擊籬笆坡、一碗水至張金山，與第 36 師共同封鎖城區之敵；左翼第 87 師和第 36 師攻擊三關坡、廟房坡、鍋底塘坡、雙坡；榮 1 師攻擊觀音寺、紅土坡。至 31 日，攻擊部隊在強大砲空火力支援下，逐一攻佔城郊各據點，緊縮包圍圈。在三關坡戰鬥中，第 36 師遭到堡壘內敵軍猛烈反撲，中士班長許慶瑞堅守山頭，收集死傷者身上的手榴彈投向敵人，堅持至援兵到達，將陣地完全佔領。11 月 1 日 12 時左右，榮 1 師第 1 團首先突入城區，一舉攻佔海關及觀音寺。第 3 團亦攻佔段家祠堂。敵軍據守有 30 多間房屋的段家公館頑抗。該團與敵軍逐屋爭奪，進展緩慢。下午 5 時，以火箭筒轟擊，並投擲燒夷彈，將頑抗之敵全部殲滅。11 月 2 日，第 11 集團軍各部繼續猛攻龍陵守敵的殘存據點，並切斷龍芒公路。殘敵增援無望，為免遭全殲，遂於當晚分成小股向西南方向逃竄。3 日拂曉，集團軍下令各部跟蹤追擊。至 11 月 13 日，控制了龍芒公路

---

1 吳致皋：《滇西作戰實錄》，第 77-78 頁。

兩側的要點和龍陵以南的絕大部分山地。11 月 6 日上午，第 11
集團軍在龍陵城內舉行了隆重的升旗儀式，宣告龍陵收復。

　　第 11 集團軍自 6 月 5 日至 11 月 2 日，與日軍三次爭奪龍陵，
並擊退敵軍兩次大規模增援反撲。龍陵爭奪戰歷時近 5 個月，是
整個滇西會戰中時間最長，動用兵力最多，戰局最複雜，殲敵最
多的一次戰役。是役共斃傷敵軍 1.0364 萬人，俘敵 266 人。繳獲
各種口徑火砲 16 門，輕重機槍 164 挺，步槍 1777 支，戰刀 19
把和其他大量戰利品。參加攻擊龍陵的遠征軍各部傷亡 2.4769 萬
人。其中士兵陣亡 6633 人，負傷 1.4602 萬人；軍官陣亡 525 人，
負傷 1109 人。加外失蹤 2462 人。敵我兵力損失約為 1：2.6。[1]

第四節　　收復騰沖

　　滇西邊陲古城騰沖舊名騰越，是漢唐時期貫通川滇、西出緬
印的西南絲綢古道上的商貿中心，有 "極邊第一城" 之稱。騰沖
城位於高黎貢山西麓、龍川江右岸，東連保山、大理、西通密支
那、八莫，北控片馬、瀘水南瞰龍陵、芒市，鎖鑰滇緬，溝通四
方，歷來為兵家必爭之戰略要地。築於明正統年間的城牆高 3 米，
厚 6 米，周長 4 公里，全用巨大石條砌成，巍然屹立近 500 年而
仍然堅固無比。城牆 4 門各有雄偉壯觀的城樓，閣樓守門，門扇
包鐵。城中心十字路口又建高大巍峨的文星樓俯瞰全城。城區周
圍為一狹長盆地，城東約 2 公里為飛鳳山，城南約 2 公里為來鳳
山，城西 3-4 公里為寶鳳山，城北約 4 公里為高良山，構成城區
的天然屏障。險要的地形和堅固的城垣，使騰沖易守難攻。日軍
自 1942 年 5 月 10 日進佔騰沖後，便在城郊各高地和城垣，市街
處處設防，深塹高壘，星羅棋佈，輕重火力，交叉配置。經過兩

---

1 吳致皋：《滇西作戰實錄》，第 85 頁。

年的苦心經營，進一步加強了騰沖防務。騰沖守敵為第 56 師團第 148 聯隊為主的 2000 餘人，第 148 聯隊長藏重康美大佐擔任守備隊長。

第 20 集團軍於 5 月 11 日強渡怒江，向高黎貢山各要隘背水仰攻。高黎貢山雄踞怒江西岸，由北向南綿延數百里，山勢險峻，叢林密佈，是騰沖的天然屏障。要攻擊騰沖，必須先翻越高黎貢山各隘口。日軍沿山間小道和各隘口修築了各種工事和堡壘式據點，居高臨下，憑險據守，阻擊遠征軍。加之山區氣候惡劣，山上山下溫差極大。怒江河谷悶熱不堪，高黎貢山頂卻寒冷異常。攻擊部隊官兵身穿單衣，渡江時汗流浹背，攻上山頂卻如臨嚴冬。士兵們身背武器彈藥和 7 天的糧食，頭上淋雨，腳上沾泥，寒風刺骨，除作戰犧牲者外，不少人被凍死。為了消滅敵人，收復失地，各部隊官兵忍著酷暑嚴寒，饑餓疲勞，頑強地與敵軍拼殺。經過一個多月奮戰，終於攻克南、北齋公房等隘口，越過高黎貢山，肅清龍川江以東之敵，進抵橋頭、界頭、瓦甸、江苴等處略事整頓，準備對騰沖展開攻擊。

6 月中旬，敵第 56 師團由騰沖抽調第 148 聯隊第 3 大隊增援龍陵。遠征軍司令長官衛立煌乘敵軍向龍陵調動之際，於 6 月 23 日下令第 20 集團軍即推進至固東、江苴一線，迅速南下，攻擊並佔領騰沖。主力保持於右翼，同時以一部由左翼迂迴奇襲。第 20 集團軍奉令後即調整部署：以第 54 軍（欠第 198 師）附預備第 2 師和重迫砲一營為右翼，於 26 日前到達固東以南的順江及其以東地區進入攻擊準備位置，沿順江至騰沖大道先攻佔寶鳳山、來鳳山，協同第 53 軍包圍攻擊騰沖；第 53 軍附重迫砲一營為左翼，以一部佔領抗猛山、向陽橋一帶高地，其餘部隊於 26 日以前進至幹榨山、打苴山、龍川江右岸地區，準備沿打苴街、觀音寺向蜚鳳山攻擊，另以一團沿龍川口右岸南下，西渡龍川江，隨軍主力進展，向飛鳳山攻擊；第 198 師為集團軍預備隊，先在瓦甸集結，

待第 53 軍推進後，再進至江苴待命。[1]由於騰沖是日軍在滇西最
大和最堅固的據點，第 20 集團軍決定在攻擊時，先以重型和輕型
轟炸機反復轟炸掃射，再以砲兵射擊，以最大限度地破壞敵軍工
事，然後步兵在砲、空火力掩護下佔領敵陣地，盡可能減少傷亡。
28 日，各攻擊部隊推進到騰沖以北約 5-10 公里，以約 15 公里的
正面展開，對騰沖形成圍攻之勢。29 日，遠征軍長官部獲悉騰沖
守敵在城南的來鳳山重點設防，兼以大盈江水深，徒涉困難，遂
下令將攻擊重點轉移到左翼的第 53 軍方面。

　　7 月 2 日拂曉，第 20 集團軍 2 個軍、5 個師，以廣正面向騰
沖週邊的日軍各據點展開全線猛攻。左翼第 53 軍第 116 師第 348
團乘大雨濃霧奇襲飛鳳山，守敵猝不及防，激戰 3 小時將飛鳳山
佔領，使敵軍失去騰沖城東的屏障。第 347 團及師部推進至河頭
寨、老大門附近。第 130 師第 388 團則已進至飛鳳山以南的吳邑。
第 390 團和師部南進至龍江橋東側準備渡江。右翼第 54 軍預 2
師在總攻前已佔領寶鳳山，總攻開始後即強渡大盈江，向芭蕉關
攻擊。第 36 師進抵大盈江北岸，協同第 198 師第 592 團攻擊蜚鳳
山。當日夜間，兩個團出奇兵襲擊，將蜚鳳山大部佔領。殘敵據
守山西南端，與 5130 高地之敵匯合。攻擊部隊用火箭筒、手榴彈、
衝鋒槍將敵堡壘逐個攻破，於 5 日上午將高地完全佔領。日軍憑
藉有利地形和堅固工事頑抗，尤以城南來鳳山方面抵抗最為激
烈。第 54 軍令預 2 師加速攻佔來鳳山。6 日，預 2 師附山砲、重
砲各一連向來鳳山攻擊，激戰終日進展不大。7 日以後，預 2 師
以一部在芭蕉關正面進攻，以主力北移和順鄉方面，繞攻來鳳山
側背。當天，第 36 師主力已攻佔觀音堂，由北面逼近騰沖。第
198 師主力亦擊退丁家寨，何家寨之敵，由東面逼近騰沖城垣。
第 116 師和 130 師連日來也攻佔上猛連、羅漢沖、倪家鋪、滿金
邑，由東南面逼近騰沖。預 2 師各團連日苦戰，攻佔和順鄉、水

1 《抗日戰史》第 9 冊：《西南及滇緬作戰》，第 427 頁。

碓、龍光台、老草坡、毗盧寺等敵據點，逐步接近來鳳山。10 日，第 54 軍將第 36 師第 107 團配屬給預 2 師，加強對來鳳山的攻擊力量，預 2 師以該團守衛既得陣地，以師主力攻擊來鳳山，但至 15 日仍未攻克。

來鳳山是筆架形的五峰山，中峰比城牆高 150 米，是騰沖城郊的主要敵軍據點。日軍在 5 座山峰的堡壘有塹壕互相連通，山的鞍部有隧道通往城內。要收復騰沖城，必須先奪取來鳳山。7 月 16 日，第 20 集團軍司令霍揆彰召集各軍師長研究，認為騰沖週邊的敵軍陣地大部分均已攻克，只有來鳳山尚在敵手，對攻城部隊威脅極大，決定集中力量先消滅來鳳山之敵，再攻擊騰沖城。以預 2 師、第 36 師配屬山砲、重迫擊砲各一營攻擊來鳳山各據點，以第 116 師和第 130 師的一個團，配屬山砲、重迫擊砲各兩個連，先攻佔來鳳山東南各據點，再攻擊來鳳山。攻擊于當天開始，因連日大雨，空軍無法配合，進展不大。7 月 26 日，發動第二次總攻。先以 30 架轟炸機、27 架戰鬥機反復進行轟炸和掃射，同時各種火砲 100 餘門也集中火力猛轟，一天發射砲彈達 5000 發，敵軍陣地嚴重毀壞。步兵以火焰噴射器和衝鋒槍、手榴彈掃蕩在殘破工事中頑抗的敵軍。到 27 日傍晚，敵軍在來鳳山的 20 多個堡壘被完全攻占，攻擊部隊已插入城垣和來鳳山之間。敵酋藏重大佐被迫下令來鳳山殘敵退入城內。遠征軍完全佔領來鳳山，包圍騰沖城。戰鬥自此由週邊爭奪戰轉入城區攻防戰。

7 月 27 日下午 6 時，第 20 集團軍總司令霍揆彰下達攻擊命令，集團軍以主力圍攻騰沖之敵，一舉而殲滅之。第 54 軍配屬重迫擊砲一營，攻擊南門、西門、北門之線，以預 2 師固守來鳳山及來鳳寺，隨時準備策應作戰。第 53 軍以第 116 師配屬山砲、迫擊砲各一營攻擊東門至南門之線，第 130 師擔任對各方向的警戒，並以一部控置於倪家鋪附近，策應第 116 師作戰。[1]集團軍前

---

1 《抗日戰史》第 9 冊：《西南及滇緬作戰》，第 432 頁。

進指揮所設在來風山頂側方,對戰況和城內敵軍活動可以一覽無餘。

敵第 56 師團長松山祐三亦於 7 月 28 日命令藏重康美:"在師團主力的龍陵會戰期間,要死守騰越。"[1]守敵將老百姓全部趕出城外,在四城及城內各要點加強部署,決心死守。城上城下堡壘林立,城牆內外塹壕蜿蜒,市街房屋壁洞相通,構成嚴密的防禦體系。

8 月 2 日,第 20 集團軍發動總攻。各種火砲自清晨即開始砲擊敵陣地,射彈達 3000 發。上午 10 時,約 60 架飛機對騰沖進行輪番轟炸。中午,第 36 師和第 198 師從南、北同時發起攻擊。其他各師在緊縮包圍圈的同時,各以一部投入攻擊。攻擊部隊在砲、空火力掩護下,用炸藥破壞城牆,用火箭砲或火焰噴射器對準槍眼射擊。下午 4 時,第 36 師第 107 團進抵西南城角附近,並以竹梯強行登城,5 時左右攻佔敵堡壘 3 個。敵軍以猛烈火力封鎖突破口,後續部隊無法進入。首先登城的第 2 營第 2 連陷於苦戰,連長劉恩憲陣亡,攻擊受挫。第 198 師向拐角樓及東北城角進攻,因地形開闊,受敵火力壓制,接近困難,在離城 200 米處構築工事與敵軍對峙。第 116 師第 346 團向東門外幫辦衙門和東方醫院攻擊,連續攻佔 4 座堡壘並突入幫辦衙門,但未能突入城內。第 348 團於下午 4 時左右由城東南角空軍炸開的一個寬 10 餘米的缺口登城,並擊退敵軍反撲,加速構築工事以鞏固立足點。3 日,城內敵軍一再向東南角缺口反撲,第 348 團以機槍、手榴彈擊退反撲之敵,並發動反衝鋒,摧毀兩側敵軍陣地。同時以工兵爆破擴大缺口,至 4 日將缺口正面擴大到 50 米。空軍亦於 4 日又在拐角樓和西南城角各炸開一個缺口,第 198 師和第 36 師部隊乘勢突入,強行登城,但被敵側防火力和反撲所阻,未能擴大戰果。

第 20 集團軍各部連日在強大的砲、空火力掩護下發動猛攻,雖有進展,但未能一舉突破日軍城垣防線,部隊則付出較大傷亡。

---

1 《中華民國史資料叢稿》譯稿,《緬甸作戰》下,第 168 頁。

敵軍利用騰沖高厚堅固的城牆構成上下三層的立體火網,城牆上除利用城垛作射擊掩護外,每隔 10 米即築有小型碉堡或輕機槍掩體,城牆中部和城根均開鑿槍眼。城東、西、北三面地形開闊,阡陌交錯,河流縱橫,接近困難。攻擊部隊離城稍遠,敵軍便不開槍,待近至 100 米左右,上下火力點萬槍齊放,予以大量殺傷。待攻擊部隊用雲梯登城時,城上守敵用小砲、機槍、手榴彈一齊射擊。在城牆缺口處,敵軍兩側以機槍封鎖,並以擲彈筒轟擊缺口,便突入部隊難以立足。4 日,第 20 集團軍召集各軍、師長研究攻城及巷戰方法,除在砲、空火力掩護下繼續強攻外,別無良策。4 日晚,敵軍破譯第 54 軍軍長的電報:"連日經數次肉搏攻擊,大量傷亡,並未奏效,希空軍配合攻擊,將城牆炸出突破口,以便突入。"[1]並要求空運 2 萬枚手榴彈補充該軍部隊。

5 日全天,美空軍 B-25 轟炸機 15 架終日輪番轟炸,將城牆炸開 13 處缺口。第 20 集團軍各部經缺口突入城內,均被敵軍所阻。6 日,盟軍飛機 32 架繼續轟炸,將南門城樓炸毀。第 36 師第 107 團一部由城樓缺口登城,佔領掩體一個,就地構築工事堅守。第 106 團一部由西南缺口登城,亦佔領敵堡壘一座。第 36 師主力冒著敵軍側防交叉火力,以工兵在敵前爆破,步兵不顧傷亡,擴大突破口。入夜後,擊退敵軍 9 次反撲,鞏固了這一立足點。7 日,第 54 軍因第 36 師在連日攻擊中傷亡過大,下令以預 2 師第 4 團接替第 36 師第 106 團、108 團防務,兩團在來鳳山附近集結整補。第 20 集團軍以優勢兵力輪番攻城,守敵則孤立無援,隨著傷亡的增加,戰鬥力不斷下降。圍城之初,緬甸日軍曾從曼德勒出動 4 架運輸機,以 4 架戰鬥機護航,向騰沖守敵投送糧彈醫藥等物資。敵機在騰沖上空遭到盟軍飛機攔截。敵戰鬥機 2 架首先被擊中,撞毀於來鳳山。敵運輸機慌忙將物資盲目投下,與另 2 架戰鬥機一起逃離,最後被全部擊落。此後騰沖守敵再未得

---

1 《中華民國史資料叢稿》譯稿,《緬甸作戰》下,第 168 頁。

到補給。9 日，第 198 師俘獲敵軍中出逃的下士村井一郎，供稱守敵尚有 1000 餘人，武器有聯隊砲（山野砲）、大隊砲（步兵砲）各 1 門、速射砲 2 門、迫擊砲 4 門、重機槍 4 挺、輕機槍 18 挺、步槍 400 餘支，敵第 56 師團長下令死守到 10 月底才能得到增援。[1]

第 20 集團軍獲悉上述情報後，遂於 9 日以後對各攻擊部隊進行補充，準備發動總攻，一舉殲滅頑抗之敵，收復騰沖。8 月 14 日，集團軍總部下令於次日拂曉 4 時發動總攻。在此期間，各部隊繼續保持對敵軍壓力，空襲和砲擊也更加猛烈，並在城牆西南和東南角附近挖掘坑道。守敵亦不斷向遠征軍已佔領的各陣地反撲，但均未得逞。13 日，盟軍戰鬥機和轟炸機 24 架對敵陣地進行轟炸掃射，設在東門的敵守備隊本部被數發大型炸彈命中，敵守備隊長藏重大佐等 32 人被炸死。敵軍乙太田正人大尉繼任守備隊長。連日來，盟軍運輸機不斷輸送大量補給物資，戰鬥機則已利用騰沖機場參戰。

經過將近一周的準備之後，第 20 集團軍按照預定計劃，於 8 月 15 日凌晨開始總攻，第 198 師、第 36 師、預 2 師和第 116 師，分別由城北拐角樓、西南城角、南城缺口、城東南角缺口及幫辦衙門攻擊。各部隊在強大砲火掩護下，利用煙幕搭雲梯強行登城，並以坑道爆破相配合向城內突入。預 2 師第 4 團攻佔南門以西兩個缺口，敵軍據守在 3 個堡壘中頑抗。第 116 師第 347 團攻佔南門以東 30 米處的缺口。第 36 師第 108 團攻佔西南角英國領事館右側的缺口。第 198 師第 593 團攻擊城北拐角樓，受到飲馬河敵軍火力壓迫，當面之敵又乘我立足未穩之際進行反撲，該團退至大盈江北岸與敵對峙。

由於城北地形開闊，攻擊部隊傷亡較大，第 20 集團軍於 16 日下令以第 198 師一個團在從西門經北門至東門一線佯攻以牽制敵軍。主力調往南面，協同其餘 3 個師加強進攻，先肅清南城之

1　《抗日戰史》第 9 冊：《西南及滇緬作戰》，第 436 頁。

敵，逐次向北推進，徹底消滅城內之敵。17 日，各師完成調整部署與攻擊準備。

19 日拂曉，第 20 集團軍各師開始第三次總攻。第 198 師第 594 團於前一夜利用南門外街道房屋，用沙包疊成 20 個機槍掩體，安放重機槍。同時工兵營派 100 人分 10 組潛赴城根，只待機槍一響，就挖洞埋藥進行爆破。19 日全線發動攻擊後，第 594 團 20 挺重機槍一齊掃射，10 組工兵同時作業，第 1、2 營則隱蔽到城牆附近民房內準備登城。上午 8 時左右，工兵完成任務迅速退出，敵軍尚未察覺。10 處炸藥一齊爆炸，在南門附近炸開兩個缺口。步兵隨即突入，敵軍不支後退。隨後又攻佔飛機原炸出的缺口 3 處。至下午 6 時左右，第 198 師與預 2 師之間的城上敵軍堡壘已完全佔領。第 116 師第 346 團亦予當天夜間攻佔東方醫院。20 日拂曉，該團在東門南側登城成功。當天下午 2 時，預 2 師第 4 和第 6 團各一部首先下城突入市區，相繼攻佔東嶽廟、電報局、玄天宮及督辦公署。第 198 師第 593、594 團與預 2 師取得聯繫後突入城內，進抵田家巷。第 36 師攻佔西城牆缺口 3 處，由西南角下城突入市區，攻佔英國領事館。預 2 師與第 36 師之間城牆上之敵軍陣地也已完全肅清。

21 日，第 20 集團軍總部以西半城爲第 54 軍作戰地區，東半城爲第 53 軍作戰地區，以南門—南門街—北門街—北門爲線。各師攻擊部隊肅清城牆上殘敵後，已紛紛突入市區。敵軍據守城內的堅固建築和堡壘工事負隅頑抗。攻擊部隊用戰防砲和平射砲摧毀敵軍據點，步兵與敵軍逐屋逐巷爭奪，艱難推進。至 8 月 30、日，攻城已經一月，但佔領之地區尚未過半。當天第 20 集團軍總司令下令各部隊，從 8 月 31 日起，限 5 天內徹底消滅城內之敵，粉碎殘敵固守待援的企圖。這時，敵第 33 軍正糾集兵力，準備予 9 月初向龍陵方面的第 11 集團軍發動第二次大規模反撲。

8 月 31 日，各師繼續加緊進攻，與殘敵進行激烈巷戰。第 54 軍除第 198 師第 592 團被阻外，其餘各部已進抵西門街一線。第

53 軍第 116 師被阻於城隍廟以南。守敵連日傷亡慘重，抵抗逐漸減弱。其守備隊長已通知處理重要文件和主要兵器。9 月 1 日以後，第 54 軍各師由西門街向北向東攻擊。第 53 軍第 116 師亦攻佔城隍廟，並破壞廟北側敵彈藥庫。3 日，第 116 師繼續推進至東門街附近，第 348 團攻佔文昌宮。第 130 師由城隍廟向北攻擊。同日，第 54 軍第 198 師越過西大街，逼近城中心的文星樓，並於 4 日黃昏攻佔文星樓。5 日到 7 日，第 54 軍將該軍作戰地區西半城的敵軍全部肅清，向東協同第 53 軍將殘敵壓縮到城東北角其聯隊本部附近。8 日，第 36 師奉命沿騰龍公路南下，阻擊由龍陵來犯之敵，掩護攻擊騰沖的集團軍主力側背安全。同日，第 53、54 軍主力 4 個師協同繼續向東攻擊。9 月 9 日，蔣介石下達訓令：「騰沖必須在 9 月 18 日國恥紀念日之前奪回！」

　　9 月 10 日，第 20 集團軍重新劃分第 53、54 兩軍作戰地境，以文星樓爲界。兩軍繼續緊縮包圍圈，掃蕩困守東北角的殘敵。此時太田大尉以下殘敵已不足百人。當天下午，敵機 10 餘架來襲，被盟軍飛機擊落 4 架，生俘駕駛員 1 人。當天下午 4 時，第 53 軍第 130 師完全攻占東門城樓，主力進到東大街北側。第 116 師主力進至文家巷、李家巷等處。第 54 軍預 2 師當晚攻克龍王廟、李家塘。第 198 師亦進至離東城牆百米。11 日下午，殘敵由東城缺口向飲馬水河附近逃竄，當即被集團軍特務營和兩軍直屬部隊阻截包圍。12 日，殘敵又竄回城內。太田大尉知道已臨末日，當夜向師團長髮出訣別電，燒毀軍旗和密碼本，破壞無線電報機，然後於 13 日率殘部進行自殺性反撲，全部被殲。連日來，第 20 集團軍備部掃蕩城內外各處殘敵，到 14 日，除東門外白馬廟之敵數十人分向南北逃竄外，其餘全部就殲。逃敵隨後也被預 2 師和第 116 師派出的部隊追擊消滅。騰沖城至此終於收復。

　　騰沖收復當天，第 20 集團軍司令霍揆彰向蔣介石報告：「綜合攻擊來鳳山之日起，到克複騰沖之日止，經 50 日之激戰，我各部傷亡 5000 餘員名。共生俘敵軍官 3 員，士兵 52 名，營妓 18

名。斃敵藏重康美聯隊長以下軍官 50 餘員，士兵 3000 餘名。虜
獲敵大小砲 15 門、輕重機槍 50 餘挺、步槍 800 餘支及汽車 10
餘輛，其他軍用品無算。"[1]

　　騰沖城自 1942 年 5 月 10 日淪陷，至 1944 年 9 月 14 日收復。
經過敵軍兩年多的蹂躪和近兩個月激烈戰火的破壞，這座歷史悠
久，商貿興旺，物阜民殷的邊陲古城，幾乎被夷爲平地。全城已
沒有一間完好的房屋，到處都是斷垣殘壁，昔日的繁華景象蕩然
無存。騰沖光復後，軍民決定修建國殤墓園，安葬陣亡官兵和死
難群眾。墓園位於騰沖縣城西南約 1 公里處，占地 5 公頃多，於
1945 年 7 月 7 日抗日戰爭紀念日建成。騰沖國殤墓園建成後，代
表國民政府赴騰沖慰撫的雲貴監察使李根源先生邀請著名將領和
知名人士撰寫匾額、楹聯。蔣介石題匾 "碧血千秋"；于右任題
匾 "忠烈祠"；何應欽撰聯 "氣壯山河成仁取義，光照日月生榮
死哀"；衛立煌撰聯 "絕城遠征殲狂寇，克堅城，是薄伐，首功
攘夷奇跡；豐碑屹立妥英靈，藏碧血，留千秋，忠義百祀馨香"。
墓園門外側築有 "倭塚" 埋葬在騰沖被擊斃的敵軍屍骨。騰沖國
殤墓園是抗日軍民保家衛國的壯烈事績的不朽豐碑，是騰龍地區
遭受日寇蹂躪和侵略者最終可恥失敗的歷史見證。

第五節　逐敵出國門

　　遠征軍第 11 集團軍於 1944 年 11 月 3 日收復龍陵後，隨即準
備對盤踞在芒市、遮放、畹町一帶的日軍第 56 師團殘部展開攻
勢，收復滇西全部失地。與此同時，緬北的中國駐印軍正在向八
莫、南坎挺進，與滇西的遠征軍南北呼應。兩支大軍會師國門，

---

1 秦孝儀主編：《中華民國重要史料初編—對日抗戰時期》第二編，《作戰經
　過》（三），第 508 頁。

完全打通中印公路之日已經為時不遠了。

　　日軍第 33 軍實施第二期"斷作戰"的目的是為了在八莫、南坎、芒市、龍陵一帶進行長期頑抗，阻止打通中印公路。龍陵被遠征軍收復後，第 33 軍司令官本多令第 56 師團主力在芒市周圍堅持抵抗，並在畹町以北縱深地帶進行機動靈活的持久作戰。第 56 師團長松山以師團主力步兵 6 個大隊、山砲 2 個大隊基幹防衛芒市周圍既設陣地，以一部防守遮放附近陣地。

　　第 11 集團軍各部追擊由龍陵逃竄之敵，控制了龍芒公路沿線和龍陵以南的絕大部分山地，逼近芒市週邊陣地。11 月 13 日，第 11 集團軍代總司令黃傑下達命令："集團軍為繼續攻擊芒市之敵，決於本（11）月 15 日開始行動，19 日開始攻擊，以主力保持于右翼，將敵包圍於芒市壩內而殲滅之。"[1]兵力部署是以第 2、第 6 和第 71 軍於 19 日開始攻擊芒市及其以南的三臺山之敵，以第 53 軍於 18 日渡過芒市大河，截斷芒遮公路，並相機攻佔遮放。第 36 師為總預備隊集結于龍陵城區附近。步兵攻擊前，先以砲兵集中火力轟擊芒市週邊敵軍陣地，並壓制敵砲兵，以後協同各軍攻擊。各部分別向指定目標前進，進入攻擊準備位置。

　　11 月 19 日上午朝霧初散之後，第 11 集團軍備部在砲空火力掩護下，向芒市週邊要點攻擊前進。由滇緬公路正面攻擊的第 6 軍右翼第 200 師，以主力由北向南，一部由東北向西南，夾攻青樹坪子之敵，完全佔領該地附近的 8 個小山頭，入夜後與敵對峙於小功門西南端。左翼的預 2 師，以第 4、5 團攻擊大灣東山，第 6 團攻擊蠻燕後山。第 2 軍第 9 師第 26 團向松園包、大洞坡之敵攻擊前進。該團乘敵軍退到反斜面躲避砲空襲擊之際，將兩地攻佔，並接著向灣芝山攻擊。第 27 團攻擊青樹坡西南小高地。新 33 師第 97 團接連攻佔左家墳和迴旋山。第 53 軍和第 71 軍以雙重包圍的態勢，分向遮放和三臺山各公路要點推進，多處切斷敵

---

1 黃傑：《滇西作戰日記》，臺灣國防部史政編譯局 1982 年版，第 458 頁。

軍的後方聯絡線。芒市之敵陷於三面被圍的困境，爲免遭全殲，遂予 19 日夜放棄芒市，分道向遮放、猛戛撤退。20 日拂曉 4 時，第 2 軍第 9 師進佔芒市。敵軍在撤退時，在城內各街道、房屋和芒遮公路埋設地雷，並炸毀橋樑、爆倒大樹，企圖阻止遠征軍追擊。第 11 集團軍總部下令工兵部隊加緊清掃，並於 20 日下午 2 時下達追擊命令，以一部肅清三臺山之敵，以主力攻擊並佔領遮放。預定於 11 月 25 日開始攻擊遮放。20 日當天，第 2 軍第 76 師沿芒遮舊道追擊逃往猛戛之敵。第 6 軍指揮第 200 師和預 2 師向芒市以西、以南追擊。第 71 軍攻佔三臺山，逼近囊左寺。第 53 軍肅清芒市大河以北殘敵後向遮放西南推進。三臺山是芒市、遮放間最大的山，日軍曾調集工兵一個聯隊並強拉民夫數千人在此構築強固的據點群工事，扼守滇緬公路芒遮段，其戰略重要性類似松山。遠征軍攻佔三臺山後，日軍利用芒市大河西岸的營盤山、營盤寨、舊城、來勞山、芒市大河東岸沿公路的囊左寺、山頭寨、尹線，以及通芒市、象達主要大道的猛戛、白羊山等據點，企圖確保遮敵的週邊。

　　11 月下旬，第 11 集團軍各部分頭掃蕩遮放週邊之敵。第 71 軍包圍攻擊囊左寺之敵，從 21 日至 27 日，經一周激戰，終於攻佔敵據點。第 76 師亦經 3 日激戰，於 11 月 24 日攻佔猛戛，並進駐觀音寺。預 2 師亦於 26 日攻佔白羊山最高峰及其西南 6 個高地，並在以後數日擊退敵軍多次反撲。第 200 師於 26 日攻佔興寨後，以第 598、599 團向興寨西北，第 600 團向遮放東南攻擊，策應預 2 師作戰。到 11 月 30 日，反撲之敵已一蹶不振。第 200 師與預 2 師遂向遮放及其西南方推進。第 53 軍各師、團則分別攻佔來勞山、營盤山、營盤寨等敵軍據點，肅清芒市大河西岸之敵，以火力控制遮放。至 11 月 30 日，遮放週邊的日軍主要據點，絕大部分被遠征軍攻佔。

　　12 月 1 日，第 11 集團軍各部向遮放展開鉗形攻勢。第 71 軍第 88 師沿滇緬公路擊破當面抵抗之敵，進佔遮放新城；第 87 師

沿芒遮舊道攻擊，進佔遮放老城。左翼第 6 軍預 2 師和第 200 師
向遮放及其西南疾進。右翼第 53 軍第 116．和第 130 師渡過芒市
大河，進至小街附近，與守敵及增援之敵發生激戰。遮放之敵向
西南潰逃：第 11 集團軍各部正在追擊逃敵之際，集團軍總部得知
畹町、南坎等地敵軍正在積極加強工事，準備頑抗，由龍陵、芒
市、遮放等地潰逃之敵軍約千餘人加入畹時守敵，遂決定暫停追
擊，以一部在遮放以南各要點佔領陣地，防敵北犯，以主力集結
于芒遮之間進行整補，準備攻擊畹町之敵。

　　在芒遮之戰中，第 11 集團軍各部共斃傷敵軍 1014 人，俘敵
20 人，繳獲步槍 196 支，輕重機槍 17 挺。該集團軍官兵陣亡 1760
人，其中軍官 96 人，士兵 1664 人；負傷 2819 人，其中軍官 247
人，士兵 2572 人。另外失蹤 362 人。[1]

　　遠征軍準備收復畹町之際，駐印軍已於 12 月 15 日攻佔八莫，
正在向南坎挺進。12 月 21 日，遠征軍司令長官衛立煌向第 11 集
團軍轉發蔣介石 12 月 12 日電令：“著遠征軍迅速攻擊畹町之敵，
限期佔領。著該總司令即就現屬各部，積極部署，攻佔畹町具報，
並將攻擊計畫概要先行報核。”[2]12 月 24 日，第 11 集團軍制訂
攻擊畹町計畫大綱。其方針是：“集團軍爲徹底肅清滇西殘敵，
決續向畹町攻擊，以主力保持於左翼，將敵壓迫包圍於畹町壩內
而殲滅之。”[3]在同日召開的各軍、師長及參謀長會議上進行了部
署：“以現有兵力，分成 4 個軍，第一線使用 3 個軍，第二線使
用 1 個軍。第 53 軍即取強大右翼配置，選捷徑由蠻信、戶弄間地
區渡過龍川江，進出南托、龍卡附近地區，確實切斷滇緬公路，
阻敵增援。第 6 軍展開於帕賴、天盆山、虎尾山、拱撒附近，於
第 53 軍開始行動之第 2 日，開始向大黑山、迴龍山及黑山門攻擊
而佔領之。第 2 軍先集結於邦打、猛左街間地區，完成一切準備，

---

1 吳致皋：《滇西作戰實錄》，第 104 頁。
2 黃傑：《滇西作戰日記》，第 554 頁。
3 吳致皋：《滇西作戰實錄》，第 105-106 頁。

爾後展開于謝連、戶古、猛古街及其東南附近，與第 6 軍攻擊同
時，開始向黑猛龍及南平梁子之敵攻擊，進出于畹町及其東南地
區。第 71 軍爲總預備隊，位置於小街及石門檻間地區。"[1]

　　畹町雖是一邊陲小鎮，但卻爲滇緬公路進出國境的門戶。畹
町東北距遮放 38 公里，向南 18 公里到緬甸木姐接臘戌一八莫公
路。畹町爲傣語"太陽當頂"之意。市鎮周圍爲一小盆地，俗稱
畹町壩。芒市大河支流畹町河橫陳其南而與緬甸交界。其東北的
黑猛龍、迴龍山、黑山門一帶高地瞰制畹町壩，形成天然屏障。
日軍在遮放潰敗後，以第 2 師團主力和第 53 師團一部互相掩護，
撤退到畹町，企圖在滇緬國境線上與遠征軍進行最後決戰。爲此
以畹町爲核心，在方圓 10 公里的各要點構築陣地，憑險據守。

　　12 月 25 日，第 11 集團軍下達作戰命令，決定於 12 月 27 日
開始向畹町攻擊。26 日至 27 日，各部隊按照部署分別進入攻擊
準備位置。自 27 日起，右翼第 53 軍從龍川江西岸迂迴到畹町以
南，中路第 6 軍從西北向畹町攻擊，左翼第 2 軍向畹町東南方攻
擊。第一線 6 個師在空軍和砲兵火力掩護下，展開陸空合作、步
砲協同的強大攻勢。日軍的阻擊和反撲也非常頑強。第 53 軍至
29 日已相繼攻佔戶卡、景坎、蠻信、遮勒、戶養等要點，30 日又
擊退敵軍反撲。再進佔戶拉山、日崗、猛戛。中路第 6‧軍經 3
天苦戰，進抵蠻蚌及迴龍山北麓。左翼第 2 軍至 29 日襲占謝連以
西高地、南平梁子一部、戶蚌及其西北高地、上下蠻邦、雷中山
一角。1945 年 1 月 2 日，第 11 集團軍令總預備隊第 71 軍的第 87
師加入第 2 軍方面作戰。當天，第 53 軍第 116 師控制龍川江右岸
大部地區，第 6 軍預 2 師攻佔大黑山。第 200 師繼 1 日攻佔大尖
山后，繼續向西猛攻，至 4 日與預 2 師形成並進之勢，推進到迴
龍山山腹附近。1 月 5 日，第 53 軍第 116 師強渡龍川江，攻佔大
青山。敵軍一再增援反撲，並用汽車由南坎運來數百人，向大青

1 黃傑：《滇西作戰日記》，第 566 頁。

山陣地發動 10 餘次猛攻。至 7 日黃昏，敵軍均未能得逞。正面第 6 軍方面，第 200 師連日向迴龍山猛攻，敵軍亦不斷增援反擊，戰況陷於膠著。迴龍山海拔 1675 米，是畹町附近的最高峰，與鄰近的大黑山一起，自東逶迤而西，形成畹町東北面的天然屏障，是日軍防衛畹町的主要陣地。敵我雙方在這一帶進行了激烈爭奪。第 200 師第 600 團於 5 日將迴龍寨及迴龍山西峰陣地攻佔。6 日，敵軍利用大霧襲擊迴龍山西峰陣地被擊退。7 日，南坎方面來援之敵已增至 600-700 人，在砲火掩護下向大青山陣地猛攻 7 次，均被第 116 師擊退。迴龍山守敵亦不斷襲擊西峰陣地。在此之前，預 2 師於 2 日攻佔的大黑山陣地於 3 日夜被敵軍奪回，該師第 4 團遭到重大傷亡。8 日，敵軍全線反攻。第 11 集團軍各部亦全線出擊。雙方在畹町週邊展開激戰。當日黃昏，敵軍不支，退往畹町、南坎。

　　第 11 集團軍自 1944 年 12 月 27 日發動攻擊以來，經半月作戰，雖然攻佔了畹町週邊若干要點，並擊退日軍不斷反撲，逼近畹町城區，但未能一鼓作氣將其攻下。為了與駐印軍對南坎的攻勢相呼應，迅速殲滅畹町之敵，全部收復滇西失地，徹底打通中印公路，第 11 集團軍於 1945 年 1 月 8 日令總預備隊第 71 軍加入作戰。該軍除前已以第 87 師配屬第 2 軍指揮外，軍主力即接替第 6 軍第 200 師在迴龍山的陣地，攻擊佔領迴龍山。其左、右兩翼為第 2、第 6 軍。[1]

　　9 日，第 71 軍第 88 師在砲火掩護下向迴龍山猛攻，激戰至 10 日下午 5 時，完全攻戰迴龍山。第 200 師同時攻佔大尖山。左翼第 2 軍第 9 師也乘勢襲占信結以南高地和蠻結梁子以北高地。第 53 軍當面之敵已增至 800-900 人，並附野砲、山砲 8-9 門，向大青山反撲，至 12 日均未得逞。預 2 師亦於 11 日中午 12 時再次攻佔大黑山。以後兩天，第 11 集團軍各部不斷擴大戰果，進逼畹

---

1 吳致皋：《滇西作戰實錄》，第 117-118 頁。

町。畹町守敵於 14 日全面反撲，企圖擋住遠征軍攻勢，挽回敗局。日軍的自殺性攻擊被乘勝前進的遠征軍所粉碎。當天，第 11 集團軍進一步調整部署。第 53 軍驅逐大青山當面之敵後，向畹町以南，芒友以北的南托、龍卡間地區推進，截斷滇緬公路，阻止畹町殘敵逃往緬甸。第 2、6、71 軍分路向畹町攻擊。在第 11 集團軍各部強大的鉗形攻勢下，畹町守敵雖然憑藉每一個據點工事繼續頑抗，並一再進行反撲，但不過是垂死掙扎而已。17 日，第 2 軍第 9 師攻佔畹町老街，19 日又攻佔九穀，襲占畹町新街。其餘各部亦分別攻佔畹町周圍的金瓜山、牛角山、大黑山、象鼻坡等要點。預 2 師於 20 日攻佔黑山門及其以西核心高地。據守畹町之敵死傷慘重，要點盡失，向西南方向總潰退。第 11 集團軍各軍、師，以一部肅清畹町附近殘敵，以主力追擊逃敵，向芒友及其東南推進。

　　與此同時，駐印軍於 1 月 15 日攻佔南坎後，也在向芒友推進之中。1945 年 1 月 22 日 12 時，駐印軍新 1 軍新 38 師第 113 團，與遠征軍第 53 軍第 116 師第 346 團，在畹町西南約 10 餘公里的姆色（即木遮）會師。此後，駐印軍新 1 軍和遠征軍第 11 集團軍各部互相協同，以分進合擊之勢向芒友作向心攻擊。1 月 27 日上午 7 時 30 分，兩支大軍在芒友勝利會師。滇西失地至此全部恢復，中國西南通往緬、印的陸上國際交通線全線打通。

　　畹町之戰是中國遠征軍滇西反攻戰役的最後一戰。這一戰從 1944 年 12 月 12 日軍事委員會下達作戰命令，到 1945 年 1 月 27 日勝利結束，歷時一個半月。從 12 月 27 日發動攻擊之日開始，實際作戰一個月。在畹町之戰中，第 11 集團軍各部斃傷敵軍 3880 人，俘敵 40 人；繳獲步槍 344 支、輕重機槍 14 挺、砲數門、戰車 2 輛及其它戰利品。該集團軍官兵陣亡 2346 人，其中軍官 104 人，士兵 2242 人；負傷 4029 人，其中軍官 305 人，士兵 3724

人。另外失蹤 145 人。[1]

滇西反攻戰役，是中國抗日正面戰場上最先開始戰略反攻的一次戰役。中國遠征軍自 1944 年 5 月 11 日強渡怒江，到 1945 年 1 月 27 日與中國駐印軍會師芒友，在怒江西岸的崇山峻嶺間向堅固設防的敵軍據點實施攻擊，與敵軍激戰 8 個半月。其中 6 月至 9 月正值滇西雨季（6 月下雨 20 天，7、8 兩月每月下雨 12 天），經常大雨滂沱，雲霧低壓，崎嶇小道泥濘難行，空投和人挑馬馱均無法進行補給。部隊不但要克服艱險地形和惡劣氣候帶來的困難與頑敵作戰，而且時有彈盡糧絕之虞。有的部隊有時每天只能吃上一頓飯，有時連續幾天只得挖野菜剝樹皮充饑。遠征軍廣大愛國官兵不畏艱苦，不怕犧牲，始終保持了旺盛的士氣。在松山、騰沖、龍陵、芒市、平夏、遮放、畹町等地與敵軍經過多次惡戰，終於壓倒了日寇的兇焰，殲滅其第 56 師團全部，第 2、49、53 等師團各一部，斃、傷、俘敵軍 2.1 萬多人，將敵軍逐出國門，收復滇西全部失地 3.8 萬多平方公里。1945 年 1 月在昆明出版的《民主週刊》發表評論：“失地收復，實滇省為最早。”[2]這一評價，如實反映了滇西反攻戰役對中國抗日民族解放戰爭的重大貢獻。中國遠征軍先後參加滇西反攻作戰的有 2 個集團軍的 5 個軍和遠征軍長官司令部直轄部隊共步兵 16 個師，以及砲、工兵和遊擊部隊 16 萬多人，作戰中傷、亡、失蹤共 6.74 萬多人，其中一半以上長眠在滇西大地。遠征軍廣大官兵在光復滇西國土中所表現出來的愛國主義精神和他們以鮮血和生命創造的悲壯業績，極大地鼓舞了全國抗日軍民奪取抗戰最後勝利的信心和決心，在中國抗日民族解放戰爭勝利的歷史上譜寫了光輝的篇章。

滇西反攻戰役的勝利，除了遠征軍官兵在愛國主義精神激勵下英勇奮戰之外，滇西各族人民同仇敵愾，以極大的愛國熱情克

---

1 吳致皋：《滇西作戰實錄》，第 126 頁。
2 《民主週刊》第 1 卷，第 5 期（1945 年 1 月 13 日）。

服各種困難，備嘗艱辛全力支援反攻，是取得勝利的又一重要原因。同盟國的合作，其中主要是美國提供了大量武器彈藥和其他作戰物資，增強了遠征軍的戰鬥力。美軍第 14 航空隊取得了滇緬戰場的制空權，並在滇西反攻的重要戰鬥中協向地面部隊作戰，美軍運輸機經常冒著惡劣氣候投送糧彈，是取得滇西反攻勝利的又一條件。

第六節　滇西人民支援反攻

　　滇西反攻戰役的重大勝利，與全國人民、雲南人民、尤其是滇西各族人民的全力支援是分不開的。抗日戰爭期間，雲南既是全國抗戰的大後方，又是直接對日作戰的最前線這一獨特的戰略地位，集中表現在滇西地區。滇西各族人民遭受日寇的荼毒最慘重，反抗鬥爭最堅決，對反攻勝利所作的貢獻最重大。

　　抗戰初期修建滇緬公路，開闢大後方新的陸上對外通道，是雲南人民對全國抗戰的重大貢獻之一。滇緬公路工程主要是新建下關至畹町的西段 547.8 公里，與緬甸公路銜接。在保山設立了總工程處，沿線設立 6 個工程分處，民工均由沿線各縣（設治局）徵調。其中保山一縣即承建 146.4 公里。每天出工達 2.8 萬人。人口較少的邊境幾個設治局，任務最少的也承建 10 公里左右，每天出工約 1000 人。整個西段每天出工人數達 14 萬人。東西段全線每天出工多達 20 萬人。以滇西各族勞動人民爲主的雲南民工在愛國熱情的鼓舞下，吃大苦耐大勞，用他們的血汗和生命，在短短的 9 個月裏就將滇緬公路建成通車，創造了世界工程史上的奇跡。滇緬公路成爲抗戰中期全國最主要的陸上對外交通大動脈，對支援全國抗戰發揮了不可取代的作用。太平洋戰爭爆發後，10萬中國遠征軍經滇緬公路運輸入緬，與盟軍協同作戰。滇西地區又成爲遠征軍的後方基地。這是中國軍民對世界反法西斯戰爭所作的貢獻之一。

抗戰開始以後，雲南先後出動第 60、第 58、新編第 3 軍等部隊到華東、華中、華北等地，參加了徐州會戰、武漢會戰、南昌會戰、上高會戰、中條山保衛戰等重要戰役，屢建奇勳，名聞中外。據統計，雲南在 8 年抗戰中派遣子弟兵 37 萬餘人在各個戰場與日寇浴血奮戰，官兵傷亡達 10 萬餘人。[1]其中不乏滇西的優秀兒女。如在 1941 年 5 月的中條山抗日根據地保衛戰中帶傷指揮作戰，不肯被俘受辱，於 5 月 13 日用手中短劍自戕殉國的國民革命軍第 3 軍第 12 師中將師長寸性奇將軍，就是騰沖縣人。

1938 年 8 月，八路軍總司令朱德在西安托李根源先生轉交雲南省政府主席龍雲的信，高度讚揚了雲南對全國抗戰的貢獻。信中說：“抗戰軍興，滇省輸送二十萬軍隊於前線，輸助物資，貢獻於國家民族者尤多。敵寇倡狂，半壁河山盡受蹂躪，今後復興民族之大業，有賴於動員西南、西北諸省之人力物力，繼續奮鬥。吾人以無比之代價，換取了寶貴之經驗，以求得軍事政治民運方面不斷之進步，始能保證最後勝利之取得。在將來抗戰中，在爭取最後勝利的搏鬥中，雲南將負更大責任，成爲抗戰的一個重要根據地。[2]

1938 年 10 月武漢、廣州相繼淪陷，國民政府遷都重慶，依託西南、西北大後方繼續堅持抗戰。雲南遂成爲大西南僅次於四川的戰略根據地，同時又是最主要的國際通道所在地。由於東部國土淪陷，自 1938 年起，大批軍政機關、學校、廠礦企業不斷內遷雲南，各地難民也大量湧入，外來人口不下三四十萬。1940 年9 月日軍進佔法屬印度支那北部之後，國民黨中央軍開始進駐雲南。太平洋戰爭爆發後，進駐雲南的軍隊有第 1、5、9、11、20等集團軍，以及各種軍事指揮、訓練、後方勤務等機構，人數總

---

1 鄒碩儒：《雲南人民支援抗戰簡記》，《昆明文史資料選輯》第 6 輯，第 41 頁。
2 《朱德致龍雲函》（1938 年 8 月 21 日），載李根源：《新編曲石文錄》第 272 頁。

計 60-70 萬人。此外還有美軍空軍和各類軍事人員 2 萬餘人。雲
南高原山多田少，抗戰前糧食不能自給，要由緬甸、泰國、越南
等地進口大米以補不足。現在驟然增加上百萬人口，滇越鐵路和
滇緬公路又先後被日軍封鎖，外米無法進入，從內地運糧輸送艱
難，如何保證軍民吃飯成為一個大問題。雲南一面動用歷年儲備
的積穀，一面加緊徵調來儘量滿足戰時的額外需要。全省人民為
支援抗戰提供的糧食連年大幅度增加。國民政府 1941 年下達給雲
南的田賦（公糧）征實（徵收實物）總額為 150 萬石，照規定每
石 75 公斤，總計合 1125 萬公斤。由於征實所得糧食不敷軍隊和
軍政機構所需，又加征借。1942 年征實、征借增加到 200 萬石。
1944 年雲南的田賦征實仍為 150 萬石，但征借數高達 210 萬石，
兩者合計為 360 萬石，即 2700 萬公斤。[1]短短 3 年間，僅田賦征
實、征借從全省農民手中拿去的糧食就增加了將近一倍半。所謂
征借實際上是只借不還的強行攤派。即使這樣，仍然不能保證劇
增的供給，不足部分只有靠歷年儲備的積穀解決。從 1933 年起，
雲南為了防備戰事一旦爆發之日，大軍雲集，交通阻滯，外米無
法運入，遂在縣、市、區、鄉鎮和義倉層層儲備糧食。縣市倉集
穀數量由省民政廳核定，區倉由縣政府核定，鄉鎮倉以每戶積谷
1 石為准。到 1937 年，已有積谷 286 萬余石。[2]這些糧食，同樣
是雲南人民節衣縮食，為支援抗戰而儲備的。特別是貧苦農民，
自己以雜糧瓜薯為食，省出稻穀來交納積穀。龍雲後來回憶說，
抗戰期間雲南新增 100 多萬外來人口的糧食供應，主要是靠積穀來
解決的。“滇省糧食能供應不缺，積穀實在起了不小的作用。”[3]

　　雲南人民提供人力物力，特別是供應和運送軍糧和其他物
資，支援部隊作戰，對保證滇西反攻戰役的勝利發揮了特別重要

---

1 陳開國：《抗戰時期西南糧政見聞》，載《昆明文史資料選輯》第 6 輯，第
　27-28 頁。
2 鄭崇賢：《滇聲》，香港有利印務公司 1946 年版，第 11 頁。
3 龍雲：《抗戰前後我的幾點回憶》，載《文史資料選輯》第 17 輯，第 56 頁。

的作用。滇西各族人民站在支援反攻的前列。第 11 集團軍總司令
宋希濂從 1942 年 5 月的怒江阻擊戰到 1945 年 1 月滇西反攻勝利，
自始至終參與歷次作戰指揮，對滇西人民的大力支援感受最深。
1945 年 1 月他曾在重慶《大公報》、《掃蕩報》上發表文章，總
結反攻勝利的原因主要有 3 條：1、滇西人民的支援；2、官兵的
堅強鬥爭意志；3、同盟國的協力。對於滇西人民的支援，他在
1960 年發表的《遠征軍在滇西韻整訓和反攻》一文中寫道："這
場反攻戰爭，先後參加作戰的官兵達 16 萬多人，吃飯是個大問
題。當時絕大部分的糧食是由滇西老百姓拿出來的，從昆明方面
運濟的只有很少二部分。有了糧，還得送到部隊所在地去，同時
打仗還需要大批的彈藥來補充。滇西僅有一條滇緬公路，其他地
方都不能通行汽車和大車。尤以戰爭是在怒江西岸進行，而怒江
兩岸全是崇山峻嶺，道路崎嶇，有些小道甚至連驛馬都不能通行，
完全依靠人力挑運。好些地方沿途沒有村舍，食宿都成問題。當
時投入這場運輸任務鬥爭的滇西老百姓，至少有二三十萬人。尤
以為軍隊直接運送糧食、彈藥、傷兵的幾萬民夫，真是辛苦萬分。
糧食在名義上是徵購，當時重慶軍委會確也拿出來了一筆購糧
款，但通過地方政府的層層克扣，老百姓到手很少；運輸雖按規
定、付給一定的運費，但經過層層的盤剝，民夫所得工資也很微
薄。但是老百姓都忍受了這一切，因為他們知道對日本帝國主義
打仗是一場民族生死存亡的戰爭，只有把日本強盜消滅了或趕出
國土，才能安居樂業。所以他們一方面忍受痛苦，一方面以極大
的熱情來支援這一次的反攻。這是這場戰爭所以獲得勝利的決定
的因素。"[1]

　　據《保山縣誌》、《保山紀事》等地方史志記載，保山縣自
1942 年初中國遠征軍出援緬甸到 1945 年初滇西反攻勝利，3 年間

1　宋希濂：《遠征軍在滇西的整訓和反攻》，載《文史資料選輯》第 8 輯，第
　75-76 頁。

提供了大量軍糧。爲支援滇西反攻，雲南在 1944 年一年中就供給積谷 220 萬石，多半由滇西各縣自籌，其中保山縣提供了 80% 以上。保山縣除提供大米 775 萬公斤、豆料 446 萬多公斤外，還提供各種肉類 23 萬多公斤、馬草 953 萬多公斤、柴薪 1182 萬多公斤、桌凳炊具 6.8184 萬件，以及反攻前沿江建築防禦工事和反攻時建造船筏所需木材等。[1]3 年間參加築路、修建機場和防禦工事、運送糧彈及傷患的民工數量之大、負擔之重，難以一一統計。僅反攻期間協運糧彈的民工即達 416 萬多人次、騾馬 119 萬多匹次、馱牛 23 萬多頭次。反攻之初，每日所出民工在 3 萬人以上，騾馬駝牛在 6 千匹以上。僅 1944 年 5 月 11 日到 16 日反攻的第一個星期內，由遠征軍司令部直接下令保山縣政府徵集的民夫 2 萬人，騾馬 3000 匹。反攻期間，死亡民夫 3854 人，騾馬 4794 匹，牛 1510 頭，由於統計遺漏，實際數字不止於此。[2]

　　騰沖人民也爲支援反攻提供了巨大的人力物力並付出了重大犧牲。反攻前夕，騰沖抗日縣長張問德於 1944 年 4 月底奉遠征軍司令長官衛立煌電召前往保山，接受了配合第 20 集團軍進攻騰沖的任務。張問德隨即選派有膽識的青年，秘密前往騰沖各鄉鎮發動群眾，準備糧秣，偵察敵情，破壞交通。並派熟悉地方情況的人員爲反攻部隊擔任嚮導，協助一切。5 月 11 日部隊開始渡江攻擊，張問德帶領抗日縣政府骨幹隨軍推進，組織民夫由怒江東岸向前線運送糧彈。反攻期間騰沖縣出動民夫 3.8 萬多人擔任運輸工作，用於嚮導、偵察、救護、修建的民夫在 5000 人以上。隨後又動員 3000 人趕修騰龍公路，搶修機場等。總計先後動員組織民夫達 4.6 萬多人協助反攻。爲兵站供應反攻部隊軍糧 415 萬公斤，馬料 105 萬公斤。各族群眾犧牲者 4000 餘人。民間付出軍糧、副食品、燃料、馬料的市價與代購價的差額 5.6 億元。第 20 集團 2

1　方國瑜：《抗日戰爭滇西戰事篇》附《保山紀事》，載《雲南文史資料選輯》第 19 輯，第 171-177 頁。
2　方國瑜：《抗日戰爭滇西戰事篇》附《保山紀事》，第 178-196 頁。

個軍、5 個師，最初越過高黎貢山進入騰沖境內時，軍糧一時接濟不上，各鄉鎮民眾自動節省糧食，優先供應反攻部隊，或將飯菜送到陣地，或請部隊官兵到鄉公所及群眾家中就餐。騰沖人民踴躍支前的愛國行動，極大地鼓舞了反攻部隊奮勇殺敵的士氣。騰沖光復後，旅居昆明、大理、保山等地的騰沖人士組織慰問團慰勞遠征軍時，衛立煌將軍表示，反攻騰沖之所以能夠取得勝利，一半由於將士用命，力摧強寇；一半由於騰沖民眾大力支援之功。這是符合實際的公允之論。[1]

李根源先生在《告滇西父老書》中說："要確保滇西軍事的勝利，端賴我父老發揮自己的力量。民眾力量盡到一分，軍事力量即增漲一分。""我父老必抱定更大犧牲之決心，始能保滇西，驅逐敵寇，恢復失地，始能在雲南抗戰史中占最光輝之一頁。"[2]滇西各族人民不畏艱苦，不怕犧牲，竭盡全力支援反攻，不但在雲南抗戰史上佔有最光輝的一頁，而且在中國抗日戰爭史和世界反法西斯戰爭史上也應該給予高度的評價。

---

1 尹明德：《滇西軍民抗戰概況》，載《雲南文史資料選輯》第 8 輯，第 23-24 頁。
2 李根源：《新編曲石文錄》，第 333-334 頁。

第九章　盟軍在緬甸的勝利

第一節　中國駐印軍和遠征軍勝利會師

　　中國駐印軍於 1945 年 1 月 15 日攻克南坎，滇西遠征軍亦於 1 月 19 日收復畹町。兩路大路在滇緬邊境乘勝進擊，追殲殘敵，直指芒友。

　　芒友在南坎東北，畹町西南，是滇緬公路與中印公路的交接點，南通臘戍。老龍山夾在兩條公路之間，構成芒友週邊屏障。日軍第 56 師團殘部企圖依託老龍山固守芒友，北拒中國遠征軍，西阻中國駐印軍。為了迅速打通中印公路最後一段障礙，新 1 軍軍長孫立人於 1 月 16 日令新 38 師主力沿南坎至芒友公路進擊，新 30 師主力圍攻老龍山區的日軍。17 日，新 38 師肅清了南坎東北河套的敵軍，並派一部進入右側山地，兩路節節向東壓迫。日軍在海拔高度 1800 米以上的山地步步設防，寸土必爭。新 38 師以旺盛的士氣和強大的火力，至 19 日攻佔了色蘭、般鶴等 20 餘個據點，推進 30 多公里。20 日，又攻佔芒友週邊的鬧陽、曼偉因和苗斯等據點。21 日，新 38 師從般鶴向東北山地突進，攻佔了構成芒友西南週邊屏障的南拉、腰班一帶高地。日軍為挽回不利形勢，糾集主力分三路進行反撲：一路由芒友東出，一路由芒友西北南下，一路由曼康北上。駐印軍居高臨下，將反撲之敵擊潰，並乘勝攻佔丹山，控制滇緬公路，直逼芒友。新 1 軍為徹底解決緬北戰局，決心不等肅清老龍山區的日軍核心陣地，派一個團鑽隙潛行，越過 1800 多米的高山，穿過穀底，在杳無人煙，飲水斷絕的叢林中披荊斬棘前進，於 23 日襲占蒙羅日軍據點。24
日，新 38 師主力分三路對芒友發動攻擊：一路由正面公路南下，
一路由丹山切斷芒友敵後公路，一路由西側山地側擊。經 3 晝夜
激戰，於 1 月 27 日攻佔芒友。同日，新 30 師亦將據守老龍山之
敵全部殲滅。

　　第 11 集團軍收復畹町並肅清附近地區敵軍後，為追殲南逃緬
甸的殘敵，各軍分途越過國境施行追擊。1 月 22 日中午 12 時，
第 53 軍第 116 師第 346 團，與駐印軍新 1 軍新 38 師第 113 團在
芒友週邊的苗斯（即姆色）取得聯絡。[1]該集團軍第 9、36、76、
87、88、130 各師亦先後將當面之敵擊破，繼續向芒友及其西南
追擊，予 1 月 27 日上午 7 時 30 分左右，在芒友及其附近與與駐
印軍部隊勝利會師。[2]

　　1945 年 1 月 28 日，中國駐印軍和遠征軍在中緬邊境附近的
芒友舉行了盛大隆重的會師典禮。代表駐印軍參加會師典禮的是
新 38 師的一個團，代表遠征軍參加的是由第 9 師、36 師、88 師
和第 53 軍各一個營組成的混編團。駐印軍總指揮索爾登、新 1
軍軍長孫立人、新 30 師師長唐守治、新 38 師師長李鴻；遠征軍
司令長官衛立煌、砲兵部隊指揮官邵百昌、第 11 集團軍代總司令
黃傑、第 2 軍軍長王凌雲、第 53 軍軍長周福成、第 71 軍代軍長
陳明仁等中、美高級將領出席了會師典禮。陸軍大學甲級將官班
戰史旅行團的將領 20 餘人也從重慶趕來觀禮。40 多名中外記者
前來採訪。

　　會場設在芒友附近的一座小山下面，遠征軍為了攻佔這座小
山，曾經進行了一場激烈的戰鬥。會場是由新 38 師政治部和工兵

1　兩軍首次取得聯絡的時間有三種記載：吳相湘《第二次中日戰爭史》下冊第
　　1090 頁為 1945 年 1 月 20 日；《抗日戰史》第 9 冊：《西南及滇緬作戰》第
　　345 頁為 1 月 21 日；吳致皋：《滇西作戰實錄》第 124 頁為 1 月 22 日。其
　　中，《滇西作戰實錄》對兩軍聯絡部隊番號記載較為確切，故取此說。
2　《滇西作戰實錄》，第 125 頁；《第二次中日戰爭史》下冊，第 109 頁。

營設計佈置的，正中的禮台用絲質彩色降落傘張蓋，台前是一個紅色的"V"字，台的正對面高豎兩根旗杆。遠征軍在通往祖國的路口豎起"歡迎駐印新 1 軍凱旋回國"的白布橫幅。

上午 9 時左右，穿黃嗶嘰布軍裝的駐印軍和穿灰棉軍裝的遠征軍從不同的方嚮往會場集中。駐印軍部隊站在禮台左前方，遠征軍部隊站在禮台右前方。11 時，衛立煌、索爾登、黃傑、孫立人等人來到會場。會師典禮總指揮李鴻下達口令，首先舉行升旗典禮。軍樂隊高奏中、美兩國國歌，兩國國旗在歌聲中冉冉升起。禮砲聲在周圍的山谷中迴響轟鳴。遠征軍司令長官衛立煌將軍首先致詞。他說："今天的會師，是會師東京的先聲，我們要打到東京，在那裏會師，開慶祝會。" "滇緬戰場中美的合作是值得我們永遠記憶的。同盟國不但在戰時要合作，在戰後更要合作來共建世界的和平。"駐印軍總指揮索爾登致詞說："今天是大家頂快樂的一天，也是中美合作過程中最重要的一天。"他讚揚中國軍隊的英勇，並預祝"到東京會師去，讓這兩面國旗飄揚在東京的上空。"[1]會場上響徹"打到東京去！" "芒市會師是東京會師的先聲！"等口號。會師典禮結束後，遠征軍回到國內。駐印軍爲了確保中印公路安全暢通，又繼續對盤踞在新維、臘戌之敵進攻。

從 1943 年 10 月中國駐印軍發動緬北反攻戰役，1944 年 5 月滇西遠征軍強渡怒江反攻滇西，中國兩支抗日大軍近 30 萬愛國將士肩負著祖國和人民的期望，歷艱涉險，英勇奮戰，克服了異常艱險的地理環境和極其惡劣的氣候條件帶來的重重困難，在美英盟軍的支援與配合下屢挫強敵，基本上全殲了日軍精銳的第 18 師團和第 56 師團，重創第 2 和第 33 師團，並消滅第 49、第 53 師團和獨立混成第 24 旅團各一部。"計至會師芒友時止，我軍之戰果，爲斃敵 4.885 萬人，俘敵 647 人，虜獲步槍 1.1644 萬支，

---

1 孫克剛：《緬甸蕩寇志》，第 166 頁。

輕重機槍 601 挺，砲 160 門，戰車 12 輛，飛機 3 架，汽車 606
輛，馬 1430 匹。"[1]駐印軍、遠征軍共傷亡 7.9154 萬人，其中 2.9
萬人永遠長眠在異域的土地上。[2]中國兩支抗日大軍作爲滇緬戰場
上的盟軍主力，不但收復了滇西全部失地和緬北大片地區，打通
了中印公路，使盟國援華物資再度源源運到中國戰場，有力地支
援了全國抗日戰爭，而且抗擊了日軍緬甸方面軍一半以上的兵
力，爲收復緬甸全境及配合盟軍在太平洋戰場的反攻作出了重要
貢獻。

從中國遠征軍 1942 年初參加緬甸防禦戰，到 1945 年初中國
駐印軍和滇西遠征軍反攻作戰的勝利，在長達 3 年的時間裏，中
國先後出動 40 萬大軍在滇緬戰場上與美英盟軍直接進行戰役上
的協同作戰，並取得了最後勝利。滇緬戰場不僅是中國抗日戰爭
的重要組成部分，也是世界反法西斯戰爭的重要組成部分。在滇
緬戰場上中國軍隊先後大約有 13-14 萬人傷亡，其中數萬名官兵
壯烈犧牲在異國他鄉，他們的忠骸至今長眠在緬甸的崇山密林之
中。他們的愛國精神和英雄業績，永遠爲祖國人民所懷念，在中
國抗日戰爭史和世界反法西斯戰爭史上留下了光輝的一頁。

芒友會師典禮于 1 月 28 日 13 時 30 分結束，隨即在畹町舉行
了中印公路通車典禮。

中印公路以印度東北邊境的雷多爲起點，穿越緬北、滇西到
達昆明。主線全程 1736 公里。其間要越過 13 座海拔 2000 米以上
的山峰，最高峰海拔 3000 多米。道路在高山與河谷間曲折盤旋，
有許多急彎和坡度 25 度至 30 度的斜坡以及大量橋涵。公路工程
最艱險的地段是由雷多經胡康河谷和孟拱河谷到密支那的一段，
沿途幾乎全部是杳無人煙的原始山林河谷地帶。駐印軍在前面作
戰，工兵部隊緊隨後面開路。如果說駐印軍戰勝頑敵創造了戰爭

---

1 何應欽：《八年抗戰之經過》，第 184 頁；《中央日報》1945 年 1 月 30 日。
2 《中央日報》1945 年 1 月 30 日。

史上的英雄業績,那麼中美工兵戰勝自然修通中印公路也創造了
築路史上的奇跡。中印公路到密支那後分為南北兩線;南線經八
莫、南坎、芒友,到畹町與滇緬公路銜接,這是中印公路的主線;
北線由密支那經騰沖、龍陵到保山,是一條支線,又叫保密公路。
密支那以下經八莫、南坎到畹町原已有公路相通,只須作一些加
寬和整修,由畹町到昆明的滇緬公路,在中印公路還沒有打通前,
支援滇西反攻的民工已經加以整修改善了。因此中印公路是上述幾
條路線的總稱。因為這條公路是中美合作修建的,人們把它叫作
"華美路";盟軍沿這條路反攻,又有人稱之為"到東京之路"。

　　緬北、滇西反攻最後勝利前夕,由印度開往中國的第一支運
輸車隊於 1945 年 1 月 12 日由雷多出發。這支車隊由中、美駕駛
兵各 120 人共同駕駛 120 輛滿載汽油、軍火的卡車和牽引各種火
砲的武器拖曳車,另外配備 8 輛醫藥、救護和食品車,8 輛指揮
車,由美軍工程兵少將皮可率領,沿中印公路浩浩蕩蕩地馳向中
國。各盟國記者 65 人隨車隊同行採訪。車隊翻越野人山區,穿過
胡康河谷與孟拱河谷,1 月 14 日到達密支那。當時駐印軍、遠征
軍正在分別圍攻南坎、畹町,車隊在密支那停留等待。1 月 18 日
得知北線保密公路次日可以通車,遂派出 1 輛指揮車和 2 輛卡車
組成的小分隊,在美軍上尉蓋爾率領下,經保密公路試車。

　　1 月 19 日,在騰沖與密支那間中緬邊界 37 號界樁附近的公
路上,舉行了中印公路北線保密公路通車典禮。公路上用圓木和
松枝搭起了一座牌樓,牌樓上方的橫幅上用中、英文寫著大字標
語 "到東京之路" (RoadToTokyo),中午,由密支那方向開來
的汽車在保密公路第二工程處處長沈來義引導下進入中國境內,
受到築路民工的夾道歡迎。然後經騰沖、龍陵、保山前往昆明。
倫敦在 24 日廣播說: "第一批車隊已於 1 月 20 日經過騰沖到了
昆明!"[1] 就是指的這一支小分隊。軍事委員會戰時運輸管理局當

---

1 《第二次中日戰爭史》下冊,第 1095 頁。

天在重慶舉行記者招待會宣佈了中印公路通車的消息，同時宣佈中印公路為軍用公路，一切物資運輸均由政府統籌支配，禁止其他車輛通行。

南坎、畹町攻克後，在密支那等待了一個星期的大隊車隊於24日到達南坎，又在此停留了3天，等待駐印軍攻克芒友，與遠征軍勝利會師。孫立人將軍在新1軍戰地司令部為車隊的中美官兵和隨隊採訪的中、美、英、澳、印等各國戰地新聞記者舉行了招待會。他看到第一支運輸隊的車輛即將由他指揮打開的中印公路開入國門，興奮地說："反攻緬甸之戰，自從1943年10月24日由新1軍的新38師正式揭開，我們經過了種種不可克服的困難和障礙，憑著將士們勇敢無畏和吃苦耐勞的精神，終於順利的達成任務。而且作戰部隊所佔領的區域，很快的即由盟軍供應部隊完成了一切的善後工作，這中間作戰部隊和供應部隊完全是合作無間的。"他說："新1軍有許多受過6次傷還繼續在戰場上作戰的弟兄，這應該歸功於醫務人員的努力。"他希望這條公路要好好去利用，否則便對不起那些來不及救治而死亡的萬千烈士。[1]

1月28日車隊開到畹町，中美駕駛員都把兩國國旗取出來插到車頭上，準備參加通車典禮。這一天，中國通往緬甸的大門畹町張燈結綵，喜氣洋洋。通車典禮的禮台搭在畹町河畔，橫跨畹町河的木橋兩頭都搭起彩牌樓，靠中國一邊的彩牌樓下扯起一條紅彩，旁邊寫著慶祝通車的聯語。當天下午14時40分，中印公路通車典禮開始。參加通車典禮的中美高級將領，除在芒友會師典禮結束後趕到畹町的衛立煌、索爾登、黃傑、孫立人等人外，還有遠征軍副司令長官黃琪翔、參謀長成剛、第6軍代軍長史宏烈，美軍第10航空司令大衛斯、第14航空隊司令陳納德等人。參加部隊有遠征軍第2軍特務營、駐印軍新1軍工兵一連，美方部隊約100餘人。參加汽車除由雷多開來的第一支運輸隊外，還

---

1 孫克剛：《緬甸蕩寇志》，第172-173頁。

有新 1 軍編成的一個車隊和中美軍官乘坐的指揮車數十輛，場面極爲壯觀。行政院副院長宋子文專程從重慶趕來代表蔣介石主持通車典禮。他首先致詞，向爲打通中印公路而奮戰的全體將士致敬。衛立煌、索爾登、皮可、陳納德、大衛斯等人也相繼致詞。15 時 30 分，宋子文剪綵後，皮可少將乘坐的吉普車領頭，浩浩蕩蕩的車隊在中美官兵的熱烈歡呼聲中，緩緩馳過界河上的木橋，進入中國境內。中美空軍的飛機在邊界上空往復盤旋。皮可揮舞著他從不離身的手杖說：“大家很難想像到我今天高興到什麼程度！”索爾登則說：“今天是同盟國最高興的一天，是日本最不高興的一天。”[1] 參加通車典禮的官兵激動地把帽子拋向天空，歡聲雷動，響徹雲霄。1945 年 1 月 28 日這個勝利的日子永遠載入了中國抗日戰爭史和世界反法西斯戰爭史的光輝史冊！這一天正好是淞滬抗戰爆發 13 周年紀念日。

第一支運輸車隊當夜宿遮放，29 日過芒市、龍陵夜宿大壩，30 日抵保山，31 日到漾濞，2 月 1 日到雲南驛，2 日到祿豐以東的楊家莊，3 日抵達昆明西山車家壁，沿途受到各族民眾的熱烈歡迎。隨同車隊沿途採訪的美國記者貝克寫道：“第一支護送隊由緬甸而來的消息迅速在沿途的村民中不徑而走，廣爲傳播，一長串滿是塵土的汽車彎彎曲曲越過山丘，像是一條機械的巨蟒。鄉民們丟掉手上的活計，揚著臂膀，歡笑著奔向我們。村鎮居民都走出他們被損壞了的房屋湧向公路。站立在公路兩旁的人群擠得水泄不通。當我們到昆明時，10 多萬居民在主要街道上歡迎我們。”[2]

2 月 4 日，昆明各界群眾數千人揮舞寫著“歡迎經史迪威公路開來的第一支車隊！”的彩色小話旗，在昆明西站集會歡迎車隊到達。上午 10 時 30 分，105 輛滿載軍火物資的汽車排列成長

---

1 孫克剛：《緬甸蕩寇志》，第 173-174 頁。

2 格蘭姆·貝克：《一個美國人看舊中國》，三聯書店 1987 年 11 月版，第 601 頁。

隊，由中國駕駛兵駕駛，在美軍工程隊皮可少將率領下開到昆明西站。車隊行進時，有 3 架美國飛機在空中護衛引導。在歡迎會上，皮可少將把首批運抵的物資清單交給美國陸軍供應部主任齊夫斯中將。軍事委員會昆明行營主任、雲南省政府主席龍雲代表中國政府，從齊夫斯手中接過這批物資清單。然後，龍雲向皮可贈送了一面繡著"勝利之路"四個大字的錦旗，以酬謝他指揮建成中印公路的功勞。歡迎會後，車隊經昆明市區主要街道馳往東郊，沿途受到自發聚集的數萬群眾以及美國人士的夾道歡迎。

中印公路的全線通車，宣告了被日軍封鎖達兩年八個月之久的中外陸上國際交通線業已重新打通。這一重大勝利，粉碎了日本切斷滇緬公路，繼絕中國外援，迫使中國政府投降，以結束對華戰爭韻狂妄企圖。中印公路在施工階段就建成一段開通一段，對支援緬北、滇西反攻戰役發揮了重要作用。全線建成通車後，在 1945 年 9-8 月間，有 368 支車隊通過這條公路向中國運送了 8 萬多噸各種物資。[1]其中僅 7 月一個月就有 75 支車隊、4745 輛卡車，裝載物資 5900 噸抵達昆明，平均每天有 153 輛滿載物資的卡車到達昆明。沿中印公路鋪設的油管與公路工程同步施工，同時竣工投入使用。中印油管長達 3000 多公里，是當時世界上最長的輸油管道，源源不斷地輸入了中國戰場急需的油料。其中 7 月輸送的油料即達 1.1601 萬噸。[2]從陸路輸入了中國的這些戰略物資，與"駝峰"航空線空運的戰略物資一道，有力地支援了中國戰場反攻階段的對日作戰。

策劃興建中印公路之初，中、美、英三大盟國內部曾經有過強烈的反對意見，進行了一番激烈的爭論。邱吉爾、韋維爾、陳納德、魏德邁等人都反對修建這條公路。史迪威在羅斯福、馬歇爾和史汀生等人的支持下具體策劃和指揮了打通和興建中印公路

1 羅曼納斯、桑德蘭：《在中緬印戰區消磨的時光》，華盛頓 1959 年版，第 317 頁圖表 4。

2 《第二次中日戰爭史》下冊，第 1098 頁。

的艱巨工作。緬北、滇西反攻戰役在很大程度上就是為重新打通中印陸上國際交通線而進行的一場"公路戰爭"。為了紀念史迪威將軍領導修築中印公路的傑出功績，蔣介石在中印公路幹線通車之日發表題為《中印公路開闢之意義》的廣播演說，宣佈："我們打破了敵人對中國的封鎖。請允許我以約瑟失·史迪威將軍的名義為這條公路命名，紀念他的傑出貢獻，紀念他指揮下的盟國軍隊和中國軍隊在緬甸戰役中以及修築公路的過程中作出的卓越貢獻。"[1]美軍印緬戰區也發佈命令將"雷多公路"命名為"史迪威公路"。史迪威本人在美國電臺的軍人節目裏發表談話，讚揚了"修築公路並為公路而戰鬥的所有人"，唯獨沒有提到他自己的作用。[2]史迪威的繼任者之一、美軍印緬戰區司令、中國駐印軍總指揮索爾登在致史迪威的信中說，開闢通往中國的公路是史迪威"不屈不撓的意志"[3]。

這條被稱為"第二次世界大戰中最偉大的工程奇跡"的公路的建成，是中、美兩國戰略協同的成功範例，英國在其中也發揮了一定的作用。美國為修建中印公路提供了全部工程費用1.48億美元和大量物資，中國為打通這條公路所犧牲的生命是無法用金錢和物資來計算的。史迪威將軍為中印公路的修建傾注了巨大的精力，公路上也凝結著數以萬計的中、美工兵和中、緬、印各族民工的汗水、鮮血乃至生命。據統計，在歷時兩年的築路工程中，因工程事故和各種疾病而死者達數百人，被日軍擄殺的也有130人，公路建成的直接生命代價是"1.5公里1人"[4]。同時還要加上中國軍隊反攻緬北和滇西戰役中7.9萬多人的巨大傷亡。正如當時的一篇報導中所寫的那樣，打通中印公路"是一個艱苦的不

---

1 《史迪威與美國在華經驗》下冊，第740-741頁。
2 《史迪威與美國在華經驗》下冊，第740-741頁。
3 《史迪威與美國在華經驗》下冊，第740-741頁。
4 理查·鄧洛普：《在，日本戰線後面》，蘭迪·麥克拉裏公司1979年版，第196頁。

可想像的戰鬥場面，血汗加上無比的忍耐力創造出來的奇跡，中國的陸軍、工兵與民工是打通中印公路的主要動力，美、英兩盟邦亦給予我們甚大之協助。"[1]這一評論是符合歷史事實的公允之論。

中印公路通車後，並不是萬事大吉，暢通無阻了。雨季到來以後，路基、橋樑經常被沖毀，需要隨時創修和保養，晴通雨阻的現象時有發生。根據美國陸軍部的決定，只在雷多至密支那間築雙線車道，密支那至畹町間只築單線車道。美國人極不適應這種彎急、坡陡、路窄的線路。駕駛人員嚴重不足。這些因素都制約了中印公路運輸效率的發揮。《新華日報》在 1945 年 1 月 22 日的社論中指出："中印公路每月最大運輸量不會超過 3 萬噸，實際上只是空運的輔助，能夠在裝備上起多大的作用，還難確定。"[2]如前新述，1945 年 7 月經公路運入中國的物資為 5900 噸，同月運入中國的物資達 9.1183 萬噸，其中美國駝峰空運隊運量為 7.0043 萬噸，中國航空公司運量為 2639 噸，油管輸油 1.6601 萬噸。公路運量只占空運量的 8%，占總運量的 6.5%。[3]

無論是空運、車運或油管輸送，每一公斤物品或一加侖汽油從美國運到中國都是經過迢迢萬里，要消耗大量人力和物力，經過嚴密和複雜的組織工作才能運到。為了緩和供求矛盾，增加中印公路的運輸能力，中美兩國從 1944 年春天就開始在藍姆伽訓練營訓練中國司機。當年 8 月，有一批從國內運往藍伽接受訓練的青年在飛越駝峰時有 40 人因體力不支而死。美軍遂建議用在藍姆伽訓練的 4 個戰車營官兵改做汽車運輸隊司機，增加授課的美國教官，計畫每月訓練 2700 名司機。中印公路正式通車後，發現這些僅僅經過 4 周短期訓練的司機技術很不熟練。有一支 90 輛卡車的車隊在距雷多 38 英里（約 61 公里）的山路上行駛時，只有 66 輛通過。美軍正計畫增加訓練時間，英國人卻要求收回藍姆伽營

1　《中印公路是怎樣打通的？》、《大公報文集》第 1 頁。
2　《新華日報》1945 年 1 月 22 日社論；《中印公路通車與粵漢南段緊張》。
3　《第二次中日戰爭史》下冊，第 1098 頁，百分比為本書作者計算。

地另作他用。中美雙方採取緊急措施克服缺乏卡車司機的困難。辦法是調用中國駐印緬的汽車兵第 6 團的司機，將一批卡車開到昆明後，司機隨即經駝峰空運返回雷多，再開一批卡車來昆明。1945 年 2 月，共有 30 支車隊、1333 輛卡車，裝運 1100 噸物資到昆明。其中有 22 支車隊如期到達，8 支車隊遲至 3 月初才到達。從雷多到昆明全長 1079 英里（1736 公里），規定 10 天到達，但通常是 12 天或 15 天才能到達。美軍工兵第 303 團的志願人員駕駛第 3、5、6 支車隊前往昆明，此外還有美軍其他一些單位的志願人員也參加中印公路運輸，駕駛許多輛汽車到昆明。藍姆伽訓練營從 1945 年 1 月到 4 月共訓練了 9844 名司機，其中很多是志願參軍的學生。[1]

第二節　駐印軍掃清緬北之敵

　　新 38 師主力攻擊芒友之際，新 30 師亦加緊圍攻在老龍山核心陣地憑險據守的日軍。同時新 38 師第 114 團由南坎以西向敵後迂迴，越過海拔 2000 米的高山，向南巴卡突進，截斷芒友至臘戍的公路。1 月 28 日，當駐印軍和遠征軍在芒友舉行會師典禮的時候，新 30 師已將據守老龍山之敵全部殲滅。第 114 團也一舉攻佔康梭，將敵第 56 師團殘部包圍在芒友以南、南巴卡以北地區。當天，駐守新維以北的敵第 2 師團第 4 聯隊為解救第 56 師團，在戰車 8 輛、重砲 4 門的掩護下向北進攻，與第 56 師團殘部內外夾擊第 114 團。該團官兵沉著應戰，與敵激戰一晝夜，陣地寸土未失。29 日，新 38 師主力由芒友沿公路南下支援，新 30 師第 89 團也沿著 114 團的進軍路線向南巴卡進軍。敵我雙方激戰 5 日，被圍的敵第 56 師團殘部被駐印軍全殲。師團長松山祐三中將僅以身

1　《第二次中日戰爭史》下冊，第 1096-1097 頁。

免，向南逃竄。第 2 師團第 4 聯隊也遭到第 114 團嚴重殺傷。2
月 8 日，新 30 師攻佔南巴卡，日軍退守貴街、新維。"南巴卡之
役，連著芒友戰鬥一起計算，新編第 1 軍一共經歷大小 200 余戰，
攻佔村落據點 180 多處，斃敵大隊長以下軍官 45 員、士兵 1200
名，奪獲大卡車 20 輛、大砲 16 門、輕重機槍 25 挺、卡槍 360
支、戰車 2 輛。" [1]

　　當時，駐印軍在緬北當面之敵，除第 2 師團第 4 聯隊等部仍
保存大部分兵力外，其他都是在緬北、滇西兩方面屢遭重創，潰
退下來的各師團殘部。敵緬甸方面軍司令官河邊正三把這些殘兵
敗將搜羅在一起，補充部分兵員和裝備，讓他們據守貴街至臘戍
間各要點，企圖保住緬北戰略重鎮臘戍，將中國駐印軍阻擋在曼
德勒以北地區，以爭取時間集結兵力，在緬中和緬南地區與英軍
決戰。英軍則乘中國駐印軍掃蕩緬北日軍之機，乘虛渡過欽敦江，
向東出擊，驅逐密（支那）曼（德勒）鐵路沿線日軍，輕取溫佐，
向瑞波推進，策應中國駐印軍作戰。駐印軍以主力新 38 師、新
30 師為東路，由芒友、南巴卡沿滇緬公路向貴街、新維、臘戍挺
進；第 50 師為中路，由西於沿滇緬路以西的叢林地帶，經南渡、西
保，直取喬梅；西路是英印第 36 師由卡薩南下，沿伊洛瓦底江東
岸，直趨蒙米特。緬北作戰的主攻方向仍在東路中國駐印軍方面。

　　東路新 1 軍主力的作戰部署是：以新 30 師主力由南巴卡沿公
路及其西側地區向新維進攻；以新 38 師第 112 團沿公路東側向新
維推進，並掩護軍主力左翼。

　　新維在南渡河北岸，是滇緬公路上的軍事要地，也是日軍在
臘戍以北最重要的支撐點。該地東距滾弄 88 公里，西南距臘戍
51 公里，北距南坎 176 公里，東北距芒友 117 公里。新維是一個
寬 1-6.5 公里，長約 48 公里的狹長河谷，南渡河、南皮河、南姆
河、南開河等河流橫貫交流。河谷周圍高山聳立。高黎貢山由北

1 孫克剛：《緬甸蕩寇志》，第 181 頁。

向南逶迤而下，公路曲折穿行其間，成爲一條狹長的隘道。若干座海拔 2000 米以上的高峰，構成新維以北綿延的險阻地帶。其地形的複雜險峻與南坎類似。日軍第 33 軍在實施"斷作戰"計畫時，曾將戰鬥指揮所設在新維。

駐印軍根據攻克南坎的成功經驗，決定先拔除新維週邊據點，再集中優勢兵力對新維進行包抄，然後一舉攻佔。新 30 師於 2 月 8 日沿公路向貴街攻擊前進，一路上不斷擊潰日軍的小規模抵抗，於 14 日 14 時一舉攻佔新維週邊的重要據點貴街。兩翼部隊也相繼攻佔公路兩側曼文、曼愛東西之線。敵軍一面集中兵力在新維城區及附近山地加強防禦工事，一面以部分兵力在貴街以南的隘口憑險據守。17 日，沿公路正面攻擊的部隊在砲兵火力支援下，對居高臨下之敵施行 5 次仰攻。兩翼部隊渡過南渡河，攻佔洛般和西烏。18 日，左翼新 38 師第 112 團由新維東面的西烏西進，進抵新維南郊。正面新 30 師主力乘守敵恐慌發起猛攻。新維守敵在駐印軍強大砲火轟擊和步兵多次衝擊下，陣地逐漸動搖。敵軍孤注一擲，拼湊兩個中隊左右的兵力，在砲火和戰車掩護下，向新 1 軍攻城部隊兩翼瘋狂反撲。攻城部隊以猛烈砲火擊毀敵戰車 8 輛，擊退敵軍反撲。新 30 師不失時機地發動總攻。19 日晚，該師一部利用夜暗由北面山地沖入城區，突破敵軍陣地，與敵軍徹夜巷戰。20 日晨，新 30 師主力乘朦朧晨霧一舉沖入城區，經 5 小時激烈巷戰，全殲守敵，力克新維。侵緬日軍自 1944 年 12 月底發動的第三期"斷作戰"，至此被徹底粉碎。

從南巴卡到新維，新 30 師向南推進 75 公里，攻佔大小村落據點 140 多處，斃敵 750 人，繳獲戰車 7 輛、卡車 30 輛、輕重機槍 26 挺、步槍 370 支、各種大砲 9 門、裝具器材 400 餘噸。[1]

緬北日軍各部經補充後，兵員總數達到約 1.94 萬人，其中第 56 師團約 9000 人。在第三期"斷作戰"中傷亡約 2000 人。敵第

---

1 孫克剛：《緬甸蕩寇志》，第 182-183 頁。

33 軍派軍參謀長山本清吾少將到第 56 師團加強指揮,退到新維、臘戌之間地區,邊整理犬牙交錯的戰線,邊步步後退。[1]敵軍在新維敗北後,以第 56 師團搜索聯隊增援新維以南鬧亨南北之線,以該師團 168 聯隊大部和戰車一中隊配置於曼坡,169 聯隊及砲兵各一部在芒利佈防,146 聯隊及砲兵大隊、戰車隊則配置於臘戌,形成縱深配備,進行最後的頑抗。

新 1 軍攻佔新維後,矛頭直指臘戌。新 38 師主力在戰車營配合下,沿公路南下。該師第 112 團沿公路西側前進。新 30 師第 88 團沿公路東側前進。

從新維到臘戌,路程不過 51 公里,但都是綿延的山地,正面非常狹小,易守難攻。敵軍利用有利地形,在新維至臘戌間構築堅固工事和各種障礙物,並埋設了大量地雷,企圖進行較長時間的防禦,遲滯駐印軍向臘戌推進。

新 1 軍主力兵分三路,於 2 月 23 日沿公路和兩側山地向南推進。正面新 38 師主力于 26 日佔領鬧亨,隨後在戰車和重砲支援下,逐一摧毀敵軍陣地,相繼攻佔納秀和芒利。兩翼部隊也攻佔卡康姆、南道、曼拉姆-、漢杜等地。在 10 來天的山地爭奪戰中,敵軍搜索聯隊和第 168 聯隊損失慘重,陣地完全崩潰。新 1 軍攻擊部隊奪取各山隘高地要點,逼近臘戌。

緬北戰略重鎮臘戌有新、舊兩城。新城建在海拔 1000 米左右的山頭上,老城在新城東北的山腳下。火車站在老城正西。三者以公路相連,相互距離都在 2.5 公里左右,形成一個等邊三角形。臘戌是滇緬公路和臘曼鐵路的交匯處,為敵我必爭之地。由於新臘戌居高臨下,可以瞰制老臘戌和火車站,日軍以此為防禦重點。

3 月 2 日,由正面攻擊的新 38 師主力攻佔明朗、溫塔,3 日又攻佔曼坡,將臘戌週邊敵軍據點全部拔除,乘勝直薄南育河北岸。站在北岸高地上,隔河可以清楚地看到飛機場、火車站、老

1　《中華民國史資料叢稿》譯稿,《緬甸作戰》下,第 210-212 頁。

臘戍和新臘戍的地形地物。4 日，新 1 軍軍長孫立人、新 38 師師長李鴻、第 112 團團長陳鳴人乘飛機對臘戍敵軍陣地進行了空中偵察，然後對步砲戰車協同攻擊進行了周密部署。5 日晚，第 112 團兩個營由左翼偷渡南育河向西突進，攻到老臘戍附近。6 日晨，在砲兵和戰車密切協同下，一舉攻佔老臘戍。正面攻擊部隊強渡南育河，向飛機場和火車站攻擊。從公路東西兩側進攻的部隊也先後渡河，攻佔會約和印愛，從兩翼包抄臘戍。各攻擊部隊分進合擊，使敵軍各據點無法互相呼應。7 日，火車站和飛機場相繼被攻克。各據點殘敵紛紛逃往新臘戍，與據守該地的第 146 聯隊會合，進行最後的頑抗。當天，新 1 軍對新臘戍敵陣地發動總攻。先以強大砲火群猛烈轟擊敵陣，接著以 30 餘輛戰車掩護步兵進行衝鋒。日軍以稠密火網壓制駐印軍步兵，集中各種火砲轟擊戰車，當即遭到駐印軍強大砲火的猛烈還擊，將敵軍砲火壓制下去。步兵乘機突入敵陣。當晚第 112 團佔領新臘戍一半市區，與敵軍徹夜巷戰。左翼第 88 團和右翼第 113 團亦向新臘戍發動鉗形攻勢。三路攻勢銳不可擋，到 8 日上午 8 時，全部攻佔新臘戍，守敵大部被殲。至此，被日軍侵佔近 35 個月的戰略重鎮臘戍重新被中國軍隊收復。當天，駐印軍總指揮索爾登就在新 1 軍軍長孫立人陪同下視察了剛剛結束戰鬥的臘戍。

　　臘戍一役，新 1 軍戰術得當，動作迅速，步砲戰車協同密切，取得了重大戰果。繳獲的戰利品中，僅兵工器材就達 1 萬多噸。更為重要的是，駐印軍收復臘戍，殲滅緬北日軍主力大部，不僅確保了中印公路運輸的安全，而且駐印軍取得了南下曼德勒，東經景東直趨泰國的有利地位。臘戍之戰是中國駐印軍緬北反攻戰役的最後一次重大戰鬥。緬北反攻戰役的勝利，對於英軍在緬中、緬南的反攻創造了有利的條件，對促使侵緬日軍的總崩潰發揮了重要的作用。

　　在東路新 1 軍主力向新維、南坎進擊的同時，駐印軍中央縱隊第 50 師掃蕩伊洛瓦底江與瑞麗江之間地區的敵軍，然後渡過瑞麗江，揮師南下，沿途擊潰日軍抵抗，直指敵軍以重兵駐守的南渡。

　　南渡與其南面的西保和東南面的臘戌互爲犄角，三地有公路相連。南渡是世界著名的銀礦區之一，戰前有 10 萬人口，其中華僑有 8000 人，是一個繁榮的工礦城鎮。日軍在此駐有重兵以屏障臘戌，並防止駐印軍南下曼德勒。駐守南渡之敵，是在緬北與駐印軍作戰中迭遭重創，先後補充達 15 次之多的第 18 師團所屬第 56 聯隊，後又調來第 56 師團第 113 聯隊和山崎砲兵聯隊第 2 大隊，分據南渡及其以西的包德溫礦區和以北的九沙關，成鼎足呼應之勢。

　　第 50 師師長潘裕昆針對日軍在南渡的防禦部署，以第 148 團和第 150 團負責正面和左右兩翼攻擊，以第 49 團向敵後迂回，圍殲南渡之敵。另外以獨立步兵第 1 團作爲師的預備隊。2 月 19 日，左翼第 148 團突破南渡以北 9 公里的第一道防線，攻佔芒因。21 日，又攻佔與南渡隔河相望的重要據點般海。同日，右翼第 150 團攻下包德溫礦山，並佔領南渡火車站。22 日，左右兩翼在強大的砲火和優勢空軍掩護下搶渡南渡河，並於 23 日分三路猛撲市區。敵軍無力擋住第 50 師的猛攻，向南渡以南山林逃竄。向敵後迂回的第 149 團當晚得到正面主力攻占南渡的消息後，乘夜摸過南渡河，佔領兩個山頭，在南大港切斷南渡通西保和臘戌的公路。第二天，從南渡潰逃的敵軍 500 餘人被第 149 團阻擊，正面第 150 團也追擊逃敵。兩個團前後夾攻，經一晝夜激戰全殲逃敵，無一漏網。第 50 師迅速攻佔南渡，守敵倉皇逃竄，城區建築物大多沒有被破壞。在發生過大規模戰鬥的緬北幾個較大城鎮中，南渡是遭受戰火毀壞最輕微、保存比較完好的。

　　從南渡沿公路南下西保，東去臘戌，都是 50 公里左右。新 38 師從 2 月 23 日由新維向臘戌推進，於 3 月 8 日攻佔臘戌。第 50 師同時從南渡南下進攻西保。攻擊部署是以第 148 團爲中路，第 149 團爲左翼，獨立步兵第 1 團爲右翼，第 150 團爲預備隊。中路和右翼由於敵軍在沿途山隘頑強抵抗，進展遲緩。左翼第 149

團從空隙中開路迂回，在南渡河與公路會合處的大德東面偷渡過河，以 6 天時間迂回到西保週邊。3 月 16 日晨，第 149 團一舉突入西保城區。敵軍利用戰車反撲，被該團以火箭砲一一擊毀。中路第 148 團正在大德與敵軍相持，第 149 團襲占西保的消息傳來，大德正面敵軍陣地動搖。第 148 團乘勢強渡，直取西保西北高地。獨立步兵第 1 團也迅速南下西保西南。第 50 師三路攻擊部隊分別掃蕩西保及其四郊殘敵。至 18 日，將大德至西保間敵軍全部肅清，並在郊外搜出敵軍藏匿在草叢中的戰車 7 輛。23 日，第 50 師第 149 團與新 38 師第 113 團在南渡、西保、臘戍之間的公路交叉點曼三會師。

敵第 56 師團在南渡、西保連遭重創，退到西保南面的南燕附近地區集結收容，以第 146 聯隊殘餘 400 多人佔領陣地，擔任收容和掩護師團主力集結。第 148 團乘敵軍立足未穩，迅速南下攻擊，於 29 日攻佔南燕。日軍繼續向南潰退。

西保以西地區原為英印第 36 師戰場，由於駐印軍第 50 師進展迅速，英軍便脫離緬北戰場。獨立步兵第 1 團奉命向西擴張戰果。於 3 月 30 日攻佔曼德勒東北的喬梅，與英印軍第 36 師會師。英軍第 33 軍也從伊洛瓦底江西岸派出部隊前來與中國駐印軍聯絡。

喬梅之戰是中國駐印軍緬北反攻戰役的最後一場戰鬥。至此，喬梅以東、臘戍以西公路、鐵路沿線附近的日軍已經潰不成軍，其殘部分別向景東、棠吉方向撤退。新 1 軍在芒友會師之後，又繼續南進，收復了戰略重鎮臘戍，佔領了從芒友到喬梅的緬東北廣大地區，勝利地結束了緬北反攻戰役，為盟軍收復緬甸全境作出了重大貢獻。此後，新 1 軍在緬甸的作戰任務遂行終止，該軍各部暫時駐防收復的緬北各要點，等待英軍接防後即凱旋歸國。

中國駐印軍反攻緬北，如果從新 38 師 1943 年 10 月 29 日攻佔新平洋，進入胡康河谷起，到 1945 年 3 月 30 日新 50 師攻戰喬梅止，歷時 1 年又 5 個月。如果從新 38 師第 114 團 1943 年 3 月 9 日由雷多進野人山區起，則歷時兩年有餘，在這近兩年的時間裏，中國駐印軍先後有 12 萬官兵投入反攻。取得的戰果是：擊斃敵軍 3.3082 萬人，其中包括 3 個聯隊長和其他高級軍官，擊傷 7.5499 萬人、俘虜 323 人；繳獲步槍 7938 支、輕重機槍 643 挺、大砲 186 門、汽車 552 輛、火車機車及車廂 453 節、坦克車 67 輛、飛機 5 架、倉庫 108 所、金屬器材 2 萬餘噸；打通公路 646 英里（約 1040 公里），其中史迪威公路雷多到芒友 465 英里（約 748 公里），舊滇緬公路芒友到臘戍 114 英里（約 183.5 公里），緬甸國道臘戍到喬梅 67 英里（約 108 公里），其他支線及非國際性質的公路不計算在內。這些公路的總長度超過由重慶經貴陽到廣西金城江的西南公路。佔領鐵路 161 英里（約 259 公里），長度相當於滬寧鐵路。收復敵占區 5 萬多平方英里（12.95 萬多平方公里）。[1]

　　中國駐印軍率先在緬北發動反攻，並取得了一系列重大戰果，充分說明中國軍隊是緬甸戰場上中、美、英盟軍對日作戰的主力。中國駐印軍在緬北反攻戰役中的卓越表現，使英軍不得不刮目相看。東南亞戰區總司令蒙巴頓打算讓中國駐印軍在緬甸繼續作戰，協同英軍收復曼德勒，乃至南下仰光，收復全緬。但中國戰區參謀長魏德邁於 1945 年 1 月 5 日向蔣介石建議，將中國駐印軍調回國內作戰比南下仰光更有戰略價值。他準備以駐印軍進攻廣州和香港。2 月 16 日，魏德邁飛往密支那，與東南亞戰區總司令蒙巴頓、中國駐印軍總指揮索爾登商談將中國駐印軍全部調回中國的計畫。蒙巴頓表示希望等到收復全緬甸之後再將中國駐印軍調回，尤其英印軍正在進攻曼德勒的時候，非常需要駐印軍協同作戰。索爾登則表示，收復臘戍之後，駐印軍即可回國，改由遠征軍的 2-3 個師保護中印公路和油管。2 月 23 日，東南亞戰區總部決定利用現有兵力，在 6 月 1 日攻下仰光。同一天，蒙巴頓收到索爾登的電報，通知中國戰區要求將現在緬北的中國駐印

1　孫克剛：《緬甸蕩寇志》，第 206-207 頁。

軍 3 個師和美軍突擊隊 2 個團東調。魏德邁也來電通知,美軍 2
個團應分別在 3 月 10 日和 4 月 1 日開始調往中國。[1]

　　蒙巴頓為了爭取中國駐印軍繼續留在緬甸作戰,於 3 月 8 日
飛到重慶會晤蔣介石。蒙巴頓在會晤中強調,如果調回中國駐印
軍,那麼在雨季來臨之前攻克仰光的計畫就不能實現。蔣介石堅
持說,中國駐印軍已在臘戌停止前進,如果英軍進攻仰光,中國
駐印軍也決不能在曼德勒以南行動。蒙巴頓以中國駐印軍的撤退
不但會極大影響緬南作戰,而且使好不容易打通的中印公路的安
全失去保障;如果不能在雨季到來之前結束緬甸全境的作戰,不
僅僅對東南亞戰區,也將會對中國戰區的戰局發生影響為由,力
圖使蔣介石收回成命。蔣介石始終不為所動。經過兩天會談,蒙
巴頓最後同意不在曼德勒以南使用中國駐印軍,至於這支部隊調
回中國的日期應看緬甸中部的戰局而定。3 月 11 日,雙方宣佈對
兩個戰區有關軍事合作的各各問題 "業已獲得完全一致的協
議"。但蒙巴頓返回印度後,即令索爾登指揮中國駐印軍由臘戌
向曼德勒移動。索爾登發現駐印軍已按重慶的電令在臘戌停止前
進。他從中協調,建議駐印軍主力留駐臘戌,派一個支隊南進。
中國戰區統帥部的中美官員堅持對駐印軍不能分割使用,英軍就
用放棄維護對華交通線的一切責任來進行報復。3 月 30 日,駐印
軍攻佔喬梅並與英軍會師。東南亞戰區總部要求駐印軍繼續向前
推進,重慶方面堅決不同意。索爾登也認為喬梅之戰是中國軍隊
在緬甸的最後一次作戰行動,下令駐印軍以一部駐防臘戌和西保
地區,主力集中到密支那休整,準備調回中國。[2]

　　將駐印軍調回中國,空運是最便捷的手段。但蒙巴頓卻不允
許動用東南亞戰區的飛機空運駐印軍回國,雖然東南亞戰區的飛
機 80%是美國的。蒙巴頓的行動得到英國三軍參謀長和邱吉爾首

1　《第二次中日戰爭史》下冊,第 1094 頁。
2　《第二次中日戰爭史》下冊,第 1094-1095 頁;《中華民國重要史料初編
　　── 對日抗戰時期》,第二編《作戰經過》(三),第 464-468 頁。

相的支持。3 月 30 日，邱吉爾就此事致電美國陸軍參謀長馬歇爾大發雷霆。馬歇爾於 4 月 3 日複電表示，美國參謀長聯席會議決定在 6 月 1 日或克復仰光以前不動用東南亞戰區的運輸機。新 1 軍和駐印軍各直屬部隊一部分乘駝峰空運隊和、中國戰區的運輸機回國，大部分由公路乘車回國。[1]駐印軍回國後，其指揮部也隨之撤銷。

中國駐印軍在緬北反攻戰役結束到回國前夕遇到的這一場風波表明，中英這兩個同床異夢的盟友在緬甸戰場上的合作始終是不融洽的。英國這個老牌殖民帝國一貫表現出來的傲慢自大、損友利人的作風，是造成中英在緬甸戰場上種種矛盾的主要原因。

第三節　英軍在緬甸的反攻

日軍第 15 軍在恩帕爾慘敗之後，狼狽潰退到欽敦江東岸，但在西岸還佔有少數據點。斯利姆中將指揮的英軍第 14 集團軍乘勝追擊，第 33 軍首先掃清了烏克魯爾周圍的戰場，第 4 軍則再度攻佔了恩帕爾平原南部。英軍空軍對地面部隊進行大規模的有力支援。追擊部隊一直進抵欽敦江西岸，沿途到處發現敵軍慘敗的景象：大量被遺棄的大砲、運輸工具和裝備；成千成千的敵軍被擊斃或因饑餓、疾病而奄奄一息。

中國駐印軍和中國遠征軍在緬北、滇西的反攻，以及英軍粉碎日軍對恩帕爾的進攻，標誌著盟軍已經掌握了緬甸戰場上的戰略主動權。1944 年 6 月 3 日，美英聯合參謀部命令蒙巴頓準備實施全面收復緬甸的作戰計畫。東南亞盟軍總部制訂了兩個作戰計畫：一個是"首都作戰計畫"，即以陸上進攻收復緬甸中部和北部；一個是"吸血鬼作戰計畫"；即以兩棲登陸作戰收復緬甸南

---

1 《第二次中日戰爭史》下冊，第 1095 頁。

部。重點放在"首都作戰計畫"上。要全面反攻和收復緬甸,主
要的問題在於後勤保障。英軍和中國駐印軍都以印度爲主要的後
勤基地。儘管印緬間的交通在逐步改善,但隨著戰線向前推進,
交通線必須不斷延伸。正如邱吉爾所說:"交通線一拉長,就造
成同敵人交戰的兵力大爲縮小。大量湧出的石油從油管的一頭灌
進去,但另一頭流出來的只成涓滴,線路一長,中途的漏泄量大
得不可勝計。"[1]因此,英軍在 1944 年下半年的準備工作主要放
在改進後勤補給系統方面。同時,具有遠見和主動精神的斯利姆
將軍,乘敵軍立足未穩之際派兵出擊,在欽敦江東岸佔領橋頭堡,
爲以後大部隊渡江攻擊取得立足點,並阻日軍利用這條水路支援。

　　日本南方軍面臨著美軍對菲律賓的反攻,不但沒有餘力向緬
甸增兵,而且還準備從緬甸抽調兵力去防衛法屬印度支那、泰國、
馬來亞方面。1944 年 9 月底,南方軍總司令官寺內壽一以《緬甸
方面作戰指導綱要》的形式發佈命令,確定緬甸日軍的任務"主
要是穩定和確保緬甸南部重要地區,以形成南方圈北翼之支撐
點;同時在此期間,盡可能切斷中印之間的聯繫,以利於全局作
戰。"[2]緬甸日軍原來最主要的任務是切斷中印公路,寺內的上述
命令則將確保緬南要地,使之構成包括馬來亞、泰國和緬甸在內
的"南方防禦圈"的北翼支撐點作爲首要的戰略任務,將盡可能
切斷中印間的聯繫作爲次要任務,爲此允許緬甸日軍放棄緬甸中
部和北部。這是日軍由於在太平洋戰場和滇緬戰場節節失利而被
迫改變緬甸作戰部署。在恩帕爾之戰慘敗後新任緬甸方面軍司令
官的木村兵太郎中將根據南方軍的命令,把連接臘戍、曼德勒和
仁安羌一線以南確定爲應予確保的緬何南部重要地區。劃定這條
防禦線除了支撐南方防禦圈北翼的戰略考慮外,還由於緬甸日軍
在補給方面存在巨大困難。當時,日本的海上運輸線已遭到強大

---

1 邱吉爾:《第二次世界大戰回憶錄》第 6 卷,第 248 頁。
2 《大東亞戰爭全史》第 4 冊,第 1381 頁。

的美國海軍日益嚴密的封鎖，泰緬鐵路的運輸也不通暢。因此，南方軍從泰國或馬來亞方面對緬甸日軍提供補給，無論是陸路或海路都無法保障。緬甸日軍選擇臘戍。曼德勒、仁安羌一線以南作爲防禦重點地區的一個重要原因，是掠奪這一地區出產的大米和石油以實現就地供給。

當時，日本緬甸方面軍編成內雖然仍有 10 個師團、2 個獨立旅團、1 個飛行師團和 1 個坦克聯隊及工兵、鐵道、運輸等後勤部隊，但其作戰部隊接連遭到中、美、英聯軍的沉重打擊，損失慘重，缺員甚多，戰鬥力大大削弱。緬北的第 18、第 56 師團在與中國駐印軍和中國遠征軍作戰中迭遭重創，正不斷南退。緬西南阿恰布地區的第 54、55 師團被英國第 15 軍牽制，也不能機動。木村能夠集中在緬中地區與英軍作戰的部隊，充其量只有 5-6 個不滿員的師團。面對盟軍從北面、西南和南面的大規模反攻，木村自己對能否守住緬甸南部也信心不足。他提出了一個內線作戰的設想，"即在曼德勒、仁安羌間的伊洛瓦底江正面和海洋正面指導主作戰，在撣邦高原方面指導支作戰。前項任務是第 15、第 28 軍擔任，後項任務由 33 軍擔任；把方面軍的戰略預備兵團部署在東瓜、漂貝地區，待主作戰方面決定後使用。"[1]這一部署的重點是憑藉伊洛瓦底江天險阻擋英軍東進，以保住緬南地區。

1944 年秋天，英國第 14 集團軍在欽敦江西岸的印緬邊境地區休整補充，秣馬厲兵，准備東進。第 14 集團軍下轄 3 個軍，共 8 個師、5 個旅。其中梅塞維的第 4 軍和斯托普福德的第 33 軍有 6 個師和 1 個坦克旅，擔負向緬甸中部進攻的任務。克利斯蒂森的第 15 軍有 2 個印度師、2 個東非旅、1 個西非旅和 1 個坦克旅，負責阿恰布地區的防禦，並相機向仰光方向機動，以策應集團軍主力向緬中方面的攻勢。

10 月中旬雨季過後，斯利姆開始實施向緬甸中部進軍的"首

1　《大東亞戰爭全史》第 4 冊，第 1382 頁。

都作戰計畫"。第 33 軍首先行動,向吉靈廟和加里瓦推進。10
月 18 日,該軍印度第 5 師佔領鐵定,並在空軍支援下,肅清了
2300 多米的制高點甘迺迪峰的日軍,於 11 月 14 日進抵吉靈廟。
該軍第 11 東非師攻下達武之後,其中一個旅在欽敦江東岸的錫當
建立了一個極有價值的橋頭堡。該師其餘部隊向南進軍,與印度
第 5 師一同進抵吉靈廟。11 月底和 12 月初,第 11 東非師從吉靈
廟推進到恩帕爾以南 130 英里(約 210 公里)的加里瓦並渡過欽
敦江,在東岸建立了橋頭堡。工兵則在江上架起浮橋。第 33 軍第
20 師也於 12 月 3 日在莫萊渡江。第 4 軍隨後渡江增援。該軍第
19 印度師從錫當橋頭堡渡江後,於 12 月 16 日佔領英多西北的班
毛,與 12 月 10 日攻佔英多的英軍第 36 師會師。接著,第 19 印
度師又拿下賓來布。這樣,英國第 14 集團軍主力到 12 月中旬已
在欽敦江東岸建立了穩固的陣地,矛頭直指緬甸中部的瑞波平原。

　　在英帕爾之戰中慘敗的緬甸日軍第 15 軍,予 10 月中由片村
西八取代敗將牟田口廉也任軍司令官。片村上任後收拾被打垮的
3 個師團約 2.1 萬殘兵敗將,在緬中地區抵抗英軍齊裝滿員的 2
個軍、6 個師約 20 萬大軍的進攻。片村剛剛開始著手在欽敦江東
岸整頓第 15 軍殘部,佈署建立防禦,英軍的進攻已經開始。片村
一面指揮所屬的第 15、31、33、53 等師團在欽敦江東岸抵抗,一
面準備撤退到伊洛瓦底江畔的陣地。為此,該軍各師團均派出部
隊到伊洛瓦底江預定地段,驅使當地居民構築陣地,並修建退卻
道路,儲備各種物資。11 月底,該軍在欽敦江的防線全線瀕於崩
潰。片村命令第 15 和 53 師團於 12 月 1 日開始撤退,第 33 師團
於 12 月 4 日開始撤退。英軍跟蹤追擊。日軍以第 31 師團擔任掩
護,其餘各師團經過英軍空軍和裝甲部隊活動困難的丘陵密林地
帶後撤,於 1945 年 1 月初到達伊洛瓦底江的預設新陣地。

　　英國第 14 集團軍司令斯利姆發現日軍第 15 軍主力向伊洛瓦
底江畔撤退,判斷日軍並不打算在瑞波平原決戰。斯利姆當機立
斷,迅速制定了一個新的作戰方案,將日軍主力殲滅於曼德勒一

塔澤一稍埠一敏建地區，並攻取緬甸日軍的主要後勤基地敏鐵拉。[1] 敏鐵拉及其以東 12 英里（約 19 公里）的塔澤是日軍第 15 軍和第 33 軍的後勤中心和軍需屯集地，負責供應從薩爾溫江到伊洛瓦底江之間全部日軍的補給物資。這一地區還有 6 個重要機場。英軍一旦攻取敏鐵拉，就對緬中日軍形成南北夾擊之勢，並可南下直趨仰光，在下一個雨季到來之前收復全緬甸。為了實施這一雄心勃勃的新方案，斯利姆的部署是：以第 4 軍的第 19 印度師加強第 33 軍，南下瑞波平原，從北面和西面強攻曼德勒，以吸引敵軍大部分兵力；與此同時，第 4 軍將秘密穿過叢林密佈的甘高山谷，在帕科庫出其不意地強渡伊洛瓦底江，然後，運用裝甲部隊和空降部隊，以迅雷不及掩耳之勢，突襲東南面的敏鐵拉。

12 月下旬，第 4 軍一面製造正全力向瑞波推進的假像，一面秘密準備突襲敏鐵拉。第 7 印度師的工兵用 15 天時間築成了從達木到甘高的 180 英里（約 290 公里）的公路，將重砲隊秘密推進到前方。與此同時，第 33 軍分兩路南下。12 月 19 日，第 19 印度師的前鋒部隊突然從群山沖出，直取溫佐。第 2 師和第 20 師繼續從加里瓦和莫萊向東南挺進，於 1945 年 1 月 2 日攻佔耶烏，7 日佔領瑞波。20 日，第 20 師又打下望瀨。第 33 軍掃清瑞波平原，為進攻曼德勒作好準備。第 4 軍則準備在敏鐵拉發動制緬甸日軍於死命的一擊。

在第 14 集團軍主力向緬中挺進的同時，第 15 軍也於 1944 年 12 月 11 日開始在阿恰布發動進攻。日軍第 28 軍 2 個實力很弱的師抵擋不住優勢英軍的攻勢。英軍於月底進抵把阿恰布島同內陸分隔開來的海灣。日軍從 12 月 26 日開始撤退。1945 年 1 月 2 日，英軍一架砲兵偵察機發現阿恰布島已無敵蹤。1 月 3 日，英軍在該島登陸。接著，第 15 軍掃蕩阿恰布沿海各島嶼，並於 21

1　（英）亨利・莫爾：《第二次世界大戰的重大戰役》，上海譯文出版社 1983 年 5 月新一版，第 436 頁。

日攻佔蘭裏島，在該島建立了一些前進機場，作爲向緬中的第 14
集團軍提供補給的基地。日軍第 28 軍退守阿拉幹山區，以仁安羌
油田地帶爲根據地，阻止英軍第 15 軍由沿海穿過阿拉幹山區的崇
山峻嶺，向伊洛瓦底江推進。

　　1945 年 1 月，中國駐印軍和遠征軍已打通中印公路，在芒友
勝利會師。接著駐印軍又繼續南下掃清緬北之敵，直趨戰略重鎮
臘戍。日軍第 33 軍已潰不成軍。緬中方面，英軍第，33 軍掃清
瑞波平原後，正向曼德勒推進；第 4 軍準備在敏鐵拉打擊日軍要
害。緬南方面，英軍第 15 軍正準備實施在伊洛瓦底江下游進行兩
栖登陸作戰的 "吸血鬼作戰計畫"。盟軍的這 4 個攻勢互相呼
應，將在雨季到來之前圍殲侵緬日軍，收復全緬甸。

　　這時，日軍在太平洋戰場和中國戰場上到處都在潰敗。無論
是從亞太地區的全面戰局，還是從南方軍的任務來看，緬甸戰場
都離戰略重心越來越遠了。南方軍總司令官接受了阻止美軍在日
本本土和中國大陸登陸的新任務，遂於 1945 年 1 月中旬決定將緬
甸方面軍的戰略預備隊第 2 師團主力調往法屬印度支那以防備美
軍在那裏登陸。這一拆西牆補東牆的決定，使本來兵力就嚴重不
足的緬甸日軍更加捉襟見肘，難以抵擋盟軍即將發動的大規模攻
勢。緬甸方面軍司令官木村認爲，中、美、英聯軍將從北面主攻
曼德勒。第 15 軍司令官片村也推測，英印軍爲了展開伊洛瓦底江
的渡江作戰，至少還需要準備 1 個月左右。日軍企圖集中兵力在
伊洛瓦底江畔進行所謂 "盤決戰"。但其主力部隊第 15 軍的兵員
和裝備均嚴重缺額，雖經緬甸方面軍司令部盡力給予補充，第 15
軍各師團的兵員，第 15 師團僅有約 5500 名，第 31 師團僅有約
6000 名，第 33 師團僅有約 4000 名。軍直屬部隊僅有約 3 萬名左
右。主要武器也只補充到 30—50%。日軍自己也感到，"以這樣
的兵力來擔任正面約達 200 公里以上的廣闊作戰，完成會戰任

務，可以說是幾乎沒有什麼希望的難事。"[1]爲了彌補兵力的不足，木村命令帕科庫和敏鐵拉的部隊前往增援曼德勒守軍，同時令臘戍附近的一個師團準備南下。這樣就給英軍以可乘之機進攻敏鐵拉。

出乎日軍的預料，英國第 14 集團軍在 1 月上旬就開始發動攻勢，並以敏鐵拉爲主攻方向。1 月 10 日，梅塞維指揮的第 4 軍用從趕修的公路秘密運抵前方的重砲隊砲擊甘高，同時出動強大的機群進行轟炸，掩護步兵進攻。1 月 19 日，第 4 軍的東非部隊順勢而下直趨包鎮，第 7 印度師則向東秘密迂回包鎮，並在伊洛瓦底江對岸的稍埠和帕科庫之間強行建立一座橋頭堡。第 17 印度師準備通過這座橋頭堡奔襲敏鐵拉。該師按全機械化和空降部隊的編制進行重新裝備，是梅塞維準備用作粉碎日軍的鐵拳。2 月 5 日，梅塞維命令第 7 印度師在帕科庫附近的良宇建立橋頭堡。因爲防守這一地段的是戰鬥力很差的印度國民軍，[2]而且從這裏渡江航程最短，在東岸登陸後可直奔公路交叉點。爲了確保在良宇強渡成功，梅塞維還下令在帕科庫及其下 40 英里（約 64 公里）的色漂，以及良宇以南 6 英里（約 10 公里）的緬甸古都蒲甘同時進行佯渡，以分散東岸守敵的兵力。2 月 14 日，第 7 印度師在飛機、大砲和坦克強大火力的支援下，在良宇強渡成功。到當天夜間，已有 3 個營過江在東岸建立了橋頭陣地。此後兩天，有兩個旅過江，建立起一個寬約 5500 米，長約 2700 米的防禦陣地。日軍由於受到其他渡口佯攻的迷惑，同時第 33 軍也在北面渡江直逼曼德勒，因此對第 4 軍在良宇渡江反應遲緩。直到 2 月 19 日，日軍才分批進行反擊，但均被英軍擊退。梅塞維命令機械化的第 17 印度師和一個坦克旅，經良宇橋頭堡迅速向敏鐵拉挺進。24 日，該師攻佔敏鐵拉西北 40 英里（約 64 公里）的東沙。25 日攻佔敏鐵拉

---

1 《大東亞戰爭全史》第 4 冊，第 1386 頁。
2 這是印度政治流亡者錢德拉·鮑斯建立的日本傀儡政權"自由印度臨時政府"所屬的軍隊，大多爲太平洋戰爭初期倒戈投降的印度籍士兵組成。

的第一個機場。第二天，一旅援軍即在這個機場降落。28日，英軍已進抵敏鐵拉市郊。

敏鐵拉守敵有1.2萬人，另有基地部隊和傷病員約2000人。敵緬甸方面軍爲了保住這個主要的後勤中心、交通樞紐和最大的空軍基地所在地，火速派遣約2個師團的兵力前往增援，但在途中被英軍阻截。第4軍以第5師和一個空降旅增援第17印度師，於2月28日對敏鐵拉發動全面進攻。英軍以坦克逐一摧毀敵軍的地堡工事。英美空軍也大力助戰，從黎明到日落，不斷轟炸掃射敵軍陣地，向英軍運送補給物資。守敵拼死抵抗，連傷病員都拿起武器參戰。每當夜幕降臨之後，日軍就進行反撲，企圖奪回失去的陣地。英軍經過一個星期的苦戰，到3月5日又投入一個坦克旅，摧毀了敵軍的頑抗。殘敵50人投湖自盡。英軍終於攻佔敏鐵拉。日軍承認在敏鐵拉一役中遭到死傷各5000人的巨大損失，並把這一戰稱爲"盟國戰略上的巧妙的一擊。"[1]

英國第4軍攻佔敏鐵拉，不但使日本第15軍陷於腹背受敵的處境，而且使緬甸日軍的整個防線瀕於崩潰。敵緬甸方面軍司令官這時意識到敏鐵拉失守的嚴重性，決定停止伊洛瓦底江正面作戰，集中可以動用的一切兵力奪回敏鐵拉。日軍以第18師團爲骨幹，從第15和第33師團各抽出一個聯隊和重砲兵主力，由18師團長指揮向敏鐵拉反撲。在伊洛瓦底江正面僅以少量兵力阻止英國第33軍南進。第15師團正面戰線收縮到馬打牙北面高地。第53師團在塔溫附近阻止向敏鐵拉前進的英軍後續部隊。向敏鐵拉反撲之敵於3月6日開始進攻，遭到英國第4軍強大坦克部隊的沉重打擊。而且英軍每天都以200架運輸機不斷增援兵力和補給物資。失去了後勤基地的日軍則不斷消耗而得不到補充，並陷於伊洛瓦底江和敏鐵拉兩線作戰，顧此失彼，難於指揮。3月16日，木村命令由緬北潰退而來的第33軍司令官本多政材指揮敏鐵

---

1 邱吉爾：《第二次世界大戰回憶錄》第6卷，第899頁。

拉方面的作戰。3月中下旬，英軍與日軍在敏鐵拉一帶展開激戰。
正當木村糾集兵力南下，妄圖奪回敏鐵拉時，英國第33軍卻乘勢
攻佔了曼德勒，並繼續南下，與第4軍互相呼應，對反撲敏鐵拉
之敵形成南北夾擊之勢。在敏鐵拉一帶的日軍第28、33、49、53
等師團在英軍夾擊下損失慘重，戰鬥力極度低落，於4月上旬向
仰曼鐵路以東的撣邦山區潰退。日軍重新奪回敏鐵拉的企圖至此
徹底失敗。

斯托普福德指揮的英國第33軍向曼德勤推進。1月中下旬，
該軍第19印度師已在曼德勤以北渡過伊洛瓦底江，並擊退日軍反
撲，為向南推進建立了橋頭堡。第20印度師於1月20日攻下望
瀨後，在此後3個星期中，沿江尋找渡江地點。2月12日夜，該
師在敏務附近的一個渡口偷渡。這裏是日軍第31和33師團的結
合部。日軍還來不及作出強有力的反擊，英軍已有2個旅在東岸
建立了鞏固的陣地。日軍分批增援反撲，其步兵敢死隊在坦克掩
護下發動了多次衝鋒，步兵一直拼到最後一個人，坦克被全部炸
毀，其中大部分是被英軍的旋風式戰鬥機擊毀的。由於英軍掌握
了制空權，擊退了敵軍反撲並壓制其砲兵陣地，橋頭陣地不斷擴
大。到2月底，第33軍已經將橋頭陣地擴展到正面寬約21公里、
縱深約6.5公里。第33軍向曼德勒的進攻吸引了日本第15軍主
力，木村並從帕科庫和敏鐵拉調動部隊前來增援曼德勒守軍，從
而有利於第4軍在南面對敏鐵拉的進攻。第4軍在敏鐵拉的強大
攻勢又打亂了日軍的陣腳。木村匆忙從曼德勒前線抽調有力部隊
向南反撲敏鐵拉，使曼德勒方面的防禦力量大大削弱。斯利姆乘
勢集中全部可調用的兵力投入曼德勒戰場。

曼德勒作為上緬甸中心城市和水陸交通樞紐，歷來是四戰之
地。日軍經過近3年的苦心經營，在曼德勒及其周圍建立了嚴密
的防禦體系。市郊的防禦以城西南高約300米、俯視全城的曼德
勒山為中心，築有機槍地堡群，市區的防禦以堅固的達費林要塞
為中心。

　　3 月初，英國第 33 軍逼近曼德勒市郊。經過 3 晝夜激戰，於 3 月 7 日攻佔曼德勒山。接著攻入市區，向達弗林要塞逼近，於 3 月 15 日完成包圍。攻擊部隊乘筏排渡過要塞護河進攻，遭到敵軍猛烈火力殺傷，攻擊多次失敗。要塞的壁壘又厚又高，持續砲擊效果甚微。用中型火砲進行抵近射擊，出動飛機輪番密集投彈，也沒有發生大的作用。最後用 2000 磅的炸彈才炸出一個缺口。3 月 19 日夜間，守敵從要塞護河經過排水溝逃跑。3 月 20 日，第 33 軍攻佔曼德勒。在此之前，第 19 印度師於 3 月 12 日攻佔眉苗，切斷了向曼德勒以北地區的日軍提供補給物資的鐵路和公路。日軍第 15、31、33 師團被英軍分割包圍，但仍進行拼死頑抗。

　　英國第 14 集團軍接連取得敏鐵拉和曼德勒兩次相連的重要戰鬥的勝利，收復了緬甸中部大片地區，打開了進攻仰光的道路。在 2、3 月間持續數周的激烈戰鬥中，第 14 集團軍的第 4 軍和第 33 軍傷亡人數約在 1 萬人左右。：日軍的損失則要大得多，大抵占其總兵力的 1/3 左右。[1]當日軍向仰曼鐵路以東的撣邦山區潰退時，在美英空軍的不斷襲擾下，又損失了不少兵員和大量裝備。潰退的日軍不但受到英軍跟蹤追擊，而且到處遭到起義的緬甸國民軍和各地遊擊隊的進攻。他們的末日越來越臨近。

　　這時擺在英軍面前的任務是迅速南下，趕在雨季來臨之前攻克仰光。從敏鐵拉到仰光的路程在 300 英里（約 483 公里）以上。英軍不但要繼續與日軍較量，而且要和時間賽跑。

第四節　緬甸人民的反日起義

　　日本佔領軍對緬甸的軍事法西斯統治，給緬甸人民帶來了巨大的災難。緬甸 "反法西斯人民自由同盟" 成立後發表的宣言

---

1 利德爾—哈特：《第二次世界大戰史》下冊，第 363 頁。

中，憤怒地控訴了日本侵略者的罪行："我們緬甸人民現在正在日本法西斯分子的鐵蹄下遭受苦難：我們的家園的和平與安全經常受到威脅；我們每天都受到日本憲兵、士兵、商人及其代理人的虐待；我們的財產被沒收，我們被趕出了自己的家園；我們宗教聖地的清淨每天都受到褻瀆；有體面的人與罪犯受到同樣的待遇；我們婦女的貞操受到了侮辱；我們的食物被日本人搶奪；我們國家的產品換成了一文不值的日本鈔票；我們的牛和牲口、汽車和運貨馬車都被徵用；我們的人被召集去進行強迫勞動；我們的生活狀況和牛馬一樣。"[1]

"一切民族壓迫都勢必引起廣大人民群眾的反抗。"[2]日本侵略對緬甸的野蠻統治和貪婪掠奪，激起了緬甸各民族、各階層人民的無比義憤。他們逐步動員和組織起來，開展各種形式的抗日鬥爭，最後發展成轟轟烈烈的武裝起義，將壓迫、剝削自己的民族敵人日本侵略者趕出緬甸。緬甸人民的抗日鬥爭，經歷了一個從小到大、從分散到統一的過程，最後匯集為浩浩蕩蕩的民族大起義。它開闢了打擊侵緬日軍的又一條戰線，配合盟軍徹底擊敗侵緬日軍，光復了全部國土。緬甸人民的抗日鬥爭是長期以來推翻帝國主義殖民統治、爭取民族獨立的鬥爭的繼續和發展。人民力量在抗日鬥爭中的發展壯大，對戰後緬甸人民擺脫英國的殖民統治，獲得國家獨立發揮了重要的作用。

在發動和組織緬甸人民奮起抗擊日本侵略者的鬥爭中，緬甸共產黨人始終站在最前列。日軍進佔緬甸之初，緬共領導人于1942 年 5 月就在曼德勒召開會議，討論了深入農村發動群眾，組織遊擊隊開展抗日武裝鬥爭的問題。1943 年初，緬共在伊洛瓦底江三角洲的德達耶鎮秘密召開第一次代表大會，會上明確提出了

---

1 北京大學歷史系編：《亞非現代史參考資料》第 2 分冊（上）"緬甸反法西斯人民自由同盟宣言"，第 238 頁。
2 列寧：《論對馬克思主義的諷刺和"帝國主義經濟主義"》，《列寧全集》第 23 卷，第 55 頁。

建立抗日民族統一戰線的任務。以後，緬共在阿拉幹、丹那沙林和曼德勒等地區組織了抗日遊擊隊，積極開展武裝鬥爭。緬共人數雖然不多，但它堅決抗日的鮮明立場和卓有成效的活動，在工農群眾和緬甸民軍中產生了積極的影響。緬甸國民軍官兵大多是準備為緬甸獨立而戰的愛國青年。他們加入國民軍後，對於日本背棄諾言，不讓緬甸獨立深為不滿，尤其對日本佔領軍的暴行無比憤恨。一些青年軍官秘密組織了抵抗小組，商討抗日問題，閱讀並散發抵抗運動的材料。國民軍的愛國官兵對日本佔領軍的命令進行消極抵制，設法對日軍的活動製造障礙。此外，昂山和丹東還與克倫族領導人會見，改善緬族與克倫族的關係，以抵制佔領當局企圖宣導所謂“大緬甸運動”，咪製造民族分裂的陰謀，在共同抗日的目標下增強民族和解。克倫族的部隊加入國民軍，擴大了抗日力量。

　　經過緬甸各抗日愛國力量的不斷努力，到 1944 年初，緬甸各民族、各階層人民的反日抵抗運動已經具有相當的規模和較為廣泛的基礎，並在醞釀發動武裝起義。但是各抵抗力量之間缺乏統一的組織和領導，不利於抗日鬥爭的進一步發展。緬甸抗日鬥爭的形勢，迫切需要各種抗日力量實現聯合，建立全民族的抗日民族統一戰線。1944 年 2 月，緬共代表與青年軍人抵抗小組成員進行接觸，雙方同意建立經常聯繫，協調政治主張，共同努力統一緬甸的抵抗運動。在青年軍人抵抗小組的促進下，國民軍領導人昂山于 6 月派代表與緬共領導人德欽梭會談。雙方就日本帝國主義是緬甸人民的主要敵人，雙方的最終目標是實現緬甸獨立的政治主張達成共識。隨後，人民革命黨和緬共的領導人也進行了會談，討論了聯合抗日問題。在此基礎上，昂山與德欽梭於 8 月在仰光會談，決定發起成立一個團結抗日的組織。8 月至 9 月，各派抵抗力量領導人舉行會議，決定成立“反法西斯人民同盟”（緬語簡稱“帕塔帕拉”。1945 年改稱“反法西斯人民自由同盟”，緬語簡稱“帕薩帕拉”。）昂山擔任同盟最高領導人，德欽丹東爲總書記，德欽梭爲政治領導人。參加同盟的各抗日力量重要領導人還有：國民軍領導人奈溫、波力耶；人民革命党領導人覺迎、巴瑞、德欽妙、德欽漆；緬共領導人德欽巴欣等。與會代表一致通過了題爲《驅逐日本法西斯強盜》的宣言，宣言憤怒聲討日本侵略者在緬甸的暴行，宣佈同盟的目標是驅逐日本侵略者，建立一個獨立的緬甸。宣言號召緬甸人民與盟軍合作，驅逐日本侵略者。

　　反法西斯人民自由同盟的建立，是緬甸抗日民族解放運動發展的里程碑。同盟在世界反法西斯戰爭節節勝利的大好形勢下建立，反映了緬甸各民族、各階層人民群眾日益高漲的抗日要求，很快得到廣泛的回應和支持。除巴莫等少數賣國求榮的反動政客外，緬甸全國絕大部分政黨和群眾組織都加入了同盟。在同盟的領導下，全國抗日力量不斷增強團結，壯大隊伍，準備發動武裝起義，驅逐日本佔領軍，光復祖國國土。根據昂山的建議，緬共派出一批黨員到國民軍中擔任政治委員。這一措施有利於把國民軍建成一支有政治覺悟的反法西斯武裝部隊。昂山十分注意改善軍民關係，爭取民眾對軍隊的支持。他在 1944 年 12 月 29 日發佈的特別命令中說："我們的軍隊從人民中來，（它的）職責是保護人民的自由和人民的根本利益。因此，它是人民的軍隊。人民的軍隊依靠人民，聯繫人民，與人民打成一片。"[1]由於同盟卓有成效的工作，到 1944 年底，上緬甸的曼德勒地區，下緬甸的伊洛瓦底、勃固、阿拉幹等地區都建立了組織良好的抗日力量。到 1945 年 5 月，同盟已發展成爲緬甸最強大的政治組織。它的成員達 20 萬人，掌握的愛國武裝力量已經有 1 萬多人。

　　緬甸反法西斯人民自由同盟還設法同東南亞的盟軍建立聯繫。東南亞盟軍總部一直以印度爲基地對緬甸進行情報活動，在緬甸山區的少數民族中建立破壞和偵察小組，供給這些小組武器

---

1 簡・貝克：《1941-1945 年日本佔領時期緬甸的民族解放運動》，第 175 頁。
　轉引自賀聖達：《緬甸史》，第 431 頁。

和無線電設備。1944年盟軍準備反攻緬甸，設在印度的情報機構136部隊提出在印度訓練緬甸的志願人員，以配合盟軍反攻。當年10月到12月，有40人從緬甸派往印度，接受無線電收發、跳傘、爆破等訓練。年底，同盟通過這批受訓人員在勃固附近設立的電臺，與136部隊建立了通訊聯繫。136部隊曾向同盟提供了一些步兵武器，但不久就被東南亞盟軍總部下令制止。136部隊司令認為緬甸遊擊運動的開展有利於英軍的軍事行動，請求重新考慮這個命令。蒙巴頓認為，緬甸敵後起義在戰略上是可取的，在政治上是有利的，因為起義可以在緬甸引起"親英的感情"。而且不論盟軍司令部是否贊同，起義實際上是不可避免的。因此蒙巴頓於1945年2月底至3月初下令繼續向緬甸遊擊隊供應數量有限的武器，但同時命令不要將武器交給同盟，而交給其成員的各個集團，並對遊擊隊的軍事行動實行最大限度的監督，戰爭結束後必須把得到的武器交還英國軍事當局。英軍提供給同盟的武器約為步兵武器3000件。[1]

反法西斯人民自由同盟的建立和發展，為緬甸人民舉行抗日武裝起義作了政治上和組織上的準備。國際反法西斯聯盟在世界各主要戰場的全面反攻，特別是中、美、英聯軍在緬甸戰場上的節節勝利，為緬甸人民舉行抗日武裝起義提供了有利的國際環境。緬甸反法西斯人民自由同盟領導的武裝起義，就是在這種有利的內外條件下發動的。1945年初，中國駐印軍已經收復緬北，打通了中印公路。英軍在恩帕爾保衛戰勝利後，向緬中和緬南反攻。同盟抓住這一大好時機，加緊進行武裝起義的準備工作。

1945年2月，緬共在仰光舉行會議，著重討論了武裝起義的問題。2月27日，緬共發表《起義的時候到了》的宣言，號召不能"消極地等待盟軍的到達，而應積極準備武裝起義和人民戰

---

1 蒙巴頓：《1943-1945年東南亞盟軍最高指揮官向參謀長聯席會議的報告》，第143-145頁。轉引自瓦西裏耶夫：《緬甸史綱》下冊，第579-580頁。

爭"[1]。

　　當英軍進入瑞波平原並向曼德勒挺進時，駐紮在曼德勒地區的國民軍地方部隊在巴圖少校領導下，在 2 月間率先發動武裝起義。這次起義打亂了日軍的部署，有利於英軍向曼德勒和敏鐵拉推進。巴圖由於"對盟軍的勝利作出的極其寶貴的貢獻"而受到英國第 14 集團軍司令斯利姆將軍的嘉獎。[2]國民軍在曼德勒的起義成為總起義的前奏。

　　3 月 1 日到 3 日，反法西斯人民自由同盟舉行秘密會議討論武裝起義問題。會議決定把"反法西斯人民同盟"改名為"反法西斯人民自由同盟"，以表明同盟不但要反對法西斯，而且要爭取緬甸人民的獨立和自由。會議明確拒絕了由英國 136 部隊直接控制同盟的要求，提出同盟將在平等的基礎上與盟軍合作，不論盟軍是否提供援助，同盟都將在全國發動武裝起義。會議還決定將同盟的領導機構由 3 人擴大到 9 人，由昂山、德欽梭和德欽丹東 3 人任常委，分別負責軍事、政治和與英方的關係。會議於 3 月 2 日發佈了武裝起義第一號命令，3 日討論了起義的組織準備。這次會議後，昂山即向日軍司令部提出建議，將武器發給國民軍，並將國民軍由仰光地區調到伊洛瓦底江沿岸陣地佈防，參加對盟軍作戰。兵力嚴重不足的日軍不得不冒著風險，接受了昂山的建議。

　　3 月 17 日，國民軍在仰光舉行了開赴前線的閱兵式。昂山在講話中含蓄地號召國民軍官兵投入戰鬥，消滅敵人。3 月 23 日，昂山在達雅建立了司令部。當他獲悉勃固的日軍已懷疑並包圍了當地國民軍的消息後，遂當機立斷，決定將起義日期從原定的 4 月 2 日提前到 3 月 27 日。

　　3 月 27 日，緬甸國民軍在昂山指揮下舉行反日武裝起義，隨即向日本佔領軍發動進攻。起義前國民軍的總兵力為 1.148 萬

1　賀聖達：《緬甸史》，第 435 頁。
2　瓦西裏耶夫：《緬甸史綱》下冊，第 582 頁。

人，由 8 個步兵營、2 個工兵營、2 個防空營組成，大部分集中在下緬甸，上緬甸有 3 個營。此外還有仰光衛戍部隊、信號兵、運輸部隊、海軍、明加拉頓軍校學生等。起義的國民軍部隊與卑謬、阿蘭廟、平滿納、同古、勃固和曼德勒等地的遊擊隊匯合起來，成爲緬甸戰場上抗擊日軍的重要力量。起義部隊和遊擊隊避免與兵力和裝備均佔優勢的日軍主力部隊正面作戰，利用自己得到人民群眾支持和熟悉當地環境的有利條件，佔領橋樑、破壞交通、殲滅小股日軍，有力地牽制了南下增援仰光的日軍，打亂了日軍的防禦，配合了盟軍向緬南的挺進。國民軍領導人奈溫在 5 月 7 日的廣播講話中說：“我們驅逐了曼德勒、東籲（即同古）、彬文那（即平滿納）、阿蘭、達耶、勃固等地及三角洲的德地耶、皮亞蓬、吉叻、博力羅的所有日軍，並收復了上述地區。我軍還把日軍準備破壞仰光的大型建築、工廠、交通要道和大小橋樑的炸藥悄悄地取走，使其計畫落空。由於我們的努力，日軍的交通線遭到極大的破壞以至完全癱瘓。”[1]蒙巴頓也在其報告中指出：“由於緬甸軍隊不斷襲擊孤立的警備部隊和破壞通訊線路，並保持對日軍的壓力，因而牽制了大量日軍，否則這些敵軍是可以用來阻截盟軍第 14（集團）軍向仰光進攻的。”[2]5 月 1 日，起義部隊解放仰光。英軍在兩天后才到達仰光。接著，起義部隊大部分集中到勃固山區配合盟軍作戰，並使日軍在伊洛瓦底江三角洲的交通線完全陷於癱瘓。

　　1945 年 5 月，侵緬日軍已陷於全面崩潰的境地。南方軍總司令官寺內在仰光失陷後，命令緬甸方面軍殘部在錫唐河東岸建立防線，企圖阻止盟軍向泰國和馬來亞進攻。7 月到 8 月，緬甸國民軍起義部隊參加盟軍在錫唐河流域的對日作戰，起義部隊單獨

1　德欽丁妙：《反法西斯同盟與十專區》，仰光，1976 年。李孝驥譯，雲南省東南亞研究所印。

2　蒙巴頓：《1943-1945 年東南亞盟軍最高指揮官向參謀長聯席會議的報告》，第 145 頁。轉引自瓦西裏耶夫：《緬甸史綱》下冊，第 586 頁。

消滅日軍 3200 人左右。據緬甸方面的統計數字，國民軍從 3 月
27 日發動武裝起義到 8 月 12 日，與日軍作戰 872 次，打死敵軍
1.2084 萬人，打傷 4776 人，俘虜 330 人。國民軍犧牲 355 人，
傷 194 人。[1]

　　在東南亞盟軍發動全面反攻的有利形勢下，緬甸愛國軍民奮
起發動武裝起義，配合盟軍趕走了日本侵略者，光復了全部國土。
這是緬甸民族解放運動史上的偉大勝利，也是緬甸人民為徹底戰
勝日本軍國主義，奪取世界反法西斯戰爭的最後勝利所作的重大
貢獻。但緬甸人民在勝利之後面臨著極為嚴峻的形勢。緬甸戰場
是反法西斯盟國在東南亞對日作戰的主要戰場之一。在 3 年多的
戰火中，緬甸所遭受的破壞和損失是東南亞各國中最為嚴重的。
薨軍在緬甸防禦戰失利後撤退時進行的破壞，日本佔領軍在 3 年
佔領期間的殘酷掠奪，盟軍在反攻時的大規模轟炸，使緬甸大部
分城鎮和 1.6 萬個村莊成為一片廢墟，油田和礦山設備、內河船
舶、鐵路、橋樑、火車毀壞殆盡，"無論在國內運輸或對外貿易
方面，緬甸都倒退了一個世紀。"[2]緬甸在戰爭期間的全部損失估
計達 230.7 億緬元，而緬甸全國 1938-1939 年的國內生產總值只
有 49.45 億緬元。[3]在戰火中毀滅的財富相當於緬甸一年國內生產
總值的 4.7 倍，意味著緬甸的國內經濟已完全崩潰。緬甸人民不
但要在戰爭廢墟上重建家園，而且面對捲土重來，企圖在緬甸重
建殖民統治的英帝國主義。緬甸人民要爭取國家獨立和民族解
放，還要繼續進行艱巨複雜的鬥爭。

1　轉引自賀聖達：《緬甸史》，第 438 頁。
2　安德魯斯：《緬甸經濟生活》，第 335 頁。轉引自賀聖達：《緬甸史》，第
　　438 頁。
3　《1956 年緬甸經濟評論》。轉引自賀聖達：《緬甸史》，第 439 頁。

第五節　侵緬日軍的潰敗和
緬甸全境的收復

　　緬甸日軍在敏鐵拉爭奪戰中大敗，導致了其防線的全面崩潰。3月下旬，緬甸方面軍司令官木村企圖在敏鐵拉以南建立新防線，阻擋英軍南下。爲此，以第33軍固守瓢背東西一線；將第15軍集中於央米丁、平滿納附近作爲第二線兵團；以第56師團防守撣邦高地；從第28軍抽出第55師團主力用於仰曼公路方面，以該軍第154師團防守西側山地，掩護方面軍側背。這時，緬甸方面軍雖在名義上仍維持著10個師團的編制，但每個師團都已殘破不堪。如第33軍下轄第18、49、53師團，3個師團兵力加起來也不過半個師團。[1]

　　英國第 14 集團軍司令斯利姆從曼德勒和敏鐵拉乘勝南下的計畫是：以梅塞維指揮的第 4 軍沿主要公路和鐵路線南進，以空運爲該軍提供補給；以斯托普福德指揮的第 33 軍沿伊洛瓦底江兩岸順流麗下，依靠河道運輸補給。東南亞盟軍總司令于 4 月 3 日決定在 5 月初實施在仰光沿海進行兩棲登陸的“吸血鬼作戰計畫”，作爲第 14 集團軍萬一不能及時到達仰光的一種保險措施。該計畫將由克利斯蒂森指揮的第 15 軍的一個師來執行，這個師擁有一個中型坦克團和一個傘兵營。[2]在新的攻勢中，第 4 軍仍然擔任主攻任務。該軍擁有 3 個師和 1 個裝甲旅，並得到強大的空軍支援。斯利姆後來說：“我清楚地瞭解，一支機械化部隊僅僅限制在一條公路上行進，而且還要搶在時間的前頭，沖過數量上佔

---

1 《大東亞戰爭全史》，第 4 冊，第 1755 頁。
2 利德爾 —— 哈特：《第二次世界大戰史》下冊，第 364 頁。

優勢的敵軍部隊，奔襲仰光，這實在是極其輕率冒險的，可能也是相當非英國式的軍事行動。我瞭解自己所擔的風險和一旦失敗所招致的懲罰，但我準備承擔這一切……沸騰于全軍上下的激昂情緒已是一種看得出摸得到的實實在在的東西。我也同樣懷有這種情緒。"[1] 斯利姆視察了包圍敏鐵拉以南日軍的部隊。他要求擔任前鋒的坦克指揮員們，只要人力所及，必須使打壞了的車輛前進直到海岸。進攻部隊的摩托化步兵師在裝甲旅的引導下，採取一師接一師的蛙跳式運動向前推進。因爲這些部隊只能靠空中補給，爲了在卡車上多載彈藥，部隊只能得到一半的供應。

　　梅塞維指揮的第 4 軍乘敏鐵拉勝利的餘威，以優勢的坦克部隊爲先導，沿仰曼公路南進，於 4 月 1 日向日軍第 49 師團大舉猛攻。第 17 師以一個旅向東出擊，攻下塔澤，並奪取瓢背東南一帶山脈；另一個旅奪取瓢背西面的高地 I 第三個旅徑直沿公路挺進，從正面直取瓢背。梅塞維還派出一支以坦克爲先鋒的摩托化步兵從西面往瓢背以南迂回包抄，切斷通往仰光的公路。四路出擊的英軍於 5 日擊潰日軍第 49 師團，7 日開始圍攻瓢背。敵第 18、49 師團拼命頑抗。在村莊裏、山丘上、河谷中，在草草築成的地堡內，日軍一直打到最後一兵一卒。直到 4 月 10 日，英軍才攻佔瓢背的日軍核心陣地。在瓢背以南的日軍第 53 師團連一門火砲也沒有，很快被迂回的英軍擊潰。敵緬甸方面軍以第 33 軍固守瓢背東西一線的企圖，被英軍的強大攻勢粉碎。日軍撤退時，僅在瓢背周圍就丟下 2000 具屍體，在塔澤周圍扔下的屍體更多。日軍第 49 師團已不復存在，第 18 師團被全部擊潰。英軍還繳獲了 31 門大砲、8 輛坦克、幾十輛輜重車輛以及大量的彈藥和軍需品。[2] 通往仰光的道路已經敞開，但英軍必須在雨季來臨之前不到一個月的時間裏進行最後衝刺，一鼓作氣挺進 300 英里（約 483 公里），

1　亨利・莫爾：《第二次世界大戰的重大戰役》，第 452-453 頁。
2　亨利・奠爾：《第二次世界大戰的重大戰役》，第 454 頁。

這就需要以每天 10 英里（約 16 公里）以上的速度前進。

日南方軍司令接到緬甸日軍在瓢背一線潰敗的報告後，命令將戰線收縮到羅衣考、同古至仰光一線，確保緬甸南部重要地區，以爭取時間加強印度支那半島和馬來亞方面的防禦。並命令正在調往法屬印度支那途中的第 2 師團一個聯隊返回緬甸。緬甸方面軍司令官木村仍企圖儘量將英軍阻止在更北面，將返回緬甸的第 2 師團一部和從第 28 軍抽調的第 55 師團主力配屬給第 33 軍，要求該軍在平滿納以北堅持，第 28 軍與之策應，盡力阻擊英軍。又令第 72 獨立混成旅團抽調 3 個步兵大隊前往平滿納，南撤的第 15 軍在同古以北停止撤退，協助第 33 軍作戰。[1]木村企圖以這些殘兵敗將來阻止強大的英軍部隊向南挺進，不過是徒勞無益的絕望掙扎而已，根本無法挽救侵緬日軍的徹底崩潰。

斯利姆以後備部隊第 5 師向敏鐵拉以南約 40 英里（約 64 公里）的央米丁進擊，南潰日軍阻擊，於 4 月 14 日佔領央米丁。日軍第 33 軍在平滿納以北的瑞苗尚未挖好工事，英軍已經來到。4 月 16 日，日軍第 33 軍撤往平滿納，在此構築第二道防線。4 月 19 日，英軍以優勢的裝甲部隊和空軍猛攻平滿納，當天就突破了日軍匆忙拼湊的防線。英軍坦克群越過日軍長驅南下。日軍第 33 軍各師團避開英軍鋒芒，退往錫唐河東岸繼續南撤，不顧其方面軍的命令，將戰略要地同古留給兵站部隊守衛。4 月 22 日，第 5 師的裝甲前鋒部隊以破竹之勢突入同古。守敵沒有料到英軍推進如此迅速，還以爲是自己的部隊。值勤哨位上的一個憲兵舉手阻止一隊坦克通過，卻被一碾而過。守敵驚慌失措，在橫衝直撞的坦克面前狼狽逃竄。

日軍緬甸方面軍司令部已無法控制局勢，於 4 月 23 日撤出仰光，退往毛淡棉。撤退之前，木村命令仰光防守部隊第 105 獨立混成旅團在勃固以北阻止英軍裝甲部隊前進。由於雨季即將來

---

1 《大東亞戰爭全史》第 4 冊，第 1755-1756 頁。

臨，木村認爲英軍不會試圖從海上登陸襲擊仰光，並考慮到仰光是一個從陸上無法防守的大型港口，於是決定堅守勃固，拼死一戰。他從毛淡棉調來了第 24 獨立混成旅團，並將仰光衛戍部隊、交通線警備隊、海岸基地海軍部隊拼湊起 2 個新編旅團派往勃固。此外還從仰光調來高射砲作爲反坦克砲使用，增援勃固的砲兵部隊。

英軍第 4 軍各師馬不停蹄，交替躍進。4 月 23 日，第 5 師到達同古以南的彪關（即皮尤），迅速架好被日軍破壞的橋樑繼續挺進。第二天又進抵彪關以南 20 英里（約 32 公里）的彬韋貢。一輛英軍裝甲車竟從一組酣睡在橋頭的日軍爆破隊員身上碾過。4 月 28 日，擔任向仰光進軍的最後 50 英里作戰任務的第 17 師一路掃蕩殘敵，進抵勃固城郊。該師的一個裝甲偵察小分隊對勃固進行火力偵察，遭到日軍猛烈砲火的還擊，發現日軍在勃固的防禦力量較強。第 17 師派一支部隊繞到城南切斷日軍退路，主力於 29 日分兩路對勃固發起攻擊，日軍炸毀所有橋樑，在各條道路上都布下地雷，在市區建築物內構築工事，準備在勃固頑抗，爲緬甸日軍主力退往泰國贏得時間。英軍第 17 師經過 6 天激烈的爭奪戰，於 5 月 4 日攻佔勃固。這裏離仰光只有 40 英里（約 64 公里），但這時緬甸的雨季提前到來了。

在第 4 軍沿公路和鐵路錢推進的同時，第 33 軍也沿伊洛瓦底江南下，對日軍防線西翼的第 28 軍發動進攻。該軍兵力自 4 月上旬以來被不斷抽調，只剩下一個師團和一個獨立混成旅團，實際戰鬥力大約相當於一個師團。軍司令官櫻井省三爲了策應方面軍在平滿納附近阻止英軍南下的意圖，於 4 月 15 日下令第 54 師團據守阿蘭廟附近的原有陣地，第 72 獨立混成旅團在普羅美附近集結。英軍第 4 軍在 4 月 22 日攻佔同古之後，日軍第 28 軍陷於英軍第 33 軍和第 4 軍的夾擊之中，在緬甸西隅處於完全孤立。斯托普福德以第 7 師和第 20 師沿江同時並進，於 4 月 20 日攻佔仁安羌。接著又向阿蘭廟逼進，並控制了從仰光到普羅美的公路。4

月 23 日，日軍緬甸方面軍司令部撤出仰光，但並未通知第 28 軍。26 日，第 28 軍才得知方面軍司令部已經撤退的消息。櫻井派參謀前往探詢，可是撲了一個空。這件事表明，緬甸日軍已陷於極度的驚慌和混亂。櫻井於 27 日決定將第 28 軍撤往勃固山區。5 月 2 日，英軍第 33 軍進抵與同古平行的普羅美，從那裏到仰光還有一半路程。5 月 3 日，木村電令櫻井統一指揮仰光的防守部隊，固守仰光。然而當天英軍已進抵仰光，而這時日軍第 28 軍主力第 54 師團尚被英軍阻于阿蘭廟附近的伊洛瓦底江西岸，第 72 獨立混成旅團消息斷絕，因而第 28 軍根本無法執行方面軍下達的這一可笑的命令。

　　爲了儘快拿下仰光，蒙巴頓命令第 15 軍以曾經奪取蘭裏島的 26 師實施“吸血鬼作戰計劃”，在海軍配合下對仰光發動兩栖進攻。進攻發起日爲 5 月 2 日。在此前兩天，盟軍的重轟炸機群轟炸了日軍在仰光航道入口處的象岬的防禦工事，英國海軍東方艦隊砲擊緬甸南海岸附近安達曼群島上的日軍基地。5 月 1 日，向仰光河口空投了一營傘兵，掃除航道中的水雷。5 月 2 日，運載第 26 師登陸部隊的艦隻在強大的空軍掩護下到達仰光河口，並在兩岸登陸，幾乎沒有遇到日軍抵抗。一架英軍偵察機飛過仰光上空，沒有發現敵軍的蹤影，卻在關押英軍俘虜的仰光監獄的屋頂上發現“日寇已溜走，速來營救戰俘”的訊號。登陸部隊接到飛行員的報告後又重新登船，溯流而上，然後穿過積水的稻田向前推進。5 月 3 日早晨，英軍兩棲部隊的前鋒進入仰光這個不設防的城市，受到已先于英軍兩天解放仰光的國民軍起義部隊和仰光市民的歡迎。5 月 6 日，第 15 軍登陸部隊與從勃固向仰光挺進的第 4 軍先頭部隊在仰光會師。接著第 33 軍也到達仰光。

　　英軍三路攻擊部隊在仰光會合，標誌著中、美、英聯軍已經取得緬甸反攻戰役的最後勝利。緬何反攻戰役從 1943 年 10 月中國駐印軍率先反攻緬甸北開始，接著是中國遠征軍 1944 年 5 月在滇西發動反攻，然後才是英軍在恩帕爾防禦戰勝利之後對緬中和緬南的反攻。5 月 9 日，邱吉爾致電蒙巴頓表示祝賀。電報說：
"我衷心祝賀你在緬甸戰役中在仰光取得的最大勝利，1944 年在
恩帕爾和科希馬的艱苦作戰，為後來在廣大地區裏進行輝煌的戰
役開闢了道路，而這些戰役就是東南亞戰區在 1945 年作戰的最高
成就……你和你的部下已經做到並且超過了對你的指令的要求。
對於緬甸戰役的光輝結束，舉國同表感謝敬佩之情，請將國內此
種心情傳達給你的部下，和同你聯合作戰的每一個人。"[1]在這個
興高采烈、洋洋自得的電報中，沒有片言隻字提及中、美兩大盟
國為反攻緬甸的勝利作出的巨大貢獻和付出的重大犧牲。邱吉爾
似乎忘記了不久以前英方還在強烈要求中國駐印軍和美國空軍留
在緬甸，協同英軍對緬中和緬南的反攻，對英方自 1942 年緬甸防
禦戰失利以來一直企圖規避對反攻緬甸承擔應盡的義務，當然更
是諱莫如深。把一切功勞和榮譽完全歸於自己，把一切艱苦困難
的任務儘量推給盟國，這就是英國人在緬甸戰場上的一貫作風。

　　緬甸戰役結束後，在緬北臘戍、密支那一帶集結整訓的中國
駐印軍新 1 軍及直屬部隊奉命回國。其間曾發生了蒙巴頓下令不
准動用東南亞戰區運輸機空運中國軍隊回國的不愉快事件。6 月
初，駐印軍先頭部隊利用中美兩國的飛機從臘戍、密支那機場開始
空運，主力部隊經中印公路和滇緬公路車運。經過大約兩個月時
間，於 7 月底在廣西南寧集結，準備參加反攻廣州和香港的戰役。

　　緬甸日軍退出仰光後，南方軍司令官寺內下令固守錫唐河東
岸，阻止英國進攻泰國和馬來亞。但是兵敗如山倒，木村根本無
法控制其殘兵敗將向東逃竄。優勢的英軍如潮湧般追殲逃敵。在
此後的 3 個月裏，英軍在掃蕩殘敵的戰鬥中擊斃日軍數千人。緬
甸抗日軍民也殺死了好幾千名敵軍。更多的日軍官兵在逃竄途中
由於饑餓和疾病，成百上千地倒斃在雨季的急流和山林之中。估
計日軍在潰退途中的死亡人數在 2 萬人左右。日本緬甸方面軍在

---

1 邱吉爾：《第二次世界大戰回憶錄》第 6 卷，第 907 頁。

潰退途中逐漸解體。陸續逃到泰國、馬來亞和法屬印度支那的殘敵，於日本戰敗投降後在當地向盟軍投降。恩帕爾作戰開始時擁有 30 萬人左右的日本緬甸方面軍，在此後一年間喪失了大約 2/3 的兵力，殘部也已彈盡糧絕。[1]逃竄路上的累累白骨，就是日本侵略者可恥失敗的見證。

1　《大東亞戰爭全史》第 4 冊，第 1762 頁。

附　錄

一、滇緬戰場敵我友軍指揮系統表

（一）緬甸防禦戰敵我軍隊指揮系統表：

1、中國遠征軍第一路指揮系統表（1942 年 2 月至 8 月）

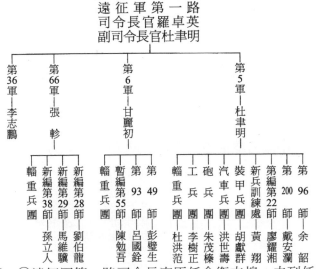

說明：①遠征軍第一路司令長官原任命衛立煌，未到任，由杜聿明代理。4 月初又任命羅卓英爲司令長官。②遠征軍第一路編成內還有砲兵第 18 團第 1 營、陸軍戰防砲直屬第 1 營、野戰重砲第 13 團第 1 營、獨立工兵第 24 營、憲兵第 24 團之 1 營等直屬部隊。③美國志願航空隊協同中國遠征軍作戰。

2、英緬軍指揮系統表（1942 年 3 月）

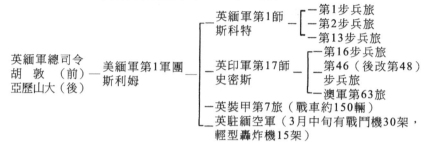

```
                                              ─第1步兵旅
                                英緬軍第1師 ─┤─第2步兵旅
                                斯科特         └─第13步兵旅
英緬軍總司令    美緬軍第1軍團            ─第16步兵旅
胡　敦（前）─  斯利姆  ─┤英印軍第17師 ─┤第46（後改第48）
亞歷山大（後）          史密斯         │  步兵旅
                                     └─澳軍第63旅
                        ─英裝甲第7旅（戰車約150輛）
                        └─英駐緬空軍（3月中旬有戰鬥機30架，
                          輕型轟炸機15架）
```

3、中英聯軍作戰指揮系統表（1942 年 3 月）

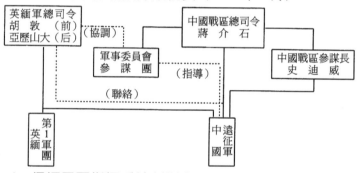

```
英緬軍總司令                    中國戰區總司令
胡　敦（前）─────（協調）───── 蔣　介　石
亞歷山大（后）                              
                軍事委員會                  中國戰區參謀長
                參　謀　團     （指導）     史　迪　威
                      （聯絡）
   第英1緬軍團                   中遠征國軍
```

4、侵緬日軍指揮系統判斷表（1942 年 3 月）

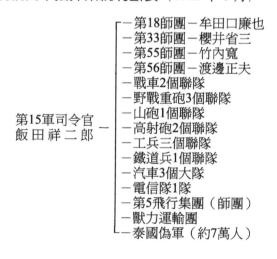

```
                     ─第18師團－牟田口廉也
                     ─第33師團－櫻井省三
                     ─第55師團－竹內寬
                     ─第56師團－渡邊正夫
                     ─戰車2個聯隊
                     ─野戰重砲3個聯隊
                     ─山砲1個聯隊
第15軍司令官         ─高射砲2個聯隊
飯田祥二郎 ─┤        ─工兵三個聯隊
                     ─鐵道兵1個聯隊
                     ─汽車3個大隊
                     ─電信隊1隊
                     ─第5飛行集團（師團）
                     ─獸力運輸團
                     └─泰國偽軍（約7萬人）
```

（二）緬北、滇西反攻戰役敵我軍隊指揮系統表：

1、中國駐印軍指揮系統表（1943 年 8 月至 1945 年 3 月）

表一：緬北反攻戰役第一期駐印軍指揮系統（1943 年 8 月至 1944 年 8 月）

```
                                    ┌─新編第22師─廖耀湘
                    新編第1軍      ─┼─新編第30師─胡　素
                    鄭洞國          └─新編第38師─孫立人
                  ┌
                  ─獨立步兵第1團
                  ─砲兵第4團
                  ─砲兵第5團
                  ─重迫擊砲第11團
                  ─砲兵第12團
                  ─工兵第10團
                  ─工兵第12團
中國駐印軍      ─┼─戰車第1-7營
總指揮史迪威       ─徒步運輸團
                  ─汽車輜重兵第6團
                  ─騾馬輜重團
                  ─高射機槍營
                  ─第1工兵營
                  ─獨立通信兵第3營
                  ─特務營
                  ─獨立憲兵第2營
                  └─美軍5307支隊
```

表二：緬北反攻戰役第二期駐印軍指揮系統（1944 年 8 月至 1945 年 3 月）

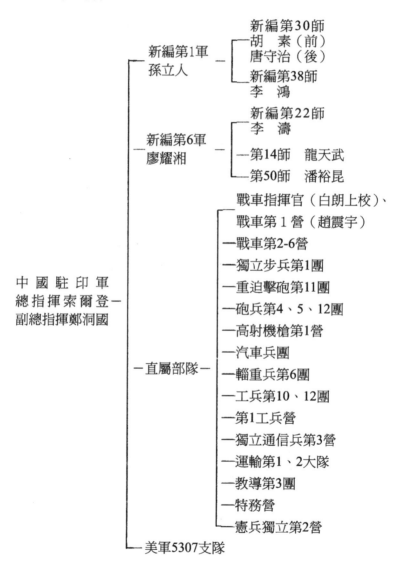

2、滇西反攻戰役中國遠征軍指揮系統表（1943 年 4 月至 1945 年 1 月）

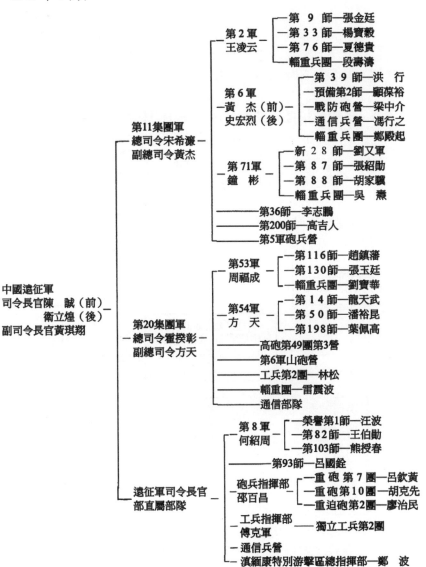

中國遠征軍
司令長官陳　誠（前）
衛立煌（後）
副司令長官黃琪翔

第11集團軍
總司令宋希濂
副總司令黃杰

第2軍
王凌云

- 第 9 師—張金廷
- 第 33 師—楊寶穀
- 第 76 師—夏德貴
- 輜重兵團—段壽濤

第6軍
黃　杰（前）
史宏烈（後）

- 第 39 師—洪　行
- 預備第2師—顧葆裕
- 戰防砲營—梁中介
- 通信兵營—馮行之
- 輜重兵團—鄭殿起

第71軍
鐘　彬

- 新 28 師—劉又軍
- 第 87 師—張紹勛
- 第 88 師—胡家驥
- 輜重兵團—吳　燾

- 第36師—李志鵬
- 第200師—高吉人
- 第5軍砲兵營

第20集團軍
總司令霍揆彰
副總司令方天

第53軍
周福成

- 第116師—趙鎮藩
- 第130師—張玉廷
- 輜重兵團—劉寶華

第54軍
方　天

- 第 14 師—龍天武
- 第 50 師—潘裕昆
- 第198師—葉佩高

- 高砲第49團第3營
- 第6軍山砲營
- 工兵第2團—林松
- 輜重團—雷震波
- 通信部隊

遠征軍司令長官
部直屬部隊

第8軍
何紹周

- 榮譽第1師—汪波
- 第82師—王伯勛
- 第103師—熊授春

- 第93師—呂國銓

砲兵指揮部
邵百昌

- 重砲第 7 團—呂欽黃
- 重砲第10團—胡克先
- 重迫砲第2團—廖治民

工兵指揮部
傅克軍

- 獨立工兵第2團

- 通信兵營
- 滇緬康特別游擊區總指揮部—鄭　波

美空軍第 14 航空隊－陳納德┬ 2 個中型轟炸機中隊
　　　　　　　　　　　　　└ 3 個戰鬥機中隊

說明：①衛立煌於 1943 年冬接替陳誠，繼任遠征軍司令長官。
　　　②第 54 軍第 14 師、50 師於 1944 年 4 月空運印度，編入
　　　　中國駐印軍系列。此後第 54 軍由第 36 師和第 198 師組
　　　　成。

3、英印軍指揮系統表（1944 年 12 月至 1945 年 5 月）

盟軍東南亞戰區　　英印軍第14集團軍┬第4軍—梅塞維
總司令蒙巴頓　　　斯利姆　　　　　├第33軍—斯托普福德
　　　　　　　　　　　　　　　　　└第15軍—克里斯蒂森

4、緬甸反攻戰役盟軍作戰指揮系統表（1943 年 10 月至 1945 年 5 月）

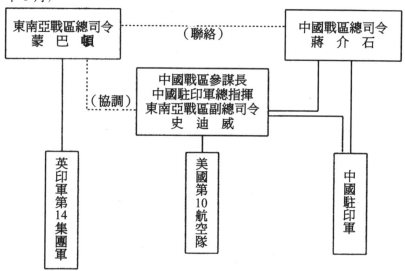

說明：1944 年 10 月史迪威奉召回國後，由魏德邁繼任中國戰區
　　　參謀長，索爾登繼任中國駐印軍總指揮。

5、日本緬甸方面軍指揮系統判斷表（1943 年 1 月至 1945 年 5 月）

表一（1943 年 10 月）

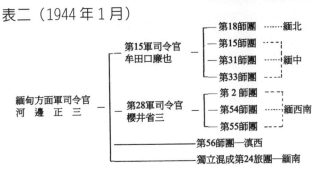

緬甸方面軍司令官
河　邊　正　三

第15軍司令官 牟田口廉也
- 第18師團（緬北）—田中新一
- 第33師團（緬中）—柳田元三
- 第56師團（滇西）—松山祐三
- 第55師團（緬西南）—花谷正

表二（1944 年 1 月）

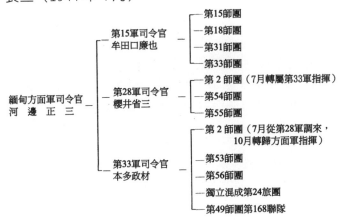

緬甸方面軍司令官
河　邊　正　三

第15軍司令官 牟田口廉也
- 第18師團 ⋯⋯ 緬北
- 第15師團 ⋯⋯
- 第31師團 ⋯⋯ 緬中
- 第33師團 ⋯⋯

第28軍司令官 櫻井省三
- 第2師團 ⋯⋯
- 第54師團 ⋯⋯ 緬西南
- 第55師團 ⋯⋯

第56師團—滇西
獨立混成第24旅團—緬南

表三（1944 年 4 月）

緬甸方面軍司令官
河　邊　正　三

第15軍司令官 牟田口廉也
- 第15師團
- 第18師團
- 第31師團
- 第33師團

第28軍司令官 櫻井省三
- 第2師團（7月轉屬第33軍指揮）
- 第54師團
- 第55師團

第33軍司令官 本多政材
- 第2師團（7月從第28軍調來，10月轉歸方面軍指揮）
- 第53師團
- 第56師團
- 獨立混成第24旅團
- 第49師團第168聯隊

說明：①日本緬甸方面軍成立於 1943 年 1 月 15 日。
　　　②方面軍司令官于 1944 年 10 月被撤，由木村兵太郎繼任。同時，第 15 軍司令官牟田口廉也亦被撤，由片村西八繼任。
　　　③第 5 飛行師團協同緬甸方面軍作戰。

二、中國遠征軍滇緬對日作戰大事記

1937 年

7 月 7 日日本製造 "蘆溝橋事變"，發動全面侵華戰爭。中國人民奮起進行全民抗戰。

7 月 8 日中共中央通電全國，號召組成抗日民族統一戰線，抵抗日本侵略者。

8 月 11 日赴南京出席最高國防會議的雲南省主席龍雲建議即刻著手修築滇緬公路和滇緬鐵路，以通印度洋出海口。

8 月 20 日日本海軍省宣佈封鎖中國海岸，阻止一切戰略物資進入中國。

8 月 23 日日本海軍第 3 艦隊司令長谷川清宣佈封鎖北起山海關、南到汕頭的中國海岸。

11 月 2 日國民政府交通部和雲南省政府會商決定，修築滇緬公路西段。

11 月 9 日日軍佔領上海。

11 月 20 日國民政府宣佈遷都重慶。

12 月 13 日日軍佔領南京，製造了駭人聽聞的南京大屠殺。

12 月—1938 年 2 月滇緬公路築路工程陸續在全線鋪開。

1938 年

1 月 10 日日軍佔領青島。

1 月 30 日蔣介石致函美國總統羅斯福，要求美國予以中國有效援助。

3 月 12 日-6 月 12 日中日軍隊進行徐州會戰。

4 月 11 日日軍佔領廈門。

7 月 1 日美國公佈對日戰略物資禁運令。

7 月 23 日—10 月 25 日中日軍隊在武漢會戰。

8月31日滇緬公路初步建成通車。

10月21日日軍佔領廣州。

11月3日日本首相近衛文麿鷹發表所謂"建設大東亞新秩序"的聲明。

1939 年

1月14日美、英、法三國共同聲明，否認日本所謂"大東亞新秩序"。

2月10日日軍在海南島登陸。第二天，蔣介石發表談話："日本進攻海南島，無異造成太平洋上之九一八，……太平洋上形勢必將突然大變。"

5月3日—4日日軍飛機對重慶、成都、昆明等城市進行大規模轟炸。

6月22日日軍攻佔汕頭。

6月27日潮州陷落。

7月24日日、英發表《有田一克萊琪協定》，英國表示"完全承認"日本武裝侵略中國的"實際局勢"。

7月26日美國宣佈廢除《美日通商航海條約》。

9月1日德軍突襲波蘭，歐洲捲入大戰。

9月23日日本中國派遣軍總司令部在南京成立，以統一調配侵華日軍兵力，對付中國的抗戰。

11月4日美國修改中立法，按"現購自運"的原則輸出軍用物資。

11月15日日軍在欽州灣登陸，進攻桂南，企圖切斷桂越國際交通線。

11月21日國民政府委任龍雲為軍事委員會委員長昆明行營主任。

11月24日日軍佔領南寧。

1940 年

5 月 10 日德軍大舉進攻荷蘭、比利時、盧森堡和法國。邱吉爾取代張伯倫出任英國首相。

6 月 11 日日、泰簽訂"友好"條約。

6 月 22 日德、法在康邊森林簽訂停戰協定，法蘭西第三共和國滅亡。

6 月 24 日日本迫使法國關閉法屬印度支那邊境，封鎖滇越路。中國政府提出抗議。

6 月 25 日日本要求在法屬印度支那登陸的權利。日本軍艦駛抵法屬印度支那一些港口。

7 月 2 日日軍佔領廣西龍州、鎮南關。

7 月 18 日日、英簽訂封鎖滇緬公路三個月的協定。

8 月 1 日日本外相松岡洋右拋出所謂建立"大東亞共榮圈"的聲明。

8 月 6 日法屬印度支那殖民總督允許日軍在海防登陸。中國軍隊旋即破壞滇越鐵路，防止日軍北犯雲南。

8 月 30 日日本與法國維希政府訂立允許日軍進駐法屬印度支那的協定。

9 月 6 日國民政府正式定重慶為陪都。

9 月 23 日日軍分三路進佔法屬印度支那北部。

9 月 26 日美國宣佈對日本禁運鋼鐵。9 月 27 日德、日、意在柏林締結軍事同盟條約，圖謀重新瓜分世界。

10 月 18 日英國重新開放滇緬公路。

11 月 5 日蔣介石會見美、英駐華大使，建議中、美、英三國合作，抵抗日本在亞洲的侵略。

11 月 30 日中國軍隊收復南寧。

12 月 2 日美國政府同意同中國政府提供 1 億美元借款。

12 月 23 日日本海軍宣佈擴大對華封鎖，自廣東大連澳起，至廣西北海止。

12 月 29 日羅斯福總統發表談話，宣告中、美、英三國命運有
　　密切關係，美國將成為民主國家的兵工廠，並將以大批軍
　　需物資援助中國。

1941 年

1 月 20 日中印航線試航成功。

1 月英國邀請中國派遣軍事考察團到緬甸、印度、馬來亞考察。

2 月 1 日日軍大本營在東京建立對緬甸的特務工作機構"南機
　　關"。

2 月—6 月中國政府派遣以商震為團長的"中國緬印馬軍事考
　　察團"前往進行實地考察，提出中英共同防禦緬甸的詳盡
　　意見。

2 月—5 月日軍調集約 7 個師團兵力，在廣東沿海各地進行切
　　斷通往內地運輸線的作戰。

3 月 11 日美國國會通過《租借法案》。

3 月 15 日羅斯福發表廣播講話，表示美國一定要援助中、英抵
　　抗侵略。

4 月 13 日蘇、日簽訂《中立條約》。

4 月 15 日羅斯福簽署行政命令，允許美軍航空部隊退役人員和
　　預備役軍官參加志願航空隊赴華作戰。

4 月 17 日羅斯福批准第一批價值 4500 萬美元的援華軍用物資。

5 月 21 日中印公路由西昌開始第一次線路測繪。

6 月 18 日中英滇緬劃界條約在重慶簽字。

6 月 22 日德軍大舉進攻蘇聯、蘇德戰爭爆發。

6 月 23 日中共中央發出"關於反法西斯的國際統一戰線"的黨
　　內指示。

6 月 25 日日本大本營和政府聯席會議決定的"關於推行南方政
　　策事項"，提出派兵進佔法屬印度支那南部。

7 月 2 日日本御前會議通過的《適應形勢演變的帝國國策綱

要》，決定武力南進‧不惜與英美開戰。

7月24日—28日日軍侵佔法屬印度支那南部。

7月26日美、英凍結日本在本國資產。英國宣佈廢棄本國及印度、緬甸與日本的通商條約。

8月1日美國空軍志願隊成立，總部設在昆明，陳納德任指揮官。

同日，美國宣佈禁止除棉花和糧食以外的一切物資（包括石油）輸往日本。

8月9日日軍大本營陸軍部制定《帝國陸軍作戰綱要》，決定"專心集中注意南方"，以11月底為期限，促進對英、美作戰的準備。

8月14日美、英發表《大西洋憲章》。

8月22日羅斯福總統警告日本不得侵略泰國，不許由越南進攻中國雲南。

8月27日羅斯福宣佈派遣以馬格魯德少將為團長的軍事代表團來華。該團於9月19日抵達重慶。

9月6日日本御前會議通過《帝國國策實施要領》，決定至10月上旬日美談判如不能實現日方要求，"立即下決心對美（英荷）開戰"。

10月18日日本東條英機內閣上臺。

11月5日日本御前會議決定於12月初對美、英、荷開戰。

11月6日日本天皇裕仁任命寺內壽一為南方軍總司令官及其所屬各軍司令官。

11月16日中、美、英三國協商決定共同保護滇緬公路。

11月24日中、美、英、荷、澳五國外長在華盛頓集會，決定聯合對日作戰。

11月27日中印公路第一次線路測量到達印度東北的薩地亞。

12月1日日本御前會議決定12月8日（東京時間）對美、英、荷開戰。

中國軍隊進行入緬作戰的第一次動員。蔣介石令第 6 軍第 93
　　師、第 49 師開往滇緬邊境。

12 月 7 日（夏威夷時間）日軍偷襲珍珠港和美、英、荷在太平
　　洋上的其他屬地，挑起太平洋戰爭。

12 月 8 日美、英、荷等十三國對日本宣戰。蘇聯宣佈對太平洋
　　戰爭保持中立。

12 月 9 日中國政府對日、德、意宣戰。

中國共產黨發表宣言，提出中國與英美及其它抗日友邦締結軍
　　事同盟，堅持抗日戰爭至完全勝利的主張。

12 月 11 日德、意對美國宣戰。德、意、日締結對美、英共同
　　作戰協定。美國對德、意宣戰。

12 月 15 日英國任命駐華使館武官鄧尼斯少將爲美駐華軍事代
　　表團團長。日軍佔領緬甸南端的維多利亞角。

12 月 16 日蔣介石令第 5 軍、第 6 軍入緬協同英軍作戰。

12 月 20 日美國志願航空隊在昆明與日本空軍首戰告捷，以 9：0
　　大勝日軍。

12 月 21 日日、泰簽定同盟條約，結成軍事同盟。

12 月 22 日—1942 年 1 月 14 日美、英領導人在華盛頓舉行戰
　　略會議，將世界戰場分爲歐洲大陸、中東與北非、北大西
　　洋、太平洋四個部分。確認德國是頭號敵人，主要戰場在
　　歐洲。

12 月 23 日中、美、英三國代表在重慶舉行東亞軍事會議。中、
　　英簽訂“共同防禦滇緬路協定”。日機轟炸仰光，美國志
　　願航空隊與英空軍協同作戰，擊落日機 25 架。

12 月 25 日日軍攻佔香港。

12 月 28 日緬甸獨立軍在曼谷宣佈成立。

12 月 31 日羅斯福致電蔣介石，提議組織中國戰區，由蔣介石
　　任戰區統帥。

1942 年

1 月 1 日美、英、蘇、中等 26 國代表在華盛頓簽署《聯合國家宣言》。

1 月 2 日蔣介石電複羅斯福，同意出任中國戰區統帥。中國戰區範圍包括泰國和越南。國民政府軍事委員會披露；中國軍隊已開入緬甸協防。

1 月 4 日蔣介石電請羅斯福選派一位美軍高級將領擔任盟軍中國戰區參謀長。

1 月 14 日美國選派史迪威中將擔任盟軍中國戰區參謀長、中緬印戰場美軍司令等要職。

1 月 19 日年初由泰緬國境入侵的日軍輕取緬南戰略要地土瓦。英軍倉皇撤退。

1 月 23—29 日日軍飛機連日空襲仰光，與美國志願航空隊和英軍飛機激烈空戰。

1 月 24 日中國第 6 軍前鋒一個團到達緬甸孟養。後續部隊二團為英方所卻。

1 月 31 日日軍攻佔緬甸第二大海港毛淡棉。

2 月 2 日蔣介石令第 6 軍入緬後歸英方指揮。

2 月 4 日至 21 日蔣介石夫婦一行訪問印度。

2 月 9 日羅斯福致電蔣介石，告之由美國經非洲、印度至中國的航空線最近即可開闢。

2 月 12 日中英兩國代表在印度新德里商談，同意共同修築中印公路。

2 月 15 日日軍攻佔新加坡。

2 月 23 日英緬軍在錫唐河潰退，仰光東面屏障盡失。

2 月 25 日蔣介石到昆明部署入緬戰事，令第 5 軍由滇西開往緬甸，第 6 軍由昆明經保山向泰緬邊境前進。第 5 軍軍長杜聿明統一指揮兩軍，杜由英緬軍總司令胡敦指揮。

3 月 1 日蔣介石由昆明飛抵緬北臘戍，視察緬甸戰局並佈置中國軍隊入緬事宜。

3 月 2 日蔣介石在臘戌與英印軍總司令韋維爾商談緬甸防務。

3 月 3 日蔣介石在臘戌會見赴華途中的史迪威，決定由史迪威指揮入緬作戰的中國軍隊。

3 月 5 日亞厲山大接任英緬軍總司令。

3 月 7 日第 5 軍先頭部隊第 200 師到達同古。

3 月 8 日日軍佔領仰光。

3 月 11 日史迪威由重慶飛赴緬甸，指揮中國軍隊作戰。

3 月 12 日中國遠征軍第一路司令長官司令部成立。衛立煌爲司令長官，杜聿明爲副司令長官。衛未到任，由杜代理。中國遠征軍編成內有第 5、6、66 三個軍、九個師。

3 月 19 日第 200 師在同古以南的皮尤河與日軍發生前哨戰。

3 月 20 日—29 日第 200 師在同古保衛戰中堅守 10 天，重創日軍。

3 月 21 日擔任中緬印空運的美國空運隊成立。

3 月 25 日日軍佔領安達曼群島，切斷印緬海上交通線。

3 月 29 日第 200 師由同古突圍北撤。

3 月 30 日日軍進佔同古。

4 月 1 日西路英軍放棄普羅美。中、美、英、加在華盛頓舉行太平洋軍事會議。

4 月 2 日蔣介石任命羅卓英爲遠征軍第一路司令長官。

4 月 5 日蔣介石再次入緬視察，抵達臘戌。第 66 軍新編第 38 師開抵臘戌。英軍放棄阿藍廟，以後逐日後撤。

4 月 5 日至 16 日第 5 軍新編第 22 師在斯瓦河沿岸陣地逐次阻擊敵軍。

4 月 6 日蔣介石在眉苗舉行中國遠征軍將領軍事會議，決定平滿納會戰；派新 38 師駐守曼德勒。

4 月 14 日日軍攻佔馬格威，英軍退守仁安羌。

4 月 16 日日軍攻佔仁安羌，包圍英軍主力。中國遠征軍主力進入平滿納主陣地。

4月17日-19日新38師第113團馳援仁安羌，擊退日軍，救出英軍7000餘人及其它美、英人士。

4月18日東路日軍佔領保拉克，繼續北進。由於東、西側翼暴露，中國遠征軍決定放棄平滿納會戰計畫。

4月20日東路羅衣考失守。史迪威、羅卓英下令第200師和新22師調往西路喬克柏當一帶策應英軍。

4月22日東路日軍攻佔河邦，直趨棠吉。4月23日東路日軍攻佔棠吉。中國遠征軍後方基地臘戌門戶洞開。第200師由西路回師，向棠吉前進。

4月24日第6軍放棄雷列姆。

4月25日第200師收復棠吉。日軍進佔雷列姆，向臘戌突進。

4月26日羅卓英令遠征軍主力向曼德勒集結準備"會戰"。第200師不得已放棄棠吉。

4月27日南倫、西保相繼失守。第66軍瀕於崩潰。羅卓英仍盲目下達曼德勒會戰命令。英軍全部撤往伊洛瓦底江西岸，繼續向印度恩帕爾地區撤退。

4月29日日軍佔領臘戌，切斷滇緬公路和中國遠征軍回國退路。

4月30日英軍炸毀曼德勒南面的阿瓦大橋。

5月1日日軍佔領曼德勒、新維。

5月3日日軍進佔八莫、南坎，並侵入我滇西國土，邊境重鎮畹町陷落。

5月4日日軍連陷遮放、芒市、龍陵。

5月5日日軍進抵怒江西岸，一部由上游渡江東犯。我軍炸毀惠通橋，阻敵東進。第11集團軍71軍36師趕到東岸高地，與過江之敵激戰。

5月4—5日日軍飛機轟炸滇西重鎮保山，造成人民生命財產巨大損失。

5月8日日軍佔領緬北要地密支那，緬西南要地阿恰布。

5 月 9 日竄過怒江東岸之敵被殲。

5 月 10 日日軍進佔騰沖縣城。

5 月中下旬第 11 集團軍各部奉令渡過怒江反攻月底主力撤回東岸佈防，留置一部在西岸開展遊擊戰。自此敵我形成兩年的隔江對峙局面。

5 月 18 日第 200 師師長戴安瀾在突圍途中負重傷。5 月 26 日在緬北茅邦村殉國。

5 月 27 日新 38 師退入印度東北邊境恩帕爾東南的普拉村。

5 月 31 日杜聿明率第 5 軍直屬部隊和新 22 師到達印緬邊境的清加林卡姆特，奉命撤往印度雷多。

5 月第 6 軍各部渡過薩爾溫江撤往景東，後又奉命退入滇南車裏、佛海、打洛地區，擔任中緬邊境守備。

6 月 1 日雲貴監察使李根源發佈《告滇西父老書》，力倡抗日守土。

6 月 2 日美國國務卿赫爾與中國外交部長宋子文在華盛頓簽訂《中美抵抗侵略互助協定》。

6 月 10 日林蔚率參謀團人員離保山回昆明。日本佔領軍下令解散緬甸獨立軍。

6 月 24 日第 5 軍第 96 師經野人山退到葡萄。

6 月 26 日史迪威通報蔣介石：美國已將中緬印戰區的第 10 航空隊重轟炸機和空運司令部運輸機緊急調往埃及支援英軍。

6 月 29 日史迪威就任中國駐印軍總指揮，羅卓英爲副總指揮。蔣介石致函史迪威提出對美國援華作戰的三點要求。

7 月 2 日張向德任縣長的騰沖抗日縣政府在瓦甸成立。

7 月 4 日美國志願航空隊改組爲美國第 10 航空隊第 23 戰鬥機大隊。陳納德升任美國駐華空軍司令。

7 月 18 日史迪威向蔣介石提交反攻緬甸、重開滇緬公路的作戰方案。

7月下旬軍令部提出《中美英聯合反攻緬甸方案大綱》。

7月31日日本佔領軍將緬甸獨立軍改編爲緬甸國民軍，由昂山任司令。

8月1日蔣介石表示同意史迪威提出的反攻緬甸計畫，條件是英軍必須從陸路和海上參戰，必須得到空軍支援。

8月5日杜聿明由印度飛返昆明向參謀團報告：新38師、新22師等部已先後集中到藍姆伽訓練。

8月10日中緬運輸局撤銷，另設滇緬公路運輸局和滇緬公路工務局，統歸運輸統制局領導。

9月27日史迪威與韋維爾商談反攻緬甸計畫。韋維爾強調困難，態度消極。

10月15日史迪威攜中國反攻計畫飛印，於16日至19日與韋維爾再度磋商。英方有保留地同意聯合反攻緬甸，並同意由美國負責修建中印公路。

11月1日日本設立大東亞省。

11月19日英美參謀人員在新德里開會。英方建議以佔領阿恰布取代收復仰光和緬北的計畫。

11月28日軍令部頒發“部署聯合英美反攻緬甸作戰計畫”的訓令。

12月7日韋維爾正式提議取消反攻緬北計畫。馬歇爾通知史迪威，美國已決定增加對緬北攻勢的支援。

12月10日中印公路正式破土動工。

12月28日蔣介石致電羅斯福表示，因英軍取消在仰光進行兩栖登陸的計畫，中國軍隊也將取消1943年春渡過怒江反攻的行動。

1943年

1月2日韋維爾代表英王授予中國新38師師長孫立人“帝國司令”勳章。

1 月 14 日—24 日美、英軍政領導人在卡薩布蘭卡會談。在美方堅持下，通過了 1943 年反攻緬甸的 "安納吉姆" 作戰計畫。

1 月 26 日日軍兵分三路進犯滇西邊境地區。

1 月 27 日孫立人率新 38 師第 114 團由藍姆伽抵雷多，掩護修築中印公路。

2 月 4 日美國空軍司令阿諾德、後勤司令薩默維爾、英國駐美軍事代表團團長約翰·迪爾組成的高級代表團到重慶，說服蔣介石出兵反攻緬甸。

2 月 9 日宋子文、何應欽與美英代表阿諾德、韋維爾等在印度加爾各答會談，一致同意 11 月發起 "安納吉姆" 戰役。

2 月 14 日騰沖日軍 7000 餘人三路進犯騰北。

2 月 28 日中印公路工程越過印緬邊境，進入緬甸境內。

3 月 9 日新 38 師第 114 團由雷多深入野人山區。

3 月 10 日日本大本營和政府聯席會議通過所謂《緬甸獨立指導原則》。

3 月 10 日美國第 23 戰鬥機大隊擴編爲第 14 航空隊，陳納德升任少將銜司令。

3 月中旬鄭洞國奉派入印擔任中國駐印軍新編第 1 軍軍長。

3 月 20 日新 38 師第 114 團救援被圍於卡拉卡、唐卡家的英印軍千餘人，接替該線防務。

3 月 28 日中國遠征軍司令長官司令部在雲南楚雄成立，陳誠任司令長官。

4 月 1 日軍事委員會駐滇幹部訓練團的步兵、砲兵訓練中心在昆明成立。

4 月 10 日蔣介石要求羅斯福任命陳納德爲駐華美軍陸、空軍司令，免去史迪威的職務。

5 月 2 日羅斯福決定支持陳納德的空中攻勢計畫，將 "安納吉姆" 計畫縮小爲僅在緬北發動反攻。

5 月 8 日中國遠征軍第 36 師奉令渡過怒江,接替預備第 2 師在騰北的遊擊任務。日本在緬甸成立所謂 "緬甸獨立籌備委員會"。

5 月 12—25 日美英首腦在華盛頓舉行 "三叉戟" 會議。史迪威、陳納德與會。會議決定擱置 "安納吉姆" 作戰計畫,只在緬北進行反攻。

7 月 12 日蔣介石正式同意參加緬甸戰役。

8 月 1 日中國政府接收滇越鐵路雲南段。日本宣佈緬甸 "獨立",成立以巴莫為首的傀儡政權,巴莫政權對英、美宣戰。

8 月 14—24 日英美首腦在加拿大的魁北克舉行 "四分儀" 會議。會議討論了對日作戰和有效援華問題,決定維持反攻緬北的計畫。並決定設立盟軍東南亞司令部,任命英國海軍上將蒙巴頓為司令,史迪威為副司令。

8 月 26 日盟軍東南亞司令部在印度新德里成立。

8 月底 9 月初中國駐印軍主力集結到雷多地區,準備向緬北反攻。

9 月 28 日日軍大本營命令中國派遣軍發動常德作戰,以牽制中國軍隊向南方和緬甸轉移兵力。

10 月 13 日日軍三路進犯滇西邊境,攻陷片馬,並企圖圍殲在騰北遊擊的中國遠征軍第 36 師主力。

10 月 15 日蔣介石向美國總統特使薩默維爾將軍提出立即撤換史迪威。

10 月 16 日蒙巴頓到重慶訪問,表示不同意撤換史迪威。

10 月 18 日日軍由片馬進犯至怒江東岸六庫一帶,經遠征軍江防部隊反擊後退回怒江西岸。

10 月 18—20 日蔣介石與蒙巴頓、薩默維爾、史迪威會談,商討中、美、英聯合反攻緬甸的作戰計畫。

10 月 24 日中國駐印軍由雷多開始向緬北發動攻勢。

10 月 29 日駐印軍新 38 師克復新平洋，奪取了向胡康河谷進軍的前沿陣地。新 22 師攻占太洛西北據點瓦南關。

10 月史迪威任命美國著名工程專家皮可爲中印公路築路工程負責人。

11 月 3 日中美空軍混合大隊成立，由美軍第 14 航空隊司令陳納德兼任指揮官。

11 月 5 日日本糾集泰、菲、緬及汪僞傀儡政權在東京召開所謂"大東亞會議"。

11 月 6 日蔣介石要求史迪威以中國戰區參謀長身份出席開羅會議並提出反攻緬甸的報告。

11 月 17 日遠征軍第 36 師主力突圍到怒江東岸，騰北地區全部淪陷。騰沖抗日縣政府已於 10 月中遷往雲龍縣漕澗辦公。

11 月 22—26 日美、英、中三國政府首腦在開羅舉行會議，商討聯合對日作戰計畫，決定協同反攻緬甸。

11 月 28—12 月 1 日蘇、美、英三國政府首腦在德黑蘭舉行會議，商談聯合對德作戰問題。由於蘇聯答應出兵參加對日作戰，英國堅持取消在安達曼群島實施兩棲登陸的"海盜"計畫。

12 月 5 日羅斯福致電蔣介石，通報美英決定取消"海盜"作戰計畫。

12 月 27 日中印公路雷多至新平洋段完工。

12 月 29 日新 38 師經兩月苦戰，攻克日軍在胡康河谷的重要據點於邦。

1944 年

1 月 9 日中國駐印軍右路新 22 師渡過大奈河。

1 月 9 日—2 月 17 日英印軍在緬西南若開沿海地區發動進攻。

1 月 11 日中國駐印軍左路新 38 師渡過大龍河。

1 月 31 日新 22 師攻佔太洛。

2月1日新38師攻佔太伯卡。

2月19日梅里爾準將率領的美軍遠程突擊隊（第5307支隊）到達緬北前線。

2月23日新22師連日攻克腰班卡、拉征卡、拉貌卡等敵據點，掃清孟關週邊。

3月5日新22師攻克胡康河谷行政中心孟關。

3月9日新38師攻克胡康河谷最後一個重要據點、敵第18師團部所在地瓦魯班。

3月15日新22師攻佔堅布山隘北口的丁高沙坎。胡康河谷戰役勝利結束。

3月28日新22師攻佔堅布山隘南口的高魯陽，控制堅布山天險。

3月29日新38師攻佔沙杜渣、與新22師先頭部隊會合。

4月初第14師和第50師由雲南空運藍姆伽訓練。中國駐印軍總兵力達5個師。

4月3日羅斯福致電蔣介石，再次敦促出動中國遠征軍。《新華日報》發表《快從滇西出擊》的社論。

4月4日駐印軍開始孟拱河谷戰役。除新22師和新38師外，新30師也投入戰鬥。

4月6日緬甸日軍對印度恩帕爾地區發動進攻。

4月10日馬歇爾受權通知蔣介石，如不出動中國遠征軍，美國就將停止運送援華物資。

4月12日新22師攻佔瓦康。

4月14日國民政府軍政部長兼參謀總長何應欽簽署發動怒江攻勢的命令。新38師攻佔丁克林。

4月17日侵華日軍打通大陸交通線的"一號作戰"（即豫湘桂戰役）第一階段——豫中會戰開始。

4月28日駐印軍新30師、第50師各一團和美軍5307支隊組成的中美混合突擊支隊分三路長途奔襲緬北重鎮密支那。

5月4日新22師攻佔英開塘。

5月11日滇西遠征軍強渡怒江發動反攻。

5月16日滇西遠征軍收復瀘水及片馬埡口。

5月17日中美突擊隊攻克密支那西機場。

5月19日滇西遠征軍收復片馬。

5月22日遠征軍司令長官衛立煌下令第11、第20集團軍全部渡江作戰。

5月25日日軍攻佔洛陽。河南全省淪陷。

5月27日豫湘桂戰役第二階段—長衡會戰開始。薪38師襲占西通，切斷加邁至孟拱公路。

5月30日新22師攻佔馬拉高，直撲加邁。

6月4日滇西遠征軍新28師攻佔松山週邊據點臘猛，開始圍攻松山。

6月5日遠征軍第71軍第87、88師圍攻龍陵。

6月9日駐印軍新38師攻佔支遵，完成對加邁的包圍。遠征軍第87師攻克鎮安街。

6月10日遠征軍第87、88師一度攻克龍陵，敵軍由騰沖、芒市調兵增援反撲，遠征軍退據龍陵東北郊與敵對峙。

6月16日駐印軍新22師與新38師協同攻佔日軍在孟拱河谷的重要據點加邁。

6月18日駐印軍新38師第114團疆渡孟拱河，解救被圍英軍第77旅，並攻佔孟拱週邊各據點。

6月19日日軍侵佔長沙。

6月20日遠征軍第53軍攻佔江苴街，第36師攻佔瓦甸。敵軍向騰沖退卻。

6月24日遠征軍第2軍第9師攻克象達。

6月25日駐印軍新38師攻克孟拱。

6月27日遠征軍第20集團軍分四路合攻騰沖。

7月1日遠征軍攻克騰沖城西的飛鳳山，控制騰龍公路。

7月6日駐印軍新1軍軍長鄭洞國到密支那前線視察，決定於
　　7月7日抗戰七周年紀念日對守敵發動全面進攻。羅斯福
　　致電蔣介石，告之史迪威晉升為上將，建議由史迪威協調
　　指揮所有在華的盟國軍隊。

7月11日新38師打通孟密公路，與圍攻密支那的新30師會師。

7月27日遠征軍攻克騰沖城西南最強固的據點來鳳山。7月新
　　平洋至丁高沙坎的公路通車。

8月2日第20集團軍攻入騰沖，與敵巷戰。

8月5日中國駐印軍在盟軍協助下，攻克密支那，全殲守敵。
　　緬北反攻作戰第一期任務至此勝利完成。

8月8日日軍佔領衡陽。

9月7日遠征軍第8軍攻克松山。

9月14日遠征軍第20集團軍收復騰沖。

9月23日遠征軍第2軍收復平戛。

9月24日蔣介石告訴美國總統特使赫爾利，已決定要求召回史
　　迪威。

10月15日駐印軍新1軍在密支那渡過伊洛瓦底江，向八莫進
　　發。

10月18日羅斯福致電蔣介石，同意召回史迪威。建議由魏德
　　邁繼任中國戰區參謀長和駐華美軍司令，索爾登繼任印緬
　　戰區總司令。

10月29日駐印軍新38師攻克八莫以北的廟堤，肅清太平江北
　　岸之敵。

10月31日遠征軍第11集團軍對龍陵發動總攻。

11月3日第11集團軍攻克龍陵。

11月7日駐印軍新22師突破日軍伊洛瓦底江防線，攻佔八莫
　　以西的瑞古。

11月10日日軍佔領桂林、柳州。

11月14日新3，8師攻佔莫馬克。

11 月 17 日新 38 師攻佔曼西，包圍八莫。

11 月 19 日遠征軍第 71 軍收復芒市。

12 月 1 日遠征軍第 6 軍、第 53 軍攻克遮放。

12 月 10 日廣西日軍與越南日軍在南寧西南之綏淥會合，完成打通大陸交通線的戰略行動。

12 月 15 日駐印軍新 38 師攻佔八莫。

12 月中旬駐印軍新 6 軍之第 14 師、新 22 師由緬北空運回國。第 50 師改歸新 1 軍指揮。

12 月 25 日中國陸軍總司令部在昆明成立。何應欽任總司令，美軍麥克魯少將任副總司令，美供應部隊司令齊夫斯少將兼後勤司令。

12 月 27 日駐印軍新 38 師收復雷允，進入滇西國土。

1945 年

1 月 2 日國民政府戰時運輸管理局在重慶成立。

1 月 5 日駐印軍新 38 師完成對南坎的合圍。

1 月 10 日中印公路雷多至密支那段通車。

1 月 12 日中印公路第一支運輸車隊由雷多出發駛向昆明。駐印軍新 38 師與遠征軍第 53 軍第 130 師在雷允東南的猛卯會師。

1 月 14 日駐印軍第 50 師攻佔萬好。

1 月 15 日駐印軍新 30 師、新 38 師攻佔南坎。

1 月 19 日中印公路北線（保山—密支那）舉行通車典禮。

1 月 20 日遠征軍第 2、第 6、第 53 軍協同攻克畹町。滇西淪陷國土全部收復。

1 月 21 日駐印軍新 38 師攻佔芒友以南的苗斯，與滇西遠征軍第 116 師取得聯絡。

1 月 27 日新 38 師攻佔芒友，中印公路至此全線打通。

1 月 28 日中國駐印軍與中國遠征軍在芒友舉行隆重的會師典

禮。在畹町舉行中印公路通車典禮。蔣介石宣佈將中印公路命名為“史迪威公路”。

2 月 4 日昆明各界群眾舉行盛大集會，歡迎中印公路第一支車從到達。

2 月 8 日駐印軍新 30 師攻佔南巴卡。

2 月 14 日新 30 師攻佔貴街。

2 月 20 日新 30 師、新 38 師協同攻佔新維。

3 月 5 日第 50 師攻佔南渡。

3 月 8 日新 38 師攻克緬北重鎮臘戍。

3 月 16 日第 50 師攻克西保。

3 月 20 日英軍攻佔曼德勒。

3 月 21 日英軍佔領仁安羌。

3 月 27 日緬甸國民軍發動反日武裝起義。

3 月 30 日中國駐印軍第 50 師與英軍第 36 師會師於曼德勒東北的喬梅。中國駐印軍勝利完成在緬甸的作戰任務。

4 月 28 日侵緬日軍撤出仰光，向東潰退。

5 月 1 日緬甸抗日武裝解放仰光。

5 月 3 日英軍進入仰光。盟軍反攻緬甸的戰役勝利結束。

6—7 月中國駐印軍凱旋歸國。

主要參考書目

《第二次世界大戰史》，朱貴生、王振德、張椿年等編著，人民
　　出版社 1982 年版。

《第二次世界大戰》，中國人民解放軍軍事學院黃玉章、唐志綱
　　等合著，世界知識出版社 1984 年版。

《第二次世界大戰史》，張繼平、胡德坤等合著，甘肅人民出版
　　社 1984 年版。

《第二次世界大戰經驗與教訓》，張海麟等著，世界知識出版社
　　1987 年版。

《第二次世界大戰史綱》，胡德坤、羅志剛主編，武漢大學出版
　　社 1989 年版。

《第二次世界大戰 —— 專題述評》，李巨廉、潘人傑著，華東師
　　範大學出版社 1990 年版。

《第二次世界大戰》上、下冊，（法）亨利·蜜雪兒著，九仞、盧
　　佩文、劉幼蘭譯，商務印書館 1980、1981 年版。

《第二次世界大戰史》上、下冊，（英）利德爾一哈特著，伍協
　　力、上海師範大學翻譯組譯，上海譯文出版社 1978、1980
　　年版。

《第二次世界大戰史（1939-1945）》1-12 卷，（蘇）格列奇科等
　　主編，上海譯文出版社 1978-1984 年版。

《第二次世界大戰（1939-1945）》，（蘇）斯·普·普拉托諾夫中
　　將等編著，戰士出版社版。

《第二次世界大戰史》上、下冊，（聯邦德國）K·蒂佩爾斯基

希著，賴銘傳譯，解放軍出版杜 1986 年版。

《第二次世界大戰大事記》，（聯邦德國）安‧希爾格魯丹心爾、格‧許梅爾興著，戴耀先譯，軍事科學出版社 1987 年版。

《第二次世界大戰史論文集》，中國第二次世界大戰史研究會編，三聯書店 1985 年版。

《第二次世界大戰史論文集 2》，中國第二次世界大戰史研究會編，國防大學出版社 1986 年版。

《第二次世界大戰的重大戰役》，（英）亨利‧莫爾著，尚鋼譯，上海譯文出版社 1983 年新 1 版。

《第二次世界大戰的決定性戰役（德國觀點）》，（聯邦德國）漢斯—阿道夫‧雅各森等著，江蘇人民出版社 1982 年版。

《第二次世界大戰回憶錄》1-6 卷，（英）溫斯頓‧邱吉爾著，商務印書館 1974-1975 年版。

《抗日戰爭史》，何理著，上海人民出版社 1985 年版。

《中華民族的抗日戰爭》，羅煥章、支紹曾著，軍事科學出版社 1987 年版。

《中日戰爭史（1931—1945）》，胡德坤著，武漢大學出版社 1988 年版。

《中華民國史綱》，張憲文主編，河南人民出版社 1985 年版。

《抗日戰爭正面戰場（檔案資料）》上、下冊，江蘇古籍出版社 1987 年版。

《日本侵華七十年史》，中國社會科學院近代史研究所編著，中國社會科學出版社 1992 年版。

《八年抗戰之經過》，何應欽編著。

《第二次中日戰爭史》上、下冊，吳相湘著，臺北綜合月刊社 1973、1974 年版。

《抗日戰史》1-3 冊，張其昀主編，臺灣國防研究院、中華大典編委會 1966 年版。

《中國抗戰畫史》，曹聚仁、舒宗僑編著，聯合畫報社 1947 年版。

《國民革命戰史》第三部、《抗日禦侮》第 8 卷，蔣緯國主編，
　　臺灣黎明文化事業股份有限公司 1978 年版。

《抗日戰史》第 9 冊：《西南及滇緬作戰》，臺灣國防部史政編
　　譯局編纂出版，1990 年。

《中華民國重要史料初編 —— 對日抗戰時期》，秦孝儀主編，臺
　　灣國民黨黨史委員會 1981 年版。

《中國現代史資料選編》，魏宏運主編，黑龍江人民出版社 1981
　　年版。

《中外舊約章彙編》，王鐵崖編，三聯書店 1962 年版。

《中國近代對外關係史料選輯（1840-1949）》，復旦大學歷史系
　　中國近代史教研組編，上海人民出版社 1977 年版。

《中美關係資料彙編》第 1 輯，世界知識出版社 1957 年版。《日
　　本帝國主義對外侵略史料選編（1931-1945）》，復旦大學歷
　　史系編，上海人民出版社 1983 年版。

《中美關係史論文集》第 1、2 輯，中美關係史叢書編委會編，重
　　慶出版社 1985、1988 年版。

《日本南進與太平洋形勢》，抗日戰爭叢書第 38 種，中山文化教
　　育館編印。

《太平洋戰爭》，（英）約翰·科斯特洛著，王偉、夏海濤等譯，
　　東方出版社 1985 年版。

《太平洋戰爭史》1-4 卷，日本歷史學研究會編，金鋒等譯，商
　　務印書館 1959-1962 年版。

《大東亞戰爭全史》1-4 冊，（日）服部卓四郎著，張玉祥等譯，
　　商務印書館 1984 年版。

《日本外交年表及主要文書》，日本外務省編，原書房，東京 1969
　　年版。

《1942-1946 年的遠東》上、下冊，（英）F・C・鐘斯等著，復
　　旦大學外文系英語教研組譯，上海譯文出版社 1978 年版。

《軸心國的初期勝利》上、下冊，（英）阿諾德・托因比、維羅

尼卡・Ｍ・托因比合編，許步曾等譯，上海譯文出版社 1983
年版。

《美國、英國和俄國 —— 它們的合作與衝突，1941-1946 年》上、
下冊，（美）威廉・哈代・麥克尼爾著，葉佐譯，上海譯文
出版社 1978 年版。

《羅斯福選集》，關在漢編譯，商務印書館，1982 年版。

《羅斯福與霍普金斯 —— 二次大戰時期白宮實錄》上、下冊，（美）
舍伍德著，福建師範大學外語系編譯室譯，商務印書館 1980
年版。

《羅斯福與美國對外政策 1932-1945》上、下冊，（美）羅伯特・
達萊克著，伊偉等譯，商務印書館 1984 年版。

《美國十字軍在中國（1938-1945）》，（美）邁克爾・沙勒著，
郭濟祖譯，商務印書館 1982 年版。

《20 世紀的美國與中國》，（美）邁克爾・沙勒著，徐澤英譯，三
聯書店 1985 年版。《中國通》，（美，伊・卡恩著，陳亮等
譯，新華出版社 1980 年版。

《中國的糾葛》，（美）赫伯特・菲斯著，北京大學出版社 1989
年版。

《在中國失掉的機會》，（美）約・Ｗ・埃謝裏克著，羅清譯，
國際文化出版公司 1989 年版。

《斯諾眼中的中國》，（美）路易士・惠勒・斯諾著，王恩光等
譯，中國學術出版社 1982 年版。

《一個美國人看舊中國》，（美）格蘭姆・貝克著，朱啟明、趙
叔翼譯，三聯書店 1987 年版。

《中國抗戰秘聞：白修德回憶錄》，（美）白修德著，崔陳譯，
河南人民出版社 1988 年版。

《通向珍珠港之路 —— 美日戰爭的來臨》，（美）赫伯特・菲斯著，
周穎如、李家善譯，商務印書館 1983 年版。

《偷襲珍珠港前的 365 天》，（日）實松讓著，史入譯，上海譯

文出版社 1980 年版。

《日本軍國主義侵華史料長編》，日本防衛廳戰史室編纂，天津市政協編譯組譯，四川人民出版社 1987 年版。

《日本帝國的衰亡》上、下冊·（美）約翰·托蘭著，郭偉強譯，新華出版社 1982 年版。

《日本天皇韻陰謀》上、中、下冊，（美）大衛·貝爾加米尼著，楊品泉、陳亮等譯，商務印書館 1986 年版。

《日本近代史》上、下冊，（日）井上清、鈴木正四著，楊輝譯，商務印書館 1959 年版。

《日本軍國主義》1-4 冊，（日）井上清著，姜晚成等譯，商務印書館 1985 年第 2 版。

《日本近現代史》1-3 卷，（日）遠山茂樹、今井清一、藤原彰著，鄒有恆等譯，商務印書館 1983 年版。

《日本外交史》上、下冊，（日）信夫清三郎著，天津社會科學院日本問題研究所譯，商務印書館 1980 年版。

《日本對華戰爭指導史》，（日）堀場一雄著，軍事科學出版社 1988 年版。

《日中戰爭史》，（日）秦鬱彥著，原書房，東京 1979 年版。

《現代史資料 9·日中戰爭 2》，美鈴書房，東京 1978 年版。

《抗日戰爭實錄》上、下冊，解力夫著，河北人民出版社 1992 年版。

《蔣總統秘錄 —— 中日關係八十年之證言》，（日）古屋奎二著，日本產經新聞連載，台灣中央日報譯印。

《羅斯福見聞秘錄》，（美）伊裏奧·羅斯福著，新群出版社 1948 年版。

《遠征印緬抗戰 —— 原國民黨將領抗日戰爭親歷記》，全國政協文史資料委員會《遠征印緬抗戰》編輯組編，中國文史出版社 1990 年版。

《我的戎馬生涯 —— 鄭洞國回憶錄》，鄭建邦、胡耀萍整理，團

　　　結出版社 1992 年版。

《鷹犬將軍 —— 宋希濂自述》，中國文史出版社 1986 年版。

《抗日戰爭國民黨陣亡將領錄》，黨德信、楊玉文主編，解放軍
　　　出版社 1987 年版。

《國民黨將領傳略》，中國革命博物館編寫，新華出版社 1989
　　　年版。

《戴安瀾將軍》，安徽省政協文史資料研究委員會編，安徽人民
　　　出版社 1985 年版。

《戴安瀾將軍日記》，臺灣《革命人物志》第 8 集。

《龍雲傳》，江南著，香港星辰出版社 1987 年版。

《龍雲傳》，謝本書著，四川民族出版社 1988 年版。

《中國駐印軍緬北戰役戰鬥紀要》上、下冊，中國駐印軍副總指
　　　揮部辦公室 1945 年 4 月編印。

《緬甸蕩寇志》，孫克剛著，上海時代圖書公司 1946 年 9 月再版。

《遠征軍在前線》，羅時晹編。

《緬甸隨軍紀實》，樂恕人著，勝利出版社版。

《緬甸大戰實錄》，青年文化服務所，1944 年 9 月版。

《滇西作戰實錄》，吳致皋著，臺灣文星書店 1962 年版。

《滇西作戰日記》，黃傑著，臺灣國防部史政編譯局 1982 年版。

《龍陵會戰史》，鐘彬著，鐘強編輯，臺灣國防部史政編譯局 1977
　　　年版。

《中國遠征軍入緬抗戰紀實 1941-1945》，戴孝慶、羅洪彰主編，
　　　西南師範大學出版社 1990 年版。

《緬甸作戰》上、下冊，中華民國史資料叢稿譯稿，日本防衛廳
　　　防衛研究所戰史室著，天津市政協編譯委員會譯，中華書局
　　　1987 年版。

《日軍東南亞戰史》，（日）伊藤正德著，蔡茂豐譯，香港近代
　　　書局出版。（原名《日本軍血戰史》，原昆明軍區司令部二
　　　部 1980 年 6 月翻印時改爲《日軍東南亞戰史》）

《中日拉孟決戰奧秘 —— 異國的鬼》，（日）品野實著，伍金貴、喻芳譯，群眾出版社 1992 年版。

《史迪威與美國在華經驗》上、下冊，（美）巴巴拉·塔奇曼著，陸增平譯，商務印書館 1985 年版。

《史迪威在華使命》，（美）查理斯·F·羅馬納斯、賴利·森德蘭著，華盛頓 1953 年版。

《史迪威檔》，（美）希歐多爾·H·懷德整理編輯，紐約威廉·斯隆公司 1948 年版。

《史迪威指揮權問題》，（美）查理斯·F·羅馬納斯、賴利·森德蘭著，美國陸軍部軍事史局長辦公室，華盛頓 1956 年版。

《史迪威事件》，梁敬錞著，臺灣商務印書館 1982 年 9 月增訂初版。

《史迪威與中國 —— 紀念史迪威將軍逝世 45 周年》，史迪威研究中心編，重慶出版社 1992 年版。

《史迪威與蔣介石》，苑魯、王敏著，重慶出版社 1990 年版。

《史迪威與中國》，楊耀健著，中國青年出版社 1991 年版。

《史迪威資料》，中華民國史資料叢稿，譯稿第 2 輯，瞿同祖編譯，中華書局 1978 年版。

《史迪威》，中華民國史資料叢稿，人物傳記第 9 輯，瞿同祖撰，中華書局 1980 年版。

《美國政治中的“院外援華集團”》，（美）羅斯·Y·凱恩著，張曉貝等譯，商務印書館 1984 年版。

《第二次世界大戰·中緬印戰區》，（美）唐·莫瑟著，美國時代生活圖書公司 1978 年版。

《陳納德將軍與我》，陳香梅著，四川文藝出版社 1987 年版。

《陳納德與飛虎隊》，陳香梅著，石源華等譯，上海學林出版社 1988 年版。

《陳納德與飛虎隊 —— 獨行其是的戰爭》，（美）杜安·舒爾茨著，於力譯，雲南人民出版社 1989 年版。

《陳納德》，（美）傑克·薩姆森著，石繼成、許憶寧譯，東方出版社 1990 年版。

《美國飛虎隊 AVG 援華抗戰紀實》，魚佩舟主編，西南師範大學出版社 1993 年版。

《中國戰時交通史》，龔學遂著，商務印書館 1947 年版。

《血線 —— 滇緬公路紀實》，白山著，雲南人民出版社 1992 年版。

《雲南公路交通史·公路篇》，雲南公路史編寫組 1982 年油印本。

《雲南公路史參考資料》，雲南公路史編寫組 1982 年油印本。

《中國入緬參謀團團長林蔚緬甸戰役作戰經過及失敗原因與各部優劣評判報告書》，國民政府軍令部戰史會檔案。

《騰沖淪陷紀略》，楊友柏著，未刊手稿。

《偏安騰北抗戰記》，張向德著，未刊抄本。

《大西南的抗日救亡運動》，政協西南地區文史資料協作會議編，1987 年 10 月版。

《新編曲石文錄》，李根源著，李希泌編校，雲南人民出版社 1988 年版。

《文史資料選輯》第 7、8、17、29、57、102、116 輯，全國政協文史資料研究委員會編，

中華書局、文史資料出版社出版。

《雲南文史資料選輯》第 8、17、19、25、27、37、39 輯，雲南省政協文史資料研究委員會編，雲南人民出版社出版。

《保山史志文輯 —— 抗日戰爭專輯》第 1 至 4 輯，保山地區行政公署史志辦編，德宏民族出版社 1989、1990 年版。

《昆明歷史資料 —— 抗日戰爭》第 1 至 8 卷，張維楨主編，昆明市地方誌編纂委員會 1989 年 12 月印。

《昆明文史資料選輯》第 6 輯，昆明市政協文史資料研究委員會編。

《保山市文史資料選輯》第 4 輯，保山市政協文史資料編輯委員會編。

《騰沖文史資料選集》第 1 輯 —— 抗日戰爭專輯，騰沖縣文史資料編輯委員會。

《中國事變陸軍作戰史》1-3 卷，日本防衛廳防衛研究所戰史室著，田琪之、齊福霖譯，中華書局 1979-1983 年版。

《現代國際關係史 1917-1945》，方連慶主編，北京大學出版社 1990 年版。

《現代國際關係史參考資料》上、下冊，方連慶等編，北京大學出版社 1987 年版。

《國際條約集 1934-1944》，世界知識出版社 1961 年版。

《國際條約集 1945-1947》，世界知識出版社 1959 年版。

《德黑蘭雅爾達波茨坦會議記錄摘編》，上海人民出版社 1974 年版。

《亞非現代史參考資料》，北京大學歷史系編印。

《遠東國際關係史》，（蘇）耶‧馬‧茹科夫主編，世界知識出版社 1959 年版。

《外交史》第 3 卷上、下冊，（蘇）C‧IO‧維戈茨基等編，大連外語學院俄語系翻譯組譯，三聯書店 1979 年版。

《外交史》第 4 卷上、下冊，（蘇）C‧A‧戈尼昂斯基等著，武漢大學外文系等譯，三聯書店 1980 年版。

《緬甸史綱》上、下冊，（蘇）B‧中‧瓦西裏耶夫著，中山大學歷史系東南亞歷史研究室、外語系編譯組合譯，商務印書館 1975 年版。

《緬甸現代史》，（美）J‧F‧卡迪著，康乃爾大學 1958 年版。

《日本在緬甸的軍政史研究》，（日）太田常藏者，東京吉川弘文館，1967 年版。

《太平洋戰爭終戰史》，日本外交學會編，東大出版會 1958 年版。

《緬甸史》，賀聖達著，人民出版社 1992 年版。

《緬甸史》，（緬）貌丁昂著，賀聖達譯，雲南省東南亞研究所 1983 年印。

《反法西斯同盟與十專區》，（緬）德欽丁妙著，李孝驥譯，雲
　　南省東南亞研究所印。

後 記

　　《中國遠征軍戰史》的研究和寫作從 1980 年開始，前後歷時15 年，其間三易其稿，終於在中國抗日戰爭和世界反法西斯戰爭勝利 50 周年前夕定稿付梓。

　　本書在研究和寫作過程中，得到許多位領導、前輩、同仁和有關單位的指導和幫助。雲南大學歷史系教授、著名滇史專家方國瑜先生生前對本書作者進行了多次悉心指教，並將珍藏多年的楊友柏先生未刊手稿提供給作者。中國第二次世界大戰史研究會第一、二任會長，安徽師範大學歷史系陳振飛教授、武漢大學歷史系張繼平教授，生前對中國遠征軍戰史的研究進行了親切鼓勵。臺灣淡江大學申慶璧教授熱情幫助收集了在臺灣出版的論著和資料。雲南省史學會會長謝本書教授、雲南大學圖書館宋光淑副研究員以及雲南省社會科學院東南亞研究所的同志均在資料方面給予了支援。中華社會科學基金提供了科研經費資助。雲南大學將本課題納入學校“211”工程重大科研專案《雲南與周邊國家關係研究》之中，科研處在科研組織管理方面，歷史系在到滇西戰場遺址進行實地考察方面，為作者提供了條件。軍事科學院軍事歷史研究部彭訓厚研究員認真審閱了全部書稿並大力推薦出版。軍事科學出版社在學術著作出版難的形勢下，慨然承擔了本書的出版。全國人大常委會委員、中國第二次世界大戰史研究會會長黃玉章同志在百忙之中為本書撰寫了序言。如果沒有這些幫助和支持，要完成本書的研究和寫作並出版問世是不可能的。

在《中國遠征軍戰史》出版之際，謹對所有進行指導和提供幫助的領導、前輩、同仁和有關單位，表示衷心的感謝！

由於作者學識水準的限制以及收集資料、實地考察等方面受到諸多客觀條件制約，書中的錯誤和疏漏在所難免，竭誠歡迎批評指正。

作者

1994 年 12 月 30 日